国家"985工程"(二期)哲学社会科学创新基地重大成果
第三届中国出版政府奖图书奖　第三届三个一百原创图书出版工程奖

学术版

中国佛教通史

第十二卷

赖永海　主编

江苏人民出版社

图书在版编目(CIP)数据

中国佛教通史. 第十二卷 / 赖永海主编.
—南京：江苏人民出版社，2010.9(2021.10重印)
ISBN 978-7-214-06479-0

Ⅰ.①中… Ⅱ.①赖… Ⅲ.①佛教史－中国
Ⅳ.①B949.2

中国版本图书馆 CIP 数据核字(2010)第 185038 号

书　　　名	中国佛教通史(第十二卷)
主　　　编	赖永海
策 划 编 辑	府建明
责 任 编 辑	戴宁宁　朱晓莹
装 帧 设 计	吴赵铎　许文菲
责 任 监 制	王　娟
出 版 发 行	江苏人民出版社
地　　　址	南京市湖南路 1 号 A 楼,邮编:210009
照　　　排	江苏凤凰制版有限公司
印　　　刷	江苏凤凰新华印务集团有限公司
开　　　本	652 毫米×960 毫米　1/16
总 印 张	549.25　插页 62
总 字 数	7100 千字
版　　　次	2010 年 11 月第 1 版
印　　　次	2021 年 10 月第 2 次印刷
标 准 书 号	ISBN 978-7-214-06479-0
定　　　价	2280.00 元(全 15 卷)

(江苏人民出版社图书凡印装错误可向承印厂调换)

本卷主要撰稿人（以姓氏笔画为序）

朱丽霞

哲学博士。现为河南大学哲学与公共管理学院副教授。主要著作有《宗喀巴佛教思想研究》、《佛教与西藏古代社会》等。

撰写内容：第五章。

陈永革

哲学博士。现为浙江省社会科学院哲学研究所副所长、研究员，杭州师范大学双聘教授、博士生导师。主要著作有《法藏评传》、《晚明佛学的复兴与困境》、《阳明学派与晚明佛教》。

撰写内容：第一、二、三、四、七、八、九、十、十一、十二章，第六章第一、四节。

夏青瑕

哲学博士。现为南京财经大学法学院副院长、教授。主要著作有《憨山大师佛学思想研究》。

撰写内容：第六章第二、三节。

目　录

导言 *1*

第一章　明代的社会与佛教 *5*
    第一节　明初的社会与佛教　*5*
    第二节　明中叶的社会与佛教　*11*
    第三节　晚明的社会与佛教　*16*

第二章　明王朝的佛教政策 *20*
    第一节　明初诸帝与佛教(从洪武到宣德)　*20*
        一、明太祖与佛教　*20*
        二、明成祖与佛教　*32*
    第二节　明中期的诸帝与佛教(从正统到嘉靖)　*36*
        一、明英宗等滥发度牒　*37*
        二、明世宗禁佛崇道　*40*
    第三节　明末诸帝与佛教(从隆庆到崇祯)　*45*

第三章　明代初期的佛教 *48*
    第一节　明初佛教三大禅僧　*48*
        一、楚石梵琦(1296—1370)　*48*
        二、季潭宗泐(1318—1391)　*52*
        三、道衍(姚广孝,1335—1418)　*57*
    第二节　明初的佛教诸宗　*64*
        一、天台宗的传承及其影响　*65*
        二、华严宗的传承及其影响　*69*

三、诸宗和会下的净土法门　79

第四章　明中叶的佛教　83
　　第一节　明中叶的禅宗弘传及著名禅僧　83
　　　　一、禅宗传承及其弘传概述　83
　　　　二、空谷景隆(1387—1466)　87
　　　　三、楚山绍琦(1403—1473)　93
　　　　四、毒峰季善(1419—1482)　95

　　第二节　晚明佛教复兴的先导者　98
　　　　一、云谷法会(1500—1575)　98
　　　　二、笑岩德宝(1512—1581)　102
　　　　三、幻休常润(1514—1585)　107
　　　　四、蕴空常忠(1514—1588)　117
　　　　五、幻有正传(1549—1614)　129

第五章　明代藏传佛教的发展　134
　　第一节　格鲁派的兴起　134
　　　　一、宗喀巴的改革及格鲁派的兴起　134
　　　　二、格鲁派的佛学思想　147
　　第二节　明朝政府对藏传佛教的管理　166
　　　　一、多封众建　166
　　　　二、优贡市之利　176

第六章　晚明佛教四大师　180
　　第一节　云栖袾宏(1535—1615)　182
　　　　一、生平与著述　182
　　　　二、思想与影响　195

　　第二节　紫柏真可(1544—1604)　208
　　　　一、生平与著述　208
　　　　二、思想与影响　213

　　第三节　憨山德清(1546—1623)　237
　　　　一、生平与著述　237
　　　　二、思想与影响　243

　　第四节　蕅益智旭(1599—1655)　262
　　　　一、生平与著述　262
　　　　二、思想与影响　276

第七章　晚明的禅宗中兴及其论争　287
　　第一节　明末禅宗概况　287

第二节　禅学之流弊　*292*

   第三节　纲宗之辨析　*294*

   第四节　文字禅之再唱　*302*

   第五节　念佛禅之风行　*310*

   第六节　如来禅与祖师禅之合流　*317*

   　　一、如来禅与祖师禅合流的历史溯源及其现实背景　*317*

   　　二、如来禅与祖师禅合流的具体内容　*323*

   　　三、如来禅与祖师禅合流的现实效应　*328*

   第七节　宗门之论争　*336*

第八章　晚明佛教的诸宗复兴　*349*

   第一节　明末的华严弘传与华严禅　*349*

   　　一、遍融、镇澄与明末华严弘传　*350*

   　　二、雪浪洪恩一系的兼弘华严　*355*

   　　三、明末的华严观与华严禅论　*359*

   　　四、曹洞宗僧华严观及其华严禅论　*372*

   　　五、明末佛教居士的华严禅论　*376*

   第二节　天台宗的再兴　*377*

   　　一、晚明天台宗的法系传承　*377*

   　　二、传灯的天台思想及其影响　*383*

   　　三、智旭的天台思想及其影响　*388*

   第三节　晚明的唯识学复兴　*394*

   　　一、性相关系的讨论　*394*

   　　二、晚明的唯识学复兴　*403*

   第四节　净土教的兴盛　*414*

   　　一、禅净合流及其影响　*414*

   　　二、教净合流及其影响　*422*

   　　三、消禅归净及其影响　*431*

   　　四、净土思想的会通　*441*

   　　五、晚明净土信仰的社会效应　*454*

   第五节　佛教戒律的复兴　*462*

   　　一、晚明弘律诸僧　*464*

   　　二、菩萨戒的推崇　*467*

   　　三、戒体的阐释　*476*

   　　四、从佛性戒到禅律一体　*483*

五、佛教戒律的社会影响 492

第九章　晚明的居士佛教与三教关系　505

第一节　晚明的居士佛教　505
　　一、禅净并行 506
　　二、摄禅归净 508
　　三、返经明教 513
　　四、修身悟性 517

第二节　晚明的"狂禅"现象　519

第三节　佛道会通与摄道归佛　523
　　一、摄道归佛论 524
　　二、曹洞宗僧的佛道之辨 531

第四节　性命之辨与仙佛合宗　542
　　一、佛道性命之辨 545
　　二、援佛入道与仙佛合宗 551
　　三、唯心立命与劝善教化 556

第十章　明代的僧官制度与寺院经济　562
　　一、明代寺院及其僧官制度 562
　　二、寺院住持的选任与僧职设置 570
　　三、寺院经济的构成及其变迁 576

第十一章　明代的佛教著述与佛教史学　578

第一节　佛教藏经的刊刻　578
　　一、《初刻南藏》与《永乐南藏》 578
　　二、《永乐北藏》及其续刻、修补 579
　　三、《径山藏》和《嘉兴大藏经》 580

第二节　明代的佛教著述　584

第三节　明代的佛教史学　591

第十二章　明代的佛教文化交流　595

第一节　与日本的佛教文化交流　595

第二节　明末佛教与天主教的辩论　600

人名索引　614

导　言

明代佛教，曾被传统的佛教史研究者视为思想呆滞的"保守时代"[①]。但从整体来看，由元及明初，佛教仍然兴盛一时，延及明末，更出现了以"万历佛教"为标志的全面复兴现象。因此，有明三百年间的佛教活动，在不同阶段有着不同的表现，不可一概论之。总体来说，作为佛教史分期的概念，学术界对于"明代佛教"历史演进、构成内容及其独特性格，目前的研究仍显得是初步而不完整的。

有明一代的佛教演进大势，一般被划分为三个时期，即明初时期、明中期和明末时期(或晚明时期)。具体而言，如《剑桥中国明代史》第14章《明代佛教》的撰者于君方教授称，"明代佛教活动的历史可被划分为三个时期：明初时期，包括洪武年间和永乐年间(1368—1424)；明中期，大约持续了一百四十年，从15世纪中叶到16世纪中叶；最后是始于万历年间(1573—1620)的晚明时期。"[②]日本学者长谷部幽蹊则主张把明清佛教视为一个整体，基于此见，他认为明清佛教可以区划为六个时期，其中明代佛教

[①] 参见黄忏华的《中国佛教史》第4章，上海，上海文艺出版社，1990。
[②] 参见于君方的《剑桥明代中国史》下卷第14章《明代佛教》，陈永革译，北京，中国社会科学出版社，2006。

分据为"三个半时期",即所谓的"创成期"(洪武—永乐末年,1368—1424)、"守成期"(洪熙—嘉靖末年,1425—1566)、"转换期"(隆庆—万历末年,1567—1619)和"宗派成立发展期"(天启—崇祯末年,1621—1644)。① 这种描述性的历史分期,显然主要是基于朝代更迭的政治史观。

明初佛教,由于明太祖及宋濂等朝臣们的大力引导,处于相对活跃时期;而成化以后的佛教则略显衰微。对此,于君方指出,"从永乐皇帝统治的结束到万历皇帝统治的开始的大约一百五十年间,佛教都处于一种严重颓败的状态。这并不是意指佛教的消失。相反地,随着更加慷慨大方地修建寺院和大规模出售官衔和度牒,帝国的资助达到新的高峰。佛教颓败是精神性的而不是物质性的……它标明了佛教自身对寺院戒律的松弛、对禅定与经典研究的忽视"②。至明末时期,佛教进入以袾宏、真可、德清、智旭四大师为典型的复兴时期,在禅宗继续保持盛弘的格局下,天台和华严两教亦皆有阐发,而净土及密教持咒影响益大,特别是出现了延及清初的佛教戒律复兴。明末佛教的复兴活动,在万历时期(1573—1620)达到高潮,史称"万历佛教"。"万历佛教"构成了晚明佛教复兴的主体内容。

从中国化佛教宗派的历史演进来看,天台、华严、唯识、律宗、净土、禅宗等宗派,在明代虽然都继续存在,但佛教宗派之间的发展并不平衡。宋、元以来,佛教宗派间不断融摄的现象,在明代得到了进一步强化,诸如禅教合一、禅净双修、教净并进、律净兼举等趋势继续保持。随着显密并行的深入,仪式佛教、持咒佛教进一步巩固。从明末到清初,江南地区的佛教活动,甚至出现了"新宗派"的建构现象。

从佛教社会史上看,明代佛教活动与朝廷及士绅之间的社会关系相当密切。明太祖时期所推行的佛教政策,加强了对佛教活动的行政控

---

① 参见长谷部幽蹊的《明清佛教の性格を考える》,日本爱知学院大学《禅研究所纪要》第18、19合并号(1990)。
② 参见于君方的《剑桥明代中国史》下卷第14章《明代佛教》,第885—886页。

制。明代皇室仍然资助佛教活动,佛教僧人参与政治活动持续不断,佛教对民间社会的渗透影响广泛。特别是晚明时期,由于阳明学者的援佛解儒、引佛入儒,社会民众接受佛教的兴趣大增,最终导致了晚明儒佛合流的居士佛教运动,佛教界普遍倡导经世与入世,不仅趋势明显,而且还颇为僧俗两界的认同,影响甚为广泛。明代佛教的修行风格与形式,贯穿清代,并影响到近现代佛教的发展。

从佛教文化史上看,伴随着佛教经世、儒佛俱显的观念,佛教传统的净慈伦理和慈悲精神再次得到强调,辅之以明代佛教典籍文化及慈善活动的进一步发展,佛教俨然成为当时社会民众普遍认同并积极参与的教化力量,甚至构成其生活方式的一个重要方面。特别是江南地区,佛教寺院林立,名僧形象及其活动,在明代大量的诗文集及通俗文学作品中出现。这些名僧,成为人们耳熟能详的人物。与名僧结交往来,成为一些士绅值得夸耀的经历。随着佛教僧人知名度的大大提高,佛教的影响力也在扩大。普通民众对观音菩萨、地藏菩萨、普贤菩萨和文殊菩萨等四大菩萨的佛教信仰得到强化,最终确立具有"香火道场"特色的"佛教四大名山"的地位,并达到了历史上的鼎盛时期。

明朝共设有一百四十府、一百九十三州和一千一百三十八县,但佛教寺院的数量远多于府、州、县的行政地理建制。明中期的成化年间(1465—1487),仅在北京,就有"千余座佛寺"。至明末万历年间(1573—1620),京城佛刹益显繁盛,乃至于"名蓝精刹甲宇内,三民居而一之"。仅京西宛平一县,就有三百五十一座佛寺和一百四十座庵堂之多。① 在葛寅亮于天启七年(1627)编撰的《金陵梵刹志》,则收录了南京约一百六十座佛寺的文献资料,另有一百座其他佛寺,因规模太小而未加收录。②

明代的佛教寺院,既兴建于都市城镇,亦分建于乡村僻处。在名山

---

① 沈榜:《宛署杂记》,第195—202页,北京,人民出版社,1961。
② 葛寅亮编:《金陵梵刹志·凡例》卷一,第1页,何孝荣点校本,天津,天津人民出版社,2007。

大川,寺院与山川,更是相得益彰。一些地处交通要道及风景名胜之地的佛教寺院,不仅仅只是僧人修行、举办法事的宗教场所,而且还成为当地居民及往来行人的公共场所,如充当行人、学子和赴试赶考者的临时旅舍。江南许多地方的废寺弃寺,则被儒家士子,特别是阳明学者利用为聚会讲学的场所。从明代诸多地方志书中,皆辟有专节,以记述当时的佛教寺庙和道教宫观。众多通邑大县至少有一座规模相当大的寺观,甚至有多所。

佛教寺院的修复与兴建,最能直观地呈现明代佛教的繁盛景象。自明太祖朱元璋始,许多明代皇帝都资助过大规模的佛寺修建工程,如明初洪武年间的重修"天下第一禅林"天界寺,明中期英宗末年重建南京的大报恩寺(1447)、大能仁寺(1449),代宗则于景泰四年(1453)兴建大能福寺。到明末时,则有慈圣皇太后于万历四年(1576)捐资修建慈寿寺,万历皇帝则资助修造了规模恢宏的北京万寿寺。

除帝室成员外,人数众多的宦官和官员士绅,也是明代佛教寺院的兴建或修复活动的一大主体力量,促成了中国佛教寺院建筑堪比于北宋的历史最活跃时期之一。掌握社会最广泛资源的士绅官员,通过持续资助佛教寺院修建活动,表达了他们对佛教感兴趣并接受佛教的一种明确标志。这同时也是地方乡绅用于巩固其家族在一个地区拥有主导性地位的一种策略。

就明代期间归附者的人数与社会接受而言,佛教兴盛起来。从明帝国的南北二都、江南及更偏僻地区的记载,都表明了佛教繁盛的现状及其广泛的影响。余继登曾提交奏疏,明确指责佛教乃是天下的祸患之一,"当今之世,佛教繁盛;释氏之教,到处蔓延,延至二都、每个行省、诸州府县,以及每一个乡村,既误导士绅百姓,亦诱使愚夫愚妇陷溺其中"[①]。谢肇淛在《五杂俎》中甚至称,"今之释教殆遍天下,琳宇梵宫盛于贵舍,唪诵咒呗嚣于弦歌。上自王公贵人,下至妇人女子,每谈禅拜佛,无不洒然色喜者"[②]。

[①] 引见余继登的《皇明田科敕文》,第226页。
[②] 谢肇淛:《五杂俎》,第158页,北京,中华书局,2001。

第一章 明代的社会与佛教

第一节 明初的社会与佛教

明初社会与佛教的关系,与明太祖对佛教活动的支持有着密切关联。朱元璋登基即位之初,他就邀集江南著名僧人十余人,会聚于首善之都南京的蒋山常善寺(后改称为灵谷寺),举行大型普济法会,并适时荐举其佼佼者出任住持,掌管南京的重要寺院。对于蒋山法会的原初动机及其社会效应,当时名士宋濂记称:"……四海兵争,将卒民庶多殁于非命,精爽无依,非佛世尊为足以度之。惟洪武元年秋九月,诏江南大浮屠十余人,于蒋山禅寺作大法会。……二年春三月,复用元年故事。"①此后数年,洪武皇帝每年都在南京举行类似的佛教法会,皇帝本人则经常与文武百官一道参加这些佛教法会。这种国家主导下举办的佛教法会,以及朱元璋本人早年的佛教寺院生涯,无疑表明了当时朝廷对佛教的利用立场。

明初对佛教加以利用并给予相对重视的立场,直接影响到当时藩

---

① 宋濂:《慧辨琦禅师志略》,《金陵梵刹志》卷三,第137页。

王、朝臣及地方缙绅的佛教取向。在中国传统社会等级结构中,朝臣缙绅的思想文化形态,有着举足轻重的社会影响。太祖本人编有《御制文集》,其篇首即言"天合我祖,统合三教,大哉蔑以加矣!"在"统合三教"的治道教化观念引导下,佛教成为明初社会秩序重建的治道资源之一。而明朝初期建都南京,江南极为丰厚的佛教文化积累,则完全可以为其提供充分的佛教人文支持。

江南佛教文化对明初佛教利用政策的支持,具体表现为朝臣缙绅与佛门名宿之间的频繁交游。太祖时期的朝臣缙绅构成,在地域分布上以江南人士为主体。地缘文化与思想文化观念上的趋同性,使这些朝臣缙绅与其方外之交间的精神生活更能达成某些共识。遑论这些士子原本就具有持续多年乃至一生的丛林交游。如时任翰林侍讲学士兼弘文馆学士危素(字大璞,号云林,1303—1372)之于愚庵智及,宋濂(字景濂,号潜溪,谥文宪,1310—1381)之于千岩元长,如此等等,都是当时为人所熟知的典型例子。特别是对明太祖制定佛教政策有着相当影响的谋士文臣宋濂,其一生尝撰有佛门名德之塔铭多达三十八篇,如果加上元末佛僧的塔铭,则更达五十篇。云栖袾宏及钱谦益等编集《宋文宪公护法录》十卷,辑录其有关佛教文化的诸多文字撰著。钱谦益尝评论宋濂之于明太祖,相师有云,犹如"云从龙、风从虎"。然而,"文宪以大儒应聘君臣之际,史官颂之至今,抑岂知其夙受付嘱,开华严法界于阎浮提,其于云龙风虎,又有大焉者乎?"①降及明代中后期,越来越多的朝臣文士意识到明太祖(高皇帝)在宋濂等文臣筹划下所制定的文化管制政策,对于国家治道的无比重要。其中涉及到佛教利用与管制并存的行政策略。

应该说,当时佛门大德对于明初所制定的佛教利用与管制政策是理解而接受的。可以想像改朝换代过程中,佛教界所面临的巨大的生存压力。由元入明的佛教名僧(主要是禅宗与天台宗),迅速一致地表达对新

---

① 钱谦益:《宋文宪公护法录序》,引见《明嘉兴大藏经》本,第597页上。

皇朝的臣属意识,避免了佛教界因长期动荡所导致的元气大伤。因此,即便是到明末时期,包括云栖袾宏、憨山德清等人都表达过认同太祖佛教大政措施的识见。这正是明初社会中佛教基本保持稳定的社会环境。

为了消除元代佛教的一些负面影响,强化佛教界对新皇朝的政治认同,明初朝廷对佛教实施制度化的行政管理。除设置僧官制度、对佛教寺院进行分宗管理等重要措施外,还在宋濂等重要文臣的影响下,注重佛教文化与佛法教化的引导性建设,力图最大限度地"净化"佛教,最大程度地发挥佛教的社会教化功能。在此意义上,太祖对佛教活动的管制或控制,或遵循先例,或另创新制,都最终服务于"净化"佛教教团的现实目的。更为典型的是,明太祖还钦定了《心经》《金刚经》《楞伽经》作为僧人必须修习的三部核心经典研习,制定了在佛教法事中所使用的仪式规范及其收费标准。

明初的佛教管制或控制措施,虽有其加强专权统治的政治合理性,但在实施过程中的现实效果却仍要另当别论。这就不难理解,明太祖在其统治后期愈加强调对佛教施以惩处性的行政管制,体现了从治道教化到治权净化的政策变迁,即试图通过对佛教的严密控制来净化僧伽教团。如对当时相当突出的寺院秩序紊乱问题,特别是大违"净化佛教"之旨的僧人婚姻现象,通过颁发一些谕令、条例等,进行逐渐调整,更加倾向于严密惩处,"僧有妻室者,许诸人捶辱之,更索取钞五十锭。如无钞者,打死勿论。有妻室僧人,愿还俗者听,愿弃离修行者亦听。若不还俗,又不弃离,许里甲邻人擒拿赴官。徇私容隐不拿者,发边远充军"①。尽管明太祖出于佛教与社会相隔离的行政管制,但对于当时占据主流、人数庞大、良莠不齐且与民众生活更为密切的瑜伽教僧("应赴僧")来说,此举诚非易事。事实上,明太祖并未最终有效解决僧尼非法婚姻的问题,由此表明当时佛教与社会相隔离政策的效果相当有限。透过当时

---

① 《金陵梵刹志》卷二,第68页。

文献,仍可看到当时的一些佛教僧人的戒行不整、法令不遵。于此可见,明初的有些条例确实形同虚设。明太祖试图把出家僧与世俗社会分离管制的典型例子,就是他于1386年颁布了专门针对砧基道人的条令。所谓"砧基道人",是指那些在拥有自身田产的寺院中掌管砧基簿的僧人。他征集佃户上交的租粮,并分配他们要承担的任务。任何与地方官府交涉的事务,都必须交由他来处理,实际上成为寺院业务的主要经营者,因为其他僧人都不允许与官府发生任何关系。明确规定其职权,并限制其滥用情形。①

此外,稍知明代社会生活史的人们都知道,在明代记载中,俗化僧人开始大量出现。他们甚至成为诸多文学作品中描写明代佛教僧尼负面形象的社会化背景。这些贪婪淫荡、作奸犯科、为非作歹的劣迹僧尼形象,充斥于晚明大量出现的话本小说、笔记野史中。有些撰著者,甚至把矛头直指明太祖本人。如谢肇淛在《五杂俎》中写道:"天下僧惟凤阳一郡饮酒、食肉、娶妻,无别于凡民,而无差役之累。相传太祖(明太祖)汤沐地,以此优渥之也。至吾闽之邵武、汀州,僧道则皆公然蓄发,长育妻子矣。寺僧数百,惟当户者一人削发,以便于入公门,其他杂处四民之中,莫能辨也。按陶谷《清异录》谓僧妻曰'梵嫂'。《番禺杂记》载:广(即广东)中僧有室家者,谓之'火宅僧'。则它处亦有之矣。"②在明末时期,经由明中叶"番僧"泛滥的影响,佛教秘事、秘术充斥于宫廷,流及坊间,情形愈发严重。而这一切,不同程度地源于明初社会。

在中国传统治道文化的语脉下,治道的核心本质无疑在于治心与修性并进。太祖深明其中的玄机所在,故而倡导"三教统合"。在国家治道的社会层面上,可以通过行政条例等形式加以推行,但在思想文化层面上,问题则更显其复杂性,必须在理论上阐明治心与修性如何才能真正

---

① 葛寅亮:《金陵梵刹志》卷二,第65页。
② 谢肇淛:《五杂俎》,第205—206页,北京,中华书局,2001。

落实于"同归善治"的现实途径。

就明初的儒佛关系而言,尝任职于翰林院待诏的沈士荣于洪武年间(1385)撰《续原教论》上、下二卷,凡十四篇。上卷七篇,包括《原教论》、《观心解》、《内教外教辨》、《执迹儒者》、《参禅辨》、《论禅辨》和《作用是性解》。下卷七篇,则有《名儒好佛解》、《自私辨》、《庄老异同辨》、《错说诸经解》、《较是非得失辨》、《三教论》和《诸师人物雄伟论》。

沈士荣在其《续原教论序》称:"夫情智相违而后有教,识趣相违而后有辨,故分别是非,所以立教,不辨何以立理哉?……今儒者疑难于佛,必当辨之,所以立教明理也。昔诸佛出世,诸大菩萨化为外道,各执异说问难于佛,如来乃破其邪执,立如是义,说如是经,则诸教皆由论辩而起也。若唐宋大儒,各执所见,疑难于佛,毁訾排斥,或有甚焉。……自是以来数百年间,以儒名者之,于佛教或为敬信为非议,毁赞不常,是非莫辨,使至道不明,诚可悲矣。士荣自知愚陋,所学不及先儒之万一,又未得吾佛证入之门……辄以其所非斥之言,具录于前,为之辨解于后,著论三篇、解五篇、辨六篇,通十四。原其异同谓之论,释其疑惑谓之解,明其是非谓之辨,理学君子幸抉择而去取焉,固不碍于圣贤之学也。"①

针对儒家以性理论为基础的排佛论观念进行驳难、辨解。沈氏指出,圣人设教有异,此为其迹。然而,"为善不同,同归于治,穷其至妙,不出一心,此教之理所以同也,此心也,此理也,天下未尝有异也……若人识此心悟此理,在儒为真儒,在僧为圣僧矣"。儒有真伪、僧有圣俗,其判别在于是否"心昏理迷"、是否忘本逐末而已。"圣人得此理,乃立世间治教之法,吾佛得此理,乃立世间出世间解脱之法,儒门但明天人之道,吾佛则明四圣六凡之道,若尽天人之道,则可以趋佛道矣,其于性理不明,则天人之理,有所不明,又安能究佛氏之理乎?"②

---

① 引见幻轮的《释氏稽古略续集》卷二,《大正藏》第49卷,第934页上、中。
② 引见性统的《续灯正统》卷四二补遗,《卍新纂续藏经》(简称《续藏经》)第84册,第649页下—650页上。

对于传统儒家"以人死断灭之说破佛教生死轮回之论"的典型言论，《续原教论》阐述了佛教其实"穷心性之原,入至善之地"之"教体"、"得失违顺,生死苦乐,事物迁流,而常住真性"之"教相"及"语默动息,威仪典章,而随机普应"之"教用",主张社会之于佛教,既不能"排而毁之",甚至不可"拒而绝之"。其基本结论,就是"智者体吾佛之理,观孔圣之道,性理之学,益加详焉。而劝善戒恶之文,尤为紧切,大有功于名教,岂可自生违背,蔽吾心之良知也哉？"①

佛教的根本法门,一言以蔽之曰"观心"而已。沈氏在《观心解》称："心该万法,法彻心源,至理难知,观心斯得……盖人由迷此心体,不知反求,外为六尘所惑,内生沉掉二病,是以局促无知,偏僻异见,唯佛如来,返观此心,顿悟本性,成等正觉。"与此相对比,"今儒者尚不自识本心,岂能以心观物哉？盖不识自心,则其本已失,安能观物明理哉？"儒门中庸之道所阐述的"十六字诀"(人心惟危,道心惟微,惟精惟一,允执厥中),正是其心学之源。然而,由于人心妄想执着而颠倒故危,道心天理非思议之所能及故微。"中庸之中,在心而不在物,在内而不在外。"求之于内,即心性(悟道)之学；求之于外,则为知解(学解)之学。故教有内外,理有深浅。"心通则万法皆融,著相则目前自昧。"②儒学之弊,浮华者以辞章为事,纯实者亦不过以文义为宗,无不对心性之学罔然不识,不知有心学之源,内外两隔,体用不明,终不入圣人之域。

《续原教论》在全面辨析宋代儒佛交涉的同时,还根据自己对佛教观念的理解,讨论了"作用是性"等明代儒释之辨的重要理论问题,对明代儒学与佛教的思想诤论产生了一定的影响。后人尝评论其作品称："士识远材全,深达法相,议论纵横无碍,剖发幽觌,直明心宗,而辞旨尤善巧精妙,其曰《续原教》,亦可谓克缵镡津之绪者哉！"视沈著《续原教论》为

---

① 引见性统的《续灯正统》卷四二补遗,《续藏经》第84册,第650页下。
② 同上。

直承宋代契嵩《原教论》之绪者。

明初的儒佛交游及儒佛论辩等思想文化活动,对于当时结交士子的佛门僧徒来说,同样也是对其学识的一种检验。元末明初时期,佛门僧徒中刊行许多诗文集,其中颇为知名者有笑隐大䜣《蒲室集》、宗泐《全室集》、来复《蒲庵集》、善住《谷响集》、妙声《东皋集》、方泽《冬溪外集》、僧悦《尧山藏草》、如愚《石头庵集》、大香《云外录》等等。僧人形象及其知识活动,同样大师出现于当时文士的诗文集,如黄溍《金华集》、朱右《白云集》、宋濂《宋学士文集》等明人诗文集中,都记载了许多当时佛门僧徒参与社会的知识交游活动,反映了当时佛教生活的人文内容。

佛门僧徒出入京师,结交宫廷皇室、朝臣权贵,已见于明初。其中,最典型者莫过于见心来复(字见心,江西豫章人)。据《释氏稽古略续集》载,来复"通儒术,工诗文,一时名士皆与之交,与文僧宗泐齐名,上闻召见之,后以赋诗忤上意被刑,有《蒲庵集》行世。"①来复颇与太祖第十子蜀王朱椿相知。朱椿素有贤德之称,"博通经艺,旁及释典",为太祖所钟爱,呼之为"蜀秀才"。每与儒臣李叔荆、苏伯衡及名僧来复辈,讲道论文,殆无虚日。尝建"宝训堂",尊奉祖训及前代帝王经典,来复为之撰记,并作《正心》、《观道》、《崇本》、《敬贤》四箴。洪武二十四年(1391),因受胡惟庸案牵连,来复"坐罪入灭",成为因与朝臣来往密切而招致灭身之祸的典型事例。

第二节 明中叶的社会与佛教

明代佛教史的研究内容,虽与明代政治史变迁密切相关,但仍表现出相对的独立性格。佛教史研究中所包括的教制、活动等对象,即可以其独立性而呈现。但佛教演进的社会史内容,则与政治史变迁密切相

---

① 幻轮:《释氏稽古略续集》卷二,《大正藏》第49卷,第933页下。

关。就此意义上说,从永乐朝结束到隆庆朝开始,约100年间,明代中叶时期的佛教,虽处于整体颓败之势,但这并不意味着佛教的消失。相反,宫廷慷慨资助寺院修建、地方官府大规模出售空名度牒等社会行为,至少在表面上仍在推进着佛教的活动。明中期的佛教颓败,主要是指佛教对社会生活的精神影响力在衰减,并非指佛教寺院经济或物质性生活的危机。而佛教之所以日渐丧失其对社会大众的精神影响,其内因则在于佛教戒律的松弛、修行规范的紊乱及教典研习的淡漠。明中期佛教的整体衰弱,与当时政治环境的变迁有着密切关联。京师宫廷主导佛教行为与地方官府强力介入佛教事务,最终导致明中叶佛教的整体衰弱。

京师宫廷主导佛教行为,固然源于诸帝与佛教之间的直接关系,但明中叶的宫廷佛教行为,却逐渐扩展为一种网络化活动,从诸帝、皇室、藩王到宫妃、司监(宦官机构)甚至部分朝臣,最终构成了当时宫廷佛教的网络化行为。明中期以京师为核心地区的佛教活动,彻底改变了明初以南京为中心的佛教格局。从宣德年间到嘉靖年间,通过兴建、重建佛教寺院,宫廷佛教活动网络逐渐形成,为此一时期的僧人提供了相对广泛的游化空间,导致各地僧人争相游走京师,以博取衣食利禄。特别是明代十二监司与佛教寺院之关系,尤为引人注目。据陈玉女教授的相关统计,这一时期共有一百一十九位宦官参与兴建或重修佛寺活动,共兴建、重修佛教寺庵多达一百三十六所。① 据文献记载,"成化十七年(1481)以前,京城内外敕赐寺观,至六百三十九所"②。以至于"今都城内外,佛寺不知有几千百区"③。有意思的是,明代十二监司与佛教寺院兴修活动之间的关系,完全相应于其权力轻重次序。京师宫廷通过寺院兴修所构成的佛教网络,相当倚重其权力构成。宫廷佛教与权力构成的高

---

① 有关明代十二监司与佛教寺院之关系,可参见陈玉女《明嘉靖初期议礼派政权与佛教肃清》一文中的统计表,《东洋史论集》(1997),第24—25页。
② 《明宪宗实录》(成化二十一年[1485]正月己丑条),礼部尚书周洪谟上言。
③ 《明宪宗实录》卷三七(成化二十一年[1485]十一月条),见于南京兵部尚书王恕奏言。

度一致,最终导致当时佛教活动的极不稳定。

明中期佛教的另一个特点是对藏传佛教的崇信。当时的皇帝们几乎全都是藏传佛教的大护法。他们毫不吝啬地把种种荣誉、封号及财物赐给时称"番僧"或"西僧"者。对此情形,沈德符在《万历野获编》中记称:"番僧之号凡数等:最贵曰大慈法王,曰西天佛子,次曰大国师,曰国师,曰禅师,曰都纲,曰喇嘛。宣德(1426—1434)末年,入居京师各寺者最盛。至正统初(1436—1449),遣回本处者至六百九十一人。既而礼部尚书胡濙,再请汰其四百五十人以闻。上命法王、佛子不动,余者去住,听其自裁。盖此辈于光禄寺等日给酒馔牲廪,有日支二次三次者。此外又别支廪给。"① 藏传佛教僧人游的上述诸多称号,意味着在传统僧官制度之外,另立等级,即法王(佛子、西天佛子)→灌顶大国师(灌顶国师、大国师)→国师→禅师→讲经→觉义→都纲→喇嘛等八个等级。成化年间(1465—1487),有四百三十七名西藏僧人持有从法王到禅师不等的称号,有七百八十九人则持有喇嘛的称号。他们不仅可以自由出入于宫廷之中,并且享受着堪称世袭的食禄厚遇。时任吏部尚书的商辂尝上书皇帝,从节减朝廷开支的角度,重新检讨京师"番僧"过滥、特别是越级升等的种种弊端。他说:"又番僧在京闲住者,往往自都纲、禅师升至国师、佛子、法王等职,给与金银、印信、图书。其有病故,徒弟承袭,又求造塔,殊为侵耗。"② 更有甚者,一些"番僧"("西僧")利用皇帝的宠幸,飞扬跋扈,穷极奢华,把自己推向社会民众甚至朝臣权贵的对立面。"成化初,西僧以秘密教得幸,服食器用,僭拟王者,出入乘舆,卫卒执金吾杖前导,达官贵人,莫敢避路……"③ 明武宗如此沉迷于藏传佛教,以至于他于正德五年(1510)自赐"大庆法王"之号,甚至

---

① 沈德符:《万历野获编》卷二七《僧道异恩》下册,第 684—685 页,北京,中华书局,1997。
② 《明实录》(成化十二年[1486]七月癸亥条)卷一五五,第 2831 页。
③ 余继登:《皇明典故纪闻》卷一四,《四库全书存目丛书》史部第 52 册,第 726 页上。

披戴喇嘛徽记,登坛讲经说法。①

地方官府强力介入佛教的行政或财政行为,也是影响明中叶佛教正常活动的重要因素。早在景泰二年(1451),官府就曾出售度牒以筹集银两缓解饥荒。此后,这种做法不仅更为常见,而且价码更高。成化十八年(1482),一个官名度牒的价格升至一百二十两白银和一百担谷子。除此之外,僧官的数量剧增,甚至超出了原定名额的八倍之多。成化年间(1465—1487),僧官数目在短时间内,急剧增加到一千一百二十名。直到万历年间,僧官数量才最终被削减为四名。② 地方官府持续出售度牒及僧官人数的剧增,既削弱了官府对僧伽和僧官的控制,更导致了佛教内部的种种弊病,引发了佛教与当时社会的紧张关系,促使诸多朝臣奏请毁佛、弃佛。尤其是对于寻常百姓(农户与兵户)借出家为僧之名,逃避徭役、兵役,以及某些佛教僧人蓄养妻妾、败坏律行等行为,更成为那些经世儒臣的讨伐对象。宣德末年,"近年军民之家,通逃规免税徭,冒为僧道,累以万计,不织不耕,坐食温饱。或有拥妻妾于僧房,育子孙于道舍,败伦伤化,莫此为甚"③。景泰年间(1450—1456),"御史叶蛮言,窃见天下僧徒冗滥,败俗伤化。其间有因户内丁多求避差役者,有因为盗事发更名换姓者,有系灶户负盐课而偷身苟免者,有系逃军逃匠惧捕而私自剃发者"④。僧徒伪滥,寺纪紊乱,明初度僧试经之风,早已荡然无存。

明中叶佛教的整体颓败,莫过于典型地体现于成化朝"妖僧"继晓佞倖弄权与嘉靖朝"毁皇姑寺"这二大事件。

"妖僧"继晓(死于1488)于成化年间一度位居左善世,掌管佛教机构

---

① 《明史》卷一八四《刘春传》,引见郭朋的《明清佛教》,第32页。
② 赵翼:《廿二史札记》第三四卷,《明史·成化、嘉靖中方技授官之滥》,引见郭朋的《明清佛教》,第35页。被保留的四名僧官是一名左觉义和三名右觉义。三名右觉义分别住在南京灵谷寺、天界寺和报恩寺。
③ 余继登:《皇明典故纪闻》卷一〇,《四库全书存目丛书》史部第52册,第666页下。
④ 余继登:《皇明典故纪闻》卷一二,《四库全书存目丛书》史部第52册,第700页。

的统领之职,却于弘治元年(1488)"命斩于市"。其传记更收于《佞倖传》,成为有明一代最为臭名昭著的佛教僧人。①

继晓,俗姓黄,湖广江夏人。本为"一憸险小人,市井无赖","始以贪淫欺妄楚府,事觉走京师,夤皆缘梁芳,以星命进。上见之,大宠幸,赏赉不赀。请给护敕,旌其门曰孝行"②。其京城居所,赐额为"辅教寺"。继晓之母,身为娼妓,亦被旌表。继晓之获宪宗宠幸,缘于其所进"房中淫亵之术"。继晓极不体面地粉墨登场,既是皇帝佞佛异术及宫廷佛教活动网络的产物,更是当时僧人游走京师、邀名沾利的典型。1484年,继晓在宪宗皇帝的支持下,在北京西市修建大镇国永昌寺,不仅数百户家庭被强制搬迁,更从国库中支出数十万两白银。这一庞大工程,虽遭到刑部员外郎林春等人抗疏反对,但终归无效。

成化十五年(1479),继晓升任僧录司左觉义。五年后,更出掌左善世,统掌全国教事。《明史》卷三〇七更记称继晓"进右善世,命为通玄翊教广善国师"。至此,继晓达到其权力的极盛时期。继晓执掌教权之时,僧官任职及官府出售度牒数急剧增加,国家财政状况恶化,迅速激化了种种社会矛盾,民间宗教秘密结社组织四处蔓延,引发朝政危机。对此,监察御史陈鼒警告说:"使不早为处置,大则啸聚山林,谋为不轨;小则兴造妖言,煽惑人心,为患为细。今苏州等处累获强盗,多系僧人。"③继晓的"妖僧"之名,引起了人们对佛教僧人介入社会事务的强烈关注。

"妖僧"继晓作为宫廷佛教网络下的方外权力与个人野心所腐败的僧人特例,最终被革出佛门,还归俗人之身,并处以极刑,成为佛教罪人。继晓与稍后的道士邵元节(1459—1539)、陶仲文(1481—1560),成为佛道干世的权力典型。从明代中期直至明末,虽然绝大多数僧人并未有像继晓那样叛教灭法,但仍有许多人都奔走聚集于京师,与宫廷帝室、太监

---

①③《明实录》成化十五年(1479)十月条。
② 沈德符:《万历野获编》卷五《内臣艾琮附》,上册,第163—164页。

宦官及朝臣高官们相结交,以便获得种种教外特权。明中叶佛教的"趋鹜宰官,营办衣食"的媚俗趋利现象,引起了当时佛教界有识有为诸禅僧的觉醒,他们清醒地意识到佛教正法必须与朝廷政治之间保持一定的距离,必须持守佛教正信正行所崇尚的道德准则与行为规范。正是通过这批杰出禅僧的努力,最终促使了晚明佛教的全面复兴。

云栖袾宏所编集的《皇明名僧辑略》,记述了明中期四位著名禅僧的行实及其法要,他们是空谷景隆(1387—1466)、楚山绍奇(1403—1473)、毒峰季善(1443？—1523)和笑岩德宝(1512—1581)。其中,最为晚出的笑岩德宝,生活在嘉靖和万历年间,并对袾宏本人的佛教思想产生过直接影响,可以归为晚明佛教复兴的先导者。其他三位禅僧,则是明代中期佛教正信正行的代表僧人。通过他们的弘法行历,可以看到明代中期的一些佛教面相。

第三节 晚明的社会与佛教

隆庆年间,明代政治进入晚明时期。这一时期,尤以万历年间(1573—1620)为主体。当时的佛教界,不仅涌现了云栖袾宏(1535—1615)、紫柏真可(1543—1603)、憨山德清(1546—1623)和蕅益智旭(1599—1655)等"佛门大师"、区域佛教及其他名重一时的佛教名僧、高僧,而且还出现了佛教宗派、佛教文化等领域的全面复兴景象。

晚明佛教四大师的杰行卓识,固然突出挺立,但他们不像以往的一些佛门高僧那样,满足于与世隔绝的隐修山林,而是表现出以重修佛教寺院为弘法中心,带动了当地佛教的发展。如袾宏住持杭州云栖寺、德清重修韶关曹溪寺、智旭重修灵峰寺等,以点带面,推进了区域佛教的繁盛。在此意义下说,晚明的佛教复兴,是以佛门高僧为主导的祖师佛教与以著名寺院为主体的地域佛教相互配合、共同作用的结果。更进一步地说,在晚明时期的佛教诸大师周围,都有着一个能够维护佛法正信、遵守佛门正行,并由佛教僧人、地方士绅及民众信徒共同组成的社团。这成为晚明佛教复兴的基本内容。

晚明佛教的复兴,既涉及以禅宗为主体的不同佛教宗派,更渗透于当时社会文化的诸多层面。其中,尤为引人注目的现象是寺院僧人与佛教居士都致力于佛教著述的编纂汇集与刊刻流通,从而为后人了解明代佛教提供了极为完备的文献著述。

佛教文化的基础是经教文化。佛经的迻译与论著撰述,使唐代成为中国佛教史最具特色的创造性时代之一。语录、灯录和寺院清规的编撰,则使宋代成为中国禅宗佛教的黄金时代。明代社会,在注重语录、灯录及法派传承系谱的同时,还广涉其他佛教文化领域。佛教著述的大量涌现,是晚明佛教复兴的重要内容之一。这一情形,反映了晚明社会对佛教文化的普遍关注和积极参与。

宋代二百年间,佛教禅宗的五部灯录先后编撰完成,并于宋末撷要编成影响广泛的《五灯会元》。入明以后,玄极于建文三年(1401)又辑成了《续传灯录》。明末时期,禅宗典籍的汇集编纂达到了高峰。从1595—1653年的五十八年间,相继推出了五十种禅籍,共计三百八十六卷。它们由三十六位禅师和十位居士所撰著。平均每间隔十四个月就有一部新著出现。这些著述涵盖了禅宗历史、禅师语录以及有关禅宗典籍的疏释。这种文字化趋向一直持续到清代乾隆年间(1736—1795),可见其影响与地位。当时还出现了许多禅宗之外的佛教著述,其内容涉及佛教经典、戒律及历史等领域的研究。① 晚明时期,不仅佛教僧人活跃,而且居士佛教徒的活动亦大为增加。

通过梳理撰于1642—1794年间的九部灯录,圣严法师曾收集了有关117位禅僧的相关数据。据其籍贯核计,他们中的绝大多数(共72人)来自东南诸省,其中,浙江(31人)、江苏(13人)、福建(11人)、安徽(6

---

① 圣严:《明末中国的禅宗人物及其特色》,《华岗佛学学报》第9期(1984年),第3—4页。

人)、江西(6人)、湖北(4人)和湖南(1人)。中国北方次之,以河北(12人)、河南(6人)和陕西(4人)为代表。在西南地区,仅四川就有12人,产生了一批著名禅僧。① 这种情形,正是晚明佛教区域性发展的重要表征。

自唐末五代以来,禅宗是佛教最为兴盛的一个宗派。在晚明时期,禅宗依然保持着对当时社会的广泛影响。当时包括佛教四大高僧在内的著名僧人,大都有着参禅的经历。专弘禅法者,则为数更多。晚明时期的禅宗佛教注重禅修方法的有效性与针对性,颇具特色。云栖袾宏《禅关策进》、费隐通容(1592—1660)《祖庭钳锤录》、晦山戒显《禅门锻炼说》、无异元来(1575—1630)《博山参禅警语》等禅修论著,既对禅修方法进行了总结与阐释,又使禅修在社会上产生了较大的影响,吸引了更多的社会人士参与禅修活动。

晚明社会与佛教的互动关系,还鲜明地体现于晚明居士佛教的兴盛与发展。以居家学佛为特征的居士佛教,与当时寺院佛教的兴盛与发展是相同步的。清代彭际清(1740—1796)所撰的《居士传》共收录了103位明代居士佛教徒,其中仅有四位生活在万历之前。他们中的绝大多数来自江南地区。其中,大多数来自江苏和浙江两省。这些佛教居士大都对禅宗和佛典研究感兴趣,认同佛教信仰及其修持活动对现实生活的精神意义。

这些居士佛教徒构成了晚明佛教与社会重要联结纽带。通过这种联结,扩展了佛教的社会影响,同时又反过来增加了他们自身的信仰观念与护法意识。当然,佛教的信仰与修行并非仅限于居士佛教徒。佛教影响当时社会的最主要方式,还是来自更为传统的观音菩萨、地藏菩萨、阿弥陀佛、药师佛等信仰活动,以及果报感应、圣凡转世等佛教观念。这

---

① 在此期间,共编撰了禅宗文献之外的著述65种,凡269卷。圣严:《明末中国的禅宗人物及其特色》,第15—17页。

些信仰活动及佛教观念,才是明代社会各阶层所普遍持有的教化内容。在有关晚明社会习俗的诸多描述或记载中,除寺院生活、僧尼形象之外,诸如念佛放生、持斋吃素、静坐禅定、苦行禁欲等佛教仪式,业力果报、西方极乐世界等佛教观念,名山朝圣、菩萨保佑、佛祖圣灵等感应事例,所有这些都被整合到当时民众的信仰系统之中,甚至成为当时一些民间教门的宗教观念。

明代是佛教观念全面渗透普通民众日常生活的典型时期。传统的节庆习俗,更多地融入了佛教因素。普通百姓对佛教的节日活动,更是趋之若鹜。沈榜的《宛署杂记》,记载了当地民俗生活中许多佛教化的节庆活动。①

随着佛教信仰及其思想观念对民俗生活的持续渗透,晚明社会各界对佛教亦颇多质疑。在当时的一些话本小说等文学作品中,甚至还有对佛教僧尼负面形象的露骨描写。然而,这些态度并未削弱社会公众对佛教信仰的认同,反而表明了晚明佛教复兴的丰富内容。

---

① 沈榜:《宛署杂记》,第 167—169 页;谛田牧亮:《民俗佛教》,第 110—111 页。

第二章 明王朝的佛教政策

佛教与政治的关系,其内容主要有两大方面。一是帝王的佛教态度,二是朝廷的佛教政策。在封建专制制度下,这两个方面往往是密切相关的。王朝的佛教政策,多受帝王的佛教态度所左右。因此,明代的佛教政策,实已涵括帝王的佛教态度。依据明代政治史的时期划分,明王朝的佛教政策,同样可以大致分别为明初、明中期及晚明三个阶段。①

第一节 明初诸帝与佛教(从洪武到宣德)

一、明太祖与佛教②

明太祖朱元璋出身寒微,十七岁时于濠州(今安徽凤阳)皇觉寺出家。作为早年经历过寺院生活的开国皇帝,在《明太祖文集》二十卷中,有四十六篇文章的内容涉及到佛教,其中包括影响颇广的《三教论》、《僧道论》以及《心经序》、《诵经论》等。此外,他还撰写了大量佛教诗偈,以

---

① 参见何孝荣的《明代南京寺院研究》,北京,中国社会科学出版社,2001。
② 参见周齐的《明代佛教与政治文化》,北京,人民出版社,2005。周齐:《试论明太祖的佛教政策》,《世界宗教研究》,1998年第3期。

及由明成祖制序的《集注金刚经》一卷。其中大部分文章,后来被编辑为在晚明时期有着广泛影响的《护法集》一书中。①

建朝之初,明朝廷对佛教采取既充分利用、积极强化行政引导,同时又实行严格控制、强化行为规范的政策。这些政策,具体体现于僧官制度的确立与调整、加强佛教寺院的社会化管制、对佛教僧人活动实行规范化引导,以及充分利用佛教进行邦交的国家意识、儒释道三教并兴的教化平衡观念等方面。这些政策导向及其具体内容,具有一定的交互性,相互牵制,并且往往取决于于皇帝的性好与偏向,由此导致明代的佛教政策容易出现波动性,从而影响到明代佛教的整体演进起伏不定。

（一）僧官制度的确立与调整

明初的僧道建制,随着行政控制的强化而逐渐建立。洪武元年(1368),朱元璋设善世院、玄教院,秩从二品,分掌僧道,以僧慧昙及道士经善悦真人主之。② 据宋濂的解释,明初设立善世院,主要是仿据于元文宗在金陵诏建大龙翔集庆寺"独冠五山"之例,"国朝因之,锡以新额,就寺建官,统辖天下僧尼"③。佛教之所以统属于善世院,并由敕称"天下第一禅林"的南京天界寺僧僧觉原慧昙(1304—1371)住持,赐觉原号为"演梵善世利国从教大禅师",正是出于"就寺建官"的考虑。虽然天界寺善世院下置统领、副统领、赞教、纪化等员,以期实现对佛教教团的有效管制,但由于洪武四年(1371),慧昙示寂,突然失去了"就寺建官"的合法依据,故太祖不得不一度弃革佛教善世院之名。这意味着善世院的设立,主要是仿据先朝故例,基于"就寺建官"的临时考虑,具有一定过渡性,尚

---

① 有关明太祖与佛教的关系,主要参见朱鸿的《明太祖与僧道:兼论太祖的宗教政策》,台湾《历史学报》,1990年第18期。
② 《明太祖实录》卷二九,第12页下。焦竑:《国朝献征录》卷一一八,第29—32页(总第5187—5188页),上海,上海书局,1987。宋濂:《翰苑续墨》卷五《天界善世禅寺第四代觉原禅师遗衣塔铭》,《宋濂全集》第2册。
③ 宋濂:《翰苑续墨》卷五《天界善世禅寺第四代觉原禅师遗衣塔铭》,《宋濂全集》第2册,第858页,杭州,浙江古籍出版社,1999。

未真正确立其统领全国僧事的行政权威性。直到十四年(1381)十二月，一并革善世、玄教二院，而于翌年四月确立僧道正式官制。

明代僧道官制的建立，系太祖从诸僧之请，立佛教、道教官职，为崇奉二教的行政表现。当时僧道人数日多，寺政日繁，设官分职，势在必行。洪武十五年(1382)四月建立的僧官制，在中央设僧录司，执掌天下释教事。僧录司原设天界寺，后因火灾迁天禧寺。僧录司下设左右善世二人(正六品，禄月米十石)、左右阐教二人(从六品，禄月米八石)，左右讲经二人(正八品，禄月米六石半)、左右觉义(从八品，禄月米六石)。地方上，府设僧纲司，都纲一人(从九品，禄月米五石)、副都纲一人，掌本府教事。州设僧正司，僧正一人，掌本州教事。县设僧会司，僧会一人，掌本县教事。自副都纲以下俱未入流，皆不给俸。① 建置之初，附郭会亦有僧会、道会二司；六月革除，悉属本府僧纲、道纪司。② 至此僧道官制的建立大体完成。此后迄洪武朝终，未再增设僧官之职。

明初所确立的僧官建制，在结构形态上，表面上分设中央、府、州、县四级，权力中枢实则集中于僧录司与僧纲司，这是与明代的行政建制所相应的。其权力形态上，则表现为僧官的推选、名刹住持的举荐及检束出家僧的行为。僧官的职权，既具有相对的独立性，同时又受制于相应的行政权力。其权力实质，其实就是以僧治僧、以僧制僧。以僧治僧，表现于僧务教事的内部管理；以僧制僧，则体现为把僧范律令与社会(行政)约束的外在结合。其现实效应，则意在施行僧俗隔离，僧官掌管僧务，僧务隶属僧官。

明太祖规定，凡为僧道官者，必须要通晓经典，且戒行端谨，中央僧官多有以高僧任者。府、州、县僧道官，仅设官不支俸给；吏胥以僧道为之，仍以佃户充从者。若各寺观住持有缺，则由僧道官荐举有戒行通经

---

① 《明太祖实录》卷一四四(洪武十五年四月辛巳)，第1页下。
② 《明太祖实录》卷一四六(洪武十五年六月乙未)，第3页上。

典之人,送僧录司考中,具申礼部奏闻方许任之。僧道官的职责在检束天下僧道,凡不能恪守戒律清规者,由僧道官自行处理,有司不得预闻。但若犯与军民相干之罪,有司则可加以惩治。① 明代僧道官品秩下降,低于行政序列的地方官员,一改元朝僧官可与行政官员分庭抗礼的权力结构。僧道官员额亦有定数,不得滥增,这就彻底改变了元代可自选官吏,且军民通摄、僧俗互用的弊端。在职权统属上,明代僧官只掌教内事务,而元代则付予政治、外交与军事大权。这反映了明代宗教已隶属于政治之下,切断了僧官干政的行政管道。

由僧官制上也呈现了元明两代对佛道二教态度的不同。元代崇佛轻道,明代则暗含有崇扬道教的意味。在官职上,道家除了与释教官平行的某些官职外,又设有真人一职,品秩极高,居于僧道官制之首,下又辖有赞教、掌书二职。此外,尚有神乐观提点、知观,及三茅、阁皂灵官,借以调和平衡二教。元代崇佛抑道,道教自元宪宗、世祖以来颇受摧残,势力不振,故太祖稍重之,使道教地位不致去佛教太远,略收制衡作用。如此宗教势力更无法超越政治之上,仅能做阴翊王度的工具,同时也解决了佛教与道教千年来的争执及相互排斥的冲突。这种强调佛道平衡的政策导向,对明代的佛道格局产生了重要的奠基性影响,直接影响到佛道二教关系的历史演进。

总体而言,出于引导宗教为政治服务、抑制其势力过度膨胀的现实治道,明代自太祖始就不断改进僧道建制,通过尊礼高僧异道及清理二教双管齐下的方式整顿佛道,同时利用僧侣为使,出使外邦,宣示国威,客观上提升了佛教僧侣的社会政治地位。

(二)加强佛教寺院的社会化管制

佛教是社会文化、教化体系、意识观念的一种类型,佛教寺院作为社会组织化实体,需要导入社会化的管制,决不可放任自流,乃至于败坏社会秩序。有鉴于此,明太祖首先施行佛道禁例,严防左道惑民;继而辅之

---

① 《明太祖实录》卷一四四(洪武十五年四月辛巳),第1页下。

以分类管制的行政举措,通过佛教内部的隔离化处置,提高佛教管制的社会化效率。同时,颁发一系列诏令,重申僧道禁例、清理不良寺观、实施僧人身份分类标识、制定佛教法事仪轨及其社会服务的价格等,落实佛教寺院的社会化管制,意在把佛教纳入社会教化的整体体系之中。

明太祖出身于社会底层,虽从元末宗教化叛乱谋求政权易代之利,却深知宗教组织与民众结合的社会叛逆性及其严重危害。因此,太祖首先明令严禁涉及到白莲教、明尊教、白云宗等左道邪教的聚众活动。为了净化社会风气,确立教化秩序,太祖严饬官府加强对民众化仪式中诸如男女混杂、酒肉自恣之习的禁绝。为了预防僧道与官府的勾结,设立砧基道人,以供官府差役之用,不许僧道与官府直接联系。这些禁例的关键要素,旨在防范宗教场所及其仪式活动成为聚众滋事的载体。

洪武十五年(1382),诏令将天下寺院分为禅、讲、教三类,要求所有僧众分别专业。"礼部照得佛寺之设,历代分为三等,曰禅、曰讲、曰教。其禅不立文字,必见性者方是本宗;讲者务明诸经旨义;教者演佛利济之法,消一切现造之业,涤死者宿作之愆,以训世人。"①禅,指禅宗;讲,指华严、天台、法相诸宗;教,取代以前的律寺,从事瑜伽显密法事仪式,举办为死者追善供养、为生者祈祷求福等法会活动。教寺的建立,反映了社会各阶层对佛教法事的强烈兴趣,也是佛教深入民间,日益演化为民俗佛教、仪式佛教的一种表现。同年,又诏令禁止寺田买卖,在经济上加强对寺院的管制。

朱元璋对佛教强化管理的根本目的,在于切断它与民众的组织联系,防止惑众滋事,以至于成为造反起义的手段。洪武二十四年(1391),发布《申明佛教榜册》,诏称:"今天下之僧,多与俗混淆,尤不如俗者甚多,是等其教而败其行,理当清其事而成其宗。令一出,禅者禅,讲者讲,瑜伽者瑜伽,各承宗派,集众为寺。有妻室愿还俗者听,愿弃离者听。"②

————————
① 《释氏稽古略续集》卷二,《大正藏》第49卷,第932页上。
② 同上书,第936页中。

洪武二十七年(1394)，又发布新的《榜册》，不许僧人以化缘为由，强索捐助，奔走市村；不许僧人交结官府，也禁止俗人无故进入寺院。

在诏令三分禅、讲、教的同时，明太祖还制定了僧服的形式规范，"定天下僧道服色。凡僧有三：曰禅、曰讲、曰教。禅僧，茶褐常服，青条玉色袈裟；讲僧，玉色常服，深红条浅红袈裟；教僧，皂常服，黑条浅红袈裟。僧官皆如之。惟僧录司官，袈裟缘纹及环皆饰以金。"①这种强制干预僧服形式的举措，并非出于僧人的等级化划分，而仍然是为了有效地区别教僧与讲、禅僧之间的身份不同，便于僧务的社会化监督，最终强化僧俗隔离的分治效果。

为了加强对佛教教化的行政主导，明太祖通过行政诏令把天下高僧集中到南京，并在南京兴建天界寺、天禧寺与能仁寺，作为禅、讲、瑜伽的中心寺院。这种寺院建制，被后世誉为明初"法道中兴"的标杆，有利于僧才的集中培养。"洪武三年，诏天下高僧，安置于天界寺，建普度道场于钟山灵谷，名流毕集，大阐玄宗。御驾躬临，亲闻法喜，而法道之盛，不减在昔，何其伟与！由是于一门制立三教，谓禅、讲、瑜伽，以禅悟自心，讲明法性，瑜伽以济幽冥。乃建三大刹，以天界安禅侣，以天禧居义学，以能仁居瑜伽，汪汪洋洋，天下朝宗。"②为了维持三教的区分，僧人们根据不同的证书而验证身份，并必须穿戴着不同颜色的服装。僧人德清证实说："至我圣祖(即明太祖)，制以禅、讲、瑜伽三科度僧，以《楞伽》、《金刚》、《佛祖》三经，以试禅、讲；以焰口、施食、津济疏文，以试瑜伽。能通其一，方许为僧。今南都(南京)之天界为禅，报恩为讲，能仁为瑜伽，遵国制也。"③

当然，佛教的这三种分类，并没有与在西方宗教中的教派或宗派相同的功能。它们主要适用于寺院和僧人的行政管理上的划分。这一情

---

① 《明太祖实录》卷二〇九，第3110页。
② 德清：《雪浪法师恩公中兴法道传》，《憨山老人梦游集》卷三〇，总第1575页。
③ 《憨山老人梦游集》卷二〇，第7页。

形的变动性,可由另一个例子,即僧伽服饰的颜色,加以说明。在明朝初年,规定禅僧要穿黄色服装;讲僧则穿红色服装;而教僧则穿浅绿色服装。在16世纪末,僧人袾宏曾回忆在他年轻时曾见到的不同颜色的服装,曾注意到了在这些年间所发生的变化。有趣的是,在其评论中,他并没有提及教,而是提到了以戒律或毗尼作为第三种类型:"禅、讲、律,古号三宗,学者所居之寺,所服之衣,亦各区别。如吾郡,则净慈、虎跑、铁佛等,禅寺也。三天竺(上、中、下天竺)、灵隐、普福等,讲寺也。昭庆、灵芝、菩提、六通等,律寺也。衣则禅者褐色,讲者蓝色,律者黑色。予初出家,犹见三色衣。今则均成黑色矣,诸禅、律寺均作讲所矣。"①

佛寺是佛教活动的社会基础之一。因此,清理佛寺、限定寺额,成为明太祖整饬管制佛教的重要行政手段。洪武六年(1373),太祖即诏告天下:"府、州、县止存大寺观一所,并其徒而处之。"以防"徒众日盛,安坐而食,蠹财耗民"②。明太祖的此项管制条例,具有明确的针对性,即针对府、州、县等大寺观而言。除都市寺院建制化的管理外,明太祖还试图推行寺僧的聚居化建制,如《申明佛教榜册》规定:"凡僧人不许与民间杂处,务要三十人以上聚成一寺,二十人以下者听令归并成寺。其原非寺额,创立庵堂寺院名色并行革去"③。至于"幽隐于崇山深谷"的佛教修行者,则不在此例。

(三)对佛教僧人的修学活动实行规范化引导

太祖诏令天下寺院三禅、讲、教,虽然具有承绪宋、元佛教寺院设置的历史延续性,但其现实旨趣仍不落归于僧俗隔离的管制原则。在三分佛寺功能的制度设置中,唯有教寺之瑜伽僧才具有应化俗务的合法资格,而讲寺与禅寺原则上应保持僧范律仪的纯粹性,"会众以成丛林,清规以安禅",不得游方接俗,杂处民间,以悦俗为务。在此意义上说,三分

---

① 袾宏:《竹窗二笔》,《莲池大师全集》,第3830页。
② 《明实录》卷八六。
③ 《金陵梵刹志》卷二,第62—63页。

佛寺的建制，便利于僧官以僧治僧、以僧制僧的落实，符合僧录司与僧纲司的设置初衷，即在佛寺内部严格实施"恪守戒律，以明教法"。

明太祖对佛教管制与利用并举的行政原则，相比于讲寺讲僧、禅寺僧禅，教寺教僧显然具有更强的现实适应性，使教寺的生存能力更强，导致许多出家人起初总是选择瑜伽事务，而非选择习教、参禅。长此以往，佛教教化民众的机能必将削弱，有违于太祖利用佛教暗助王纲的治道初衷。基于此见，明太祖于洪武十五年（1382）将僧录司官员正式任命之后，又特别饬令现任僧官（左阐教与右觉义）前往能仁寺开设应供道场，以强化天下教僧应赴佛事的能力与知识的培训，"见除僧行果为左阐教，如锦为右觉义，前去能仁（寺）开设应供道场。凡京城内外大小应付寺院僧，许入能仁寺会住看经，作一切佛事。若不由此，另起名色，私作佛事者，就仰能仁寺官问罪。若远方云游，看经抄化，及百姓自愿用者，不拘是限"①。

明太祖显然对加强应赴僧能力的培训效果比较满意，因此在试行考量一年后，颁发了设置应供道场作佛事的正式规定，"即今瑜伽显密法事仪式及诸真言密咒，尽行考较稳当，可为一定之规行于天下诸山寺院，永远遵守。为孝子顺孙慎终追远之道，人民州里之间祈禳伸情之用。恁僧录司行文书与诸山住持，并各处僧官知会，俱各差僧赴京，于内府关领法事仪式，回还学习后三年，凡持瑜伽教僧，赴京试验之时，若于今定成规仪式通者，方许为僧。若不省解，读念且生，须容周岁再试。若善于记诵，无度牒者，试后就当官给予。如不能者，发为民庶"②。

明太祖对教寺教僧的特别重视，取决于教寺教僧功能的应世性或世俗性。在洪武二十四年（1391）颁布的《申明佛教榜册》及其他诏令文书中，有许多条例都是针对教寺教僧的规定和限制。其中，颇为引人注目

---

① 《释氏稽古略续集》卷二，《大正藏》第49卷，第932页上。
② 同上书，第932页下—933页上。

的则是详尽规定了"道场诸品经咒布施"及"陈设诸佛像、香灯、供给"的价格。例如:"《华严经》一部,钱一万文;《般若经》一部,钱一万文;内、外部《真言》,每部钱二千文……陈设诸佛佛像、香灯、供给阇黎等项劳役钱,一千文。"①至于参与赶经忏作佛事的教僧,钱财收入上也有具体限定:"瑜伽僧既入佛刹,已集成众。赴应世俗,所酬之资,验日验僧。每一日每一僧钱五百文。假若好事三日,一僧合得钱一千五百文。主磬、写疏、召请三执事,凡三日道场,每僧各五千文。"②以条令方式明确规定教僧佛事活动的价目,意在加强佛事的社会化监管。明初佛事活动的普遍盛行,使教寺教僧颇受民众关注,加强对佛事活动的规范,显然有利于减少不必要的纠纷。据日本学者龙清池的研究,全国的寺院数及三派的比率虽然不详,而由现在的明代地方志书来看二三地方的比率如下:湖州府,教寺三十七,讲寺六,禅寺二十四,所属宗派不明十七,总计八十四寺,所归并的寺院庵堂二百五十一寺;姑苏府,教寺七十一,讲寺二十三,禅寺三十一,所属宗派不明六,总计月百三十一寺,所归并寺院五百五十八寺。③

出于佛教僧人行为规范引导,明太祖还特别提倡沙门讲习《心经》、《金刚经》、《楞伽经》,命宗泐、如玘等注释三经,以为钦准文本。宋濂在宗泐、如玘奉诏敕注《新刻楞伽经后题》述称,"皇帝御宝历,丕弘儒典,参用佛乘,以化成天下。且以《般若心经》及《金刚》、《楞伽》二种,发明心学。寔为迷途之日月,苦海之舟航"④。天下一统,以儒典为治世之本,以佛乘为辅弼之用,这是明初僧界领袖们对明太祖宗教治术的解读,并强调出家僧人的经典学习,引导佛教徒在思想上走向统一。

(四) 充分利用佛教服务于治道与邦交的国家意识

明太祖因势力利用宗教以阴翊王度的政策,实行最成功者,就是以

---

① 《明实录》卷一五○《太祖实录》。
② 《金陵梵刹志》卷二,第61页。
③ 参见《明太祖的佛教政策》,张曼涛主编的《现代佛教学术丛刊》第15册。
④ 宋濂:《新刻楞伽经后题》,《大正藏》第39卷,第425页上、中。

僧侣出使外邦。由于西域诸地及我国四邻之邦多接受佛教信仰，太祖委派僧侣为特使，利用宗教力量安抚日本、西宁、吐蕃（朵甘乌斯藏）等地。

自元朝二次征伐失败后，日本气势颇盛。明太祖即位后，遣杨载、赵秩先后至日本，告以来朝之意。为了防倭侵扰，明朝急欲知悉日本国情。此时，日本留学僧椿庭、海寿正在金陵天界寺，太祖乃召而问之，得悉此情。不久，日本良怀遣僧祖来前来，明太祖决定利用佛教改善明朝与日本的关系，遂派遣僧祖阐、克勤等二十八人出使日本。这个主要由佛教人士组成的使节团，在日本颇受欢迎。他们到处讲经弘法，起到了良好效果，于洪武七年(1374)返国。自祖阐、克勤回国后，良怀数遣僧使前来表贡方物谢罪，奠定了明初与日本关系的良好基础，达到了太祖借宗教敦促日本朝贡的愿望。克勤因出使有功，洪武九年(1376)复其俗姓，授考功监丞之官，日后更升至山西布政使。①

在藏传佛教系统态度上，明太祖虽然废除了藏传佛教在内地的特权，但并没有中止藏传佛教与内地的实际联系。他继续给喇嘛以优渥的礼遇，并以此作为皇权中央管辖西藏地方的重要渠道。

洪武六年(1373)，前元朝帝师喃迦巴藏卜入朝，赐以"炽盛佛宝国师"称号；次年，八思巴之后公哥监藏巴藏卜入朝，尊为帝师。

明初，西宁时有动乱，明太祖通过茶马互市进行安抚，不久更利用佛教进行抚绥。洪武六年，西番阿撒捏公寺住持僧端月监藏便乞降，太祖纳而礼之。洪武二十六年(1393)西宁番僧三剌贡马来朝，请护持及寺额，明太祖赐名昙云寺，并立西宁僧纲司，以三剌为都纲。继立河州番、汉二僧纲司，都任命当地僧人负责。汉僧纲司以前朝元国师魏失利监藏为都纲，番僧纲司以僧月监藏为都纲，并设宁夏僧会司。自此以后，西宁番僧争建寺庙，太祖常赐以嘉名，并赐护持，番僧来者益众，终于达到了

---

① 《明太祖实录》卷一〇六（洪武九年[1376]六壬子），第8页上。

怀柔远人的目的,巩固了明代的西陲。

吐蕃也是崇佛多僧的国度,元代尊崇喇嘛,设置帝师,并设宣政院加强行政管理。明太祖因俗而治,用僧徒化导为善。洪武六年(1373),将吐蕃之地设朵甘、乌斯藏二都挥使司,下设宣慰司等官,均由当地人负责。并改摄帝师为炽盛佛宝国师。洪武七年(1374),授元帝师八思巴之后公哥监藏巴藏卜为圆智妙觉弘教大国师,乌斯藏僧答力麻八剌为灌顶国师。太祖敕谕,化育僧徒。仍命乌斯藏帕木竹巴僧章阳沙加监藏为灌顶国师,由其子孙世袭。太祖对西番之地,推行宗教羁縻政策,以僧化俗,颇收绥抚西土之效。

西域诸国亦崇佛教,太祖于洪武三年(1370)遣高僧慧昙往西域招谕吐番。洪武十一年(1378),又遣宗泐出使西域。明太祖先后遣两大高僧前往,便是因俗为治,利用佛教,充分发挥其阴翊王度的功效。洪武十七年(1384),又遣西僧板的达弟子僧智光往使尼八剌国及其邻境地勇塔国。智光颇富才辩,宣扬大明天子德意。返国时,尼八剌国王亦遣使随行来贡方物、佛经及名马。自此西域绥服,远人来归。

明太祖以佛僧为使节的政策,为明代诸帝所遵行。明代西域、吐蕃一带无大患,佛教治化发挥了重要作用。

(五)儒释道三教并兴的教化平衡观念

明太祖虽与僧道过从甚密,但对于具有颠覆性的明教、白莲教的秘密结社组织却严加禁绝。不过,由于明太祖的示范作用,明代帝王多崇尚方术,以致淄流仕进,窜乱朝政,僧侣横行,游食蠹民。明初的三教关系,并非属于教界人际关系之争,更非涉及教理教义之辨,而是涉及到错综复杂的政治争斗。在此意义上,明代的三教之争与其说是宗教之争,毋宁说是政治之争。

就明初政治人物的类型而论,明初缺乏治国人才,时人才集中于江浙地区。淮右武将集团多奉道教,而江浙文士集团则多尚佛教。明太祖本人曾入庙为僧,所以对佛教情有独钟。即位之初,虽设无遮大会于钟山,但王公朝臣仍有不少排挤佛教者。这些都迫使太祖崇佛与重儒相平衡,更以调和三教为己任,一切以利于治道的现实服务。

正是出于现实治道的政治需要,明太祖尝撰《三教论》,阐明明朝对三教关系的基本态度。太祖指出,三教之说,自汉历宋而及明。儒尊仲尼,佛祖释迦,道宗老聃。对于"老子之道",绝非等同于"金丹黄冠之术",更非"虚无之道",而是包括有国有家者日用常行,密行三皇五帝之仁,法天正己,实与仲尼之志齐。"若果必欲称三教者,儒以仲尼,佛以释迦,仙以赤松子辈,则可以为教之名,称无瑕疵。况于三者之道,幽而灵,张而固,世人无不益其事,而行于世者,此天道也。"太祖总结了历史上对于仙佛之教的两种愚昧之见,其一出于贪生怕死,希求长生不死,其二为求仙、佛而无验,故责仙、佛祸国殃民,排仙毁佛。通过历史上诸多事例,太祖明确得出结论,三教为王纲之用,明天地之大机,可以训世,可以治道。"若崇尚者,从而有之,则世人皆虚无,非时王之治。若绝弃之而杳然,则世无鬼神,人无畏矣,王纲力用焉。于斯三教,除仲尼之道,祖尧舜,率三王,删诗制典,万世永赖。其佛仙之幽灵,暗助王纲,益世无穷,惟常是吉。尝闻天下无二道,圣人无两心。三教之立,虽持身荣俭之不同,其所济给之理一然。于斯世之愚人,于斯三教,有不可阙者。"①

明太祖对仙、佛二教的辩护性阐述,尽管以仲尼儒教为万世永赖的正统主流,但通过为仙道辟诬,为佛教申辩,深信二教能教化民众,暗助王纲,对政权治道的建立与稳定作用显著。因此,太祖对时人以僧道有罪,其学不过独善其身,游食于民,可禁而绝之的主张,明确表示不以为然。他作《释道论》一文,提出二教之行,有益王纲、利良善、化凶顽之效。② 不过,太祖虽然肯定佛道二教训世益世、利于治道的功效,教化行则世道明,但他告诫朝廷王臣,于佛道二教应无偏执,守其中道,不可爱

---

① 参见朱元璋的《三教论》,《全明文》第一册,第145—146页,上海,上海古籍出版社,1992。
② 参见朱元璋的《释道论》,同上书,第144页。

于此而憎于彼。凡有憎爱,皆非王臣所为。至于普通百姓的佛道信仰,则各随所好,不加干涉。

明太祖对仙佛二教训世教化、益世治道的功能性阐述,一则解决明朝取代元朝的政治合法性,二则试图在明初崇奉道教甚笃的公侯武将与较倾向佛教的江南文士之间取得政治利益的平衡,尤其关注仙佛"振王纲,翊王度"、"暗助王纲"的治世功能,以此实现宗教行政上的协调,不至于因宗教倾向的不同而影响政局的稳定。

二、明成祖与佛教

明成祖朱棣(1403—1424年在位)本人并非是一位信崇佛教者,不过他以僧人道衍为谋主,发动"靖难之变",经四年战争,夺取帝位。尽管明成祖本人并不崇佛,但由于这段佛教与政治结合的特殊因缘,诱发了明成祖即位后对佛教所持的神异性取向。正是这种注重佛教神异化的因素,使明成祖对佛教的利用显得更为直接和粗鄙。

首先是利用所谓"仁孝皇后梦感佛说",编撰伪经,大肆宣扬佛教信仰的神迹性。

仁孝皇后(1362—1407)为徐达(1331—1385)长女,故亦称徐后。徐后博通经载,知书达理,颇具贤后之名。但她之所以闻名于时,主要缘于"梦感佛说"而成《大明仁孝皇后梦感佛说第一希有大功德经》上、下二卷。

据其撰于永乐元年(1403)正月初八的序文称,"洪武三十一年(1398)春正月朔日,吾焚香坐阁中,阅古经典,心神凝定。忽有紫金光弥满四周,恍惚若睡梦,见观世音于光中现大悲像,在吾前行"[1]。接着,历述其梦游耆阇崛境,蒙观音菩萨接引,而得闻"如来常说第一希有大功德经",并预言"(此经)为诸经之冠,可以消弥众灾,诵持六年,得成佛果。

---

[1]《大明仁孝皇后梦感佛说第一希有大功德经序》,《续藏经》第1册,第353页上。

后妃将为天下母,堪付嘱以拔济生灵。遂出经一卷,令吾随口诵之,即第一希有大功德经也。吾诵三遍,记忆无遗。忽闻宫中人声,遽然警寤,亟取笔扎书所授经咒,不遗一字,由是日夜持诵是经不辍。"最后,序文盛赞经文灵验的不可思议,如遇削藩之难,终成天下母等等,皆一一应验,遂发心刊刻此经:"(洪武)三十五年(建文四年,1402),平定祸难,奠安宗社,抚临大统。吾正位中宫,深惟昔日梦感佛说第一希有大功德经,一字一句,皆具实理,奥义微妙,不可思议,人未得闻。今不敢自秘,用锓梓广施,为济苦之津梁,利益世间。姑述为存,翼赞流通"①。

明成祖据位南京的第二年(1404),就迅速锓梓这部前所未闻的《佛说第一希有大功德经》,显然有其明确的政治意图,那就是宣告天下"靖难之变"的圣佛合理性,以及暗示朱棣乃是深获佛陀灵佑的真命天子。这部佛经,既在一个梦境或幻境中启示徐皇后,又包含着众多咒语,表明它与藏传佛教传统密切相关。

明成祖朱棣出于皇位正统性的政治考虑,需要借助佛教乃至佛陀、菩萨的灵验与神异,仁孝皇后"梦感佛说"(尤以观音菩萨为接引)《第一希有大功德经》,无疑具备了佛陀、菩萨、佛经、预言等佛教性的灵验要素,可以直接地达成其政治目的。因此,这部别具一格的伪撰佛经,在姚广孝等人的请奏下,在南京天禧寺雕刻经板,其印行本在民间流传一时,并收录于明神宗于万历十二年(1584)所刻的《大明圣教北藏》(即《永乐北藏》)中。

其次,明成祖还决意编纂了一部《御制神僧传》,为历史上诸多"神僧"立传。永乐十五年(1417)正月,成祖命僧官从僧史中选取灵异表现的佛教僧人,撰《神僧传》九卷。此作"采往昔名僧功行之超卓都辑为一编",始于东汉迦叶摩腾,终于元代胆巴,共计二百零九位"神僧"。这种为"神僧"作传的体例,不仅是前所未见的新创,而且更有借神僧护佑天

---

① 《续藏经》第1册,第353页中、下。

下的政治寓意。

在《神僧传序》中,明成祖述其撰著用意称:"神僧者,神化万变,而超乎其类者也。然皆有传,散见经典,观者猝欲考求,三藏之文,宏博浩汗,未能遍周,是以世多不能尽知,而亦莫穷其所以为神也。故问翻阅采辑其传,总为九卷,使观者不必用力于搜求,一览而尽得之,如入宝藏而众美毕举。遂用刻梓以传,昭著其迹于天地间,使人皆知神僧之所以为神者,有可征也。"①由于编撰体例的局限性,《神僧传》并非以其文献价值取胜,而是以其"神化万变"的灵异效应为人所关注。这成为此书传布一时的重要原因。

一个更为奇异的现象是,在《神僧传》的记述中,历史上诸多"神僧"皆与帝王朝贵关系密切,且表现为敬重"神僧",则帝王朝贵日后必有灵佑;若"神僧"为昏君权臣所轻侮,则这些恣作威福者终致遭祸。明成祖之所以发心编撰《神僧传》,显然表明自己希望获得神僧助祐之意。而成祖时最著名的当代"神僧",则非"通阴阳术数"的"太子少师姚广孝"莫属。

再次是树异僧,显异瑞,继续强化佛教治道的国家意识。其中,尤为典型的就是对藏传佛教的崇信。

藏传密教集异僧、异术于一体,颇符合明成祖的佛教神异化观念。因此,明成祖同样甚为重视藏传佛教,成为喇嘛教的一位大护法。这是明代统治者从元代承继下来的一种惯例。

朱棣在即位之初(1403),即遣使迎哈立麻至京,赐号"大宝法王"。又遣使入藏邀请宗喀巴,宗喀巴派弟子释迦智来京,受赐"大慈法王"号,命为国师。永乐年间(1403—1424)受封的藏传佛教僧侣,有五王、四位法王、二位"西天佛子"、九大"灌顶大国师"、十八位"灌顶国师"等,可见其崇信程度。②

---

① 明成祖:《神僧传序》,《大正藏》第50卷,第948页中。
② 引见《明史》卷三三一《西域传》,参见郭朋的《明清佛教》,福州,福建人民出版社,1982。

当然，明成祖崇仰喇嘛的动机，并不是出于宗教信仰，更多的其实是出于政治考虑。明太祖曾封赐元廷四位国师以国师的称号，永乐皇帝则充实了西藏喇嘛的特权和实权。近四十位受赐的藏传佛教僧人，不只是被赐予宗教上的荣誉称号，同时还被赐予了采邑领地，因此事实上与世俗贵族毫无二致。

在历史文献中，明成祖时有关藏密灵异现象的记载，颇引人注目。据《释氏稽古略续集》卷三载："永乐五年(1407)二月，命西僧尚师哈立麻于灵谷寺启建法坛，荐祀皇考皇妣，尚师率天下僧伽举扬普变大斋科十有四日。卿云天花，甘雨甘灵，舍利祥光，青鸾白鹤连日毕集。一夕桧柏生金色花，遍于都城。金仙罗汉变现云表，白象青狮，庄严妙相。天灯导引，旛盖旋远，亦既来下。又闻梵呗天乐自天而降，群臣上表称贺……自是之后，上潜心释典，作为佛曲，位宫中歌舞。"①这里所称的"佛曲"，是指成祖于永乐十七年(1419)秋编集而成的"御制佛曲"，如赞颂佛教灵异的"诸佛菩萨名称歌曲"等。据记载，永乐十七年九月十二日钦颁佛曲至大报恩寺时，"当夜本寺塔见舍利光如宝珠。十三日，现五色毫光，卿云捧日，千佛、观音、菩萨、罗汉妙相毕集。续颁佛典、佛经至淮安散给，又现五色圆光，彩云满天，云中现菩萨、罗汉、天花、宝塔、龙凤狮象。又有红鸟白鹤，盘旋飞绕。续又命尚书吕震、都御史王彰斋捧诸佛、世尊、如来、菩萨名称歌曲，往陕西、河南颁给。神明协应，展现卿云、圆光、宝塔之祥，文武群臣上表称贺，上甚喜悦。中官因是益重佛僧，建立梵刹以祈福者，遍于两京(南京、北京)城内外云"②。通过宣传佛教性的征祥来暗示成祖是诸佛菩萨所冥佑的真命天子。御佛曲而颁赐天下，显然亦是一种政治宣教手段而已。

最后，明成祖注重文献兴邦，不仅编集《永乐大典》22 900卷，更编有

---

① 《释氏稽古略续集》卷三，《大正藏》第49卷，第941页下。
② 同上书，第942下。

《永乐大藏经》(《永乐南藏》和《永乐北藏》),此为历史上版本精良的豪华藏经。而明成祖本人有关佛教的文字,同样超过了明太祖。正唯如此,明成祖与明太祖一样,都被后世推许为阐弘佛教的君主。明成祖以武力夺取政权之后,用种种手段巩固自己的帝位,特别利用佛教来宣传自己是天人所归的缵统者。

在对待佛教的政策上,永乐皇帝大都遵循他的父亲所制定的条例,基本上是呈现"佛教皇帝"、"护法皇帝"的形象。特别是他资助了首部明刻大藏经。洪武五年(1372),他邀请当时学僧到蒋山寺帮助刻大藏经。最终,636函包括6 331卷藏经得以刊行。这就是明初刊刻于南京的《南藏》。永乐十八年(1420),永乐皇帝又赞助了另一部大藏经的刻印。这一版本,规模稍大,共6 361卷。改正了先前版本的错误,质量较佳。这就是明代的《北藏》。

第二节 明中期的诸帝与佛教(从正统到嘉靖)

明中期的诸帝,自明英宗正统年间(1436—1449)至嘉靖年间(1522—1566),历经景泰(1450—1457)、天顺(1457—1464)、成化(1465—1487)、弘治(1488—1505)、正德(1506—1521)诸朝,凡130年。其时间跨度几乎是明朝的一半。

明中期被传统佛教史学者认为是明代佛教演进的低谷阶段,甚至是一个"黑暗时期"。这种评判,不仅源于此一时期的佛教发展缺乏自身的特色或亮点,仅能维系其生存而已,更有当时佛教政策调整的原因。在此过程中,明中期诸帝的佛教态度,与佛教发展有着直接的关联。经正统、景泰特别是成化年间相继滥发度牒,度僧数量激增,使限制僧徒人数成为急迫问题。物极则反。佛教度僧的急剧增加,不仅导致佛教徒整体素质的下降,更引起了官府及社会对佛教问题的关注,从而制约着佛教的常态发展。明中期的诸帝,或滥发度牒,或禁绝佛教,都不利于佛教活动的正常发展。

一、明英宗等滥发度牒

明英宗的基调是崇尚佛教,兼崇道教。这主要着眼于维护明朝统治的需要。正统后期,由于王振佞佛,释教盛行。① 正统后期,官府对于度牒的发放,比先前大为增加。其直接原因是,"王振佞佛,请帝岁一度度僧"②。对于番僧,明朝中期仍延续恩礼有加的政策,利用佛教来维护边疆的社会稳定。

据记载,正统五年(1440),度僧道两万余人。不久,英宗费巨资重修大兴隆寺,延崇国寺僧主之。"帝亲传法称弟子。公侯以下,趋走如行童焉。"③

正统八年(1443)二月,诏令度僧童一万四千三百人,道童两千八百九十五人。此前明朝廷规定,"每府僧道各不过四十名,每州各不过三十名,每县各不过二十名"。此时,全国"一百七十府,四百七十七州,一千一百四十五县,共该额设三万七千九十名。"④正统年间,全国僧道度牒的实际人数,显然远超此一规定。

随着度牒的增发,必然导致寺院的扩建。反之亦然。如正统十三年(1448),"修大兴隆寺……上命役军民万人重修,费物料巨万。既成,壮丽甲于京都内外数百寺。改锡今额,树牌楼,号第一丛林。命僧作佛事,上躬行临幸"⑤。

从景泰至成化年间,朝廷对于佛教继续崇信。朝廷增建寺院、兴办斋醮等佛教法会活动,时有所闻。但对犯奸作科的佛教僧人,却置若罔闻。"今天下僧数十万计……向有禁令,寺院止许曾给度牒僧住持,违者发边卫

---

① 《明英宗实录》卷二四八称"近年以来,释教盛行"。
② 《明史》卷一六四《单宇传》,第4457页。
③ 《明会典》卷三九《职官十一》,第696页,北京,中华书局,1998。
④ 《清溪漫稿》卷一三,第9页。
⑤ 《明英宗实录》卷一六三。

充军,里老四邻不首者罪同。而俗吏视为具文,数年间未见发一人。"①

明正统年间,佛僧度牒的超常规增发,主要是出于官府本身的利益考虑,而决不是佛教国教化意识的结果。在明朝之前,即已有通过发放度牒来收取费用的。朱元璋建明之初,虽曾一度废除此法,改为无偿发放,但景泰至成化年间,国库空虚,灾荒不断,战事频起,官府财政紧张,致使有人打起了出售度牒以补急需的主意。一般来说,每张度牒可以收取若干银两。当然,出售度牒,未必就由此导致佛教僧众大增。因为,有名无实的空牒者,不在少数。出售空名度牒,其原因不外为因用兵而卖牒,因充边饷或因赈灾而发,如淮扬巡都御史禅僧林聪处共准度一万人,"每度一人,令其纳米十石",而南京礼部准度五千人,"每名纳米十五石","其各处僧见在京师者,每名纳银五两"②。甚至亦不乏中饱私囊者。成化九年(1472),山东灾荒,当道者请礼部出给空名度牒数万,令赴山东告给,"每牒纳米二十石,或银二十五两"③,价格奇高,颇有利可图。

明宪宗也崇信汉传佛教。他对僧人加以保护,曾大量擢升僧人为僧官。这个时期度化的僧人更多。他同样出于财政考虑,大量出售度牒,导致成化年间度牒者众,甚至导致地方官吏追求度僧效益的最大化。据记载,"成化二年(1466),已度僧道一十三万有奇"。成化十二年(1476),礼部统计,又度僧一万三千三百四十名。④ 这次大规模的出售度牒活动,批准总数多达七万个,每张度牒收银十二两,用以赈济山西、陕西的饥荒。从成化二年到十二年,共给度僧道达十四万五千余人。⑤ 成化十三年又两次大量给度牒。到成化二十二年(1486)四月,礼部统计,给僧道度牒已至十一万张。据不完全统计,成化一朝,给发僧、道度牒竟达到了

---

① 《明英宗实录》卷二二八。
② 《明英宗实录》卷二六。
③ 《明英宗实录》卷一〇四。
④ 《明宪宗实录》卷一五八,第 2896 页,上海,上海古籍出版社据台湾影印本复印。
⑤ 《明宪宗实录》卷一九五,第 3444 页。

二十五万五千余张,这样全国僧、道超过了三十五万,或者说三十七万。①

度牒的大肆增发,虽可缓解官府财政的一时之急,但对明中期的佛教却造成了许多负面影响,这正是明中期的佛教最遭后人诟病之处。

明武宗佞佛尤甚。正德二年(1507)五月,在僧、道超额太多情况下,明武宗仍"准度在京、在外僧三万名,道一万名"。次年三月,他又下令鬻卖僧牒三万张。正德八年十一月,他又下令度藏、汉僧行、道士四万人,因藏行童"多中国人冒名者","为礼部所持",明武宗干脆赐大庆法王领占班丹以藏僧度牒三千张。

明初朝廷出资新建寺院,导致私创寺院大量涌现。正统至天顺年间,仅京城内外就建寺二百余所。成化十七年(1481)以前,京城内外敕赐寺、观至六百三十九所,"后复增建,以至西山等处相望不绝"。同时,崇仰藏传佛教,封授、供养大批藏僧,广设斋醮。明武宗最崇信藏传佛教。他大量封授藏僧,时法王、佛子、禅师、国师充满京师;建寺禁中,"常被服如番僧,演法内厂";自封为"大庆法王",令铸金印,"定为天字一号云"等。

明中期虽能维持利用佛教的政策,但由于朝廷权力之争,在兴建佛寺、举办佛事活动的背后,经济利益的考虑往往多于社会教化的因素。更为严重的是,由于度僧尺度的放宽,导致地方官府更愿意利用度牒所产生的经济收益来弥补财政的空缺。这是明中期诸帝崇佛背后的重要现实原因。

至弘治中,礼部尚书马文升奏议裁制度僧。在奏议中,他援引明初之例,称"定制僧道,府不过四十名,州不过三十名,县不过二十名。今天下一百四十七府,二百七十七州,一千一百四十五县,共额设僧三万七千九十余名。成化十二年,度僧一十万;二十二年,度僧二十万;以前各年所度僧道不下二十余万。共该五十余万。以一僧一道一年食米六石计

---

① 何孝荣:《明代南京寺院研究》,第40页,北京,中国社会出版社,2001。

39

之,共该米二百六十余石,可足京师一年岁用之数。况又不耕不蚕,赋税不加,则令之者众而为之者少。其军民壮丁私自披剃而隐于寺观者,又不知几何。创修寺院遍于天下,妄造经典多于儒书,败化灭伦,蠹财惑众。自京师达四方,公私之财耗于僧道者过半。若不严禁,将来游食者何有纪极?"①

在此奏议中,马尚书提出了整治僧道的一些具体措施,如礼部通查天下及京师寺观数量,僧道人数及额定人数的数量。如果关乎度牒,明白具奏,不许额外再度僧道。只有额数不足时,方许有司照数给度牒。对于地方度牒过滥的情况,则通行各抚按等官,督责有司严加查勘。若查明新修寺观,或拆毁,或并入古刹大寺观。对于没有度牒行道童,即令其还俗当差。违者治罪。

二、明世宗禁佛崇道②

明世宗朱厚熜(1521—1566 年在位)在明代史上以崇信道教而著名,乃是一位堪与宋徽宗比肩的"道君皇帝"。明世宗独崇道教,而禁绝佛教,毁刮宫中佛像,焚烧佛骨等物,对明代佛教产生了重要影响。

朱厚熜即位初,颁诏改革前朝弊政,其中即包括崇佛弊政。《明武宗实录》中,也流露出对武宗崇佛的批评:"时上颇习番教,后乃造新寺于内,群聚诵经,日与之狎昵矣。"后来,在讨论大善佛殿佛像、佛骨的处理时,明世宗指出:"朕思此物,听之者智曰邪秽,必不欲观,愚曰奇异,必欲尊奉。今虽埋之,将来岂无窃发以惑民者。"③

明世宗本人对佛教并无好感。他推行禁绝佛教的政策,还受一些大臣力主禁绝佛教的影响。如大学士杨廷和因有定策迎立之功,世宗即位

---

① 《明会典》卷三九《职官十一》,第 696—697 页,北京:中华书局1998 年版,1998。
② 参见何孝荣的《论明世宗禁佛》,《明史研究》第 7 辑《谢国桢先生百年诞辰纪念专辑》,2001。
③ 《夏桂洲文集》卷一四《议除禁中释殿及毁销佛骨疏》,《四库存目丛书》集部第 74 册,第 636 页。

初最受信用。杨廷和也借颁布即位诏之机,改革前朝弊政(包括崇佛弊政)。针对世宗即位初以藏僧斋醮,他公开批评,要求"斥远左右奸人及远方僧、道,罢停斋醮",为世宗采纳。此后,再未见世宗有任用藏僧修设斋醮之举。嘉靖元年(1522)三月,明世宗从赵璜之言,簿录玄明宫佛像,"毁括金屑一千余(两),悉给商以偿宿逋。"嘉靖十四年(1535),京师大兴隆寺因火灾被毁,世宗诏令不仅大兴隆寺"不复建寺,并革各寺修斋俗事"①。借此时机,明武宗还决定拆除皇宫中的一些佛殿,改建为慈庆、慈宁二宫。十五年(1536)五月,他下令拆毁禁中大善佛殿,即其地建皇太后宫。殿内有金、银函,贮佛骨、佛头、佛牙等,"乃燔之通衢,毁金、银像凡一百六十九座,头、牙、骨等凡万三千余斤"②。诏令拆毁、变卖各地私创寺院及尼僧庵寺,严禁私创寺院,不许修理废毁寺院。

杨廷和之后,颇受世宗信任的张璁、桂萼、方献夫、霍韬等诸臣,也是明世宗禁佛政策和措施的参与制定者之一。嘉靖六年(1527)十二月,霍韬"录太祖旧章一、二切于时政者及近年行令有合于太祖者",如发僧、道至边地耕种,每府、州、县仅保留一所大寺、观等,"条具以闻"。明世宗阅疏后,"诏下所司知之……僧、道盛者,王道之衰也。所言良是。今天下僧、道无度牒者,其令有司尽为查革,自今永不许开度及私创寺、观、庵、院,犯者罪无赦"③。明世宗采纳礼部尚书方献夫等提出的禁尼僧道姑、簿录玄明宫佛像、强令僧人供应赋役、诏禁戒坛说法等,也无不由官员提出而推行,并终于导致了嘉靖年间禁绝佛教。

当时,佛教内部芜滥,一些僧人作奸犯科,以及白莲教等民间秘密宗教盛行,也是明世宗禁佛的重要原因。明代中期以后,佛教内部芜滥混乱日甚。如大量度僧鬻牒,使缺乏虔诚佛教信仰以及不通经者大量进入僧人队伍,僧品日益芜杂;由于官府对私度疏于清理,寺院充斥着大批无

---

① 《明世宗实录》卷一七四。
②③ 《明世宗实录》卷一八七,第3956—3957页。

度牒之人,"甚至有遗罪黥徒髡发隐匿";僧人犯戒违规现象严重,僧人有"娶妻"者,尼僧则"有伤风化,且于伊教有玷"。①一些僧人还作奸犯科。成化十二年(1476)二月,锦衣卫捕获京城内外盗贼七百余人,"其中强盗多系僧人"。还有一些僧人甚至利用游方讲道之便,宣传"妖言邪说",组织策划反抗明王朝统治的斗争。嘉靖十七年(1538)十一月,昌平州古佛寺僧田圜"伪造妖言惑众",入京,被捕获。都给事中朱隆禧上疏说:"迩时,妖僧倡为白莲教以惑众谋不轨者,非止一(田)圜也。"②

与此同时,白莲教等民间秘密宗教盛行,反抗斗争不断。李福达在陕西洛川县"妄称弥勒佛教,诱惑愚众,县民惠庆、邵进禄辈俱往从之"。后邵进禄等"聚众为乱,伪授官爵,杀伤吏民官兵"。沧州张镇、商河张朝用"皆宗白莲教,妄为幻术妖言以惑众"。四川蔡伯贯也宣扬白莲教,"聚众为乱,陷合州、大足、铜梁、荣昌、安居、定远、壁山七城"。一些白莲教徒,如萧芹、乔源、丘富等,还投靠蒙古,"出入虏地为奸,其党无虑百十人,散处诸营帐",为俺答进犯明边出谋划策。③

总之,佛教内部芜滥混乱,僧人作奸犯科,使停止开度僧人、清理非法出家及私创寺院、禁止尼僧等成为形势所需。而白莲教首领"昼夜传法诵经,男女杂沓",与僧人游方讲道以及戒坛"四方缁衣集至万人,瞻拜伏听,昼聚夜散",很难截然分清。因此,要禁止白莲教,也就必须禁止僧人游方讲道以及戒坛传戒说法。毁刮玄明宫佛像后,明世宗又下令"遍查京师诸淫祠,悉拆毁之"。私创寺院是"淫祠"的主要部分,史称"毁拆京师寺院,(礼部郎中)屠应埙一夕发檄行之"。④嘉靖九年(1530)十二月,明世宗将拆毁、变卖私创寺院行动推及全国,下令"逐一查毁"各地私创庵、院、淫祠等。对于尼僧庵寺,明世宗一律加以拆毁、变卖。嘉靖六年(1527)十二月,礼部尚书方献夫等奏准,禁绝尼僧、道姑,"其庵寺拆毁

---

① ②《明世宗实录》卷一七四。
③ 参见《明世宗实录》卷一七四。
④ 幻轮:《释氏稽古略续集》卷三,《大正藏》第49卷,第949页上。

变卖"。二十二(1542)年七月,礼部命"罢毁(尼僧)所居浮屠、庵院,违者重惩如令"①。

与此同时,明世宗严禁私创寺院。嘉靖六年(1527)十二月,他在下令拆毁、变卖各地尼庵之时,又下令以后"永不许"私创寺、观、庵、院。对于那些废毁寺院,明世宗不准修理。他甚至下令将废寺庵变卖。停止开度僧人,鼓励僧人还俗,强令尼僧还俗,清理非法出家者。

明世宗禁绝佛教,还从停度僧童、裁汰僧人着手。嘉靖六年,他下令对无度牒僧、道"自今永不许开度"。他还鼓励僧人还俗,宣布"各处僧、道有父母见存、无人侍养,不问有无度牒,愿还俗养亲者听"。对于尼僧,明世宗则强令还俗,"发回改嫁,以广生聚,年老者量给养赡,依亲居住"②。随着整顿寺院,明武宗还诏令"化正僧徒",称"愿自还俗者,听其自求安便。各处寺院年久宫殿,任其颓坏,不许修葺。民间幼童,不许舍入为僧,私自披剃。如有此等,罪其父母及其邻佑"③。嘉靖二十二(1543)年,世宗准礼部奏请,"申明昔年所奉禁革尼僧圣谕,凡中外一切游聚尼僧,俱勒令还俗婚配,罢毁所居浮屠庵院,违者重惩如令。"④

在清理寺院的同时,明世宗还严私度之禁。嘉靖六年十二月,他宣布,"今天下僧、道无度牒者,其令有司尽为查革,自今永不开度,及私创寺、观、庵、院,犯者罪无赦"⑤。十年(1531)闰六月,他又命"申明僧、道私度之禁,诸不在正额者悉汰之"⑥。

严禁僧人设坛传戒说法,是明中期限制佛教政策中最具影响的条例,直接导致明中期佛教的全面衰落。

僧人设坛传戒说法,是中国佛教正信、正法、正行教育与引导的重要仪

---

① 参见《明世宗实录》卷一七四。
②⑤ 参见《明世宗实录》卷八三。
③ 《明世宗实录》二〇五。
④ 《明世宗实录》卷二七六,《明会典》卷一〇四,《国朝汇典》卷一三四。
⑥ 《明世宗实录》卷八三,第1866—1867页。

式。明初以来一直加以鼓励,嘉靖年间则严加禁止。嘉靖五年(1526)五月,明世宗"诏严禁西山戒坛,及天宁寺受戒僧人并男女相混者",并令榜谕全国,"犯者罪无赦"。由于佛教仍有很大吸引力,一些僧人也致力于传播其教,戒坛很快恢复。二十五年(1546)七月,他下令,在天宁寺建坛说法的通法师及寺主"俱令锦衣卫捕系鞫问,余下礼部禁治",再加禁止。然而,时间一长,管制稍松,戒坛又恢复起来。四十五年(1566)九月,他第三次令禁设坛传戒说法,"诏顺天抚、按官严禁僧尼至戒坛说法,仍令厂、卫、巡城御史通查京城内、外僧寺,有仍以受戒寄寓者,收捕下狱"。

明世宗严厉限制寺院经济,强令僧人"供应赋役"。经过明中期以来的不断扩张,至嘉靖初,一些寺院占有了大量的土地。如,宣府隆福、清泉、时恩三寺有地达一千三百余顷。嘉靖二年(1523)四月,明世宗下令,"三寺田土各给寺僧三分之一,其余召佃起科"。十四年(1535),他令大兴隆寺、大慈恩寺僧人有"归化"即还俗者,"量给原寺田亩。"二十一年(1542)十月,南赣巡抚李显等"清查寺、观田地,还官召卖",又奏准对寺、观土地扩充作出限制,"自后凡投献、拨给典卖者,各以律论",并对其超过限额的土地征收赋税,"寺、观田过五顷以上者,每亩课纳租银一钱入官"。①

历代以来,僧、道多免除徭役。明初也规定,寺院不管"钦赐田地",还是"常住田地",均"免杂派僧人差役"。其后,历朝奉行无异。至嘉靖三十九年(1560)十月,户部尚书高耀等提出,"庵、观、寺院已给度牒僧、道,有田粮编入黄册,同里甲供应赋役,无粮者编入带管畸零"。明世宗"诏允行"②。

明世宗对佛教的禁绝态度,还表现在革止姚广孝(即释道衍)配享成祖庙庭,查革藏僧封赐。

---

① 《明世宗实录》卷二六七。
② 同上书,卷四八九。

姚广孝助明成祖"靖难"继位,有辅佐之功,洪熙元年(1425)配享成祖庙庭。明世宗认为,姚广孝作为僧人,不能有此"殊荣"。嘉靖九年(1530),他下令将姚广孝移祀大兴隆寺,"太常春秋致祭"。①

《明史》称,"世宗立,复汰番僧,法王以下悉被斥。后世宗崇道教,益黜浮屠,自是番僧鲜至中国者"。② 查革在京藏僧封号,斥逐藏僧。即位之初,明世宗即下令,"正德元年(1506)以来传升、乞升法王、佛子、国师、禅师等项,礼部尽为查革,各牢固枷钉,押发两广烟瘴地面卫分充军,遇赦不宥"。终嘉靖一朝,基本上没有再封授藏僧,京中藏僧也斥逐殆尽。明世宗对于佛教所采取的禁绝政策,相当严厉。

明世宗一反历朝佛、道并崇或崇佛甚于崇道的传统,在位期间禁绝佛教,其主要原因在于崇信道教,重用邵元节、段朝用、陶仲文等道士,好行祈嗣、点化、驱邪、炼丹等方术,颇似北宋徽宗皇帝之所为。这在明代诸帝中殊为少见。明代历朝皇帝多崇信佛教,尤其是明武宗对佛教崇信登峰造极,带来一系列弊端,以藩王继大统的世宗对此有较为清醒的认识,其禁绝佛教一定程度上也是对前朝弊政的改革。

第三节 明末诸帝与佛教(从隆庆到崇祯)

嘉靖四十五年(1566)十二月,明世宗驾崩。明穆宗继位,翌年改元隆庆。明王朝步入其统治末期,是为明末时期(亦称晚明时期),直至1644年清军入关占领北京、明王朝覆灭止,约八十年。

明末时期(1567—1644),明穆宗(1567—1572)、明神宗(1573—1620)、明光宗(1620)、明熹宗(1620—1627)及明毅宗(1628—1644)五帝相继在位,历经隆庆、万历、泰昌、天启和崇祯五朝。明末诸帝在位时间长短不一,对于佛教的政策,虽有因循,却各有不同。其中最典型的莫过

---

① 《明世宗实录》卷一七四。
② 《明史》卷三三一《西域传三》,第8579页。

于明神宗(万历皇帝)朱翊钧。万历皇帝在位时间前后凡四十八年(1573—1620),成为明代佛教全面复兴的典型时期,史称"万历佛教"。

明末诸朝,最重要的宗教政策调整,莫过于一改明世宗崇道抑佛的政策导向而为明穆宗的抑道崇佛,继而为神宗与光宗的佛道兼崇。这种针对佛、道二教的行政转向,直接导致了佛教在晚明社会的持续反弹。

明世宗过度迷恋道教,招致了朝野的诸多非议。嘉靖四十五年底,世宗驾崩,明穆宗即位后即诏令刑部、锦衣卫介入对道教术士妄进药物、滥用符法等行为严厉查究,对违禁术士严加处置,押发原籍为民,尽革其诰命、封号等。同时禁绝一切斋醮活动,查封斋醮宫观场所。隆庆元年(1567)更下诏削夺道士邵元节、陶仲文的官爵及诰命,毁其墓碑坊牌,田宅没籍充公。伴随着上述严厉的抑道政策,曾经贵盛一时的道教渐入衰微。

在抑禁道术的同时,明穆宗则对佛教有所崇奉,多有扶植,批准重修"年久颓圮"的京师番经、汉经二厂。由于穆宗年寿未祚,其崇佛政策的效果未彰。

至明神宗万历年间(1573—1620),继续推行前朝的佛教崇奉政策,资助完成了京师经厂的修复,"大开经厂,颁赐天下名刹殆尽"。① 如扬州天宁寺、万寿寺等各得赐藏经一部。藏经的正常刊刻,为万历佛教的真正复兴培植了重要的典籍基础。

明神宗还斥资在北京等地兴建佛教寺塔。如万历二年(1574),重修京城海会寺,兴建承恩寺,并诏其替身僧志善移居此寺,以左善世之位兼任住持。明神宗的奉佛活动,深受其母慈圣皇太后的影响。"逮至今上,与两宫圣母,首建慈寿、万寿诸寺,俱在京师,穹丽冠海内。"② 此外,慈圣太后还历时十二年,于京师城南修仁寿寺。慈寿、仁寿、仁寿三大宫廷寺

---

① 沈德符:《万历野获编》卷二七《释教盛衰》,第679页,北京,中华书局,1997。
② 同上。对于慈寿寺、万寿寺的壮丽规模,参见同卷《京师敕建寺》条,第688—689页。

院，无不耗资巨万，其规模之宏丽，远胜于南都金陵三大寺之上。宫廷寺院的相继兴建，明确标识出万历朝廷对佛教的资助态度，引发了明末北京佛教的繁盛一时，继而扩展到海内，最终促成了万历佛教的全面复兴。

万历佛教的全面复兴，意味着南北佛教同时繁盛一时。期中，北方佛教以五台山与北京为两大中心，南方佛教则虽以金陵佛教为中心，但更呈现出地区分布的广泛性，如江、浙、闽、赣等传统佛教地域，仍然是此时南方佛教兴盛的重镇地区。若加以类型区分，北方佛教的兴盛往往与朝廷的持续资助密切相关，导致京师"游僧数万"、"京师僧如海"泛滥情形。而南方佛教的兴盛，则与地方士绅的持续资助相关。佛教僧人频繁往返于南北，固然影响到万历佛教诸派间的融会贯通，但也导致"不详法嗣者"的大量出现，最终引发了明清之际南方新宗派佛教的兴盛，其效应所及，下贯近、现代佛教的历史演进。

明末时期，朝廷对于佛教奉行尊崇与抑制并举的总体政策。其中，特别典型的就是万历皇帝在"重开戒坛"上的态度。万历元年（1573），诏令"禁革万寿、广善二坛僧人戒法。"万历四年（1576），申令"五城御史查各寺观庵院，有游食僧道，驱令回籍，仍比照居民保甲法，置立油牌，开写"①。加强对僧道人员的制度化管理，从条例上看也是相对严厉的。尽管慈圣皇太后崇信佛教，明神宗"皈依净土"，尽管紫柏真可多次请求"重开戒坛"，但"终不许也"。② 重开戒坛，因其关系到佛教的社会影响，一直未能得到有效地改观。

如明光宗天启魏忠贤曾经一度重修北京碧云寺，对于佛教同样有所尊崇。明熹宗和明思宗继位后，对万历至天启年间的佛教政策有所抑制，这固然是缘于政治危机的日益加重，但朝政对佛教事务的干涉亦有所体现。

---

① 《明会典》卷一〇四。
② 沈德符：《万历野获编》卷二七《释教盛衰》，第679页。

第三章 明代初期的佛教

第一节 明初佛教三大禅僧

明太祖朱元璋顺应元代佛教的基本趋势,结合其国朝统一的政治需要,在较短时间内不断制定、调整、完善宗教政策,对有明一代的佛教格局产生了多方面的影响。特别是其出身佛门的特殊经历,对佛教的认识往往左右着朝廷佛教政策的制定力度。明代建朝之初,朝廷持续地利用一些学识渊博、才识皆具的禅僧智慧及其广泛的影响力,以落实佛教教化的治道作用,亦是顺理成章之举。在明初社会,佛教受制于政治导向,远甚于其道德教化所发挥的功能。其中,明初三大禅僧楚石梵琦(1296—1370)、宗泐(1318—1391)和国师道衍(俗名姚广孝,1334—1418)的影响尤巨。这三人都属于临济系禅师,由此可看出当时禅宗的实际影响力。

一、楚石梵琦(1296—1370)

云栖袾宏称赞楚石梵琦为"本朝第一流宗师"[①],并把其传记置于《皇

---

① 袾宏:《皇明名僧辑略》,《莲池大师全集》,第2535页。

明名僧辑略》之首，却未收录宗泐与道衍二人之传。这不仅是缘于时间的序列关系，而且更有其他方面的因素。其中之一，或许是有见于宗泐、道衍在当时的政治风头过健，而楚石梵琦则似乎有意避免政治上过于引人注目。另则就是推许梵琦虽有禅师，却志于西方净土，撰有《西斋净土诗》，大别于轻视净土的禅师之流。蕅益智旭与袾宏的评价态度相一致，把梵琦置列于明代禅宗第一人，称赞说："禅宗自楚石梵琦大师后，未闻其人也。"①

梵琦②，字楚石，别字昙耀，寓佛日普耀昏暗之意，浙江宁波象山人，俗姓朱。四岁失怙，由他的祖母抚养成人，自幼聪慧超群，"诗书过目不忘"，人以奇童视之，且颇具书法天分。九岁，入浙西海盐天宁永祚寺，投讷翁谟师学经。不久，往湖州崇恩寺，依晋翁询为师，并在元代著名书法家赵孟頫的资助下，偿付度牒费用，于十六岁时往杭州昭庆寺受具足戒，正式为僧。此后四五年间，梵琦随晋翁询学，为其侍者，兼司藏室。尝阅《首楞严经》，至"缘见因明，暗成无见"处而有省。自此，遍览内外典籍，不假师授，文句自通。

梵琦为学，以禅修为主，宗归临济，兼习经教，尤重《楞严》与《华严》。

当时，梵琦闻元叟行端(1255—1341)住持江南禅修中心径山寺，故决意前往参学。据记载，梵琦于元叟座下，为时不长，却颇显精进。尝问"如何是言发非声？色前不物？"元叟遽曰："言发非声，色前不物，速道速道。"师拟进语，叟振威一喝。师愕然而退。不久，因梵琦擅长书道，遂应元英宗(1321—1323年在位)选召，参加诏写金字大藏经，馆于万宝坊。泰定元年(1324)春节除夕之夜，梵琦闻西门外的击鼓声，顿时汗如雨注，豁然大悟，述偈曰："崇天门外鼓腾腾，蓦札虚空就地崩。拾得红炉一点雪，却是黄河六月冰。"③此即梵琦最为著名的悟道偈。

---

① 智旭：《灵峰宗论》卷五之三《儒释宗传窃议》，第842页。
② 梵琦的传记文献，参见其法弟至仁所撰《楚石和尚行状》(1370)及宋濂《塔铭》(1370)，皆收录于《楚石禅师语录》第20卷。此外，则有各僧传的相关传记文献。
③ 至仁：《楚石和尚行状》，《续藏经》第71册，第659页下。

元泰定元年(1324),梵琦从北京返径山,再参元叟,呈以自悟之偈。元叟见其深契禅旨,甚表欣慰,曰:"西来密意,喜子得之矣!"委之以首座,以为尽得大慧禅法之奥。此后,遇有来径山参叩者,多令梵琦代为辨决。自此,梵琦登室为元叟行端的嗣法弟子,属大慧宗杲下五世法孙,声名渐彻南北。

梵琦一生弘法,凡六坐道场,历住福臻禅寺、海盐州天宁永祚禅寺、杭州凤山大报国禅寺、嘉兴本觉寺、嘉兴光孝禅寺诸刹,终寂于海盐天宁寺,获赐"佛日普照慧辩禅师"之号。以文字作佛事,成为元末明初闻名江南的一代禅僧。

泰定年间(1324—1328),梵琦受宣政院命,住持海盐福臻寺。此为梵琦禅师六坐道场之始,其弟子祖光等人编有《住福臻禅寺语录》一卷。尝撰《题五相无碍》曰:"万法圆成一念中,众生世界尽牢笼。光相大小珠相似,赤白青黄色不同。毕竟未知何处起,如今方信本来空。平常一句如何会?日出西方,夜落东天。"①

天历年间(1328—1330),梵琦迁住天宁永祚禅寺。永祚寺,本为梵琦受经之地。创大宝阁,范铜铸贤劫千佛,而毗卢遮那,及文殊师利、普贤、千手眼观音诸像。又造七级佛塔,高达240余尺,颇为壮观。至元元年(1335),迁住杭州报国寺。至正四年(1344),再转嘉兴本觉寺,建万佛阁,宏伟壮丽,俨如天宫。元顺帝嘉其行业,赐以"佛日普照慧辩禅师"之号,兼住报恩、光孝二刹。

至正十七年(1357),时值元末战乱,梵琦退隐永祚寺,筑西斋室,自号西斋主人,意欲终焉。其间,撰《西斋净土诗》一卷,颇受晚明云栖袾宏等人的推崇,亦标志着楚石梵琦晚年禅净兼修的归趣所在。至正癸卯(1363),受州大夫之请,再主永祚寺事,重修毁于兵乱的七级佛塔。

梵琦晚年入明,颇为明太祖为礼遇,二度受请主持蒋山普济法会,并

---

① 《楚石禅师语录》卷一八,《续藏经》第71册,第648页下。

升座说法,对明初佛教活动的正常展开起到了重要的稳定作用。

入明后,洪武元年(1368),朱元璋即诏江南著名僧人十余人,于蒋山禅寺作设水陆大会,普济幽冥。梵琦受请升座说法,颇为太祖赏识。洪武二年(1369)春,梵琦再度参加法会,太祖赐宴于文楼,亲承顾问,并以内府白金以赐。洪武三年(1370)秋,朱元璋询佛经中有关神鬼幽微难测的记载,并了解时僧中通三藏之说者。梵琦法兄梦堂噩公、法弟行中至仁,同被诏命,馆于大天界寺,援据经论成书,将入朝敷奏,师忽示微疾,临终索笔书偈:"真性圆明,本无生灭,木马夜鸣,西方日出。"梵琦之受明初佛教界的推崇,其原由之一就是能够预知时至,以一种安然的方式入寂。尽管当时禁火葬,但鉴于梵琦的影响力及入寂的瑞异,礼部奏闻太祖,特命从教火葬。归海盐,建塔于天宁永祚禅寺。世寿七十五,僧腊六十三。

梵琦兼通禅教,应机说法,被云栖袾宏誉为"明代第一流禅师"。明初著名文士宋濂是梵琦最知名的方外之交,尝为其语录撰序及塔铭。据《塔铭》所述,梵琦尝称"世间万物,林林总总,皆能助发真常之机。嘻、笑、怒、骂,无非佛事"。又称"处处无非佛事,头头总是道场。酒肆淫坊,了无罣碍;龙宫虎穴,任便经过。亦可入魔,亦可入佛,然后佛魔俱遣,凡圣不存"。① 在僧传记载中,梵琦讲法,"纵横自如,应物无迹,山川出云,雷蟠电掣,神功收敛,寂寞无声,繇是内而燕齐秦楚,外而日本高丽,咨决心要,奔走座下,得师片言,装潢袭藏,不翅拱璧,师可谓无愧妙喜诸孙者矣"②。梵琦"以文字而作佛事",翰林学士宋濂、危素(大朴)等人皆以其为方外交。梵琦集有《六会语录》《净土诗》《慈氏上生偈》等诗偈集,别集有《北游集》《凤山集》《西斋集》三册,其中《和天台三圣诗》《永明寿禅师山居诗》《陶潜诗》《林逋诗》颇为时人所知,通行本则有《楚石禅师语录》20卷,"观其言句,真的骨血也"③。

---

① 宋濂:《佛日普照慧辩禅师语录序》,《宋濂合集》第1册,第104页。
②《补续高僧传》卷一三,《续藏经》第77册,第469页。
③《密藏开禅师遗稿》卷下《藏逸经书标目》,第97页上,台北,新文丰出版公司,1993。

梵琦童真修道,嗣法于元叟行端,为大慧宗杲五世法孙,禅林正统,法脉纯正,处事低调,为学精进,为人豁达。元代期间,梵琦先后住持六座道场。晚年时,梵琦更表达出对净土法门的推崇,并于至正十九年(1359)在永祚寺建了一间"西斋",自号"西斋老人"。其间,梵琦撰写了《西斋集》一卷,为赞颂净土的诗歌集,成为明代第一位倡导禅净双修的禅师,颇受到祩宏、智旭等晚明高僧的尊敬与推崇。他把禅净双修的目标阐释为对自心与佛性之间同一性的自觉意识。通过诵念阿弥陀佛四字佛名,由之引发对"念佛者究竟为谁"的深刻疑情,将最终引向无心之境。这其实成为明代盛行一时的参究念佛禅之先导。

梵琦同时也是明初东亚佛教文化交流的代表僧人,"道化所被,薄海内外,高丽日本学者,尤钦慕焉"①,成为日本、高丽入明僧所共同推崇的明初禅僧。

历元而明,身为"臣僧"的梵琦,并不追求名位,但这不妨碍他获得了极高的朝廷赞誉,享受着皇帝关注所带来的弘法声誉。身为临济宗僧,梵琦与乃师元叟行端一样,都能变通性地继承着大慧禅法中的忠义传统。这也是梵琦在明代佛教界获得崇高声誉的一大因素。此外,梵琦把诗禅与书道相结合的行化风格,颇为士子所受纳,更增添了其应机弘化的社会影响力。后人尊其为明代第一禅师,可谓实至名归,并非过誉之词。

二、季潭宗泐(1318—1391)

洪武时期的佛教界中,继楚石梵琦而兴者,当数宗泐之声名最为卓著。

宗泐②,字季潭,别号全室,浙江台州临海人,俗姓周。年幼即失怙

---

① 至仁:《楚石和尚行状》,《续藏经》第71册,第660页下。
② 有关宗泐的传记资料,参见岱宗心泰(1327—1415,撰有《佛法金汤编》)《前天界禅寺住山全室大禅师塔铭》(并序)、《全室和尚语录》所附。此塔铭据宗泐弟子如昇所撰的《行实》而作。另见《增集续传灯录》卷五、《祖灯大统》卷八二、《南宋元明禅林僧宝传》卷一三等灯史及僧传。

恃,由亲戚抚养成人。八岁时,入杭州中天竺随广智禅师笑隐大䜣(号蒲室,广智全悟,1284—1344)学。十四岁,剃度出家。宗泐记忆力超群,"凡经书过目成诵。"至元三年(1337),受具足戒。宗泐先随广智禅师修在以崇拜观音菩萨著称的杭州三大僧寺丛林之一的中天竺寺(亦称中天竺天宁万寿永祚禅寺)修学。其后,又随大䜣前往金陵应天府凤山龙翔集庆禅寺(即后来的天界寺)参学。据记载,宗泐以参唐代南阳慧忠(大证国师,?—775)"国师三唤"的古则公案而大悟。

此后,宗泐历游浙赣,参扣尊宿,如至余杭径山,参大慧派著名祖师元叟行端(慧文正辩佛日普照禅师,1255—1341)。宗泐与梵琦一样,不仅参学于元叟行端,且皆具文名,其方外交游颇为活跃,尝与虞集(字伯生,号邵庵、文靖公,1271—1357)、黄潜(字晋卿,文献公,1277—1357)、张翥(字仲举,号蜕菴、路国公,1287—1368)相往来。其诗文集《全室外集》四卷,被收入《四库全书》中,另有《全室和尚语录》三卷。① 后人尝评之曰,"观其言句,真作家人"②。

元至正七年(1347),宗泐至安徽宣州,住水西宝胜禅寺(宁国府泾县)近二十年。入明后,于洪武元年(1368)迁住浙江杭州中天竺寺住持。洪武四年(1371),又往住径山兴圣万寿禅寺。是年冬,受召南京,为明太祖讲说法要。次年五月,因左善世慧昙示寂,敕住南京最著名的天界善世禅寺。明初高行沙门,宗泐居其首,成为继梵琦之后的一代名僧。

宗泐到天界寺后,于钟山建普度大会,主持仪式说法荐亡。同时,受命制《赞佛乐章》八首,并由太祖御署曲名,分别为善世曲、昭信曲、延慈曲、法喜曲、禅悦曲、遍应曲、妙济曲和善成曲,诏令太常寺配曲编舞,著为定制。"讲行古规,启迪方来,法席之设,于斯为盛。"③明太祖朱元璋曾

---

① 《全室和尚语录》三卷,全一册,日本京都大学附属图书馆藏有其抄本。
② 《密藏开禅师遗稿》卷下《藏逸经书标目》,第97页上,台北,新文丰出版公司,1993。
③ 心泰:《全室大禅师塔铭并序》,引见佐藤秀孝《季潭宗泐与〈全室和尚语录〉》,日本《驹泽大学佛教学部研究纪要》第56号(1998年5月),第211页下。

将自己平日所作的诗一册赐宗泐,以示恩宠。宗泐患病,太祖还驾临慰问,隆遇异常。此后,宗泐更成为明太祖制订一系列佛教政策的重要顾问。

宗泐之为明初一代名僧,约有三大事件。一是应太祖之诏,询《心经》枢要,宗泐谨答"穷理显性,彻果该因,深浅开遮,无机不被",天子默以神会。① 二是源于他奉诏命与天台宗僧愚庵如玘(太璞,1320—1385)集注《般若心经》、《金刚般若经》和《楞伽经》三经行世。二是由于他奉太祖之命出使西域,历时三年,遍访遗经,成为继玄奘而后奉命西行寻经之一人。

洪武十年(1377),六十岁的宗泐与天台宗僧愚庵如玘共同于天界寺编著明太祖所认为佛教的三部根本经典:《般若心经》、《金刚般若经》和《楞伽经》的注疏。② 这是明太祖注重经教度僧的行政导向的具体落实,"诏令天下僧徒习通《心经》、《金刚》、《楞伽》三经,昼则讲说,夜则禅定。复诏取诸郡禅、教僧,会于天界善世禅寺,校雠三经古注,一定其说,颁行天下,以广传持"。禅僧宗泐与教僧如玘,皆为佛教界颇具文名的佼佼者,故受命担当此任。至洪武十一年(1378)七月,三经笺释注本正式完成,分别呈太祖御览认可,敕刊板行世。宗泐奉诏锲梓于天界寺。在宗泐看来,"……然此三经皆是究心之要,其功在乎破情显性,而流通之功,良亦不细,上以阴翊王度,下以资益群生,非惟吾徒一时之幸,实天下万世之至幸也。"③

太祖本人相当重视三经集注之事,更亲撰《御制心经序》,冠于经首。至于以宋濂为代表的明初江浙文士则对宗泐、如玘奉诏而成的钦定注经

---

① 自融:《南宋元明禅林僧宝传》卷一三,《续藏经》第79册,第642页下。
② 这三部佛经在明代佛教弘传中具有重要地位。据圣严法师研究,"在《卍续藏经》中所收录的有关《心经》的四十六部注疏中,二十六部撰于明代;有关《金刚经》的四十二部注疏中,十四部撰于明代;有关《楞伽经》的十一部注疏中,八部撰于明代"。圣严:《明末中国佛教之研究》,第54页,东京,山喜房,1975。
③ 参见宗泐的《金刚般若波罗蜜经批注跋》,《大正藏》第33卷,第238页下。

本推崇有加,尝称"(如玘)以辩博无碍之智,游戏毗卢藏海,台衡之书,无不融摄,故其论著虽有征于柏庭,反复参验,务不失如来说经本意。(宗泐)又能裁度旨趣,约繁辞而归精当,遂使数百载疑文奥义,焕然明畅。诚可谓灵承皇上嘉惠烝民之意,弘昭大觉立教度人之方者矣。呜呼!佛之大法,惟帝王能兴之,宗师能传之,今一旦遭逢如此之盛,读是经者,小则思远恶而迁善,大则思明心而见性,庶不负圣天子之大德哉!"①

据《南宋元明禅林僧宝传》卷一三宗泐本传载,"……高帝自登极来,潜心性理,与诸禅宿盘桓,无虚岁月也。然于昙、泐二公,尤追惜之,盖嘉其壮志西行,大光圣化云。"②"昙、泐二公",即明代首任左善世、天界寺住持慧昙及其后继者宗泐。在后世的佛教史家心目中,慧昙与宗泐,无疑既是明太祖佛教政策的忠实执行者,更是佛教善世思想的体现者,故往往二公并称,"昙、泐二禅师,望重龙河,道钦有国者,可谓一时能事矣。况其利物多方,言言合辙,法法随根,又以道余名振他邦,亦空谷而分声也。"③

不同于慧昙,宗泐不仅完成三部佛典的笺释校注,更奉命西行寻访遗逸佛经,最终完成了慧昙的遗志。

洪武十年(1377),太祖欲求遗逸佛经,特命宗泐率僧徒三十余人,前往西域求法,宗泐于三年后归国。虽缺乏史料,无法确知宗泐一行所到达的区域,但他到过西藏,甚至还可能到过印度,并最终带回了《庄严宝王文殊》等佛经。宗泐西行求法的成功,标志着他达到一生弘法的鼎盛时期。史称宗泐"应旨涉流沙,度葱岭,遍游西天,通诚佛域,往返十有四万余程,皓首还朝,天子嘉其高行,自唐贞观以来,未之有也"④。据记载,明太祖称宗泐为"泐翁",尝撰御和诗一百四十五首,尝有"泐翁去此问谁禅?朝夕相思在目前"之句,可见宗泐颇为太祖所赏识。

---

① 宋濂:《新刻楞伽经后题》,《大正藏》第39卷,第425页中、下。
② 自融:《南宋元明禅林僧宝传》卷一三,《续藏经》第79册,第643页上。
③ 同上书,第643页下。
④ 同上书,第642页上。

宗泐回朝后，被任命担任于洪武十五年(1382)开设的僧录司右善世。其后，一度负责安徽凤阳槎峰寺(亦称圆通禅寺)的兴建工作。后因天界寺火灾，宗泐奉命负责修复。于洪武二十三年(1390)夏，再度出任天界寺住持。洪武二十四年(1391)，重掌僧佑司右善世职。

宗泐与慧昙，都是最受明太祖倚重的二位著名禅僧。慧昙寂后，宗泐成为明太祖佛教政策的忠实执行者，同时兼任其佛教政策顾问之责，时称"文僧"。① 由于宗泐长期居留南京，不可避免地牵涉于当时的朝臣党争中。他前往安徽凤阳主持圆通禅寺的兴建工作，就是出于暂避朝臣党争的考虑。有见于宗泐与太祖私交甚密，且"于内圣外王之略无不毕备"，甚至有廷臣建议宗泐还俗，"请以中顺大夫禄而旌泐"。宗泐深知朝廷党立之险，遂决意隐退。1391年9月，宗泐示寂于江浦石佛寺，世寿七十四，僧腊六十。其弟子道铨、如昇建塔于天界寺，附于广智禅师塔右。宗泐门下得法弟子有湛然自性、一宗守钦、行忠、普华、如昇及日僧无初德始、鼎庵恕、古章宪、素庵行等人。

宗泐嗣法于笑隐大䜣，在禅系法派上归属于大慧派的晦机一系，可谓出身纯正。其一生修学，戒行精严，宿愿弘深，辩才无碍，获遇于太祖，颇为重用。明成祖更尝撰有《御制像赞》，对于勋业深表肯定。他奉敕笺注明初佛教三部经，奉命西行寻求遗经，出任僧录司右善世之职，执掌天下教事，对于明初佛教的稳定推展作出了重要贡献。宋濂尝撰有《全室禅师像赞》曰："笑隐之子，晦机之孙。具大福德，足以荷担佛法；证大智慧，足以摄伏魔军。悟四喝三玄于弹指，合千经万论于一门……屡镇名山。教孚遐迩。诏升京刹，名溢朝绅。凤受记于灵山之会，今简知于万乘之尊……信为十方禅林之所领袖，而与古德同道同伦者耶？"② 佛教史家曾总结宗泐一生的三大突出特点，称"其扶树宗教，得谋道不谋身、为

---

① 参见《释氏稽古略续集》卷二，《大正藏》第49卷，第933页下。
② 宋濂：《全室禅师像赞》，《宋濂全集》第2册，第994—995页。

法不为名之实。其论宗乘,引物连类,出入经史,剀切明白,使其泮然无疑。其与士大夫,评论古今,扬推人品,若决江河,莫之能御"①。

宗泐不仅历经禅林磨练,更有机会历经官场磨练,颇具佛教式的政治智慧。高皇后去世时,宗泐当场赋偈,称"雨落天垂泪,雷鸣地举哀。西天诸佛子,同送马如来"。太祖闻之,龙颜大悦。宗泐还把道衍(姚广孝)引荐给皇帝,甚至可以说由此而改变了明初政治的运行轨迹。

作为明初江南禅林的著名人物,宗泐历住杭州、余杭等地诸刹。其法嗣则有日僧无初德始等人,对于日本室町初期五山禅林产生了一定影响。梦窗派的绝海中津(要关,蕉坚道人,佛智广照净印翊圣国师,1336—1405)是最先参学宗泐的日本禅僧。其作品对日本五山禅文学也有影响。

三、道衍(姚广孝,1335—1418)

明初诸禅僧中,在朝政与当时社会中影响最广泛、褒贬最不一、形象最传奇者,莫过于道衍禅师(亦即姚广孝)。鉴于其一生经历的复杂性,明代有关道衍传记的撰著,从不同角度记录道衍之为禅僧、术士、名臣、法师等肖像的若干面相。这些肖像,乃是相关时代的历史产物。明成祖之所作《神僧传》,或许即有道衍的影子吧。毕竟道衍合禅僧、术士、名臣等多重身份于一体。

(一)作为禅僧的道衍

在《增集续传灯录》、《续指月录》等明代禅宗文献中,记录了道衍之为禅僧的弘法经历。

道衍②,乳名天禧,字斯道,别号逃虚子,又号普庆,长洲(今江苏苏州)相城人,俗姓姚。年十四,出家于相城妙智庵为沙弥。好读书,工诗

---

① 宋濂:《全室禅师像赞》,《宋濂全集》第2册,第994—995页。
② 有关姚广孝的传记文献,可参见《明史》卷一四五《姚广孝传》、查继佐《罪惟录》卷一六《姚广孝传》、《增集续传灯录》卷四《北京顺天府庆寿独庵道衍禅师》、《续指月录》卷六《长洲广孝斯道道衍禅师》等。

文。年十八,礼宗传为师披削,法名道衍。方从北禅虚白亮公习天台教观,未契于心。年近三十,参径山愚庵智及和尚(1211—1378),咨叩禅要,尽得心髓,并司记室三年。据史载,道衍"自是往来十余年尽得旨要,声誉洋洋聿起江海间"①。

离开径山后,道衍尝住持临安普庆寺,迁杭州天龙寺,再住嘉定留光寺。尝自题肖像曰:"看破芭蕉拄杖子,等闲彻骨露风流。有时摇动龟毛拂,直得虚空笑点头。"②

道衍经历元末明初的战乱,其禅僧形象主要展现于元末时期,但人生转折始于明王朝的肇立。道衍与灵隐空叟忻悟,同嗣法于径山愚庵智及。洪武元年(1368)的蒋山普荐法会,智及禅师即在受邀之列。洪武十五年(1382),道衍被僧录司选为庆寿寺住持。身为径山寺住持的文琇禅师,在其编撰《增续传灯录》时,甚至称"皇上当潜龙时,重师道学,每召入内府,必茗饍问辩,屡锡楮锭黄白之物。无虚月,众集如云,法席一振"③。尽管身为禅师,道衍却无《语录》存世。《增集续传灯录》收录了道衍上堂法语数则。明成祖曾称许道衍的佛学造诣,称"潜心内典,得其阃奥;发挥激昂,广博敷畅;波澜老成,大振宗风"④。仍归之为禅僧之列。

(二)作为术士的道衍

在元明佛教历史文献《释氏稽古略续集》及世俗的传记文献中,则提供了道衍之为术士的活动肖像。

据《明史》本传载,道衍出身于医家,却不愿随父习医。这种家庭背景似乎暗示了道衍巫医一体的潜质,导致他早年即师事道士席应真,修习博杂多能的"阴阳术数之学"。《释氏稽古略续集》载其"遇异人传术,能知人休咎,及善术数之学"⑤。道衍研习阴阳、卜卦、相命和堪舆之学,

---

①②③ 文琇:《增集续传灯录》卷五《北京顺天府庆寿独庵道衍禅师》,《续藏经》第83册,第329页中。
④《畿辅通志》卷一六七。
⑤ 幻轮:《释氏稽古略续集》卷一,《大藏经》第49卷,第932页下。

甚至还对兵法、谋略下过工夫。道衍别号"逃虚子",更是让人感到其所受的道家方术影响。在元末明初的动荡环境下,拥有"异术"意味着拥有更多应付世运无常变迁的可能性。刘基、周济颠等人,即是这一时代出现的典型人物。正惟如此,幻轮评论说:"姚广孝之遇文皇,犹刘基之遇太祖,皆佐命天界,非偶然也。"①

出家为僧后,道衍尝游河南嵩山,遇相士袁珙(字廷玉)。袁氏相道衍之面,称"是何异僧,目三角,形如病虎,性必嗜杀,刘秉忠流也"②。刘秉忠,法名子聪,别号藏春子,是宋末元初的一位临济宗僧,后因辅佐元世祖平定天下而博得大名。终其一生,道衍对于刘秉忠的人生选择,甚表认同,尝谒北京刘氏墓,并赋诗称:"良骥色同群,至人迹混俗。知己苟不遇,终世不怨雠……一朝风云会,君臣自心腹。大业计已成,勋名照简牍。"③这与其说是对刘秉忠之行的感叹,倒不如说是自身际遇的写照。

《明史》本传对于道衍的方术亦多有记载。

(三)作为名臣的道衍

道衍一生的传奇性,既为其博得"黑衣宰相"之名,又为是中国佛教史上并不多见的人物。道衍本质上是属于元末明初特定社会政治生活的产物。元末的佛教寺院,可说是藏龙卧虎之地。社会的动荡不安,使自小喜于进取的道衍萌生功名利禄之心。据载,道衍出家的动机,即因"见僧官驺从之盛",故试图通过学佛而扬名天下,"以显父母"。但年至四十开外而事业无成,乃云游胜迹以舒胸臆。他曾游中州嵩山寺,遇相者袁珙,袁相他是"性必嗜杀"的"异僧",属"刘秉忠之流"的人物。归途中,他登京口北固山,即景赋诗怀古,抒发政治抱负,云"萧梁事业今何在,北固青青眼倦看"④。道衍一生,是纠缠于如何把护法与护世融为一

---

① 幻轮:《释氏稽古略续集》卷一,《大藏经》第49卷,第932页下。
② 《明史》卷一四五《姚广孝传》,第4079页。
③ 清朱尊彝评说:"观其入燕两谒刘太保墓诗,盖早以藏春子(即刘秉忠)自命矣。"
④ 查继佐:《罪惟录》卷一六《姚广孝传》,第2232页,杭州,浙江古籍出版社,1986。

体的一生。

洪武年间,崇信佛法的朱元璋为诸王子选高僧为辅侍,经僧录司左善世宗泐推荐,道衍被选为燕王朱棣的僧人顾问。据记载,二人相见,"语甚合,请以从"①,遂随从至北京,住持庆禅寺,成为燕王的心腹谋士。由于道衍与明成祖关系非同一般,其一生行事褒贬不一,颇显引人注目。

建文元年(1399),朱棣在道衍策划下,发动"靖难之役",推翻惠帝,自承大统,是为明成祖。"成祖即帝位,授道衍僧录司左善世。帝在藩邸所接皆武人,独道衍定策起兵。及帝转战山东、河北,在军三年,或旋或否,战守机事皆决于道衍。道衍未尝临战阵,然帝用兵有天下,道衍力为多,论功以为第一。"②永乐二年(1404)四月,拜资善大夫、太子少师。复其俗姓姚,赐名广孝。成祖欲让道衍蓄发还俗,罢道辅政,并赐其第及宫女两人,皆不肯受。终其显赫一生,道衍常居僧寺,冠带而朝,退而缁衣。身为资善大夫,贵为太子少师,道衍却显益于一介禅僧的精进本色,"清修自如而淡薄,禅诵比旧益加"③。"蓄一大鸡,每鸡一号,即起朗然诵经。"④

永乐十六年(1418)3月28日,道衍敛衽趺坐而逝于北京。成祖闻悉,特地辍视朝三日以示哀悼。并命有司为治丧葬,追封荣国公,谥恭清,遣官赐祭。

道衍工诗文,撰有《逃虚子集》,现收于《四库存目丛书》,所著有《道余录》等行世。

道衍复杂而堪称传奇的生平经历,为后世传记著者留下一道难题。仅就称谓而言,或称"北京顺天府庆寿独庵道衍禅师",或称"长洲广孝斯

---

① 《明史》卷一四五《姚广孝传》。而据《释氏稽古略续集》所载,却是另一说,"广孝自请于文皇曰:'殿下若能用臣,臣当举一白帽子与大王戴也。'既而文皇自求广孝于太祖,许之。盖王上加白乃皇字,是时广孝已知燕邸异日之必有天下为皇帝矣"。《大正藏》第49卷,第932页下。
② 《明史》卷一四五《姚广孝传》,第4080—4081页。
③ 文琇:《增集续传灯录》卷四《北京顺天府庆寿独庵道衍禅师》,《续藏经》第83册,第329页下。
④ 聂先:《续指月录》卷六《长洲广孝斯道道衍禅师》,《续藏经》第84册,第69页下。

道道衍禅师"等。在世书文献中,则径称"姚广孝"。在禅史灯录中,又称"惟姚少师,系径山及法嗣,出世普庆,迁天龙,唱道甚久,且其得官后,励道益坚,仍从嗣法,称少师斯道衍禅师"。①

（四）作为护教法师的道衍

道衍所经历的一生,绝非为纯粹的一介禅衲,晚年更似一位护教法师。因此,对于道衍的功过褒贬不一,实属常事。

晚明的云栖袾宏就是道衍的推崇者之一。

袾宏在其《竹窗二笔》上收录了同题为《姚少师》的二篇短评,称许道衍之行化,并力主为其辩护。其一称:"姚少师作《佛法不可灭论》,谓儒道二教,法天制用,不敢违天。佛之为教,诸天奉行,不敢违佛。此虽阚泽语,非少师不能阐也。又少师位极三公,衣仅一衲,不改僧相,以终其身,岂常情所易窥测乎？特不似佛图澄示现神通。然图澄当乱世,乃假通以显化。少师值真主,无俟于通,安知非能之而不为也……世未有知其深者,因发之。"②

其二,袾宏为姚氏的世俗经历辩护说:"或谓少师佐命,杀业甚多,奚取焉？然所取于少师者有三:以其贵极人臣,而不改僧相;二以其功成退隐,而明哲保身;三以其赞叹佛乘,而具正知见。杀业非所论也。虽然少师曾靖难中,启奏方孝儒贤者,慎勿加害。即此一言,功过可相准矣。吾是以取之。"③

在《普劝为人修念佛》一文,袾宏还提到道衍《善人咏》为修行者必读的国朝经典。在《劝修净土代言》,再次提及道衍《净土善人咏》一卷。

在对道衍的评价中,袾宏突出肯定了道衍虽身居高官之位,却能终其一生都保持佛门僧徒的身份。"位极三公,衣仅一衲,不改僧相,以终其身",这无疑是其远过常人之处。至于道衍在《道余录》所阐述了儒佛

---

① 聂先:《续指月录凡例》,《续藏经》第84册,第13页上。
② 袾宏:《竹窗二笔》,《莲池大师全集》,第3905—3906页。
③ 同上书,第3906页。

之辨,"赞叹佛乘,而具正知见",显然表达了道衍的护法维教的法师立场。最为难能可贵的是,道衍能够做到"功成退隐,而明哲保身",更显其过人识见。

除云栖袾宏外,李贽亦对道衍禅师颇为推崇。由于嘉靖皇帝废除姚广孝配祀明成祖庙,其著作亦渐被遗忘。万历二十九年(1601),七十五岁的李贽,在其去世前一年,仍在访求道衍禅师的遗书、遗像。他尝称,"俯仰慨慕,欲涕者久之。以为我国家二百余年来,休养生息,遂至今日士安于饱暖,人忘其战争,皆我成祖文皇帝与姚少师之力也"①。《道余录》正是在李贽的校阅下,终于万历四十七年(1619)由钱谦益重刊,并于康熙五年(1666)收录于嘉兴藏中,流传至今。

作为大慧忠孝佛性论的追随者,在道衍晚年所著的《道余录》中,基于儒释一致论,展开对程朱排佛言论的反驳。

道衍最后完成的撰述(1412年,道衍时年七十八岁)《道余录》,也是他自径山参禅以来就开始留意的著作。在其序言中,他解释了撰述此著的缘由说:"余曩为僧时,时值元季兵乱。年近三十,从愚庵及和尚于径山习禅学,暇则披阅内外典籍,以资才识。因观河南二程先生《遗书》,及新安晦庵朱先生《语录》。三先生皆生赵宋,传圣人千载不传之学,可谓间世之英杰,为世之真儒也。三先生因辅名教,惟以攘斥佛、老为心……三先生因不多探佛书,不知佛之底蕴,一以私意出邪诐之辞……二程先生《遗书》中有二十八条,晦庵先生《语录》中有二十一条,极为谬诞。余不揣,乃为逐条据理一一剖析。岂敢言与三先生辩也,不得已也!"②

值得注意的是,道衍为佛教所作的辩护,首先是从出世不离世间的立场阐释儒佛之学的同一性,驳斥了程朱有关佛教"自私"、"独善"等的批评。在性体论上,佛法的"妙真如性"实同于"性即理";在成圣论上,佛

---

① 李贽:《续焚书》卷三《姚恭靖》,《李贽文集》,第437页,北京,北京燕山出版社,1998。
② 道衍:《道余录序》,引见《中国佛教思想资料选编》第3卷第2册,第20—21页。另参见幻轮的《释氏稽古略续集》卷二,《大正藏》第49卷,第941页中。《道余录》收于《嘉兴大藏经》中。

教与儒家皆属于成圣之学,完全可以"并行而不悖","佛愿一切众生皆成佛道,圣人言人皆可以为尧舜。当知世间、出世间圣人之心未尝不同也"①。

为了阐述佛教的护世性,道衍进一步批驳宋儒一再宣称的佛教"绝伦类"、放弃"忠孝仁义"之说,这同样贯彻其出世不离世间之说。"夫佛之学,有出家在家之分焉。出家者为比丘,割爱辞亲,剃发染衣,从佛学道。在家者为居士,君臣父子,夫妇兄弟,此等事何尝无之?……佛法来中国已二千余年,山河社稷,国土人民,君臣父子,相生相养之事,何曾断绝!"②如大慧宗杲为,虽身在丛林,但不忘世事,实践忠孝之道,以至受秦桧之流迫害,"当时士林中称其忠孝两全"。

围绕道衍《道余录》,历史有诸多议论,其评判立场甚至截然相反。如《明史》本传述及此著时,公然称:"颇毁先儒,识者鄙焉。"③曾与道衍共同参与《永乐大典》编撰的张洪,其反应则更激烈,"但见《道余录》即焚之,不使人恶之也"④。如果说这是民间知识分子的个性立场,那么《明太宗实录》中公然诋毁《道余录》,则是官方的严肃立场。

《道余录》的撰著体例,主要是通过摘引宋儒三位大家的语录,以"逃虚子曰"的形式加以评议。随着明代儒佛交涉的深入,在学佛以知儒、学儒以知佛而达儒佛俱显的晚明思潮中,《道余录》因其辨析儒佛关系,而在王阳明良知心学兴盛一时的晚明时期产生了较大影响,远及清初时期。如顾炎武即把道衍与王阳明相提并论,称"少师之才,不下于文成,而不能行其说者,少师当道德一、风俗同之日,而文成在世道衰微、邪说又作之日也"⑤。顾氏的评判立场,较注重道衍的世功勋业,几乎没有注意到作为禅僧的道衍之于心性修炼的作用。

---

① 道衍:《道余录》,《中国佛教思想资料选编》第3卷第2册,第21页。
② 同上书,第22页。
③ 《明史》卷一四五,第4081页。
④ 郎瑛:《七修类稿》卷四三《姚广孝》。《四库全书存目丛书》子部第102册,第737页上。
⑤ 顾炎武:《日知录集释》卷一八《朱子晚年定论》,第667页,长沙,岳麓书社,1994。

随着《嘉兴藏》的流传,《道余录》也得以流传到东瀛日本。1666年,《道余录》和刻本在日本刊行,并附有黄檗宗僧南源性派的跋文。性派之跋,对于道衍禅师所作的评价,几乎是袾宏之论的翻版。其文称:"少师负一世独秉之资……位极三公,而依仅一衲。每博极岁修典坟,尤留神于儒释一贯之旨。故云栖老人,向所推重,谓当代之留侯也。既而因宋儒立言著书,未觑佛之底蕴,多从一己之偏,殊阙至公之鉴,往往专以攘诋佛老为心。甚至乖违正理,流入邪途,诚可怖畏。由是少师悯之,攀条据理,逐一剖析,妙适机宜,彰明检实,诚破昏之慧炬也……可谓有功于教化矣。今世之称儒者,诚鉴未必如少师,勋业未必如少师,无论佛之底蕴,即孔氏渊源,犹未识真,每窃宋人之糟粕,当己功能,徒争门墙、虚饰局面而已。安知存心养性之道、明心见性之旨哉!"①

道衍之于明成祖,有如宋濂之于明太祖。在宋濂看来,护世不离护法;在道衍看来,护法更应护世。在云栖袾宏晚年所辑录的《宋文宪公护法录》序文中,钱谦益比较二人称:"抑岂知其(指宋濂,引者注)夙受付嘱,开华严法界于阎浮提,其为云龙风虎,又有大焉者乎?姚恭靖(姚广孝之谥号,引者注)之于成祖,闳现稍异,要皆后天奉时,佐二祖以章明佛乘"②。

姚广孝颇具文学才能,诗文俱佳。他参与《永乐大典》的修撰活动,并撰写了著名的《诸上善人咏》,称颂了一百二十三位往生净土的修行贤士。此外,尚有《净土简要录》,这是一篇有关净土修行的论述。这两部著作都完成于同一年(1381),并被收于佛教大藏经中。

第二节　明初的佛教诸宗

明初的佛教诸宗,除禅宗继盛之外,天台、华严及净土三宗各有承

---

① 引见南源性派的《姚少师道余录跋》和刻本《道余录》,第4029—4030页。转引自江灿腾专论《明初道衍的反排佛论及其净土思想》,收于《中国近代佛教思想的诤论与发展》,第26页,台北,南天书局,1998。
② 钱谦益:《宋文宪公护法录序》,《钱牧斋全集》第2册,第861页。

绪,未绝于世。

一、天台宗的传承及其影响

明初天台宗,统归于讲教。在元代重视讲教的行政主导下,天台之为讲教大宗,其法脉端赖于湛然性澄(1232—1297)、玉冈蒙润(1275—1342)之传,备受重视。这一情形,一直延续到明初,成为明初天台不坠的重要维系力量。此外,自宋代以降,天台讲教在江南一直保持着相对完整的法系传承。这种法系传统,历元至明,虽历经元末战乱,受到冲击,但仍为明初天台所继承。在明初的江南地区,尤为如此。

明初的天台宗僧,在江南仍堪称兴盛。传习天台教观者不乏其人。其中,尤以东溟慧日、用拙祖祢等人影响为最。

慧日(1291—1379),号东溟,浙江天台人,俗姓贾。出家于天台广严寺,初依平山和尚,数年落发受具戒。22岁时,随柏子庭训,习天台教观于赤城(天台县治之古称)。后渡钱塘,谒竹屋净于上天竺,命典客寮,寻掌僧籍,颇受器重。湛堂性澄继主法席后,慧日居后堂年余。其后,出住吴山圣水寺。元至正四年(1344),住荐福寺,并奉命兴复遭焚毁的下天竺寺。后迁住上天竺。兴复教观,恢复古刹,元顺帝闻,特赐号"慈光妙应普济大师",并赏金襕衣。其间,一度退隐于会稽岩壑间,经浙江行省丞相达识帖穆尔遣使力请,再住上天竺,前后二十五年。

明太祖洪武二年(1369),诏赴蒋山佛会,并召见奉天殿。东溟戒腊最尊,朱颜白眉,班居前列。太祖亲问升济沉冥之道,应答称旨。太祖顾谓僧众曰:"迩来学佛者,惟饱餐优游,沉蘁岁月,如《金刚》、《楞伽》、《心经》皆摄心之要与,何不研穷其义?今有不通者,当质诸白眉法师。"[①]自后召见,太祖但以"白眉"呼之。尝与弘扬华严的别峰大同、金碧禅师辈赐食禁中,开山说法。

[①]《续佛祖统纪》卷二,《续藏经》第75册,第748页下。

洪武五年(1372)，于钟山建水陆大斋，请东溟登座说戒。洪武十二年秋(1379)示寂，世寿八十九，僧腊七十三(一说僧腊七十)。

东溟慧日是天台宗承元继明的重要僧人，从其学者甚众。"下天竺则圆具等十人。上竺则妙峰等近二百人。"①嗣法弟子有思济、行枢、允鉴、允忠、良谨、普智、文会、元秀、景梵等人。②

祖祢(1310—1379)，字日章，别号用拙，姑苏常熟人，俗姓张。祝发后，东游四明，随延庆寺我庵无公、育王寺石室瑛公学，后嗣法于竹屋净法师。历住永定教寺、昆山广孝寺、嘉定净信寺诸刹，"主教吴下垂五十年"。洪武二年(1369)，诏赴天界寺说法，特赐"慈忍法师"之号。其嗣法弟子有决斯纯妙等人。③

天台觉先系我庵本无(1286—1343，字极元，号我庵)，明初嗣其法者有竺隐弘道(1315—1392)等人。④

弘道，字竺隐，吴江澄源里人，俗姓沈。年十三，奉父命礼密印寺慈为师，弱冠剃度，进受具戒。一度参见元叟行端，后归密印寺。从杭州西湖雷峰寺鲁山文师，学天台教观。稍后，随我庵本无迁住天竺。我庵示寂后，从学于荐福寺绝宗诸师。

洪武初年，应请住持湖州慈感寺，后退居漈源。洪武十年(1377)，受旨笺注《楞严经》，太祖亲制"竺隐说"。洪武十五年(1382)，升住上天竺，领杭郡都僧纲职。次年，更任僧录司左善世，统领天下僧事，直到洪武二十四年(1291)，告老退职。

弘道示寂于洪武二十五年(1392)，年八十三，僧腊五十九，建塔于天竺双桧峰。姚广孝为之撰塔铭。据《新续高僧传》卷五述，"弘道四坐道场，所至莫不兴修。唯灵竺忏堂，其功最巨。为都纲僧录，三宗诸山，有

---

① 《杭州上天竺讲寺志》卷四，第69页，杭州，杭州出版社，2007。
② 《大明高僧传》卷三，《大正藏》第50卷，第908页下。
③ 同上书，第908页上。
④ 参见《新续高僧传》卷五《明杭州上天竺讲寺沙门释弘道传》，《高僧传合集》，第801页中，上海，上海古籍出版社，1991。

所依怙焉"①。其嗣法者有慈感道文、演福净盟、崇寿净珠、灵山如珪等人。

元代天台觉先系的耶溪允若(1280—1359),其弘法区域集中于杭州、绍兴等地区,得法弟子有集庆友奎、演福良谨、延庆如莹、隆德法让、净圣圆证等人。这些弟子各弘化一方,其影响甚广。

友奎(?—1374),字方舟,浙江会稽人,俗姓朱。年十四,于云门云峰出家。元百货泰定初年(1324),从耶溪学,精天台性具之旨。后从学于天岸。尝住庆元奉化、杭州天竺灵鹫、大集庆寺诸刹。友奎治寺有方,人称"僧中御史"。入明后,预蒋山法会,终退居凤山,专修念佛三昧以终。

元代天台觉先系的绝宗善继(1286—1357),其得法弟子有灵寿怀古、延庆自朋、崇寿是乘、广福大彰、雷峰净昱、演福如玘、报忠嗣珊、车溪仁让、香积昙胄若等人,各阐化一方。② 其中,明初较著名者为自朋与如玘。

如玘(1320—1385)③,号具庵,别号太璞,浙江余姚人,俗姓张。十六岁投横溪普安寺觉海为师出家,始投明州延庆寺我庵本无学,后随绝宗善继学于杭州荐福寺,得法于文明海慧继绝宗公。其间,一度从学于大用必才。因"只一具字,弥显今宗"句,故号"具庵"。

如玘尝住绍兴云门寺,后应慧日东溟之请,继住上天竺首座,迁住永寿寺。《大明高僧传》称其"学冠群英,才逸三教,非但十乘三观、九经七史,凡世间所有名言秘典无不博综"。洪武初年(1368),受善世院之命,住普福寺,曾上疏称鬼神之道,颇称上旨。洪武四年(1371),出住演福寺,时称"演福如玘"。次年,受诏赴蒋山法会,主讲台乘要义,并受赐旨命住天界寺,职任僧录司,成为备受尊荣的宫廷佛教顾问。他与明初名

---

① 《新续高僧传》卷五《明杭州上天竺讲寺沙门释弘道传》,《高僧传合集》,第801页中。
② 参见《大明高僧传》卷二,《大正藏》第50卷,第905页上。
③ 《大明高僧传》卷三,《大正藏》第50卷,第909页中、下。

僧天界寺宗泐共同笺释《心经》、《楞伽经》、《金刚经》三部经,奉旨颁行天下,传称一时。

如玘博学多识,精天台小部、大部诸书,曲畅旁通,"不独教观探其奥,至于外典亦皆究其异同……其偈颂赞疏亦皆粹美,师于山家授受,的有端绪,为学者言,纵横淹贯。翰林学士宋公濂击节叹赏,以为宗教之有人也"①。其门下弟子有灵山溥洽,尝授僧录司右善世,兼住天禧讲寺,上天竺一如、下天竺唯寔等人。

自朋(？—1370),天台临海人,俗姓郭。年十五,于四明西寿昌寺出家。早年从我庵、东溟学,后归绝宗。历住四明延庆寺等,晚年退居慈溪云林庵。其弟子有必彰元旻、元宪简廉等。

元代天台怀坦系大用必才(1292—1359),传称"接人以慈,诲人无倦,门弟子据猊座者百人"②。其门下诸弟子中,在明初曾活跃一时者有止堂大山、荆山良玉等人。

大山(1331—1402),天台临海人,俗姓陈。年十三出家,后从演福必才学。洪武六年(1373),升住大普福寺。三年后,迁住演福。在任凡十三年,尝建方丈忏堂。十六年(1383),由僧录司选住上天竺。掌教十五年,多致力于寺宇修建,经论流通,为当时道俗所重。

荆山良玉(？—1394),钱塘人,俗姓葛。后往南大竺演福寺,依必才学。唯以讲忏为务。洪武二十四年(1391),僧录司举任下天竺灵山寺。

明初天台教观,其传扬主要集中于浙东及环太湖地区。核心道场则有杭州天竺诸寺、明州延庆寺、湖州慈感寺等。其法系传承,依天台诸系,维持了元代天台宗多系并存的格局。至明代中期,这种多系传承的格局被打破,而以慧日东溟一系为主体。明代天台东溟系的传承情形大致如下:慧日东溟──→普智──→慧林──→明得、易庵──→真觉、真界,真觉

---

① 《续佛祖统纪》卷二《法师如玘》,《续藏经》第75册,第751页中。
② 参见《大明高僧传》卷二,《大正藏》第50卷,第904页中。

下传幽溪大师无尽传灯,下贯晚明天台中兴。在上述明代天台传承过程中,明得、真觉的影响力最大,具有承前启后的重要地位。

此外,明代天台教学的传扬,同样保持并体现了宋代以来天台教学传扬的地域特征,即以浙江杭州、台州地区为核心。其中,较著名者普智(？—1408),字无碍,别号一枝叟,浙江临平人,俗姓褚。出家于钱塘龙井寺,依东溟日习天台性具之学,优于讲说,历住四大道场,门风大振。晚年开演于松江延庆寺,专修净业,寒暑不辍,撰有《集注阿弥陀经》一卷。[1] 普智的天台修学,其风格一如宋元时期,典型地体现了教宗天台、行归弥陀的特性。

二、华严宗的传承及其影响

明代华严宗的传承与弘扬,从整体上看,虽稍逊于宋元时期,但其影响仍然存在,并体现出明显的阶段性特征。明初时期,承元代重视经教的余绪,华严宗作为讲教的代表性宗派,通过与禅宗、瑜伽教相结合,延续着元代华严宗的发展。在明代中期,华严宗随着佛教整体衰落而相对沉寂。到明末时期,佛教诸宗复振一时,华严宗亦不例外,不仅吸引了许多著名禅僧致力于华严禅的阐释,而且重视华严经教的理解,出现了一批当时甚具影响的大部头著述,如德清《华严经纲要》、道霈《华严经论纂要》等。与此同时,刺血写经、勤修《华严》的学僧则为数更多。钱谦益记明初华严情形,称"清凉一宗,自长水、晋源,不绝如线。胜国时,滇南苍山再光瑞,表明《华严玄谈》,辑《会玄记》,开键启钥,蔚为教宗"[2]。于此可见,华严宗仍然保持其佛教修学的影响力。

明初时期,朱元璋整顿佛教,华严宗被归于讲教。这种政策的实施,不仅对华严教学的传播和流布产生了深刻而持久的影响,而且还影响到

---

[1]《大明高僧传》卷三,《大正藏》第50卷,第910页下。
[2] 钱谦益:《中峰苍雪法师塔铭》,《牧斋有学集》卷三六,第1265页。

明代佛教融合的思潮。朱元璋把天下寺院分为禅、讲、教三类,出家僧人亦相应地分为三宗,"各承宗派,集众为寺"。禅僧以禅修为主,专务于明心见性。讲宗则为讲经僧,以宣讲佛教经典为主务,并不如元代指天台、华严、唯识三宗,而是包括宣讲所有佛教典籍,这一情形与元代教僧相似。教,指从事祈福消灾、超荐亡灵等经忏法事活动的僧人;亦称"瑜伽僧"或"赴应僧",为生活佛教或世俗佛教。

有明一代,佛法三分为禅、讲、教,在明太祖"振扬佛法以善世"的现实政策下,有意识地利用佛教独特的社会教化功能。对于官府佛教弘化格局,憨山德清曾表示肯定性地评论说:"惟我圣祖龙飞,廓清寰宇,开万世太平之业。初至建康,剑甲未解,即崇重佛氏。洪武三年,诏天下高僧,安置于天界寺,建普度道场于钟山灵谷,名流毕集,大阐玄宗,御驾躬临,亲闻法喜,而法道之盛,不减往昔,何其伟欤!由是于一门制立三教,谓禅、讲、瑜伽,以禅悟自心,讲明法性,瑜伽以济幽冥。乃建三大刹,以天界安禅侣,以天禧居义学,以能仁居瑜伽。汪汪洋洋,天下朝宗。自北迁之后,而禅道不彰,独讲演一宗,集于大都,而江南法道,日渐靡无闻焉。正嘉之际,北方讲席,亦唯通泰二大老,踞华座于京师,海内学者毕集。而南方学者习于软暖,望若登天。惟我先师无极和尚,自淮阴从师。"①

对于明代佛教的诸宗融会,德清则肯定了朝廷在此过程中所起的决定性作用:"予倾读钱太史集《护法录》,见宋学士作《国初高僧传》。法门之盛,何其伟欤!恭惟我圣祖开基创业,建立三宝,崇重法门,超越百代,而一时名德,光扬佛祖之道,不减在昔,盖千载一时。自此而降,渐渐寂寥,而嘉隆之际极矣。何幸先太圣母,身式圣主,兴扬佛事,遍满宇内。四十余年,未尝暂息,亦从前所未有也。若法门龙象,五大师际会一时,

---

① 德清:《雪浪法师恩公中兴法道传》,《憨山老人梦游集》卷三〇,福建莆田广化寺印行本,总第1579页。

虽体用不同,理事各别,其所以扶树宗教,开人天之眼目,作长夜之智灯,未尝不与佛祖同途合辙,况巍巍堂堂为大光明幢哉!"①

华严教观既是明代"讲教"的一大宗派,也是佛教禅教平衡发展的重要一支。对于明代时期的禅教之间的不平衡关系,德清更曾具体评述称:"宗禅者多毁教,习教者多昧禅,是以禅教话为两橛。古之师匠,竟不能一其指归,即圭山和会宗教,犹以为隔罗见月。上下千百年来,学者无能一其趣向。此无他,乃乏正眼师承,为之剖破藩篱,所谓'不是无禅,只是无师'。以禅宗者乏多闻,宗教无正眼,此大道所以难明也。"②

至少从表现上看,明太祖朱元璋对讲习佛教经典是极为重视的。他曾于洪武十年(1377),诏令天下僧人讲习《心经》、《金刚经》和《楞伽经》,并命当时高僧宗泐、如玘等人注释三经颁行天下。明代佛教修行中同样注重写经功德,其佛教"四大部经"(《华严经》、《般若经》、《宝积经》和《涅槃经》),《华严经》名列首位,更是成为当时修行者书写的首选佛经之一。明成祖在其所撰《神僧传》中,把唐代华严宗的杜顺和尚、李通玄、澄观等归列其中,对于其行化方式多有肯定。明代有关写经修行的文献中,书写《华严》者甚为常见,其中不乏最为人称扬的刺血写经者。从明太祖洪武至明穆宗(1368—1572),佛教寺院讲习华严教学者,不绝如缕。明代前中期,承绪元代华严教学,尚有一些僧人修习华严教学,但影响有限。

明初兴讲华严的著名僧人为别峰大同(1289—1370)和古庭善学(1307—1370)。

别峰禅师③,名大同,字一云,别号别峰,浙江上虞人,俗姓王。别峰早年于会稽崇胜寺薙染出家,先后转益多师,"究清凉宗旨于春谷法师,

---

① 德清:《刻五大师传题辞》,《憨山老人梦游集》卷三一,总第 1649 页。
② 德清:《题竹林大师示门人振法语后》,《憨山老人梦游集》卷三一,总第 1656—1657 页。
③ 别峰禅师的传记文献,可参见《补续高僧传》卷四、《释氏稽古略续集》卷二、《大明高僧传》卷三等。

精四法界观于古怀肇公,见晦机熙公深有悟入,见中峰禅师,托以弘扬贤首之教"①。春谷、古怀皆为当时名重一时天台兼弘华严者,晦机与中峰则为一代禅僧,分住杭州、天目山。中峰禅师更特书偈赞清凉像,赠送别峰。六年之后,返回宝林华严教院,近侍春谷,并分座讲《华严经》。据记载,对于华严教义,别峰特重法藏《华严五教义》与澄观《华严玄谈》。"凡清凉一家疏章,悉摄其会通,而领其枢要,义趣消融,智光发现,识者心服之。"②

别峰主张诸宗会通,禅教一致,认为"万法本乎一法,不识孰为禅,又孰为教也?"有鉴于此,在此后弘传华严经教中,别峰倡导经教与参禅自识本心的结合。作为博学多识的一代学僧,别峰之学虽宗贤首(或称"清凉宗"),日常修行以"惟诵《华严经》为常课",却博通内外之学,主张诸宗并兴,不斥他宗,"每扶植他宗,毫无猜忌,如断江恩少林之学者,乃荐之主天衣;天岸济,台教之徒也,挽之住圆通"。举荐江恩禅师入主天衣,荐天台宗僧天岸弘济入主寺圆通,唯甄别人品、摩厉后进为务,使"三宗屡得其人"③,可见别峰并不执持专宗意识。这种兼容宗教的修学态度,使大同获得了崇高的声誉。

元延佑年间(1314—1320),别峰历住萧山净土寺、会稽景德寺、东塔寺,最后仍归住宝林贤首教院(宝林寺)。宝林寺原唐代清凉澄观肄业之处,在江南华严教史上有着殊胜地位。大同继住宝林,被视为是弘传华严正宗的象征,来学者甚众。至正(1341—1368)初,受元帝赐"佛心慈济妙辨"之号,并敕金斓法服。明洪武初年,明太祖朱元璋诏别峰参加钟山无遮法会,并亲自召见于武楼,赐宴禁中,馈币金珍物,以荣其归。

别峰出身于世家大族,出家为僧后,多与当时名士交游,如永康胡长孺、吴兴赵孟俯、巴西邓文原、长沙欧阳玄、乌伤黄溍、武威余阙等皆乐与

---

① 幻轮:《释氏稽古略续集》卷二,《大正藏》第49卷,第923页上。
② 明河:《补续高僧传》卷四《解义篇》,《续藏经》第77册,第393页下。
③ 参见如惺的《大明高僧传》卷三,《大正藏》第50卷,第910页上。

师交,函诗往来,唱酬于水光山色间,颇具诗名。

别峰弘法一生,持律甚严,一钵之外,别无长物,唯有书史五千余卷。著有《天柱稿》、《宝林类编》等诗文集行世。其嗣法弟子众多,有妙心大衍、皋亭善现、高丽若兰、景德仁静、姜山明善、延寿师颢、南塔国琛、福城大慧、景福性澄、妙相道儞、法云道悦、净土梵翱、宝林日益等人。①

在华严传法世系中,春谷元遇为华严第19传、贤首下第18世,别峰大同则为华严第20传、贤首下第19世。明河在《补续高僧传》中高度评价了别峰大同兴弘华严的历史功绩,称"贤首之宗,不振久矣,凛乎若九鼎一丝之悬,师独能撑支震耀,使孤宗植立于十余传之后,凡五十年"②。别峰专致于讲演"华严孤宗",成为自元及明弘传华严教观的一代宗师。

相比于别峰大同,古庭善学兼弘华严的特征更为明显。

古庭善学(1307—1370)③,自号古庭,吴郡人,家世业儒,俗姓马。自幼离俗出家,十七岁受具为僧。善学的受业师为宝觉简,故称"传华严之教于宝觉简公,凡清凉《大疏钞》,及《圆觉》、《楞严》、《起信》诸部,皆能融会甚深微妙之旨"。其后,善学入报恩寺,继往昆山光福寺,颇受先后前后主报恩之席的别传教公、无言宣公所赏识,"皆欲摄受师为弟子",但均为善学所婉拒。

善学虽师从宝觉,却并非专宗贤首,而是台贤兼弘。尝称"吾早通《法华》,虽累入法华三昧,然长水璇问道于琅琊觉,又从灵光敏传贤首教。灵光,天台之人也,古人为法乃尔,吾徒可专守一门乎?"④善学从长水子璇问学于禅僧琅琊慧觉、受贤首教义于天台学僧灵光洪敏的事例,意识到禅教、台贤兼弘的有效性。据宋濂《塔铭》所述,善学曾与同学原澄辨"一乘别教之义",作《法华问答》数篇,讨论台、贤有关别教一乘的义

---

① 如惺:《大明高僧传》卷三,《大正藏》第50卷,第910页中。
② 明河:《补续高僧传》卷四《解义篇》,《续藏经》第77册,第394页下—第395页上。
③ 善学的参学及其行历,见宋濂的《华严法师古庭学公塔铭》,《宋濂全集》第3册《芝园后集》卷七,杭州,浙江古籍出版社,1999。明河《补续高僧传》本传内容大部出于《塔铭》。
④ 参见明河的《补续高僧传》卷四《解义篇》,《续藏经》第77册,第395页下。

理异同。善学尝造《十玄门赋》，"以示圆宗大旨，丛林传诵，以为能发越贤首诸祖之意"。"十玄门"为智俨、法藏、澄观等唐代华严祖师相继有阐的圆宗独特理论，善学能够以赋文加以呈示其义理，可见其理解的精到。

除阐述别教一乘义、十玄门义，重视法藏"法界还源观"及华严法界统观之学之外，善学还特别注重忏法的修习。华严忏法虽始于唐代宗密等人的阐释，但经过宋代晋水净源简化整理后，被后世的贤首教院奉为修仪准则。善学在修习华严忏法时，关注与慈云遵式所创设的天台忏法（"净土忏仪"）异同所在。他指出："吾始习晋水源华严忏法，行之已久，及观天竺慈云式净土忏仪，明白简要，五晦诸文，皆出《华严》，吾欲籍是以祈生安养耳！"①

自宋代以来，华严教学与天台、禅宗之间的相互关涉，除执持门庭之见外，大都表现为以混通取代和会，往往缺乏经教本怀的真正体认。元明之际，同样如此。如有法师把"应观法界性"解释为"十界判别"，而"一切（事）唯心造"则等同为"真如之理"。善学对此颇不以为然。善学不仅台贤兼阐，对于法华义学有着精致的研习，更对当时宗门修学相当熟悉。据记载，善学升堂开示弟子，每称："吾宗法界还源，非徒事于空言，能于禅定而获证入者，乃为有得耳。"不设涯际，体现出台贤、禅教皆以理致为宗归。宋濂对于善学兼弘台贤的立场，颇示赞赏之意。尝称"濂于诸宗之文，颇尝习读，每病台衡、贤首二家，不能相通，欲和会而融贯之，恨鲜有可言斯事者。不知世上乃复有师乎？于是，发不及见之叹，其为贤者追慕如此"。② 宋濂明确指出，台宗后学每以"学华严唯识者为它宗，立有教无观，诃斥贤首"，无宁属于"担板之见"。③

善学虽未被后世列为贤首传人，但这并不否认他兼弘华严的作用与地位。入明之后，善学意欲大弘贤首之教，以续佛慧命。遗憾的是，因战

---

① 宋濂：《华严法师古庭学公塔铭》，《宋濂全集》第3册，第1432—1433页。
② 同上书，第1434页。
③ 参见钱谦益的《楞严蒙钞》卷一〇，《续藏经》第13册，第857页下。

乱甫定,时缘未至,善学大弘华严之愿未能圆成,而于洪武三年(1370)示寂于池阳马当山,享年六十四岁。

善学戒行精严,护持三业,唯恐有所染污,独居屋漏,法衣不离体,颇具清凉澄观之遗风。勤学不辍,三藏诸文,未尝释手。为人谦恭自牧,谆谆劝诱,深受学者钦崇。其著述有《法华问答》、《法华随品赞》(三十篇)、《辩正教门关键录》及诗文集等行世。

讲习华严的经会活动在江南颇为盛行。如会堂自缘(1310—1368)在宁海、临济等地"建华严宝阁,月集善士,阅《华严经》,并建《华严》"传经之会",演说因果,屠沽为之易业,施者四集。①

入明之后,禅、讲、教三宗分立,导致讲僧们在其具体的实践修持生活,往往致力于华严与天台的融通兼弘。这种兼弘华严的讲教格局,成为明代华严学弘传的主流。只不过明初中期以台贤兼弘为多见,体现为讲教类型的兼弘;而晚明时期则以禅僧兼弘华严为常见,呈现出禅教兼弘的类型。

明初兼弘台贤的著名教僧为无极法天(1333—1406)。

无极法天,俗姓杨,云南大理人。年十六,即随禅僧海印出家,习禅宗教义,后遍参诸方,其学以习华严与禅为主,人称"遍历诸方,参叩明眼,大彻宗旨,而六相圆融,三观妙悟"②。每登讲席,以宣讲《法华》、《华严》为主务。主张"以宗印心,以教化人"的修学立场,明确表达了禅教一致的关系准则。

法天尝撰有《法华注解》七卷,洪武二十九年(1396)遣弟子文熹送呈太祖。其徒数百,嗣法者四十余人,在大理地区颇具影响,但并非全然兼弘华严。

明初华严与禅修法门的结合者,则非楚石梵琦(1296—1370)莫属。

---

① 《补续高僧传》卷一六,《续藏经》第77册,第486页。
② 《新续高僧传》卷五《明大理荡山沙门释无极传》,《高僧传合集》,第800页下。

梵琦虽嗣法于元叟行端，但其禅法具有显而易见的圆融特征，日本学者忽滑谷快天称"梵琦之思想为华严一乘纯谈圆融之妙者，"并指出，"华严者，北宋以来盛为禅门所用，天下禅匠无不被其影响，至琦数设华严经会提唱其说，据《语录》自明"①。据《楚石梵琦禅师语录》所载，梵琦弘法一生，曾四设华严经会，即真如华严经会、慧明院华严经会、兴化院华严经会、海印兰若华严经会，从中可以看出梵琦对华严经学的摄受立场。

首先，梵琦不仅熟悉唐译《八十华严》之经文结构及其具体内容，并且能够自如运用禅法见地而对华严经旨及唐代华严诸祖师的教学思想作出会通圆融的阐释。综观其《语录》记载，梵琦对华严经旨信手拈来，并给听闻者以全然不同于讲僧的诠释，令人耳目一新，印象深刻。

在真如华严经会上，楚石梵琦示曰："华严会上，文殊普贤及四十二位法身大士、五十三位诸善知识，各各演说无尽法门，何曾道著第一句来？"又称："释迦老子正觉山前，半夜子时，明星出现，忽然大悟，是第二句；三乘十二分教，权实顿渐，半满遍圆，是第三句。三世诸佛、六代祖师、天下老和尚尽力道，也只道得第三句。"②

对于佛教的理事、心物、凡圣诸关系，梵琦作出了禅与华严教学之间的圆融阐释，明确主张"无理外之事，无事外之理，无心外之物，无物外之心。"世间万法，"一一交参，重重摄入"③，"头头上明，物物上了，如理如事，亘古亘今"。"在凡不减，在圣不增，超百千万亿日月光明，遍不可思议虚空分剂，无一理不显，无一事不周，无一物不玄，无一土不妙，无明即是佛性，烦恼即是菩提，生死即是涅槃，尘劳即是解脱，譬如虚空，体非群相，而不拒彼群相发挥。"据此体性观，梵琦进一步阐释了华严圆融旨趣，"搅酥酪醍醐为味，熔瓶盘钗钏为一金，总阴阳寒暑为一时，混江河淮济

---

① 忽滑谷快天：《中国禅学思想史》，朱谦之中译本，第704页，上海古籍出版社，1994。
② 《楚石梵琦禅师语录》卷九《秉拂小参》，《续藏经》第71卷，第590页中。
③ 《楚石梵琦禅师语录》卷五，《续藏经》第71卷，第569页下。

为一水,一印一切印,一成一切成,一破一切破。所以道:佛说一切法,为治一切心。我无一切心。"①这种理事圆融的心法观念,显然能够有效地运用于具体的禅法修行中。

梵琦运用华严法界圆融统观,其旨趣终归于禅教一如。对此,梵琦主张,教不异禅,禅不异教说:"……教是佛口,禅是佛心……更分什么禅、拣什么教?立也在我,扫也在我,我为法王,于法自在。若立去,有禅有教;若扫去,禅教皆除,二十重华藏世界海,在什么处安著?"梵琦偈曰:"……若能悟此真法界,谁是成佛不成佛?毗卢遮那我同证,普贤文殊妙法身。五十三人善知识,为我印知如是说。"②

梵琦阐释华严法界圆融统观的文献资源之一,乃是来自于永明延寿的《宗镜录》。他尝撰《宗镜录华严十种无碍成十偈示僧》,以禅悟化文字析解华严十种无碍法门,颇见其华严见地的纯正,广为传诵。通过这十首偈颂诗句,可以看出梵琦对华严与禅法的圆通会解,似与其悟道偈渊源颇深。现略引三首偈文如下,略窥一斑。

一是"理事无碍偈"称:"真性皆同刹相殊,廓然清净大毗卢。香披菡萏千重叶,影现摩尼五色珠。法界森罗元不有,宗乘举唱亦非无。凭君更莫论心境,荆棘从来是坦途。"

二是"相即无碍偈"称:"万法圆成一念中,众生世界尽牢笼。光明大小珠相似,赤白青黄色不同。毕竟未知何处起,如今方信本来空。平常一句如何会,日出西方夜落东。"

三是"隐显无碍偈"曰:"千差万别任枞然,不落高低染净边。圣处即凡凡即圣,圆时能缺缺时圆。节文并似初生笋,因果浑如未剖莲。但属自心非外境,阴晴同是本来天。"③

其次,身为禅僧的梵琦颇熟悉《华严经》(主要是唐译《八十华严》),

---

① 引见《楚石梵琦禅师语录》卷九,《续藏经》第71册,第590页上、中。
② 同上书,第592页上、中。
③ 引见《楚石梵琦禅师语录》卷一八,《续藏经》第71册,第648页中、下。

而其所理解的华严经,根本旨趣在于阐明凡圣一体、生佛一如的本体观。这同样是基于法界圆融统观的思想。梵琦明确指出:"你诸人即是毗卢遮那,毗卢遮那与你诸人无二无别,念念中,有无量诸佛降生成道,转法轮入涅槃;念念中,观音弥勒出现;念念中,善财童子、五十三善知识,同因同果,同学同行。"若众人信得及,则立地成佛;若信不及,则徒增口业。为此,梵琦称引《华严经》文说:"经中道:'若人欲了知,三世一切佛,应观法界性,一切惟心造。'""觅心了不可得,更说什么惟心,心既不可得,毗卢遮那亦不可得,无量诸佛亦不可得,文殊普贤、观音弥勒亦不何得,善财童子、五十三善知识亦不可得,十信、十住、十行、十回向、十地、等妙二觉亦不可得,不可得亦不可得,却从不可得中流出一切言教。所以道:教是佛语,禅是佛意。诵佛语者,须识佛意;识佛意者,必通佛语。"①

再次,在华严与禅修的会通中,梵琦甚为推崇清凉澄观与圭峰宗密二位唐代华严祖师。他尝撰《清凉国师赞》,颂扬清凉国师的法化功绩。文称:"无明本空,法界如幻。谁为普贤,圆满行愿。十地鸟迹,二觉波文。凡圣平等,迷悟同群。稽首清凉,洞明智理。疏毗卢藏,称真佛子。千龙发浪,四海流慈。十大愿王,七帝门师。遗像现前,麈尾在手。常住世间,太虚不朽。"②

至于宗密,梵琦更视之为真参实悟的典范。他说:"圭峰和尚,他是真个悟得底,曾著《禅源集》,和会禅讲两家。"梵琦指出,圭峰宗密反对"讲者毁禅,禅者毁讲"。于此处,梵琦话锋一转,批评当时佛教修学中的禅讲对立。他说:"今时弟子,彼此迷源。修心者,以经论为别宗;讲说者,以禅门为异法。若谈因果修证,便推属经论之家,而不知修证正是禅门之本事;闻说即心即佛,便推属胸襟之禅,而不知心佛乃是经论之本意。""圭峰所诠,自是禅门标表,亦是教乘骨髓。"③梵琦称许宗密禅教一致论的会通立场,

---

① 引见《楚石梵琦禅师语录》卷九,《续藏经》第71卷,第593页上、中。
② 《楚石梵琦禅师语录》卷一四,《续藏经》第71卷,第622页上。
③ 《楚石梵琦禅师语录》卷九,《续藏经》第71册,第593页中。

主要是注重经教与禅修的互补关系,而绝非认同其归宗华严的专宗观念。

除楚石梵琦外,明初禅僧怨中无愠(号怨中,别称空室,台州临海人,1309—1386),上径山就元叟行元端剃染,具戒于昭庆。怨中在其禅法中注重华严唯识观与法界圆融观综合运用。他曾上堂云:"心如工伎儿,意如和伎者,五识为伴侣,妄想观众伎。大众还识得心也未?若识得心,便识得意;识得意,便识得诸识;识得诸识,便识得妄想。妄想灭,则诸识灭;诸识来,则意灭;意灭,则心灭;心灭,则一切灭。所以道,心生则种种法生,心灭则种种法灭。"①他认为:"全体是个金刚正体,全体是个大解脱门,全体是个华藏世界海,是以从上老宿竞出头来激扬铿锵,只要各各当人明自本心,见自本性。"②此语与乃师元叟行端之语类同。行端说:"全体是个解脱大海,全体是个涅槃妙心,无起灭可求,无生死可出。百骸溃散,卓尔独存,四大分离,湛然常寂。""尽十方世界是个大光明藏,从古至今,无一法可增;尽十方虚空是个大解脱门,从古至今,无一法可减。"③

楚石梵琦与怨中无愠,都尝受学嗣法于元叟行端,不同程度地接纳了行端注重经教与禅法修行相结合的思想取向。他们对华严的认同,主要是基于华严禅的历史取向。

三、诸宗和会下的净土法门

宋代以降,净土教向来颇为隆盛。但净土法门在佛教修行中仍未获致独立的地位,仍较多地保持着教净融合、禅净双修的取向,未摆脱"寓宗"或"寓教"的附属性。特别是天台宗,更是具有倡导念佛法门的传统,极为重视对净土经典的疏释。④ 入宋以后,中国佛教以天台宗学者为中

---

① 《怨中和尚语录》卷一,《续藏经》第 71 册,第 408 页下。
② 《怨中和尚语录》卷二,《续藏经》第 71 册,第 414 页上。
③ 《行叟行端禅师语录》卷二,《续藏经》第 71 册,第 533 页上。
④ 天台祖师智者大师(538—597)尝著《净土十疑论》一卷、《阿弥陀经义记》一卷、《观无量寿佛经疏》一卷、《五方便念佛门》一卷等净土著述。参见圣严的《明末佛教研究》,第 86 页,台北,东初出版社,1987。

心而出现了禅、净、律兼重并顾的净土教,产生了如四明知礼(960—1028)、慈云遵式(964—1032)、孤山智圆(976—1022)等倡导净土修行的天台宗僧。① 此一风习直接影响了明代天台宗的净土修法。

入明以后,承绪宋元余风,净土寓于禅、台二宗而普遍流行于缁素之间,一时繁盛空前。明初之时,天台宗门有蘧庵大佑、鄞江妙叶等人,宣唱净土。

大佑(1334—1407),姑苏吴县人,字启宗,号蘧庵。年十二出家,通内外经典,尝从古庭善习华严,复从九皋声学《摩诃止观》。阅元代蒙润之《天台四教仪集注》而得省,通达天台纲格。尝为苏州北禅天台讲寺住持,专修念佛三昧。后诏右善世、左善世,考试天下僧徒。大佑弘阐净土法门的主要撰著为《净土指归集》。传灯称大佑"精于教理,其于净土一门,尤得其妙,有《净土指归集》盛行于世"②。大佑的《净土指归集》,洪武二十八年(1395)由四明翠岩无象刊行后,流行甚广。

《净土指归集》共分原教、宗旨、法相、观慧、行法、证验、决疑、斥谬、指广、劝修十门。在《原教门》中,大佑明确指出,诸佛出世度生,随机演教,"求其至简至易,俾初心凡夫顿悟上乘,速登不退者,无若乎净土法门之径且要也!"③本书之作,广引诸家论说,而以四明知礼之说为归,倡约心观佛说。据上所述,天台宗僧大佑对于净土法门,学解并重,既注重对净土思想的义理诠释,同时又专修念佛三昧。此

---

① 四明知礼撰有《观经疏妙宗钞》六卷,该书将天台智者大师《观经疏》一卷分注而成,祖述天台宗学的净土修法。以净土鲜谈观门,故本书要旨在于强调心念妙观,即心念佛,心感净土。知礼另撰有《观无量寿佛经融心解》一卷,其要义以阐述十六观法归摄一心为主体,显扬妙观法门为修证净土的上根正行。慈云遵式著有《往生净土决疑行愿二门》、《往生西方略传》各一卷,倡老实念佛即为佛乘圆教,本具一念三千之性相,尽收十方将秒,念佛法门为了义中之义,普劝信受奉行,重视净土行法的实践修持。孤山智圆撰有《阿弥陀经疏西资钞》一卷(已失传)、《十六观经疏刊正记》两卷(已佚),今唯传《阿弥陀经疏》一卷。智圆之净土思想,亦主唯心净土,以《阿弥陀经》为五时中之方等别教,此经以信愿业净为宗致,属散善,被于人天及四教之初心,而判《十六观经》属定业,被于圆机。
② 传灯:《弥陀圆中钞序》,据扬州藏经院存板刻,福建莆田广化寺本,第9页。
③ 大佑:《净土指归集·原教门第一》,引见《续藏经》第61册,第307页中。

外,大佑法师还撰有《佛说阿弥陀经略解》一卷,明末"幽溪大师"无尽传灯的净土著述《弥陀圆中钞》,即是对此书的钞释,可见其影响之广。

明初时期,还有一位崇尚净土的天台宗僧妙叶。

妙叶为元末明初时人,生平行历,未闻其详。据载,妙叶修学,"法绍宗乘,教兴莲社",约于洪武二十八年(1395)前后,撰有《宝王三昧念佛直指》(简称《念佛直指》)二卷,凡二十二篇。此书刊刻后,一度湮没无闻。此书颇受莲宗八祖云栖袾宏的推重,但"每欲见之而不可得"①。直至袾宏示寂后方复现于世,并得以重刊,收于蕅益智旭编纂的《净土十要》第八卷中,流传至今。

"念佛三昧",是禅、教、净结合的极致。清顺治七年(1650),智旭在其《重刻宝王三昧念佛直指序》中称曰:

> 念佛三昧,所以名为宝王者,如摩尼珠,普雨一切诸三昧;如转轮王,普统一切诸三昧王。盖是至圆至顿之法门也。始自《华严》,终至《法华》,一代时教无不赞扬此宝王三昧;始自文殊、菩贤,乃至永明、楚石,一切菩萨圣祖,无不修证弘通此宝王三昧。而世之昧者,犹以为自性弥陀,非即乐邦教主;唯心净土,不在十万亿西。妄认六尘缘影为自心相,全不知十方法界,一一无非即心自性也。可不哀哉!元末明初,鄞江有大善知识,厥名妙叶,深悯邪见,述为《念佛直指》二十二篇。②

而妙叶本人则述其撰著旨趣及缘起说:"念佛三昧称为宝王者,盖于一切三昧之中,最上三昧者也。首独唱于庐山,后遍流于天下。历代所修,往生非一。著文于世,证验良多。自昔至今,富于编简。若禅若教,无不尊崇;是圣是凡,悉皆景仰。但末代浅根,因药致病,以极乐净土,不求之于西方,而求之于分别缘影,多流此见。内怀痛伤,嗟彼唐丧其功,

---

①② 智旭:《重刻宝王三昧念佛直指序》,《净土十要》(苏州灵岩山寺本)卷八,总第294页。

虽修无感,乃以净土诸经及各宗疏钞,采其奥旨,述以成编。"①

妙叶的《念佛直指》一书,力阐唯心净土、自性弥陀之教旨,直斥禅者谬见,明示参禅即念佛、念佛即参禅,其宗趣并无二致。妙叶法师指出,念佛三昧的修习,当归天台圆融三观,即空即假即中,以此方显净土之圆修,"非此法门,则有所未尽也"②。

明初天台宗僧净土修法者尚有普智。普智,字无碍,浙江临平人(今杭州余杭),出家于钱塘龙井寺,就东溟慧日学天台教观,历四大道场,大振门风。晚年专修净业,示寂于明永乐六年(1408)。普智撰有《阿弥陀经集注》一卷。今已佚。

明代中叶,天台宗僧阐扬净土的传统,似乎全然中断。自明初至嘉靖、万历的百余年间,考诸佛教史籍,几乎未见天台宗僧阐发净土思想的著述记载。直至"万历佛教"复兴后,仰赖于云栖莲池的道力感化,净土信仰一时顿兴。有关净土法门的丛林著述注疏,时有出现于世。而弘扬净土法门、修持念佛三昧者,则更是层出不穷。③ 正是在当时佛教界普遍唱净土法门的思潮下,天台幽溪尊者传灯法师以本宗教观双弘之立场,力阐唯心净土,力唱别树一帜的净土圆修法门。

---

① 妙叶:《宝王三昧念佛直指序》,《净土十要》卷八,总第297页。
② 同上书,总第314—315页。
③ 有关明末弘演净土教的主要文献及其代表人物,参见圣严的《明末的净土教人物及其思想》,《明末佛教研究》,第二章第四、第五节,第112—148页。

第四章 明中叶的佛教

第一节 明中叶的禅宗弘传及著名禅僧

明中叶时期,虽然佛教杰出僧人不似晚明那样耀眼,但绝非平淡无奇。相对于晚明佛教的全面复兴而言,这些禅僧身处于整体衰落的佛教环境之下,坚持禅修,维系法脉,反而更能显示其宝贵的修学经验。空谷景隆、楚山绍奇、毒峰季善和笑岩德宝等僧人的相继出世,让后世真切地观察到明中叶佛教僧人的亮色所在。并非如黄宗羲所评论的,"有明自楚石以后,佛法中衰,得紫柏、憨山而再振"①。其实,在明初楚石梵琦之后,在紫柏真可、憨山德清之前,与宫廷、权贵持守着清醒距离的禅僧们,仍在默默地维系着传统禅系、禅法的传承,与其继承者一道成为晚明佛教全面复兴的共同先导。

一、禅宗传承及其弘传概述

明中叶的宗门,主要以临济与曹洞二系。其修学活动的中心区域,则仍

---

① 黄宗羲:《南雷文案》卷八《钱清溪墓志铭》,《黄宗羲全集》第 10 册,第 352 页,杭州,浙江古籍出版社,2005。

袭宋元禅宗之绪,主要集中于江南地区。聂先在其《续指月录凡例》中指出:"五宗至宋季以后,海内止存临济、曹洞两宗,而济宗法裔为盛。"①净柱在《五灯会元续·凡例》中认为,"临济宗自宋季稍盛于江南。阅元而明,人宗大匠所在都有,而韬光敛瑞,民莫得传,惟是天童、磐山、车溪三派鼎峙支那,学者依为出世梯航"。② 这些记载,成为后人探讨明中期禅宗传承的基本线索。

据日本学者长谷部幽蹊教授的研究,从明清诸宗门灯录、禅史文献及僧传记载中,可以看到由元入明的禅系传承中,主要属于大慧派、虎丘派两大门流。从元代禅法传承而言,大慧派下的原叟行端一系更占三分之二强。此外,多属大慧派的晦机一系。③ 至于虎丘派的构成,则以松源系与破庵系为主体,入明后以大千慧照(1289—1373)、恕中无愠(1309—1386)推展其传承,其世系多属于大鉴下第24世以后。

从诸祖师住地及其弘化的地域分布上看,长谷部教授结合文琇撰《增集续传灯录》,分析了由元及明、从大鉴下第20世至第23世的禅师人数及其地域分布情形。现列表简述如下:

传法世系	总数	浙江	江苏	江西	福建	河北	湖北	其他	不详
大鉴下20世	52	32	3	1	4	1	1		10
大鉴下21世	72	39	13	6	1	1	1	安徽、河南各1	8
大鉴下22世	99	44	29	8	4	1		安徽、湖南各1	11
大鉴下23世	68	43	18	4					3
合计	291	158	63	19	9	3	2	4	42

其中,由元入明,浙江省内的开法禅师占压倒性多数,其次则为江苏省。在浙江弘化者中,居首位为杭州府,其次则为宁波府。在江苏则以

---

① 聂先:《续指月录凡例》,《续藏经》第84册,第12页下。
② 净柱:《五灯会元续略凡例》,《续藏经》第80册,第444页上。
③ 参见长谷部幽蹊的《明清佛教研究资料》,《禅研究所纪要》第15号,第230页,1987。另可参见其更早著论《明清佛教研究序说》,台北,新文丰出版公司,1973。

苏州府为首位。当然,这种统计有其明显的局限性。即明清禅史灯录撰著的作者,尤以江浙为多,其取材自有地域性。

入明以后的禅系传承,其地区分布仍承元代而成,但出现了一定的分化现象。大鉴下第23世至第25世,总人数共计69人。其中,浙江34人,江西7人,江苏6人,福建为1人,四川1人,其他不详者20人。可见浙江弘化者的优势地位开始出现动摇,而江西、四川诸地的禅僧,则进入灯录记载的视野。

从住僧寺院的构成来看,宋代五山十刹为主体的传统丛林,仍为明代禅僧的弘化重镇。如浙江径山、灵隐、净慈、天目、中天竺,及宁波雪窦、天童、育王,江苏天宁、虎丘、灵岩等。

现据相关灯史文献,将明中期有关临济禅系的主要传承情况,简述如下:

南岳下29世:宝峯瑄→天琦本瑞,云溪瑛→净庵素,吉庵祚→天宁道济,碧峰显→玉芝法聚,金台觉→径山慧林,天目进→野翁晓,突空升→无尽海,寿堂松→斗峰净琴。

南岳下30世:天奇本瑞→龙泉明聪、大川洪,净庵素→大觉圆,天宁道济→眉山法会、精严方泽,翁晓→敬畏如空,石门海→尖峰宗隆,斗峰琴→斗峰道觉。

南岳下31世:龙泉聪→笑岩德宝,大川洪→龙树宝印,楚峰和尚→玉堂和尚,敬畏空→车溪性冲。

南岳下32世:笑岩宝→龙池正传、东台瑞峰、灵谷昙芝,东溪冲→兴善慧广。

南岳下33世:龙池传→天童圆悟、磐山圆修、净名大莲、语风圆信,兴善广→普明妙用。

南岳下34世:天童悟→五峰如学、邓尉法藏、破山海明、天童通容、金粟通乘、宝华通忍、龙池通微、天童道忞、雪窦通云、古南通门、报恩通贤、通玄通奇。

85

磐山修→夹山本豫、报恩通琇、理安通问、山茨通际。

南岳下34世所收录的十六位禅师,全部为天童密云圆悟及天隐圆修二师门下的嗣法者。其中,木陈道忞(1596—1674)、费隐通容(1593—1661)乃是圆悟门下的佼佼者。而三峰汉月法藏(1573—1635)则成为另类的禅师,影响独特,介于传统禅师与"未详法嗣"者之间。

《五灯会元续略·凡例》所称"天童、磐山、车溪三派鼎峙支那","天童派"的核心人物为密云圆悟(1566—1642),"磐山派"的核心祖师为天隐圆修(1575—1635)、"车溪派"的核心禅师为无幻性冲(1540—1611),禅派分立,禅匠辈出,此后更有汉月法藏"三峰派"等,成为清初僧诤所关注的焦点禅系。这些禅系传承,直接影响到清初"新禅派"的形成与展开。

至于明中期的曹洞禅系,主要集中于河北、河南等北方地区,但对南方禅修也有所影响。到明中叶后期,南北曹洞更是几乎并兴于世。

净柱《五灯会元续略·凡例》,简述了宋元以后北方曹洞宗的传承情形:"曹洞宗至宋季尤盛于河北,所以元世祖大集沙门,惟雪庭裕祖,高贤鳞附,如黄钟为八十四调之首,如车毂为三十六辐所归,洵至盛矣,谁与京焉?独惜明兴以前,金辽以后,河北为战争之所,名刹兵燹,格言爰加。如洛之白马、天庆、嵩之少室、龙潭、熊耳之空相,磁之大明,泰之灵岩,燕之报恩、万寿,灯灯不绝,班班可纪,而人罕被其光,至今仅存云门、寿昌、少室三叶颇称蕃衍。但清凉已上,间有一二宗支,无从考核。余登少室探求行实遗言,得抄本语略于敝箧,首尾简蠹,不可意推,其可句读者尚存二十余篇,迹其上下师承,按之道行塔铭,诸刻绿会不爽亦合璧之,最奇者谨备录,以质明鉴。"①其中,云门、寿昌、少室为明中期的曹洞三系。此下为明代曹洞宗传承的主要谱系:

青原下30世:少室斌→定国可从。

青原下31世:定国从→少室文载。

---

① 净柱:《五灯会元续略凡例》,《续藏经》第80册,第444页上。

青原下 32 世：少室载→宗镜宗书。

青原下 33 世：宗镜书→幻休常润、廪山蕴空常忠。

青原下 34 世(曹洞第 25 世)：

幻休常润→大觉(慈舟)方念、少室(无言)正道。

廪山忠禅→寿昌(无明)慧经。

青原下 35 世(曹洞第 26 世)：

大觉慈舟方念→云门(湛然)圆澄。

少室无言正道→少室慧喜，

寿昌慧经→博山(无异)元来、东苑(晦台)元镜、寿昌元谧、鼓山元贤。

青原下 36 世(曹洞第 27 世)：

云门湛然圆澄(云门禅系)→(曹洞第 28 世)指南明彻、麦浪明怀、佛日明方、化山(三宜)明盂、东山明溲、香雪明有、百丈(瑞白)明雪、雁田柳浈居士、叶昙茂居士。

博山元来→瀛山智誾、开府余大成居士。

东苑镜→径山道盛。

自 34 世下，曹洞宗门世系的存续，正是从明中期转向晚明禅宗的重要基础。而明末曹洞宗通过多支派的传承，在江南地区得到兴盛发展，直至清代。

二、空谷景隆(1387—1466)

空谷景隆[①]，字祖庭，号空谷，江苏苏州人，俗姓陈。其父显宗，号月

[①] 有关空谷景隆的传记文献，有《自制塔铭》(撰于 1444 年)，收于袾宏的《皇明名僧辑略》,《莲池大师全集》(《云栖法汇》景印本)，第 2554—2557 页；彭清(字存菴)：《空谷集序》,《释氏稽古略续集》卷三；聂先《续指月录》卷一二、《五灯严统》卷二三等。有关景隆的研究论著，则有野口善敬的《明代前期禅门的一个断面：毒峰本善与空谷景隆考察》，载《日本中国学会报》第 34 集，第 150—161 页,1982。

潭处士,家世虽不显赫,却不失为知书达理,使景隆得以能够接受日常教育,为其日后。

据景隆《自制塔铭》所述,永乐十年(1412),时年二十六岁的景隆从弁山白莲懒云和尚受学参禅,并参扣湖海古拙和尚。虽以家居,参究不替。永乐十八年(1420),三十四岁的景隆方得以出家,从虎丘石庵和尚为行童。洪熙元年(1425),给牒为僧。宣德二年(1427),从杭昭庆守宗师得具足戒。宣德六年(1431),随石庵迁住杭州灵隐寺。翌年(1432),景隆往天目山,礼元代以闭死关参禅著称的高峰原妙祖师(1237—1295)塔,历时一年,克苦参究,精进有省。

其时,南极智安禅师(亦称"懒云和尚")正住持海昌净妙寺,景隆遂前往参请。据其自述,景隆剖露心法,颇受懒云首肯。

南极智安,俗姓沈,浙江嘉兴人,嗣法于海门则禅师。尝住湖州弁山白莲寺,别号懒云,故称懒云智安。景隆等人辑录其法语、偈颂等百余篇,集为《懒云和尚语录》(亦称《南极和尚语要》),刊行于世。"语虽不多,禅旨具矣。"①景隆尝为之撰序。

景隆在其序文中反省宋季以降之禅弊称:"……惟宋季迄于今日,学者多执权乘之业,提死话头,不善参究,所以鲜克妙悟。或执转万物为自己,堕在偏枯;或测度圣心,胶于义学;或作昭昭灵灵,弄精鬼汉;或死心忘形,陷于无记。如是等颜,沿袭成风。虽初祖复来,亦不能夺其志而救其弊也。不有透关眼目,实乃甄别难明。致使上根之人困于死术,小根之人愈成小劣,是则皆名不了义,亦名生死本,亦名戏论法,亦名相似禅。"②

景隆对于参禅,颇有心得。他在《示真性源》中称:"参禅须要信得彻,有主宰,提撕话头,默默参究,于一切处,无着无依,逆顺境界,到手便募直行去,不起分别,不见有逆顺,不见有境界,盖为大解脱中不存一法

---

①② 景隆:《懒云和尚语录序》,《空谷集》卷一,第3页上。

也。洞然了悟,直下承当,更进一步了却,向上一着,虚彻灵明……更说甚么世法佛法、烦恼菩提,透顶透底,举体全真,是为逸格之人也。"①

景隆对于疑情工夫的阐释,也独具风格。那就是把疑情工夫与参究念佛结合起来,推展了参究法门的适用范围。而禅教净相结合,特别是禅净统合,正是晚明佛教复兴的重要表征之一。

景隆禅法中注重禅净统合,其最鲜明之处表现于极为关注"参究念佛禅"的普遍适用性。他明确指出,平常的持名念佛与摄归自心的参究念佛,各有所擅,有着不同的适用对象。"念佛一门,捷径修行之要也。识破此身不实,世间妄念,是生死根,惟净土可归,念佛可恃,紧念慢念,高声低声,总无拘碍,但身心闲淡,默念不忘,静闹闲忙,一而无二,忽然触境遇缘,打着转身一句,始知寂光净土不离此处,阿弥陀佛不越自心。虽然如是,若乃将心求待,反成障碍。佛性是自然之物,不属心思意解。若见怎么说,你便执个无心,又成大病。但以信心为本,一切九念放处下为本。如是行去,纵然不悟,没后亦生净土,阶级进修,无有退转。优昙和尚令提念佛者是谁,或云那个是我本性阿弥陀,谓是摄心念佛,参究念佛。汝今不必用此等法,只用平常念去。"②参究念佛的主体性与称名念佛的有效性,成为禅净双修的两翼。往生净土与古佛接化,源于信心不退,身心淡然。

景隆非常推崇禅法为出世之要。他称:"吾宗之禅,是教外别传、直指人心、见性成佛之禅,囊括大道,统摄玄机,主执四圣六凡之性命,包裹十方世界之纲维,活卓卓地不受笼罩。"③景隆明确指出,禅法是出世心法,参究禅法即是参究心法,循此而参究,必有悟处。"世间之心放得下是名精进,志愿坚固是名勇猛,究明生死是名办道,依信佛法是名修行,知身是幻是名坐禅,穷究公案是名参禅,不起妄念是名禅定,心不扳缘名

---

① 景隆:《示真性源》,《空谷集》卷一,第5页上。
② 景隆:《示圆鉴堂》,《空谷集》卷一,第5页上。
③ 景隆:《答安雪心语》,《空谷集》卷一,第9页上。

无散乱,不昧三昧名无执着,心常寂灭名为解脱,心与道合名为工夫。如是用心,吾为保任有个悟处。"①

景隆在俗时,即对僧璨《信心铭》和永嘉《证道歌》这两部著名禅籍颇下工夫。出家为僧后,更是四处参访,追随南京、湖广和浙江等地的尊宿参学。他曾前往天目山朝拜,并且就在向元代著名禅师高峰的塔礼拜时,他获得大悟。身为禅师,景隆却如明初的楚石梵琦,倡导称名念佛的净土修行。

景隆晚年更是主张禅净双修,这个由永明延寿(904—975)明确倡导的修行传统,对后世的中国佛教影响深刻。但对主张禅修究竟者来说,仍心存疑惑。对此,空谷回答说:"执守参禅,提个话头,自谓守静工夫,更无别事。念佛往生,寅夕礼诵,皆所不行。此谓有禅无净土也。此等参禅,亦非正气则为守死话头,不异土木瓦石。坐此等病者,十有八九,莫之能救。禅是活,如水上葫芦,捺着便传活泼泼地。故云:参祖师活意,不参死句。如此参禅,不轻念佛往生之道。寅夕礼诵,亦所遵行,左之右之,无不是道……内秘菩萨行,外现是声闻。此谓有禅有净土也。"②

对于普通的佛教修行者,景隆认为老实称名念佛是最为有效的法门。对此,袾宏曾提出自己的见解,称:"诸师多教人参念佛是谁,惟师云不必用此等法,随病制方,逗机施教,二各有旨,不可是此非彼。"③

景隆一生,身无长物,"惟传佛法令人修行而已"④。身为禅师,却注重经教流通。他住杭州正传院时,寺中藏有大量经书、语录刻板,以施印流通。他在《金刚经跋》提到了参禅与经教之关系,亦即禅教关系,认为《金刚般若》之义,固然在于"破一切相,统摄万法,不住万法……色空明暗,各依本位,日用之间,无欠无余,一一天真明妙"。但这仍然落在"第

---

① 景隆:《答安雪心语》,《空谷集》卷一,第9页上。
② 袾宏:《皇明名僧辑略》,《莲池大师全集》,第2560—2561页。
③ 同上书,第2568页。
④ 景隆:《遗嘱》,《空谷集》卷六,第46页上。

二义"。至于第一义,则在于"但将此经离文字相,离意识相,不作有念,不作无念……突出本来面目,始知禅不外教,教不外禅,似空藏空,如水归水,便好挨拶前之所谓末后一关者也"①。

景隆基于心佛关系,而阐论禅净一致。其论念佛法门称,"……求出生死,依仗佛法,修心办道,将四大幻身,种种心念,心情放下,持念一句阿弥陀佛,求生净土,诸恶莫作,众善奉行,处于世事,不着于心,随缘应物,心念常空。系于念者,惟念阿弥陀佛、求生净土之心也。如是行去,临命终时,得生净土,莲花化生,见佛闻法,渐修渐证,无有退转。然则不可被人惑乱,迷于邪见,妄取奇异,堕于鬼神之类。当知大道如太虚空,了无一法可得,悟道即是悟此法空,明心见性"②。

像楚石梵琦一样,空谷面对当时的佛教环境,表现出了强烈的护教情怀。他在54岁时,撰写了《尚直编》两卷。在序言中,他把批评的矛头直指朱熹:"宋儒深入禅学,以禅学性理著书立言,欲皈功于自己。所以反行排佛,设此暗机,令人不识也。如是以佛法明挤暗用者,无甚于晦庵(即朱熹)也。"③对空谷景隆颇为推崇的云栖袾宏,在《竹窗随笔》中称:"国初空谷禅师著《尚直》、《尚理》二编,极谈儒释之际,其力辨晦菴先生暗用佛法,而明排之。"④

不过,晚明同样出儒入释的曹洞宗僧永觉元贤,却对此作不以为然。他称,"空谷隆作《尚直编》,中间谓宋儒之学,皆出于释,今诸儒之书具在,果得之于释乎?若谓诸儒之所得,即释氏之道,则非独不知儒,且自不知释矣。如太极一图,彼谓得之于释氏,夫太极图,原是儒家要旨,释氏得而藏之,转授濂溪,则濂溪正获其家之故物,岂为窃我释之学哉。如伊川见僧出堂,叹曰:三代礼乐,尽在此矣,此乃伊川因见僧而自见其礼

---

① 景隆:《金刚经后跋》,《空谷集》卷一,第3页。
② 景隆:《示曹道英》,《空谷集》卷一,第7页左—第8页右。
③ 景隆:《尚直编序》。
④ 袾宏:《竹窗随笔·尚直尚理二编》,《莲池大师全集》,总第3670页。

乐,岂为窃我释之学哉。即谓其著述之语,间用内典,似得之于释,不知文同而理实迥别。若执此以为儒出于释,则释典用儒语为尤多,亦将谓释出于儒乎。至于力诋晦庵,事无实据,不过私揣其意,而曲指其瑕,语激而诬,非平心之论也,空谷之所养可知矣"①。

景隆对释、道二教关系同样相当关注,他是明代中期阐论释道关系的著名学僧之一。值得一提的是,景隆论三教关系,主要其"心学论"及"道迹论"的立场。称"三教圣人导世之术,道同而迹异。达其道,则不以迹之为间;局于迹,则不知道之同体。故道学鸿儒与吾宗硕德,相忘于形骸之外者,盖由道同也……"②成道之学("虚灵之道")为"心学",学佛之学也为"心学"。更进一步地说,对于所念之佛与能念之心作一分辨,指出,"虚灵之道,操则存,舍则亡。不属事物,不离事物,但诚于心,则征于用。先儒谓,诚能动天地、感鬼神。又谓,小善不积,无以成圣。斯言岂欺人哉!不思不勉,自中于理者,惟圣人为能耳。自余贤者,鲜有不从下学而上达也。佛是往古大圣人,道圆德备,念其名号,则能自然感发,正吾正心,恒以成性。藉古佛之力,引发我心之佛,返观念佛之念,从何而起,一旦猛省,始知阿弥陀佛不离自心。是时左右逢源,无适而不自得也"③。

景隆注意到念佛、明心、持戒、悟性与成佛成圣之间的内在关联。相信心、戒、佛,三无差别。佛教持戒当以五戒为本,戒不离心,"持此五戒,已而无恶不断,无善不修,无生不度,则二百五十戒亦渐具矣。当知戒不离心,心不离佛,戒、心与佛,三无差别。得之于心,应之于外,左右逢源,道无不在者矣……须知此戒即是成佛之根苗也"④。此诚如德山和尚所言,无事于心,无心于事。

---

① 元贤:《呓语》,《永觉元贤禅师广录》卷二九,《续藏经》第72卷,第565页中。
② 景隆:《处静先生求语》,《空谷集》卷一,第9页。
③ 同上书,第9页左至第10页右。
④ 景隆:《曹道英等求戒故示其语》,《空谷集》卷一,第9页。

景隆有弟子文盛（尝任杭州广化禅寺住持，后因违背戒律，被摈出师门）、文璿、宗灯、得忠、道真等人，录其法语、记序、题跋、拈提、颂古、诗偈、问答等，成《空谷集》六卷行世。后人评论称："师接席秉炬之时，明运盛极而衰，世尚浮华，人好徼倖，王室宠巫觋之术，士夫习道学之说，排毁之议震于朝，辟放之论嚣于野，缁林乏老成之模楷，伽蓝多坐食之游闲。于时师居上座，为最老师，护法匡众，乃集一身，恒以本色接人，行准律戒之范。平实处世，言无矫亢之语，虽法网高张，狡吏暗伺，而竟莫奈其何。待至师灭，慧炬遂微，终成嘉靖之难，百世之下，犹为扼腕。"①

空谷多病，早在正统九年（1444），年仅五十二岁的他就开始自修坟地、自居塔院、自制塔铭，此时距其示寂尚有整整二十二年。《空谷集》多述及"经年病卧"、"老僧多病卧云深"之语，其《自制塔铭》更称"今老且病，死日在迩"。出于持续后半生的生死关切，空谷最终归趋净土往生，不再是"以悟为则"。这种趋向，对毒峰季善及云栖袾宏、闻谷广印等人佛教思想都有一定的影响。

宣德九年（1434），受业师石庵示寂于杭州灵隐寺，景隆为先师阇维，并兴造骨塔、塔院（名正传塔院），奉祀有年。景隆心法受印可于懒云（即南极安），得临济正传二十世，上泝天真（无极源雪岩钦），则为临济下二十四世。

三、楚山绍琦（1403—1473）

绍琦（1403—1473）②，字楚山，四川唐安人，俗姓雷。9岁出家，初从

---

① 《空谷集题解》第2册，第1页。
② 袾宏：《皇明名僧辑略》，《莲池大师全集》（景印《云栖法汇》本），第2607—2608页；《释氏稽古略续集》卷三、《南宋元明禅林僧宝传》卷一三、通融《五灯严统》卷二五（撰于1650年）、元贤《继灯录》卷六（撰于1651年）、《续灯存稿》卷九（撰于1666年）、通醉《锦江禅灯》卷八（撰于1672年）、聂先《续指月录》卷一三（撰于1651年）、性统《续灯存统》卷二八（撰于1692年）等。有关绍琦禅师的传记文献资料，参见演东法师的《楚山绍琦禅师史料总汇》收于素慧法师主编《禅心映天成，显密照石经》（论文集），北京，宗教文化出版社，2007。

玄极法天学,最后谒东普无际和尚得法。据称,玄极认为楚山智力愚钝,甚难得悟。受此预言的刺激,他四处行脚参访,寻找能够指导他的名宿。多年用功参究"赵州无"这一至关重要的话头。

正统六年(1441),绍琦再次往参东普无际,诵偈称"水浅石出,雨霁云收。头顶虚空,脚踏实地"。无际闻此,即召弟子鸣钟集众,取其袈裟、拂子以授楚山,传其法印。

楚山禅法,不仅注重修行工夫的适用性,尤其强调工夫的持续性,甚至终其一生,不改其志。不同于明代中期的其他诸多禅僧,楚山绍琦开创了延续至清初的一个重要禅派。这是其禅法最显著特点之一,具有一定的典范意义。

楚山喜欢对自己的弟子强调禅法训练的困难,以及修行与工夫的绝对必要性。他对众僧说:"结制解制,但以举起话头为始。若一年不悟,参一年;十年不悟,参十年;二十年不悟,参二十年。尽平生不悟,决定不移此志。直须要见个真实究竟处,方是放参之日也。"袾宏对此甚为赏识。①

心性重了悟,这是朴实而有效的禅法指导。楚山绍琦的禅法,正如其得法偈之所称,属于一种头顶虚空却脚踏实地的纯禅风格,在明中期的禅僧中备受人注目。

不同于明中期活动于江南地区的其他名僧,楚山主要活动于贵州与四川等西南地区。正如陈垣对在晚明期间这些边远地区的佛教的研究所清楚表明的,许多佛教活动一直在这些地区持续着。② 楚山就是来自这一地区的一位当地僧人,却成为全国性名僧的一个典范。"当是之时,断桥之脉微矣。及悟公继响,而得法者仅七人,惟琦出世最晚。初领天柱,迁皖山,又投子,后主成都之天成寺,裔叶翻茂,为大振焉。得其法

---

① 袾宏:《皇明名僧辑略》,《莲池大师全集》,第2609页。
② 参见陈垣的《明季黔滇佛教考》,第247页,石家庄,河北教育出版社,2000。

者,又十六人……楚山行化,当明运昌隆之际,纯以心性禅,应接群机。以故门下一时龙蟠凤翥焉,乃至祖玠辈,风邕春枝节节是,令见者闻者,莫不神往,但不再传,其绪俱寝,岂慈父欲子食药而愈疾,遂称没于他方也耶?"①

楚山绍琦及其门下的禅修活动,成为明中期禅宗维持法脉传承并得以中兴的一个典型例子。

四、毒峰季善(1419—1482)

季善②,一作本善,原籍安徽凤阳人,出生于广东雷阳,俗姓吴。十七岁入寺,随源明和尚请益参禅。自宋季大慧宗杲提唱以来,宗门参究的主要方法之一就是"话头禅"。季善参禅,也以参话头为主务。首参"赵州无",当下有悟。

季善的禅修师资,主要有三。首遇源明和尚,示以无字话头。再随楚山绍琦,参心性禅。三依月溪和尚③,以话头禅而入悟。辞月溪后,返抵浙江,掩关天目万峰庵。月溪蒙旨钦赐,归金陵大冈,遣书召师付嘱。季善住山凡四十余载,天顺间(1457—1464),兴建西湖三塔寺,并尝住天目招明寺、吴山宝莲寺、南山甘露寺。成化初年(1465),掩关石屋,后住慈云岭天真。

在此过程中,季善贯穿始终的工夫,就是掩关修禅。

季善参禅修学,以"究明大事"为期。从他二十一岁那年起,就开始闭关修行,成为明代中期"关中刻苦"的禅修典范。据袾宏《禅关策进》所载,"毒峰善禅师在淯溪进关,不设卧榻,惟置一凳,以悟为则。一夕昏睡,不觉夜半,乃去凳,昼夜行立,又倚壁睡去,誓不傍壁,辽空而行,身力

---

① 《南宋元明禅林僧宝传》卷一三,《续藏经》第 79 册,第 645 页上、第 645 页下。
② 袾宏:《皇明名僧辑略》,《莲池大师全集》,第 2544—2545 页。另参见《释氏稽古略续集》卷三。
③ 月溪门下,以季善与福湛(号天渊,四川人,集有《天渊录》二卷)最为著名。

疲劳,睡魔愈重,号泣佛前,百计逼拶,遂得工夫日进。闻钟声,忽不自由,偈示:'沉沉寂寂绝施为,触著无端吼似雷,动地一声消息尽,髑髅粉碎梦初回。'"①

自元代以来,禅僧隐遁修行似乎是一种普遍风尚,但毒峰季善的苦行修道,却是终其一生的追求。苦修"以究明大事为期",既是佛教现实修学过程中修行者人格力量的体现,更表达了明中叶佛教宗教性追求的精神维度。自元代高峰原妙(1238—1295)以来,闭关修行在禅修者中变得十分流行。闭关修禅,往往配合参话头禅而进行。当然,禅修的意义并非取决于禅修方式的选择,而是最终取决于是否真正发明生死大事的证悟本身。在明代佛教保护政策下,佛门中安于现状、不思精进者难计其数。即便是选择闭关修行中,亦不乏沽名钓誉之辈,绝非出于深刻的内心信念和真正的精神信仰。对此情形,季善颇有微词,"岂可安坐关房,现成衣食,自在过时?而况张道伴、李道伴、张施主、李施主,常来相望,各入关房,闲话半日,岂是真正修行,纯净工夫,克期求悟也?灵源居昭默堂,高峰坐死关,皆悟道之后养道者也,不似今人茫然而坐"②。

毒峰不满于佛门安耽之习,希望能够直接头陀苦行的佛教传统,认为佛教修行的真正"家风",正在于"百丈以前释迦老子所行头陀之行",称"匾担山和尚唯餐橡栗过日,丹霞然和尚一生只个布裘,史看芙蓉楷和尚,不发疏簿,不请化主,一生唯事淡泊,此诸尊宿,俱是行头陀苦行家风。"以此直指参禅悟道的极则。他信奉古德"大疑大悟,小疑小悟,不疑不悟"之说,把"看话禅"最终落实于"以悟为则"的宗教性追求,把疑情工夫的真正有效性发挥到极致。参禅的终极标准,当然也是唯一标准,就在于是否证悟。在季善的禅修过程中,苦行成为参禅证悟的最有效支持,可以避免话头禅容易趋向依样画葫芦的弊端。他有遗偈称"四十余

---

① 袾宏:《禅关策进·关中刻苦》,《莲池大师全集》,第2070—2071页。
② 袾宏:《皇明名僧辑略》,《莲池大师全集》,第2563—2563页。

年秪掩关",时人颇广为称颂。

季善曾自述其宗风之要,称"汝等果能依我修行,须要具我如是诚信决烈,如是守戒行持,如是勇猛精进,如是打七炼磨,如是克期取证,如是禅定解脱,如是次第觉触,如是信解悟入,如是寻师印可,如是涵养淘汰,如是待时为人,还有一重如是,直待案山点头,即向汝道"①。这十二重"如是之道",大致涵盖了其禅法修为的具体过程,并终以证悟为期。

毒峰季善曾随楚山绍琦从学一时。但就其禅观而言,却更接近于空谷景隆的立场。这种思想交互影响的情形,一则由于当时禅修者并无专一的工夫定式,却仍能保持禅修的活力,二则表明明中期禅僧们在修行活动中相对的特立独行。像空谷一样,季善极其相信参究"念佛公案"的有效性。他对于参究念佛公案的方法,给予了详尽的指导,"看'这念佛的是谁?'要在这'谁'字上著到,深下疑情,疑这念佛底是谁。故谓'大疑大悟,小疑小悟,不疑不悟'良哉言也!你若才有切切之心,疑情重也,话头自然现前,绵绵密密,净念相继……执而持之,勿令间断。(结果)一念不生,前后际断。"②空谷、毒峰等人在明中叶揭唱"参究念佛禅",作为"念佛公案"、"参究念佛禅"的有力倡导者,他们对于晚明的憨山德清、云栖祩宏等人念佛论思想有着直接影响,使之成为晚明禅修者的盛行法门。

季善示寂后,真身覆以缸龛,藏天真石洞中。其门人辑师言论行实,名《三会语录》(亦称《天真毒峰善禅师要语》、简称《毒峰要语》)一卷行世。

容谷景隆、楚山绍琦和毒峰季善,是明代中期三位各具修为特色的禅

---

① 《释氏稽古略续集》卷三,《大正藏》第49卷,第946页上。祩宏:《皇明名僧辑略》,《莲池大师全集》,第2545页。
② 祩宏:《皇明名僧辑略》,《莲池大师全集》,第2538页。另可参见于君方的《中国佛教的复兴》,第56页。

僧典型。他们既不同于明初禅僧与朝廷密切交往、颇受重视的"臣僧"风格,文献中并无其显赫声名的记载,亦不同于稍后的晚明佛教复兴的先导者们,广结外缘,扩大禅修的社会影响,而是分处不同的地域(当然仍以江南地区为主),甘于淡泊,以其个性化的禅修,延续着宗门的法脉传承。

第二节 晚明佛教复兴的先导者

晚明佛教复兴是佛教史家所乐道的一个历史时期。但人们所普遍关注的,主要集中于袾宏、紫柏、德清、智旭等晚明四大高僧。其实,晚明佛教的复兴绝非偶然现象,涉及诸多社会、宗教、文化及思潮等因素。就袾宏、德清和真可等"万历佛教"三大师来说,在佛教修学上看,仍有其更早的先导者。更进一步地说,即使是明代佛教最为沉寂的嘉靖朝,佛教界即已呈现出一些佛教复苏的景象,特别是主导中国佛教的唐宋禅宗,更是禅匠辈出,代不乏人。晚明佛教的复兴,首先并主要是禅宗的复兴。本节即透过主要活动于嘉靖、隆庆两朝的数位著名禅僧的弘化行历,略述梗概。

这一时期的佛教活动,尽管相对沉寂,但不乏老实修行的僧人。其中,尤以云谷法会、笑岩德宝、幻休常润、蕴空常忠、幻有正传等禅僧为代表。他们大都属于临济宗,反映了明代中、后期的禅宗仍以临济宗为主流,继续保持其"临天下"的传统优势。但曹洞宗由北而南,支派繁盛,在江浙闽赣等江南地区迅速推展,以其开放圆融的禅修风格,注重参究禅道与佛行作务相并进,与临济宗的齐头再兴,颇为引人注目。

这些晚明佛教复兴的先导者们,都是一代佛门祖师。他们通过兴复寺院,重辉佛光,延续着宗门的法脉传承,不同程度地推动了中国佛教的继续发展。

一、云谷法会(1500—1575)

法会,号云谷,浙江嘉善人,俗姓怀。九岁出家,习瑜伽教。20岁受具戒,主要修学天台小止观。后往嘉兴天宁寺,问道于正在闭关修行的法舟道济(1489—1560)禅师。① 道济开示称:"夫学以悟心为主,止观之要,不离身心气息,何能脱然?子之所修,流于下乘矣。"因示以旨要。法会依之力究,一日受食,食尽而不知,碗忽坠地,猛然有省,恍如梦觉。终蒙道济印可,承其法嗣。此后数年,法会北游燕都,与徧融、白云等人相切磋,工夫益进。

嘉靖年间,江南禅道未行于世。法会韬晦丛林,陆沉贱役,从研阅宋代明教契嵩《镡津文集》,深见明教护法深心,制行立愿,希望能够效法契嵩,复振法道。法会后入南京,寓居天界寺毗卢阁,淡漠名利,精进行道,尝入定数日不起。因喜栖霞幽深,结庵于千佛岭,继续禅修。

云谷法会始行于世,得缘于陆光祖的外护。

陆光祖(别号"五台居士",浙江嘉兴人)是当时闻名的佛教外护。他见栖霞寺久废,请云谷法会担当兴复之任。法会遂代举嵩山善公应命,自己仍住。由于陆光祖的名望及宣传,法会的精深禅行,始为时人所知。一时宰官居士,多造岩参请。

对于云谷法会在嘉靖年间中兴禅道之举,德清称"江南开创禅道,自云谷(法会)大师始盛"②。嘉靖丙寅冬(1566),仿《华严经》善财单童子五十三参之例,集五十三人,结坐禅期于天界寺。憨山德清出家后修习禅道,即以云谷法会为师。故有人称德清嗣法于云谷法会。

---

① 道济,字法舟,俗姓张,浙江嘉兴人。21岁,潜入天宁寺为行者,依月舟和尚法眉默堂宣住,于服勤之余,多所谘访。后诣东禅寺,薙染出家,并折节师事默堂之子吉庵祚,朝夕参叩,蒙其印可。继谒古印、云峰诸师,日益深奥。嘉靖初,出世于金陵安隐寺,上堂开法。未几,应嘉兴籍吏部尚书陆光祖(五台居士)之请,迁住天宁寺。其后随缘迁转,前后二十余所。据记载,道济说法时颇显感通之迹,如"咒移井石,锡出山泉,说法则蛙入晨窗,入定则神来夜室"之类。"自避倭之后,任真而放,雅同流俗,嬉笑怒骂,纵横自调,而人不能测矣。"所说法语偈颂等若干言,门人正雨等人集而梓行。参见明河的《补续高僧传》卷一六,《续藏经》第77卷,第484页上。
② 福徵:《憨山大师年谱疏》卷上,金陵刻经处影印本,第17页。《憨山老人梦游集》卷五三所记,略有不同,可参见。

据记载,法会每见修行禅道者,"即问日用事,无论贵贱僧俗,入室略无寒温,必展蒲团于地,令其端坐,返观甚至,终日竟夜无一语,临别必叮咛曰:'人命无常,无空过日。'再见,必问别后用心何如……师一以等心相摄,从来接人,软语低声,一味平怀,未尝有辞色,时士大夫归依者日益众。"袁了凡等人皆从其学,尝对坐三昼夜不瞑目。

嘉靖、隆庆年间,佛教诸宗派中的禅、教、律渐显中兴景象,至万历年间方达到全面复兴。而南京则为江南佛教禅、教、律中兴的中心地区。由此迅速扩展到江浙及江西、福建等一些传统佛教文化兴盛地区,并表现出与以北京为中心的北方佛教兴盛不同的特点。作为重阐江南禅道的先导人物,云谷法会的作用尤显突出。据德清记载,"江南从来不知禅,而开创禅道,自云谷(法会)大师始。少年僧之习禅者,独予一人"①。南京是当时佛教僧教育的重镇,但仍然"律仪中废,戒法失传"。至嘉靖、隆庆年间,始有古林如馨(1541—1615)在南京古林庵,"登坛说戒","遂称天下第一戒坛"。古林如馨在佛教史上称为"中兴律祖"。至于"江南开讲佛法,自无极大师始"②。在此意义上说,禅道、律仪、讲教皆有代表性僧人的涌现,促成了江南佛教的兴盛之机。

云谷法会不仅自己经常闭关潜修,更重阐江南禅道,集众修禅,历住嘉兴天宁寺、金陵天界寺、报恩寺等著名佛刹,是"万历佛教"三大师中憨山德清、紫柏真可的重要师资,成为晚明佛教全面复兴的主要先导者之一,同时他精通《楞严》《华严》等教旨,由此聚集了当时南方文化中心南京的许多向佛之士,对于南都金陵的学佛风气有着较大影响。特别是当时推崇阳明良知之学的江南士子,如唐荆川、赵大洲、罗念庵、陆五台、万表、殷迈等人皆与其相交往,甚至成为其重要护法。③ 据焦竑《栖霞寺修造记》记称:

---

①② 《憨山大师年谱疏》卷上,《憨山老人梦游集》卷五三,总第2880页。
③ 参见陈永革的《阳明学派与晚明佛教》第一章《阳明学派的丛林交游》,北京,中国人民大学出版社,2009。另见《续指月录》卷一五,《续藏经》第84册,第117页。

> 嘉靖中,殷公迈、万公表、陆公光祖,联辔而至。爱其山深木茂,泉甘而石峻,于学道者为宜,于是迎禅师法会居焉。时复得兴善者相之,都人士各出其力,成就废阙,居民亦稍以侵地来献……①

据《续指月录》载:

> 大洲赵公至栖霞,听法师讲《楞严》,自谓洞悉关窍。及入庵见师,恍然丧其所得。问曰,师熟《楞严》耶?师曰,不会。赵叹曰,真楞严矣。

> 念庵罗公、荆川唐公,慕谒。罗问曰,如何是祖师西来意?师曰,我者里无此赀。临别语罗曰,性海非遥,法流常注,才有拟议,便隔万山。荆川踊跃称快。师曰,公勿便快活,兹事取不得,舍不得。若谓面前皆是,即执妄为真。若欲向上寻求,又是拨波觅水。唐拜之曰,不至栖霞,几虚此生。②

除了,云谷法会能够充分利用世俗外缘,他阐扬禅道,而在云谷法会的及门弟子中,最为典型者即为《了凡四训》的撰著者袁了凡(本名袁黄)。

就袁了凡的学佛经历而言,他尝从云谷法会学佛。据明河《补续高僧传》载:"了凡袁公未第时,参师于山中,对坐三昼夜不瞑目。师问曰,公何无妄念?公曰,我推我命,无科第子嗣分。故安心委命,无他妄想耳。师曰,我将以公为豪杰,乃一凡夫耳。圣人云,命繇自作,福由己求,造化岂能拘人耶?于是委示,以改过积德,唯心立命之旨。公依教奉行,竟登进士。"③

云谷禅师不仅向袁了凡传授经由佛教化改造的功过格,且曾对袁了凡开示说:"命自我造,福自己求,一切福田不离自性,反躬内省,感无不

---

① 焦竑:《澹园续集》卷四《栖霞寺修造记》,第840页,北京,中华书局,1999。
② 聂先:《续指月录》卷一五《嘉兴胥山云谷法会禅师》,《续藏经》第84册,第117页中。
③ 明河:《补续高僧传》卷一六,《续藏经》第77册,第489页中。

通,何为其不可变也!"①"于是授以功过格,教以准提咒",并告诫"但持准提咒,无令间断,持至纯熟,持而不持,不持而持,日用应缘,念头不动,则灵验矣"②。据了凡自述,自从奉持准提咒法后,"终日兢兢……在暗室屋漏中,常恐得罪天地鬼神"③。袁了凡修学经历表明,准提信仰与功过格的修行,构成了晚明居士佛教修行的重要内容。

法会晚年,嘉兴籍的士绅如南京吏部尚书默泉吴公、刑部尚书澹泉郑公、太仆五台陆公与乃弟陆云台,于隆庆六年(1572)同迎师归住浙江嘉兴。诸公时时入室问道,每见必炷香请益,执弟子礼。紫柏真可同平泉陆公、思庵徐公,谒师叩《华严》宗旨。"师发挥法界圆融之妙,皆叹未曾有。"据明河《云谷会师传》称,"当江南禅道草昧之时,出入多口之地,始终无一议之者,则师操行可知已。师居乡三年,所蒙化者千万计"④。

云谷法会寂于万历乙亥(1575)正月。世寿七十五,僧腊五十余,葬于大云寺右。

二、笑岩德宝(1512—1581)

云谷法会在法南弘阐禅道的同时,遍融(一作辨融)真圆与笑岩德宝则据京师之地,大阐禅法。法会北游燕都时,即曾问道于遍融与德宝。云栖袾宏北行求法,更是亲承其学。他们与云谷法会一样,都是晚明(万历)佛教复兴的先行者。

笑岩德宝辑有语录汇编《南北集》二卷。卷下收有其自述《行实》,回忆自己一生,"沿历繁多"⑤。据僧传记载,"当是时,义学纷纭,禅宗落寞。而少室一枝,流入评唱。断桥一派,几及平沉。虽南方刹竿相望,率皆半

---

① 彭际清:《居士传》卷四五,第620页。
② 同上书,第622页。
③ 引见《了凡四训》第一书。
④ 明河:《补续高僧传》卷一六《云谷会师传》,《续藏经》第77册,第489页下。
⑤ 德宝:《行实》,《南北集》(清光绪十二年刊本)卷下,第41页左。

生半灭,佛祖慧命,殆且素矣。师力弘法柄,随方建立,可行则行,否则默之。然铲邪劈胶,间不容发,即据室匡徒之辈,雕龙吐凤之俦,始与师抗,次与师游,终乃俛首,入煅死尽偷心。至于盘根固执三隅不反者,师不少假词色,图为孳生种草也。"①

德宝(1512—1581)②,字月心,别号笑岩,江西金台人,俗姓吴。其父早逝,年幼失学。弱冠时,遇过佛寺,听法师演《华严大疏》至《十地品》的注疏时,"予尔时虽一芥凡夫,闻斯圣教,身心廓然脱洒,如释桎梏,愤发思齐。复观世间人物,一切兴谢,俱无希恋。喟然叹云:千古犹今,同一幻梦,富贵功名,莫道不得,纵得奚益?"③一年之后,德宝即随本邑广慧寺大寂能和尚为师,祝发出家。翌年,受具足戒。回寺后,尝遵从师教,专志念佛三个多月,至达"念头顺息"。此后,德宝肩包行脚,北上伏牛山,参真定大川禅师,教以参无字话头,并示作工夫法式,获益颇多。

离开大川后,德宝再至少林,得缘见月舟方丈。月舟勉其"达磨一宗,唯我少室,如九鼎系于单丝,趁英俊不可忽过,时不再来"。德宝询"达磨不立一字"义,师答:"迷时须假三乘教,悟后方知一字无。"④闻答领教,德宝深知熟悉读经教,听解讲说,必以期悟为宗归。

盘桓数日后,德宝往依际空禅师,自安作务,一住两年。诣室请益,际空禅师唯示之以苦行与念佛,别无异说。德宝回忆此时的参学经历称,"予即依命屏却无字,还只念佛,甚是顺快"⑤。

从听经习教到专志念佛,再从参无字话头而真实念佛,无论是听解经教,还是参禅念佛,德宝皆以发悟为期。上述对德宝参学生涯的文献记载,堪称质朴而真切。其中年之师资,无论是际空,还是拙牛,其旨大

---

① 《南宋元明禅林僧宝传》卷一四《笑岩宝禅师》,《续藏经》第 79 册,第 646 页下。
② 袾宏:《皇明名僧辑略》,《莲池大师全集》第 2632 页;《释氏稽古略续集》,《大正藏》第 49 卷,第 951 上、中页。有关笑岩德宝的研究文献,可参见野口善敬的《明末虎丘派之源流:笑岩德宝与幻有正传》,日本九州大学《哲学年报》第 42 辑,第 121—140 页,1983。
③ 德宝:《行实》,《南北集》卷下,第 42 页右。
④⑤ 同上书,第 42 页左。

同,皆为质朴真实念佛之人也。于此可见,嘉靖年间的北地禅僧修行,颇持真切践履之风。

德宝遍参南北十余师,皆"宗门柱石,禅老中之巨匠"。闻江西有无尽禅师净菴,襄阳有古岩诸师,精一其地,勿用杂心,返而遍参。先后二访际空,南阳济川、祖风两位大德,再谒古拙老禅师。上七类峰,见大休禅师。到回龙寺,见宝峰,倚教专净业梵行,诚笃过人。上关子岭,再参无闻聪和尚。师呈一偈曰:"本来真父母,历劫不曾离,起坐承他力,寒温亦共知。相逢不相见,相见不相识,为问今何在,分明呈似师。"聪阅之甚喜,曰"只此一偈,堪绍吾宗"。并说偈:"汝心即我心,我心本无心。无心同佛心,佛心非我心。"复偈:"佛如转轮王,佛法如王命。佛子竖法幢,能令邪作正。"嘱咐德宝说:"汝谛受持,遇缘熟者,智愚皆度。续佛慧命,须待其人。"德宝承蒙记莂后,又随侍无闻聪年余,才礼辞离去。①

此后,德宝还从侍襄西大觉圆禅师四个多月,豁然顿省。"自是名震海内,海内禅子,皆奔走座下矣。"②

德宝四处参学、转益多师的经历,固然表明嘉靖年间觅一真参实得者之不易,但更可体现当时丛林禅修者并不乏人。他总结自己一生参寻之经历,称"予自离本师,至此入山、出山,遍谒诸师,博明个事,冒寒暑于十余年间,涉南北于数千里之外,方如心猿罢跳,意马休驰,岂知一心外更别有玄妙可得者哉!"③

德宝常年随缘开化,靡定所居,复还江西金台。初居圆通,次迁南寺、鹿苑、慈光、善果诸刹。然多集中南、北二都。他抵金陵,寓静海、牛首、高座等处。其间,德宝多与金陵士大夫交游,其论题涉及儒佛之辨等,甚为关注儒释之间的相互会通。尝称:"夫自古圣人凡夫,岂有定名,亦不必多能,惟时时躬自检点,省疚思齐,此是古人治心谋道之要捷也。

---

① 参见《南宋元明禅林僧宝传》卷一四《笑岩宝禅师》,《续藏经》第79册,第646页下。
②③ 德宝:《行实》,《南北集》卷下,第52页右。

设处众有事不合我者,亦不必校之,但常欲自己廓其心量以容物,位益高而心益下,以调心定志为主,克己恕人为用。克己则其德日新,恕人则嘉声远播。播声则人皆仰怀,德新则圣阶可冀。斯乃日用之平常,不假特立涯岸也。故古德云,人虽至愚,责人甚明;人虽至明,恕己则昏。但把责人之心责己,恕己之心恕人,则不患不到古人地位耳。斯言诚为君子家常茶饭,宜切逸云。"①这种开示话语,颇为儒家士子所激赏。如邓定宇尝称:"笑岩上堂,棒喝纵横矣,卒无一人承当,即笑岩不失利安在,为时雨而化,无亦婆子心切欤。"②其中,德宝与阳明后学罗近溪之间的交游,颇具戏剧性。据袁中道(1570—1623,字小修)所述:

(郑)崑岩旧与龙溪、近溪相商榷,曾言及与近溪同参笑岩事,云:"某初与近溪在京师,同参笑岩。时会中多人,笑岩云:'此会中诸人,皆可与论学,惟近溪不可与论学,以其载满也。'近溪向前礼拜,称谢教。笑岩又云:'诸人皆不可闻此语,惟近溪可闻此语。'因留近宿其寺。"③

万历丁丑(1577),燕京缁素构建精舍,挽德宝留京,遂退居京城柳巷。德宝既谢游辙,门无杂宾,"乃整齐先觉经纶,提掇古德纲目,或征或赞,或判或颂,高巇晓霜,千江秋月也。"④又五年正月十六日,悬衣大寂,阅世七十一,坐夏四十八,奉全身塔于西直门外高浪桥之北郊。

德宝门人昙芝编集、侍者真景记录的《月心笑岩宝祖南北集》二卷(亦称《笑岩集》)等行世。

德宝行化,虽多无定居,如同隐士修行,但颇受参禅者崇敬。云栖袾宏、幻有正传、紫柏真可等人都曾随德宝参学。幻有正传更是随侍最久,终嗣其法。其后行化南北,影响较大。对此,袾宏述称"(笑岩)门庭有人":

---

① 德宝:《示孟鹤林语》,《笑岩北集》卷上,第52页右。
② 《续指月录》卷一六《北京柳巷月心笑岩德宝禅师》,《续藏经》第84册,第646页下。
③④ 袁中道:《珂雪斋游居柿录》卷三,《珂雪斋集》(钱伯城校点本),第1154页,上海,上海古籍出版社,1989。

予尝参笑岩和尚于京师,幻有兄侍焉。无何,予以病附饷舶南还,而幻有兄侍和尚最久。已而遍历诸方,归老于龙池。顾予衰耄卧疾,滦谷沾沾,自濡不足,幻有兄方慨然以建法幢、立宗旨为己任。走使千里,遗我闲谈、晚话二编,徵言以弁。昔人谓驱除杂语言,而此编谆谆皆切要语。闲谈固如是耶?得非因慈悲,故有落草之谈耶?德山云:今夜不答话,问话者三十棒。兹乃终宵挥尘,叠叠酬应忘倦。是且与德山相去多少?即谓德山答话如雷,幻有不说一字,亦可也。严师往矣,门庭有人。予何幸,乐观其盛!①

德宝禅师的嗣法弟子有幻有正传、灵谷昙芝、三际广通、幻也佛慧、正宗悟、高庵杰、天常经、素庵智、真圆月潭等人。《南宋元明禅林僧宝传》卷一四《笑岩宝禅师》称,"署师正宗南行者,幻有传禅师也。代师阐化北之东台者,瑞峰和尚也。其卧隐于优昙苑者,幻也,老宿也。识者谓,济宗鼎峙,则师不负于龙泉矣"②。总之,德宝一脉,上承无闻聪,行化所至,贯通南北,对晚明的临济禅系传承,具有重要地位。对此,紫柏真可的弟子密藏道开尝评述称:

此老悟处不如茕绝深切,而知见稍正,然亦有气息、无血脉,照到而用常不及。其殆有识治乱之机,而无敷治勘乱之才者乎?大都应机接物,权衡多执持不定,翻令藻鉴亦模糊不清,而面前多学人立地狐鬼辈,且得以潜窃而依凭之,此其过安在哉。一则以自己悟处不曾痛快,彻底掀翻,犹存窠臼。二则以时无德山、临济、云门、石霜毒手辣心,大为吒咤,一转巢穴,而尽死其偷心。三则以既非天挺豪杰,又未尝从尊贵胞胎中诞生,其纪纲政令,不能出自朕躬,而大宝真符,且无的绍,故坐此耳。嗟夫!我明二百年来,楚石、季潭而后,

---

① 《龙池幻有禅师语录》卷三《幻有禅师闲谈晚话二编序》(序文撰于万历辛亥,1611年),第3页;《明嘉兴大藏经》第25册,第399页上。
② 《南宋元明禅林僧宝传》卷一四《笑岩宝禅师》,《续藏经》第79册,第647页中。

拈花一脉几乎熄矣！幸师稍能识好恶、辨邪正，尚延尔尔。彼浅解学语，颟顸笼侗辈，又恶足较哉。①

道开禅师之所论，结合当时宗门淡泊的现实处境，颇为客观地评价了德宝对于晚明禅宗传承及其弘化的独特贡献。

三、幻休常润(1514—1585)

德宝、遍融传临济，常润、常忠扬曹洞。他们都是明代中晚期临济与曹洞两大禅系传扬于江南的重要师资，共同推进了晚明围绕禅宗中兴所展开的佛教复兴。

蕴空常忠(1514—1588)与幻休常润(1514—1585)，皆嗣法于小山宗书(1500—1567，一作1499—1566)，并行化于大江南北，晚明曹洞宗复兴的禅师代表。②

常润，字大千，别号幻休，南昌府进贤县人，俗姓黄(一说王)。幼失二亲，依叔父游。后入伏牛山，礼坦然平公出家。居三载，质疑未决。遂南下杭州，谒万松于径山仍未决。上九华，一夕觉身同虚空。适听讲《楞严》，至圆明了知、不因心念处，有省。再往参大方莲公，终参小山宗书，前疑顿决。力行二年，愈益精进。临别辞行，小书付偈："定作人天主，当思少室秋"，称"吾道不振久矣，岂宜袖手耶？"表达了重振曹洞的殷殷期望。小书示寂后，常润于万历二年(1574)继席少室，为曹洞宗第25世。③

常润寂于万历十三年(1585)，礼部尚书陆树声为之撰写了《塔铭》，其门下弟子编有《常润禅师语录》行世。据称，常润门下，"告香入室者，

---

① 《密藏开禅师遗稿》卷下《藏逸经书标目》，第97页下，台北，新文丰出版公司，1993。
② 有关常润的传记，参见《续指月录》卷一八，《续藏经》第84册。其行化及法系，参见毛忠贤的《中国曹洞宗史》第12章《明清常润法系》，南昌，江西人民出版社，2006。
③ 参见聂先的《续指月录》卷一八《西京万寿幻休常润禅师》，《续藏经》第84册，第130页。

二百七十人"①。其嗣法弟子主要有慈舟方念(1510—1594,别号清凉)、诸缘洪断(1550—1621)、敬堂法忠(1541—1620)、无言正道(？—1609,别号雪居)、智空了睿(1538—1624)、实相善真(？—1598)、鳌谷妙银(生卒未详)、无疑真信(生卒未详,别号西岩)及居士于钟英(生卒未详)等九人。② 前三家行化于南,后六家继化于北。直至明末,他们尚能维持常润一系,但除北京之外,北方曹洞没有出现杰出禅匠,大都名不见灯史。常润一系的曹洞宗传承,主要集中于浙江的慈舟方念与江西的洪断诸缘、敬忠法堂及其门下。这种情形,表明曹洞宗的中兴仍以区域佛教与祖师佛教的共同结合这一类型而推进。

幻休常润下传慈舟方念,别号清凉,河北唐县人,俗姓杨。因尝住北京大觉寺,故亦称大觉方念。十岁,于金台广德大慈寺披剃,受具参方。初游讲席,博探性相宗旨。后腰包直上少林,参幻休常润。于初祖达摩大师九年面壁处,忽然契悟,常润即为印证,嘱曰:"从上佛祖,以自己所证,递相承袭,欲令一切众生知有此事。余得之小山先师十余年矣,今将从上佛祖心印源流,付嘱于汝。汝当上体佛祖之心为心,以续慧命,证灯相继,毋令丧失。"师礼拜受嘱,润复付以偈曰:"无上涅槃心,佛祖相传付。吾今授受时,云净风头露。"其后,方念掩关五台,昼则一食,夜则孤坐。因自念差别智不可不明,遂肆游诸方,以苦行磨砺自己。南游普陀北归时,途经会稽,众请说法,湛然圆澄来参。方念复举洞上宗旨,逐一问澄。澄说偈呈似曰:"五位君臣切要知,个中何必待思惟。石女惯弄无针线,木偶能提化外机。井底红尘腾霭霭,山头白浪滚飞飞。诞生本是无功用,不觉天然得帝畿。"方念阅后,颇为首肯,称:"语句绵密,不落终始,真当家种草也。"遂召入室印证,付偈:"曹源一滴水,佛祖相分付。至今授受时,大地为甘露。"师应请,先后往住嘉兴东塔寺、江西云居寺等。

---

① 聂先:《续指月录》卷一八《西京万寿幻休常润禅师》,《续藏经》第84册,第130页下。
② 有关常润门下诸弟子的行历,参见聂先的《续指月录》卷二〇,《续藏经》第84册。

晚年投老五台山,迁锡北京大觉寺。示寂后,其法嗣湛然圆澄迎龛塔于显圣南山之麓。① 有《慈舟禅师广录》行世。

慈舟下启曹洞宗云门系,由湛然圆澄嗣其法,对晚明佛教重镇之一的浙东佛教影响甚巨。并与江西、福建等区域的曹洞宗寿昌系,相互响应,共同促成了晚明江南曹洞宗的全面复兴。②

明末时期,使浙东宗风大盛者,先有曹洞宗僧湛然圆澄,后有临济宗密云圆悟。

圆澄(1561—1626),字湛然,号散木道人,浙江绍兴人,俗姓夏。少颖慧而具辨才,其性不羁。初投玉峰和尚,始习文义,得授《法华经》。后随隐峰禅师修学,方知参究一事,隐峰示之以"行住坐卧,但参念佛的是谁"这一话头。1582年,圆澄往天荒山妙峰和尚处剃染。1585年,诣云栖求莲池大师授具戒。

湛然修学,"性根洞朗,言语契机,于诸佛事,不思议应,于诸经旨,玄会彻微"。尝入天妃宫闭关,潜修三载。后求证于慈舟方念,得其印可,得嗣其法,为曹洞第27世。成为当时浙江丛林不多见的曹洞法系传人。1588年,返归会稽后,湛然参叩越中宗门老宿南宗禅师,并于宝林寺掩关三年。后应明心寺之请,湛然出任方丈。

湛然圆澄返回越地时,"饥则化饭吃,倦则在此打眠",全然是一副禅修者的形象。在此期间,得遇会稽士绅陶望龄等人。交相接谈,出语脱俗,深获陶望龄等当地士人的青睐,而修葺居室让其安住。据称,"师以平易简亮,倾重一时。嵊县汝登周公,初请师剡溪明心寺说法,翰林黄公,用先吴公,鲁唯张公,诸达官皆执弟子礼,请问法意,翰林望龄陶公、舜鼎王公、奭龄陶公、承业祁公承事尤加敬切"③。

---

① 有关慈舟的行历,参见聂先的《续指月录》卷二〇《西京万寿幻休常润禅师》,《续藏经》第84册。
② 对于明末浙东地区的禅宗兴盛情形,参见孙中曾的《明末禅宗在浙东兴盛之缘由探讨》,《国际佛学研究》1992年第2期,第144—176页。
③ 参见陈懿典的《会稽云门湛然澄禅师塔铭》,《湛然澄禅师语录》卷八附,《续藏经》第72册,第839页中。

据记载，在以浙中阳明学者周汝登（字继元，别号海门，1547—1629）、陶望龄（字周望，号石篑，1562—1629）为主导的儒家讲会活动中，湛然圆澄经常获邀参加。《越中会语》即记有周海门与湛然圆澄讨论"心造诸法"、戒相戒性、境缘梦觉等佛学问题，谈佛论道，"所交缙绅，皆当代名士"。①"曹溪耶溪，异流同源"，成为湛然圆澄在浙东提振宗风的写照，足以说明浙东为宗风披靡之状。

周海门曾把佛门衲子分别为如下五种类型："凡僧中有知最上一着，能直取承当者，闻名造请，相见投诚。次则坚持《梵网》，矩律精严，良所敬畏愿与相亲。又次探讨经论，识别相宗，博学第一，取资相闻。又次翱游山水，适意诗歌，遇与盘桓，稍添清兴。又次积募赀财，专造福业。'"②湛然圆澄参究有得，蒙名师印可；苦行精进，持戒精严；博学多识，文才诗才俱佳；晚年颇乐善行，名闻遐迩。所有这些，与周海门所期望的佛门衲子形象都完全吻合，故二人相交甚笃，堪称一时佳话。

湛然得法后，踞讲席者凡四十余处，开堂说法凡六座。其门下弟子众多，汇成下贯清初的曹洞云门系。其嗣法弟子，主要有指南明彻、麦浪明怀、三宜明盂、石雨明方、尔密明澓、具足明有和瑞白明雪等人，"皆能举扬宗乘，为后来眼目。"湛然所著的《宗门或问》、《慨古录》各一卷，对于当时社会的佛教环境，特别是禅宗现状，多有入木三分的精辟辨析，令人深思。此外，另撰有《思益简注》、《楞严臆说》、《法华意语》、《会涅槃疏》、《金刚三昧注》等若干卷，表明圆澄精研经教，宗说兼通。其门人汇辑有《湛然澄禅师语录》八卷，皆行于世。

圆澄一系占据江南禅道繁兴之地，又适逢晚明佛教复兴之时，故一时间法子云集，法道隆盛，成为浙东佛教的一支重要力量，并扩展到浙西及江苏等环太湖地区。圆澄卓锡绍兴府云门显圣寺时，为其座下子孙楷

---

① 陶奭龄：《会稽云门湛然澄禅师塔铭》，《续藏经》第72册，第840页中。
② 周汝登：《东越证学录》卷五。

定了 56 字世系：

> 识心达本，大道斯彰，能仁敷衍，古洞源长。果因融彻，显密均扬，法云等润，灵树舒芳。慧灯明耀，遍照慈光，应化乘运，玄印元纲。匡扶奕世，传永弥唐。①

圆澄一系，上承慈舟方念。在圆澄示寂后，其嗣法弟子继阐诸方，并开云门焦山等禅系，下贯清代。

曹洞第36代——慈舟方念（顺天府）

曹洞第37代——湛然圆澄（绍兴府）

曹洞第38代

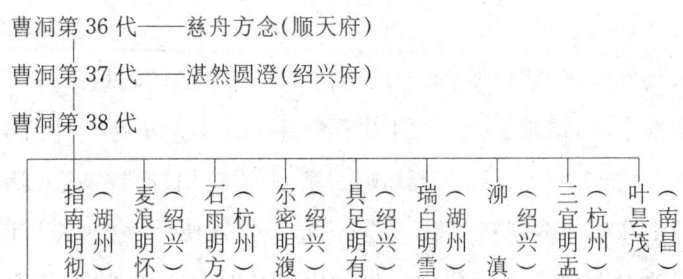

云门焦山禅系的开创者为瑞白明雪（1584—1641）。②

明雪，字瑞白，别号入就。安徽桐城人，俗姓杨。幼孤，事母卓甚孝。二十岁，从九华聚龙庵慧公剃落出尘。其后，游参知识，得遇紫柏尊者指点，授毗舍半偈，信而持诵。慕云栖莲池大师之名，前往云栖，圆具而辞。万历庚戌年（1610），入参会稽云门显圣寺湛然圆澄，往复诘难，终得入处。翌年，再入显圣寺，百日不语，昼夜不睡数七，精进修禅。此后，明雪结茅养静于安徽公山，历时三载。万历四十七年（1619），前往参访黄檗无念深有、憨山德清及博山无异元来诸大老，工夫益进。泰昌元年（1620），省归云门。明年，避寂天柱峰，再住铁壁（即著名的阳明洞天），继续过着潜修的禅僧生活。天启三年（1623），再回云门显圣寺，擢任西堂之职，堂规严整，助扬化仪。天启五年（1625），往金粟，访密云圆悟，留

---

① 守一空成重编《宗教律诸家演派》，《续藏经》第 84 卷，第 564 页上。
② 瑞白明雪的传记文献，主要有嗣法弟子大音盘谭及《语录》编撰者寂蕴的两篇《行状》、余大成撰《塔铭》、唐世济撰《传》等，收于《入就瑞白禅师语录》卷一七、卷一八中。

任第二座。天启丙寅年(1626),四归云门,呈偈曰:"蒙师饶舌十余年,本分由来不可传。有见原非解脱道,无心岂是祖师禅。三玄四喝闲家具,五位君臣总白拈。欲识老胡亲的旨,金乌夜半丽中天。"湛然阅偈,赞其"语无渗漏,善解回互",遂付衣拂,并偈曰:"诞生原是自心名,空里栽花本现成,满口道来无可道,威音那畔几知音"。① 是年冬,湛然示寂。明雪应众人之请,继席显圣寺,为云门第2世。其后,历住即越州(绍兴)显圣寺、延庆寺、戒珠寺,湖州龙华之白雀寺,天台之护国寺,及江西赣州崆峒山、慧灯寺和南昌百丈山。明雪一生,九坐道场,兴寺安众,钳锤绵密,语句直截,扬佛宣化,酬机叩应,宗风丕振。崇祯辛巳(1641)三月十九日示寂,世寿五十八,僧腊三十八,门人塔全身于弁山龙华寺。其后事偈称:"来亦无一物,去亦无一物。若知端的意,百丈花稍月。"②有《入就瑞白禅师语录》十八卷、《辟判》(《狮子吼》)一卷、《异方便》一卷、《传灯世谱》等行世。③ 时人赞颂明雪禅师的一生行化,称"洞上一宗,显于云门。克家肯构,师为哲嗣。怀香问道,上逮王侯,名声普闻,可谓殊胜矣"④。评论其《语录》,则"语最平易,而机锋峻拔,亦复金针绵密,重新洞山之风,真为万世之典型,后学之明鉴者也"⑤。

云门湛然嗣法于慈舟方念,方念嗣法于幻休常润,上溯洞山为第32世。据盘谭《行状》等所载,嗣法明雪者,"自癸酉秋,于弁山付不肖音、于戒珠付孤崖聪、次于弁山付离言义、历然相,天台付啸云蕴,至崆峒、百丈所付,凡三十余人,受益得戒者不可胜数"⑥。所记六人,当即为明雪禅师的主要法嗣。

---

① 盘谭:《行状》,《入就瑞白禅师语录》卷一八,《嘉兴藏》第26册,第820页中。寂蕴:《瑞白明雪禅师行状》,第823页上。
② 盘谭:《行状》,《入就瑞白禅师语录》卷一八,《嘉兴藏》第26册,第821页中。
③ 寂蕴:《瑞白明雪禅师行状》,《入就瑞白禅师语录》卷一八,《嘉兴藏》第26册,第823页中。《刻语录跋》,第823页下、第824页上。
④ 唐世济:《传》,《入就瑞白禅师语录》卷一七,《嘉兴藏》第26册,第819页中。
⑤ 寂蕴:《刻语录跋》,《入就瑞白禅师语录》卷一八,《嘉兴藏》第26册,第824页上。
⑥ 盘谭:《行状》,《入就瑞白禅师语录》卷一八,《嘉兴藏》第26册,第822页上。

明雪参学多方,尝访密云圆悟,对当时的洞济之诤颇多了解。他明确主张,洞济一源,皆以达摩为正宗。对此,明雪弟子寂蕴评议说:"至于辟判诸方,诟厉学者,世俗不谙,或作是非会去,岂知无非提持正令,一片热肠待人,何尝有洞济之分哉。是以著《达磨正宗说》一篇,庶主曹洞宗者皆称达摩为始祖,意在息洞济之诤。苟知始祖原只一人,则异派之诤自息矣。诚足以见师之为法门,乃彻底婆心,非比诸方妄自炫耀,以是为非,以非为是,致使后学转增慢见,以斗诤为是也已。倘幸无私而有乎大公,是非莫偶,斗诤自息,则辟判亦为剩语。如或未然,不妨与一十余卷语录并垂理究,毋作是非会去为幸。师嗣云门澄和尚,望洞宗为三十二世,望达摩则四十二世,溯之摩诃迦叶则六十九世。今称达摩正宗四十二世,乃尊此土之始祖,为息异派之诤也。"[1]明雪撰《辟判》、《传灯世谱》等评判当时洞、济二宗的禅史一源论立场,通过禅史的历史追溯,以维护宗门的正统与权威,表明了晚明曹洞宗注重历史还源的弘法取向。

总之,明雪是湛然门下诸嗣法弟子的典型,对于浙江曹洞宗的中兴产生了较大影响。正如名绅居士黄端伯所论:"越国宗风,云门倡始,而金粟、磬山继之。云门逝,弁山兴,于是曹洞之宗大振。"[2]

石雨明方(1593—1648),别号"断拂子",浙江嘉兴武塘人,俗姓陈。22岁,投杭州法相寺出家。后往嘉兴东塔寺,参湛然圆澄,若有所得。继参博山元来、憨山德清。万历四十七年(1619),纳大戒于湛然圆澄。其后,入天目山,居西方庵,习静潜修。天启三年(1623),始受湛然之法。明方历住浙江瑞安象田寺、绍兴云门显圣寺、余杭宝寿寺、西禅寺、福州雪峰寺、嘉兴东塔寺、杭州佛日寺、龙门寺等。有《石雨明方禅师语录》20卷行世。其门下弟子主要有净柱、净符等人。

---

[1] 寂蕴:《瑞白明雪禅师行状》,《入就瑞白禅师语录》卷一八,《嘉兴藏》第26册,第823页下。
[2] 黄端伯:《入就瑞白禅师语录序》,《入就瑞白禅师语录》卷首,《嘉兴藏》第26册,第749页上。

净柱(1601—1654),字远门(一作远明),福建龙溪人,俗姓陈。因尝住杭州龙塘,故称龙塘净柱。净柱编有《五灯会元续略》4卷或8卷①,收录了《五灯会元》成书之后凡400余年间、历宋元明三代、共400余位禅师的行历及其机缘要语。尽管净柱身为曹洞宗云门系石雨明方的法嗣,但此书收录者四分之三为临济宗僧(四卷中占了三卷),这大致反映了当时曹洞与临济二宗的弘化格局。其中,曹洞宗自青原下15世华藏慧祚、青原下16世天童如净至青原下36世觉浪道盛,临济宗则自南岳下16世慈化印肃至南岳下34世密云圆悟、天隐圆修及其门下。

由其撰于崇祯十七年(1644)的"叙言"可知此书的最迟完成时间。这一年正是明朝覆灭之时,故此书可说是明代最后一部禅宗史著。其收录者至觉浪道盛、密云圆悟和天隐圆修,可以看出净柱对明季曹洞、临济二宗传承活动的记载。在诸多传灯录等禅宗典籍中,本书为明代禅宗史提供了不可多得的重要资料。

从净柱的"叙言"及历述"灯录"的修撰变迁,阐明其编辑的思考:

> 正法眼藏之布在方策也,自《景德传灯》始。踵其后者,李遵勖之《广灯》、佛国之《续灯》、晦翁之《联灯》、雷庵之《普灯》,层见迭出,卷帙浩繁,学者不无望洋而叹。绍定间,大川济公承浙翁之传,主握宗印,集诸学侣,撮为《会元》,可谓始终条理一以贯之。宋季迄元,代有宗匠,说法如云,指不胜屈。入我明,圣祖神宗,道化翔流,普天皈命。而应斯嘉运,崭崭出头角,又何似柱生也晚。适丁末造,目击先觉遗言,仅存洞济二宗散行宇内,未经收聚。神庙间,紫柏大师每念斯举,终未获遂。即迩来明眼宗师,征修有年,未见刊出。(柱)何人,斯而敢与夫述者之列第。恐世愈久而名愈湮,名愈湮而脉愈紊,授受不明,旁正不分,闲之不可不取诸豫也。故缵大川老人之绪,

---

① 现存《续藏经》本为4卷,每卷各分上、下两编,故或分8卷。毛忠贤的《中国曹洞宗史》第513页称净柱"作《五灯会元续略》22卷",不知何据。

《略续》四册,梓以问世。倘遇少室真孙,以负荷佛祖为心,不以罪而以知得,藉此而扩充之,补见闻之所未逮,衷成大业。则千灯互映,使正法流衍于不匮也。①

净符(生卒不详),字位中,别号"佛断禅师",尝住杭州白岩尊圣寺。净符最大的贡献,就是历时三十年,编辑撰成了《祖灯大统》一书。《祖灯大统》成书于清康熙十一年(1672),全书九十六卷,卷首为《辨讹》二卷,卷末为《未详法嗣》二卷。其正文部分,则以达摩为始祖,依次记述中土禅宗诸派的演历情况,阐明禅宗"总为之一,佛祖儿孙,干发枝抽,始终一本。"②时人对其"禅宗大一统"的修撰观念颇为赏识,称此书"浩百川而归海,总千光于一灯。传其言者,传其心传其道。祖灯之曰大统,其有旨哉!"③

除瑞白明雪、石雨明方之外,湛然门下的指南明彻、麦浪明怀、三宜明盂、尔密明澓、具足明有等嗣法者,皆门庭有人,阐化一方,使云门禅系一时间盛行于江南。

常润一系,在大觉方念传化浙江之时,在江西还出现了云居山的诸缘洪断和庐山的敬忠法堂两位著名禅僧,构成了明末江右曹洞宗的重要支系。

诸缘洪断(1550—1621)是明末江西云居山真如寺的中兴祖师。④ 少年在俗时,即颇受遍融禅师器重。17岁舍俗出家,初志崇净业,兼习《法华》、《楞严》。后历游武当、终南、峨嵋、南岳诸名山,参访诸方。23岁时,在南岳衡山得遇常润,接语投契,许为法器,并纳大戒。彼此依常润修学,工夫益进。

---

① 净柱:《五灯会元续略》卷首序,《续藏经》第80册,第443页中、下。
②《祖灯大统》卷首净符序,香港佛学书局,1994。
③《祖灯大统》卷首严沉序,香港佛学书局,1994。
④ 有关诸缘洪断的参学行历,参见一诚主编《云居山新志》第四编《人物志》,第101—102页,北京,中国文史出版社,1992。

万历十七年(1589),诸缘应请入住北京西山万佛堂,由慈圣皇太后捐资扩建为十方海会丛林,缁素云集。万历二十年(1592),紫柏瞻礼万佛堂,言及江西云居山曹洞宗祖庭真如寺破落,诸缘闻之动容,发心兴复。朝廷准其重建云居禅刹。此后二十年间,诸缘从上山结茅闭关开始艰难经营,至全山佛殿焕为一新,成为明末曹洞宗兴复祖庭的典范丛林,堪比于憨山德清兴复曹溪寺。

诸缘为曹洞宗第24世,他开创了明代曹洞宗云居系,其门下法嗣数十众,主要有常慧(字昧白,号龟山,1557—1643)、常月(字云隐,1568—1629)、常元(字首山,1567—1632)、常亨(字知悟,1573—1650)等人,下逮清代,犹兴盛不衰。①

据清释守一空成重编《宗教律诸家演派》述,江西云居诸缘洪断禅师下演法派24字:

> 洪常祖道,法性清净,广启胜因,志行性远,了悟玄宗,宽证圆融。②

当时在江西庐山,尚有敬堂法忠一系,传承常润幻休的曹洞之法。

敬堂法忠(1541—1620)③,新安(浙江衢州)人,俗姓曹。19岁,游杭州灵隐寺,遇僧出家。初依讲肆,听闻经教。后入少室,往谒幻休常润,叩单传之旨,蒙其印可,终得嗣法,为曹洞宗第26世。离开少室后,法忠游方北京,参遍融、德宝,蒙指心要。再至五台龙门寺,遇憨山德清和妙峰福登,一见而心相契印,居留期年。

万历十年(1582),与妙峰同赴江西,开创庐芽丛林。三年后,又往伏

---

① 参见毛忠贤的《中国曹洞宗通史》,第522—523页,南昌,江西人民出版社,2006。
② 守一空成重编《宗教律诸家演派》,《续藏经》第84册,第564页下。另据学者研究,诸缘尝将曹洞上数代法派字号,再行续添,定出云居禅系64字演派图:善义德福,慧证海觉,真智圆明,洪常祖道,法性清净,广启胜因,志行维远,了悟元宗,宽裕平和,坚持戒通,光续曹源,佛灯昌隆,禅心朗彻,宝镜昭融,如珠照乘,似日淩空。参见吴立民主编的《禅宗宗派源流》,第491页。
③ 有关法忠的传记文献,主要有德清的《憨山老人梦游集》卷二八《庐山云中寺敬堂忠公塔铭》等。

牛山潜修。南还归庐山,先居讲经台,再至五老峰,建云中寺。敬堂法忠虽没有上堂入室,并无《语录》行世,但他保持了曹洞宗僧的身教传统,颇似寿昌系无明慧经的禅派。所以,德清在《塔铭》中称,"师手植松十余万本,冀成丛林。师居恒坦夷,无缘饰,御众不立规矩,凡细务必以身先,至老不倦。随缘自守,一衲之外,无长物,粒米茎菜,必与共之。视众如一,平等行慈,无论智愚贤不肖,浸久默化,而不自知,故来者如归家侍父母。凡出语句,慨切痛至,听者无不心领神会。是以虽不上堂入室,而一众森严,俨然一大炉鞲,盖以身教也"①。更称颂他:"以身为教,密行全彰,事事皆妙,垦土掘地,搬柴运水,大用现前,何拘彼此。有缘而遇,无心而作,法法头头,都成解脱。"②敬堂法忠以其韬光养晦的潜修风格,别开曹洞禅法修行的另一面,既体现了当时曹洞宗僧的适应能力,更与江右文化的稳健性格相关。

敬堂门下的得度弟子,主要有能幻、能握和能撑等人。

四、蕴空常忠(1514—1588)

明代中后期的曹洞宗,南北并弘,支派繁盛。其中,尤以蕴空常忠所开创的寿昌系最为典型,影响范围最为广泛,持续时间亦最为持久。

常忠③,名蕴空,江西建昌(今抚州)人,俗姓常。早年出儒入佛,在俗时,追随江右王门,"尝讲姚江良知之学"。后客游镇江鹤林寺,从曾参少林月舟文载(1454—1524)的古溪老人剃落出家。其后,北上中州,往谒小山宗书,叩问之间,顿发疑情。辞别宗书后,遍访诸方名宿,久之有省,益见宗书禅旨。因此,复返嵩山,并随宗书往住北京宗镜庵,服勤三载,深得玄旨,遂得嗣其法。宗书以偈曰:"宗镜门下万株松,长年占断白云

---

① 德清:《憨山老人梦游集》卷二八《庐山云中寺敬堂忠公塔铭》,总第1481页。
② 同上书,总第1483页。
③ 有关常忠的传记文献,主要有道盛《建昌廪山忠公传》、《续指月录》卷一八、《续灯正统》卷三〇等。

封。人间未许闲相识,一枝迸出笑春风。"①

常忠南归建昌,隐居于盱江新城(今抚州黎川)廪山。蕴空常忠与罗近溪、邓元锡等人相交游,堪称为晚明儒释相参"性命之学"的典范。据觉浪道盛《建昌廪山忠公传》称:

> 师二十年,刀耕火种,不与世接。往来衲子参寻,亦闭关高枕拒之。诸缙绅名士过访,唯相对默坐……独与大参罗近溪汝芳、征君邓潜谷元锡二公,相与论性命之学,间拈《金刚》、《圆觉》,发挥宗门大意,及举向上事,剖决良知,扫除知解,皆超出情见,以经有教眼,禅有纲宗。②

这段记述,大致可以看出常忠推崇"默照"的禅修风格。"不与世接"、"闭关高枕"、"唯相对默坐",皆是其"默行"。至于"相与论性命之学"、"发挥宗门大意"、"剖决良知,扫除知解",则属其"观照"。尤其值得一提的是,常忠的"默照"禅法,具有融会时代思潮的开放心怀,这固然与其"少时习姚江良知之学,尝以自有别见当揭明之"③的从学经历相关,但更体现了当时曹洞宗僧的圆融性格。这是曹洞禅法盛行于晚明江南的重要文化因素。

常忠的禅法,颇为当时江右的阳明学子所认同。罗汝芳与邓元锡与常忠相交游,颇能表明其禅法的影响力量。罗汝芳(1515—1588,字惟德,号近溪、明德,江西建昌人)和邓元锡(1528—1593,字汝极,号潜谷,江西南城人),则都是信奉阳明良知之学的江右士子。如罗近溪在青年时期即尝闭关临田寺,专习静坐之法。尝师事释元觉,谈论佛家因果及单传直指之心法,所谓"于释典玄宗,无不探讨;缁流羽客,延纳弗拒"④。

---

① 道盛:《建昌廪山忠公传》,《晦台元镜禅师语录》卷末附,《续藏经》第72册,第226页下。
② 道盛:《晦台镜禅师语录》卷末附《建昌廪山忠公传》,《续藏经》第72册,第226页下。
③ 同上书,第226页中。
④ 王塘南之评语,引见黄宗羲的《泰州学案三》,《明儒学案》卷三四,第762页,北京,中华书局,1985。

邓元锡则属江右后学的新生代学者,被时人称为"江右四君子"之一,游学于罗近溪门下。邓氏终生信佛,尝在新城建"廪山精舍",并以居士身份讲学。据记载,"邓征君服膺师(即常忠,引者注),深信别传之旨"①,"与师交最久,尝有诗寄师云,入海泥牛不见踪,龙山太煞露家风。谁知别有深深意,韵出新丰调不同。师见之,笑云,公可谓知得山僧一半也。"②据此可见,罗近溪、邓元锡与廪山常忠之交谊,虽多出于论究生死的性命之学,但表明了当时曹洞宗僧相比于临济宗僧更具开放的圆融性格,具有更开阔的社会思潮适应能力。

当然,常忠之所以选择养晦潜修,不愿意过多地接受衲子参寻,固然是其自谦的表现,更与他对当时禅修现状的认识相关。对此,道盛有所辨析。他说:"师生平言行缜密,如美玉在璞,非有真为法人,拒而不见,恐枉法也。见人谈某于何处有省悟,何处有证入,辄作色呵之曰,子何所见,敢以此证据人耶?打破大明国,寻不出一人能真参实究,你敢乃尔作大妄语,以未悟谓悟,未证谓证耶?当嘉隆间,宇内宗风,多以传习为究竟。师疾时矫弊,志欲匡扶大法,而力未迨,以故终身韬晦。"③这种门庭高峻的作派,似乎有悖于上述明末曹洞宗开放的圆融性格。其实不然。因为门庭高峻与开放圆融是相辅相成、共同促进的。只有门庭高峻、注重行履,才能勘验出真参实究的出家衲子,而不是仅满足于门庭传习。只有注重见地,真参实究者才能更好地体现内在的开放圆融,而不是混同于世。事实证明,常忠一生既贵见地、亦重行履的宗风,终获无明慧经这样的真参实究者。

常忠终寂于万历戊子(1588),世寿七十五岁,僧腊五十。诸弟子先建塔于廪山,后由慧经移至宝方寺,最终复迁归廪山之麓。江西名绅黄端伯为其撰写《塔铭》,以表建化之迹。常忠一生潜修禅道,未尝出世说

---

① 道盛:《晦台镜禅师语录》卷末附《建昌廪山忠公传》,《续藏经》第72册,第227页中。
② 聂先:《续指月录》卷一八,《续藏经》第84册,第131页中。
③ 道盛:《晦台镜禅师语录》卷末附《建昌廪山忠公传》,《续藏经》第72册,第226页上、中。

法,故无《语录》行世。

常忠师事少室宗书(1500—1567),为曹洞宗第25世。他是推动晚明江南曹洞宗复兴的最重要僧人之一。其嗣法弟子即开创晚明曹洞宗寿昌禅系的无明慧经,"虽不出世,而能得此峨峰真子,当必大兴洞上宗风也"①。无明慧经在晚明曹洞宗中的地位相当于晚明临济宗的龙池幻有,蕴空常忠则似临济宗的笑岩德宝。

慧经(1548—1618)②,号无明,江西抚州崇仁人,俗姓裴。生而颖异不群,九岁入乡校,年十七,慨然有向道志。年二十,决出世志。蕴空常忠说法于廪山,遂往依之,执侍三载。尝疑《金刚经》卷末"一切有为法,如梦幻泡影,如露亦如电,应作如是观"四句偈。后阅大藏,读法眼文益所撰《宗门十规论》,始知有教外别传的"宗眼"之旨,窃疑于五宗差别,更加深究常忠所称"宗眼不明,非为究竟"之意。久之有省,于是切有参究之志,遂辞廪山,隐遁峨峰,诛茅以居,历时三载,誓不发明大事,决不下此山。因阅传灯,见僧问兴善如何是道?善曰,大好山。师罔措而疑情顿发,日夜提撕至忘寝食。一日因搬石,坚不可举,极力推之,豁然大悟,即述偈曰:"欲参无上菩提道,急急疏通大好山,知道始知山不好,翻身跳出祖师关。"③归呈廪山,获其称许为法嗣,始授大戒,为曹洞第26世第35代。

常忠对慧经寄以厚望,尝称"吾宗到汝,当大兴于世"④,"他日子弘扬祖道,吾不如也。"⑤慧经潜隐峨峰,影不出山者,前后达二十四年。万历二十六年(1598),五十一岁的慧经应请兴复宝方寺(亦作宝坊寺),"日益增精进力,凡作务必以身先,形枯骨立,不厌其劳。不数年,百堵维新,开

---

① 道盛:《晦台镜禅师语录》卷末附《建昌廪山忠公传》,《续藏经》第72册,第226页中。
② 有关慧经的传记文献,主要参考德清的《新城寿昌无明经禅师塔铭》等。
③ 德清:《憨山老人梦游集》卷二八《新城寿昌无明经禅师塔铭》,总第1447页。
④ 道盛:《晦台镜禅师语录》卷末附《建昌廪山忠公传》,《续藏经》第72册,第227页中。
⑤ 聂先:《续指月录》卷一八,《续藏经》第84册,第131页上。

田若干,佛殿三门,堂厨毕具,四方衲子闻风而至者日渐集"①。

正值宝方百废兴举、日新月异之际,慧经却发心行脚,荷锡远游,参访诸方。他先过南海朝普陀,再访云栖。复往中原,入少林,礼初祖塔。转往京都,谒达观禅师,深受器重。终入五台,参端峰和尚,见其门庭孤峻,相契于心,多有请益。端峰"深肯之,观师语忌十成,机贵回互,妙叶五位,是知洞上宗风,由此必振"②。

慧经返锡宝方后,始出世开堂说法,选博山元来为第一座,激扬宗旨,四方衲子望风而至者益众。万历戊申(1608),应请兴复废圮已久的黎川寿昌寺。此后十年间,慧经住寿昌,不攀外援,不发化主,随缘任用,终于把寿昌寺修建成为道场庄严、千指围绕的赣东地区第一大寺,初步实现了廪山常忠曹洞宗必将大兴于世的遗愿。与幻休常润的法嗣诸缘洪断兴复云居寺相比,慧经之兴建寿昌寺,为江南曹洞宗的复兴提供了另一种模式。与浙东湛然圆澄的曹洞宗云门禅系相比,无明慧经既重见地、更贵行履的禅风,亦与之有所不同。

慧经赋性直质,气柔而志刚,心和而行峻,容仪端肃,不怒而威,又随机善诱,各得其宜。尤为令人感念的是,慧经禅师年近七旬,还与僧众一同参加劳动,耕凿不息,必先出后归,躬率开田。在慧经的亲率身教下,他所住持的峨峰、宝方和寿昌三刹,岁入可供三百众。"生平佛法,未离锄头边也。"③慧经禅法,真可谓是"锄头禅"④,真正践履着百丈农禅并重的丛林传统。

德清高度评价了慧经的弘法一生。他说,"(慧经)四十余年,曾无一息以便自安。虽临广众,未尝以师道自居。至于应酬,偈诵法语,川流云涌,诚所谓般若光明,如摩尼圆照,无思而应者耶。自古传灯诸老,虽各

---

① 德清:《憨山老人梦游集》卷二八《新城寿昌无明经禅师塔铭》,总第1448页。
② 同上书,总第1450页。
③ 同上书,总第1451页。
④ 如吴应宾《无异元来禅师塔铭》中称,"而我博山无异大师,以寿昌锹头禅,入于洞山宝镜三昧。"《无异无来禅师广录》卷三五,《续藏经》第72册,第380页中。

具无碍解脱,其不疲万行者,独永明一人,然未及其粗。若师者,可谓道契单传,心融万法,何发强精进之若此耶?"①慧经禅法精辟,个性鲜明,注重禅道参究与佛行作务齐举,开创了晚明曹洞宗再兴的重镇——寿昌禅系,一改明中期宗门"无禅无师"的丛林窘境,重树了宗门戒行规整的社会形象。

万历戊午(1618)正月,慧经示寂于寿昌寺。世寿七十一,僧腊四十四夏。其得法者主要有开法于博山的上首弟子无异元来、兴化于鼓山的永觉元贤及东苑晦台元镜、寿昌见如元谧、本寂真元等人。其门嗣辑有《无明慧经禅师语录》四卷行世。

慧经其人其禅,甚受憨山德清的推崇。德清与江西曹洞禅系因缘颇深,先后为无明慧经、敬堂法忠等曹洞宗僧撰写了《塔铭》。特别是对于寿昌慧经,德清更以"吾师"视之。他在《无明和尚圆相赞》中称,"久向无明名,未识无明面,突出大好山,千里遥相见。生涯在镬头,说法如奔电……此是吾师老面皮,相看只许言前荐。若问当阳向上机,云山满目难分辨。"②在《塔铭》中,德清更是结合当时禅林寂落的现状,肯定了慧经的弘法成就。"予痛念禅门寥落,向未有以振起者,狮弦将绝响矣。今师之行履,其见地稳密,机辨自在,不唯法眼圆明,一振颓纲,而峻节孤风,诚足以起末俗。至其大精进忍力,又当求之古人。虽影不出山,而声光远及,岂非尸居龙见,渊默雷声者耶?观其昭然生死,实践可知。"③慧经之为"寿昌古佛",可谓是实至名归。

慧经嗣法于蕴空常忠,为曹洞宗第26世(雪庭下十二世)。江西寿昌无明慧经禅师演派二十八字如下:

> 慧圆道大兴慈济,悟本传灯续祖先,性海洞明彰法界,广宏行愿证真常。④

---

①③ 德清:《憨山老人梦游集》卷二八《新城寿昌无明经禅师塔铭》,总第1451—1452页。
② 同上书,总第1454—1455页。
④ 守一空成重编《宗教律诸家演派》,《续藏经》第84册,第563页下。

继寿昌慧经而兴的曹洞宗僧,主要是博山无异元来和鼓山永觉元贤。

元来(1575—1630)①,一名大舣,字无异,庐州舒城人(今安徽舒城县),俗姓沙。生七月而丧母,年十六,矢志出家。先至金陵瓦棺寺,听雪浪洪恩讲《法华经》。后至建武,礼五台静庵通和尚,剃染出家,修习天台止观法门。如是五年,寒暑罔辍。

元来南还,先至超华山,从报恩洪法师受比丘戒。闻寿昌慧经居峨峰寺,大扬曹洞禅法,遂前往参谒。当他看到慧经荷锄戴笠,全似一个种地农夫,心生疑窦,就改变主意,转赴福建。

元来入闽后,在邵武光泽县白云峰潜居三年,撰写了《心经指南》一书。他将此书呈送慧经,慧经复书称"非第一义"。这令元来感到当头一棒,当即焚香礼拜,毁弃书稿,不复示人。此后,潜心宗乘,废寝忘食。其间阅《传灯录》,见赵州嘱僧"有佛处不得住,无佛处急走过"之语,恍然有得。决定再回寿昌,以求印证。当时,慧经已从峨峰徙住宝方寺。元来遂留居宝方,随侍慧经,力求道要。慧经则对元来之参究,不时加以印可。一年多后,见人缘木,遂悟至道。慧经付以秉拂,赠之以偈。其偈曰:"本然清净旦如然,契证多生值有缘。触目混融皆至妙,通身作用总虚玄。五宗极则机齐贯,三藏精微理共圆。不碍古今凡圣事,如来禅合祖师禅。"更付嘱曰:"当以无心,相续正用,尽法行持,酬无报之慈恩,利有缘之正信。"②自此,年方二十七的无异元来,正偏妙挟,圆顿双销,终嗣慧经之法,为曹洞宗第27世。

是年,元来还至鹅湖,从云栖袾宏的高足养庵广心法师(1547—1627)③,受菩萨大戒,并留为首座。其后,元来还礼谒云栖,袾宏书"演畅

---

① 有关元来的传记文献,主要有《无异无来禅师广录》卷三五所载刘日杲《博山和尚传》、吴应宾《中兴信州博山能仁禅寺无异大师塔铭并序》等,及元贤撰《博山无异大师衣钵塔铭(有序)》,《永觉元贤禅师广录》卷一八。
② 吴应宾:《中兴信州博山能仁禅寺无异大师塔铭并序》,《无异无来禅师广录》卷三五,《续藏经》第72册,第380页下。
③ 有关广心法师的传记文献,可参见聂先的《续指月录》附《尊宿集》。

123

真乘"赠之。元来居鹅湖半年,一度离赣入闽。后应请至信州(今江西上饶)广丰博山能仁寺。

博山能仁寺,原为五代时期天台德韶兴创的道场,宋代荐福禅师主法于此。此后,荒废日久,当时寺僧皆为肉食者流。当地缙绅礼请元来住山兴寺。元来到博山后,诛茅为屋,辟草建刹,禅律并行,道望日隆,从者日众。"博山宗风,遂擅天下。"①其间,元来还应请入闽,在邵武修葺广福寺、宝安寺,受化者各数百人。

此后二十余年,元来往来吴、越、赣、闽、皖之间,在福建建州董岩寺、仰山宝林寺、鼓山涌泉寺、金陵天界寺等名刹登坛说法,大阐宗风。宗徒云集,缙绅景附。皈心受戒者,无虑千万人。博山之名,盛传于世。

崇祯三年(1630),结夏撰著《宗教通说》一卷,尽抒玄蕴。九月书成,示疾而寂。世寿五十六,法腊四十一。塔于寺西栖凤岭之阳。

无异元来嗣法寿昌慧经,为曹洞宗第27世。其门下主要嗣法者有上座弟子嵩乳道密(1587—1658)、大弟子雪关智訚(1574—1637)②及古航道舟(1585—1655,别号海纳)、雪峒道奉(1591—1670)、竹山道严(1593—1652)、大忠道柔(生卒不详)、宗宝道独(1600—1661)等人,"皆洪冶之利器,法庑之良驹。"③此外,皈依元来的著名俗家弟子,尚有余集生(名大成,法名道裕,别号布衲,安徽桐城人)和黄端伯(字元公,江西建昌新城人)等。

元来承寿昌禅法("寿昌宗"),别开博山禅系,并另演二十字为曹洞

---

① 吴应宾:《中兴信州博山能仁禅寺无异大师塔铭并序》,《无异无来禅师广录》卷三五,《续藏经》第72册,第381页上。
② 雪关智訚和台州道嵩,被称为"博山二妙"。"智訚是师尊重弟子,齿光心印,具体而微,诸监院次及于事,夹辅门庭,咸正无缺。博山营勋区宇,成照为魁。别治邵武二蓝,曰广福,曰宝安,则成正为师。分身扬化,台州道嵩,洞明因果,勇弃盖缠苦,到礼首楞严王,得肉眼净。欲明祖意,但办肯心。与訚公鞭弭周旋,故是'博山二妙'"。参见吴应宾的《中兴信州博山能仁禅寺无异大师塔铭并序》,《无异无来禅师广录》卷三五,《续藏经》第72册,第382页中。
③ 刘日杲:《博山和尚传》,《无异无来禅师广录》卷三五,《续藏经》第72册,第380页上。

宗"大舣元来派":

> 元道宏传一,心光普照通,祖师隆法眼,永传寿昌宗。①

无异元来禅师是"寿昌宗"的亲承者。对此,杭州真寂寺闻谷广印禅师撰《无异大师赞》称:"吞却死猫头,啗尽生人胆。脚跟不踏草,鼻孔自辽天。眉毛忒粗而魔外丧气,眼光远烁而佛祖难容。机迅直似雷轰,舌辩每同泉涌。祇有藏身一着无人识,果然传得寿昌宗。"②

元来一生,勤于撰述,著有《宗教答响》、《参禅警语》和《宗教通说》等。嵩乳等弟子辑有《无异元来禅师广录》三十五卷。其后,同门法侣元贤精选为《博山无异元来大师语录集要》六卷,皆行于世。余大成在《博山和尚传》中,对无异元来的禅法特点及其主要贡献进行了如下简要评析:

> 明兴二百余年,宗乘寥寥,得和尚而丕振,猗与盛哉。禅律不相谋,宗教不相为也。而和尚法嗣寿昌,律传鹅湖,殆兼之矣。③

禅律并弘、宗教兼通,这八个字,大致可以扼要地归纳博山禅系的弘法特征。有鉴于此,吴应宾在《塔铭》中更是直接指出,无异元来律承云栖、禅嗣寿昌,兼祧两位大师,"或谓波罗提木叉,不为宗通者说。而师自打落鼻孔,身心羯磨,次第具足性遮,皆净持犯,兼忘尝之。卒然窥以阒尔,鬼神不得见其隙矣。故师于超华极庵洪公、鹅湖养庵心公,皆用和尚礼。而鹅湖虚座元者十载,亟以属焉。师是以三觐云栖祖翁,得其殊目,特书演畅真乘之牓,而师念戒为师故。徙五台之派,系籍云栖。其后又以得法因缘,兼为寿昌衍嗣故。出师门者,源一而委二"④。超华山极庵

---

① 守一空成重编《宗教律诸家演派》,《续藏经》第84册,第563页下。
② 《永觉元贤禅师广录》卷首,《续藏经》第72册,第384页中。
③ 刘日杲:《博山和尚传》,《无异元来禅师广录》卷三五,《续藏经》第72册,第380页上。
④ 吴应宾:《中兴信州博山能仁禅寺无异大师塔铭并序》,《无异元来禅师广录》卷三五,《续藏经》第72册,第381页上。

洪公、鹅湖养庵心公之律,皆承于云栖袾宏,元来任鹅湖首座时,曾三度礼谒云栖袾宏,可见因缘甚深。元来得法于慧经,更是时人皆识。博山一生主张禅律兼行,源于兼祧云栖、寿昌之故也。

寿昌门下,元来开江西博山禅系("大舣元来派")之时,元贤则在福建大唱"鼓山禅"。

元贤[1](1578—1657),字永觉,福建建阳人,俗姓蔡,为宋儒西山蔡元定第14世孙。为邑诸生时,嗜宋儒周、程、张、朱之学。二十五岁,偶然在山寺闻诵《法华》"我尔时为现,清净光明身"之偈,顿感"周孔外,乃别有此一大事"。遂从同邑赵豫斋居士,受学《楞严》、《法华》、《圆觉》三经。翌年,适值无明慧经开法建阳董岩寺,元贤往谒。寿昌教示,生死大事,不可以意解,须力参实究,乃契于心,勉励他参"干屎橛"话。一日,留僧夜坐,举南泉斩猫话,乃有省,并呈颂寿昌。寿昌阅后,称"参学之士,切不得于一机一境上取则,虽百匝千重,垂手直过,尚当遇人。所谓身虽已在青云上,犹更将身入众藏,是参学眼也"[2]。

万历四十五年(1617),年已不惑的元贤,裂青衿,弃妻拏,投寿昌落发出家。随侍一年,多所请益。翌年,寿昌迁化,元贤从师兄博山无异和尚圆具大戒。此后,留居香炉峰三载,时与元来商榷玄奥。归闽后,元贤在沙县双髻峰潜修。因生母谢世,而返建阳,舟过剑津,闻同行僧诵《法华经·神力品》"一时謦欬,俱共弹指,是二音声,徧至十方诸佛世界"句,元贤廓然大悟,乃彻见寿昌用处。作偈云:"金鸡啄破碧琉璃,万歇千休只自知,稳卧片帆天正朗,前山无复雨鸠啼。"[3]元贤时年四十六岁。

其后,元贤潜居瓯宁金仙庵,闭关阅藏三年。出关后,往建安荷山。翌年,赴浙江嘉兴,请藏经归,作《建州弘释录》。又会通儒释,而作《寱

---

[1] 元贤的传记文献,主要参见林之蕃的《福州鼓山白云峰涌泉禅寺永觉贤公大和尚行业曲记》(简称《永觉行业记》)及《鼓山永觉老人传》,皆收于《永觉元贤禅师广录》卷三〇。
[2] 林之蕃:《永觉行业记》,《续藏经》第72册,第576页上。
[3] 同上书,第576页中。

言》。崇祯五年(1632),谒入闽弘法的闻谷广印(1566—1636)[①]于宝善庵,一见投合,大有相遇恨晚之感。应请作《诸祖道影赞》百余首,颇受广印大师赏识,即以大戒授元贤。

崇祯七年(1634),元贤应林之蕃、曹雁泽诸士绅之请,住持福州鼓山涌泉寺。1635年,往寿昌扫塔,归过建州,住净慈庵,著《净慈要语》。是年冬,应请入泉州开元寺,始开堂结制,四众云集。自此,元贤嗣寿昌之法,为曹洞宗第27世。

崇祯九年(1636)秋,归鼓山,建藏经堂于法堂之东。1637年,闻谷广印去世,元贤前往杭州真寂寺吊唁,当地信众合请继席住持,刻闻谷遗语,为之奉身建塔,并亲撰《塔铭》。

此后数年,元贤余杭西舍建翠云庵(1640),迁婺州(今金华)普明寺(1641),秋归闽居宝善寺。崇祯十五年(1642),赴泉州开元寺结制,修《开元志》。遂归鼓山,殿宇山门及诸堂寮,次第鼎新,庄严毕备,为八闽丛林之冠。其间,在鼓山建博山和尚衣钵塔,在宝善寺建舍利塔。

这几年,元贤勤于撰述,刻《禅余内外集》(1643),著《金刚略疏》(1644),修《鼓山志》(1644),撰《四分戒本约义》、《律学发轫》(1645),成《洞上古辙》及《续寱言》(1647),自述《行状》(1648),著《补灯录》(1649)以补五灯会元之阙。作《继灯录》(1651),著《心经指掌》(1654)等。

崇祯丁酉(1657),元贤年届八十。正月,举衣拂付上首弟子为霖道霈,偈曰:"曾在寿昌桥上过,岂随流俗漫生枝。一发欲存千圣脉,此心能有几人知。潦倒残年今八十,大事于兹方付伊。三十年中盐酱事,古人有语不相欺。逆风把柂千钧力,方能永定太平基。"[②]为霖道霈禅师是永觉元贤示前的唯一得法弟子。

永历十一年(1657,清顺治十四年)年秋十月,元贤示寂前说偈曰:

[①] 闻谷广印之生平行实,参见永觉元贤的《真寂闻谷大师塔铭并序》,《鼓山永觉和尚广录》卷一八;钱谦益:《闻谷禅师塔铭》,《牧斋初学集》卷六八;及《续灯正统》卷四二等。
[②] 潘晋台:《鼓山永觉老人传》,《续藏经》第72卷,第579页下。

"老汉生来性太偏,不肯随流入世廛。顽性至今犹未化,刚将傲骨拂儒禅。儒重功名真已丧,禅崇机辨行难全。如今垂死更何用,祗将此念报龙天。"并对弟子说:"老僧世出世事,尽在此偈,汝等毋忽也。"弟子请付末后一句,元贤索笔书:"三界内外,无可寻处。"①

元贤由儒入释,中年出家,法器晚成。但这丝毫不影响他在晚明禅宗中兴的丛林地位。时人对元贤的弘法一生评价甚高:"师以儒而入释,尝云释迦乃入世底圣人,孔子乃出世底圣人,盖不出世不能入世。故得道之后,经世说法,力救儒禅之弊,直参实悟,广大悉备。若师者,盖有明三百年之一人也。"②

元贤自称"禅本寿昌,戒本真寂,不可诬也"③。禅教律兼行,正是元贤一生弘化的基本特征。诚如郑瑄《永觉大师赞》所称:"这老阿师,寿昌嫡血……禅教律化作一家,儒释道同归点雪。五百年来仅此人,是圣是凡休浪说。"④

元贤自开元寺登座开堂以来,凡历主四刹,座下多英衲之士,皆勉以真参实悟,深诫知解杂毒。"其登堂说法,机辩纵横,若天廓云布。其操觚染翰,珠玑滚滚,即片言只字,无不精绝。曹洞纲宗,从上遭浊智谬乱者,皆楷以心印,复还旧辙。生平慎重大法,开堂将三十载,未尝轻许学者……世称师为古佛再来,福慧圆明,悲智具足,诚不诬耳。"⑤至年届八十,始举为霖道霈一人。"付戒弟子六人,跬存思公、雪樵涪公、藻鉴真公、莫违顺公、警心铭公、宗圣善公。"⑥

元贤寂后,其门徒辑《永觉元贤禅师广录》30卷。其一生撰著二十余种,共八十余卷,皆盛行于世。

---

① 林之蕃:《永觉行业记》,《续藏经》第72册,第577页上。
② 潘晋台:《鼓山永觉老人传》,《续藏经》第72册,第578页中。
③ 同上书,第579页上。
④《永觉元贤禅师广录》卷首,《续藏经》第72册,第384页中。
⑤ 林之蕃:《永觉行业记》,《续藏经》第72册,第577页中。
⑥ 同上书,第578页上。

兹简列明中晚期曹洞宗传法世系如下表：

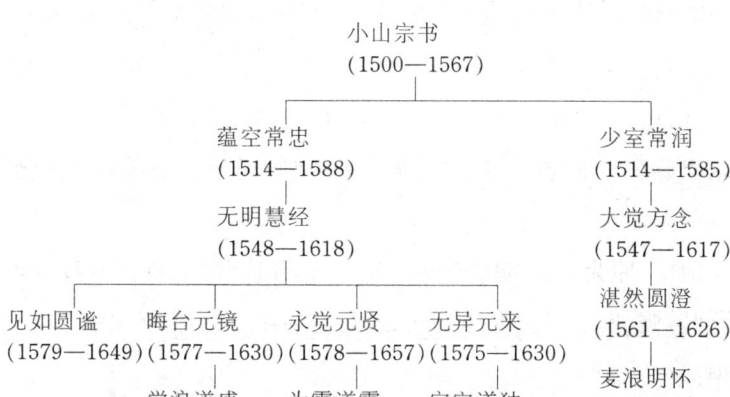

五、幻有正传(1549—1614)

曹洞宗在江南支派繁盛之际，临济宗自笑岩德宝以降大行南北。其中，幻有正传及其门下尤具代表性。

幻有正传[①]，初号一心(故称一心幻有)，后更号幻有(因尝住龙池，故称龙池幻有)，江苏溧阳人，俗姓吕(一说俗姓李)。

幻有本人撰《机缘自序》称，八岁进书馆，习《大学》。十二三岁，因病遂废学业，始发善念持斋。十六岁，父母强婚，因琴瑟不调，乃有出家志。十八岁时，一度离家访道修行，因母病而止。十九岁时，至荆溪显亲寺，礼乐庵为师，翌年薙染，往马迹山六庭法师外受沙弥戒，习《法华经》。尝燃顶发愿："若不见性明心，誓不将身倒席。"一夕闻灯花爆声，有省。

万历三年(1575)，乐庵示寂，幻有为师守制。万历三年(1578)，守制期满。是年冬，北游赴北京，于京西观音庵参笑岩德宝，乞示印证心地工夫。德宝随即应答，称"若果识得心地便休，何更有工夫印证？"离心地而

[①] 龙池幻有禅师的传记文献，主要参见其《机缘自序》。另见聂先《续指月录》卷一七、《南宋元明禅林僧宝传》卷一四等。

别无工夫,此为德宝印证法门之要旨。幻有对于自己在德宝的悟道机缘,记述甚详。① 幻有临行前,德宝付之以曹溪正脉源流,得嗣德宝之法。

离开北京南下后,幻有正传初住荆溪龙池山禹门禅院,后迁五台山秘魔岩寺,居十三载。万历甲申(1584),尝讲演《法华经》于秘魔岩寺。时太常唐鹤征②,问道五台,见师如夙契,约师还南。至荆溪,唐鹤征再次延请入住龙池。

龙池山,原为一源禅师道场。至嘉靖、隆庆年间,寺如灰冷。幻有入寺,怆然感慨,发心兴复龙池。此后,幻有住龙池六年,志士咸集,初具道场规模。

幻有离开龙池后,复游燕都,居普照寺,"时缙绅辈,留神空宗,日夕从师质证"③。笑岩道化,复振于燕赵。

幻有与德宝一样,多与士大夫交游。其交游最深者,当推唐鹤徵。其他阳明学者诸如陶石篑、李长庚等人,亦多与幻有相结交。幻有每以"门前冷落鞍马稀,老大嫁作商人妇"话,勘验好禅之士大夫,示以般若无知而靡所不知之旨。

幻有往来南北,禅机锋利。因虑学者见落断常,遂著书三篇,即《驳语》、《性住释》和《物不迁题旨》,刻行于世。④ 万历甲寅(1614)春仲示寂,世寿六十六岁。塔建本山,与一源禅师同塔。⑤

在陶石篑的要求下,周汝登晚年还应请为龙池幻有撰《塔铭》。不过因年迈体衰,最终通过口授,而由弟子记述其文,方完成了这篇简短的塔铭。其文曰:

　　一心幻有,幻有一心。何真何假,泡沫浮沉。这个消息,曹溪至

---

① 《龙池幻有幻有禅师语录》卷九《机缘自序》,《禅宗全书》第53册,第376页上。
② 唐鹤征(1538—1619年),字元卿,号凝菴居士,为南中王门的代表人物唐荆川之子,隆庆辛未(1571)进士。
③ 《南宋元明禅林僧宝传》卷一四,《续藏经》第79册,第647页下。
④ 均见于《龙池幻有幻有禅师语录》卷一一至卷一二。
⑤ 《南宋元明禅林僧宝传》卷一四,《续藏经》第79册,第559页下。

今。乐庵触发,笑岩印心。五台隐迹,阐法荆岑。开大炉,点铁成金。谁其承嗣?密云等森。陶王二士,闻叩音。曾可度与,鸳鸯绣针。急须着眼,幻有难寻。难寻幻有,有光少林。阅师语录,超越功勋。赞其无比,千古传唫。①

在周汝登所述《塔铭》前引中,则有"在京弘法,大阐宗风"之语。② 其门下弟子主要有密云圆悟(1566—1642)、天隐圆修(1575—1635)、雪峤圆信(1571—1647)、抱朴大莲(?—1629)等人。

至于龙池临济禅系的法脉传承,据《宗教律诸家演派》所述,临济下二十二世(天台下十五世)闽中雪峰祖定禅师演派二十字,"祖道戒定宗,方广正圆通。行超明实际,了达悟真空"。龙池幻有正传禅师剃度(密云、天隐)圆(悟、修)禅师传法亦用此派,今(天童、磬山)后哲均用上派传法者,遵龙池意也。龙池复续空字下,接演二十字:"觉性本常寂,心惟法界同。如缘宏圣教,正法永昌隆"。天童亦续空字下二十字:"嗣续曹源脉,传等济众功,慧灯恒照世,佛法亘穹隆"。③

在龙池示寂之前,门人圆悟、圆修等编辑《龙池幻有禅师语录》12卷行世。万历壬子(1612)刊刻。卷首有荆溪安节居士吴达可序,卷末则附有云栖、德清两封书信,及周海门口述、由他人笔受的《塔铭》。其别行本,则有《幻有闲谈》2卷(释通澹等编录)、《幻有晚话》2卷。同门法侣云栖袾宏,尝为两书撰序。

在晚明临济宗的法系传承上,龙池幻有起着承前启后的重要作用,时人所谓"绍笑岩而起临济"④。在正德、嘉靖年间,临济宗先后有天奇本瑞和笑岩德宝。"正、嘉间,天奇、笑岩一二尊宿,挺生其际,远接曹溪,近

---

① 《龙池幻有禅师语录》卷一二附,第30页,《明嘉兴大藏经》第25册,第450页下。
② 周汝登:《龙池幻有幻有禅师语录》卷一二附《塔铭》,《禅宗全书》第53册,第423页上。
③ 守一空成:《宗教律诸家演派》,《续藏经》第88册,第559页下。
④ 吴达可:《龙池幻有幻有禅师语录序》,《禅宗全书》第53册,第277页下。

承临济正宗之纲,藉以激扬不坠。"①隆庆、万历,则有龙池幻有传其法脉,大兴于世。

龙池幻有不仅精透禅法,而且还具有广博的佛法见解。当时,曾与幻有同参笑岩德宝的月川镇澄法师(1546—1617,号空印),不满于唐代华严四祖清凉澄观的析解,撰《物不迁正量论》上、下二卷,批驳僧肇的名著《物不迁论》,当世莫能抗其说。②幻有奉读此作后,先后反复剖析累万言。据其自述,"余昔居台山时,有空印友人示我《正量》稿,大都宗性空而驳肇公性住之说,因与辩。未竟,南还。迄今壬寅(1602)秋,来京,得会伊于慈因精舍,仍以刻本示余。余目之,多觉其未了了,因又与辩焉"③。时人认为此是幻有"整顿纲宗"之举。④

身为禅师,幻有博通经教,龙池尝述其撰作《驳语》的背景有三。一是空印与幻有同参笑岩,有同门之谊,不可不辩。其二,笑岩德宝平生以教外别传之旨接人,未尝滥可义学,不可不辩。其三,达摩未来东土时,教家咸已知归圣谛第一义,不得不辩。⑤ 幻有原欲毁其板,在门人圆修等人再三劝说下,方留之。

除云栖袾宏之外,与幻有同出笑岩德宝之门,还有浙江幻也佛慧禅师(会稽人,俗姓史)。尝住嘉兴优昙苑,自号"懒石叟",著《懒石语》,累万千言,格尽物情,时共珍之。晚移燕京多宝庵,重修笑岩之令,足不越阃者,复十余载,朝廷知而敬之。老耄之年,忽思南归,复止优昙,世寿九十一,僧腊七十八。⑥

龙池幻有尝与云栖袾宏同门受学于笑岩德宝,并终嗣其法。其门下

---

① 吴达可:《龙池幻有幻有禅师语录序》,《禅宗全书》第53册,第277页上。
② 有关镇澄《物不迁正量论》的争辩,参见江灿腾的《晚明物不迁论的争辩》(上、下),收于《中国近代佛教思想的诤辩与发展》,台北,台湾南天书局,1998。
③《龙池幻有禅师语录》卷一二《性住释》,《禅宗全书》第53册,第409页下。
④ 自融《南宋元明禅林僧宝传》卷一四,《续藏经》第79册,第647页下。
⑤《龙池幻有禅师语录》卷一一《性住释引》,《禅宗全书》第53册,第408页下。
⑥ 参见自融的《南宋元明禅林僧宝传》卷一四,《续藏经》第79册,第648页上、中。

弟子众多,为晚明禅宗中兴的重要禅僧。

兹简列明中晚期临济宗传法世系如下表:

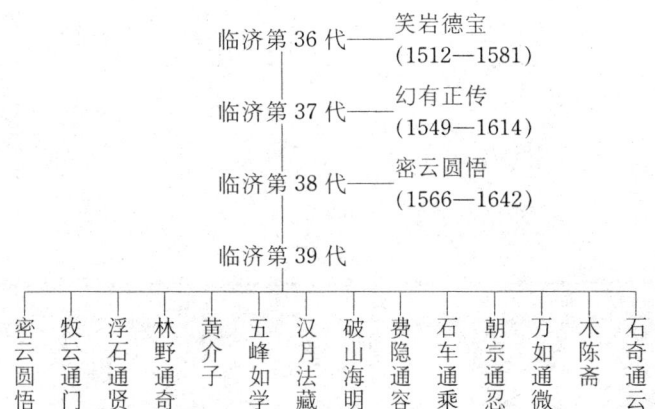

临济第36代——笑岩德宝(1512—1581)

临济第37代——幻有正传(1549—1614)

临济第38代——密云圆悟(1566—1642)

临济第39代——密云圆悟、牧云通门、浮石通贤、林野通奇、黄介子、五峰如学、汉月法藏、破山海明、费隐通容、石车通乘、朝宗通忍、万如通微、木陈斋、石奇通云

第五章 明代藏传佛教的发展

明代藏传佛教界最重要的事情就是格鲁派的兴起。有明一代,由宗喀巴创建的格鲁派在西藏各地建寺传法,势力迅速发展,先后形成达赖、班禅等几大活佛转世系统,并对此后的藏族社会产生了深远的影响。而明代对藏传佛教的管理也和元代有所不同,以"多封众建"为主,大量分封各教派领袖,使他们形成互相制约之势。

第一节 格鲁派的兴起

一、宗喀巴的改革及格鲁派的兴起

格鲁派是藏传佛教中成派最晚而影响最大的教派。格鲁派又名甘丹派,此乃"以驻锡地而命的名。宗喀巴大师兴建卓日沃齐丹尊胜洲(即甘丹寺——作者注),在他的晚年即长驻该寺,因此大师所建宗派遂有呼为法主甘丹人的宗派。若把词字简化应呼为噶鲁派,但不顺口,遂改呼为格鲁派,相沿成习,则成定名"①。另外,因这一派僧人都戴黄帽,故又

---

① 土观·罗桑却季尼玛:《土观宗派源流》,刘立千译注,第125页,拉萨,西藏人民出版社,1984。

被俗称为黄教或黄帽派。

格鲁派是宗喀巴于15世纪初创建的。宗喀巴大师于元顺帝至正十七年(1357)诞生于今青海省湟中县塔尔寺地方,本名罗桑扎巴(blo-bzang-grags-pa),其父为元朝的达鲁花赤。宗喀巴成名以后,藏族人民为了表示对他的尊崇,便不再直呼其名。因他出生在宗喀(意思是"宗水之滨",宗水即现在的湟水),所以被人们尊称为"宗喀巴"(宗喀地方的人)。宗喀巴三岁受近事戒,七岁正式出家,跟随当地噶当派著名僧人顿珠仁钦(don-grub-rin-chen)学习显密教法。十六岁前往卫藏地区学经,17岁到达前藏。也就是从这一年(1373)起,直到1381年,大约九年间,宗喀巴在西藏跟随仁达瓦等人先后系统学习了《现观庄严论》、《俱舍论》、《集论》、《量释论》、《戒经》以及《入中论》,并先后依前五部经论立宗答辩(《入中论》当时在寺院里还没有立宗答辩的条件),这是他系统学习显教知识的阶段。

1385年,宗喀巴在雅隆地区的南杰拉康(rnam-rgyla-lha-khang)从楚臣仁钦(tshul-khrims-rin-chen)受比丘戒。在这一年前后,宗喀巴除了自己继续参学外,也开始为他人讲经说法。尤其是在1389年冬天,他用三个月的时间为僧众们讲完了十七部经论,这在西藏僧人中几乎是独一无二的,显示了宗喀巴超人的才智和非凡的佛学成就。

1390年,宗喀巴在德钦寺跟随布顿大师的弟子却吉贝瓦(chos-kyi-dpal-ba)学习密教的《时轮金刚经广释》等经论。1391年,他又跟随布顿的再传弟子衮桑瓦(mgon-bzang-ba)学习金刚界、吉祥最胜顶等一切瑜伽部坛城的画线法、舞蹈、音乐、手印及坛成的仪轨等。1392年,再次跟随却吉贝瓦学习《金刚鬘》灌顶的相关法门。并从这一年的秋末到第二年夏天,还跟随布顿的另外一个弟子琼波勒巴(khyung-po-lhas-pa)学习密法。总之,这几年是宗喀巴系统学习密法的阶段。

经过这一系列的显密经教的学习,宗喀巴的佛学基础已十分扎实,属于自己的佛学体系也逐渐成熟。与此同时,宗喀巴也开始了自己的宗教活动,这主要包括提倡戒律和举办大法会等。在这些宗教活动过程中,宗喀巴开始了自己对西藏宗教痼疾的割除。

宗喀巴生活的元末明初,西藏萨迦派地方政权日趋衰落,卫藏各万户群龙无首,战事纷起。经过一系列的征讨兼并,帕竹万户的势力逐渐壮大,并最后取代了萨迦政权。新生的帕竹政权为了巩固其统治,从经济上和政治上采取了许多有利于藏地发展的措施。但此时为藏民族精神凝聚力象征的佛教,经过数百年的发展,已经杂芜扭曲,丧失了佛法的本来面目。首先,在戒律方面,僧人们行为放逸,饮酒以及非时食的现象很突出,"以及连上流的在家人也认为做起来是可耻之处的唱歌、跳舞等种种放逸的玩耍全部照行,而且还说什么这是为了认真勤修闻思而养身舒体,故无过失"。在僧人的装束和外在威仪方面也出现了很多缺失,僧人对自己衣食住行方面的规定都不清楚,"连敷具、钵盂和锡杖等沙门的资具亦不知晓,至于上衣、下衣、小幅和法衣条幅缝合等更是闻所未闻,何况实行等等"①。

其次,在佛法的闻思方面,很多人认为佛法最主要的目的是彻见自家心性,而一切闻思修方面的正行是不重要的,甚至应该舍弃的。这也就是《土观宗派源流》里所记载的:"藏地多数宗派对广研三藏教义者,则名曰分别师,或曰教师,意存轻蔑,故舍多闻,专修脉、风、明点,或但求指点彻见自心本性,希得解脱,如是行持颇为偏狭。或纵有自矜为博学多闻者,亦仅学习少部分经论,或偏学一部,则以为足"。② 这种戒律和思想认识上的混乱,已经危及到佛法在西藏的生存和发展。而此时在西藏佛教界声誉渐起的宗喀巴,目睹佛教界的种种弊端,开始着手进行一系列改革。他的宗教改革内容主要有两个方面:

第一,提倡戒律。早在 1388 年,宗喀巴就改戴黄色僧帽,这种帽子

---

① 赛仓·罗桑华丹:《藏传佛教格鲁派史略》,王世镇译,第 158 页,北京,宗教文化出版社,2002。
②《土观宗派源流》,第 180 页。

又被称为"班霞"(pan-zhva),是一种尖顶、下面长带垂于两肩的帽子。印度僧人和藏族其他佛教派别多用深红色。在宗喀巴之前只有两人戴过黄色的:一个是后弘期开始的贡巴饶赛,西藏人认为前弘期传下来的戒律,历经达玛灭佛,依靠他才使其传播下来。另一个是喀且班钦·释迦室利,由他所传的一切有部的戒律和西藏的另外两派有所不同,被称为喀且班钦传承。所以这两个人都和戒律有关,宗喀巴改戴他们戴过的黄帽,已经表明他重视戒规的意思。

1396年,他在聂(gnyal)举行法会,为听众讲了许多戒法。从这一时期开始,宗喀巴师徒也严守僧人的威仪和必须具备的装束。1400年,他又在噶瓦东寺(vdga-ba-gdong)极其详尽地为僧众们讲授了《菩萨戒品》、《事师五十颂》、《密宗十四根本戒》,希望僧众像爱护眼珠一样爱护戒律。宗喀巴此前讲的大多是比丘戒,属于小乘戒法。这次讲的都是大乘戒法,而且显密教法的戒律都有,实际上杜绝了西藏僧人借口自己修大乘教法而拒绝受小乘戒律约束的做法。1401年,宗喀巴和仁达瓦、贾乔贝桑(skyabs-mchog-dpal-bzang)在夏安居期间,三人商议整饬西藏佛教,对所有对佛教的无知、邪见、怀疑等进行涤除整理。三人认为:"何时世间中有毗奈耶(戒律)教法圆满存在,彼时即有佛教存在。如果没有毗奈耶,也就没有佛的教法。"①所以,三人依据《律经》十七事的详细规定,参照西藏僧人的具体情况,"按《毗奈耶》所说的粗细制戒的性质、次第、守护法等,遇有违犯,违犯何罪,都以其各自名类,依照毗奈耶中说的做法修习'还净(即回改)仪轨'的做法,妥善地建立起清净之规"②。当时,凡是来听受《律经》的,都根据《律经》中的规定,省察自身,对自己所犯的粗细罪过,加以忏悔。而且规定,从此以后,宗喀巴的侍从人等,必须按照戒律中所说的,每天自省。这次和宗喀巴一起夏安居的僧人有600多

---

① 法王周加巷:《至尊宗喀巴大师传》,郭和卿译,第229—230页,西宁,青海人民出版社,1988。
② 同上书,第230页。

名,他这次整理制定戒律产生了重大影响,这也是他佛教改革的一次重要活动。

第二,著书立说,革除西藏佛教界思想上的混乱。为此宗喀巴先后写了著名的《菩提道次第广论》、《密宗道次第广论》、《中论广释》、《辩了不了义善说藏论》等。确定了先显后密的修法次序,改变了过去西藏僧人重密轻显的做法。在显教的修学次第中,强调对所有佛法的全面学习。

1409年,在帕木竹巴的领袖人物、阐化王扎巴坚赞的支持下,宗喀巴在藏历正月初一至十五期间,在拉萨主持召开祈愿大法会,各地前来参加法会的僧众共有万余人。法会由于有扎巴坚赞以及内邬宗(今拉萨西郊)宗本南喀桑布叔侄做施主,举行得很圆满,僧人们也得到了很好的供养。宗喀巴成功地主持这次法会,标志着他的宗教地位已经初步得到西藏僧人的认可。会后,在帕竹属下贵族的资助下,宗喀巴又在拉萨东五十公里旺古尔山(dbang-bskur-ri)旁,创建了甘丹寺,甘丹寺在初创时有僧人五百名左右,后来最多时超过五千名。1409年的祈愿大法会以及甘丹寺的建立,在西藏佛教史上有着非比寻常的意义,它标志着西藏佛教史上一个重视戒律以及修行次第的崭新的教派集团——格鲁派的诞生。

同年,宗喀巴又写了一首隐语诗,诗中承认自己继承的是阿底峡的教法传承,这就清楚地表明了自己所建立的新教派和阿底峡所开创的噶当派之间的承继关系。就事实而言,也的确如此,宗喀巴的佛学体系确实也是上承阿底峡和噶当派僧人的。宗喀巴公开承认自己与阿底峡之间的继承关系,"这一点对黄教之骤兴很为重要,因为宗喀巴当时声势已极显赫,又受阐化王的大力支持,他既自认继承噶丹派,则与噶丹派各寺接上更直接的同属一派的关系。此后噶丹派大量寺院多自动改为黄教属寺,对增强黄教势力,起了决定性的作用"①。随着噶当派的并入,格鲁派的势力更加强大了。

---

① 王森:《西藏佛教发展史略》,第343页,北京,中国藏学出版社,2002。

1416年，宗喀巴的弟子扎西贝敦（bkra-shis-dpal-ldan,1379—1449）在拉萨西郊建哲蚌寺，宗喀巴的另外一个弟子释迦也失（shākya-ye-shes,1354—1435）在拉萨北郊建色拉寺，这两座寺院和甘丹寺一起被称为格鲁派的拉萨三大寺，奠定了格鲁派发展的基础。哲蚌寺僧人最多时达到7 700名，色拉寺僧人最多时则达到5 500名。

1419年，宗喀巴示寂于甘丹寺。宗喀巴一生通证显密，视戒律如生命，由他创建的格鲁派，在他去世后蓬勃发展，最后成为西藏独一无二的大派，不仅在宗教上具有得天独厚的优势，而且通过政教合一制度，长期掌握西藏地方政权。

宗喀巴大师一生著述颇丰，他一生的著作共有十九函，一百七十四种，其中最重要的有系统反映其显密思想的《菩提道次第广论》、《密宗道次第广论》；有深入阐发月称应成思想的《入中论善显密意疏》；有专门论述缘起性空的《中论广释》；有辨析中观和唯识优劣的《辨了不了义善说藏论》等。

格鲁派始创于宗喀巴，但该派的发展壮大还有赖于他的后学弟子。宗喀巴的一些重要弟子不仅在格鲁派发展史上占有重要的位置，而且在整个藏传佛教发展史上，他们也都具有一定的地位。

宗喀巴第一位重要的弟子就是贾曹杰（rgyal-tshab-rje,1364—1432），他的原名是达玛仁钦（dar-ma-rin-chen）。"贾曹"意为将继君位之王子，此称源于印度，西藏佛徒引用于宗教事务中。杰为尊称，意为主。具体说就是"接替宗喀巴法王地位的人"，达玛仁钦是法名。他是后藏娘多地方人，十岁受沙弥戒，跟随许多当时西藏的名僧学习佛教教法。后来成为仁达瓦的弟子，在仁达瓦门下学习般若、因明、戒律、对法、中观等显教经论，进而学习密集、时轮、胜乐等密宗诸法，对于各种宗派教义均能贯通，成为仁达哇的上首弟子。二十五岁时在后藏拉垛受比丘戒。

此后，贾曹杰到萨迦、桑浦、孜唐等后藏各大寺院以十部大论立宗答辩，任人诘难，但都能所向披靡，因而以善于辩论而得到其他僧人的推崇。

1397年左右,他又到前藏诸寺立宗论辩,会见宗喀巴,并对宗喀巴的学识极为佩服,发愿为其长随弟子。从此后到宗喀巴圆寂前二十余年,他一直随侍师侧。许多宗喀巴所讲显密教法,都依赖他的记录整理而得以流传下来。

1409年,宗喀巴临终前,将自己的法衣传给贾曹杰,让他继承自己的位置,弘扬格鲁派的教法。贾曹杰遂成为第二任甘丹赤巴(khri-pa,法台,也就是寺主,第一任是宗喀巴),甘丹赤巴当时实际上也是格鲁派的教主。贾曹杰接任之后,终其一生都能谨遵师命,以戒律为本,同时继续弘传格鲁派的教法,使格鲁派持续向前发展。1430年,贾曹杰将甘丹赤巴的法位传给了宗喀巴的第二大弟子克珠杰,两年后去世。

贾曹杰一生的著述很多,现在刻版流行的共有八函,内容包含显密两个方面。

克珠杰(mkhas-grub-rje,1385—1438)是后藏人,他的原名叫格雷贝桑,克珠杰是个尊称。其中,"克"是说他精通显宗,"珠"是说他得密宗大成就。克珠杰最初也是仁达瓦弟子,二十三岁时被仁达瓦推荐给宗喀巴。他见宗喀巴衣食住行皆能如律而行,十分佩服,遂行弟子礼,拜宗喀巴为师。接任甘丹赤巴后,他依照成规教化格鲁派僧众,每年讲《菩提道次第广论》一遍,并在宗喀巴肉身银塔的屋顶上,建造了金顶。后来格鲁派实行活佛转世制以后,他被追认为第一世班禅。

克珠杰的著述十分丰富,他的"学说完全阐述宗喀巴的显密教法,不掺杂其他学说。他不但破除一切所谓外道外论的论难,也驳斥佛教内部不符合宗喀巴大师佛教思想的一切言论。即使在宗喀巴大师的弟子中,稍有不同于宗喀巴大师思想的,他也毫不留情地加以驳斥。可见,他在坚持和弘扬宗喀巴大师的学说上,是不遗余力的"[①]。

宗喀巴和贾曹杰、克珠杰三人被西藏佛教界尊称为"师徒三尊",在

[①] 班班多杰:《宗喀巴评传》,第220页,北京,京华出版社,1995。

格鲁派的寺院中,他们三人的塑像和画像常常一起出现,他们三人的著作也被编成全集流传。其中以宗喀巴的著述最多,克珠杰次之,贾曹杰最少。

根敦珠(dge-vdun-grub,1391—1474),他出生在后藏萨迦寺附近的一个牧场,十五岁在纳塘寺出家,二十岁受比丘戒。1415年谒见宗喀巴,遂拜其为师。宗喀巴去世后,他又跟随贾曹杰和克珠杰学习了许多显密教法。1447年,他在日喀则宗的宗本班觉桑波(dpal-vbyor-bzang-po)的资助下,在后藏的日喀则地方修建了扎什伦布寺,这是格鲁派向后藏发展的一个重要步骤。扎什伦布寺后来成为后藏地区格鲁派最大的寺院,极盛时期僧人数量一度达到五千名左右。扎什伦布寺和甘丹寺、色拉寺、哲蚌寺成为格鲁派在西藏地区的四大寺院。扎什伦布寺建成后,根敦珠任该寺的赤巴。其后的二十余年内,他在寺内传法授徒,名声大振,寺僧日增,格鲁派在后藏地区得到了深入弘扬。根敦珠后来被追认为第一任达赖喇嘛。

除了以上三大弟子外,宗喀巴的另外两位弟子对格鲁派的传播壮大也起了很大作用。他们是:

堆·喜饶桑布,阿里人,他向宗喀巴学习了一段时间佛法以后,回到后藏、阿里一带,在芒域(今吉隆县)建立了达摩寺。他的侄子喜饶巴,在阿里建立了敕色寺。从这以后,阿里地区的一些过去"上路宏法"时遗留下来的老寺院,如托林寺等,也都被格鲁派势力渗透了进来。从15世纪后半期开始,格鲁派在阿里地区也得到了广泛的传播。

麦·喜饶桑布,1395年出生,他与上面的堆·喜饶桑布同名,又差不多是同时期的人,所以在他们的名字前冠以表示家乡方位的堆、麦(上、下)以示区别。他是康区人,原在色拉寺学经,并曾在色拉寺讲经。后来他回到昌都,1437年,建立了昌都强巴林寺,当时就有僧人一千多人。后来该寺还形成了帕巴拉活佛转世系统,这样,格鲁派也传入西康地区。

根敦珠去世后,扎什伦布寺由他的弟子继任赤巴,1485年,扎什伦布寺的上层僧众迎请根敦嘉措（dge-vdun-rgya-mtsho,1475—1542,后来被追认为第二世达赖喇嘛）进入扎什伦布寺。时年十岁的根敦嘉措是作为根敦珠的转世"灵童"被迎进扎什伦布寺的。1494年他前往哲蚌寺学经。不久以后，他又离开哲蚌寺去各地云游，足迹遍及前藏、后藏、山南、塔布等地，继续扩大格鲁派的影响。

1509年，根敦嘉措在山南的拉摩南措湖边修建了曲科杰寺（chos-vkhor-rgyal）。1512年，在扎什伦布寺第四任赤巴的邀请下，他回到该寺主持寺务。但他在扎什伦布寺只住了数年，便又返回了拉萨。以后每年的春冬两季住在哲蚌寺，夏秋两季住在曲科杰寺。1517年，根敦嘉措应哲蚌寺僧众的请求，担任了哲蚌寺第十任赤巴，同时又应色拉寺僧众的请求，担任了色拉寺第九任赤巴，这个时期他已经成为格鲁派的实际上的领袖人物。

在担任哲蚌寺赤巴其间，根敦嘉措创建了甘丹颇章作为住所，以后的三、四、五世达赖喇嘛都在这里住过，五世达赖建立的西藏地方政权也命名为甘丹颇章政权。同时，根敦嘉措还设立了"第巴"一职，管理格鲁派寺属庄园。

根敦嘉措生活的时代，西藏地方政局已经发生变化。支持格鲁派的帕竹地方政权已经衰落，代之而起的是帕竹的属臣仁蚌巴家族。仁蚌巴与噶玛噶举派联合起来，对格鲁派采取了敌视和限制的政策。仁蚌巴用武力控制拉萨以后，1498—1517年间，他们禁止哲蚌寺、色拉寺的僧人参加每年正月举办的、由宗喀巴始创的祈愿大法会。直到1518年，帕竹势力在拉萨稍有恢复，哲蚌寺和色拉寺的僧人才可以再次参加法会。1537年，止贡噶举直接派兵攻打甘丹寺，但因为受到保护甘丹寺的地方势力的伏击，受挫而回。但他们仍用武力迫使格鲁派的十八个属寺改宗止贡噶举。总之，根敦嘉措时期，格鲁派举步维艰地向前发展着。

1542年，根敦嘉措去世后，格鲁派正式寻找他的转世灵童。1546年，年仅四岁的索南嘉措（bsod-nams-rgya-mtsho,1543—1588）被迎入哲蚌寺,这就是第三世达赖喇嘛。索南嘉措所处的年代,噶玛噶举派和仁蚌巴(后来是辛厦巴家族)继续联合起来反对格鲁派。而格鲁派的支持者帕竹政权则已分崩离析,江河日下。格鲁派想要继续发展,只有寻找新的支持。索南嘉措等格鲁派的上层僧侣将目光投向了北方的蒙古。

1571年,蒙古土默特部的俺答汗率军进入青海湖地区。俺答汗晚年向佛,而此时的索南嘉措声望正隆。所以,1576年,俺答汗派人到西藏,邀请索南嘉措前去青海湖会面。两年后,索南嘉措到达青海,在仰华寺与俺答汗会面。

会面后二人互赠尊号,俺答汗赠给索南嘉措的尊号是"圣识一切瓦齐尔达喇达赖喇嘛"。"圣",表示超出世间的意思,"识一切"即"遍知一切"的意思,这是西藏佛教界对在显宗方面取得最高成就的人的称号;"瓦齐尔达喇"是梵文 Vajradhāra 的译音,藏语意为执金刚,这是西藏佛教界对在密宗方面取得最高成就的人的称号;"达赖"是蒙语大海的意思;"喇嘛"是藏语上师的意思。这个尊号的意思是说索南嘉措在显教密教两方面都修到了最高成就,是个超凡入圣学问渊博犹如大海一样的大师。这就是达赖喇嘛名号的开端,由此往前追认,根敦主成了一世达赖,根敦嘉措成了二世达赖,而索南嘉措本人就是三世达赖了。

索南嘉措赠给俺答汗的尊号是"咱克喇瓦尔第彻辰汗"。"咱克喇瓦尔第"是梵文"转轮王"的意思,"彻辰汗"是蒙语,意思是聪明睿智之王。

这次会面,索南嘉措向土默特部宣扬佛教的教义,劝蒙古贵族废除了他们的一些陋习:如大量杀牲送葬以及夫死妻殉葬等。同时,索南嘉措还要求蒙古贵族废除他们的萨满教信仰,将其供奉的偶像改为佛像。总之,在索南嘉措的努力和蒙古贵族的支持下,格鲁派势力开始深入到蒙古族地区。

索南嘉措与俺答汗会晤的消息被明朝获悉,明政府此时正为俺答汗擅入青海而无计可施,当得知俺答汗对索南嘉措非常尊重后,于1578年命甘肃巡抚侯东莱差人到青海请索南嘉措到甘肃与他会晤,目的就是让索南嘉措劝说俺答汗率众回内蒙古。索南嘉措在这一年冬天到达甘肃，被安置住在为萨迦班智达建造的幻化寺。索南嘉措在这里给当时明朝的宰辅张居正写了一封信，同意劝说让俺答汗回内蒙古，并要求进贡。明政府随后应允了他的要求，1579年，俺答汗也率军返回内蒙古。这一事件有着重大的意义。牙含章先生总结道：

> 这封信是一件重要历史文献，它至少说明两个重大问题：第一，索南嘉措根据明朝皇帝的意图，办了一件明朝皇上办不到的好事，即由索南嘉措吩咐顺义王俺答汗由青海返回内蒙。第二，这是达赖喇嘛与明朝政府正式发生了关系。当时明朝政府还没有给索南嘉措赏赐封号，但按明朝的制度，只有法王、国师才有资格向皇上进贡，这说明明政府已承认了索南嘉措在西藏宗教上的崇高地位。①

俺答汗返回后，索南嘉措继续留在青海传法一年有余。1580年，受云南丽江很有势力的木土司的邀请，他又到了西康的理塘地区，在此地主持修建了理塘大寺，然后又到芒康、昌都等地讲经说法，广收门徒。

1583年，俺答汗去世，他的继承人僧格邀请索南嘉措到内蒙古，参加俺答汗的葬礼。索南嘉措到达青海后，在宗喀巴的出生地，扩建了当地已经修建的纪念宗喀巴的一座小寺，后来这座寺院逐渐扩大规模，成为著名的塔尔寺。索南嘉措到达内蒙古以后，继续建寺传法，宣扬格鲁派教法。1588年，明朝派人到土默特部赐给他"朵儿只唱"的封号，"朵儿只唱"是藏语，意思为"执金刚"（或"金刚持"），与俺答汗赠给的"瓦赤尔达喇"是同一个意思。除了赐予封号外，明朝还邀请他去北京，但他在进京的途中病逝。

索南嘉措去世后，俺答汗的重孙被认定为他的转世灵童，这就是四世达赖云丹嘉措（yon-tan-rgya-mtsho，1589—1616），他是唯一一个出生于蒙古族的达赖喇嘛。这实际上也是在当时特殊的背景下，格鲁派上层

---

① 牙含章编著：《达赖喇嘛传》，第22页，北京，人民出版社，1984。

为了争取蒙古军队的支持所做出的一个决定。1603年，在蒙古军队的护送下，云丹嘉措到达拉萨。1614年，云丹嘉措拜当时扎什伦布寺的赤巴罗桑确吉坚赞（四世班禅）为师，受比丘戒，并出任哲蚌寺和色拉寺的赤巴。1616年圆寂，时年二十八岁。

第四世达赖喇嘛转世在蒙古，并没有使格鲁派面临的情势发生好转，反而使西藏的政局更加混乱。后藏支持噶玛噶举派的藏巴汗政权和支持格鲁派的蒙古军队之间摩擦不断。云丹嘉措去世后，当时藏巴汗得了重病，经多方医治无效，于是他怀疑是四世达赖诅咒所致，所以下令不许其转世。直到四世班禅治好了他的病，他才答应了四世班禅的请求，准许寻找四世达赖的转世灵童。在此期间，藏巴汗彭措南吉去世，他的孙子噶玛丹迥旺波（karma-bstan-skyong-dbang-po，1606—1642）1621年继任。同年，土默特蒙古贵族拉尊和鸿台吉率领2000人的军队进入拉萨和藏巴汗的军队发生冲突，藏巴汗军队败退。由四世班禅和达垅噶举派人居间调解，结果藏巴汗过去侵占的色拉、哲蚌两寺的田产庄园被退还，此前被迫改宗的格鲁派寺院及寺属田产人户也全部被归还。而且，在拉尊和鸿台吉的交涉下，1622年五世达赖阿旺罗桑嘉措（ngag-dbang-blo-bzang-rgya-mtsho，1617—1682）被迎入哲蚌寺坐床。

但是好景不长，1630年，拉尊和鸿台吉内讧，鸿台吉外逃，拉尊在此年又死了，藏巴汗乘机又以武力相威胁，五世达赖只好由拉萨逃往山南。1632年漠北蒙古的一支在其首领却图汗的率领下进入青海。却图汗一家世代信奉噶玛噶举派，他到青海后就和噶玛噶举派取得联系，双方谋求消灭格鲁派。1635年，却图汗派他的儿子阿尔斯兰率万余人到达止贡和后藏的北部，四世班禅和五世达赖的第巴索南绕丹商议，一面重金贿赂阿尔斯兰，一面派人向蒙古和硕特部的首领固始汗求救。阿尔斯兰唯利是图，在重金收买下，转而支持格鲁派，在当雄杀死了与却图汗有联系的噶玛噶举派红帽系六世活佛。噶玛噶举派向却图汗申诉，却图汗派人在1636年处死了阿尔斯兰。

固始汗的和硕特部是厄鲁特蒙古四大部之一（其他三部为准噶尔部、杜尔伯特部和土尔扈特部，这四部都信仰格鲁派），原来游牧于新疆乌鲁木齐、天山南北一带。1637年，固始汗率军进入青海，以少胜多，消灭了却图汗。是年秋天，固始汗带领部分随从，乔装改扮成商人进入拉萨，向班禅和达赖进献礼物和白银，并向班禅求法受戒，同时侦察前后藏的情势。1639年，固始汗又率军进入西康，消灭了康区崇信本教的白利土司顿悦多吉，占据了德格、甘孜、邓柯、白玉、石渠等地。1641年，固始汗从康区进入拉萨，经过七个多月的战争，歼灭了藏巴汗的势力，杀死了丹迥旺波，结束了藏巴汗政权对西藏二十四年的统治。

此后，固始汗把西藏三区百姓献给达赖作为其教民。1642年，以达赖喇嘛驻锡的甘丹颇章宫为名，正式建立了甘丹颇章政权。实际上，此时的西藏地方完全受固始汗统治。因为，"在这个政权内，西藏地方的藏族高级官吏由固始汗任命，其中一个重要的职位是第巴（sde-pa），又称第悉（sde-srid），由固始汗任命达赖的第巴索南饶丹充任。在卫藏地区的行政命令经固始汗盖印发布，第巴亦副署盖印。其次，支持这一政权的军队则全由固始汗掌握"①。同时，固始汗和甘丹颇章政权取得了西藏地方政权以后，"凡是对黄教进行过迫害和摧残的教派及其所属的贵族的土地和农奴，悉被没收，一部分赐给黄教的大小寺院（藏语称为曲谿），一部分赐给拥护黄教或对黄教有过贡献的贵族（格谿），一部分留作政府直接掌管的财产（雄谿）。"②总之，格鲁派在藏族社会上的优势地位得以最终确立。

在格鲁派发展壮大的过程中，有一个人物的作用是值得一书的，这个人物就是扎什伦布寺的寺主、第四世班禅罗桑确吉坚赞（1567—1662）。罗桑确吉坚赞是格鲁派历史上一个十分重要的人物，他生活的

---

① 王森：《西藏佛教发展史略》，第199页。
② 牙含章编著：《达赖喇嘛传》，第31页。

时期实际上是噶玛噶举派和藏巴汗对格鲁派迫害最严重的时期。在这个时期,罗桑确吉坚赞是格鲁派的实际领袖。他设法使藏巴汗同意四世达赖转世,并且联络固始汗,使格鲁派在西藏的发展出现了根本性的转机。1645年,固始汗仿效俺答汗赠给索南嘉措"达赖喇嘛"尊号的前例,赠给罗桑确吉坚赞"班禅博克多"的尊号。"班"是"班智达"的简称;"禅"是藏语"钦波"的简称,意为"大",合起来就是大学者的意思。"博克多"是蒙语,是蒙古人对睿智英武的人物的尊称。罗桑确吉坚赞圆寂后,他的历代转世都被称为"班禅",所以班禅活佛转世系统是从他开始正式确立起来的。但是,他一般被认为是四世班禅,在他前面又追认了三世,其中一世就是宗喀巴的弟子克珠杰。

二、格鲁派的佛学思想

格鲁派的哲学思想主要是由宗喀巴奠定的,而宗喀巴所阐述的则主要是应成中观学。宗喀巴之前,西藏佛教界对中观思想的理解还是存在一定的问题,具体而言就是:"对于性空方面、胜义方面、智慧方面理解的比较好,但对于缘起方面、世俗方面、名言方面的领悟则有很大的偏失。"①面对这种现象,宗喀巴以恢复佛教正统为己任,在充分研读中观空宗经论的基础上,撰写了《菩提道次第广论》等佛学名著,系统地驳斥了西藏佛教界对中观思想的种种谬解,重申了龙树"缘起性空"的思想,从而把藏传佛教中观学理论推向了高峰。

印度佛学的基本精神,是奠定在缘起说的基础上。缘起说在释迦"初转法轮"时就已提出,但在当时是一种十分不彻底的宇宙观,主要以"十二因缘"为主来论证人生的,还没有贯彻到整个世界的万事万物。到龙树时,对早期的缘起论进行了一次全新的诠释和补充,把缘起和性空结合起来。认为二者相互表里,互为因果。事物正因为是因缘和合的产

---

① 班班多杰:《宗喀巴评传》,第149页。

物,所以并没有独立自存的本性;同样,事物也正是由于没有独立自存的本性,所以才能随着因缘的聚散而生起或消亡。龙树的缘起性空主要是针对一切有部的,同时避免了佛教走向"空"的极端。"缘起性空"被宗喀巴称为"龙树菩萨不共之宗",但这一命题在西藏经过数百年的发展,却逐渐被割裂,并走向两极:极端地强调缘起有或极端地强调自性空,前者最终和有宗合流,而后者也有滑向一切虚无的危险。对此,宗喀巴着重强调把二者有机结合在一起,成为不可分割的一个整体。只是宗喀巴重申这一核心的过程,也就是批判摩诃衍"无分别"说和批判清辨"名言有自性(相)"的过程。批判前者是为了维护缘起,批判后者是为了维护性空。在这个问题上,宗喀巴主张"缘起义即性空义",也就是缘起必定意味着性空,而性空也必然是缘起的,这二者一体两面,不可割裂,更不可互为抹杀。

(一)判"无分别"——对缘起说的维护

"无分别"说是吐蕃时代"顿渐之争"中禅宗僧人摩诃衍提出的。关于摩诃衍的观点,在前面吐蕃时代的"顿渐之争"时已有提及,所以这一部分侧重来谈宗喀巴对这一观点的批驳。

宗喀巴在其著作中提到"无分别"说的地方极多,比较集中的有:

> 然由支那和尚堪布,解了空性未达扼要。以是因缘谤方便分,遮止一切作意思惟,损减教法,为莲花戒大阿阇黎善破灭已,抉择胜者所有密意,为恩极重。①

> 又说一切分别是相执故,障碍成佛,弃舍一切观察之修,此为最下邪妄分别,乃是支那和尚堪布之规。②

其他诸如此类的引破之处在宗喀巴的著作中比比皆是,在此不一一

---

① 宗喀巴大师:《菩提道次第广论》,法尊法师译,引自《宗喀巴大师集》第一卷,第32页,北京,民族出版社,2001。
② 《菩提道次第广论》,《宗喀巴大师集》第一卷,第76页。

列举具体内容。

在上面列述的内容中提到的"无分别",就是反对任何区别,主张远离主观、客观的相对分别格局而直观空性。而文中所屡屡提到的"支那堪布",指的就是禅宗僧人摩诃衍。

宗喀巴非常反对"无分别"说,他反对的直接理由来自以下几个方面:

1. 破执以破境为先

宗喀巴大师认为,众生流转生死的根本就在于执着,而大乘佛教所说的"空"就是要破除这种执着。这里的"执着"具体就是指的人我执和法我执。因此,灭掉"我"和"我所",就可以证得法身,而获解脱。与此不同的是摩诃衍认为"一切众生缘无始以来妄想分别,取着妄想善恶法。或长善或长恶,以是因缘流浪生死,出离不得"①。也就是认为妄想分别才是生死的根本。依照宗喀巴的思路,如果破除了对人法自性的执取,也就获得了解脱。而依照摩诃衍,只有破尽妄执分别,才能解脱。所以双方的分歧在第一步时已经赫然显露。接下来双方分歧的第二个关键就在于如何破除这个"执"。宗喀巴大师认为,所有的破除,必须以对破除对象的准确认识为先决条件,否则就会犯所破太宽或太窄的毛病。这大约和击物一样,必须先认清靶子,然后放箭。所以,既要产生"无我"之见,必须先认清楚所"无"之"我"是什么,才能将其一分不多,一分不少地"无"掉。在破执的第一步上,就因为对破除对象的鉴别,而使得"无分别"进一步成为不可能。

如果进一步对宗喀巴和摩诃衍的分歧进行分析,就可以发现问题的实质还集中在破除执着时,是以破心为主还是以破境为主的问题上。因为"分别"是心态的运动,而在人法上所增益的自性则是心所执取的对象,是境。宗喀巴认为妄计分别也是要破除的,但这并不是问题的主要

---

① 戴密微:《吐蕃僧诤记》,耿昇译,第102页,拉萨,西藏人民出版社,2001。

方面,因为他认为:无明所执之境为根本,而妄计分别只是由此引发的支分。

2. 对方便智慧双修法门的维护

智慧方便双修是宗喀巴宗教实践观的一个重要组成部分。

就智慧品来说,宗喀巴对智慧的定义是"谓能无杂简择一切如所有性,尽所有性,即慧故"①。这里面非常重要的两组中心词"简择"和"如所有性,尽所有性"都具有明显的宗喀巴式的个人风格。"简择"乃是一种分别、选择,而此最为禅僧们所忌,因为禅宗是将般若学与心性论结合的产物,讲求的是以无所得心、无分别智证悟诸法实相。而"尽所有性",乃是关于世间万象以及佛教的以假名安立的方便法门,为"缘起"之有;"如所有性"者,乃为万法之实相,也就是"性空"。也就是说宗喀巴所强调的"慧",不仅是一种"空慧",而且还是一种"相慧",即要能了知、分辨认识万法已经缘起的幻相,建立对现象世界的认识。前者又可以被称为"无分别慧",后者又可以被称为"分别慧"或者"方便般若"。

这种对慧的两分法,以及对此两分的同等重视,实际上最早出现于《解深密经》中,另外《地藏经》也将般若分为世间般若和出世间般若。尽管以分别取相也被纳入慧的范围的思想在佛教中业已存在,但对它的不重视甚至反对也存在于佛教内部。如《梵网经》中所云的"尽其所有一切观择,皆是分别,无分别者,即是菩提"。禅宗引发的其实就是这部分内容。这里所要强调的是宗喀巴的"相慧"、"分别慧"不是著相,而只是对幻相的一种了别,也就是"取诸相者,非执谛实,是明了境相"②。

落实到具体内容,宗喀巴认为慧分三种:胜义慧、世俗慧、饶益有情慧。其中胜义慧就是指"简择一切如所有性",即空慧、无我慧。世俗慧、饶益有情慧则指"简择一切尽所有性",前者主要指声明、因明、工巧明、

---

① 《菩提道次第广论》,《宗喀巴大师集》第一卷,第77页。
② 同上书,第338页。

医方明、内明这五明,后者主要指四摄。只有三慧具足,方能使自利利他的大乘精神落实到可操作性层面,而不至于流为空谈。所以,就智慧的定义而言,"无分别"说显然和其中的"简择"及"尽所有性"相冲突。

就方便而言,宗喀巴对其极为重视,他认为其重要性主要体现在"总大小乘非空慧分,用方便分;分二大乘,非就通达甚深空慧,须以方便分别"①。也就是方便不仅成为划分大小二乘的界碑,也成为划分二种大乘——密咒大乘及显教大乘的界碑。方便法门在他的著作中涵盖的内容十分广泛,六波罗蜜多中除了般若波罗蜜多,从静虑波罗蜜多以下,包括静虑波罗蜜多在内的、依世俗谛成立的一切法门,均可摄入方便法门的范围。具体来看,包含所有的佛理、经典、菩提心和菩萨道中的持戒、精进、忍辱等。但"无分别"说摒弃一切思维、分别,以破除心念中的执着为主,显然对外在于心念的诸方便分有所轻视甚至破坏。

具体来看,摩诃衍的"无分别"说首先破坏了佛教的第一个基础环节——业果报应。据《贤者喜宴》记载,摩诃衍认为"凡一切均因思维而生,并以善业恶业而得善趣恶趣之果,此又循环往复。凡事无所思又无所作为,生此念后即可解脱矣!此种见解即凡事无所思也"②。也就是说,行善或者作恶,都在善趣或恶趣之中轮回,并不能出离生死。而宗喀巴"三士道"的第一步就是要深信业果。只有深信业果,才可能产生离恶趋善之心,才可能踏上佛陀所指引的道路。所以业果在《菩提道次第广论》中被定义为"一切白法根本",是信徒迈向佛门的第一步,这是不能被破坏的。宗喀巴认为"无分别"说的要害就是没有分清楚无与无自性、有与有自性的区别,从而认为凡有所许,即为许有自性,因而才会认为一切认识、见解、分别都必须被抛弃。这实际上就堕入了断边。

另外,"无分别"说也危害了布施、戒律赖以存在的基础,这正如前面

---

① 宗喀巴大师:《密宗道次第广论》,法尊法师译,《宗喀巴大师集》第二卷,第35页。
② 巴卧、祖拉陈哇著,黄灏译注:《〈贤者喜宴〉摘译(十一)》,《西藏民族学院学报》,1983年第2期。

所引《贤者喜宴》中说的摩诃衍认为"其施、戒等,为未能修如是了义愚夫而说。若已获得如是了义,更修彼行,如王为农得象求迹"①。但在宗喀巴看来,戒可生定,定可生慧;布施则可以破除对自我一切的迷恋,起到"破我执"的作用。所以,对方便门的破坏,就使得修习佛法宛如鸟折断了一只翅膀,最终肯定是无功而返的。

总的来看,无论是智慧门还是方便门,"无分别"说都不容于宗喀巴大师的主张,因而理所当然地遭到他的批驳。

3. 对止观双修的维护

宗喀巴大师在止观双修这一最重要的佛教实践中,建立许多独特的个人主张。而"无分别"说落实到修行层面以后,依然和宗喀巴的修行观之间存在着矛盾。首先,就修"止"而言,他的一个著名的主张就是"心住所缘",也就是说心要有一个攀援、依附的对象。

心有所缘,自然就要对所缘的对象有所分辨,而且要使心于念念相续中安住于所缘的对象,还必须依凭两种方便法门,即:"一、于根本所缘令心不散,二、于已散未散将散不散如实了知。初即正念,次是正知。"②这里所强调的"知"和"念",顾名思义和摩诃衍所主张的"凡事无思、无分别、无伺察"是有抵牾的,更何况在"知"和"念"前面再加一个"正"字,则更加是一种简择、思辨了。不仅如此,"心住所缘"的"缘",也就是心的攀援对象,并不只有固定的一个,他强调"故成止后,更须修集缘如所有及尽所有妙慧、施心、戒心、忍辱、精进、净信及厌离等无边众善,灭无边失。若惟安住一所缘境者,是未了知修止之义,不能增长广大善行"③。所以用文中之语来讲,就是在修"止"的时候,要以"无边众善"依次作为心依附的对象。因此,"心住所缘"在点上指的是"一境性",但在纵向上则代表着无数的攀援对象,这都有违"无分别"说中不思量、不简择的精神。

---

① 《〈贤者喜宴〉摘译(十一)》,《西藏民族学院学报》,1983年第2期。
② 《菩提道次第广论》,《宗喀巴大师集》第一卷,358页。
③ 同上书,342页。

在修"观"或者说修"慧"时，宗喀巴最为强调的就是"观察修"了。所谓的"观察修"，就是对事物进行观察思维，不仅了达其性空的一面，也要同时洞知其缘起的方方面面。通过观察思维而得到观慧，这种智慧必须与轻安伴随而生，并长久恒住其中。

所以，从宗喀巴的角度来看，"无分别"说落实到修行层面，也是对"观察修"的一个谤坏。

除此而外，毗钵舍那的功德作为果，"见"为其因，也就是正确的见解，是观的前提、正因。观依见而起，慧依观而生，所以见是观察修得以展开的基点。只有依据正见，本着触事而通的原则，对见生起"猛利恒常明了坚固定解等德"①，也就是在时时、处处、事事上都能生起空见，则为观察修。而正确的见解又以清净戒行为本，以闻思为资粮。闻思以及由之而来的正见无疑都是分别，所以宗喀巴在此处又特地提出凡认为分别皆是著相的说法是错误的，为此他还引《解深密经》、《宝云经》、《心经》、《楞伽经》等进行了详细论证。尤为引人注目的是他引莲花戒的《修次后篇》等，明确阐述了观察修就是以分别为性，而分别是产生无分别智之因。

4. 圆融经文

虽然，宗喀巴大师指出了"无分别"说的框架漏洞，并给予了不余遗力的驳斥。但是"无分别"乃为般若类经典的一个基本观点，摩诃衍在"吐蕃僧诤"中也大量引证了这类经典。宗喀巴大师对这一类经文的解释是：

> 其分别者，非说一切分别，是说增益诸法自性之分别。释论云："分别者，谓增益非真自性之义。"又许彼是染污无明，若说凡是"念此为此"，一切分别之境，皆是正理所破者，是全未详细观察。②

---

① 《菩提道次第广论》，《宗喀巴大师集》第一卷，第514页。
② 同上书，第445页。

由此可见,经文中的"分别"都被宗喀巴解释为"增益诸法自性之分别",也就是说宗喀巴认为经文中的"分别"都是指的在自性基础上的分别,所以是一种"邪分别",这种"分别"才是佛经中所要破除的对象。而以空为内涵的"分别",则是一种"善分别",由于其无自性,因而即便是分别,也不会产生对人、法的实执,所以并不会障碍解脱。宗喀巴对"分别"所作的善恶区分,日本学者松本史朗给予了极高的评价,他认为:

> 从今天的感觉来看,这是对"判断"作正确的或者是错误的两种不同认识,这被认为是极具普通的常识;但是,如果考虑到尊重"无分别"、将一切分别看作是恶的"我论"的实在论倾向是大乘佛教中占有绝对支配的地位,那么他这样申明在思想史上确实是具有革命性的大转折。①

按照松本史朗的观点,如果一切分别都被认为是执着,而佛教中的"执"无疑指的是"实执",那么,"无分别"说实际上已经预设了所有的概念都有实质性内容这样一个前提,因而这种学说被称为具有"实在论倾向"。而宗喀巴将"分别"作了善恶的区分,认为以空性为内涵的善的分别是应该得到认可的,这就打破了"无分别"说所预设的前提,将空性回归到"本具中"②,从这个意义上来说,宗喀巴大师的这种区分无疑确实是革命性的大转折,它将大乘佛学的"空"回归到了本来的位置。

这是在"见"位上对"无分别"所作的阐释,那么在"行"位上又如何理解"无分别定"呢?大师认为:"如是成就无分别定,心于所缘不余散者,义为令心于善所缘,成就堪能如欲而住。"③

这里使用了一个关键的字"余",所以"无分别定"并不是心无所缘,不起任何分别,而是指在修习禅定时,心在攀援了一个对象之后,便不再

---

① [日]松本史朗:《宗喀巴中观思想研究》,褚俊杰译,《国外藏学研究译文集》第八辑,第283页,拉萨,西藏人民出版社,1992。
② 此词见多识·洛桑图丹琼排的《佛理精华缘起理赞》,第30页,成都,四川民族出版社,2000。
③ 《菩提道次第广论》,《宗喀巴大师集》第一卷,第342页。

散向别处。通过以上的种种解释,佛教原典中关于"无分别"的思想被顺利地圆融到宗喀巴大师的佛学体系中了。

总的看来,宗喀巴批判"无分别"说,最主要的目的就是为了维护缘起,也就是维护因果、涅槃等佛教基础性理念的安立。这种安立属于缘起的范畴,所以他的安立是一个非实体性的,宗喀巴大师一直强调它们的"能作所作"的作用不能破除,因而缘起有就是作用有。所以在讲事物空的一面的同时还必须看到其有的一面,即"缘起有"。这个"缘起有"是指:第一,事物的假有。也就是说,无自性的事物其由因缘聚合的表象还是存在的,譬如镜中人,水中月,虽不是真正的人和月,但其相是肉眼所能看到的,正因为这种幻现,才使凡夫俗子为外物所牵,有了无尽的欲念,这才有了佛家的苦集灭道。所以否定事物的假有、幻有就否定了佛教理论赖以建立的基础,使其釜底抽薪,丧失存在的必要性,这也就是宗喀巴如此强调这一问题的根本所在。第二,事物的作用是存在的。宗喀巴认为万事万物虽非实有,自性是空的,但它的作用还是存在的。"如瓶、衣等,是缘起,故自性虽空,然能受取蜜水乳糜,及能遮风寒日曝。如是我语,是缘起故,虽无自性,然能善成诸法无性。"[①]这种作用从具体的事物来说,每一事物都有一定的用处,如瓶子能装蜜、乳,衣服能遮风寒。另外,抽象地来说,每一事物都是他事物存在、生灭的条件和因缘。事物这两个方面的作用也是不能否定的。

宗喀巴对"无分别说"批判的目的是符合佛教精神的。佛法的一个原则是"宁可起有见如妙高山,不可起空见如芥子许"。所以,佛教尽管讲空,但同时认为"恶趣空"的危害要远远大于执着"有",而"无分别"说的最主要展开方向就是无执着主义。

(二)对"自性空"的全面贯彻

宗喀巴对"自性空"的贯彻主要是通过破除"我执"和对清辩观点的

---

① 《菩提道次第广论》,《宗喀巴大师集》第一卷,第407页。

澄清进行的。

1. 破"二我执"

"缘起性空"是宗喀巴承继中观学派的根本观点,依照佛家的传统观点,"性空"的"空"就是"我空"与"法空"。宗喀巴延续的是应成派的思路,"空"乃是"破实显空","实"主要指在"人""法"上的实执,所以"破实显空"的逻辑后果就是实现了"人无我"和"法无我"。

如何断除"人我执"呢?宗喀巴在这个问题上继承月称的思路,主要用"七相之理"来破除人我,这个"七相之理"即:

> 破除人我上首正理。《入中论》云:"彼于真实或世间,以七种相皆不成,然由世间无分别,依诸支分而假立。"谓如车与支,于一、异、二俱、能依、所依、积聚、聚形七相寻求皆不可得。然依自支立为假有。补特伽罗亦如是立。①

可见,在这个问题上,宗喀巴完全依据了月称的《入中论》,以车与车的组成部分为例,从我与五蕴(色、受、想、行、识)的"七相",即一、异、二俱、能依、所依、积聚、聚形七个方面着手,探寻我与五蕴的关系,最终透过二者的非一、非异、非二俱、非能依、非所依、非积聚、非聚形的关系,得出并无自性实存之我,我乃是"依蕴假立"也。根据《菩提道次第广论》及《入中论善显密意疏》,具体的论述过程大致是这样的:

如果我与五蕴是统一的,那么,由于蕴本身的特点,则此处有三种过失:我无意义、我应成多个、我应有生灭,这是违理或者与"我"的定义自相矛盾,所以二者非一。

如果我与五蕴是在性质上是完全不同的,则离开色、受、想、行、识,应该有独存的我可见,然而这是不可得的,所以二者非异。

由非一性,排除了二者互相具备即"二俱"的关系;由非异性,又排除了二者的能依和所依的关系;但如果有人设问,认为五蕴积聚在一起就

---

① 《辨了不了义善说藏论》,《宗喀巴大师集》第四卷,第116页。

是"我",宗喀巴则又以车与支为喻,如果支积聚为车,那么,在车未造之前,分散的诸支,比如轮子等中并没有车存在,现在这些零件积聚在一起,也应该没有车子存在,因为这些零件并没有发生改变。或者,拆车后的轮子轴等支分堆积一处,也应该称为车,但实际不是这样的。

至于"非聚形",理解起来稍有难度,前面言到积聚不是车,那对方就会退一步说车的支分所积聚的特殊形状为车,但是这一点也遭到宗喀巴的否定。

宗喀巴依据月称的观点,反驳道:你们(持我空法有之见者)认为假有的诸法,必须要以自性实有之法为所依。但是你们又承认车和车的支分都是假有的,那么,依据假有的支分,积聚成的形状如果被称为车,就不符合你前面的前提。所以,依据自体假有的支分,积聚成的特殊形状,依旧不是车。

这"七相"中,前三相最为重要,是决断其他四相的基础。基于以上分析,宗喀巴最终得出这样一个结论:"是故如车于七种相皆无自性,然依有支假名为车;我与诸蕴一异等性,七中皆无,然由依蕴假名为我"①。

在明白了"人无我"之后,还要进一步明白"法无我",也就是不仅要了知惯常意义上所说的主体没有独立的实体,而且还要了知与之相对的客体也没有独立自存的自我,只有这样,人才能从执着中解脱出来。抉择"法无我"的方式,宗喀巴依旧依顺《入中论》中的"破四生"来说明诸法无自性。龙树的《中论》起首便说:"不生亦不灭,不常亦不断,不一亦不异,不来亦不出",这也就是"八不中道"。"八不中道"的第一个提到的就是"不生"。如果能抉择清楚"不生",依照逻辑,其他的几个问题也可以迎刃而解。"破四生"的目的就是明白诸法的产生"非自非从他,非共非无因",也就是诸法不是自生的,也不是他生的,不是共生的,也不是无因而生的,而是缘生、无自性生。

---

① 《菩提道次第广论》,《宗喀巴大师集》第一卷,第490页。

在"破四生"的过程中,宗喀巴以种子和苗芽的关系为喻。首先,如果诸法从自体中产生,那么种子和苗芽的体性应该是一致的。这样一来,就有两种不合理的现象产生:一、其中的生成关系变得没有意义,因为生和所生是完全一样的,这种重复是无意义的。二、由于种子和苗芽的体性一致,那么这种生成关系可理解为种子的简单自我繁殖,这种生成关系是无穷无尽的。

如果说诸法是从与自己体性完全不同的母体中产生,也就是他生的,则从火焰中也可以产生黑暗;因为既非自生也非他生,所以也不是自、他二性共生的。

如果认为诸法是无因生,"则于一时一处有者,一切时处皆当为有,或全非有"①。具体而言,例如果实是必须待时而成熟的东西,如果承认无因生,则其应该恒常成熟;又如乌鸦应该有孔雀的翎子,孔雀在胎中应该有鹦鹉的羽毛。因为如果承认事物的无因生,就意味着所有事物的产生不需要任何的条件、任何的机缘,这就使得事物的生起没有任何章法可寻。

既然诸法既非自生也非他生,既非共生也非无因生,那到底怎样理解万物的生灭变化呢?宗喀巴得出的结论是:诸法无自性生。虽然在印度,中观师们在"破四生"后也得出这样一个结论,但他们的兴趣显然不仅仅止于此,而是通过对通常意义上四种生成方式的否定,来主要说明因与果关系的不可思议性。宗喀巴在论述过程中,虽然也提到了因果关系,但他有意无意地淡化了这层内容,将注意力全部放在了"无自性生"上。万法从产生伊始,就是因缘和合的产物,并无恒常自在实存的内容,既然万物缘聚而生,自然就缘散而灭,这就使诸法的住、异、灭同样没有自性,"法我执"至此告破。

2. 名言无自性——对自续派的清理

中观派在龙树之后,分成了许多派别。比较重要的有中观自续派和

---

① 《菩提道次第广论》,《宗喀巴大师集》第一卷,第499页。

应成派。

中观自续派和应成派最初和最主要的分歧来自论证的方法的不同,这一分歧在月称和清辩时代就已经彰显出来了。很长一段时间以来,后世的研究者一直沿着这条思路来认识自续派和应成派。但是宗喀巴认为双方的分歧主要在存有论上,因为自续派主张"名言有自相"。

宗喀巴认为自续派和应成派最根本的分歧在于:自续派许名言有自性(有时又称为自相),而应成派则在名言中也破自性。在阐述这个问题时,首先必须指出的是自相和自性从词义的本身来看,并不是指同一个意思。"自相"的梵语:svalakṣaṇa,藏语:rang-gi-mtshan-nyid,都是指独自的个别的体相,与其他诸法不共通的体相。"自性"的梵语为svabāva,藏文为 ngo-bo-nyid,侧重于指自己存在的本质,自己存在的当然是非缘生的。但是,清辩的论著中认为诸法在名言中自相有,也就是以其自相而建立,从这个意义上说,这二者是共通的。所以,宗喀巴所揭示出来的清辩的这层意思有时被说成"名言有自性",有时又被说成"名言有自相",都侧重指诸法不唯假名,而是依自己的体相成立的意思。

另外一个需要指出的是,自续派在存有论上坚持"名言有自性",在清辩时并没有这样明确的说法,月称也没有意识到这一问题。这一观点的提出,完全是宗喀巴大师本人在印度中观学研究上的一个突破,他将隐含在清辩著述中的这一思想发掘出来,并成为宗喀巴以后格鲁派甚至整个藏传佛教界学者所持的正统观点——即在宗喀巴以后,格鲁派的主要人物都认为清辩持"名言有自相"的观点。

在得出了自续派认为名言有自性这样一个结论后,宗喀巴对其进行了批判。宗喀巴用以批判的总原则是:"以缘起因,虽于世俗亦破自相,是为此宗解释圣者意趣特法。"[①]具体落实到操作层面,则是从以下四个方面来破名言中的自相的:

---

① 《辨了不了义善说藏论》,《宗喀巴大师集》第四卷,第116页。

首先，宗喀巴认为"名言有自相"是对根本智（体得究极的真理的智慧，也就是空性之智）的破坏，因为在根本智前，诸法并没有自性可见。但是，按照自续派的观点，诸法在名言中是有自性的，这样一来，诸法原有的自性，在根本智前变为无，根本智成为破坏诸法自性的原因，这是一个错误的结论，所以自续派的这一观点是错误的。

第二，如果诸法于名言有自性，这个自性应该能经得起正理的观察，并且在胜义智前为有所得。也就是因为有这一自性存在，那么用一切皆无自性的正理进行观察时，这个正理由于和自性说相反，所以并不能破坏这一原有的自性，因而这个名言中的自性是经得起正理观察的，在以空性为内容的胜义智前依旧是存在的。但是，自续派也认为从胜义谛的角度来看，一切皆无自性，如此一来，其理论框架存在着内在矛盾。另外，由于自续派认为诸法的存在并不是建立在自性存在的基础之上的（今许诸法非由自性增上而有），由于在胜义中没有自性，所以诸法的存在并不是胜义有。尽管自续派认为诸法是无乱识显现的产物，但是排除了胜义有，所有的存在皆为名言有，这乃是一种缘起有、幻有，并无自性可言，因此，无论是顺推还是倒推，自续派的"名言有自性"都不能成立。

所以，应成派认为，世间安立的一切法，只是一种名言上的安立，并不观察其有无自性，而自续派破坏了这一原则，从而引发了理论的内在矛盾。

第三，名言中有自性，就和中观宗所说的诸法胜义无生这一原则发生了冲突。因为中观宗通过对自生、他生、共生、无因生的破除，得出诸法胜义无生的结论。但是承认诸法有世俗所说的如幻的生、住、异、灭。由于自续派认为名言有自性，这就使得世俗的生为有自性的生，但有自性的生是被破除的，沿着这条线逆推，自性生的前提"名言有自性"就也不能成立了。

第四，如果承认名言有自性，则诸经中所说的诸法自性空都是错误的。为说明这个问题，宗喀巴跟随月称在《入中论自释》中的路径，引用

《大宝积经·迦叶问品》中的一段经文：

> 复次迦叶，正观诸法之中道，非由空性令诸法空，是诸法自空。如是非由无相、无愿、无作、无生、无起，而令诸法无相，乃至无起。是诸法自无相，乃至诸法自无起。①

这段经文最大的一个特点是说诸法的性空是自空、自无相、自无起。如果在名言中承认有自性，但在胜义中为空，违背了"非由空性令诸法空"这条原则，使得事物的空经历了一个由不空到空的过程，这就不是自性空、当体空，而变成了他空了，也就是由他使之为空了。

综上所述，宗喀巴通过对"二我执"的破除以及对自续派名言有自性观点的清理，在所有的领域干净、彻底地破除了有我实执。但是，需要说明的是为了写作方便，将宗喀巴的缘起观与性空观分开阐述，而实际上这二者在他本人的论述中是密不可分的，这也就是他所说的："由缘起因故自性空，故缘起义现为无性空性之义，即是龙猛菩萨不共之宗。"②可见，缘起与性空的关系有两层：一是互为因果，因为缘起，所以自性空，因为自性空，所以万物才得以缘起。二是性空为缘起之物的根本性，二者是一致的、非排他性的。

总之，宗喀巴认为在理解这二者时，一定要分清楚"全无与无自性、有性与有之差别"，以防止堕入断、常二边。如果将空等同于虚空，那么因果也就无处安身，这就堕入断边；如果认为缘起有之法必定有自性，则不能成立因果如幻，这样就会堕入常边。

（三）二谛观

对缘起性空诸法的体认，从真理论的角度，又可以引出二谛说。宗喀巴的二谛观也有极为值得一述的地方。

首先要说明的一点，宗喀巴的二谛观主要依承月称的观点，以理境

---

① 《辨了不了义善说藏论》，《宗喀巴大师集》第四卷，第120页。
② 《菩提道次第广论》，《宗喀巴大师集》第一卷，第405页。

来说二谛,非以言教来说二谛。世俗谛的"世俗",月称在《入中论》中的定义为:

> 痴障性故名世俗,假法由彼现为谛,能仁说名世俗谛,所有假法唯世俗。①

宗喀巴对世俗谛的定义,基本沿袭了月称的观点。痴也就是无明,它可以使心性暗昧,迷于事理,直接结果就是"假法由彼现为谛"。也就是将本来性空如幻的诸法执着为实有自性。所以,世俗就是"增益无明",也是"实执"。"世俗谛"的"谛"字,是真实义。这个真实是相对于名言心、名言量、名言识而言的。那么,世俗谛再进一步讲就是对世俗心来说是真实的东西。

站在世俗的角度,宗喀巴依承月称的观点,将世俗分为正世俗和倒世俗(或者是真世俗和邪世俗两种)。它们的划分依据是显现于"未被现前错乱因缘损坏之明利诸根"前的境相便是正世俗,而显现于"被错乱因缘损坏之有患诸根"前的境相便是倒世俗。这里所说的"错乱因缘"是指在内没有损害诸根的身体病理,如眩翳、黄目以及误食迷药等;在外则没有引起发生错觉的一系列条件,如镜子、人于空谷中唱歌、春季的日光等。因此正世俗就是指青等色法,而倒世俗就是指错乱因缘影响下所产生的空谷回响、影像、毛轮等,后者即便是世俗之人,也知道它们是无实质的、虚妄的,所以称为倒世俗。这里的正、倒不仅包括境,而且包括心。无论怎样,将世俗划分为正、倒,都是站在世间的立场上进行的。那么在类属上,世俗谛又怎样划分呢?月称在《入中论释》中将镜子中的花鸟、山谷中的回音等列为倒世俗,因为那些被无明障性的人也能分辨出它的虚妄不实,所以不会认为它是真实存在的,因而不属于世俗中谛实的事物。除此而外,诸法的实性也就是空性,因为世俗之人的无明,他们也认识不到这一点,因而也不属于世俗中谛实的事物。

---

① 法尊译:《入中论》,第106页,台北,新文丰出版公司,2004。

宗喀巴在这里区分了空无实质之义和自性空之义，认为二者是不同的。谷响、影像等在世俗人眼中的虚妄和不真实，只是指的空无实质，但是由于众生的俱生无明，就谷响、影像这种现象本身而言，它们依旧会被认为是有自性的存在，所以它们仍然属于世俗谛，这个推理过程被宗喀巴分为两步。

第一步：由于影像等也是世俗所见，虽然其空无实质，但是这并不妨碍它成为世俗的认识对象，所以它和青等一样都是色处。从认识论上来说，影像虽为无实质的存在，但是，它依旧是我们眼睛能看到的，所以是"所量境"，在这一点上和没有自性但可以显现的青色等没有区别。第二步：世俗之人的根识已经被无明所损坏，所以看见任何东西，都会涂上一层实有的色彩，从这个意义上来说，"于所见境全无错乱不错乱之差别"，所以影像等依旧属于世俗谛的范围。这也符合"诸佛世尊正知二谛体性，宣说行思与芽等内外一切诸法有二体性：谓世俗谛体与胜义谛体。"[①]

关于世俗谛，月称、宗喀巴非常重视它的安立前提，通过各种方式强调："此由有支所摄染污无明增上之力，安立世俗谛。"[②]也就是说世俗谛是凡夫生命中与生俱来的染污无明所起作用时，对诸法的实执。所以，站在中观圣者的角度，虽然众生将无自性执为自性，但这是无明障覆下的产物，并不是真的存在其所执着的自性，因而，自性在名言中也不存在。在这里，宗喀巴认为一定要分清楚世俗有和世俗谛的区别。例如色声等法，是由于无明的原因，被执为有自性的实法，对于中观师来说，这个自性在名言中也是不存在的。但是色声本身并不是由无明安立的，而是由眼等六识安立的，所以在名言中是存在的。由此，既要坚持名言中诸法如幻的存在，又要反对名言有自相。基于以上原因，宗喀巴所说的世俗谛有两个解释：一个是世俗有，一个是世俗谛实。后者在断尽实执无明的声闻、独觉、菩萨前是

---

① 《入中论善显密意疏》，《宗喀巴大师集》第三卷，第315页。
② 同上书，第324页。

不会再生起的,在他们面前生起的只有"唯世俗",即诸有为法的虚妄。

大体上说,月称、宗喀巴的世谛观就包括这些内容,这些内容又分许多角度和层次,既有世俗的角度也有中观圣者的角度,既有世俗又有世俗谛和世俗谛实等概念,在这种立体交叉阐述框架,使得月称和宗喀巴的世俗谛观呈现了一定的复杂性特色。

至于胜义谛的定义,宗喀巴解释说:

> 此中义谓所知,胜谓第一,二同一事。又胜谓无分别智,彼智之义或境故名胜义。又无分别智现证胜义,顺彼之慧说名胜义。①

"义"一般指境,"胜"指第一。第一义或第一境即指"空"。这个"空"又是无分别智之境,但是无分别智与胜义的关系是"现证",所以又可以说无分别智本身就是胜义。胜义谛的"谛"和世俗谛的"谛"虽同为一字,但意义不同,它"非谛实义,是于见真实义之智前,无欺诳义"。② 所谓的无欺诳义,简而言之,就是事物真实的、本真的存在。观空法师依据宗喀巴的著作,将胜义谛总结为:究竟理智量所缘的境是胜义谛的定义。而空性、真实义、细法无我、实际、法性、法界、真性谛、了义、真谛、无相等,都是胜义谛的异名。③

胜义谛的主要特点有:为一切戏论熄灭之境,所以不能直接显示。月称在《显句论》中对于这一点的说明,使用了一个例证,他说这就像眼睛有眩翳的人,看见了毛发,而无眩翳的人告诉他这些毛发实际是不存在的,但是有眩翳的人并不能如实地了解通达这一点。这里的眩翳,就相当于无明,所以只有永离了无明习气的诸佛,才能现证胜义谛。胜义谛的另外一个特点就是它仍然是认知的对象。

也就是说胜义谛是一切种智的认知对象。但是,在圣智前,一切能

---

① 《菩提道次第广论》,《宗喀巴大师集》第一卷,第450—451页。
② 《入中论善显密意疏》,《宗喀巴大师集》第三卷,第330页。
③ 观空法师:《中观宗二谛略义》,录于《龙树六论》,第572页,北京,民族出版社,2000。

知所知泯灭,胜义谛乃是圣者亲证之量,所以此处的认知对象只具有言诠上的意义,并非正统的认识论意义上的认知对象。

此外,宗喀巴还认为胜义谛为圣智中如所有智所得的境体,本身依旧非自性有。这里的主要原因,宗喀巴引用《菩提心释》中的句子"异于世俗谛,真谛不可得,说俗谛即空,惟空即世俗。离一余亦无,如所作无常",认为真俗同体,二者不即不离,世俗法本性乃空,空性之谛即于世俗法之上安立。

宗喀巴二谛观的一个特点就是他认为二谛的划分是以所知为依据,而不是以能知为依据的,也就是说二谛的划分并不是依据认识主体的不同而产生的,并不是说世俗谛只是凡人的认识对象,胜义谛只是圣者的认识对象。实际情况是:

> 如是说得胜义谛时,以圣人为能得者,意取主要者说,非说具中观见之异生全不能得也。说得世俗谛时以通常异生为能得者,亦意取主要由无明增上,见内外诸世俗法者,非说圣者身中之名言量不能得彼诸法也。①

为了说明这一点,宗喀巴将佛智分为两类:尽所有智和如所有智。尽所有智和如所有智分别对应的是事物的尽所有性和如所有性。而尽所有性指的是从不同的角度着眼,所显现出来的事物的各个方面的特性;如所有性则指事物本来所具有的特性,也就是存在的本性。所以如所有性就是指的事物性空的一面以及胜义的体性,而尽所有性就是指事物缘起的一面以及世俗的体性。宗喀巴认为佛具有二智,能从此两方面认识事物。其中如所有智可以不见世俗所见而体认事物的真实(空),尽所有智则能了达众人所见之相,这二智是同体的、相续不断的。所以说,凡夫眼中的世俗谛,佛也能通过尽所有智察觉到,只是在佛的尽所有智前所呈现的只是世俗而非谛实。

宗喀巴通过自己所阐述的"缘起性空"论,堵塞了在他之前西藏佛教

---

① 《入中论善显密意疏》,《宗喀巴大师集》第三卷,第316页。

各派中存在的漏洞,把藏传佛教思想从哲学上发展为一个完备的体系。宗喀巴"缘起性空"论的主要特点:一是强调空有结合。在宗喀巴的理论中,缘起有与自性空、世俗谛与胜义谛是紧密结合的,只不过他认为缘起有和世俗谛是假有、是幻念,不是终极的真理和终极的追求目标。二是宗喀巴作为一个彻底的无自性论者,在"自性"问题上"于名言微尘亦不许",即:于名言中亦不许诸法自性成立,也就是说语言、概念并没有相应的任何实质性内涵,这与此前藏传佛教界的观点是不同的。三是宗喀巴在论述"缘起性空"的过程中,用大量的篇幅批驳了当时在西藏佛教界占统治地位的非有、非无的思想,使整个藏传佛教哲学思想沿这一主线发展的趋势戛然而止。日本学者松本史朗在《宗喀巴中观思想研究》一文中对此作了高度评价。他说:"在我看来,从龙树开始到宗喀巴为止的中观思想史,除了他们两人外,全都是'离边中观论'的历史,可以说正是宗喀巴的中观思想才彻底逆转、根本推翻这一具有千年以上传统的对中观思想的一般的解释。"①

第二节　明朝政府对藏传佛教的管理

明朝对藏传佛教的管理实际上在某种意义上和明政府对藏族地区的政策是一致的。明朝对藏族地区的政策是在开国之初的洪武、永乐两朝制定的,其精神实质就是"多封众建,尚用僧徒",同时又辅以经济上的手段,加强藏族与内地与边区的经济贸易,也就是"优贡市之利"。

一、多封众建

明太祖朱元璋于1368年定都南京后,就初步制定了对藏族的政策为"因其俗尚,用僧徒化导为善"②。所以,他派遣官员在前后藏广行招徕,宣

---

① [日]松本史朗:《宗喀巴中观思想研究》,褚俊杰译,《国外藏学研究译文集》(第八辑),第289页。
② 张廷玉等撰:《明史》卷三三一,第8572页,北京,中华书局1974。

谕各地僧俗领袖归顺新的王朝。1372年,乌斯藏故元摄帝师喃加巴藏卜遣使朝贡,并随即亲自入朝。明太祖改其摄帝师为"炽盛佛宝国师",赐玉印。喃加巴藏卜向明廷推荐了六十余名故元的藏族官吏,太祖悉授其官职。1374年,八思巴的后人公哥监藏巴藏卜及乌斯藏(又称卫藏,即前后藏)僧答力麻八剌也派遣使臣入朝,请求赐予封号。明太祖赐公哥监藏巴藏卜为圆智妙觉弘教大国师,答力麻八剌为灌顶国师,并赐玉印。同年,佛宝国师喃加巴藏卜再次遣使朝贡,又推举了土官五十八人,太祖皆授以官职。

可以看出,明朝政府从最初就一改元朝专崇萨迦派的做法,对西藏的各种势力(包括各派宗教领袖)广加封赏,其原因就是明朝将防御的重心放在北边,所以不能像元朝那样派兵进驻西藏,故而"刻意维持西藏的地区分裂的局面,并推尊僧人"。① 明朝对僧人的分封情况,在不同的帝王那里,情况是有所不同的。据《明史·西域传》记载,在太祖朝,所封授的国师、大国师也不过四五人。到了成祖时,因为"兼崇其教",所以封授的藏族僧人数量开始大规模增加,除了阐化王等五王和两个法王外,又封了两个西天佛子、九个灌顶国师、十八个灌顶大国师,"其他禅师、僧官不可悉数"。这些分封的西藏僧人及其贡使来往于驿道,已引起朝廷内外的非议。景泰年间,景帝封藏僧沙加为弘慈大善法王,班卓儿藏卜为灌顶大国师。成化年间,宪宗又开始尊崇藏族僧人,所以再次打开封授之门。扎巴坚参、扎实巴、领占竹等因擅长密法,皆被封为法王。法王之下复封西天佛子,而西天佛子之下所封的大国师、国师、禅师则多不胜数。到了明武宗时,因为武宗对藏传佛教情有独钟,他自己学习藏语、穿藏服,诵读藏族佛经,并专门修建了修炼密法的豹房。所以,这一时期是明政府分封藏族僧人的最后一个高峰,那卜坚参及扎巴藏卜被封为法王,领占班丹被封为大庆法王,绰吉我些儿被封为大德法王,那卜领占及绰即罗竹被封为西天佛子。到明世宗

---

① 藏族简史编写组:《藏族简史》,第145页,拉萨,西藏人民出版社,1985。

时,因为他崇尚道教,明政府对藏族僧人的封授基本上就停下来了。[①] 明朝虽然分封了不少的法王和大国师等,但在西藏地区依照各派势力分封的、最重要的宗教领袖主要有三大法王和五王。这些法王和王封号可以世袭,并可以按期进贡。但即便是地位最尊崇的法王也没有任命下一级僧官的权利,法王以下的各级僧官都由朝廷任免。

三大法王有:大宝法王、大乘法王、大慈法王。

一、大宝法王。大宝法王即噶玛噶举派黑帽系五世活佛得银协巴,《明史》称其为哈立麻,但哈立麻实际上是明朝对噶玛派僧人的一个通称,在得银协巴去世后,继任的大宝法王还是被称为哈立麻。明成祖还为藩王时,就已经听说他道行卓异,所以在永乐元年即位之初,就派司礼监少监候显等前去召请。得银协巴先派人入朝进贡,自己随即又亲自前往。他于1406年抵达南京,明成祖对其恩宠非常,赏赐了金百两,银千两,钞两万贯,还有彩币等其他大量物品。1407年,得银协巴在灵谷寺建普度大斋,为太祖夫妇荐福,"卿云、甘露、青鸟、白象之属,连日毕现。帝大悦,侍臣多献赋颂"[②]。事毕,成祖又依前例赏赐得银协巴大量金银钞币。同年3月,封其为"万行具足十方最胜圆觉妙智慧善普应佑国演教如来大宝法王西天大善自在佛"(简称"大宝法王"),领天下释教,并赏赐印、诰及金银、钞币、织金珠袈裟、金银器皿、鞍马。同时,加封其弟子孛隆逋瓦桑儿加领真为灌顶圆修净慧大国师,高日瓦领禅伯为灌顶通悟弘济大国师,果栾罗葛罗监藏巴里藏卜为灌顶弘智净戒大国师。8月,得银协巴在五台山建大斋,资荐新故去的皇后,之后成祖又赏赐他白金千两以及锦缎等物。前面的三位国师因为和得银协巴一起参加了仁孝皇后的超度法事,成祖对他们赐印、诰,并先后赏赐了大量的银、钞、彩币等物。1408年,得银协巴辞归西藏,成祖又派中官护送。大宝法王是元世

[①] 详见《明史》卷三三一,第8577—8578页。
[②] 《明史》卷三三〇,第8573页。

祖封加给八思巴的尊号,在藏族僧人心目中,此封号代表着无上的荣光。在明朝所封的三大法王中,对大宝法王的礼数也最为隆重,在大乘法王和大慈法王之上,其原因是和噶玛噶举派密切相关,当时的噶玛噶举派在前藏有一定的基础,在康区有较大影响,并且他们和当时前后藏地方最大统治者阐化王、康区的馆觉护教王斡即南喀等人都保持着一定的关系,他的影响,远在大乘、大慈二法王之上。自从得银协巴被封为大宝法王之后,这个称号也被噶玛噶举派黑帽系历代活佛所承袭,终明之世,他们都奉贡不绝。

1471年,第七世噶玛巴却扎嘉措遣使进贡佛像,明宪宗特意下诏褒奖。诏书中称:"你等世代居住西土,顺合天意,恭敬朝廷,谨守职司,献纳贡品,历时已久,今更勤谨。此次复遣使者来,贡献方物,如是忠顺之心,殊堪嘉奖。今值使者返回,赏赐你等绸缎等物,以表朕回报之意,使到之日,可自领受。"①

在历辈噶玛噶举派的活佛中,被明武宗大动干戈地加以迎取、并在当时引起轩然大波的就是第八世弥觉多吉(mi-bskyod-rdo-rje,1507—1554)。这在《明史》、《明实录》、《贤者喜宴》中都有记载。这件事的起因是"帝惑近习言,谓乌斯藏僧有能知三生者,国人称之为活佛,欣然欲见之"②。于是明武宗就派宦官刘允前往迎接,这次迎请的规模、所花费的资财,在明朝历史上可以说是空前的。《明实录》正德十年(1515)十一月己酉条记载,其"以珠琲为幡幢,黄金为七供,赐法王金印、袈裟及其徒馈赐以巨万计,内库黄金为之一匮"。其迎请往返以十年为限。刘允还携带大量的盐、茶入藏,武宗特批他常芦现盐一万引(折合盐至少一百万斤)、两淮正课盐六万引(折合盐至少六百万斤),在路途上变卖作为资费。所以,刘允本人还没有出发,运送盐茶的人马已经绵延相续至临清,导致漕运船只

---

① 恰百·次旦平措等:《西藏通史》(上),陈庆英等译,第495页,拉萨,西藏古籍出版社,1996。
② 《明史》卷三三一,第8574页。

为之阻隔。进入峡江,大船难以前进,换为小船,前后相连二百里。这支迎请的队伍到达成都后,又开始大量的准备入藏的物料,价值为白银二十万两,后来在当地官员的力争之下,减至十三万。刘允在成都准备了一年左右时间,后带领四川指挥、千户十人,军士千余人,浩浩荡荡地走了两个多月,到达西藏。藏文史料《贤者喜宴》对这个庞大的使团也有详细的描述。

但是,被迎请的弥觉多吉却不愿意入京。花费朝廷这么多的钱财,最终空手而归,势必难以回复皇命,也许就是在这种心理作用下,刘允便想强抢弥觉多吉入京。结果,弥觉多吉藏了起来,刘允的财物也被"不知名者"所抢夺,两个将校、数百名士卒死于非命,伤者过半。刘允返回时,武宗已死,世宗将其下狱治罪。

明武宗的这次迎请活动,遭到朝廷许多大臣如大学士梁储、监察御史徐文华、礼部尚书毛纪等极力反对,但武宗一意孤行,终致劳民伤财,一无所获。

二、大乘法王。大乘法王为萨迦派僧人贡噶札西坚赞贝桑波(kun-dgav-bkra-shis,1349—1425),他是元朝帝师贡噶坚赞的孙子,拉康拉章世系的第三代传人,汉文史料中写做昆泽思巴。贡噶札西坚赞出生于萨迦,十六岁剃度出家,广学萨迦派各个传承的教法。1410年,成祖派使臣前去西藏迎请他。1413年,他先遣人进贡舍利、佛像等物,随即以六十多岁的高龄来到南京。成祖对他也是颇有赏赐,并封他为"万行圆融妙法最胜真如慧智弘慈广济护国演教正觉大乘法王西天上善金刚普应大光明佛"(简称"大乘法王"),领天下释教,并赐印诰、袈裟、幡幢、鞍马等物,礼节亚于大宝法王。《萨迦世系史》中详细地记载了贡噶坚赞在南京和北京的活动:

> 蛇年二月,来到大宫殿南台即南京之地,觐见皇帝大法王,并为之讲授诸多佛法,大皇帝复又产生信仰,毛发耸动,请求给予深奥之密宗甚深道灌顶。大师首先传给吉祥喜金刚坛城深奥成熟灌顶,大

黑护法神加持等诸多深奥之法,使其如愿以偿。此后,用船只从水站驿路迎至大都宫中,新建名叫法坪寺的一座大寺院,作为暂时驻锡之所。大皇帝还像以前给孤独长者供养释迦牟尼那样对法主恭敬服侍,把他奉为所有福田中最尊胜者。①

1414年,贡噶札西坚赞辞归西藏,成祖又赐其印章、佛像、佛经、法器、衣服等物,并命中官护送。回藏的次年,他就遣使进贡。1417年,成祖还派遣中官乔来喜带着佛像、佛经、金银法器、彩币等物专门前往乌斯藏,专赐大乘法王。1419年,成祖派中官杨三保又携带佛像等物去西藏赏赐给大乘法王、阐化王等人,足见对其的恩宠。1425年,贡噶札西坚赞去世后,在《明实录》中的1426年的三月和十月,还有他派遣的使者入朝进贡的记载,这是他在去世前派出的最后一批使者。此后出现在《明实录》中的大乘法王除了完卜、陆竹坚参巴藏卜(洛竹坚参巴藏卜)、完卜锁南坚参巴尔藏卜之外,全部都不记名字,即便是所记的这些名字,从拉康拉章世系中也找不到相对应的人物。但是无论怎样,大乘法王直到1611年还有进贡的记录。

三、大慈法王。大慈法王是格鲁派宗喀巴的弟子释迦也失(shākya-ye-shes,1354—1435),他也是宗喀巴最重要的弟子之一。宗喀巴社会声望的不断提高,也引起了明中央政府的注意。1408年,永乐帝就派使者携带诏书邀请宗喀巴进京,此时宗喀巴正在筹备拉萨祈愿大法会的事宜,因而以自己不适宜和人群接触,一经接触便生重病为由推脱掉了。1413年,永乐帝再次派遣使者召请宗喀巴入京,这次宗喀巴派遣释迦也失作为自己的代表前往。释迦也失到达南京以后,明朝对其"礼亚大乘法王",第二年封其为"妙觉圆通慈慧普应辅国显教灌顶弘善西天佛子大国师",赐予印诰。1416年辞归西藏,成祖赐其佛经、佛像、法仗、金银器

---

① 《萨迦世系史》,第225页。

皿等物,并且"御制赞词赐之"。① 释迦也失返回西藏后,用明朝赏赐的财物以及内邬宗宗本南喀桑布捐助的钱财修建了色拉寺。1419年,成祖派遣中官杨三保到西藏进行赏赐时,释迦也失也名列其中。1434年,宣宗册封其为"万行妙明真如上胜清净般若弘照普慧辅国显教至善大慈法王西天正觉如来自在大圆通佛"(简称"大慈法王")。释迦也失去世后,大慈法王的封号并没有继承下去。大慈法王一代而终,这和大宝法王及大乘法王是不同的,反而和其他明朝封授的法王的情况比较相似。所以,日本学者佐藤常认为:看来宣宗对绛钦(释迦也失)授予"法王"同景泰中对沙加(即萨嘉)授予"大善法王",正德中对绰吉我些儿授予"大德法王"没有很大的不同。宗喀巴死后的黄教,其势力还没有发展到与噶玛噶举、萨嘉派受同等待遇的程度。②

除了这三大法王外,明初在藏族地区一共封了五个王,其中,赞善王管辖甘青藏区,护教王管辖原西康地区,阐化王、阐教王、辅教王则均在今前后藏。

一、阐化王。阐化王是帕竹噶举的扎巴坚赞(gtags-pa-rgyal-mtshan,1374—1432),《明史》中称其为吉剌思巴监藏巴藏卜。帕竹政权在元末就已经是前后藏辖区最广的地方政权了。实际上,明朝分封帕竹噶举派的僧人远在扎巴坚赞之前。帕竹政权的开创者和第一任执政者是大司徒绛曲坚赞,绛曲坚赞的继承人是他的侄子释迦坚赞(shākya rgyal-mtshan,1340—1373),1365年元顺帝封其为灌顶国师。入明以后,1372年,朱元璋就下令章阳释迦坚赞(《明史》对其的称谓)仍袭"灌顶国师"名号,并遣使前去乌斯藏赐玉印及彩币。这个年代实际上比封故元摄帝师为炽盛佛宝国师还早一年,应该是明朝封授藏族僧人最早的记录了,这可以看出明朝对当时西藏最大的地方政权的统治者的重视程

---

① 《明史》卷三三一,第8577页。
② [日]佐藤长:《明代西藏八大教王考》(上),邓锐龄译,《西藏民族学院学报》,1987年第8期。

度。继大司徒绛曲坚赞后,第五任执政者就是扎巴坚赞。1406年,明成祖派使者携带诏书到西藏赐其为灌顶国师阐化王,赐螭纽王印、诰命,还赐其白金五百两、绮衣、茶叶等物不等,这些赏赐实际上比首次赏给大乘法王和大慈法王的东西还要多,这再一次体现了明朝政府对阐化王的重视。扎巴坚赞和阐教王、护教王、赞善王等一起修复了西藏通往中央的驿站,并且因为不断遣使进贡,明朝先后派中官杨三保、戴兴、侯显等专门给予赏赐。

扎巴坚赞的弟弟桑结坚赞(sangs-rgyas-rgyal-mtshan)生有二子:扎巴迥乃(grags-pa-vbyung-gnas)和衮噶雷(kun-dgav-legs)。扎巴坚赞死后,桑结坚赞和儿子扎巴迥乃争夺王位,但桑结坚赞因处事不当,引起骚乱。所以,1440年,扎巴迥乃(《明实录》上称为吉剌思巴永耐监藏巴藏卜)继承这一职位,明政府派遣20人的使团前往西藏敕封。扎巴迥乃死后,1446年他的父亲以俗人的身份"借袭"阐化王。1469年桑结坚赞死后,他的小儿子衮噶雷又继承了这一位置。明朝封授的西藏高僧的贡使很多飞扬跋扈,广行不法之事,而明政府也多纵容之,阐化王的贡使也不例外。扎巴坚赞时,"其贡使曾殴杀驿官之子,帝以其无知,遣还,敕王整饬而已"。阐化王在弘治八年(1495)遣僧进贡,"还至扬州广陵驿,遇大乘法王贡使,相与杀牲纵酒,三日不去。见他使舟至,则以石投之,不容近陆。知府唐恺诣驿呼其舟子戒之,诸僧徒持兵仗呼噪拥而入。恺走避,隶卒力格斗乃免,为所伤者甚众。事闻,命治通事及伴随者罪,遣人谕王令自治其使者"①。

衮噶雷死后,据日本学者佐藤长的考证,这一支绝嗣,继位的是扎巴迥乃的儿子阿吉汪束(ngag-gi-dbang-phyug)。但明政府派人前去敕封他时,因为路途遥远,到时他已经死了,他的儿子阿往扎失扎巴坚参巴班藏卜想要受封,使者不得已而封之。使臣返回后,以"擅封之罪"被充军。

---

① 《明史》卷三三一,第8580、8581页。

1512年,明朝才正式封其为阐化王。1563年,朝廷又敕封了阐化王,但史料中并没有其姓名的记载。1579年,明朝还敕封了新的阐化王,但根据《明实录》的资料,这个名叫札释藏卜的所谓的阐化王的长子,显然是冒充的。他死后,其子又袭为阐化王。无论怎样,终明之世,阐化王一直和明中央保持着密切的关系。

二、阐教王。阐教王为止贡噶举派僧人,《明史》上称其为"必力工瓦僧","必力工瓦"就是"止贡哇"在当时的读音。他的本名为却杰·仁钦白桑(《明史》写作领真巴儿吉监藏),1413年成祖封其为阐教王。阐教王的实力不如阐化王,但他管理着拉萨东北部墨竹工卡一代,明朝对他的扶植,实际上就是在前藏扶植一个牵制帕竹的势力。1430年,却杰·仁钦白桑长子仁钦朗杰(《明史》写做绰儿加监巴领占)袭爵。1469年,仁钦朗杰的弟弟仁钦白季桑布(《明史》写作领占坚参叭儿藏卜)袭王爵。宪宗特意颁布敕书,要求他"益坚乃心,益懋乃行,忠事朝廷,恪修职贡,广扬佛教,化导群迷,俾尔一方之人,咸起为善之心,永享太平之福,庶克振尔宗风,亦不负朝廷宠命,尔惟敬哉。"①。1518年,再次敕封阐教王,汉文史料没有记载具体的姓名,但也应该是仁钦白季桑布的儿子或孙子。此后的阐教王难以详考其姓名,但直到明末的1621年,实录中还有其进贡的记载。

三、辅教王。1413年,成祖封南渴烈思巴为辅教王。《明史》上说他是"思达藏"僧,一般认为此地就是达仓,在萨迦以西。南渴烈思巴在《萨迦世系史》中写做南喀勒巴坚赞(nam-mkhav-legs-pavi-rgyal-mtshan),他是萨迦派都却拉章的后人。《萨迦世系史》中说他"到16岁时(1415),不用努力争取,即得到大明皇帝册封与大慈法王同样的'辅教王'之名号,并赐金册、金印等诸多赏赐之物。皇帝还颁发令其管领西藏之诏书。据说还得到了每次一百人入贡的诏书等等"②。1456年,其子南喀坚赞

---

① 《元以来西藏地方与中央政府关系档案史料汇编》(1),第137页,北京,中国藏学出版社,1994。
② 《萨迦世系史》,第248页。

贝桑波袭父位,"皇帝还将册封其父的所有王之称号、印信、敕文、金饰、王之俗装等物封赐给他,并一件未少地运到了萨迦寺。"①1469年,南喀坚赞贝桑波的儿子南喀扎西坚赞贝桑波(《明实录》写做南葛札失坚参叭藏卜)承袭阐化王的位置。一直到1611年左右,汉文都有辅教王进贡的记录,但在南喀扎西坚赞贝桑波之后的辅教王的传承体系则在汉藏史料里无从考证了。萨迦派的四个拉章中的三个先后绝嗣,只有辅教王所在的都却拉章一直延续下来。

四、护教王。《明史》中说:"护教王者,名宗巴斡即南哥巴藏卜,馆觉僧也。"②馆觉即今天西藏昌都东南贡觉县,至于护教王属于哪一个教派还没有统一的认识。③ 1406年,他派遣使者进贡,他本人由此被封为馆觉灌顶国师。次年,他遣使入朝谢恩,被封为护教王,赐金印。1414年,宗巴斡即南哥巴藏卜死后,以其侄斡些儿吉刺思巴藏卜袭封护教王。《明史》中记载在斡些儿吉刺思巴藏卜死后,因为他无嗣,所以护教王王爵的传承也就断了。但这个记载显然有误,《明实录》中一直持续有护教王进贡的记录,直至1618年。

五、赞善王。《明史》中称其为"灵藏僧也。其地在四川徼外,视乌斯藏为近"。④ 灵藏在西康,当地人又叫作"林丛"或"林葱"。赞善王名为著思巴儿监藏,1406年,遣使进贡被封为灌顶国师。次年,加封赞善王。1425年,著思巴儿监藏死,他的侄子喃葛监藏袭王位。1440年,喃葛监藏奏称年老,请求朝廷让他的长子班丹监措承袭王位,但被英宗拒绝,朝廷只是将他的儿子封为都指挥使。1445年,才封班丹监措为赞善王。1467年,塔儿巴坚粲袭封。1482年,喃葛坚粲巴藏卜袭封。1503年,他死后,朝廷又命其弟端竹坚昝袭封。端竹坚昝后,1543年,他的侄子端岳

---

① 《萨迦世系史》,第249页。
② 《明史》卷三三一,第8583页。
③ 王森在《西藏佛教发展史略》中认为他可能和噶玛噶举派有较深的关系;[日]佐藤长在《明代西藏八大教王考》中认为他属于萨迦派。
④ 《明史》卷三三一,第8582页。

坚昝袭封。

在明朝分封的西藏僧人中,三大法王是按照教派分封的,地位很尊贵,但因各个教派分布地区和寺院犬牙交错,加之教派的领袖一般都以游学讲经为己任,所以,《明史》中说他们"以游僧不常厥居"。而五大王的分封则凸现的是地域原则,所以《明史》中对他们所属的地域都标注得很明确,因此,五王实际上是西藏具有政教合一性质的一个个小的地方政权(当然阐化王有所不同)。这样,对明朝政府来说,在整个的西藏的治理和统治方面,五王的重要性反倒要大于三法王。

明代的"多封众建"政策,一方面适应了当时藏族地区政治力量分散、各派独具一方的特点。另一方面也扩大了中央政府和藏族上层的接触面,使更多的教派、僧侣能直接上达龙庭,更大幅面地加大了西藏和中央政府的联系,加强了西藏各界的内向力。事实证明,明朝的这一治藏政策也是行之有效的。在明代近三百年的历史中,除了甘南的洮州及川西的松州发生过两次动乱外,整个藏族地区对中央保持着正常的隶属关系。

二、优贡市之利

明代藏族地区与中央王朝之间保持了政治上的隶属关系,表现在明朝设立了管理西藏的行政机构,确立了僧俗官吏任免、高僧封授需经中央批准授权的政治原则。与政治上的措施相配套,明朝越来越重视通过经济上的联系密切西藏与中央的关系,即利用藏汉经济的强烈互补性,以多种形式的经济行为强化政治上的隶属关系。因此,西藏与内地政治关系的密切和经济关系的制度化、常态化是有明一代中央治藏方略的重要特征。西藏的僧俗首领在获得中央政府政治上笼络和支持的同时,也在经济上取得了不小的收益,于是趋利而动,竞相入朝,从而使得明代藏汉经济交流呈现了前所未有的繁荣局面。

朝贡是边疆地方向中央以贡方物的形式表明隶属关系的政治行为,

而这一行为本身除了得到中央政府政治上的肯定和鼓励之外,还以回赐的方式将远远超过贡物价值的物品给予朝贡者。这样,除了政治上的因素外,朝贡成了一项获利丰厚的特殊贸易形式。朝贡者以政治上的忠诚换取物质上的回报,对朝贡者而言自然趋之若鹜。

藏族僧俗首领的朝贡行为始于明朝建立之初,但是最终形成制度化的朝贡体制却要到成化年间。早在洪武五年(1372)前元摄帝师喃加巴藏卜成为乌思藏首批向明朝进贡的宗教首领。次年,帕竹第悉章阳沙加(释迦坚赞)便迅速跟进,派遣属官锁南藏卜向明朝进献佛像、佛书、舍利,以此开始了藏族上层僧侣贵族朝贡明廷的滥觞。《明会典》载:"西番,古吐蕃地。元时为郡县,洪武初因其旧职。于是乌思藏番僧有阐教王、阐化王、辅教王、赞善王统化番民,又有护教王、大乘法王、大宝法王凡七王,俱赐银印,令比岁或间岁朝贡。"①初步确立了藏族朝贡的制度。但在明朝前期,朝贡的时间并未严格限定,具有一定程度的弹性。如《明史·西域传》载"初,入贡无定期,自永乐迄正统,或间岁一来,或一岁再至"②。明初国力强盛,统治者鼓励远人来朝,不仅回赐物品十分丰富,而且往返所需交通工具也由朝廷供给。同时,进贡者贩运一定数量的"食茶",成为得到政府许可的私人贸易,经济利益自然极具诱惑力。具体而言,藏僧进贡朝廷的物品多属舍利、佛像、氆氇、犀角等物,以及中小羸弱之马,从明廷得到的则是绢帛、衣物、钱钞和大量茶叶。即便如此,西藏政治上的恭顺态度仍然得到了朝廷的高度青睐,这是中央厚赐藏使的主要原因。史称"各夷年例进贡,惟西番人数甚众,其赏赐甚厚"③。表现在具体的赏赐数额的规定中有"西番乌思藏:洪武、永乐以来,给赐不等。复定剌嘛僧人等,从四川起送来者,到京每人彩段一表里,纻丝衣一套,俱本色……俱赏钞五十锭,折靴袜钞五十锭,食茶六十斤。从洮、河州起

---

① 李东阳等撰,申时行等重修:《大明会典》卷一八〇,第 1611 页,扬州,广陵书社影印本,2007。
②《明史》卷三三一,第 8582 页。
③《明神宗实录》卷 81,第 1726 页,台北,"中央研究院"历史语言研究所影印本,1962。

送来者,到京每人折衣彩段一表里,纻丝并绫帖里衣二件……俱食茶五十斤,靴袜钞五十锭"。"进过给军中等马,每匹纻丝一匹,钞三百锭。"①至于允许使团成员私人贩运茶叶的规定和实际上对私贩茶叶限制的突破更成为藏僧纷纷入贡的主要诱因。原本明廷规定过贡使返回时携带茶叶的数量,如正统间"其回日所带出关食茶,人止许二百斤。"②后来又一再下调这个数字。尽管随着入朝藏僧使团的频率日渐密集,规模日渐庞大,人数日渐众多,导致明廷不得不减少允许茶叶私人贩卖的数量,但事实上,上述规定也并没有得到严格的执行。朝贡使团经常以皇帝特许,特事特办的方式突破相关规定,采买大量茶叶,或通过制度执行中的弹性想方设法突破有关限制,来获得尽可能多的茶叶行销西藏。如正统四年(1439)"行在礼部奏:番僧温卜什夏坚藏来朝,欲买茶六千斤带回,已有明禁,未敢擅许。上以番僧僻处远方……宜令减半。"③成化年间,大悟法王札巴坚参自货茶二万七百斤。正德年间,番僧使团获赐茶六万斤的同时,携带私茶竟多至六倍,于是出境每次有数十万斤之多。朝贡名义下的经济利益刺激了西藏喇嘛、商人假借朝贡之名涌入内地,人数呈持续上升之势。"宣德、正统间,番僧入贡不过三四十人。景泰间起数渐多,然亦不过二百人。天顺间遂至二三千人。"④嘉靖十六年(1537)辅教、阐教、大乘各王、长河西、鱼通、宁远等处宣慰使司的贡使共达四千七百余人,当然其中不乏假借滥冒之辈。

虽然藏族朝贡使团的入贡行为加重了朝廷的财政负担。但是,毋庸置疑,明代规模空前的朝贡贸易对于西藏交通路线的利用,特别是对僧俗上层人士的传统经济思想的影响作用必然十分巨大。对于大量来自祖国内地的物品(主要是茶叶),僧俗首领们除了自己消费之外,其主要

---

① 《大明会典》卷一一二,第1656页。
② 《明英宗实录》卷九七,第1943页。
③ 《明英宗实录》卷五五,第1056—1057页。台北,"中央研究院"历史语言研究所影印本,1962。
④ 《明宪宗实录》卷二一,第420—421页。

部分必然用于西藏内部的茶叶贸易,以图获取更多的销售利润。应当看到明代西藏经济的发展与内地贸易之间存在着必然的、直接的联系。自然,僧侣集团通过贸易方式得到了大量财物,拥有越来越雄厚的经济力量,从而直接或间接促进了西藏佛教寺院建设的快速发展,也壮大了寺院经济的实力。由于西藏政教合一制的不断完善,遂使得寺院经济实力进一步膨胀,为宗教集团更多、更深地控制和影响西藏地方政治打下了物质基础。反过来看,上层僧侣利用自己有利的政治经济地位又能拥有更多的经济利益。在某种程度上形成的这种政治经济互动关系在强化宗教集团在西藏地方统治的同时,更为汉藏两民族的和平友好往来、共同发展,创造出长期有效、稳定发展的经济交流机制,密切了中央和地方的政治隶属关系,其意义和影响不可低估。

第六章　晚明佛教四大师

隆庆年间,明代社会政治开始进入晚明时期。

晚明佛教的全面复兴,其高潮主要出现在万历时期(1573—1620)。因此,在特定意义上,晚明佛教可以说就是"万历佛教"。但任何文化思潮的复兴都有其自身产生、发展、演变的过程。从表现形式上看,晚明佛教既是一种社会现象,更是一种具有鲜明特性的宗教文化思潮。如此具有综合性的社会、文化、思潮现象,在时间跨度上,显然不可简单地仅局限于一朝一代。只是从叙述方便考虑,可以进行必要的相对简化处理。有鉴于此,一些学者把晚明佛教的时间跨度,其上限追溯到16世纪初,其下限则延续到清代初期。事实上,几乎所有活跃于万历时期的佛教僧人,都出生于嘉靖年间(1522—1566),而其他出生于万历年间的僧人,其活动则多仅在清初时期开始活跃。因此,晚明佛教更可以从社会文化思潮的整体角度去认识、理解和把握,而不必限定于具体的时间和特定的人物。不过,人们通常所说的"晚明佛教复兴",仍然反映了这一时期的历史事实,仍然有其明确的时代性标志。显然,这个标志就集中表现于云栖袾宏、紫柏真可、憨山德清和蕅益智旭这四位晚明"佛门大师"的出现。①

　　从一个广阔的考察视野来看,晚明佛教的全面复兴,首先需要梳理的就是这一时期佛教界展现其综合力量的推展过程及其内在和外在的相关活动。因此,既要辨析佛教寺院的恢复与兴建、佛教诸宗的内在关系、僧人活动范围的普遍扩大、社会力量对佛教活动的不同关注等因素的作用与影响,同时更要讨论佛教与整个晚明思潮之间的复杂关系。这些思潮主要包括王阳明所开创的良知心学思潮,由种种宝卷和善书所构成的新教派思潮,天主教东渐的异域宗教思想,特别是最为重要的儒、释、道三教融合思潮。晚明佛教的全面复兴,正是受到了这些思潮现象的综合刺激,以及作出积极回应的现实反映。在此过程中,人们首先看到的正是晚明时期四位佛教大师的活动及其影响。这是晚明佛教复兴现象的最独特之处。

　　云栖祩宏与紫柏真可、憨山德清,被并尊为"万历佛教三大师",在当时僧俗两界称列为佛教"龙象"人物,以标识其独特的教内外影响力。万历佛教三大高僧,在个人修学与弘法风格上,不仅有个性差异,且别具魅力,从而导致时人及后世对他们的不同评价。如紫柏与德清的性情和遭遇具有相似性,时人的异议也较为复杂。而祩宏与智旭则因其出儒入佛的共同选择,亦使人们愿意将他们并列比较。② 当时杭州名士虞淳熙(字长孺,号德园,卒于1621年),尝评价三位高僧的弘法性格称:"紫柏猛士,莲池慈姥,憨山大侠耳。"③紫柏真可之猛烈、云栖莲池之慈蔼、憨山德清之侠义,这些评析从特定的侧面呈现出这三位大师各自不同的思想特点和弘法风格。

---

① 清代彭际清撰有《四大师传》,评述了晚明紫柏、德清、祩宏、智旭四大高僧生平行历及其佛学成就。此作收于《一行居集》卷六,这似乎是始称晚明佛教"四大师"的最早文献之一。
② 智旭尝以嗣德而不嗣法的态度,表示自己私淑云栖祩宏之愿,参见《灵峰宗论》卷一之一《阅律礼忏别疏》、卷九之三《云栖和尚莲大师像赞三首》等,《蕅益大师全集》第6册,福建莆田广化寺影印本(下同),第78页、第1392页。
③ 虞淳熙:《东游集序》,《虞德园先生集》卷五,《四库禁毁书丛刊》集部第43册,第216页上。

第一节 云栖袾宏(1535—1615)

一、生平与著述

袾宏①,字佛慧,别号莲池,浙江杭州仁和人,俗姓沈。父沈德鉴(1491—1561),字用昭,号明斋先生,以经商为业。生母周氏(1491—1565)。十七岁,补邑庠,试屡冠诸生,以学行重一时。二十岁,娶妻张氏。然怀出世之志,常书"生死事大"四字置于案头,自署为"莲池居士",故人称沈莲池。平常戒杀生,祭祀必素。此后数年,沈莲池屡遭不幸。先子祖植殇,稍后妻张氏亡,继之父丧、母丧。短短数年间,连丧四位亲人。其后,莲池虽纳汤氏为妾,却无意于夫妇之道,益坚其长往之志。

嘉靖四十五年(1566),莲池作"一笔勾"词,辞别汤氏。其词最后句称,"一世交情数句言,从与不从君自决"②。离家后,先投礼五台山南下杭州挂单修行的性天文理和尚剃度,继往昭庆寺无尘玉律师,受具足戒,成为一位比丘僧。时年,莲池三十二岁。不久,汤氏亦出家为比丘尼,法名"袾锦",后为孝义庵主。③ 至此,莲池彻底完成了从不知三宝到皈依三宝、从不信因果到深信因果的人生转变。④

此后,莲池即单瓢只杖,游历诸方,遍参知识。其行迹所至,北游五台,感文殊放光。至伏牛,随众炼魔,专注于禅修。后入京师,参谒辩融

---

① 有关袾宏的传记文献,主要参见德清的《古杭云栖莲池大师塔铭》(撰于1617年)、吴应宾的《莲宗八祖杭州古云栖寺中兴尊宿莲池大师塔铭并序》,其弟子广润的《云栖本师行略》等,三文皆收于《云栖法汇》。此外,尚有虞淳熙的《云栖莲池祖师传》(《虞德园集》卷九)。其研究文献则有荒木见悟的《近世中国佛教的曙光:云栖袾宏之研究》(周贤博汉译本),于君方的《袾宏与中国佛教的复兴》(英文本)等。
② 其词原题《出家别室人汤氏》,亦称"辞世歌",《山房杂录》卷二,《莲池大师全集》(福建莆田广化寺影印《云栖法汇》本,下同),第4429页。
③ 其生平行历,可参见吴应宾的《武林孝义无碍庵主大尼太素师塔铭并序》,《莲池大师全集》,第5107—5112页。
④ 参见袾宏的《云栖遗稿》卷三《补遗·大师自责篇》,《莲池大师全集》,第4791页。

真圆(亦作遍融,1506—1584)、笑岩德宝二大老。在相关文献记载中,五台山、伏牛山虽为佛教修学的著名道场,但未知具体指导袾宏修行者为何人。至于遍融真圆、笑岩德宝,袾宏本人则有所记述。在《竹窗二笔》中有"辩融"条,称:"予入京师,与同行二十余辈,诣辩融师,参礼请益。融教以无贪利,无求名,无攀援贵要之门,唯一心办道。既出,数年少笑曰,吾以为有异闻,恶用是宽泛语为。予谓不然,此老可敬处正在此耳。渠纵呐言,岂不能缀拾先德问答机缘一二,以遮门盖户,而不尔者。其所言是其所实践,举自行以教人。正真实禅和,不可轻也。"①《皇明名僧辑略》则载:"余游京师,参遍融、笑岩二师。次年,二师俱示寂。融师一味实心实行,无著述传世。岩师隐柳巷,罕接见人,有《笑岩集》四卷。"②据此可知,莲池参遍融与德宝,时在二尊宿之晚年。参德宝时,尝与幻有正传为同学。遍融教示袾宏:"你可守本分,不要去贪名逐利,不要去攀援。只要因果分明,一心念佛。"③遍融的寻常之语,正是袾宏执守一生的修行正道。相对于遍融,德宝则是禅锋明锐的大德,对袾宏的真参实究,影响至深。途经山东东昌府,夜宿居士家,忽有所悟,赋诗曰:"二十年前事可疑,三千里外遇何奇?焚香掷戟浑如梦,魔佛空争是与非。"④此诗被后人视为莲池法师的"悟道偈"。

由于旅途劳累,到金陵瓦官寺时,袾宏病倒几绝。病稍止,返归杭州。此间,袾宏曾先后参加了五次禅期活动,直至应请兴复云栖古寺。

万历三十七年(1609),袾宏撰写《复古云栖寺记》。据此得知,杭州五云山麓的云栖古刹,原为宋代伏虎禅师志逢的开山道场。云栖寺原称"栖真别院",为官府合法的佛教寺院,当地百姓俗称为"云栖寺"。据南宋咸淳年间所修《临安志》,云栖寺原为宋太祖乾德五年(967),始有僧结

---

① 《莲池大师全集》,第4829—3830页。
② 袾宏:《皇明名僧辑略》,《莲池大师全集》,第2632页。
③ 袾宏:《云栖遗稿》卷三《警众》,《莲池大师全集》,第4751页。
④ 此诗原题《宿东昌谢居士家有感》,附注"憨山大师拈作悟道偈",《山房杂录》卷二,《莲池大师全集》,第4406页。

菴。因僧至而虎驯,故俗称"伏虎禅师"(本名志逢,号大扇和尚)。为此,吴越国王钱氏为之建寺。宋神宗天禧年间(1017—1021),赐称"真济院",并创云栖、天池二院。至宋英宗治平二年(1065)易称为"栖真院"。南宋绍兴初年(始于1131),北宋遗民余知阁隐居寺侧,后舍宅归寺,使之规模更为宏大。明孝宗弘治七年(1494),因山洪暴发而寺毁僧散,年老之僧则避居民庄。后有卫将军杨玉溪及其子念堂一度募僧重修而无果。云栖古寺虽递兴递废,却终难逃于"夷为蓁莽"之境地。

明穆宗隆庆五年(1571),袾宏行脚南还,孤形只钵,趺坐圮壁间,得遇大学士陈如玉、李绣等人为之构静室三楹,"昼与野鹿主宾,夜与鸣泉唱和,悠悠若将终身"①。此后一段时间,袾宏或吊影寒岩,或倚壁危坐,苦行潜修,驱除虎患,念佛祈雨。袾宏的到来,使当地村民如获至宝,敬戴有加。未数年,云栖古寺虽无外无崇门,中无大殿,但已构禅堂可安僧,建法堂奉经像。自此而后,云栖袾宏的法誉,渐渐传扬开来,甚至人称"云栖菩萨"。② 而云栖寺遂成江南名刹,时人比作北方之五台,南海之普陀。③ 海内衲子闻风而至,法道大振,百年废刹渐复旧观。

云栖古寺重兴之际,袾宏深感末法时期,教网灭裂,禅道不明,僧人出家修行,必须循佛教化,戒、定、慧三学并重。其中,尤以戒律为基本。当嘉靖、隆庆之时,南北戒坛,久禁不行。袾宏发愿,欲兴丛林,必振颓纲。因此,要求寺众遵循律仪,半月半月诵《梵网戒经》及比丘诸戒品,辑录《半月诵戒仪式》一书。此举一倡,远近皆归。为了让寺僧更全面地了解佛教戒律,袾宏还"以精严律制为第一行",先后撰写了《沙弥律仪要略》、《沙弥沙弥尼戒录要》、《具戒便蒙》、《戒疏发隐》等律学著述,阐释戒律的规制内容。在袾宏的律学著述中,尤以《戒疏发隐》最为著名。

---

① 袾宏:《重修云栖禅院记》,《莲池大师全集》,总第4262页。
② 雍正:《御制净妙真修禅师像赞》,《莲池大师全集》卷首,第2页。
③ 参见冯梦祯居士未完稿《云栖兰若志》,《云栖纪事》,《杭州佛教文献丛刊》第1辑第2册,第191页,杭州,杭州出版社,2006。

《沙弥律仪要略》，共分上下两篇。上篇为戒律门，主要依据《沙弥十戒经》，简述比丘十戒之阶梯。下篇为威仪门，则取材于沙弥威仪诸经及古代清规，另外还节取了道宣律师对新学比丘的行护律仪，颇具针对性和实用性。

《具戒便蒙》是针对出家比丘僧具足戒250条的扼要解说。袾宏在"前引"中称，"大比丘具足戒，若僧祇根本五分四分之类，各不下四五十余卷，太繁难通，故译者各约之以为戒本。钝者犹以为繁，乃更约之。其辞愈约，而其义愈明矣。便初学故，非敢减损也。"①其内容包括四波罗夷法、十三僧伽婆尸沙法、二不定法、三十尼萨耆波逸提法、九十波逸提法、四波罗提提舍尼法、一百应当学法、七灭诤法，共计250条。辞简而义明，颇易为初学者熟记掌握。

云栖出家之初，参访诸方，即"从参究念佛得力"。自称"予一生崇尚念佛"②，同时更主张"念佛不碍参禅"。③ 大力倡导净土法门，普摄三根，极力主张，当然，最主要的是《弥陀疏钞》四卷，凡十万余言。此作主张"融会事理，指归唯心"，参禅不碍念佛，禅净同归，一心中得。

万历十二年(1584)，袾宏五十岁，完成了《往生集》三卷的编辑。此书从史籍中归纳出了166个案例，又从中分别出九品往生的不同类型，如沙门往生、王臣往生、尼僧往生、处士往生、妇女往生、恶人往生、畜生往生及诸圣同归、生存感应诸类，最后附有"赞文"，并加以阐释点评。在《往生集》三卷之末，更附有三篇"普劝念佛"的文字，分别为《普劝为人必修净土》、《劝修净土代言》和《佛示念佛十种功德》。在这一年的冬天，袾宏还撰写了《答净土四十八问》。此书被认为是天台智者大师《净土十疑论》及天如惟则《净土或问》之续作，原为回应杭州佛教居士虞德园的疑问而作。④

---

① 《莲池大师全集》，第1887页。
② 袾宏：《竹窗初笔·经教》，《莲池大师全集》，第3695页。
③ 袾宏：《竹窗二笔·念佛不碍参禅》，《莲池大师全集》，第3860页。
④ 虞淳熙：《东游集序》，《虞德园先生集》卷五，《四库禁毁书丛刊》集部第43册，第216页上。

万历十三年(1585)十一月，祩宏撰成了《缁门崇行录》一书。此书"集古善行，录其要旨，以十门罗之"①。这十门要旨，具体包括清素之行、严正之行、遵师之行、孝亲之行、忠君之行、慈物之行、高尚之行、迟重之行、艰苦之行、感应之行，每一行门下，更别分诸多内容，明确主张悟修与善行并重。此书的编辑，与前一年所编辑的《往生集》，属于同类型的作品。即通过历史文献的收集，分类摘述禅师大德的种种善行，作为禅僧修行所参照的典范。

祩宏的所有佛教撰著中，无疑以《戒疏发隐》和《弥陀疏钞》最为著称。对此二部之作，虞德园尝称，"其说以南山之戒律与东林之净土为主，先行《戒疏发隐》，再行《弥陀疏钞》"②。当然，在祩宏所撰著的阐释净土思想及其修行的所有著述中，《弥陀疏钞》的影响最为深远。祩宏的《弥陀疏钞》和智旭《弥陀要解》，并称于世，成为明清之际《佛说阿弥陀经》疏释之作中的"双璧"，影响甚广。③

《戒疏发隐》，全称《梵网经心地品菩萨戒义疏发隐》，略称《菩萨戒义疏发隐》或《戒疏发隐》，共计五卷。此书主要是依据天台智者大师《梵网菩萨戒经义疏》二卷之续作。另外，祩宏还撰写了《诵戒仪式》、《发隐事义》、《发隐问辨》等，作为此书的补充。至于《弥陀疏钞》(全称《阿弥陀经疏钞》)四卷，则是祩宏依仿华严四祖清凉澄观《华严疏钞》所采用的"自疏自钞"体例而作。其疏文自述此作称："祩宏末法下凡，穷陬晚学，罔通玄理，素鄙空谈，画饼何益饥肠，燕石难诬贾目……道贵弘通，慨古疏尠见其全，惟数解仅行于世。辞虽切而太简，理微露而不彰。不极论其宏功，侔发乎真信，顿忘肤见。既竭心思，总收部类五经，直据文殊一行，而复会归玄旨，则分入《杂华》，贯穿诸门，则博综群典，无一不消归自己。"④

---

① 祩宏：《缁门崇行录叙》，《莲池大师全集》，第2122页。
② 虞淳熙：《云栖莲池祖师传》，《虞德园先生集》卷九，《四库禁毁书丛刊》集部第43册，第292页。
③ 祩宏撰写《弥陀疏钞》的具体时间不详，约在万历十三年(1585)之后。参见荒木见悟的《近世中国佛教的曙光》第二章，第119—121页，台北，慧明文化，2001。
④ 祩宏：《弥陀疏钞》卷一，《莲池大师全集》，第837—840页。

据此所述，袾宏阐释《弥陀》，颇为重视二类经典。首先是"部类五经"，即《佛说阿弥陀经》的相关译本，宋代王日休的和合本《大阿弥陀经》，再加上鸠摩罗什所译小本《阿弥陀经》，是为"一部二经"。此外，则是其他《弥陀》"类经"，主要是指《观无量寿经》、《鼓音王经》和《后出阿弥陀偈经》这三部净土经。其次是"博综群典"，据圣严法师所述，袾宏《弥陀疏钞》"引用大小乘佛经约三十种、论典四种、中国先贤的著述十七种"①。与《戒疏发隐》一样，此书有《经疏事义》、《疏钞问辨》等，作为《弥陀疏钞》正文的补充。清初时，袾宏弟子古德法师撰写了《弥陀疏钞演义》四卷，对《弥陀疏钞》进行文义解析。② 至于袾宏所阐释的弥陀净土思想，则将于下文中再行述评。

云栖自修复云栖寺后，修桥禳灾，兴福一方。万历十六年(1588)，杭州发生大疫，日毙千人。应太守余良枢之请，袾宏前往灵芝寺举行祈禳法会。云栖梵村原有朱桥一座，后被潮汐冲塌，出行颇为不便。余良枢再请袾宏倡造，募集千金，得以修复。

万历二十三年(1595)，袾宏在净慈寺弘讲《圆觉经》，在杭州颇为轰动，听众甚多。返归云栖寺后，他完成了《佛遗教经论疏节要补注》。在马鸣菩萨《佛遗教经论疏》及北宋晋水净源《节要》的基础上，进行补注。

翌年，袁宏道(字中郎，号石头居士，1568—1610)等文士一同来访云栖。这次造访活动，成为袁氏由禅入净的重要契机。袁氏正是在袾宏《弥陀疏钞》的影响下，运用华严教理，完成其著名的佛教撰述《西方合论》。

同年，袾宏撰著了《皇明名僧辑略》。此作以"国朝第一宗师"楚石梵

---

① 其中，征引较多的有《大本阿弥陀经》、《文殊般若经》、《观无量寿经》、《华严经》、《大乘起信论》、《大智度论》，智者大师《十疑论》、天如惟则《净土或问》等。参见圣严的《明末佛教研究》，第117页，台北，东初出版社，1987。
② 此书现传古德门人慈帆智愿"定本"，惟诚在《重刻弥陀疏钞演义原序》中称："弥陀尊经，乃莲池大士疏注于前，古德大师演义于后，其宣明妙义，更为亲切。"《阿弥陀经疏钞演义》下册，香港佛经流通处印行本，1979。

琦为首,共收录了明朝初期及中期十九位著名禅僧的行历、机缘及其语要。其中,正编共有十位禅僧,分别是楚石梵琦、毒峰季善、空谷景隆、天琦本瑞、杰峰英、楚山绍奇、性原明、雪庭、笑岩德宝和古音净琴。他们都是禅僧,且有语录行世。很显然,云栖阅读过他们的语录。在撰写体例上,皆先录其悟道办道内容,最后略撮其行实,并附有袾宏本人极为简略的评语。如评楚石梵琦曰:"本朝第一流宗师,无尚于楚石矣。筑石室扁曰'西斋',有《西斋净土诗》一卷行世。今止录十首以见大意,彼自号'禅人'而浅视净土者可以深长思矣。"①评毒峰季善曰:"关内行持,可谓大强勇猛精进矣,乐闲逸而坐关者惕诸。"②评空谷景隆曰:"诸师多教人参'念佛是谁',惟师云'不必用此等法。'随病制方,逗机施教,有旨,不可是此而非彼。"③评楚山绍琦云:"所云'以提话头之日为始事,一年不悟参一年,乃至十年、二十年、三十年,尽平生不移此,直至大悟,方名罢参。'至哉言也!"④评古音净琴曰:"劝念佛偈(指其《念佛警策》)甚好。"⑤等等。

万历二十八年(1600),六十六岁的袾宏,又完成了《禅关策进》一书。此作受元代高僧原妙禅师(1238—1295)《高峰语录》的启发,视之为参究法门的根本指南。同时,袾宏主张参究法门应该与念佛法门相互配合,共同促进,因此考虑把高峰原妙的参究法门与庐山慧远、永明延寿等人倡导的佛法法门结合起来。有鉴于此,袾宏蒐集古德悟道机缘中的紧要话语,并加以简要评述,最终编辑并刊刻了《禅关策进》。此书分为前集和后集。前集又分为二门,即诸祖法语节要和诸祖苦功节要,分门别类地历述自唐至明、从黄檗希运到月心德宝等数十位禅僧的行历、悟道机缘及其相关语要。后集为"诸经引证略节",节取《大般若经》等三十四种佛经及《瑜伽师地论》等四种大乘论典,再加上《永嘉证道集》、《法界次第

---

① 袾宏:《皇明名僧辑略》,《莲池大师全集》,第2535页。
② 同上书,第2547页。
③ 同上书,第2568页。
④ 同上书,第2609页。
⑤ 同上书,第2627页。

论》等中土禅教典籍,以佐证参究法门。这种以教证禅的思考,主要是出于对当时游谈无根者狂禅之习的针砭。其中,颇引人注目的仍然是袾宏对"参究念佛"法门(参"念佛公案")所持的褒扬与推崇态度,"以示参究之诀,盖显禅净双修,不出一心"①。

万历三十年(1603),袾宏撰成《楞严摸象记》一书,这是他最后一部释经之著。袾宏借用著名"盲人摸象"之喻,显示其谦逊。他说:"知已亦盲,救弊为急,因入盲侣,与众同摸。唯《首楞严》于诸经中更多疑义,由是诸盲竞共鼓噪,交臂攒指,莫可谁何。"②此书的撰著,同样是基于以教证禅的修行考虑,即主要是针对"谈禅者"的摸象之说。《楞严经》是明代佛教修行中最具影响力的一部佛经,解读疏释者甚众,异见纷呈。有鉴于此,袾宏特地拈出《楞严经》中一百四十三项要点,给予评析。在卷末,则结合《般若心经》、《圆觉经》、《法华经》、《维摩诘经》、《金刚经》、《佛遗教经》、《观无量寿佛经》、《阿弥陀经》、《盂兰盆经》、《大般若经》、《大宝积经》、《楞伽经》、《般舟三昧经》、《华严经》及《永嘉证道集》等十五部佛经禅典,对《楞严经》的修行要旨,进行相应的补充性说明。所有这些,其意图显然是针对佛教信众的修行实践,予以指导。

袾宏向来明确主张"著述宜在晚年"。他曾基于孔子、朱熹、龙潭大师、大慧宗杲等儒释大师的著述经历,称"道人著述,非世间词章传记之比也。上阐先佛之心法,下开后学之悟门,其关系非小。而使学未精,见未定,脱有谬解,不几于负先佛而误后学乎。仲尼三绝韦编,而十翼始成。晦庵临终,尚改定《大学》诚意之旨。古人慎重,往往若此。况出世语论,谈何容易。《青龙钞》未遇龙潭,将谓不刊之典,而终归一炬。妙喜初承印证,若遽自满足,焉得有后日事。少年著述,固宜徐徐云尔"③。正惟如此,袾宏此前完成的诸多撰著,或辨释经义要旨,或为摘录祖师语

---

① 德清:《古杭云栖莲池大师塔铭》,《莲池大师全集》,第5122页。
② 袾宏:《楞严摸象记》,《莲池大师全集》,第3423页。
③ 袾宏:《竹窗二笔》,《莲池大师全集》,第3824页。

要,或祖述大德懿范,皆为"述而不作",不属于自著(手著)性质。直至万历三十二年(1604),年届古稀的袾宏不仅开始撰写著名的《竹窗三笔》,而且还完成了《自知录》,真正践行"著述宜在晚年"。

《自知录》是对当时社会所流行的"功过格"删定之作。对此,袾宏在《自知录·序》称:"予少时见太微仙君功过格,而大悦,旋梓以施。已而出俗行脚,匍匐于参请。暨归隐深谷,方事禅思,遂无暇及此。今老矣,复得诸乱帙中,悦犹故也。乃稍为删定,更增其未备,而重梓焉。"①此书分为上、下二编。上编为"善门",述忠孝、仁慈、三宝功德及杂善之行。下编为"过门",列不忠孝、不仁慈、三宝罪业及杂不善之行。为了表明《自知录》对"功过格"的佛教化改造及其区别,袾宏还在篇首列举了五条"凡例"。②

《自知录》及稍后制订的《僧规约》,是袾宏引导弟子修行实践的重要手段。经过袾宏佛教化改造的《自知录》刊行后,产生了较大影响。崇祯七年(1634),福建佛教居士郑光章曾刊刻《生生四谛》三卷,其中卷二几乎全文照录了袾宏的《自知录》。

年近七十时,袾宏开始撰著《竹窗随笔》。此作为仿效宋代洪迈著名的《容斋随笔》而成,袾宏序称,"古有《容斋随笔》,予效之竹窗之下。时有所感,笔焉。时有所见,笔焉。从初至再,成二帙矣! 兹度八旬,颇知七十九年之非,而自觉其心之未悄然也。"③袾宏历时十余年,直至万历四十三年(1615)春,完成《竹窗三笔》,方成全书。此书包括《竹窗初笔》一百四十七篇、《竹窗二笔》一百三十篇和《竹窗三笔》一百一十二篇,共计三百八十九篇。《竹窗随笔》是袾宏晚年思想最圆熟的著述,涉及面甚广,影响最大。后人有称,此书"每条字字珠玑,诚学佛者必备之书"④。

---

① 袾宏:《自知录·序》,《莲池大师全集》,第2245页。
② 参见袾宏的《自知录·凡例》,《莲池大师全集》,第2249页。
③ 袾宏:《竹窗三笔·序》,《莲池大师全集》,第3909页。
④ 蔡运辰:《竹窗随笔赘言·自序》,台北,新文丰出版公司,1997。

万历三十四年(1606)，七十二岁的袾宏写下了《遗嘱》，订立了《孝义庵规约》，完成了《施食仪轨》。翌年，又撰写了《先考妣遗行记》。万历三十六年(1608)重阳日，袾宏手书《嘱语》，付嘱弟子。文称："吾平素守愚抱拙，未曾有大彻大悟，未曾作大缘大福，未曾具三明六通，但老实念佛，求生净土，众等不得装虚捏怪，设为神奇，以诳一时、欺凌世，重吾不德。"同时，还在《嘱语》中对自己殁后的寺院财产，再三叮嘱诸弟子，不得私取糟蹋。① 万历三十九年(1611)，袾宏又撰写了《再嘱》，重申了自己的寺院规制原则。

袾宏一生都对自我言行有着严格反省，先后撰写了若干"警策"文字，如《伤足自警》、《老堂警策》、《病堂警策》、《生所警策》等。在其晚年，这种自我策励的要求更为强烈而明显。万历四十二年(1614)，袾宏再次撰写了《自警》七条、《警众》八条②，作为自己及云栖僧众的言行规条。

云栖古寺在袾宏重修整治下，十方衲子如归，弟子日益广集，清规益肃。当时，云栖建有禅堂、精进堂、老病堂及十方堂，执事则各有其寮。袾宏分别撰写了"警策语"，依期宣说。同时，制订了《僧规约》，"虽非尽百丈规绳，而适时救弊，古今丛林，未有如今日之清肃者"③。

袾宏早年(三十五岁时)即重戒杀，撰写了著名的《戒杀放生文》，晚年更以放生善行名闻遐迩。在《戒杀文》中，袾宏倡导人们普遍戒杀，生日、生子、祭祀、结婚、宴请、祈禳及日常营生等，"不杀"有血气、有知觉的生物，体现人类的慈生、重生情怀。据德清记载："今上慈圣皇太后崇重三宝，域内名僧靡不延。一日偶见师《放生文》，甚嘉叹，遣内侍赍紫袈裟、斋资往供，问法要。师拜受，以偈答之，载别录。"④

袾宏倡导的"戒杀"、"放生"，颇受当时佛教僧人及士大夫们的推崇，

---

① 参见袾宏的《云栖共住规约·嘱语》，《莲池大师全集》，第4949页。
② 参见袾宏的《自知录·凡例》，《莲池大师全集》，第2249页。
③ 德清：《古杭云栖莲池大师塔铭》，《莲池大师全集》，第5124页。
④ 同上书，第5126—5127页。

如屠隆、汤显祖(1550—1617)等人还专门撰写了"序文"。① 禅僧无异元来则称颂袾宏放生慈举及其对佛教修行活动的实践效应,说:"广法身之慈恕,起同体之大悲,见一切众生,如一子想,无彼我想,以无缘慈,化无相众生,此云栖老人深达法相也。湛上座兴悲运慈,悉仿云栖轨则而桐之。诸上善人互相鼓导,生社由此而兴,杀业由此而断。岂但戒杀,而且放生。岂但救众生命,实乃续诸佛慧命,广一切众生慧命也。"②而袾宏本人则在其撰著中,更是多次强调"戒杀"、"放生"对佛教修行的重要意义。同时,袾宏还撰有《放生仪》、《戒杀生祀神说》、《钓弋说》,为寺院开凿放生池撰写了《重修上方寺凿放生池记》、《北门长寿庵放生池记》、《嘉善沈定凡放生池记》等文章。③ 其中,袾宏还撰有《书放生卷后》,其辞颇显佛法蕴意。曰:"上帝好生,下民伤生。舍财求生,图财捕生。由二念生,故有众生。生无所生,亦无能生。无生不生,是名放生。"④

袾宏的戒杀放生文,在当时江南的佛教信仰活动中产生了广泛的影响。如万历三十二年(1604),蔡善继刊刻《好生录》上、下二卷,其上卷即全收录此文。直至今天,这篇文章仍然是佛教放生活动中广为引述的最重要文献之一。

袾宏天性朴实简淡,虚怀应物。他的弘法一生,是惜福的一生。住云栖寺三十余年间,袾宏未尝妄用一钱,居寺稍有盈余,辄散施诸山,或施衣药,或救贫病,库无储蓄。其平生随缘所至,身无缘饰,勤俭至朴,终身衣布素,一麻布帏,就用了四十年。

德清在《塔铭》中,高度概括了云栖袾宏的弘法操行及其高尚人格:

  总师之操履,以平等大悲摄化一切,非佛言不言,非佛行不行,非

---

① 屠隆:《戒杀放生文序》,《鸿苞集》卷四。汤显祖:《袾宏先生戒杀文序》,《汤显祖诗文集》卷三〇。
② 元来:《生生社戒杀放生叙》,《无异元来禅师广录》卷三二,《续藏经》第72册,第367页上。
③ 二文收录于《山房杂录》卷一。
④ 参见袾宏的《自知录·凡例》,《莲池大师全集》,第4245—4246页。

佛事不作。佛嘱末世护持正法者,依四安乐行,师实以之。历观从上诸祖,单提正令,未必尽修万行。若夫即万行以彰一心,即尘劳而见佛性者,古今除永明,惟师一人而已。先儒称寂音为僧中班、马,予则谓师为法门之周、孔,以荷法即任道也。惟师之才足以经世,悟足以传心,教足以契机,戒足以护法,操足以励世,规足以救弊。至若慈能与乐,悲能拔苦,广运六度,何莫而非妙行耶?出世始终,无一可议者,可谓法门得佛之全体大用者也。悲兹末法,非师曷足以挽颓风、回狂澜于既倒乎?非夫应身大士,朗末法之重昏者,何能至此哉?①

袾宏示寂于万历四十三年(1615)七月初四日午时。临终时,作"十可叹"、三可惜"以警众,其文末称,"虽然凡有所言说,人不听从,皆由自己德薄福轻故也。但当责己,不敢尤人。傥天假之年,余生未尽,尚当力疾以报佛恩,以酬大众。万历四十三年六月二十八日示"。② 袾宏还写下了一百一十二个字的《再嘱》,作为其临终遗言,告诫弟子们:"大众老实念佛,毋捏怪,毋坏我规矩。"最后面西念佛,端然而逝,时年世寿八十一,僧腊五十。其弟子建塔于云栖寺所在的五云山麓。袾宏先偶孝义庵袾锦(1548—1614),出家虽在袾宏之后,迁化则先袾宏一年,亦塔于五云山麓。

袾宏虽属"未详法嗣",并以"莲宗八祖"著称于中国佛教史,杭州云栖寺亦因此而成为莲宗祖庭。不过,袾宏的承嗣法脉,仍有其归属,即为"华严禅"圭峰宗密大师而下。为此,云栖法派附传有"圭峰大师华严宗派"演派二十字:"宗福法德义,普贤行愿深,文殊广大智,成等正觉果。"云栖之后,其续支演派二十字:"果与因交彻,心随境廓通,玄微几悉剖,理性妙咸穷。"③

---

① 德清:《古杭云栖莲池大师塔铭》,《莲池大师全集》,第5128—5129页。
② "十可叹"、三可惜"之文,收于云栖《云栖遗稿》卷三,《莲池大师全集》,第4762—4766页。憨山德清阅后,慨叹说:"读云栖老人十可叹、三可惜,滴滴心血也。一字一泪,可胜悲惜悼哉。……能时时念诵此语,即是老人法身常住。"见于第4767—4768页。
③《云栖纪事》附宗派,《莲池大师全集》,第5038页。

云栖"古佛"袾宏的门下弟子,具有不同的类型。首先是剃度法子,以广孝为上首,主要有《阿弥陀经疏钞演义》的著者古德法师、撰写《云栖本师行略》的广润及常惺广寂等。

其次是及门授戒得度者,为数甚众。其中,不乏著称一时的禅门名宿。如开创曹洞宗云门系的湛然圆澄,他至少两次参谒袾宏,并于万历十六年(1588)在云栖座下禀受大戒。

再次是为数众多的俗家弟子,"缙绅士君子及门者,亦以千计"。在《云栖法汇》中,袾宏有许多书信记载了这些俗家弟子。他们主要集中于浙江的杭州、嘉兴、湖州等地区。

最后是袾宏的私淑弟子。其中最著名者是无异元来、蕅益智旭二位大师。元来由云栖袾宏的弟子养庵广心授大戒,曾三度礼谒云栖,袾宏赠以"畅扬真乘"。智旭虽未曾亲聆袾宏教诲,但他朝礼云栖塔,撰《云栖大师像赞》三首,两次自称"私淑","私淑未须言嗣法,聊将嗣德附莲宗","仰遗规以私淑,愧嗣德之未遑。"①

袾宏以其稳健而慈悲的弘法风格吸引了大批追随者。这些人中,颇引人注目的是闻谷广印(字闻谷,别号掌石,浙江嘉兴嘉善人,1566—1636)。

广印十三岁时于空谷景隆的道场杭州开元寺出家。后参蜀僧仪峰和尚,发愤力参,至忘寝食。二十四岁,入云栖受具足戒。二十七岁,云栖大师开法净慈,委以维那之职,崭露头角。此后数年,昼则听讲,夜则坐禅,功夫并进。又上径山白云峰,影不出山者达六年。下山后,再至云栖受菩萨大戒,"朝夕请益,遂尽得云栖之道"②。闻谷广印三上云栖,两受大戒,深得云栖禅法之精髓。据元贤《塔铭》称,"师虽洞透祖关,而惩世俗之弊,终不以悟自居"③。"自入明来,祖席荒凉,稀若晨星,加之狂慧竞张,滥觞已极。"④

---

① 智旭:《云栖和尚莲大师像赞三首》,《灵峰宗论》卷九之三,第1392页。
② 元贤:《真寂闻谷大师塔铭并序》,《永觉元贤禅师广录》卷一八,《续藏经》第72册,第489页上。
③ 同上书,第489页下。
④ 同上书,第488页中。

对于闻谷广印之禅法,钱谦益评论称,"紫柏、云栖、海印入灭,真修退藏,密传三老之一灯者,印公而已"①。闻谷广印实为云栖禅法之承嗣者。在《云栖遗稿》卷三中收有《答闻谷广印》,凡九条,多围绕禅净兼行而论及悟修、心佛关系。② 元贤《塔铭》称"云栖为师,永明是式"③。

云栖袾宏是万历佛教三大师著述最多的一位。在晚明佛教四大高僧中,其著述仅次于蕅益智旭。金陵刻经处于清光绪丁酉(1897)雕板刊刻的《云栖法汇》,包括释经十一册,辑古十一册,手著十二册,共计三十四册。其中,释经类计《戒疏发隐》附《事义》、《问辨》,《弥陀疏钞》附《事义》、《问辨》,及《净土四十八问答》、《净土疑辩》、《遗教节要》,共五种。辑古类,包括《诸经日诵》附《西方愿文略释》、《具戒便蒙》、《沙弥要略》、《尼戒录要》、《诵戒式》、《禅关策进》、《僧训日记》、《缁门崇行录》、《自知录》、《往生集》附《劝修净土三章》、《皇明名僧辑略》、《武林西湖高僧事略》、《水陆仪轨》、《施食仪轨》、《施食补注》、《华严感应略记》附《处会品目总要之图》、《放生仪》附《戒杀放生文》,共十七种。手著类,包括《楞严摸象记》、《竹窗初笔》、《竹窗二笔》、《竹窗三笔》、《正讹集》、《直道录》、《山房杂录》、《云栖遗稿》、《云栖共住规约四集》附《嘱语》、《云栖纪事》附《孝义无碍庵录》、《云栖大师塔铭》附《祭文偈赞》,共十一种。全书多达五千二百余纸,袾宏亲撰者超过三十种。这就是《云栖法汇》的全貌。

二、思想与影响

明末万历佛教三大师中,紫柏真可与憨山德清都有过弘法罹难的经历,唯有云栖袾宏以其稳健的弘法而得以善始善终。对此,鼓山永觉元贤禅师评述称,"末代弘法,魔事必多。贪进者必取辱,过侈者必

---

① 钱谦益:《列朝诗集小传·闰集》,第715—716页,上海,上海古籍出版社,1983。
②《云栖遗稿》卷三中收有《答闻谷广印》,第4633—4640页。
③ 元贤:《真寂闻谷大师塔铭并序》,《永觉元贤禅师广录》卷一八,《续藏经》第72册,第490页中。

招非。知此即为摄伏魔军之第一策。如万历间,达观、憨山二老,皆名震一时,以不达此意,卒至罹祸。岂可曰无妄之灾,而尽委之命乎?唯云栖老人,谨密俭约,一步弗苟,故虽享大名,而善始善终,绝无魔事,真末法之良规也"①。袾宏稳健低调的弘法风格,颇受时人及后人的正面评价。②

要恰如其分地评析云栖袾宏的佛教思想,既要涉及其思想渊源、佛法活动,更由于涉及社会时代、佛教现状、时代评议等诸多复杂因素,殊非易事。从总体上看,袾宏通常被认为是中国佛教史上禅净双修思想及其实践的集大成者。③ 中国佛教思想传统中的禅净双修,似乎都与浙江杭州佛教环境相关。这一佛教修行传统,首先由五代时期的永明延寿所开创。当然,禅净双修是袾宏佛教思想的核心,但并非是其佛教思想的全部内容。

荒木见悟在评述袾宏的佛教思想时,着重指出了袾宏思想的两个主要渊源,一是来自华严教学,二是来自净土法门。④ 这就是说,华严教学与净土法门的结合,才是袾宏佛教思想的核心所在。

其实,结合袾宏出家修禅的游学经历及时人对袾宏思想的评议,可以看出袾宏的思想构成,主要是以教证禅、禅教结合而以净土为归。这种思想构成,集中体现于其"参究念佛"的修行主张之中。这是袾宏思想构成的基本内容。

袾宏是晚明佛教坚持体究念佛论而主摄禅归净、净土往生的真正代表。他在论及明代参究念佛思想演历时曾说:

> 国朝洪(武)永(乐)间,有空谷、天奇、毒峰三大老,其论念佛。

---

① 元贤:《鼓山永觉和尚广录》卷三〇《续呓言》,《续藏经》第72册,第574页中。
② 参见荒木见悟的《近世中国佛教的曙光:云栖袾宏之研究》,周贤博译,台北,慧明文化,2001。
③ 参见于君方的《中国的佛教革新:云栖袾宏与晚明佛教融合》第2章《袾宏与禅净双修》,纽约,美国哥伦比亚大学出版社,1981。
④ 参见荒木见悟的《近世中国佛教的曙光》第3章《袾宏的思想》。

天、毒二师俱教人看念佛是谁；唯空谷谓，只直念去，亦有悟门。此二各随机宜，皆是也。而空谷但言直念亦可，不曰参究为非也。予于《疏抄》（即《弥陀经疏抄》也）已略陈之。而犹有疑者，谓参究主于见性，单持乃切往生，遂欲废参究而事单持。言经中止云："执持名号"，曾无参究之说。此论也甚有理，依而行之，决定往生。但欲存此废彼，则不可……故《疏抄》两存而待择，请无疑焉。若夫以谁字逼气下行，而谓是追究念佛者，此邪谬误人，获罪无量。①

在袾宏看来，明代禅修者主参禅与念佛为一，约有两种类型：其一为天奇本瑞、毒峰本善等明初禅僧所持，认为看"念佛是谁"即是参禅，表现为以参究话头工夫而摄归念佛法门，借此对治念佛者不知众生全体是佛的有效法门。如天奇曾示众云："终日念佛，不知全体是佛。如不知，只看念佛者是谁？直下诘问，一猛提醒。"②其二如空谷景隆所主张，认为始终单持名号直念佛名，亦是悟门，主张持名念佛即是参究工夫。依袾宏之见，持名念佛与参究工夫，二者不应存此废彼，废参究而单持称念佛名。因为参究见性与称名念佛，就其根本归趣来说毕竟一归往生，殊途而一致。袾宏所理解的"决定往生"，乃是往生西方极乐世界意义上说，而非基于"唯心净土，自性弥陀"，当下即是往生。

依据上述净土往生的信仰立场，袾宏进一步指出，"念佛不惟不碍参禅，实有益于参禅"。他说：

> 古谓参禅不碍念佛，念佛不碍参禅。又云：不许互相兼带。然亦有禅兼净土者，如圆照本、真歇了、永明寿、黄龙新、慈受深等诸师，皆禅门大宗匠，而留心净土，不碍其禅。故知参禅人虽念念究自本心，而不妨发愿：愿命终时往生极乐。所以者何？参禅虽得个悟

---

① 袾宏：《竹窗随笔·参究念佛》，《莲池大师全集》，第3851—3852页。
② 转引自圆瑛的《佛说阿弥陀经要解讲义》卷三，第180页，上海，圆明讲堂，1996。

处,倘未能如诸佛住常寂光,又未能如阿罗汉不受后有,则尽此报身,必有生处。与其生人世而亲近明师,孰若生莲花而亲近弥陀之为胜乎?然则,念佛不惟不碍参禅,实有益于参禅也。①

禅净兼修,在北宋宗门中就曾风行一时。有鉴于此,袾宏特别称引宋代禅僧长芦宗颐"念佛不碍参禅,参禅不碍念佛,法虽二门,理同一致"之说②,认为念佛往生不仅无碍于参禅心悟,而且有益于参禅心悟者落归实处,永住法身,而尽脱报身轮回之苦。因此,参禅见性者不妨留心念佛,发愿往生。参禅与念佛兼修互补,其摄禅归净之意昭然若揭。

袾宏主张参禅与念佛相互补充的思想见解,不仅是晚明摄禅归净论的代表性理论,而且在实践中证明是行之有效的修持观念。然而,其思想也曾引起当时一些禅僧的误解。时人尝称:"云栖惟求生净土",云栖寺"僧众济济,佛声浩浩"。但依湛然圆悟之见,袾宏在根性上仍不失为一禅宗中人,表明袾宏本质上仍为一个禅者。他以自己亲历云栖禅修证悟的经过为例证说:

> 予昔年曾近座下,凡见和尚示众皆圆示真心,曾无异道。一日和尚诘予曰:'古人云:海底泥牛衔月走,岩前石虎抱儿眠,铁蛇钻入金刚眼,昆仑骑象鹭鸶牵。此四句内,有一句能纵能夺能杀能活,若人检点得出,一生参学事毕。你作么生?'予将旁僧推出云:'大众证明。'和尚复诘曰:'南泉斩猫,不得学赵州顶草鞋。你作么生?'予便抽身出堂。大众报云:'已出矣。'和尚即休。又一日,有西堂湛源出问,云'德山托钵因缘,意旨如何?'和尚展卷示之。如此对客开示,日无少之。岂云栖不欲参禅而惟修净土耳!③

袾宏作为戒定慧三学并重的一代龙象人物,却因倡导净土修行而招

---

① 袾宏:《竹窗随笔·念佛不碍参禅》,《莲池大师全集》,第3860—3861页。
② 引见道衍的《净土简要录》,《续藏经》第61册,第418页下。
③ 圆澄:《湛然圆澄禅师语录》卷八《宗门或问》,《续藏经》第72册,第848页中。

致时人的误解。对此,圆澄深有感触地为袾宏辩解说:

> 虽然云栖曲尽万途,岂止(禅净)二门,何者?和尚直抵燕京访询辨容、月心诸大尊宿,亲领圆融法门,故说无定方。姑举数端以释子疑。其发隐戒疏、朔望布萨,是主戒也。历讲《法华》、《维摩》、《妙宗》、《圆觉》等经,是主教也。作《正讹集》、《崇行录》,是主论也。教受(同授)瑜伽,是宗咒也。放生咒食、济贫扶乏,是修福也。其余万德万行难以具述。且三时课诵,是百丈已来诸方各刹住持大体。今指云栖惟修净土,其犹见门墙未见堂奥,而妄度人家财,不亦诬乎?矧彼之门墙,亦非易窥。今凡住云栖者,或往随喜者,皆不能深叩微妙。但见僧众济济,佛声浩浩,退谓人曰:'云栖惟求生净土。'若人如古人拨草瞻风,便见云栖有通天作用。辞海波腾,未易言也。①

圆澄认为袾宏游学京城、参访辨融(容)和德宝,注重禅悟修行而领会到禅、教、净兼修,同样推崇佛教戒律,主张律教并重、福德双行,因此对袾宏之禅教归净的圆融法门作出了相当有力的肯定性描述和评价。当然,肯定袾宏是禅僧这一事实,但这并不能否认他对净土法门的极力推崇,而只不过是表明袾宏从参究念佛论到摄禅归净的思想演历过程,说明袾宏摄禅归净论恰恰真实体现了晚明佛教的现实圆融思想。

从圆澄的评述中,可以看到袾宏的思想有着极具现实修行的指导性及综合性。因此,禅教归净无疑是袾宏佛教思想中最引人关注的突出内容。

袾宏以其沉稳平和的弘法方式,加强寺院自身建设,提高寺僧的综合修行素质,较好地处理佛教与政治、佛教与社会的关系,积极推动区域佛教的发展。这是袾宏思想的第二个主要方面。

袾宏中年出家后,一度参访京师辨融、德宝,但返回杭州后,再未曾像紫柏真可、憨山德清那样历游诸方,奔走京师。在文献记载中,甚至极少提到他离开杭州的经历。从中国佛教史上看,袾宏是中国佛教传统中

---

① 圆澄:《湛然圆澄禅师语录》卷八《宗门或问》,《续藏经》第72册,第848页下。

祖师佛教与区域佛教相结合的典范。他一生都以云栖寺为中心道场,几乎没有离开过云栖寺。尽管袾宏在当时的江南士绅中有许多追随者,但他一生虚怀应物的修学与弘法风格,使他能够避免牵涉于当时佛教界与宫廷政治相纠缠的各种风波之中。

  在袾宏的佛教思想中,习教、参禅、修净当然是佛教修学的主体内容,但仪式佛教的规范性及渗透民众生活的导向性,同样应该成为有志于修学成佛者所高度关注的内容。从上述明代禅僧们的修学取向,可以看出,晚明佛教弘化策略调整,势在必然。而云栖袾宏正是在此过程中,不仅塑造了佛门大德的稳健慈悲的僧人领袖形象,而且还使杭州成为晚明江南佛教复兴的典型重镇。

  古刹重兴,固然是佛法弘倡的重要载体。然而,更重要的事情则当在于道风再兴。道风再兴的首要事情,则莫过于为培养僧伽提供良规良范。为此,云栖袾宏致力于恢复古道,端正修学规范,以此为兴寺之本。万历五年(1577),袾宏撰《重修云栖禅院记》称,"平生尚真实而贱浮夸,甘穷约而羞名利,因共一二同志相砥砺,力行古道,盟而后进,犯而必退。大都主之以净土,而冬专坐禅,余兼讲诵,日有程,月有稽,岁有表,凛凛乎使无赖者不得参乎其间。虽于法门无大裨益,庶几救末学之弊,以俟后之知识。"①由此可知,云栖禅院的佛法修学并不在于冬禅夏讲的形式规定,而更在于严谨的修学规范,形成一种制度化的修学模式,使云栖禅院的佛教修学具有制度化的保障。对此,明万历三十二年(1604),追随袾宏大师的学者董其昌,在其所撰的《重建云栖禅院碑记》称:

  师主法席以来,既历三纪,行在《梵网》,志在《观经》,标净业则东林,立清规则百丈,析义疏则玉泉,辨宗乘则慧日,摧阴魔则板度空,排戏论则秀铁面。②

---

① 袾宏:《重修云栖禅院记》,《莲池大师全集》,总第 4263—4264 页。
② 董其昌:《重建云栖禅院碑记》,《莲池大师全集》,总第 4991 页。

而于明万历三十七年(1609),浙东名士陶望龄(名周望,号石篑,1562—1609)《杭州云栖禅院法堂记》称:

> 大师之教革伪正讹,贵绳简,黜戏论,一归于真履,底于妙悟。谓纲纪道俗者,莫大于行,是故有《缁门崇行录》。覆护群动者,莫尚乎慈,是故有戒杀、放生之文。严净尸罗、兼资物我者,莫广于《梵网》,是故有《戒疏发隐》之义。顿超直指、克证靡滥者,莫要于禅,是故有《禅关策进》之篇。于后世为大津梁,于诸方便中胜方便,普被群机、横绝三界者,莫径于净土,是故有《弥陀疏钞》之作。尝称曰:'阿伽已疾,如意宝雨,总群途而一贯者,其惟持名一心乎?'其进为行,净为律,契为法,究为禅,以故师之唱演靡所不备,而宗趣有在。缁素之徒咸望大师为善导,云坞为极乐。交、广、庸、蜀、幽、并、冀、朔之远,莫不茧足皈礼,延颈向化,与于筹室者不可胜数。而尤隐解显行,谦不居,痛抑狂滥,躬为之堤岸,终身退然处于学地。虽凡衲单士,通谒而至者,咸与之均礼。①

"进为行,净为律,契为法,究为禅。"在袾宏整兴云栖寺多年以后,董其昌、陶望龄等人犹为云栖禅院及其法堂撰写碑记。其背后所隐藏的正是陶望龄所澄清的一个基本事实,即袾宏弘法在当时情境下所展现的一种整体性与全面性的宽容与严正并举之气象。对此,陶望龄指出,"昔世尊以五时彰教,隐显权实,顺布而不忒……正法东嬗,师资角立,曰讲曰律曰禅,并而为三,轨辙同归,君臣递用,斯亦一代时教之遗也。天目中峰师有言:'密部如春,慈恩如夏,南山律宗如秋,教外别传之旨如冬'。自祖灯辉,三家替,法久主滥,药疗权施,虽离言绝迹之途而言迹具焉。大智创规则律该,圭峰诠经则教设,至永明、天衣而降,多寄指莲邦、默标心土,殆庶几所谓密者,然则少林一宗四序备矣。由是而观,一气燠寒而岁成,一音开遮而化阐,莫不因宜而建之,遇变而通之,离之以提宗,合之

---

① 陶望龄:《杭州云栖禅院法堂记》,《莲池大师全集》,总第 4995 页。

以成物,其致一也。"①又称,"像季陵夷,学者文言依通,未尝有古先生研几极深之用,在有以率情,资空以护过,而欲以圆契法界、密还心源,此与儿嘻呓语何异?嗟乎!禅学盛而教律薄,禅学衰而教律亡矣。破器焦种,道所不载,犹欢言于众曰'吾宗固然'。仪范驰解,观行灭裂,而菩提达磨单传之教亦扫地尽,澶漫流洒,无甚于兹时者"②。禅宗的中兴,绝离不开经教与戒律的辅佐。而袾宏正是通过自己的努力,使当时佛教界更多地认识到佛教复兴的综合性。

云栖袾宏不仅有独特的弘法形象的人格感召,而且尤其重视佛寺僧人的戒行严持,重整寺院戒律。为此,袾宏为云栖寺创建了一套寺院规约,恢复了半月诵戒的制度。他还订立《僧约十章》,其主要内容为:一为敦尚戒德约:禁止非理募化、侵剋信施、擅用;二为安贫乐道约;三为省缘务本约;四为奉公守正约;五为柔和忍辱约;六为威仪整肃约;七为勤修行业约;八为直心处众约;九为安分小心约;十为随顺规制约。同时通过撰写了《戒疏发隐》,阐释大乘菩萨戒,使佛教僧行的社会形象大为改观,从而使佛教信仰及其实践活动产生更广泛的现实影响。

为了规范寺院僧人的佛事活动,袾宏编辑了《水陆仪轨》和《施食仪轨》,试图为当时盛行的水陆大忏和焰口施食的仪式提供指导。袾宏的这两部著作,都成为寺院举行佛事活动的标准参考书。

袾宏正视佛教与社会力量互动的综合环境,不仅重视诸方参学,而且对佛法弘扬有着相当的宽容性,不以一宗独尊,表现出一种开放性的弘法立场。同时,相当尊重与发挥居士护法群体的作用。因此,袾宏的思想还直接体现于对普通信众的佛教活动的导向性影响上。

袾宏一生积极提倡戒杀与放生,这本身正是《梵网经》所强调的两项基本戒律。宋代永明延寿倡导念佛、放生结合为一体的净慈信行,成为

---

① 陶望龄:《杭州云栖禅院法堂记》,《莲池大师全集》,总第4992页。
② 同上书,总第4992—4993页。

中国佛教(尤以江南为盛)普遍流行的佛教活动。降及晚明时期,以佛教寺院为主体所组织的念佛放生,形成了空间、仪式、组织、规模等共同推进的社会现象,如放生池、放生社、放生仪、放生文等。无论是佛教僧人,还是护法士绅,都不仅积极参与这些活动,并且撰写了大量的宣扬文字,堪称为中国近世佛教的"净慈文化现象",引发了世人的广泛关注。兹举一例。晚明《放生池记》称:

> 江南人好生,缁衣之徒因凿池名放生池,每县必数处,每月之某日,县之缙绅先生士庶人男女少长各易其生物放之,盖鼎盛云。先此之一日,土人之逐利者,各相谓放生矣。于是渔人取鱼,取鱼之勇,百倍往者,其不素业渔,亦贪取之,其不能于大水,则于一沟一渎之水取之,盖取之小者矣。放之者不暇惜,则惜其生者,惜其生者,则易之而放之池,池水有限,其所放渐增之多。总之,共是水物之得水无几何……放之者益不暇惜,但放之,放毕,相率拜于佛之前,得意以退,以为吾今日之有此阴德事矣。吾必有福焉,吾子孙必大,自是而放生益增之多,然莫果生耶? 不生耶? 吾之放生,知其物之生耶? 亦知其不生耶? 且其放生之意,在物耶? 不在物耶? 然谓之不放生,又不可矣,何哉? 乃退而作《放生池记》。①

特别值得一提的是,云栖袾宏营造放生道场、倡导放生文化,对晚明江南以佛教文化为主体的净慈实践,具有重要的推进作用。

根据《云栖本师行略》所记载,袾宏一生中,以倡放生为职志,于临终前仍一再叮咛要继续行此善业,此可在其《嘱语》和《再嘱》等文字中得知。袾宏如此致力提倡放生善行,主要有以下三点原因:首先,放生善业非始自明末,中国历代高僧亦有提倡放生之举。例如袾宏常提到之智者大师和永明延寿,就是主张放生的佛门尊宿。而袾宏在《缁门崇行录》中,常推举其放生德行、放生善业,都是受智者大师和永明延寿影响的结

---

① 《天问阁文集》卷二,《四库存目丛书》集部第11册,第190—191页。

果。其次,袾宏终生倡导净土思想,倡导放生,亦与此密切相关。一心念佛,往生净生,需要与放生功德互相配合。袾宏在《戒杀放生文》中指出,放生戒杀,其功德可助人速往净土,慈心不杀有助于净土往生。最后,袾宏提倡放生,符合中国社会传统中儒家主导的仁慈观念,可以为普通百姓所接受。事实上,袾宏所倡导的戒杀、放生思想,在当时影响甚广,赞同者甚众。如陶望龄、焦竑(1541—1620)和虞淳熙等人,都在袾宏思想的影响下,大力宣传放生道业。陶望龄撰写了《放生辨惑》,极力排解人们对放生的各种误解,希望放生活动能顺利推行。而焦竑则撰有《戒杀生论》,阐述戒杀放生好处,劝人勿杀生成习,好生乃人之本心。晚明士大夫和普通百姓都普遍接受戒杀、放生,其情形在蕅益智旭(1599—1655)所撰的《见闻录》中,多有记述。

袾宏对于当时佛教界普遍推行的放生慈善行为,还提出了许多建设性的放生规范。如主张放生必置放生所和放生池,把鱼兽置在放生池所中。因此,袾宏设有上方和长寿两放生池,分别位于杭州城的南北,甚利于十方欲放生者,来行放生善行。除了设放生池外,袾宏还在距云栖寺半里之处设放生所,内有平屋十余间,凡各方善信以牛、羊、鸡、豚之类施舍给云栖寺者,均饲养在此。

袾宏成立放生池和放生所后,杭城居士纷纷成立放生会。袾宏成立上方善会,虞淳熙成立胜莲约社,陶望龄和张子云、闻子与等亦在杭州城南成立放生会。这些放生会的放生地,大多选在袾宏所设的放生池和放生所内。每个放生会都有会首主其事,参加会员每月定期缴会银,大都是五分钱,集银后,每月皆会举行放生一次,放生会皆有会规,不守规则的会员必受罚金,金额依情节轻重,有一钱至五分不等,至于放生如何进行,依照《上方善会约》,放生进行程序有定期、读诵、治供、议论、放生、主会等程序,一个放生仪式的举行,其不单纯只是放生而已,还结合念佛、经论讲解和讨论及斋供等活动。晚明佛教的放生文化,是由一套庞杂程序所成,如此庞杂的活动,每月皆要举行,所费实巨,必集合檀信布施才可行,形成了独特的佛教寺院"放生经济"。

设置放生池,要有地设池,并由寺院加以看顾管理,因此,土地和建寺费用是非常庞大。云栖寺放生池、上方寺放生池,都由地方缙绅所捐献修建。放生池要依附寺院,除了寺僧可看管照料外,以寺田收入支持放生池运作,也是晚明常见之举,士大夫设放生池,必会帮所依附寺院召募寺田,作为两寺放生池营运之用。

此外,推行放生,组织放生会,参加会员每个月皆会缴放生银,而放生会则多订立会规,违反者,必须科以罚金,放生银和罚金都可交由放生会或寺方统合运用。据《古杭云栖莲池大师塔铭》记载,云栖寺欲放生,所需费用庞大,寺方宁以减僧众食,岁存粮食三百石以支持,可见云栖寺对放生善业之重视,放生活动事实上成为当时佛教寺院重要的日常活动。

云栖袾宏还设想营造"放生道场",每月皆要放生一次。放生是当时佛教寺僧日常化的仪式,为了举行放生仪式,就有金钱开销,故云栖寺募化的善款,有很大的比例是属放生之资。而寺院为了广行放生,也制定如《上方善会约》和各种警策,来作为管理放生的规则,并设置放生所及放生池,以资众人放生。同时,放生活动也为云栖寺带来寺田(放生田)、放生费用等收入,扩展了寺院的社会影响。

总之,在袾宏的持续倡导和积极引导下,杭州等地的佛教放生活动主要依附寺院而展开,通过放生会等居士信众组织,成为晚明佛教信仰活动影响民众生活的重要途径。

袾宏对后世产生的另一个重要影响,就是注重佛教文献的整理,为佛教修行和佛教文化提供重要的典范。在这一方面,袾宏的贡献是相当突出的。如袾宏于万历十二年(1584)撰写的《往生记》汇集了中国历史上践行往生净土的僧人和居士的传记文献,撰于1585年的《缁门崇行录》记述了佛教历史上著名禅僧修行活动的崇高轨则。《禅关策进》则是一部对以往禅师的悟修活动、锻炼方法的资料汇编。《武林西湖高僧辑略》和《皇明名僧辑略》,更是选取杭州地区著名佛教僧人及本朝佛教僧人的传记文献。

最后,尽管袾宏的思想涉及到佛教的诸多领域,但他最主要的方面,还是体现于大大强化了中国佛教传统中的净土信仰及其修行实践。他告诫弟子们的最后一语是"虔敬念佛"。袾宏示寂后,被推为中国"莲宗八祖"。袾宏对中国佛教净土信仰及其实际修持的突出贡献,决定了袾宏思想中对后世佛教修行的深远影响。

推崇袾宏为中国净土宗第八位祖师,最为不遗余力者是杭州佛教居士虞淳熙。据其所撰《莲宗十祖记》称:"乐邦之孕莲胎者,皆阿弥陀佛之孙,无敢当祖者。而石芝晓法师立七祖,云栖袭嗣焉。一为庐山远公。公道流东国,梦归西池,分十四支,流注上下,云仍不绝,乃至于今,非公则难信之法莫为之初。即舌相遍覆,孰证诚实之言乎?七祖中,如导、照、康、寿,并乐邦教主之应身,似无非应身者。人各有传不著,著立十祖之由。由云栖子孙,欲袝宏师,而熙体师之意,进中峰、楚石。于是众议称十祖云:两师同咏净土百诗,宏师为传为赞,角虎之负西崦久矣。先明后元非世次也,以宏师常不轻之行。且呼孙应孙,而祀委忘源,反下注为上注,非法流也。人言师壮列贪序,少慕丹丘,比于雁门儒宗、缙云玉女,无忝厥祖,其迹易明。至择华藏者,恣狂夫之谈,诋老妇之祭,不续五灯,灯尽讵知杂华拈华之一派?故进中峰、楚石,而师承之。"①在此,虞淳熙列出了慧远、善导、元照、少康、延寿、中峰、楚石、袾宏为中国莲宗八祖的谱系。

在袾宏的佛教思想脉络中,一直关注着末法时代的护法形象,试图解决即世护法与即法救世之间的现实困境。尽管他没有也不可能把护持佛法转化为社会性的普遍行动,但他力图通过普世念佛来化解护法与正法的两难处境。对此,袾宏尝辨析称:

> 夫学佛者,无论庄严形迹,止贵真实修行;在家居士,不性能缁衣道巾。带发之人,自可常服念佛,不必定要敲鱼击鼓;好静之人,

---

① 虞淳熙:《莲宗十祖记》,《虞德园先生集》卷七,《四库禁毁书丛刊》集部第43册,第261页下。

自可寂静念佛,不必定要成群做会;怕事之人,自可闭门念佛,不必定在入寺听经;识字之人,自可依教念佛;千里烧香,不如安坐家堂念佛;供养邪师,不如孝顺父母念佛。①

为此,袾宏普劝居家信众念佛往生净土:"世间无有一人不堪念佛,不论男女僧俗,不论贵贱贤愚,但一心不乱,随其功行大小,九品往生。"②末世护法之踏实途径,莫过于持名念佛往生净土。通过修行念佛往生的稳健路径,把自利与利他相结合,使佛教修行趣归于禅教归净、全面皈依于佛教独特的净土信仰。而对于出家佛僧,则告诫说:

> 一介凡僧,既不能见性明心,又不能积功累德,但其安分守己,于此末法中,亦可充佛祖普庇众生庐舍中之一小椽,亦可助佛祖普渡众生桥梁中之一卷石,亦可备佛祖普疗众生疾病药笼中之一方。③

当然,对于这种禅教归净、念佛往生的修行取向,当时亦有人提出一些不同的意见。如钟惺曾说:"念佛一事不可视为太难,亦不可恃其太易。云栖之言念佛,似只须口诵,便可往生。彼非不欲知幽溪所言,恐人以为难,反生退转,不若且引之口诵。幽溪深极之论,恐人视为太易。然不善会之,亦能生退转。"④钟惺指出袾宏称名念佛而往生净土的思想,似有太过易简之嫌,使人视之太易而生退转之心;而幽溪大师(即无尽传灯)的《净土生无生论》,则又有太难之过,令人望而生畏,亦让人生退转之心。

袾宏的稳健修学及其普世念佛修行论,对后世佛教界产生了深远影响,并使他成为佛教戏剧的主角。清代由杭州报国寺僧智达编撰的"传奇"通俗戏剧《净土传灯归元镜》⑤,以中国莲宗"三大祖师"庐山慧远、永明

---

① 袾宏:《开示·普劝念佛》,《云栖遗稿》卷三,《莲池大师全集》,第 4707 页。
② 袾宏:《普劝念佛》,《云栖遗稿》卷三,《莲池大师全集》,第 4709 页。
③ 袾宏:《云栖遗稿》卷三,《莲池大师全集》,第 4766 页。
④ 钟惺:《隐秀轩集》卷二八《与徐仄叹》,第 492 页,上海,上海古籍出版社,1985。
⑤ 此书全称为《异方便净土传灯归元镜三祖实录》,简称《归元镜》,上、下二卷,板藏于杭州云栖禅寺,现收于蓝吉富主编《大正藏补编》第 18 册,台北,台湾印经处 1974 年印有单行本。

延寿和云栖袾宏有关。其中,几乎有一半的剧情涉及到袾宏佛教修学生涯中的主要事件,如七笔勾词而出尘、东昌发悟、白下得病、云栖祈雨、朱桥兴建等。此剧最后称:"再颁遗嘱,是大师条理精密处。弥陀接引,是大师不违本愿处。此分内,言言警发,极醒人意。同生极乐,切勿视为奇特。人人可生,只在一心不乱。"①非但如此,在剧中,"二祖"延寿,在他圆寂前预言,净土教在六百年后将由袾宏复兴。这部戏剧,据称直至近代仍曾上演。

此外,袾宏也是佛教文学作品《九品莲台记》的主角。此书分为上、下二卷,凡九品。第一《破迷品》:沈贡士春园宴乐,汤夫人除夕吟诗。第二《入道品》:莲大师参访遭磨,降猛虎皈依三宝。第三《慈爱品》:陆善人梦登金塔,旧夫妻佛殿谈禅。第四《游戏品》:谒诸方诱僧入道,火焰关一念归真。第五《阐法品》:众公侯竹窗闻法,潘贤王书寄投诚。第六《转识品》:谈万法三宗合一,指净土最上归元。第七《发智品》:赵宝所自领家珍,四八愿汤师阐化。第八《感应品》:示因缘皆归极乐,汤庵主说谒归西。第九《法喜品》:赞莲邦两华天乐,九品台坐化神游。②

总之,袾宏承绪永明延寿的"万善同归"教行观念,既与以禅宗为主导流的祖师佛教保持一致,更注重中国佛教的民众化或大众化的进路。中国佛教的民众化,主要体现为修福与修善并进的实践取向。两种取向相互配合,通过念佛与修福,充分奠定近世中国佛教的演进趋势。

第二节　紫柏真可(1544—1604)

一、生平与著述

真可③,字达观,晚号紫柏,世称紫柏尊者或紫柏老人。俗姓沈,江苏

---

① 智达:《归元镜下》,第45页。
② 参见[日]泽田瑞穗的《莲池大师传与弹词九品莲台记》,收于《佛教与中国文学》,第200—201页,东京,日本东京国书刊行会,1975。
③ 陆符在《紫柏尊者别集》附录中言:"万历中,慈圣皇太后,钦师道风,上(指万历帝)亦雅知师,谓若此真可名一僧。师遂取以更其名。"

吴江人。他在孩提时就显示与众不同的刚烈性格。"性雄猛,慷慨激烈,貌伟不群。"①十七岁,即仗剑远游,行至苏州阊门,偶遇僧觉明,遂与之同归虎丘云岩寺,并礼明觉为师。二十岁,受具足戒,至武塘景德寺掩关三年,后即远游行脚、参访诸方知识,以究明大事。真可先后过匡山,穷相宗奥义;游五台,于无名老宿处领一念未生之旨;至京师,亲近法华大匠遍融,以及参学笑岩、暹理等禅门尊宿。

万历二年(1574),真可参访行脚近九年后回虎丘省明觉师,但他并未在此久留,而是继续行脚江南一带,与傅光宅、管东溟等士大夫结缘。万历三年(1575),真可得知大千常润在少林寺开堂讲法,便结友参叩,见其讲公案时"以口耳为心印,以帕子为真传"而耻之,以为"西来意固如是邪?"遂不入众而南还。其后,真可的生活大都处于变动不居之中,足迹遍于大江南北。他游江南,与诸多士大夫宰官居士结缘;走京师,赏识于王公巨卿;访牢山,结交佛门师友,与憨山德清结下深厚的友谊。正如曹学程所言,紫柏"云游遍天下,胁不至席者三十年"②。

真可后三十年的人生轨迹多与他平生志业于"三大负"相关联,即"老憨不归,则我出世一大负;矿税不止,则我救世一大负;传灯未续,则我慧命一大负"③。真可自言,"若释此三大负,当不复走王舍城矣"④。真可前两大负直接与晚明的政治风云纠葛在一起。万历三十一年(1603),已经尘埃落定的神宗立储之事又因《续忧危竑议》再起纷争,真可的俗家弟子沈令誉被牵连被捕,锦衣卫在其家中搜到真可为憨山鸣不平的信件,真可遂被捕。狱中,真可遭受残酷拷讯,不久便坐化而去。

---

① 德清:《达观大师塔铭》,《紫柏尊者全集》卷首,第9页。
② 曹学程:《紫柏老人圜中语录序》卷首,第20页。
③ 德清:《达观大师塔铭》。老憨即憨山德清,万历二十五年(1597)憨山因"私创寺院罪"被充军岭南,作为憨山法门挚友的真可几进京师,力救憨山。矿税不止,指万历年间肆行天下的矿税政策。南康太守吴宝秀因反对矿税与税使,被弹劾入狱,真可得知后,虽素不相识,仍入京营救。传灯未续,指刻印方册大藏经与续修《传灯录》等佛教复兴事业。真可的三大负集中地反映了他对佛法与世法的关注。
④ 德清:《达观大师塔铭》,《紫柏尊者全集》卷首,第14页。

在明末四大师中,真可的留世作品最少,仅有憨山审阅的《紫柏尊者全集》二十九卷,及钱谦益编审的《紫柏尊者别集》四卷。真可是一位注重修行的禅师,平时并不刻意于文字语言。对此,德清尝称:"(真可)以自性宗通,故随机之谈,如千钧弩发,应弦而倒,无非指示西来的意,称性冲口,曾无刻意为也。"①弟子也言,"触著信口所录以示人","凡所开示人者,即令其代书,书毕随手携去,大师未尝再一寓目"。②真可逝后,僧俗弟子将其文字结集成帙,并请憨山校阅而梓之为《紫柏老人集》。现《紫柏尊者全集》二十九卷为《紫柏老人集》与单行刊刻的《罏中语录》合并而成。康熙二年(1661),钱谦益荟萃钱启忠《集钞》、陆符《心要》等真可中年后之作,取全集未载者,辑校为《紫柏尊者别集》四卷。《紫柏尊者全集》和《紫柏尊者别集》收录了真可法语、题、缘起、序、跋等文类,佛家经典的注释有《释心经》、《释金刚经》、《释楞严经》、《释八大人觉经》、《八识规矩》等五部及援佛解儒的《解易》一篇。

真可立志刻印方册藏经使佛法易于流通,是其复兴晚明佛教的重要举措之一。除此之外,真可还十分重视建造或修复佛教寺院。真可一生行脚,所到之处,着力修复已颓寺院。据不完全统计,真可倡导或直接参与修复的大小寺院就达15所之多。其中著名的有浙江嘉兴楞严寺、浙江径山的径山寺、北平房山的云居寺等。③ 另外,真可还与憨山计划编撰《传灯录》、恢建曹溪禅宗祖庭,以期复兴佛教大业。

真可平生行游天下,所到之处,无不与士大夫相交,"足迹所至半天下,宰官居士望影归心,见形折节者,不可亿计"④。真可门下形成了一个颇具规模的居士群体,他们既有名倾一时的社会文化名流诸如陆光祖、冯梦祯、汤显祖、董其昌、瞿汝稷等,也有位高权重的达官贤士如吴本如、于玉立、蔡承植、黄慎轩、杨廷、徐法灯等,甚至有江南名门望族合族归礼

---

①② 德清:《紫柏老人集序》,《紫柏尊者全集》卷首,第3页。
③ 德清:《达观大师塔铭》,《紫柏尊者全集》卷首,第15页。
④ 德清:《紫柏老人集序》,《紫柏尊者全集》卷首,第1页。

的现象。① 真可或劝以荷担佛法,或对之开示佛法真谛,或与之机锋相砺,僧俗之间互为激励,从而推动居士佛教繁荣。一方面,士大夫居士成为真可复兴佛教的大护法,陆光祖、冯梦祯、瞿汝稷、于玉立等士大夫檀越是真可完成刻藏事业与恢复寺院的重要保证;另一方面,真可或对他们学佛给予指点,或给予他们人生的指导,成为他们精神的导师。针对士大夫居士易胶漆于六道之中,真可告诫他们,佛法有两种血脉:一是四圣血脉、一是六凡血脉,"故末法修行者,切须明此两种血脉,始有商量好恶之分。不然,尽说些鬼话的人头牛耳……诸仁者,自今而去,必当以四圣为血脉,必要发四圣心肠……莫因六根门头憎爱影子,伤血脉源头"。② 他要求居士们要成就声闻、缘觉、菩萨、佛之最高境界。陆光祖仕途多舛,真可写信劝他辞官退隐。陆光祖晚年一心念佛,真可认为念佛若得胜净之缘资之,则念头易得绵密,遂特请人画跋陀罗尊者像赠予他,助其念佛。真可谆谆教诲冯梦祯身在仕途,处世要宠辱不惊:"大都男子出处,实系前分,世之嘈杂赞嗤,何足介怀?且荣辱无常,两无自性。辱若有性,贫贱者断不能及富贵矣。是以达人了此,安于荣辱之间,不见二致。"③

针对居士不离家修行的特点,真可告诫他们,"有亲则以亲为事,有君则以君为重",只要本愿不忘,修行的形式则可以多样。作为真可最看重的得意弟子之一的汤显祖,其思想受真可的影响也大。真可在情理关系上倡"情有者理必无,理有者情必无",对汤氏的主情论和情感生活有所规劝。后汤氏基本被其说服,在回信中说:"情有者理必无,理有者情必无。真是一刀两断语,使我奉教以来,神气顿旺。谛视久之,并理亦无,世界身器,且奈之何?迩来情事,达师应怜我。"④ 与之相关,汤显祖

---

① 《达观大师塔铭》:"师初过吴江,沈周二氏,聚族而归之。时至曲阿,贺孙二氏,率族而礼至敬之。至金沙,于王二氏合族归礼。"《紫柏尊者全集》卷首,第 12 页。吴江、曲阿、金沙,现江苏省吴江县、丹阳市、金坛县。
② 《紫柏老人集》卷七《法语·示丁南羽缪仲纯吴康虞于中甫》,第 156 页。
③ 《紫柏老人集》卷三《与冯开之公十六首》,第 656 页。
④ 《汤显祖全集》卷四五《寄达观》,徐朔方笺校本,北京,北京古籍出版社,1999,第 1351 页。

的创作理念也有所改变。汤显祖自认为罗汝芳、李贽和真可是对他影响至深的三位思想家。他说:"如明德先生者(罗汝芳),时在吾心眼中矣,见以可上人(真可)之雄,听李百泉先生(李贽)之杰,寻其吐属,如获美剑。"①"弟一生疏脱,然幼得于明德师,壮得于可上人。"②时人在评价真可对士大夫的影响时说"士大夫得晋接者,不言而意已消"③。

紫柏曾认为:"是故经世能以出世为宗,谓之豪杰而圣贤;出世能以经世为用,谓之圣贤而豪杰。若然者,方内方外,犹波与水。"④也许,从紫柏的弘法一生来说,对于豪杰人格与圣贤人格的观照,他宁愿选择前者,即豪杰人格。紫柏把对自己定位由圣贤而豪杰的向下一路,自觉地走向了自上而下、由外而入内的济世利生、弘法救世不归之路。在世而出世易,出世而入世难,紫柏对此当有着比常人更为真切的体认。德清评论紫柏之行称,"予以师之见地,足可远追临济,上接大慧之风,以前无师派,未敢妄推"⑤,可视为中肯之论。

紫柏真可一生曲折坎坷,情性刚烈、豪放,于佛教与世间都有着自觉的沉重担负。"正法可无临济、德山,末法不可无此老也。"⑥钱谦益则将紫柏与憨山喻为"狮弦绝响之候"的"一车两轮",是继明初楚石梵奇与宗泐季潭之后振兴禅宗的重要高僧。⑦ 然而,真可虽为禅僧,却难以归属于禅门世系的某一法派,他和憨山一样,强调嗣德不嗣法,被归列为"嗣法未详者"。

---

① 《汤显祖全集》卷四四《答管东溟》,第 1295 页。
② 《汤显祖全集》卷四七《答邹宾川》,第 1449 页。
③ 德清:《紫柏老人集序》,《紫柏尊者全集》卷首,第 2 页。
④ 《紫柏老人集》卷一四,《远公五论序》第 288 页。
⑤⑥ 德清:《达观大师塔铭》,《紫柏尊者全集》卷首,第 16 页。
⑦ "大师与紫柏尊者,皆以英雄不世出之资,当狮弦绝响之候,舍身为法,一车两轮。紫柏之文雄健而斩截,大师之文纤余而悲婉,其为昏涂之炬火则一也。昔人叹中峰辍席,不知道隐何方,又言楚石季潭而后,拈花一枝几熄。由今观之,不归于紫柏憨山,而谁归乎!"钱谦益:《憨山大师梦游全集序》,《憨山大师梦游全集》卷首,第 1 页。

二、思想与影响

真可禅学思想的理论基石是真常唯心论,基于《大乘起信论》真妄和合之一心立论,建立自己的心性理论。真常唯心思想的主旨,在于提倡万法皆是真常唯心的变现,它把宇宙本体绝对精神化,把主体心灵与宇宙精神统一起来,形成佛教化的天人合一观。

真可的心性观正是对真常唯心论的阐释。他认为:"心生则种种法生……心作天堂,心作地狱,心作圣人,心作众人。至于大之天地,广之万物,皆心之造作。"①心既是本体论意义上的心,也是认识论意义上的心,同时也是当下个人自心。前者是万法之本,真可说,"夫形者,心之影。影者,形之影。今有人于此,图影欲真。殊不知纵真,影也"②。此心为"本心"。认识论上的心,真可又称之为"觉心":"天地可谓大矣,而不能置虚空之外。虚空可谓大矣,而不能置无心之外。故以心观物,物无大小。以物累心,心不能觉。惟能觉者,始知心外无物也。故曰:诸法无法本,我说唯是心。不见于无心而起于分别。"③按照禅宗的心性一体论,此"觉心"也是佛性。自心就是自性,自性觉则本光不失,自性不觉则影执而光用不显。当下个人之"自心",真可称之为"吾心"或"汝心"或"平常心",它是其他两种意义上的心的安顿之所,它既是主体心灵与宇宙精神统一的实体,同时也是一种心理意识、心理功能。真可言:"离吾心,则天失其高明,而地失其博厚矣。若然者,日之明,月之明,灯之光,皆吾心之彩也。"④这即是说,吾心是认识世界的窗口,无心则无物,此"吾心"实际上就是心理意识。与此同时,"不惟众生国土与虚空,皆在汝心,即大觉心,

---

① 《紫柏老人集》卷一〇《法语》,第 220 页。
② 同上书,第 218 页。
③ 《紫柏老人集》卷九《长松茹退》,第 197 页。
④ 《紫柏老人集》卷一〇《法语·墨香庵常言》,第 215 页。

离汝心亦不可得"①。从众生与佛的关系而言,此心既是佛心也是平常心。此平常心,凡血气所属,人皆本有之。"但众生不善用之,而现三毒奇险之心也。如善用之,虽然众生三毒奇险习熟,即是诸佛平常之心也。"②这样,心就具有了真与妄两种性质。当"心"向内转,从本真(心真如门)的意义上来看时,吾心就是真如,就是大觉心,就是佛性,此心人人本有:"正因佛性,在诸佛不加多,在众生不加少"③。当"心"向外转,从妄心(心生灭门)的意义上来看,妄心因境而起。真可言,"心有真心妄心。真心照境而无生,妄心则因境牵起者也。真心物我一贯,圣不能多,凡不能少。妄心则境有多种,或以有为境,或以无为境,或以诸子各偏所见为境。故曰心本无生因境有"④。由此可见,在真可,一切染净皆从心出,一心普摄一切法。

真可心性论也杂糅了一些儒家思想,他将儒家的情与理等范畴揉进佛教心性思想中,促进对佛教心外无物、心外无我的理解。他说:"夫理,性之通也;情,性之塞也。然理与情而属心统之,故曰,心统性情。即此观之,心乃独处于性情之间者。心悟则情可化为理,心迷则理可变为情矣。若夫心之前得则谓之性,性能应物,则谓之心。应物无累,始谓之理;应物有累,则谓之情。故曰,无我而通者理也,有我而塞者情也……心悟,则无塞而不通。"⑤真可这里,却情以归理虽然表述为心之迷与悟之间的转换,但性之通与塞却更接近于儒家的返本归真,这一说法为强调修行的解脱提供了理论准备。

直指人心,见性成佛。明心见性向来是禅家修行获得解脱的最终目的。成佛修行只在迷悟之间,"而能真能妄者,心也。了心者,不可以迷悟拘之"⑥。然而,针对晚明佛教界疾禅暗证的空疏作风,真可在坚持传

---

① ⑤《紫柏老人集》卷一《法语》,第31页。
②《紫柏老人集》卷六《法语·义理辨》,第142页。
③《紫柏老人集》卷一《法语·示觉声持金刚经》,第42页。
④《紫柏老人集》卷九《长松茹退》,第187页。
⑥《紫柏老人集》卷一〇《法语·墨香庵常言》,第215页。

统禅学以明心见性作为最终解脱目标的同时,对明末丛林流行机缘话头顿悟的公案禅、话头禅表示不满。他认为:"道可顿悟,情须渐除,而鼻祖所传之心,道也。《楞伽》所谓转识成智之法,治情之具也。倘闻道而不治情,此果真闻道乎?此必魔外也。"①解脱是悟道,但悟道后还必须渐修以除情,持戒、经教、服水斋、念佛、止观、闻思修等都是明心见性的方法。真可言:"初心学者,当先求精我空之解……二解既成,依解起行。当于憎爱荣辱之地,死生聚散之场所,力而行之。"②

真可是一位持戒精严的高僧,他"肋不至席者四十余年,性刚猛精进,律身至严,近者不寒而栗"③。"居常礼佛后方食。一日客至喜甚,误先举一食。乃对知事曰,今有犯戒者,命尔痛责三十棒,轻则倍之。知事惊,不知为谁,顷,师授杖知事。"④针对丛林"去佛时遥,岂惟山陬海隅僧徒不遵戒法,即名山宝地,不知波罗提木叉是何骨董"⑤之弊,极力提倡戒律,认为"圣人设律,所以防奸邪;祖制纲宗,所以防魔外。是以是凡是圣,若不打这个圈套里过得,纵有些微见也,皆非正因"。⑥ 佛所设之教,其摄众人,必先使之皈依佛、法、僧,然后授予五戒。皈依佛、法、僧是佛教信仰的基本前提,唯此才是出世、才能开悟、才有师傅传授。然而,三归虽备,众人还必须遵循严格的行为规范,"三归备而不严持五戒则树德无基"。⑦ 三归五戒是声闻戒中的基本规范,是诸戒之本。真可认为,精持五戒只是持戒的第一步,"五戒精持,须明三聚"。三聚,即三聚戒、三聚净戒,也称菩萨戒,包括律仪戒、善法戒、众生戒,即止恶、行善、利益众生。真可指出:"是故持五而不持三,但超人天,难继佛祖。然戒杀而不

---

① 《紫柏老人集》卷二《示学者精研止观》,第52页。
② 《紫柏老人集》卷一〇《长松茹退》,第194页。
③ 《达观大师塔铭》,《紫柏尊者全集》卷首,第15页。
④ 同上书,第13页。
⑤ 《紫柏老人集》卷四《法语·示觉山寺僧众》,第96页。
⑥ 《紫柏老人集》卷四《法语·示浣禅人》,第93页。
⑦ 《紫柏老人集》卷七《法语·示禅人三皈五戒》,第147页。

215

能放生,戒盗而不能布施,戒淫不能教人持戒,戒妄语而不能爱语说法,戒酒不能劝人戒饮,此名下品五戒;反是名中品五戒;如能五戒三聚,兼持无犯,名上品五戒。"五戒是从消极方面规范的止恶,三聚戒则是从积极方面扬善。故,"五戒三聚,精博无遗,精则五为诸戒之本,博则无善不摄"。①

真可还进一步从心性角度将戒分为事戒和性戒。他说:"僧之本源,则又基于性事二戒。性戒者,洞明自性,决了无疑,即名性戒。事戒者,初则要本五戒,中则沙弥十戒,后则比丘二百五十戒。"②在他看来,杀、盗、淫、妄、饮酒食肉之五恶之习,源于人们初无自性,因无自性则不能自觉,对无性的自觉要等待时缘,一旦觉悟无性,"则能履憎爱之场,触生死之海。此觉不昧,如定风珠,一投大海,波浪渐停"。③真可是将不觉之前的戒称之为事戒,一觉之后的戒,称之为性戒。他告诫言:"为初心受戒贵先知此,知此则名性戒,不知则名事戒。"真可又用冰与水来比喻性戒与事戒的关系:"性之与事若冰水本无异同。融则为水,凝则为冰。是故先知性戒,则一切事戒无事而非性,即知水为冰,而无冰而非水耳。"④这是从理上而言的事戒与性戒的关系。按照真常唯心之一心二门理论,无事而非性,无性而非事,事戒与性戒只在觉与悟之间,所谓"自心清净,戒根本洁;自心空寂,定水本澄"。⑤但从事上而言,即从具体的修行进程而言,真可认为,从事戒到性戒的觉悟,需要一个渐进的修行过程,因此,他告诫弟子,"智潭若未知性戒,且守事戒。事戒积久熏炙觉性,终有开悟之日"⑥。

就戒相上来说,真可认为五戒、沙弥十戒,以及比丘二百五十戒等是事戒。性戒,则为"洞明自性,决了无疑"的无相戒和禅戒。《梵网经》言:

---

① 《紫柏老人集》卷七《法语·示朱虬庵》,第162页。
② 《紫柏老人集》卷四《法语·示东西云居寺僧众》,第99页。
③④⑥《紫柏老人集》卷六《法语·授智潭戒》,第132页。
⑤ 《紫柏老人集》卷四《法语·示觉山寺僧从》,第97页。

"修行一切之法,不生不灭,不常不断,不一不异,不来不去,常住一相,犹如虚空,言语道断,自性清净,是名修行。如是行人,于自性清净心中,不犯一戒,是即虚空不动戒。又于自性清净中,安住不动,如须弥山,是则虚空不动定。即是虚空不动慧。如是等戒定慧,名卢遮那佛。"可见,禅戒乃是以众生之自性清净为本。禅戒是透过修习禅坐,以明心性本源,在自性清净心中,安住不动,自然达到一戒不犯的境地,由于其不具戒相,故慧能又称之为"无相戒"。

性戒是根本,事戒是基础。真可以性戒为持戒之本,以事戒为持戒之初始。为了拯救末法戒律的荒疏,他甚至要弟子以发毒誓、怖畏自心的方法,使自己达到执持事戒的目的。此外,他也依据传统说法将五戒类比附于儒家的五常,从而为持戒找到世俗伦理的支撑。

真可认为,世法中人们最大的修行障碍是执一己身心为实有,"一个臭躯壳子打不破,一点妄想覰不透"。[①] 一切众生,不能觉了身与心,所以不能解脱生死烦恼之碍。若能破身心执受,众生与佛无殊。因此,真可认为,真正的究性与命,非得从自己身心开始不可,"如忽身心不究,虽读五车三藏,终与身心何益哉"![②] 在真可看来,破身心之执的最好的修行方法是"持毗舍浮佛偈",尤其是前半偈"假借四大以为身,心本无生因境有"。真可说:"故吾劝出家在家,有志于断生死,割烦恼者,于毗舍浮佛偈,能信持之,持久熏熟,则身心执受之障,终有消释时在。又身执受消进,涅槃现前,心执受消时,菩提现前。"[③]

毗舍浮佛为过去七佛中的第三佛,此佛于身与心皆觉了解脱,故又称自在觉,其偈曰:"假借四大以为身,心本无生因境有。前境若无心亦无,罪福如幻起亦灭。"执持毗舍浮佛偈何以能破身心之执,悟明心性?真可认为,毗舍浮佛偈包含大藏,透彻禅源。不仅龙树的无生偈(诸法不

---

① 《紫柏老人集》卷七《法语·示康孟修》,第154页。
② 《紫柏老人集》卷四《法语·示阮坚之》,第87页。
③ 《紫柏老人集》卷七《法语·七佛偈示众》,第157页。

自生,亦不从他生,不共不无因,是故说无生)以毗舍浮佛偈为源,是此偈的注脚。① 而且,历史上也有不少人以毗舍浮佛偈示人。对此,紫柏称引黄山谷(黄庭坚)之见,称"殊不知舍七佛偈,则禅无源矣。禅之流,又恶自来哉?"②真可指出,人们常误认为七佛偈可以义解故终不能超情识,而诸祖机缘非义解而能超情识,故可参而悟之。殊不知七佛偈亦有义解不得入处,诸祖机缘也有可以义解者。学禅之法,法本无定,一如大将用兵,有时用正胜敌,有时用奇胜敌。若必谓西来意只在诸祖机缘而不在七佛偈,犹如用兵只知用正而不知用奇。"学者果能精而究之,方知禅不外偈矣。"③他进而认为,如果于诸祖机缘参而不悟,还不如持毗舍浮佛偈更具有效性。此外,身心之破与毗舍浮佛偈正相契合。真可认为:

> 生人之大累,莫过于身心,所以圣人先治自己身心,然后开物成务……又治身治心,先务穷身心之始终,然后治之。如不穷其始终,而妄治之,终不能也。然身粗而易穷,心精而难穷。故先穷其易者,作离身之观,稍稍成熟,然后穷其精者,则心亦不难穷矣。身者何义? 身以积聚为义;心者何义? 心以附丽为义。故曰离者丽也。由是而观,先须聚五行四大,身然后成;境未当前,则心不能独立,必境有心触,然后心有以附丽。毗舍浮佛偈曰,假借四大以为身,心本无生因境有。与夫聚而后有身,附丽而后有心,若合符契。④

既然佛教修行的本质就是破身心之执,而毗舍浮佛偈就是说明身为四大假合而有,心为因境而有,两者正相契合。真可认为必由之道是"审名以精义,精义以入神,入神以致用"。⑤ 比如在参究身心为假时,要对身

---

① 《紫柏老人集》卷二《释毗舍浮佛偈》,第50页。
② 《紫柏老人集》卷七《法语·七佛偈示众》,第156页。
③ 同上书,第157页。
④ 《紫柏老人集》卷六《法语·示智灯》,第133页。
⑤ 《紫柏老人集》卷四《法语·示阮坚之》,第86页。

为地水火风四大假合而成、心为受想行识四蕴凑合而成加以推察审究，从追问四大未聚之前、既聚之后此身何在等问题中知晓外四大而无一己之身；究身之后，再以遇境逢缘，憎受念起时，谛观此念从何起来究明"心本无生因境有"。真可有时也说要将毗舍浮佛偈作一个话头，"于一切逆顺境上，绵绵不断，历时不昧，持诵将去"。与传统禅家以一段无意义的话阻塞意识活动的话头禅相比，真可持偈的理路包含了复杂的内容，既有逻辑义解的成分如对四大假合的分析，也有"空观"的成分，也有话头禅的成分，显示真可不拘泥于古人，融会贯通的修行经验。真可一生都十分重视持毗舍浮佛的前半偈，故门人吴应宾说他："四十余年，肋不至席，手不停挥，为初学人谈法相义，为久习辈开般若门，为利智根指涅槃心，显法界藏。有时雷轰电掣，截断众流，有时带水拖泥，四轮着地，随机赴感，未曾一会锋许，出得半偈道场。"①毗舍浮佛半句偈成为真可融汇综合法相、般若、禅的圆满的修行法门，这在晚明佛教界独树一帜。

念佛是晚明僧俗两界普遍盛行的修行方式，但也一直存在着他力往生西方净土与本愿自力的唯心净土之争。真可被称为"继临济狮弦之绝响"，他始终站在禅僧的立场，对念佛求生净土持怀疑甚至否定的态度。真可列举了明末佛教丛林七大错，念佛往生就是其中之一。真可说：

> 此来佛法大患，患不在天魔外道，患在盲师资七大错耳……三者，以念佛求生净土，易而不难，比之参禅看教，唯此著子最为稳当。我且问你：净土染心人生耶？净心人生耶？半净半染人生耶？全净心人生耶？若染心人可生净土，则名实相乖，因果背离。若半染半净生净土者，吾闻古德有言："若人临终之际，有芥子许情识念娑婆世，断不能生净土。"若全净心生者，心既全净，何往而非净

---

① 《紫柏大师全身舍利塔颂有序》，《紫柏尊者全集》卷首，第19页。

土,奚用净土为？如是以为念佛一著子能胜参禅、看教,岂非大错。①

真可显然是从禅之顿悟角度批评净土的带业往生。实际上,这也是净土思想的一个矛盾所在。净土主张临终一心不乱,始得往生极乐,那么,带业往生,何以能一心不乱？再者,一心不乱即心净,心净则土净,又何用念佛往生？当然在晚明普遍的念佛浪潮中,真可也不能不为之所动,但他始终坚持禅家的立场,强调自力解脱,心净即土净的唯心净土。在真可看来,念佛的最终目的是"临命终时,一心不乱而往",此时也必是身心执受的最终消释。如果法性不明,情关不破,身心执受不消,虽口念弥陀,终不得往生。真可认为,以持毗舍浮佛偈之心持阿弥陀佛,"我敢保他无一个不生净土"。其次,真可认为,弥陀净土乃是自心之觉,唯心的体现,弥陀四十八愿"皆不越我自心"。② 他对念佛的方法也提出了自己的见解:"自今而后,直须睡梦中,念佛不断,方有出苦分,若睡梦中不能念佛,忘记了,一开眼时痛哭起来,直向佛前叩头流血,或念千声,或念万声,尽自家力量便罢。如此做了二三十番,自然大昏睡中,佛即不断矣……梦中念得佛的人,临死自然不乱也。"③真可这种念佛方法相似于憨山的念佛观想,是要让往生净土成为做梦一般,这实际上是以禅修的方法念佛。

除上述修行方法之外,真可还提出以服水斋以枯淡情识,以闻思修熏发众生,以及以止观之火煅昏散等诸多修行法门。禅家种种修行方便,其目的是悟明心性,洞见本来面目。因此,在真可看来,入道之途有多种,只须真修实悟,渐次修行,就能达到无心而修的最高禅境。

紫柏的禅教关系论,从佛语与佛心入手加以阐释。佛语是佛所说的经教文字,代表着依大小乘经论而立之宗派,如唯识宗、天台宗、华严宗

---

① 《紫柏老人集》卷三《法语·示学者》,第82页。
② 《紫柏老人集》卷一〇《法语·墨香庵常言》,第220页。
③ 《紫柏老人集》卷八《法语·示念佛》,第170页。

等,佛心代表离却经教,以心传心,教外别传的禅宗。佛语与佛心就是教门与宗门的关系。真可文集中,也常常以文字与禅来代表宗与教的关系。

真可指出:"宗教虽分派,然不越乎佛语与佛心。传佛心者谓之宗主,传佛语者谓之教主。若传佛心,有背佛语,非真宗也。若传佛语,不明佛心,非真教也。故曰:依经解义,三世佛冤,离经一字,即同魔说。"①佛语与佛心是佛法的两个不可分割部分,佛心需通过佛语来表达,佛语所要表达的是佛心。因此,禅与教的关系是:教是禅的基础,禅以教为始,无教则禅为"魔说"。禅是教的归旨,教的义解只是达禅的桥梁,禅是教的究竟,无禅之教,徒为义解。真可又进一步表明:"夫大藏,佛语也,而大藏之所诠者,佛心也。佛语如薪,佛心如火,薪多则火炽,薪尽则火不可传。火不可传,则变生为熟,破暗张明之用,几乎息矣。故传火必待于薪,而火始有用。传心必合于佛语,而心始无疑。"②以薪与火喻佛语与佛心、教与禅,生动地表明了两者的不可分离,又主次分明的关系,无薪无火,但薪终为火而存。真可作为一名禅僧,虽重经教,但终提倡禅宗在佛教体系中的核心与主导地位。

真可还试图从禅宗发展的历程来表明禅宗并不排斥经教。他指出,晋宋齐梁的学道者沉溺于讲习之风,执着于经论,不识向上一路事,所以达摩东传禅宗之时,"应病投剂,直指人心,不立文字"③。他斥相泯心,不立文字,只是应对破除当时人们执着文字之病的权宜之药,非以文字为根本宗旨。如果初祖果真以为必屏黜心相语言文字而后才得心,为何还手不释卷《楞伽跋陀罗宝经》,并且还以此经授与僧璨,僧璨授与道信,道信授与弘忍,弘忍授与慧能?"盖鼻祖意在夺情,而不夺法也。情夺而法

---

① 《紫柏老人集》卷六《法语·示圣坚》,第136页。
② 《紫柏老人集》卷一五《书某禅人募刻大藏卷后》,第318页。
③ 《紫柏老人集》卷一四《石门文字禅序》,第284页。

存,是法即鼻祖所传之心也。"① 真可认为,从达摩到神光、僧璨到六祖慧能的禅宗一系,是即心而传语言文字,马鸣、龙树、慧远与圆明大师等是即语言而传心。在真可看来,禅与文字又如同春天与花,"春在于花,全花是春;花在于春,全春是花",因此,"德山临济棒喝交弛,未尝非文字也;清凉天台疏经造论,未尝非禅也"!② 然而,"后之承虚接响,不识药忌者,遂一切峻其垣,而筑文字于禅之外,由是分疆列界,剖判虚空",遂有禅教之分判,更有"学禅者不务精义,学文字者不务了心"之水火不容、两相非之弊端。真可进而断言:"夫义不精,则心了而不光大;精义而不了心,则文字终不入神。"③

紫柏还从佛性论角度阐明文字在助发佛性上的重要性。般若即智慧。从修证佛法程度的次第上来说,般若有三种:观照般若、文字般若和实相般若。文字般若,是指从佛所说的经教文字,或佛弟子所说的一切言教而引生的智慧。凡能代表正当思想的文字、语言、图表、符号等,借以修学佛法的方便作略,都可以摄入文字般若。观照般若,是观察诸法事理的智慧。实相般若,是证悟诸法本相的智慧。真可对般若的描述是:"实相般若,即人人本有的心;观照般若,即心上光明,能悟达,则心光发朗;凡吐一言一句,长篇短什,足为万古灯明,用除痴暗,故称文字般若。"④文字般若与观照般若、实相般若的关系是:"不通文字般若,即不得观照般若;不通观照般若,必不能契会实相般若。"⑤

佛性,指佛陀之本性,或成佛之可能性。佛性有三,正因佛性、了因佛性、缘因佛性。此三种佛性,佛与众生本具。而佛与众生因心行受用不同而有区别。正因佛性,乃天然性德,不假修造而有。了因佛性,由正因佛性,发此照了之智,智与理相应,故名。缘因佛性,一切功德善根,资

---

① 《紫柏老人集》卷二《法语·示学者精研止观》,第52页。
②③ 《紫柏老人集》卷一四《石门文字禅序》,第284页。
④ 《紫柏老人集》卷一一《心经说》,第227页。
⑤ 《紫柏老人集》卷一《法语》,第30页。

助了因,开发正因之性,故名。正因属性德,缘了属修德,是一性两修。但因为全性起修,全修即性,性修不二之故,缘、了由正因而起,离不开正因,所以是即一而三,即三而一,圆融无碍。

因为佛即名为觉,也名真如本体,在佛教的理论体系中认识论与本体论是一体的。真可指出,三种般若即名三因佛性。他说:"凡佛弟子,不通文字般若,即不得观照般若;若不通观照般若,必不能契会实相般若。实相般若,即正因佛性;观照般若,即了因佛性;文字般若,即缘因佛性也。"①

真可从两个角度来证明文字般若在修证正因佛性上的重要性。

从本体生起智慧的角度来看,文字经教是佛教化众生,通过佛语传达佛心的手段。真可认为,"文字根于音闻,音闻根于觉观,觉观又根于无觉无观者","夫无觉无观者,所谓正因佛性也"。这种无觉无观—觉观—音闻—文字的过程,真可更为通俗的解释为"圣人出无量义定,放眉间白毫光相,而为文字之海,使一切众生得沾海点"。如此看来,文字经教实际上是圣人故意设置的让众生通达空觉极圆的一座桥梁。如同春与花,花是为了人们认识春而设,如果必欲弃花觅春,非愚即狂。从三因佛性的关系而言也如此,"正因佛性既变为情,苟不以了因契之,则正因终不能会也。了因虽能契正因,苟微缘因熏发之,则了因亦不能终自发也。缘因,即文字三昧之异名也"②。释迦文佛以文设教,文殊亦以文字三昧辅释迦文,就是以佛语传佛心。

从智慧修证本体的角度来看,文字经教又是由佛语达佛心的必经之路。真可说:"娑婆教体,贵在音闻,有音声然后有文字,有文字然后有缘因佛性;有缘因佛性,然后能熏发我固有之光。固有光开,始能了知正因佛性,在诸佛不加多,在众生不加少……苟无文字般若,则观照般若无有

---

① 《紫柏老人集》卷一《法语》,第30页。
② 同上书,第29页。

开发,观照般若既不开发,则将何物了知正因般若?"①佛性为欲显之体,般若为助显之用,体用一如,显微无间,佛性须般若熏发,缺少文字经典之助缘,则本有佛性无从显露。由音声—文字(缘因佛性)观照般若(了因佛性)—实相般若(正因佛性),这是众生由凡入圣、由修到悟的过程,也是文字对佛性的熏发的一个过程,这一过程中,必以文字般若为求进的阶梯,不以文字般若熏发,则不能成就佛法。真可说:"此娑婆世界,非以文字三昧鼓舞佛法,法安可行?"②

北宋高僧惠洪觉范《石门文字禅》一书最早提倡"文字禅"。真可高度评价惠洪觉范文字禅在构成禅宗标格、防护魔外于像季之秋的功绩,并且将惠洪觉范的文字禅外延由"颂古"、"拈古"、"评唱"扩展到一切形式的文字经教。真可如此强调文字般若,其主要目的是对治晚明空疏不实的禅风,他指出,"今天下学佛者,心欲排去文字,一超直入如来地,志则高矣,吾恐画饼不能充饥也"③。真可的用意在于表明,学佛人虽以证悟为禅的最高境界,但须不弃实修,否则禅悟一如画饼,虽美好却不实用。甚至,在真可看来,末法时代,利根人少,悟心实难。对于大多数人来说,与其空口虚心,还不如实实在在的从佛语开始,精严奉行,还可敢保万无一失。真可言:"迩来大人不现,魔外充斥,无论黑白,微有知解,便谓己了。于古德机缘之中,纲宗不别,明暗犹豫,得为虚名,甘昧自心,强横批判,逞一时之情,结长劫之业。此所谓因地不真,果招迂曲,譬如纸花终难结果。吾知其这点虚名,终须亦自打泼了。不若自附怯弱队里,虽未得佛祖心,且信佛祖语,精严奉行,敢保万无一失。如未能爬,莫学走,多少稳当。爬未能而强走,吾知其堕坑落堑,终有日在。"④

真可提倡文字,也是为他毕生为之奋斗的刻藏事业提供理论依据。

---

① 《紫柏老人集》卷一《法语·示觉声持金刚经》,第42页。
② 《紫柏老人集》卷二四《与吴临川始光居士》,第505页。
③ 《紫柏老人集》卷一《法语》,第30页。
④ 《紫柏老人集》卷二《法语·示众》,第61页。

真可言:"大藏,佛语也;而大藏之所诠者,佛心也。"因此,"如刻藏之举,正所谓缘因佛性耳"①。

通过对文字经教重要性的理解,真可最终自然融通了教与禅宗的对立关系,并摄教归禅,既强调了教的不可或缺,又最终保障了禅宗的究竟地位。

真可极力提倡文字经教,也引起了晚明一些人的非议。他们认为,正是颂古、评唱、秘要之风使得禅门宗风失落,"今之缁素,不求之经而求之疏,不求之疏而求之钞,不求之钞而求之音义……是嘈嘈之徒,号称参禅者,不求之机缘而求之颂古,不求之颂古而求之评唱,不求之评唱而求之秘要。呜呼!语言之为害,一至于此"。然而,在这种境况下真可却提倡文字语言,"岂非救火而油之也"?他们批评真可说:"道人之言,甚哉,其胶柱鼓瑟也。且言说害道,障蔽自心,有不可胜言者。"对此,真可认为,"岂语言之为害哉?特求之不善耳"。在他看来,"三藏十二部,千七百葛藤,皆佛祖深远广之心。参禅者求之于机缘,习教者求之于佛语,则文字语言,乃入道之阶梯,破暗之灯烛"。"今乃宗教陵迟,祖道萧瑟,咎在弃本逐末,重轻轻重。"②

性,指法性宗,强调法性一味之理,三论宗、天台宗、华严宗、禅宗等都可称之为法性宗。相,指法相宗,强调诸法差别之相,唯识宗为法相宗。真可指出:"戒贤,唐奘师得法师也,戒贤传弥勒之宗,其宗为谓之法相宗。若天台、清凉、西土马鸣、龙树,皆谓之法性宗。"③他批评明末佛教界相宗与性宗的分离,认为,法相如波,法性如水。而究性相之旨,皆以禅为归宗。这也与真可强调以佛语证佛心一脉相承。

关于真可与晚明相宗的关系,明末居士、唯识学者王肯堂在其著述中曾经三次提到他"闻唯识宗宗旨于紫柏大师",然后始熟究《成唯识

---

① 《紫柏老人集》卷二四《与吴临川始光居士》,第504页。
② 《紫柏老人集》卷七《法语·龙泉别众示》,第150页。
③ 《紫柏老人集》卷二四《礼石门圆明禅师文》,第299页。

论》。一次,真可与王肯堂、董其昌等谈论佛法时,认为枯坐默照为邪禅,非深泛教海不可。后得《因明入正理论》一书,真可谓之"深泛教海,则此其舟航维楫乎"?① 将《因明入正理论》作为了解教理的枢机,可见真可对唯识理论的重视。晚明唯识学的集大成者藕益智旭在总结晚明唯识学的研习之风时也指出,"惜慈恩殁,疏复失传,仅散显《大钞》、《宗镜》诸书,及《开蒙》二卷稍存线索,国初以来,竟成绝学。万历初年,紫柏大师接寂音之道,盛赞此宗,爰有《俗诠》《证义》《集解》诸书"②。因此,说真可于晚明唯识学有"奔走呼吁领风气之先"之功实不为过。③

真可对相宗的认知源于他读六祖坛经关于相宗的偈,他说:"予初亦不达法相,以为达磨西来一字无,岂有转八识而成四智之落索耶? 及阅六祖坛经,知有此偈,卒大不解,存注久之,则转识成智之柄在予而不在曹溪也。"④真可自己对相宗之旨的领会是在他二十多岁已经修证禅悟之后,他"过匡山,穷相宗奥义"。⑤ 真可关于唯识理论的著述只有《八识规矩》与《唯识略解》两篇文章,前者是对玄奘大师《八识规矩颂》的解说,后者是对唯识理论的一个简要理解。另外,还有一些唯识学的观点散见于真可的法语等文中。

晚明唯识学再兴所传承的已非隋唐时期玄奘、窥基的纯粹的唯识学,而是经过了澄观和延寿疏解后的唯识学,晚明唯识学的知识背景也是经过了如来藏系思想改造了的、以性相融合为方向的唯识理论,加之

---

① 转引自释圣严:《明末佛教研究》,第206页。台北,东初出版社,1981。
② 智旭:《灵峰宗论》卷六之三,《重刻成唯识论自考序》。《俗诠》指高原明昱的《成唯识论俗诠》,《证义》指王肯堂的《成唯识论证义》,《集解》指一雨通润的《成唯识论通解》。
③ 参见张志强的《"宗门昌而义学起"——唯识学的兴起与晚明佛教的整兴尝试》,《法音》,1999(2)。
④《紫柏老人集》卷二《法语·示学者精研止观》,第53页。真可所指的偈指《坛经·机缘品第七》中的偈:大圆镜智性清净,平等性智心无病;妙观察智见非功,成所作智同圆镜;五八六七果因转,但有名言无实性;若于转处不留情,繁兴永处那伽定。
⑤ 德清:《达观大师塔铭》,《紫柏尊者全集》卷首,第10页。

真可对唯识学的喜好并非在于他痴迷于唯识学深奥的理论,而是对治佛教丛林弃教盲修之弊的反动。因此,真可对唯识理论并没有做艰深的探索,而是站在一个禅者的立场,对唯识理论进行个性化的理解。

就唯识宗理论而言,真可认为,总体来讲,唯识宗的理论博大精深,是诸家学说之最。"夫搜阴阳之奥,囊括造化之精。洞洪濛之源,破浑沌之窍。超儒老而独高,冠百氏而弘深。舍唯识之宗而他求,未之有也。"他认为,唯识学主要讨论的是"遮境则识外无法,简空则非同枯灭",了解唯识学可以"夷断常之坑,塞生灭之路。圆彰中道,刊定因明,魔外望绝,凡圣共遵耳"①。

唯识宗的主要内容,真可首要关注的是八识四分的理解,他认为"夫八识四分,乃相宗之纲骨也"。②四分是唯识学阐明诸识作用的,谓证自证分、自证分、见分、相分。真可用人的昏醒比喻来帮助人们理解四分。他说:"生灭与不生灭和合,谓之证自证分。如醒人忽尔昏作,人语虽闻,而不能了了,谓之醒耶?又不能了了,谓之昏耶?人语又闻,此谓之昏醒相半,迷悟之关也。此等时节,有人唤之,则昏随醒也,不唤则醒随昏矣。醒既随昏,而外不能了境,内不能做梦,惟昏然而已,谓之自证分。此等时节,位无能所,冥然独存。少顷顿梦,种种悲欢苦乐,能观而言,谓之见分。所观之所,谓之相分。"③

八识,即阿赖耶识、末那识、分别识、眼耳鼻舌身五识。真可认为,阿赖耶识以"生灭与不生灭似一非一,似二非二,此二和合而成",此识含藏着觉义与不觉义与见相二分。这实际上是以如来藏随缘受熏来理解阿赖耶识。真可认为,"八识四分,初别无体,特以真如随缘,乃成种种耳。"真如初无所谓熏染,如何随缘而熏染而成八识四分?真可并没有从理论上给予解答,而是从经验的角度加以论证,"于此参之不已,忽然悟入。

---

①②③《紫柏老人集》卷一二《唯识略解》,第260页。

所谓八识四分,不烦少检,唯识之书,便能了了矣"①。这样,相宗与禅便在更深的修行体悟中通达融洽了。

真可对第六识的理解也体现了禅家的立场。他认为,"盖识有八,能检名审实,精义入神致用者,皆第六识之能事也"。转识成智的关键,也在此识。他认为先由第六识转成妙观察智,才有大圆镜智、平等性智、成所作智。真可进而将转识成智与禅宗顿悟结合起来,认为转识成智也有三根的差别。根稍利者,于逆境不难转,唯触顺境,则受境转而不能自主。根稍顿者,于逆境中初不易转,但如能"拼命挨久"转得,后触顺境亦不难转。若大利根人,于逆顺境缘,无往而不自得。老庞的"惟吾自偶谐"即是大利根人而转识成智的样子。②

真可之所以提倡学习相宗,在于他认为,如果性宗通而相宗不通,学佛人就常常迷于相似般若,不识佛法真谛。于相似般若路头不辨清楚,就会被外道诸书迷惑,或以外道之书附会佛典。真可认为,"性宗一味虚豁灵彻,尘劳中人,少抱波澜,怀抱便觉超放。即如读庄子一般,令人心魂游扬浊世之表,于此虚豁快活处受用了。若以为极则,永不求进,凡见善知识敲打处,便以为生事。此病不消,到底成天然外道去也。"虚豁灵彻的性宗容易使人坠入外道,究其原因是因受用于并执着于虚豁快活,于治习路头罔然不辨好恶。而唯识学的八识理论是对识的分层缕析,详细说明了转识成智的阶梯,可以使人认清虚空也是识神之影,不坠于执著之中。真可指出,"良以相宗不通,八识混淆,不知何识是现量?何识是比量?何识是非量?何识兼带三量?转何识为智?日用逆顺境上,何识作观?既不知转识成智阶梯,饶你于性宗七通八达,只是画饼充饥,安能得饱?"③就禅宗而言,如果不通相宗,则云门打杀佛喂狗子,南泉斩猫等机缘,纵是十地菩萨闻之也不免生大疑怖。

---

① 《紫柏老人集》卷一二《唯识略解》,第260页。
② 《紫柏老人集》卷二《法语·示学者精研止观》,第53页。
③ 《紫柏老人集》卷七《法语·示门人》,第159页。

佛教传入中国以来,每每被人们将之与老庄、六经相比较,甚至有老子化胡之说。真可认为,"若使其于相宗中讨个分晓,何至于失此之言!"真可此说可谓切中佛家与老庄之差别的要害,尽管老庄与佛家在境界追求是有诸多相同之处,但相宗对识与境的严密的论证,是道家不曾有过的。

真可进而提出,对相宗的了解也有利于义学之徒加深对禅宗明心见性的认知。他指出,"如义学之徒,或于禅宗生谤,立言排斥",究其原因是"为虑不远,执泥心重,于情识上通不去,故堕此失"。比如现前一身,"于相宗究竟不清,断不知此身下落,便识他不破。识他不破,便被他瞒,饮食男女境上,自然作不得主"。如果于相宗有所了解,即会了知此身不过是识的作用而已。"生前眼不揽色,耳不揽声,鼻不揽香臭,舌不揽咸淡,身不揽触,则意根上无待……现前一身,不过生前五尘落谢之影子,横计不消,成此肉块。"识破此身本妄,本来无一物,则"有生之患,根株拔矣。此根既拔,一切无累。既得无累,凡咳唾掉臂皆清净梵行也"。① 如此,禅宗是呵祖骂佛皆能成佛也自然成理。

性宗与相宗虽道分两途,实归于一体。真可通过两个偈来阐明华严宗与相宗的关系。他说,华严宗三祖杜顺有一偈为"怀州牛吃禾,益州马腹胀,天下觅医人,灸猪左膊上"。双林傅大士也有一个偈为"空手把锄头,步行骑水牛,人从桥上过,桥流水不流"。真可指出,傅大士是弥勒菩萨化身,是慈恩宗之始祖。华严宗之偈与唯识宗之偈两者是同是异?如说同,慈恩本宗相宗,华严本宗性宗,性之与相从来冰炭不相入者,如何说同?真可实际上是用反问的方式说明虽本性宗相宗,但两偈表达的意思是相同的,性相也是一体的。如果说两者有异,两者也只是波与水的关系,"相宗如波,性宗如水。波不离水而有,水不离波而显。如何异说?"② 性相即不离,即如波为水之波,水为波之水。后世之所以各传其

---

① 《紫柏老人集》卷七《法语·示门人》,第159页。
② 《紫柏老人集》卷四《法语·示浣上人》,第95页。

门,互相排斥,盖在于学者往往以情学法而非以理学法。真可认为,"性宗通而相宗不通,事终不圆。相宗通而性宗不通,理终不彻。事不圆,则不能入事不成就三昧。理不彻,则不能入理不成就三昧"。

就唯识宗来说,华严、天台、禅宗等是性宗;而相对于禅之顿悟成佛来讲,华严、天台等宗又属于注重义解证悟的教。真可指出,不但性宗与相宗一体;宗与教也是一体的。他同样也举了两个偈来说明宗与教的关系。临济宗有四料拣(简):夺人不夺境,夺境不夺人,人境俱夺,人境俱不夺。华严宗有事法界、理法界、理事无碍法界、事事无碍法界四法界。真可认为,若说两者同,则与四法界中了彻,就能与四料拣觑透。如说两者异,"则临济所传佛心,华严所传佛语。岂佛心佛语,自相违背者乎?"①

在相宗、性宗与禅宗三者的关系上,真可明确表示,性相一体,但最终须归趋于禅。真可认为,"性宗通而相宗不通,则性宗所见,犹未圆满;通相宗而不通性宗,则相宗所见,亦未精彻。性相俱通,而未悟达磨之禅,则如叶公画龙,头角望之非不宛然也,欲其济亢旱、兴雷雨,断不能焉。"在真可看来,之所以有性相之分庭,盖在于"众生不悟自心,故不知佛心。既不知佛心,安知佛语?"②

真可从真修实悟的角度出发,认为义解只是修行的初级阶段,只有禅宗的明心见性者才是真正的修行。鉴于禅宗究竟论的观点,真可在理解华严、天台等宗的教理时,也往往摄教归禅。

他在阐释华严四法界时,将之与人的心念结合起来,"一念不生谓之理法界;一念既生谓之事法界;未生不碍已生,已生不碍未生,谓之事理无碍法界;如拈来便用,不涉情解,当处现成,不可以理求之,亦不可以事求之,谓之事事无碍法界"。以一念无生与既生释理法界与事法界,以"当处现成"释理事无碍法界,这显然是禅宗的理论。事实上,真可认为,

---

① 《紫柏老人集》卷四《法语·示浣上人》,第95页。
② 《紫柏老人集》卷一二《唯识略解》,第261页。

华严的前三法界还可以用智来义解,而事事无碍法界则唯有证悟。古来豪杰之士莫不以华严经为佛法的根本法轮,并殚精竭虑地研习,疏之、论之,但对事事无碍法界却每每不敢言说,如"子闻父名,终不敢称"。即使有强发挥者,也不过"以理融事"来论证事事无碍。这种论证方式,在真可看来似与佛祖的初衷不符。因为既然能"以理融事",佛祖何须还要在理事无碍法界外再设事事无碍法界?岂不徒然?真可自己的理解是:"前三法界,可以智识通之,末后一界,子若不离智识而求之,则终不入矣。"如何离智识而求之?参究工夫方可:"子若求而未通。未通之处,正好猛著精彩。拼命求之,如命根忽断。"①真可甚至要人参"理法界现前时,事法界在什么地方?"前三法界于事于理上的义解,最终归于对事事无碍法界的证悟,教与宗最终归于一体。真可进而认为:"如我一念不生,则十界无地。虽然,参需实参,悟须实悟。则华严四法界,不在八十一卷,而在我日用也。"②当然,对于那些未能参悟之人,真可还是建议先从义解开始。"如参悟未能,且从华严八十一卷语言文字,检名审实,实审则义精,亦非分外。"③

天台的智者曾作有《释禅波罗蜜次第法门》,此书对于修心次第止观有指导作用。真可特拈出此书,作《修禅波罗蜜大要》与《禅波罗蜜科判》。真可认为,智者此书说修禅次第层次明晰,便于次第止观,以为此书"由祖而父,由父而子,由子而孙,由孙而玄孙,凡三十五科也。若夫参禅之妙,阶级次第,委曲精尽。由欲界到色无色定,乃至三乘圣道,靡不资之",所以"凡缁素之徒,有志于参禅者,是书不可不精熟焉"④。

真可认为,无论教与宗,都需直指"纲宗"。他拈出玄沙与济上对佛性的不同理解公案⑤,批出,如此大善知识与老道学者对佛性与识神尚难

---

① 《紫柏老人集》卷四《法语·示磷禅人》,第88页。
②③ 《紫柏老人集》卷一三《募书金字华严经缘起》,第271页。
④ 《紫柏老人集》卷八《禅波罗蜜科判》,第182页。
⑤ 济上以六根门头昭昭灵灵者,为真如佛性。玄沙对此提出批驳,有偈曰:学道之人不识真,只为从前认识神,无量劫来生死本,痴人唤作本来人。认为佛性非识神,佛性无我而灵,识神则有我而昧。

辨别,况矮人与瞎公鸡乎?他认为不应落陷于教理的无意义争论,"不以佛性识神提撕,直以纲宗为己任"。如果纲宗明了,则"说理说事,说事事无碍;说鼻祖东来,斥相泯心,直指人心,见性成佛;说三藏十二部,说一千七百则机缘";皆是固有之光。所以说"一大藏教是拭疮纸,一千七百则机缘是乱葛藤",心外无物是也。如果纲宗不明,"看教则受教瞒,参宗则受宗瞒"。"教家纲宗如不明,事事皆不成就三昧。则文字语言与种种义理,都谓之所知愚。禅家纲宗不明,则不能钳锤学人,死其偷心"。"且道如何是纲宗?即临济、云门沩山法眼,与洞上密印诸方纳子者也。"可见,纲宗就是禅家的直指心性,见性成佛。①

总结真可宗教关系观点,顾大韶在《跋紫柏尊者全集》之语可谓中肯。他说:真可"其于石门文字禅、东坡禅喜集,称之不去口。盖此方真教体,清净在音闻,欲以文字般若作观照实相之阶梯,不妨抬高慧业,诱掖利根,则又此老之深心密意也"②。

宋以后,儒释道三教融合趋势渐显,至晚明,三教合一已经成为佛教界的主流话题。顾大韶在《跋紫柏尊者全集》中评价真可:"如达观可大师……最可敬者,不以释迦压孔老,不以内典废子史。于佛法中,不以性废相,不以贤首废天台。"不以释迦压孔子老,不以内典废子史,旨在表明,真可在三教关系中不固守自家门户,平等对待儒道两家。就真可的个人人生经验而言,他也是深受儒家思想的影响,尤重忠孝节义。③ 真可之"三大负"也显示出他远非一个遁隐山林的自了汉,僧人的外表下含藏着一腔为生民立命的士大夫情怀。钱谦益说他"尊者之出世,其关系国运法运如此"④。

---

① 《紫柏老人集》卷四《法语·示始光》,第103—104页。
② 《紫柏尊者别集附录》,《跋紫柏尊者全集》,第692页。
③ 憨山在《达观大师塔铭》中形象地描绘了真可重君亲忠孝之大节的细节:"入佛殿见万岁牌必致敬,阅历史,必加额始览……偶读长沙志,见忠臣李贲,以城垂陷,不欲死于贼,授部将一剑,邻斩其全家……师至此泪直进洒。"
④ 《紫柏尊者别集序》,第620页。

真可继承了宋以来儒释道三教心性相通理论,认为心性是儒释道三教的真谛。他说:"中国微言,不越乎六经。西来大法,宁出乎三藏?至于庄老之书,亦不可不读者。此古人博达君子之所务也……虽求之于纸墨,十年之功,不若求之于心性,一朝可敌也。"①学习儒家六经、佛教经律论三藏与庄老之书,不在于执着于语言文字,而在于对心性的追求。正因为三家讨论的真谛都是心性,所以,"儒、释、老也,皆名焉而已。非实也。实也者,心也。心也者,所以能儒能佛能老者也……三家一道也,而有不同者,名也,非心也"②。

心在中国传统哲学中具有丰富的内涵。它既可以指宇宙之本体,也可以是人的意识作用和与性相关联的人的品质,还可以指生命和事物的本真状态。真可的一心,具有本体意义的真心。真可说:"心有真心妄心。真心照境而无生,妄心则因境而牵起者也。真心物我一贯,圣不能多,凡不能少。妄心则境有多种……或以境为有,或以无为境,或以诸子各偏见为境。故曰,心本无生因境有。"③

此一真心,并非是个实体,而是无心之心,真可有时称之为无常心:"大都圣人应世,本无常心,但以百姓心为心。故凡可以引其为善者,靡所不至。"④有时也称之大觉、大自在:"吾闻得般若菩萨,能于一切法中,得大自在。由是观之,在儒而为明王圣师,在老而为真人神人,在佛而为大觉世雄。"⑤因之无心之心,故能应物无累,能里能外,因其"心术无常,故凭于十恶,则泥犁见焉……凭于最上乘,则佛果圆满;至于凭于六经,则谓之儒;凭于百家,则谓之百家"。⑥

皆本于真心的三教,从真心之体上来讲无所差别,其名相上的差别

---

① 《紫柏老人集》卷四《法语·勉韩生》,第113页。
② 《紫柏老人集》卷八《法语》。
③ 《紫柏老人集》卷九《长松茹退》,第187页。
④ 《紫柏老人集》卷一五《跋曹溪碎钵》,第317页。
⑤ 《紫柏老人集》卷二一《读素问》,第441页。
⑥ 《紫柏老人集》卷一〇《墨香庵常言》,第209页。

只是随缘而成。学人不能通达于此,以攀缘之心、执着之心,学佛者依傍释迦,学儒者依傍孔子,学道者依傍老子,才有"宗儒者病佛老,宗老者病儒释,宗佛者病孔、病李"三教互非之病。对治此病的之方就是悟得真心,"曰学儒而能得孔氏之心,学佛而能得释氏之心,学老而能得老氏之心,则病自愈"①。彻悟心光的过程也就是离攀缘心、破执着心的过程:"以攀缘心学出世法,出世法皆攀缘也。以无攀缘心学世间法,世间法皆般若也。"②

真可认为,三教教化作用就是教人离却身心。他指出,"千经万论,别无一事,不过说离身心耳"。佛教人持毗舍浮佛偈,是要人除身心执受之障。身心执受消释,转生死而依涅槃,转烦恼而成菩提。老子有言,"吾有大患,为吾有身。及吾有身,吾有何患"?又说"介然有知,行于大道,唯施是畏",颜子又有心斋坐忘之说,两家都倡堕肢体、黜聪明。"堕肢体"说明老子以身为患之意;"黜聪明"则是老子以心为畏之意。③心斋坐忘,也是以身心为患:"颜子堕肢体,外形骸也。黜聪明,空妄心也。妄心空则真心露,形骸外则法身全。"④可见,三教皆教众生离身心。在真可看来,身心一离,则在圣而圣,在凡而凡,信手便用,出世即名为佛,经世即名为儒,养生即名为老。

三教心性相通是从理论立言,若从功用立言,则有三教同归于善、共助王道教化之说,有佛以治心、道以治身、儒以治国的三教分工说等。真可继承了前人关于三教相资为用的观点,特别强调佛儒在功能上的一致性、互补性。

佛教界一直将五戒与五常、三归与三纲相比附,认为两者治世功能无有差别。真可在《五常偈》中更进一步地将五常形象化为佛菩萨,给予儒家以最高的礼遇。"南无仁慈佛,爱人如爱己,此心常不昧,如来即出世。南无义气佛,爱人必有午,临事不苟且,人人本自有。南无礼节佛,事事要明白,长幼序不乱,世尊即是你。南无智慧佛,变通无滞碍,扶正不扶邪,化苦

---

① 《紫柏老人集》卷九《长松茹退》,第187页。
② 《紫柏老人集》卷三《法语·示法属》,第84页。
③ 《紫柏老人集》卷七《法语·七佛偈示众》,第157页。
④ 《紫柏老人集》卷九《笔井义录》,第206页。

而为福。南无信心佛,真实无所改,一念与万年,始终常若一……如是五如来,人人本自有。"①这样,佛儒在价值层面上的追求达到了一致。

真可认可传统对佛儒两家方内方外的划分,但不同意两家治心与治世功能的区别,他认为这种区别有分割两家之嫌,实际上,佛法也有益于世道。真可认为佛法可以铸顽成仁,陶痴为慧,故"行一善则息一恶,息一恶则省一刑。一刑省于家,十刑省于里,万刑省于国,谓之无补于治道,可乎?"②这即是说佛法教人扬善弃恶,有益于防止人们的犯罪。真可特别推崇东晋慧远关于儒佛关系的论述,认为慧远作《沙门不敬王者论》并非是要方内方外隔离,而是明确两家之宗,最终有益于弘通两家。慧远"忧深而虑远,所见卓然。以为僧而不知其宗,俗而不知其化,则宗化混淆,俱无所主。乃撰在家出家,宗化之所以然,垂诸万世,使奉法之徒,各知方向。"③其"论以沙门不敬王者,果不敬乎? 盖将折衷于至理,特申其情耳。其情既申,则知方内方外,并行不悖矣。岂唯不悖哉? 将使方内有资方外弘通之益,而方外有启方内无生之明"。方内主外弘通相资的结果则是:"是故经世能以出世为宗,谓之豪杰而圣贤;出世能以经世为用,谓之圣贤而豪杰。"④佛儒相资为用能成就人的最高品格。

佛法有助于治道,王道也有助于佛化。在真可看来,僧俗修福慧,如果福慧有十分的话,修行者得六分,国王得四分。原因在于作福慧者,无不是仰仗世主的护持,无世主护持,一毛头福慧终不可得,"是故修福慧者,无忘君恩、亲恩、师恩、施者恩、善友恩"⑤。真可实际上是从护法的角度表明,若无世间的护法,则佛法难成。这一论述反映了真可对佛法与世间透彻的认识,对他一生致力于居士佛教的发展与推动有着理论的指导。基于对王道作为护法地位的认识,真可甚至认为,出家人也要学习儒家的

---

① 《紫柏老人集》卷二〇《五常偈》,第411页。
② 《紫柏老人集》卷一三《山东东昌府铁塔隆兴寺化缘文》,第272页。
③ 《紫柏老人集》卷一六《读永喜集示众》,第332页。
④ 《紫柏老人集》卷一四《远公五论序》,第288页。
⑤ 《紫柏老人集》卷一三《施坚固子及顶骨庄严佛像疏》,第282页。

礼仪伦理。他要求出家人"晨昏相见,务要行列,弗苟长幼之伦,先后据礼,勿得恣情"。真可十分重视名分纲纪,以至于密藏道开在做其侍者时,"但触名分纪纲时,犹多汗漫"。真可赞同孔子的正名说,认为"名不正,则分不定;分不定,则礼不可立"。真可甚至认为,对佛弟子而言,要比常人更重礼仪,"人而忽礼,尚弗敢,况为佛弟子而不端此,由剃奚为"?①

真可认为儒佛两家既可以是相资为用,同时也是相互补充,拯救各自之弊。他指出,"盖世法变极,不以出世法救之,则变终莫止;出世法变极,脱不以世法救之,则其变亦终不止……所以二氏不得相资而救弊,则必相毁而弊愈生焉。"②

真可还将佛教视为终天下道术者,儒道二教虽也是穷生死之故、穷性灵之极,但"穷灵极数之学,苟非满证自心,事理无碍者,终未易明"。③佛教就是穷灵极数之学,"心数妙理,孔老未知也"④。

基于三教的融通的普遍归趣,真可大力倡导学佛者不仅要读佛家经典,也要读儒道之书,他认为"出世间书,见之如饮醇醪"⑤在《全集》、《别集》中,真可所论及的外典,除了儒家十三经外,还包括了《庄子》、《老子》、《墨子》、《文中子》、《扬子》等书。在所论及的外典中,真可至为关注《易》,他以佛解儒之论也主要地体现在对于易理的阐发上。他认为,读《易》不仅可以增加对佛教义理的理解,也能增加通识,拓宽眼界。他说:"《易》显道神德行。道至微者也,德行至粗者也。如能通《易》,则至微者我可以显之,至粗者我可以神之。《易》岂可不读乎?不读《易》则学问不能通方。"⑥真可还通过自己由学易而通佛的切身体会,说明《易经》的重要性。他最初在听到智鉴(足庵智鉴)"一心不生,万法无咎"、庐山(慧

---

① 《紫柏老人集》卷五《法语·示黑白弟子》,第112页。
② 《紫柏老人集》卷二三《与李君实》,第486页。
③ 《紫柏老人集》卷四《法语·示阮坚之》,第87页。
④ 《紫柏老人集》卷一〇《法语·示无复》,第209页。
⑤ 《别集》卷二《皮球道人自赞》,第646页。
⑥ 《紫柏尊者别集》卷四《义井语录》,第680页。

远)"一微涉境,成此颓山"之语时不甚明了,及读《易》之渐卦,"始于二老之言了无所疑"①。

在真可的文章中,既有引《易》解说佛教教义,也有以佛教教义理解《易》。例如,他为了说明文字语言本以传心,引《易》作为自己理论张目。他说:"西方属兑,东方属震,北方属坎,南方属离。华严善财童子,遍参知识,何故略三方而独询南方? 得非南方离卦在耶! 盖离中虚,虚则明,明则文,故曰离文明之象也。夫文字语言,必本于音声,音声又本于自心之虚灵。""故善财余方不询,而独询南方者,盖离心之譬也……非问南也,乃问离也;非问离也,实问心也"。②

第三节　憨山德清(1546—1623)

一、生平与著述

德清,字澄印,号憨山,明末四大高僧之一,生于明世宗嘉靖二十五年(1546),安徽省全椒县人,父亲蔡彦高,母亲洪氏。受母亲笃信佛教的影响,德清年幼时即有向佛的爱好。十二岁,德清到南京大报恩寺出家,师从西林和尚。时值西林聘请儒佛两家大德到寺院讲经说法,德清被选入学,为他以后出入儒释道三家经典打下了良好的学养。期间,憨山还师从云谷法汇参禅,跟从无极守愚③学华严、唯识。十九岁时,憨山从无

---

① 《紫柏老人集》卷二二《解易》,第 460 页。
② 《紫柏老人集》卷一《法语·示弟子》,第 38 页。
③ 江灿腾在《晚明佛教丛林改革与佛学争辩之研究》、《晚明佛教改革史》和林子青在《明代佛教》中,都将无极守愚误认为是无极明信。无极守愚主教,而无极明信是禅者。憨山在《南京僧录司左觉义兼大报恩寺住持高祖西林翁大和尚传》(《憨山老人梦游集》卷三○)中指出:"适守愚先师南来,五台陆公为祠部主政。谓祖翁曰,'顷见高僧守愚法师,讲演甚明,当请至寺,教习僧徒。'翁即礼请先师,居三藏殿,设常住供赡,选僧数十众,日亲领往听讲,从此始知向佛法。"《憨山老人梦游集》卷一三《与雪浪恩兄》中也言:"今春始强勉开堂,照常为众讲演。开堂之初,第一瓣香,先供养本师守愚大和尚。弟每念剃染之初,即滥膺华严法席,猥辱先师法爱,不减于兄。"无极守愚,江苏淮阴人,生卒年不详。关于无极明信,憨山在《住京都吉祥院无极信禅师道行法原碑记》中也有提及:"无极禅师者,临济二十六代孙也。"一生在北方习禅,未曾来到南方。

极大师受具足戒。嘉靖四十五年(1566),因遭雷击引发大火,报恩寺道场败落。二十六岁时,憨山决志向寒冷的北方参访游学,以待缘重修报恩寺道场。行至扬州,天降大雪,乞食不得,遂弃所带银两,后呼喊自如。憨山遂名其钵曰"轻万钟之具",名其衲曰"轻天下之具"。至京师,诣摩诃忠法师,随往西山听妙宗钞;请安法师为说因明三支比量;在盘山千像峰,跟从无名隐僧修禅。万历三年(1575),三十岁的憨山与好友妙峰福登同上五台山驻锡,于冰雪苦寒中苦修,并多有证悟,佛法大进。万历九年(1581),憨山与妙峰在五台山建无遮法会,万历皇帝生母李太后派内臣到五台山请佛僧为万历帝祈求后嗣,憨山将法会与祈储合为一体。翌年,皇长子朱常洛(即后来的泰昌帝)生。憨山认为"大名之下,难以久居",遂于万历十一年(1583)更号澄印为憨山,蹈东海崂山隐修。

万历十四年(1586),万历帝敕颁十五部大藏经于天下名山,憨山以祈嗣之功使崂山获得一部,因崂山没有好的置放之所,"圣慈命合宫眷各出布施,修寺安供,请命名曰海印寺"①。与此同时,憨山还为大报恩寺请得一部。万历十七年冬(1589),四十四岁的憨山以送经使者的身份进行了一次"衣锦还乡"之旅。憨山在崂山期间,在修寺、传法、赈灾的同时也往来京师与皇家、士大夫及法门道友结交,一时声名鹊起。

万历二十三年(1595),《年谱》言:"予五十岁,春二月,予从京师回海上,即罹难。"同年冬,德清以私创寺院罪被遣戍广东雷州。② 从此,憨山

---

① 《憨山老人梦游集》卷五三《自叙年谱》(上)万历十四年条,福建莆田广化寺本。
② 关于憨山被捕的原因,大概有三个层次。一是耿义兰称憨山所建海印寺寺址原为道教所有,遂诉论到官府,此为僧道寺产之争。二是海印寺为李太后内庭筹款所建,万历帝对李太后及其宫中太监等因佛事花钱太多,乃借僧道寺产之争表示不满。三是当年憨山等五台山僧人为万历帝所祈皇嗣乃皇长子朱常洛,其生母是王夫人;与此同时,也有道士为万历庞妃郑夫人求储,后生次子朱常洵嗣。万历生母李太后与一干大臣要立长子朱常洛为皇嗣,但万历帝要立郑妃之子朱常洵为嗣,两派争执不下达数十年,成为万历朝一大政治事件,有众多人卷入其中。寺产之争时,储嗣问题相持不下已经十多年,双方情绪对立几近极限。明祖制,后宫不得干政。但慈圣太后坚持"立长",神宗坚持"立贵",神宗又以孝道著称,心对母亲有怨却无从下手。福征言,憨山之下狱乃"一时中外借端排构也"。(见福征:《憨山年谱疏》万历二十三年条)

在广东度过了二十年亦僧亦俗、亦军亦民的生活。从军期间,在当地诸多官员的护持下,身为罪囚的憨山,以蔡德清为名,身着便装,头戴东坡巾,美髯长发,"以金鼓为钟磬,以旗帜为幡幢,以刁斗为钵盂,以长戈为锡杖,以三军为法侣,以行伍为清规,以呐喊为潮音,以参谒为礼诵,以诸魔为眷属,居然一大道场也。"①其中,万历二十八年(1600),应南韶观察史祝以豳(惺存)之请到禅宗祖庭曹溪主持南华寺的修复与振兴,前后近八年。憨山遂被称后人誉为曹溪中兴祖师。万历三十四年(1606),德清六十一岁,蒙恩赦开伍,归还自由身。

万历四十一年(1613),德清应友人之邀,杖策离粤。万历四十四年(1616),德清借为达观大师做荼毗法事之机,有东吴游历一段盛事。天启二年(1622),在广东的弟子及当地官员再三邀请下,憨山以七十七岁高龄再次入曹溪。第二年(1623)的农历十月十三日,德清即坐化南华寺祖庭,时年七十八,法腊五十九。憨山圆寂后,肉身不化,现仍供奉于广东省曲江县南华寺。

德清一生笔耕不辍,著述丰厚。《憨山老人梦游集》最早的版本是嘉兴藏函,只刻《法语》五卷。清顺治十四年(1657),假龚孝升入粤做官之际,钱谦益手书憨山广东诸弟子,请搜葺其他书、记、序等文稿。钱谦益亲自为之标点、删定,撰成《憨山老人梦游全集》四十卷。光绪五年(1879),由江北刻经处在原四十卷基础上重新编排成五十五卷。1944年,南华寺住持虚云赠版重刊。②憨山一生广涉儒释道三家,佛教经典注疏主要有:《楞严悬镜》、《心经直说》、《楞伽笔记》(或《观楞伽笔记》)、《法华击节》、《法华品节》、《金刚决疑》、《楞严通义》、《法华通义》、《楞严通义》、《法华通义》、《起信略疏》(续藏经只列名而未收文)、《性相通说》(上卷为《百法明门论论义》又名《百法论义》、下卷为《八识规矩颂通说》)、《肇论略疏》、《起信论

---

① 《憨山老人梦游集》卷四七《梦游诗集自序》,第639页。
② 1997年,由香港佛教法喜精舍刊印《憨山大师法汇初集》十册和《憨山大师法汇贰集》十册。现存作品中除《中庸直指》未收入外,其他作品均收入在列,福徵的《憨山大师年谱疏》也一并收入。

直解》、《圆觉经直解》、《华严纲要》、《楞严通义补遗》(又名《楞严补注》)、《楞伽补遗》等。道家经典有:《观老庄影响论》(又名《三教源流异同论》)、《老子道德经解》(又名《道德经解》)《庄子内篇注》。儒家经典有:《春秋左氏心法》(《憨山老人梦游集》卷一九收有《春秋左氏心法序》,全文散佚)、《大学纲目决疑》(又名《大学决疑》)、《中庸直指》。①

　　憨山与晚明士大夫的交往大致可以根据他的人生经历分为四个群体。一是憨山驻锡五台山之前结交的士大夫,有吏部尚书陆光祖,心学学人王时槐,明代后五子之一的汪道昆及其弟汪道贯,文坛泰斗王世贞及其弟王世懋,著名学者欧大任等。这一时期特点是,憨山以一个后学者心情参访拜学。如憨山参访汪道昆时,汪认为憨山"他日当入大慧、中峰之室"②。汪道昆进而建议深具"道骨"的憨山应该驻山修行,不应为浮游所误。多年后,憨山在信中对汪道昆当年的引导表示感谢。③　其二,驻锡五台山与崂山时期,憨山与士大夫的往来更为频繁与密切,尤其在崂山时期。《憨山老人梦游集》卷一四至卷一八中共收入憨山与居士宰官近九十人的书信往来,除了少部分是憨山东游时认识的士大夫外,大多数是他在崂山期间结交的。④　与憨山往来的书信者中,我们可以发现众

---

① 《中庸直指》,未收入《憨山老人梦游集》和《卍续藏经》。萧天石主编《中国子学名著集成》之珍本初编儒家子部第十六册《中庸汇函》中收录此文,《中国子学名著集成》系由(台湾)"中国子学名著集成基金会"印行。(见王开府:《憨山清儒佛会通思想述评——兼论其对〈大学〉、〈中庸〉之诠释》,《第三次儒佛会通学术研讨会论文选辑》,1998年。)另,《中庸直指》收入金陵刻经处汇刻诸经本,第43册,卷五,1884年,藏于美国普林斯顿大学东方图书馆。(见 Sung-pen Hsu: *A Buddist leader in Ming China*: *The Life and Thought of Han-Shan Te-Ching*. The Pennsylvania State University Press 1979. p.9)
② 《憨山老人梦游集》卷五三《憨山自序年谱实录上》万历二年条,第725页。以下凡引简称《年谱上》。
③ 憨山言:"某忆往昔。参长者于毗耶离城。辱慈光洞照,不以下劣,授我金刚如幻三昧,是时犹住音声色相间……既而长者隐宰官身去,复教某善事良友妙峰禅师。长者无他念,盖悲法门寥落,属望区区,将有以负荷耳。临行回晚,说偈叮咛,恳恳言外,不啻骨肉,斯岂常情哉?尽皆法爱也。"《憨山老人梦游集》卷一四《与汪南溟司马》,第735页。
④ 如《与瞿太虚》言:"贫道住持一钵,走王舍城,首参长者,重辱慧相照,顿入不二法门。"(卷一四,第185页)《与周幼海天球》:"往从长者游王舍城,尝坐四衢高楼,共谈不二。"《憨山老人梦游集》卷一四,第185页。《与于中甫比部》:"鄙人去秋以乞法因缘幻游王城,幸接洞观、健斋诸居士,极尽法喜之娱。"《憨山老人梦游集》卷一七,第222页。

多晚明文化界的执牛耳者。上五台山前就认识的二汪、二王、陆光祖自不用说、欧阳德、邹元标、管志道、杨复所、陶望龄、焦竑等是晚明心学著名人物,汤显祖、冯梦祯、吴应宾、吴用先、屠隆、董其昌、袁宗道、瞿汝稷、虞淳熙、周幼海、丁云鹏等或为文坛大家或为著名画家、书法家等。这些士大夫共同特点或为居士或对佛教有较浓厚的兴趣。这种僧俗往来的盛况在明人的记载中也得到了反映。董其昌在其《画禅室随笔》卷四《禅悦》中提到:"余于戊子冬,与唐元征、袁伯修、瞿洞观、吴观我、吴本如、萧玄圃,同会于龙华寺,憨山禅师夜谈。"明人王元翰言:"其时京师学道人如林,善知识有达观、朗目、憨山、月川、雪浪、隐庵、清虚、愚庵诸公。宰官则有黄慎轩、李卓吾、袁宏道、袁小修、王性海、段幻然、陶石篑、蔡五岳、陶不退、蔡承植诸君。声气相求、函盖相合。"① 此一时期交往的特点是,憨山或与士大夫谈佛论道,或给他们以佛法引导。憨山与董其昌等夜谈如何理解《中庸》中"戒慎乎其所不睹,恐惧乎其所不闻"。在京城与瞿汝稷夜谈所要撰写的《观老庄影响论》宗趣,后又向焦竑请益。② 在给焦竑的信中,憨山与之交换自己对老庄的看法。③ 给刘存赤的信中,憨山教导他如何于日常生活中修禅。④ 其三,遣戍岭南时期。此时,憨山作为一名德高望重的高僧,虽有罪在身,其名下也集聚了一批一心向佛的士大夫居士,如丁右武、樊玉衡、周汝登、冯昌历、王安舜、刘起相、陈迪祥、欧文起、梁四相、龙璋等。针对岭南佛法不兴,憨山向初信者

---

① 王元翰:《凝翠集·与野愚和尚书》。转引自陈垣:《明季滇黔佛教考》卷三,《士大夫禅悦及出家》,《现代佛学大系》卷二八,台北,弥勒出版社。
② 《憨山老人梦游集》卷四五《观老庄影响论·论宗趣》言:"此论创意,盖予居海上,时万历戊子冬,乞食王城,尝与洞观居士夜谈所及,居士大为抚掌。庚寅夏日,始命笔焉。藏之既久,向未拈出。甲午冬,随缘王城,拟请益于弱侯焦太史。"第611页。
③ 《憨山老人梦游集》卷一六《焦从吾太史》:"闲披《老庄翼》(焦竑著作),乃集诸家之大成。虽注疏多峻,乃人人老庄,非老庄老庄也。惟公入此三昧甚深,何不彻底掀翻耶?某常论此,老出无佛世,窃且以类辟支。如庄则法执未忘,自入游戏神通,变化多端,炫人眼目。自非把臂共行,鲜不为其播弄。若觑破底蕴,真有别解脱门。此老万世之下,与公可谓旦暮之遇也。"第215页。
④ 《憨山老人梦游集》卷一六《与刘存赤》,第210页

"开示向上事",使之"谛信不疑,切志参究","相率归依法门者日益众"。① 对于樊玉衡、周汝登等被贬士大夫,憨山则与之切磋学问与佛法。② 其四,憨山东游时期。此时,号称晚明四大师之二的莲池、真可已逝,智旭刚出家不久,未露峥嵘;加之憨山乃圣母恩师,弘法罹难,戍久生还,憨山遂成为晚明佛教丛林的泰斗,所到之处受到了缙绅与僧众的热情拥戴。"自地方巡抚总镇,以至府县大小各官,及四方善信、宰官居士、法律宗三门耆宿后生,靡不毕集武林,直是一日千载。"③《年谱》中仅提到名字的就有三十多人,其中既有故人前来叙旧,更有新知慕名来访。江南著名文人钱谦益即是此时结识憨山,并皈依为俗家弟子。此时的憨山更多的是以一位佛法导师的身份出现。在云栖寺宗镜堂,憨山"日绕数千指,为说大戒……时诸方名德,聚集于湖上,偕谭生问法,各申诘难,时谓东南法会之最胜者,昔所未见也"④。憨山著名的《担板汉歌》、《参禅切要》、《念佛切要》都是东游时为众说法的结果。

与袾宏三十年隐居杭州云栖寺,弘扬戒律,专心净土不同,真可与憨山提倡涉俗利生之菩萨行。针对佛教中枯木头陀一类遁迹山林的修行者,憨山指出,"世之士绅有志向上留心学佛者,往往深思高举,远弃世故,效枯木头陀以为妙行,殊不知佛已痛呵此辈,谓之焦芽败种,言其不能涉俗利生,此正先儒所指虚无寂灭者,吾佛早已不容矣。佛教所贵在乎自利利他,乃名菩萨。菩萨舍世间无可修之行,舍众生无断烦恼之具。"⑤ 谛观憨山一生之行事,无不是以佛法、人道为己任,发大悲心,行菩

---

① 《憨山老人梦游集》卷五四《年谱》万历二十六(1598)年条,第 738 页。
② 周汝登率门人过访,举周易"通乎昼夜之道而知"发问,憨山回之以"悟不属死生的一着"。一座叹服。(《年谱》万历二十四年条,第 737 页)樊玉衡访憨山于五羊,见憨山校楞伽稿,问"雷阳风景何如"? 憨山拈经卷示之曰,"此雷阳风景也"。"公叹异,即为疏募刻之"。(《年谱》万历二十六年条,第 738 页。)
③ 福征:《年谱疏》万历四十五年条,《憨山大师法汇初集》第九册,第 117 页。
④ 《年谱》万历四十五年条,第 744 页。
⑤ 《憨山老人梦游集》卷五《示袁大途》,第 60 页。

萨行。①

憨山对晚明佛教丛林衰败之状况痛心疾首，为弘扬佛法，憨山多方搜集明代诸高僧事迹以备做传灯录，和紫柏一起为刻方册大藏经奔忙。在五台山劝谏当道颁令禁伐山林，救大方禅师，为五台山众寺减免税租。在崂山为保存佛家道场和道士抗争，终而罹难。憨山一生中对晚明佛教丛林贡献最大的莫过于他在遣戍广东时中兴曹溪禅宗祖庭。憨山在曹溪进行十项改革措施，一改南华寺的衰败之象，使禅宗祖庭面貌一新，成一繁盛道场。憨山也因此而被尊为禅宗中兴祖师。近代高僧虚云大师在三百多年后重整曹溪，自称憨山转世。②

二、思想与影响

憨山的知识背景是华严学和禅学。因此，在世界观上，憨山继承了华严、禅等佛教宗派以"如来藏真心缘起"理论诠释世界存在和终极价值的方式，"心"成为这一永恒存在者的载体。憨山言：

> 佛说三界上下法，唯是一心作。言三界上者，乃出世四圣，谓佛、菩萨、声闻、缘觉也。三界下者，乃六道凡夫，谓天、人、修罗三善道及地狱、畜生、饿鬼三恶道也。是则十法界国，一切圣凡善恶因果，依正庄严，皆由一心之所造。然此一心非别，乃吾人日用现前分别了知之心也。③

四圣、六道代表了一切正报和依报的主观世界和客观世界，尽管它

---

① 憨山早岁出家，初入空门时也是耽于枯寂，负超世之思。他驻锡五台山，冰雪之中参禅立定，自心受用甚深，得大快乐，但在阅读《华严经》《法华经》等大乘经典后，渐被菩萨之行感染，遂于佛法、世道予以相当关注。憨山在写给师兄雪浪洪恩的信中透出这一转变："弟钝根下劣，向耽枯寂，日沉孤陋，虽一念生死之心耿耿不昧，然习染深厚，不能顿契无生，上友古人，中心惭愧……弟自奉教以来，利他之心，亦渐开发。"《憨山老人梦游集》卷一三《与雪浪恩兄》，第165页。
② 虚云(1840—1959)，近代著名高僧，俗姓萧，法号古严，字德清。19岁于福州鼓山涌泉寺出家，一生致力于振兴丛林，于民国三十二年(1943)至南华寺作重兴事业。
③ 《憨山老人梦游集》卷一〇《示徐清之》，第123—124页。

们有名相上圣与凡、性质上善与恶的差异,但最后的本体是相同的,都是一心所造。此"造"非是生成论意义上的创造和派生,而是作为一种终极价值的本体的设置。

憨山明言,"乃吾人日用现前分别了知之心"。但这一"分别了知之心"并不只是思虑、知觉之意,它是在本质或本体支撑下的"现实之心"。憨山这样来描绘"心":"尔胡为心?恍惚杳冥。为物之则,为人之灵;昭昭不昧,耿耿常惺;善恶之府,圣贤之庭;无为欲蔽,忽使妄萦;恬淡寂寞,其神自宁。"①所谓一,并不是指和二、三相对的一个数字,乃是唯一、绝对之意。"一心"旨在表明本体是绝对平等、无有差别,故又叫"真心"、"真如"、"圆觉"、"如来藏清净妙明真心"等。憨山在《圆觉经直解》中阐释"圆觉"时说:"圆觉二字直指一心以为法体。此有多种名称⋯⋯亦名妙觉明心,亦名一法界,亦云如来藏清净真心。《楞伽》云寂灭一心,即《起信》所言一法界大总相法门体。"

此一心如何造四圣和六道?

> 既然一切由心,非次第造,乃日用现前念念所造之业于十法界流转。若一念由贪瞋痴所作十恶:身三、口四、意三恶业,则就三途苦趣之因。若一念转十恶而为十善,则为人天妙乐之因。若一念善恶两忘,内不见有我,外不见有人,一心寂静,则为声闻出苦之因。若观目前苦乐逆顺,由因缘生灭,流转还灭,则成缘觉之因。若一念了知人法无我因缘,性空无人作受者,而不妨布施、持戒、忍辱六道之行,化度众生,则为菩萨之因。若一念顿悟自心,本来光明广大,无不包容,无不济度,了无一法当情,生佛平等,即为成佛之因。②

三途苦趣和声闻、缘觉、菩萨、佛虽有修行阶次的不同,但究其原因都在于"一念"之转变,在于"念"这一人的思维活动或浅或深地了别、认

---

① 《憨山老人梦游集》卷三六《心箴》,第488页。
② 《憨山老人梦游集》卷一〇《示徐清之》,第124页。

知的心理状态。为了更好地理解一"念"变现的各种精神现象和物质现象，憨山汲取了唯识宗的"万法唯识"的理论，依据《起信论》"一心二门"的思维模式，会通相宗"八识"、"百法"，以"三界唯心，万法唯识"来阐释世界的构成。在憨山看来，"一真法界圆明妙心，本无一物，了无身心世界之相，也无真妄、迷悟，众生与佛之别与根境之对待。只是因"无明不觉，迷一心而为识，唯识变起见相二分。故见为心，相为境"①。在唯识宗说来，"心"与"识"原是一个东西，都是指第八识——阿赖耶识，第八识是根本识。如果以心、意、识三个范畴来概括八个识，则阿赖耶识为心，第七识称意，前六识称识。在真心一元论这里，对八识作了较大的修改，心成为比阿赖耶识更具本质性的东西，而第八识则是不生灭心和生灭心和合而成，具有觉和不觉双重含义。憨山言：

> 其觉义者，乃一心真如，为一切众生正因佛性。其不觉义者，乃根本无明，迷此一心而成识体。故此识有三分，谓自证分、见分、相分……其自证分乃真如一分迷中之佛性，是为本觉……良由一心真如，有大智慧光明义故。今迷而为识，以湛寂之体，忽生一念，迷本圆明，则将本无相之真如变起虚空四大之妄相，名为相分。将本有之智光，变为能见之妄见，是为见分。是知一切众生世界、有相之万法，皆依八识见相二分之所建立。②

由此八识又变为百法（有为法九十四，无为法六。有为法又有心法者八，心所法者五十一，色法十一，不相应行法二十四），"一切众生皆依此识而有生死，三乘圣人，皆依此识而有修证，通名世出世法，即此百法收尽"③。如此，世界的形成就有了这样一个程序：真心→无明→识→现象世界。

就佛教心佛一体而言，心即是佛。憨山继承了中国大乘佛教的佛性

---

① 《百识规矩颂通说》，《憨山大师法汇二集》，第五册，第225页。
②③ 《百法明门论论义》，《憨山大师法汇二集》，第五册，第215—216页。

观,在一切诸法都是如来藏自性清净心缘起的真心一元论基础上,从众生与佛互具的角度来阐述人人拥有的佛性。首先,从本体论的角度来看,真心就是佛。憨山指出:"真心本来清净,因妄想染污而苦恼旋生。佛身元是自心,因无明障蔽而光明不现。即心是佛,自心作佛。"①其次,从认识论的角度而言,佛就是觉悟。憨山言:"佛者,觉也,即吾人本有知觉之性,上与诸佛,下及众生,均赋而同禀者……所谓真净妙明、虚彻灵通、卓然而独存者也。此性不迷而为佛,迷之而为人,颠倒而为物。"②佛就是觉悟,是众生有与生俱来的对圣凡一体,无有染净之分的本体实相的认知功能,这种认知功能同样由于无明的遮蔽而不能发扬光大。最后,佛性就是般若智慧,又称为佛知见。憨山说:"般若……智慧乃吾佛本有之佛性,又云自心,又云自性。"③又言:"所言佛知见者,乃众生本有之佛性也。"④

佛性是人天生具有,但因人不同的习气造成有利根和钝根乃至能成佛和不能成佛的区别。憨山言:"般若体性,人人具足。但以习气厚薄,故障有轻重之分,人有智愚之别……圣人不异凡民,独其日用现前境界,纷拏交错之时,一眼觑透,不为所瞒昧欺夺耳。"⑤一方面佛成为伸手可触,并不玄妙的一种价值存在,另一方面,也使人与人在能否顺利成佛这方面拉开了距离。而后者则为解脱论中提倡苦修和顿悟并行不悖提供了理论前提。

针对佛性是否遍一切有情、一切无情,佛性众生是各个分有佛性还是圆满具足这两个佛性论基本问题,憨山首先以佛经中大量存在的无情众生说法的证据,表明无情众生也有佛性。就第二个问题,憨山认为,虽然经教中也有"各个分具佛性"的说法,但那只是为三乘劣根人所说的方便权说之语,"非究竟一乘极则语"。所谓一切众生各具佛性,是指众生

---

① 《憨山老人梦游集》卷一四《上山东德王》,第179页。
② 《憨山老人梦游集》卷二六《扬州府兴教寺放生社建接引佛阁》,第349页。
③ 《憨山老人梦游集》卷四《示邓司直》,第47页。
④ 《憨山老人梦游集》卷七《示恒河智禅人持〈法华经〉》,第82页。
⑤ 《憨山老人梦游集》卷四《示游觉之》,第53页。

都具有如来智慧德相,这种如来智慧德相是法身全体,众生岂能分具?佛与众生的关系犹如天上的月与水中的月,"一月普现一切水,一切水月一月摄。一室千灯,光光交映"①。不是说现象分有了本质,而是本质通过现象呈现、表达出来。憨山批评那些持分具观点的人是"多习口耳知见,未有真参实究工夫,未悟广大圆明之体。即有所见,但认昭昭灵灵识神影子,把作实事;又执定血肉之躯,封为我相……故生种种分别,以权为了义,以己见为究竟耳"。憨山最后指出,且不论无情有情,佛性各具不各具,但能参悟,"自然内外一如,有情无情打成一片","方知山河大地其转根本法轮,鳞甲羽毛,普现色身三昧,心外无法,满目青山"。②

依据"三界唯心、万法唯识"及生佛互具、圣凡只在迷悟之间的心性理论,解脱的过程也是由现象界返回本具真心的过程,也是由迷到悟的过程。因为宗教的解脱境界多属于个人心理行为,故而修行论在很大程度上带有个性的色彩,和个人的宗教实践密不可分。憨山的修行观即处处体现了个人的心得。

憨山认为,晚明佛教僧徒大约有两种最明显的弊端:一是不重修行。禅宗讲究当下顿悟,"担水劈柴无非妙道",这一风气蔓延开来,禅僧以悟废修、空腹高心者多,苦修实悟者少。憨山云:"目击时流,滔滔皆是。望吾人之修者,如披沙拣金,非曰绝无,盖亦鲜也。"③二是参禅时妄修、错修。主要表现为:一者,学人根本不知佛法到底为何,不知修行之要,理论上缺少善知识的指导。例如,佛徒参访知识、行脚、住山等原只为悟明佛性,而末法僧徒却仅仅学得些行脚、参访等形式,却不知名山为何物?道场为何事?何人为善知识?二者,参禅者得少为足,未能真参实悟。晚明僧侣多习话头禅,是大慧宗杲提倡的一种禅修方式。由于是对一则公案的参究,就很容易造成专著于追究话头本身的意义而忘记了追究话

---

① 《憨山老人梦游集》卷三九《无情佛性义说》,第526页。
② 同上书,第527页。
③ 《憨山老人梦游集》卷五《示段幻然给谏请益》,第64页。

头主体自身的状态,不明了话头本身只不过是用来阻塞妄念的手段而已。憨山言:"今人参禅做工夫,人人都说看话头下疑情,不知向根底究,只管在话头上求来求去,忽然想出一段光景,就说悟了,便说偈、呈颂,就当作奇货,便以为得了,正不知全坠妄想知见网中。今之尘劳中人,粗戒不修,浊乱妄想,仗己聪明,看了几则古德机缘,个个都以上上根人自负,见僧便斗机锋,亦以自己为悟道。"①

针对晚明佛教丛林种种弊端,憨山不仅坚持修行实践,苦参实悟,身体力行,同时还以自己的体会向众人开示重视修行、如何修行的道理,并且帮助他们解决参悟过程中出现的问题。

出家僧人应该采取何种修行方式达到了悟?憨山认为,佛说法度人,如治病之药,方便多门,不是一种。他认为:"三乘修行之法甚多,说不能尽,但依一法修行,皆得出生死苦。"②修行之路就像敲门的砖一样,不在于使用什么砖而在于能否敲开大门。憨山将出家修行之法门分为理行、事行、称性行三种。理行者,"第一向上参禅,求明自心,志了生死。次则深究教海,志愿宏通,护持正法,续佛慧命。又次则深厌生死,专心净业,愿生西方。此皆理行"。事行者,"若夫事行种种,至于书写经典,及六种法师之一,是佛称赞者"。称性行,指举手投足皆已成佛者。③ 理行即是禅、教、净土,事行则是书经、忏仪、持咒等,称性行则专指不修而悟。

在所有的佛法修行中,憨山认为,末法时代以念佛和参话头双修,兼以万行庄严,是为正修行路。他说:"参禅看话头一路,最为明心切要。但近世下手者稀,一以根顿,又无古人死心,一以无真善知识抉择,多落邪见。是故,念佛、参禅兼修之行,极为稳当法门。"④憨山提倡

---

① 《憨山老人梦游集》卷六《示参禅切要》,第74页。
② 《憨山老人梦游集》卷一〇《答德王问》,第128页。
③ 《憨山老人梦游集》卷九《示惺初元禅人书经》,第114页。
④ 《憨山老人梦游集》卷五《示刘存赤》,第58页。

的是以晚明普遍盛行的禅净双修为正行,兼以其他"事行"为助的修行方式。

至于参禅之助行,憨山指出,"至若藏识中习气爱恨种子,坚固深潜,话头用力不得处,观心照不及处,自己下手不得,须礼佛、诵经、忏悔,又要密持咒心,仗佛密印以清除之"①。为了弘扬佛法,憨山在向士大夫们开示修行方式时,甚至认为用参话头的方法来读书作文,也能够解脱:"如此做工夫(指参话头),不妨读书,不妨作文。读书处,看此书读向何处寄著;作文,就看此文从何处流出。也不妨迎宾待客、茶饭、屙屎放尿,一切处,无用纤毫缝罅"②。

修与悟之间是何种关系?是渐修渐悟?还是悟后再修?憨山指出:"所言修者,只是随顺自心,净除妄想习气影子,于此用力处,故谓之修。"修的过程也就是"融得一分境界,证得一分法身;消得一分妄想,显得一分本智。"所谓悟,"若一念妄想顿歇,彻见自心本来圆满光明,广大清净本然,了无一物,名之曰悟"。③ 就做工夫的具体情形而言,有先修后悟之人,也有先悟后修之人。先修后悟,即"消得一分妄想,显得一分本智",类似于认识论上通过不断积累而达到认识的飞跃。先悟后修又有解悟和证悟之分。"若依佛祖言教明心者,为解悟",这种解悟,"多落知见,于一切境缘多不得力。以心境角立,不得混融,触途成滞,多作障碍"。在憨山看来,解悟具有不彻底性,心境不能一体不二,故此时获得的智慧只能叫"相似般若",因此悟后必须再修。佛教解脱的最高境界是证悟。"证悟者,从自心朴实做将去,逼拶到水穷山尽处,忽然一念顿歇,彻了自心……然后即以悟处融汇心境,净除现业妄识,妄想情识顿成一味真心,此证悟也。"憨山又用"如人饮水,冷暖自知"和"十字街头彻见亲爷"来比喻证悟的内在性和当下突然性。即使是证

---

① 《憨山老人梦游集》卷二《答郑昆岩中丞》,第20页。
② 《憨山老人梦游集》卷一二《示周子寅》第174页。
③ 《憨山老人梦游集》卷二《答郑昆岩中丞》,第18页。

悟,憨山认为也需悟后复修,要"以所悟之理,起观照之力,将未净的习气净除"①。历代祖师的当下顿悟并非狂禅、病禅者所理解的"以悟废修",而是顿悟不废渐修。

憨山对宗密和延寿的禅教一致理论也有自己的看法。他认为,禅宗大兴以前,禅与教是并驾齐驱的,即所谓"禅为佛心,教为佛眼",两者不相偏废,也相安无事。六祖而下,禅道大兴,遂有执禅呵教之极端,教禅开始分裂。圭峰宗密虽然力阐教禅一致,但"圭峰和会宗教,犹以为隔罗(箩)见月"②,未能从根本上解决禅教分离的理论问题,禅教分为二途自始至终存在。憨山十分崇敬延寿,认为延寿以一心统摄禅教,从而解决了禅教分离的理论难题。他说:"永明会性相归一心,目为《宗镜》,而佛祖全体大用,彰明大者矣。"③憨山自己的禅教关系理论就是吸收和发扬了延寿以一心统禅教的理论。

从心源上来说,佛说诸法皆唯心所现。憨山认为,"诸佛说法,譬如食蜜,中边皆甜,本无取舍,但由学人欣厌不同,故有异耳。所以吾佛出世,特为开示众生一大事因缘……即指众生本有之自心……是知,经乃佛所开示之路,禅乃欲人循路而行。"④禅与教都是佛在指示众生本有自心,只不过经是理论的开示,禅是实际的践行。禅与教在具体内容上也有诸多相通之处。憨山说:

> 佛祖一心,教禅一致,宗门教外别传,非离心外,别有一法可传……今参禅人动即呵教,不知教诠一心,乃禅之本也。但佛说一心,就迷悟两路说透。宗门直指一心,不属迷悟,要人悟透。其实究竟无二。如来藏中,求于去来迷悟生死了不可得,此岂属迷悟耶?二祖云觅心了不可得,六祖云本来无一物,即般若无五蕴根尘

---

① 《憨山老人梦游集》卷二《答郑昆岩中丞》,第 20 页。
② 《憨山老人梦游集》卷三一《题竹林法语》,第 514 页。
③ 《憨山老人梦游集》卷三〇《雪浪法师恩公中兴法道传》,第 395 页。
④ 《憨山老人梦游集》卷六《示灵源觉禅人》,第 71 页。

识界,及出世三乘之法也,以无所得故得菩提心,与觅心了不可得岂二法耶?是知教说一心,所多者,凡情圣解耳。参禅顿破无明,是绝凡情也。悟亦吐却,是绝圣解也。斯则禅呵知解,而教未常不呵也。①

教所诠释的一心,即是禅。具体说来,教中阐释的如来藏妙明真心,是天然妙性本自灵者,不属迷悟(这是《楞伽》、《起信论》等经教体系中的理论),和禅宗中不属迷悟直指一心之"真心"是同一个概念。《般若经》中所谓"无五蕴根尘识界"之真空和六祖慧能"本来无物",都是指心体澄明、无染的境界。三乘法中"无所得故得菩提心"与二祖"觅心了不可得"也是一法。总之,禅教都是了达自心本有,"若不达自心,则宗为邪解邪染,皆坠识情窠臼,而教亦妄知妄见,尽落言说话柄,皆非究竟实处。正所谓"教乃佛眼,禅乃佛心,二非两般,岂在彼此?"②

其次,从修行实践的角度来看,不仅参禅种种方法从经教中得来,参禅也需借教印证,方不落邪道。憨山言:"禅宗一门,为传佛心印,本非细事,始自达摩西来,立单传直指,以《楞伽》四卷印心,是则禅虽教外别传,其实从教应证,方见佛祖无二之道也,其参究工夫也从教出。"③参究工夫如何从教中得出?憨山指出,《楞伽经》中有"静坐山林,上中下修,能见自心,妄想流注",这就是世尊开示众僧修行工夫的秘诀。"彼心意识,自心所现,自性境界虚妄之相,业爱无知,如是等因,悉以超度",这是如来开示悟心之妙旨。"以上诸圣,转相传授,妄想无性",这是世尊开示的秘密心印。禅宗诸祖正是借鉴了《楞伽经》中的种种入道工夫而形成了自己的修行论。例如,达摩示二祖云"汝但外息诸缘,内心无喘,心如墙壁,可以入道",达摩此参究要法同上述世尊开示众僧修行秘诀相同,都是要外息诸缘,观心看净,彻见自心。五祖弘忍在六祖慧能刚得出"本来无一

---

① 《憨山老人梦游集》卷六《示经山堂主幻有禅人》,第77页。
② 《憨山老人梦游集》卷一二《示黄惟恒》,第150页。
③ 《憨山老人梦游集》卷六《示参禅切要》,第73页。

物"时即付他衣钵,这"本来无一物"就是禅宗传心印之旨,它来源于上述如来开示的悟心之旨。六祖向慧明开示"不思善,不思恶,正恁么时阿个是明上座本来面目"的参究秘诀也源自于"以上诸圣,转相传授,妄想无性"之世尊秘密心印。至于大慧宗杲所开创的话头禅,就是将一则无义味话作话头咬定,先将内外心境一齐放下,痛下疑情,疑至无疑处,把断意识,使妄想不行,正返回了达摩"外息诸缘,内心无喘,心如墙壁"的修行工夫。① 另外,憨山认为,参禅修心,也是借教而行:"吾教五乘进修工夫,虽各事行不同,然其修心,皆以止观为本"②。止观是天台宗的修行方法,憨山认为它们和禅也是相通的。由此可见,禅与教在修行工夫上也是融通无碍的。正因为此,方有达摩"借教悟宗",以四卷《楞伽》印心。

既然参禅工夫也从教出,何以参禅还需借教印证?憨山认为,这同末法时代禅道的衰落有关。在禅道大盛之时,处处有明眼知识,参究之人或有坠入禅病、或沦为狂禅者,自有这些精通禅教的大善知识多方调护,故终不坠于邪门外道,能直达一心之旨。而晚明之际,禅家寂寥久矣,参禅之人唯有熟知教典,以教印心,方才不误。在这方面,憨山自己也有切身的体会。③ 憨山进一步指出:"老人寻常要修行人以教印心者,谓是为自己所知所见,一向无明眼人指示邪正,要从佛经印正……悟心之要,将自心对照,看如佛说不如佛说……至若吾人种种心病,唯佛披露殆尽,如《楞严》七趣升沉之状,五十种阴魔之形,《楞伽》外道二乘之邪见,非佛细说,又何从而知惧耶?"④禅定过程中出现的种种幻境,在无明

---

① 《憨山老人梦游集》卷六《示参禅切要》,第73页。
② 《憨山老人梦游集》卷四五《观老庄影响论·论工夫》,第607页。
③ 据《年谱》记载:万历二年,憨山遇见牛山法光禅师,见其居常似有风颠态,吟哦手口无停时。师告之曰是禅病,因初发悟时,偈语如流,日夜不绝,自不能止,遂成病。并告之此病一发,若自看不破,须得大手眼人痛打一顿,令其熟睡,觉时自然消灭。后来,憨山也发此病,因得法光禅师的教诲,自睡而解。该事例表明,禅宗传法中,大师的重要性。万历十四年,憨山在青岛崂山,一夜静坐,夜起,见海湛空澄,洞然一大光明藏,了无一物。归室中,案头见《楞严经》,忽展开,即见"汝心汝身,外及山河虚空大地,咸是妙明真心中物",则全经观境了然心目。
④ 《憨山老人梦游集》卷一一《答沈大洁》,第142页。

眼知识训导的情况下，都需对照经教而一一照破，最终才能达到参禅之后犹如未参禅时身心如如之境。

禅与教虽然在理论与实践两方面都有相通之处，但毕竟不能完全等同。如何处理两者的关系？是以禅摄教抑以教摄禅？或两者并行不悖？德清显然是一个禅宗究竟论者。他曾从判教的角度对释迦四十九年说法次第进行了的描述。憨山认为，释迦出世，唯一大事就是要众生了悟其本有佛性，悟此佛性则出生死，迷之则被生死所缚。但由于众生历劫以来，贪、瞋、痴、爱、烦恼、恶见，迷之甚深，释尊不能顿示此"悟心大法"，故随机设教，有三乘渐次之教，使众生了知"化生之法门，非一事一行一门可入也"。佛四十九年说法，前二十年说的是"有教"，名小乘与中乘。后二十年，众弟子根机渐为通泰，佛为说大乘菩萨修六度之法。再后几年，众弟子根基已深，佛即由分说三乘法而归一乘法，以《楞伽经》显示"三界唯心法门"，直欲令人悟此一心。以上乃佛出世说法之次第，从权到实，渐次开悟众生，不过是使之明白自心本具佛性。至于禅宗一门，憨山认为，"释迦拈花为心要者，以一心之旨，离言说相，离名字相，离心缘相，以从前虽悟本心，然有未能离相，故假末后拈花为遣执言之习气，乃治执名言之病，以此为金篦耳"①。可见禅宗是统摄其他经教的最上法门。在憨山看来，佛从出世到涅槃，四十九年的说法也不过是"示一心法门"，所以禅与教都是对一心的了悟。教与禅的不同之处只在于：释迦四十九年说法是将"心"之外的迷雾一层层剥落，如拨云见日一般。末后拈花，迦叶微笑则是不经过任何过程的以心传心，当下领悟。两者顿渐不同，结果一样。由于释迦四十九年说法总在说不可说之事，言不可言之理，虽已证心体，但言语本身都具有可执性和欺骗性，所以憨山认为，禅门是遣执言之习气，治执言之病，犹如金篦一般，梳理掉最后的执着——语言，它的解脱显然要比

---

① 《憨山老人梦游集》卷四六《化生仪轨》，第643页。

依言教的解脱来得彻底。正因为此,憨山对参禅毁教,或习教不喜禅都提出批评:"今人不知教禅一心之旨,乃吾佛化度众生之方便,各人妄执一端,以为必当,故执教者非禅,执禅者非教。然执教非禅者,固已自误,而执禅非教者,又误之更甚也。"①

中国佛教学者,一般将禅、天台、华严、三论等对现象背后心体的追寻称为性宗,而将说明万象纷纭的现象世界之形成的唯识宗称为相宗。憨山称:"自天台标三观以成一家,有唐贤首始开华严法界之宗,清凉独擅其美。玄奘阐唯识之旨,窥基专业其门。由是性相二宗之渊源,一心三谛之旨,始横流于大地。"②就佛法的根本来说,释迦说法,一切经教理论和生活的律仪,都是为了消解众生烦恼而作的方便设施,治病予药,病有种种,药也有种种,无病即无药。不可执一方而治众病,更不可执死方而治百病。因此,唯识唯性,虽有理论上的争辩,但在实际的践行中并没有内外高低的差别。"佛说法门无量,门门皆通涅槃,法法皆是正法。"但是,由于历代诸师依据自己的修证经验以及对经教理论理解的不同,而偏重一法,遂有性相之别。

禅教关系,其实也是一种性相关系。对此,憨山指出:"吾佛世尊,摄化众生,所说法门,方便非一,而始终决要,有性相二宗,以其机有大小,故教有顿渐之设,末后分为禅教二门。"③

憨山对唯识学的认知来自于无极守愚,无极师从鲁庵普泰,"饮冰吃雪,废寝忘食者二十年,具得贤首、慈恩性相宗旨"④。南归后,受西林永宁之托,在报恩寺三藏殿讲华严学和唯识学。憨山和雪浪洪恩当时一起听无极讲法。洪恩后来一直在南方弘扬唯识学,被称为"窥基后身",其弟子一雨通润和巢松慧浸都是晚明唯识大家。

憨山对唯识学的研究是站在禅修的立场上,以《起信论》为基础而进

---

① 《憨山老人梦游集》卷四六《化生仪轨》,第 643 页。
②④《憨山老人梦游集》卷三〇《雪浪法师恩公中兴法道传》,第 395 页。
③ 《憨山老人梦游集》卷二〇《净土指归序》,第 262 页。

行的。① 憨山认为,"《唯识》所说十种真如,正是对生灭所立之真如耳,是知相宗唯识定要会归一心为极,此唯《楞严》所说一路涅槃门,乃二宗之究竟也。"② 他即"依生灭门中,以不生灭与生灭和合成阿赖耶识,变起根声器界,以示迷悟之源"。憨山认为,唯识学中的阿赖耶识(第八识)并非如纯粹唯识学者所说的那样是纯妄的,而是由不生灭心和生灭心和合而成,"以此识有觉不觉义","其觉义者,乃一心真如,为一切众生正因佛性。其不觉义者,乃根本无明,迷此一心而成识体"③。由八识的见相二分而变现百法(心法八,心所法五十一,色法十一,不相应行法二十四,此为有为法,另有六种无为法)及一切宇宙人生。一切众生依此识而有生死,三乘圣人也依此识而有修证。修证之路就是破相归性,从心生灭门悟至心真如门。憨山进而认为,"百法、八识乃相宗之指南,为入大乘之门也"。"亲教者展卷则见文字遮障,而不知所说皆自心本有之佛性。参禅者抱持妄想,盲修瞎炼,而竟不达生灭根源。是皆不知此论之过也。"④ 只要了悟此二论,则性相一源自然明了,也不会出现偏执于性与相或禅与教门户壁垒之现象了。

对于宋代以来盛行的禅净双修,憨山颇为重视。他指出:"参禅看话头一路,最为明心切要,但近世下手者稀。一以根钝,又无古人死心;一以无善知识抉择,多落邪见。是故念佛参禅兼修之行,极为稳当法门。"⑤ 如同话头禅也是大慧宗杲面对末法众生积习深厚而开示的一种修行法

---

①② 憨山言:"佛说一大藏教,只是说破三界唯心,万法唯识。及佛灭后,弘法菩萨解释教义,依唯心立性宗,依唯识立相宗,各竖门庭,甚至分河饮水,而性相二宗不能融通,非今日矣。唯马鸣大师作《起信论》,会相归性。"他自己则"不揣固陋,先依《起信》,会通百法,复据论义,以此方文势,消归于颂"。(《百法明门论论义》,《憨山大师法汇二集》,第五册,第215页。)

③ 憨山言:"佛说一大藏教,只是说破三界唯心,万法唯识。及佛灭后,弘法菩萨解释教义,依唯心立性宗,依唯识立相宗,各竖门庭,甚至分河饮水,而性相二宗不能融通,非今日矣。唯马鸣大师作《起信论》,会相归性。"他自己则"不揣固陋,先依《起信》,会通百法,复据论义,以此方文势,消归于颂"。(《百法明门论论义》,《憨山大师法汇二集》,第五册,第215页。)

④《憨山老人梦游集》卷三二《刻百法八识规矩·跋》,第422页。

⑤《憨山老人梦游集》卷五《示刘存赤》,第58页。

门,禅宗诸祖并没有话头禅一说,禅净双修也是时代发展的需要。主要表现在两点:一者,禅道日衰,净土是拯救禅林时弊的最好方法。憨山认为,禅在六祖以前均以当下即悟得解脱,青原以下,便以参话头明心见性,但这种直接当下的修悟方法只有上上根人才能实现,并且需要善知识时时调护、提撕、堪验方成正路。宋元以后,禅道调弊,不唯善知识减少,而且修行者根钝、心浮气躁,又无古人切志参究的决心,净土修行只需持名念佛即出生死,是易行一路,既适合上根人,更适合中下根人以及在家居士修行。二者,净土法门就其本身的理念来讲,具有和合禅教,圆摄顿渐的特质。憨山指出:"吾佛世尊,摄化群生,所说法门,方便非一,而始终法要,有性相二宗。以其机有大小,教有顿渐之设,末后分为禅教二门。教则引摄三根,禅则顿悟一心……若净土一门,普被三根,顿渐齐入,无机不摄,所谓横超三界,是为最胜法门。"①

尽管参禅与念佛都是佛说解脱生死的方便法门,但如果就修行实践的入手处来说,念佛更为简易,是"易行道"。憨山分析了众生了脱生死的心态,指出,参禅是离妄想,念佛是专净想。众生由于久久沉溺于妄想之中,习气深厚,要想去掉妄想,否定或摒弃现有的生活状态和情感欲望及亲朋至爱相当困难。念佛在于净想,想宝树莲花、想佛相庄严、想毫无痛苦的理想王国,这是人们梦寐以求的境界,如此从肯定方面提升人的追求层次,人们心理比较容易接受。特别是对那些在家修行者来说,念佛更是切实可行。憨山开示日常念佛时说:"二六时中,单将一声阿弥陀佛,横在胸中,念念不忘,心心不昧,把一切世事,都不思想,但只将一句佛,作自己命根,咬定牙关,决不放舍,乃至饭食起居,行住坐卧,此一声佛时时现前,若遇逆顺喜怒烦恼境界,心不安时,就将这一声佛提起一拶,即见烦恼当下消灭。"②另外,只有上根人才能当下了悟,那些未能当

---

① 《憨山老人梦游集》卷二〇《净土指归序》,第262页。
② 《憨山老人梦游集》卷一〇《答德王问》,第126页。

下即悟之人,只要一心念佛,即可乘愿力往生,花开见佛,立证菩提。参禅不悟可以通过念佛脱生死轮回,这就是永明延寿所云"但得见弥陀,何愁不开悟"的意思。憨山断言:"参究难悟,念佛易成。"憨山还引圣言量来作为自己的论据:"论云,众生初学,惧信心难成,意欲退者,当知如来有胜方便,摄护信心,谓以专念西方极乐世界阿弥陀佛,所修善根回向,愿求即得往生,常见皈依佛,故终无有退,此乃未悟而修者。"①

然而,参禅注重明心见性,着眼于当下现实性以及自力解脱,念佛则关注于临终时的往生,以本愿他力为解脱之力,并且,参禅是先悟后修,念佛是先修后悟,如何在理论上使两种修持方法合而为一,实为一难题。因此,从"唯心净土"的本体论来看,心与土不二,参禅与念佛相资为用。憨山认为,参禅在于离妄想,念佛在于专净想,故参禅未悟之时,"非念佛无以净自心",心净即是悟。悟心后仍然要念佛,"非悟佛无以成正觉"。念佛念到一心不乱,烦恼消失,自心明即是悟。因此,念佛即是参禅,参禅即是念佛。

就修行解脱的用力处和归向处看,参禅与念佛也有共同的旨趣。尽管参禅是一念不生,念佛是一心不乱,但两者达到生即无生,无生即生的目的是相同的。憨山指出:"禅净二行,原无二法,永明大师示之于前矣。禅本离念,固矣。然净土有上品上生,未尝不从离念中修。若曰念佛,至一心不乱,岂存念耶?"②憨山认为,参禅与念佛虽有工夫巧拙之分,但其用心之微处是相同的。念佛是就参究与念佛处打成一处,要他不生而生,生即不生。参究提话头堵截意根,要他一念不生,这虽是参究的工夫,但正如古人所谓"抱椿树摇橹",只是要他不生的一念是生也。憨山称:"古人教参活句不参死句,正在生处见不生意。如经云:'见刹那者,方悟无生'即此一语,则参究念佛,当下可成一条矣。"③

---

① 《憨山老人梦游集》卷一一《答湖州僧海印》,第123页。
② 《憨山老人梦游集》卷九《示沈大洁》,第118页。
③ 同上书,第119页。

针对有的净土信仰者"一概示人念佛,更无他语",流于形式主义的空口念佛。憨山指出,执持名号只是念佛的外在形式而已,念佛本为出生死,前者是因,后者是果。如果不从根本上认识到生死之本在于人的爱欲,并以一念断之,则念佛只是空求往生西方,念佛与生死两不相关,念佛只是一边念,生死只是一边长。故而,憨山强调:"念佛人,第一要知为生死心切,要断生死心切,要在生死根株上念念斩断……如此念念真切,刀刀见血,这般用心,若不出生死,则佛坠妄语矣。"①

为了将自己所理解的念佛与一般形式上的执持名号区别开来,憨山以"参究念佛"来指示他的净土修行。所谓参究念佛就是以参究之心来念佛。具体来说,就是以一声阿弥陀佛作话头参究,"但提一声佛来,即疑审者是谁？深深觑究:此佛向何处起？念的毕竟是谁？如此疑来疑去,参之又参,久久得力,忽然了悟"。② 参究念佛贯穿着参禅者的一整套参究功夫:疑情、提撕、审察,实乃是禅宗的修证法门。憨山自己也说:"此为念佛审实公案,与参究话头原无两样,毕竟要参到一念不生之地,是为净念。"③憨山会通南北禅宗,参禅与念佛通过正念、净念通达无念而融摄归一。

不唯参禅和念佛可以合流,天台的止观法门也可以和念佛合流。憨山指出,如果以天台一心三观来理解念佛,念佛也存三观:"正当念佛观时,要将身心内外一齐放下,丝毫不存,心地如空,不见一法,即是空观。即于此空心中,提起一声佛,随举念处,即观佛像,如现目前,历历分明不昧,即是假观。然于正观念时,返照能观能念心体,空空寂寂,当空寂中,又观念不忘,如此不忘不著,一心灵然,即中道观。然此三观,不用安排,但只举念,则三观一心,一念具足。"④由此,不仅可见其融合诸宗的倾向,更重要的是以天台宗的理论,进一步阐明他唯心净

---

① 《憨山老人梦游集》卷七《示念佛切要》,第86页。
②③《憨山老人梦游集》卷一一《答湖州僧海印》,第131页。
④ 《憨山老人梦游集》卷一八《答袁沧儒使君》,第244页。

土的念佛观念。

儒释道"三教一源论",也是憨山佛教思想的一个重要内容。

憨山的三教关系论是在继承、总结了前人三教调和论的基础上形成的,同时也反映出晚明文化融合趋势的新特点。在憨山这里,三教指的是儒家、道家和佛教,他对三教关系问题的思考前后经过了十年多时间。憨山指出,他之所以倾众多精力于三教关系的原因在于:一者,"吾宗末学,安于孤陋,昧于同体,视他宗为异,不能融通教观,难于利俗"。二者,"其有初信之士,不能深穷教典,苦于名相支离,难于理会"①。前者是指禅门后学蔽于一孔之见,斥其他教典(主要指儒家俗世理论)为异端,只顾躲进禅房深院作自了汉,不能涉世利生。后者主要指初信之士(主要士大夫居士),把玩于各家名相概念之间而未能识其根本,尤其是酷嗜老庄的人,常常将佛附老,每每引用佛语为老庄作验证,且认为一大藏经皆从老庄而出。憨山认为,这两种情况都是因为不能融通三教而致,其危害在于:"习儒者拘,习老者狂,习佛者隘"。他要打破儒释道三家互不相融,或限于浅层交流的局面,从深层次上发掘三家内在关联。憨山进而宣称:"学佛不通百氏,不但不知世法,而亦不知佛法;解庄而谓尽佛意,不但不知佛意,而亦不知庄意。""故尝以三事自勉:不知《春秋》,不能涉世;不知老庄,不能忘世;不参禅,不能出世。"②这成为17世纪三教合一论的经典语句。

憨山对儒释道的深刻认识源于他在深山大泽中的"习静观心",他说:"余幼师孔不知孔,师老不知老,既壮,师佛不知佛。退而入于深山大泽,习静以观心焉,由是而知,三界唯心,万法唯识。既唯心识观,则一切形,心之影也;一切声,心之响也;是则一切圣人,乃影之端者;一切言教,乃响之顺者。"③"习静观心"是禅宗反观内照的修行方法,通过"习静观

---

① 《憨山老人梦游集》卷四五《观老庄影响论·叙意》,第602页。
② 《憨山老人梦游集》卷四五《观老庄影响论·论学问》,第605页。
③ 《憨山老人梦游集》卷四五《观老庄影响论·论心法》,第603页。

心"后本体的畅明,憨山指出,"不独三教本来一理,无有一事一法,无不从此心所建立"①;并且,由本体而发的"治世语言、资生业等皆顺正法。心外无法,故法法皆真"。② 不唯三教没有高下低贱,正道、异端之分,世上一切有利于社会、民生的言论、技艺也都是正法,都有其存在的合理性。

和"心"相关的即是"道"。憨山认为,世上之一切经教,百工技艺,其极精微处都有"道"的存在。但此"道"不能以口耳,以语言文字而致之,要借"悟心"获得其妙处。参禅贵在妙悟,"世智辩聪、治世语言、资生之业无有一法不悟而得其妙者"。"由是观之,佛法岂绝无世谛? 而世谛岂尽非佛法哉? 由人不悟大道之妙,而自画于内外之差,道岂然乎"? 古今卫道藩篱者,在此,则曰彼外道耳;在彼,则曰此异端。"大而观之,这些人"皆不悟自心之妙,而增益其戏论耳。"③

从心性方面倡导三教一致,并非憨山的独创,早在唐末,永明延寿就以心摄事理,以心统三教。但憨山之心性在彻底贯彻禅宗"自信其心"的同时,也受到了阳明心学的一定的影响,这从他以"防心"作为儒释道的文化功能可窥见一斑。憨山言,"三教之学,皆防学者之心,缘浅以及深,由近以至远"④。此学者之"心"乃"贪欲之心"、"利益之心"、"恶心"、"坏心",防心就是要使去掉这些"坏心",使归于"善心"、"明心"。依憨山所论,"防心之说",儒家可以使人远离物欲而恢复仁义礼智之本性;道家能使人清心寡欲,澹泊无为,离人而入于天;佛使人了悟本来面目,出入人天,救度众生。三教之学都有"净化人心"的功用。

憨山还进一步以三乘分三教,他指出,作为"一心"之体现的儒道释三教,却表现出入世、忘世和出世之别。对此,憨山运用了佛学"不

---

① 《憨山老人梦游集》卷四五《观老庄影响论·论教乘》,第605页。
② 《憨山老人梦游集》卷四五《观老庄影响论·论心法》,第603页。
③ 《憨山老人梦游集》卷四五《观老庄影响论·论教源》,第603页。
④ 《憨山老人梦游集》卷四五《观老庄影响论·论教乘》,第606页。

变随缘"、"圆融行布"的理论加以说明。"圆融"是从本体的角度而言,则"一切诸法但是一心,染净融通,无障无碍",三教自然平等如一。"行布"是从"现象"的角度来看,则有十界、五乘、五教,理事因果、浅深不同。憨山进而以佛教的五乘来判分儒道释。孔子是佛教中的人乘之圣,故奉天以治人。人乘以修五戒为本,儒家的仁、义、礼、智、信五常即相当于佛之五戒。老子乃天乘之圣,以上品十善,及有漏禅九次第定为本,故"清净无欲,离人而入天"。佛教中的声闻、缘觉二乘,为超人天之圣,"故高超三界,远越四生,弃人天而不入"。释迦为最上之佛乘,超凡圣之圣,"故能圣能凡,在天而天,在人而人,乃至异类分形,无往而不入"①。释迦之高于孔子和老子在于,他既能超凡越圣,又能成圣成凡,在天而天,在人而人,能现十界形,"应以何身、何法得度,即现何身、何法而度脱之"。② 如此看来,孔子、老子皆是佛的应化之身,所以憨山得出:"据实而观,则一切无非佛法,三教无非圣人。"③佛经中有"或边地语说四谛,或随俗语说四谛",憨山认为孔子和老子就是人乘、天乘随俗而说四谛者。这样,儒道便统一于佛,又有其各自的职能。

憨山认为,人天三乘都以止观作为进修工夫,"佛言止观,则有三乘止观。若孔子,乃人乘止观也,老子乃天乘止观也,然虽三教止观浅深不同,要其所治之病,俱以破我执为第一步工夫"④。在憨山看来,孔子和老子著作中,都有大量有关"止观"工夫的论述:孔子曰"知而后有定",又曰"自诚明",又曰"明明德"。止、明即是止观之意,这就是"人乘止观"。老子有"常无欲以观其妙,常有欲以观其徼"、"万物并作,吾以观复"。庄子有"莫若以明"、"圣人不由而照之于天"、"人莫鉴于流水而鉴于止水"、"唯止能止众止也"、"大定持之,至若百骸九窍,赅而存焉,吾谁与为

---

①③《憨山老人梦游集》卷四五《观老庄影响论·论教乘》,第605页。
② 同上书,第603页。
④《憨山老人梦游集》卷四五《老子道德经解发题·发明工夫》,第612页。

亲?"、"咸其自取,怒者其谁耶?"。观、明、照、鉴、止、持、取等都是止观的工夫。

在儒佛关系上,憨山同样主张"佛化儒学"。憨山晚年致力于阐释儒家经典,其《中庸直指》、《春秋左氏心法》、《大学决疑》,皆是憨山50岁后的作品。他被贬岭南后,"每自循念,某为孤臣孽子也,天命之矣"。因读《左氏春秋》,"究心于忠臣孝子之实",这一读即读出了"左氏心法":"观其所载列国及诸大夫事,良必有源,本必有末,吉凶赏罚,不谋而符。"这就是说,左丘明在叙述春秋史实中隐含了因果报应。憨山指出,"心者,万法之宗也。万法者,心之相也……报应轮回者,心之影响"。《春秋》"扶植三纲,申明九法,而总之所以传心"。故《春秋》之因果报应又全在一心之感应:"左氏之兴亡善败,兴夺功罪,总皆一心之自为感应而已"。憨山进而认为:"左氏心法,非左氏心法也,仲尼之心法也;非仲尼之心法也,千古出世经世诸圣人之心法也。"①

第四节 蕅益智旭(1599—1655)

一、生平与著述

智旭②,名际明,又名声,字振之,自号蕅益,署号西有、八不道人等,俗姓钟,苏州木渎人。

永历六年(1652,清顺治九年),五十四岁的智旭应请撰写了一篇简短的自传,令人醒目地冠名为《八不道人传》,自称"古者有儒、有禅、有律、有教,道人既然不敢;今亦有儒、有禅、有律、有教,道人又艴然不屑;故名八不也"。"八不"之号,体现了强烈地追随与批评意识,这双重意识

---

① 《憨山老人梦游集》卷一九《春秋左氏心法·序》,255—256页。
② 智旭的传记文献,主要为其本人所撰《八不道人传》(1652)及其弟子成时所撰之《八不道人续传》(1655)。此外,可参见彭际清《净土圣贤录》卷六(1783)、《新续高僧传四集》(1923)及弘一法师撰《蕅益大师年谱》(1935)等。其研究文献则有圣严《明末中国佛教之研究》等。

的交叉存在成为智旭出家僧格的真实写照。

透过这部自传,人们了解到智旭学佛,正是得缘于阅读袾宏那些影响颇广的论著。智旭的双亲,都是佛教信徒。他们由于多年一直没有子嗣,在中国传统社会面临着沉重的舆论压力,因此就向观音菩萨祈求,并发誓诵念《大悲咒》十年。他母亲四十多岁时,终于梦见观音允诺许以生子时。据自传,智旭七岁时,就是一位素食者。十二岁时,他随塾师习儒业,以荣耀圣学为志。一度立誓摧佛毁道,并放弃素食。其间,智旭还撰写了《辟佛论》数十篇,表明其排佛论的思想立场。

十七岁时,智旭读到了袾宏的《自知录》及《竹窗随笔》。这成为智旭一生选择的转折点,开始改变其此前与佛教势不两立的思想立场。不过,智旭仍坚持研习儒典,特别是苦参《论语》"天下归仁"句,终悟孔颜心法。这番悟道经历,智旭自比为王阳明"龙场悟道"。万历四十六年(1618)冬,二十岁的智旭因痛失父亲,决定诵念《地藏本愿经》为父亲转生,并萌出家修行之意。①

二十四岁(天启二年,即1622年),智旭离弃家庭生活。智旭出家修学佛法,晚明佛教的最后一位大师横空出世。在其人生道路的抉择中,智旭对《楞严经》的悟解起了至关重要的作用,并由此植下智旭与《楞严经》的不解法缘。《楞严》"世界在空,空生大觉"之句,最终使智旭成为中国佛教史上最具特立独行个性的佛教学者之一。

综观智旭一生佛学思想的发展历程,大致约可分为三期。二十四岁至三十七岁,属于智旭的出家初期,是其佛教思想的磨合期,通过参究宗乘、研习律藏为主导的修学,深悟性相融会之旨。三十八岁至五十岁,属

---

① 《八不道人传》述:"十二岁,就外传,闻圣学,即千古自任,誓灭释老,开荤酒,作论数十篇辟异端,梦与孔颜晤言。十七岁,阅《自知录序》,及《竹窗随笔》,乃不谤佛,取所著《辟佛论》焚之。二十岁,诠《论语》,至'天下归仁',不能下笔。废寝忘餐三昼夜,大悟孔颜心法。冬,丧父,闻地藏本愿,发出世心。二十三岁,听《大佛顶经》,谓世界在空,空生大觉,随疑何故有此大觉,致为空界张本,闷绝无措。但昏散最重,功夫不能成片,因决意出家,体究大事。"智旭:《灵峰宗论》卷首,《蕅益大师全集》第6册,第28—29页。

于智旭的修学中期,其修学重心已由猛志宗乘转到兼戒、兼教之中。五十一至五十七岁,属于智旭弘法的晚期,也是其佛教思想的成熟期,主要教演天台、行归律净为主导。

智旭三十二岁时"拟注《梵网》,作四阄问佛,一曰宗贤首、二曰宗天台、三曰宗慈恩,四曰自立宗。频拈,得天台阄。于是究心台部,而不肯为台家子孙。以近世台家与禅宗、贤首、慈恩,各执门庭,不能和合故也。"①智旭虽然"究心台部",却不愿认归为"台家子孙",以表明其对当时天台宗僧自执门庭、未与其他诸宗融会的不满,其性相融会、禅教净律诸宗会通的思想,已初见端倪。

三十五岁时,智旭完全深悟性相融会之理。其理论根据,即源于《占察善恶业报经》的唯心识观和真如实观的两种观法。故他在《教观要旨答问十三则》一文中有云:"唯心是性宗义,依此立真如实观。唯识是相宗义,依此立唯心识观。料简二观,须寻占察行法,方知同而异、异而同矣。"②又在《刻占察行法助缘疏》中说:"此二卷(占察善恶业报)经,已收括一代时教之大纲,提挈性相禅宗之要领。"③而到四十九岁更作《唯识心要》、《相宗八要直解》及《弥陀要解》、《四书蕅益解》时,智旭已把唯识、天台、华严、禅宗等各宗思想加以融会贯通,其"性相融会"的佛学思想已逐渐成熟。故智旭在《成唯识论观心法要》的《凡例》中声称:"性之与相,如水与波,不一不异。故曰,性是相家之性,相是性家之相。今约不一义边,须辨明差别,不可一概侊侗;又约不异义边,须会归圆融,不可终滞名相。"④

智旭的剃度师为憨山德清的弟子雪岭。出家之初,智旭并未受三皈戒,却在一座佛像前发净土四十八愿,自名为"大朗居士(大朗优婆塞)"。

---

① 智旭:《灵峰宗论》卷首《八不道人传》,《蕅益大师全集》第6册,第32页。
② 智旭:《灵峰宗论》卷三之三《教观要旨答问十三则》,《蕅益大师全集》第6册,第549页。
③ 智旭:《灵峰宗论》卷七之三《刻占察行法助缘疏》,《蕅益大师全集》第6册,第1156页。
④ 智旭:《成唯识论观心法要》卷一《凡例》,《蕅益大师全集》第5册,第4页。

智旭"初志宗乘,苦参力究",遍历云栖、径山诸刹,听袾宏弟子古德大贤法师讲《唯识论》,坐禅于径山。所有这些修学经历,无不表明智旭并不是一个天生的净土行者。

智旭的特立独行,源于对以法为师这一佛陀遗训的忠实践履,归本于对戒、定、慧三学一源的真正体认。他自述其学术渊源时,明确地称:"故所私淑,云栖之戒,紫柏、六祖之禅,荆溪、智者之慧也。"①"云栖之戒",即指智旭在袾宏的遗像前,受自皈依戒及菩萨大戒。"紫柏之禅",即直追六祖曹溪禅法,特别是大慧宗杲的禅法参究,明确主张以教证禅、禅教互证:"夫禅者教之纲,教者禅之网也;禅者教之领,教者禅之襟裾袖摆也;禅者教之根本,教者禅之枝叶花果也。"②这种思想显然颇受紫柏的影响,同时也反映了当时一代学僧对于传统禅修的思考取向。至于"荆溪、智者之慧",则追随天台智者大师、荆溪湛然的止观教学,以宗归台教,教观双行。

智旭的思想是直承"万历佛教三大师"的。或者更明确说,智旭思想成熟的过程,无不得益于云栖、紫柏、德清等大师的深刻影响。对此,在智旭的心目中,已经充分奠定了这三位大师在中国佛教史的殊胜地位。他在《十八祖像赞》中把万历佛教三位大师分列于第16祖至第18祖:

> 得戒和尚,云栖大师。(第十六)……旭少为邪师所误,力诋三宝,闻大师《自知录序》,始转邪心。廿四出家,入山作务,见规约中,有学戒式,遂发菩提心,胡跪大师像前,然香顶受二种戒本,以附私淑之科。③

> 刻书本藏,紫柏大师。(第十七)……参遍融尊宿,愿嗣其德。师念大藏卷帙重多,遐方僻陬,有不闻法名者,倡刻方册,以便流通。设遇轻谤,愿自代罪,令处处见闻经法,作金刚种,皆大师力也……生平专持毗舍浮佛偈,亦以示人,四十余年,胁不著席,不见女人,常

---

① 智旭:《灵峰宗论》卷八之二《预祝乾明公六十寿序》,《蕅益大师全集》第6册,第11456页。
② 智旭:《灵峰宗论》卷六之四《偶拈问答·自序》,《蕅益大师全集》第6册,第11203页。
③ 智旭:《灵峰宗论》卷九之二《十八祖像赞》,《蕅益大师全集》第6册,第1426—1427页。

露坐不避风霜,重兴梵刹十五所,古宿语录,若寂音尊者所著论文,世所不闻,尽搜刻之。①

梦中接引,憨山大师。(第十八)……庚申,雪岭峻师登山问安,旭寄香一瓣,蒙大师慈札奖导,偈语开示。辛酉,大师复往曹溪。壬戌,旭决志出家,三梦大师接引,恨驽劣不能远趋,乃求峻师剃发,以是大师所赞许也。癸亥冬,旭在天台打七,忽梦大师容稍憔悴,似有所嘱,后知正属示寂时矣……②

智旭对万历佛教三大师的推崇,持续其一生。崇祯三年(1630),智旭拈香撰文,"愿游化无碍,兼供达观可大师,报刊行大藏。重振僧风之德,莲池宏和尚,报遗规私淑之恩。憨山清师祖,报初缘发心,梦中摄受之德。雪岭峻师,报剃度之恩。古德贤法师,报证明学戒之德。无异舣禅师,报劝赞付梓之缘。壁如镐兄,归一筹兄,报参订商确之力。及现在六师,未来一切同行善友,愿并扶法运。季贤献师,净空妙师,外护知识等,愿同入法流"③。

当然,"云栖宏大师,极力主张净土,赞戒赞教赞禅,痛斥口头三昧,真救世菩萨也。憨山清大师,扩复曹溪祖庭,晚年掩关念佛,昼夜课六万声,故坐逝后,二十余年,开龛视之,全身不散,遂与六祖同留肉身,人天瞻仰,得非莲宗列祖乎"④。

智旭是晚明时期最后一位的佛教大师。不仅在地域上接近袾宏,而且在精神气质与弘法活动上,也与袾宏相类似。

智旭一生广学博洽,以禅、净、律、教四门来总摄佛教诸宗,终归于"现前一念"的心法佛行之源。简要地说,即"教观齐彰,禅净一致"⑤,参

---

① 智旭:《灵峰宗论》卷九之二《十八祖像赞》,《蕅益大师全集》第6册,第1427—1428页。
② 同上书,第1429—1430页。
③ 智旭:《灵峰宗论》卷一之一《阅律礼忏别疏》,《蕅益大师全集》第6册,第78—79页。
④ 智旭:《灵峰宗论》卷五之二《儒释宗传窃议》,《蕅益大师全集》第6册,第843页。
⑤ 智旭:《灵峰宗论》卷二之一《示真学》,《蕅益大师全集》第6册,第204页。

佛心之禅,证佛语之教,成律净佛行,以对治当时佛门之弊。

智旭"参佛心之禅",其门径不外乎遍参尊宿,掩关苦修。

智旭因痛念生死大事,而决志出家。因此,在他出家之初,猛志参究,希证果位,了脱生死,急克圣果,以报众恩。然而,事与愿违。智旭虽心无旁骛地专注于参禅,掩关苦修,结果却非究明"教外别传"的宗门心地,倒是痛悉了许多由无学无闻、无知无解所导致的"末世禅病"。对此,智旭本人日后反省说:"予本弃儒学佛,亦妄谓单传之道,实出教外,一味作蒲团活计,一切经论置诸高阁。见真寂、博山等耆宿,反照古今得失,方知末世禅病,正坐无知无解,非关多学多闻。"①而在《大佛顶经玄文后自序》中,智旭更加明白地表示:"己巳(1629)春,与博山无异师伯盘桓百日,深痛末世禅病,方一意研穷教眼,用补其偏。虽遍阅大藏,而会归处不出《梵网》、《佛顶》二经。"②

明末禅林已非同往昔,随着印刷技术的普及,方册藏经已相对流通。而诸多禅林佛刹,则更有明藏的收藏。遍阅藏经,成为可能。智旭的思想经据,实出于《梵网经》与《首楞严经》。《楞严经》在明末时期的影响力甚盛,达到了历史的最高潮。智旭思想的形成与确立,显然具有经教的理据,以教证禅的研修取向。因此,智旭之修禅实为经教之禅,或者说是《楞严》之禅。这种禅法,与现实宗门的通行禅法,无疑具有相当的差异。于此,他提及与博山无异禅师的会谈,是其修行生涯之中一个关键性的时刻。在会谈中,智旭明了末世禅病为何,深痛之,从而改变了他的修学观——由猛志究禅到兼教、兼律的修学,以研律习教以补末世之禅病。智旭在其参学过程中,因其出入禅林,对当时诸多禅弊,了解颇深,并见诸其批评性文字。如"末世禅和,不为生死大事,装模作样,诈现威仪,不真实学禅、教、律,徒记两则公案,辨几句名相,受三衣衣钵,以为佛法尽此矣"③。此即当时部

---

① 智旭:《灵峰宗论》卷七之三《灵岩寺请藏经疏》,《蕅益大师全集》第 6 册,第 1138 页。
② 智旭:《灵峰宗论》卷六之二《大佛顶经玄文后·自序》,《蕅益大师全集》第 6 册,第 928 页。
③ 智旭:《灵峰宗论》卷二之二《示汉目》,《蕅益大师全集》第 6 册,第 250 页。

分修禅之人,不究生死,参禅只是装模作样,诈现威仪,修行已流于形式,佛法徒剩一具空壳。由此更坚定了他兼教、兼律的决心。

智旭的两位师伯,博山无异元来与天台幽溪无尽传灯,都是一时名家,对智旭思想影响颇深。由儒入佛,由禅入律,以律兼教,摄教归净,这是对智旭思想转变的一种描述。其实,智旭与博山与无异会谈之前,于二十七岁(1625)、二十八岁(1626)两个夏天为友人讲演《大佛顶经》时,多有会心处,其兼教之心已初具萌芽。

智旭初发心时专事宗乘,数年之后始兼涉律、教。其在三十八岁(1636)时曾自述其学律之因:"念念趋向宗乘,教律咸在所缓。后因几番逼拶,每至功夫将得力时,必被障缘侵恼。因思佛灭度后,以戒为师。然竟不知受戒事,何为如法,何为不如法。"①此外,智旭于《梵网合注自序》亦提及,当他猛图出世,矢志参禅时,虽数发悟解,却克证无期,于是"念宿因力薄,应兼戒、兼教以自熏修"②。所谓宿因力薄,则修定仍须戒、慧以相辅相成;若宿因力强,戒、慧之熏习已有成就,则此世修定可以很快进入状况。而智旭念及自身无此福德善根,所以其修行仍须兼戒、兼教,而不能一味地参禅。

除了自身因缘,还有智旭痛心正法衰替,戒律不明,而有学戒之动机。如其二十七岁在《寄剃度雪岭师》一文中,痛陈今世有三可痛苦,其中之一是:"毗尼法,三学初基,出世根本,僧宝所由得名,正法赖以住世。而罕有师承,多诸伪谬,遂令正法坠地,僧伦断绝,一可痛也。三藏教,修行之径,出苦之要,而依文解义,罔知观心,废先哲旧章,涂一时口耳,遂令禅门诃为葛藤糟粕,二痛也。宗门一著,本为上上根点铁成金,今但作门庭施设,道理商量,不堕狂罔无知,便堕襟毒知见,更有去施设埽道理者,多落阇证窠臼,盲修瞎炼,实是险涂,无上妙法,流弊至此,三痛也。第

---

① 智旭:《灵峰宗论》卷六之一《退戒缘起并嘱语》,《蕅益大师全集》第6册,第869页。
② 智旭:《灵峰宗论》卷六之二《梵网合注·自序》,《蕅益大师全集》第6册,第912页。

一可哀愍者,借佛法图名利,无实为人之心。二者,但知己长,不知人长,但见人短,不见己短,株守一得,向无佛处称尊,不能放下面皮,打破局量,从千万人脚跟下穿过。三者,但为大以欺佛,不思三界无安,言净土不必生,弥陀不必念,中郎判为唯心堕,圆实堕,确论也。"①三十一岁时,随无异禅师至金陵,盘桓百日,"尽谙宗门近时流弊,乃决意宏律"②。因此在二十七岁至三十二岁期间,智旭曾仔细阅读律藏达三次之多,并称"予三阅律,始知受戒如法不如法事。彼学戒法,固必无此理,但见闻诸律堂,亦并无一处如法者"③之感叹,并由此开始了对佛法真义之探究。

五十岁至五十七岁是智旭出家修学的晚期,其"禅、净、教三者为一,诸宗会归一致"的佛学思想体系已臻完善。在此期间,其论述主要是对《大乘止观法门》、《楞伽经》、《起信论》之内容和天台教理关系做了进一步的梳理,而其修行观却表现为一心一意求生西方净土。据弘一大师在其所撰《蕅益大师年谱》中所述:

> 大师一日顾成时师曰,吾昔年念念思复比丘戒法,迩年念念求西方耳。成时师大骇,谓何不力复佛世芳规耶。久之,始知师在家发大菩提愿以为之本,出家一意宗乘,径山大悟后,彻见近世禅者之病,在绝无正知见,非在多知见。在不尊重波罗提木叉,非在着戒相也。故抹倒禅之一字,力以戒教匡救,尤志求五比丘如法共住,令正法重兴。后决不可得,遂一意西驰。冀乘本愿轮,仗诸佛力,再来与拔。至于随时著述,竭力与讲演,皆聊与有缘下圆顿种,非法界众生一时成佛,直下相应,太平无事之初志矣。④

于此可见,正是由于智旭大师佛学理论的成熟完善,使其对当时存

---

① 智旭:《灵峰宗论》卷五之一《寄剃度雪岭师》,《蕅益大师全集》第 6 册,第 719—720 页。
② 智旭:《灵峰宗论》卷首《八不道人传》,《蕅益大师全集》第 6 册,第 32 页。
③ 智旭:《灵峰宗论》卷六之一《退戒缘起并嘱语》,《蕅益大师全集》第 6 册,第 870 页。
④ 弘一:《蕅益大师年谱》,蔡念生汇编《弘一大师法集》第 2 册,第 1102—1103 页,台北,新文丰出版公司,1994。

在之佛教流弊有了更加深刻的认识,而通过多年的修行实践,智旭深深认识到,其教理虽善,然与时俗相违,而曲高和寡,了悟者几人而已,虽以教、律之力以救,终因时弊太深,终不可得。自称"宗庭独立除荒草,教律谁能共执柯"①,终留"法门寥落少知音"之叹。②

研究者往往将智旭思想或纳入天台,或入净土,然从其学术思想发展过程看,智旭向来是反对教、宗分化的,从其晚年自号"八不道人"即可明了。他主张教理和修证并重,因此天台、贤首、唯识、禅宗、净土等宗的思想,都是其整体佛学思想的有机组成。智旭是晚明研究唯识学的学者中,对唯识学研究最为透彻的学者之一。与他人研究唯识相宗经论的态度相比,智旭的唯识思考要审慎严谨得多。作为晚明唯识学的总结性人物,智旭通过对前人"性相融通"思想的发展,对唯识理论进行新的阐释,并将其与天台、戒律、净土、禅宗等思想融会结合,构建、发展和完善了其"禅、净、教三者为一,诸宗会归一致"的佛学思想体系,从而将晚明唯识思想研究和佛教义学研究推到了一个新的历史高度。由此可以说,智旭的佛学思想代表了晚明时期佛教义学的最高学术成就。

智旭一生未逮袾宏、紫柏、德清"万历佛教三大师"之世,且历经天崩地裂式的国朝易代,生世动乱,加之智旭佛行峻严,从其学修且能秉教而行、卓有成就者,寥寥无几。

智旭不仅是晚明时期一位最勤于撰作而多产的佛教著述家,也是一位博学多识的思想家和学者。在出家之前,智旭就曾撰写多达两千篇以上著论,尽管其中绝大部分皆已焚毁。从其二十三岁出家到五十七岁离世,智旭前后共计阅律三遍,大乘经两遍,小乘经及大小论两土撰述各一遍。③

据《八不道人传》自述,智旭撰写了二十三部著作,共一百一十三卷。

---

① 智旭:《灵峰宗论》卷一〇之二《病余写怀四绝》,《蕅益大师全集》第 6 册,第 1497 页。
② 智旭:《灵峰宗论》卷一〇之四《坐狎浪楼二首》,《蕅益大师全集》第 6 册,第 1560 页。
③ 弘一:《蕅益大师年谱》,《弘一大师法集》第 2 册,第 1103 页。

其弟子成时则认为共四十部著述，计一百九十八卷。据圣严法师的考订，智旭著述，实际总数量共计五十八种，其中有八种仅存其序，而阙其本文。因此，现存著述为五十种，一百九十卷。① 智旭对后世佛教的影响是多方面、多领域的。其最重要的著作是《阅藏知津》，它为后世《大藏经》提供了一种新型的书目编排。东京版的大藏经或佛教藏经(1880—1885)，即根据其版式编排。其撰著领域，广涉佛教经论疏释、佛教藏经文献，更有许多护教弘法之作。其形式或撰著，或编集，或疏释，或开示，体裁多样，内容繁富。其内容广涉禅、律、教、净诸宗，遍通性、相、空、有之学。②

智旭弟子成时在编辑乃师的论著时，提出了"释论"与"宗论"的编排体例。所谓"释论"，即专释一经之作；所谓"宗论"，即释论之外，自成名、文者。具体而言，"释论"收灵峰诸经疏作，"宗论"则录其文。③ 现将智旭的撰著，分类简述如下。

一、经律论疏释，包括：

《盂兰盆经新疏》一卷，撰于崇祯八年(1635)。

释《梵网经》者，有《梵网经玄义》一卷、《梵网经合注》二卷。

释《楞严经》者，有《大佛顶经玄义》二卷、《大佛顶文句》十卷。

释《般若经》者，有《般若心经释要》一卷、《金刚经破空论》一卷、《金刚经观心释》一卷。

释《法华经》者，有《妙法莲花经纶贯》一卷。智旭《法华纶贯自跋》称："……智者大师，亲证法华三昧，光宅尚破，余家可知，后人纷纷置喙，未具青莲学识耳。诸友请余解《法华》，坚以此意辞之。适达际督梓梵文，欲撮全经大旨，以便初学，敬依玄文，节取大纲，名为纶贯，庶述古而不妄作云。"④

---

① 参见圣严的《明末中国佛教之研究》第四章，关世谦中译本，第344—345页，台北，学生书局，1988。
② 同上书，第332—346页，台北，学生书局，1988。
③ 参见成时的《灵峰宗论》卷首《序》，《蕅益大师全集》第6册，第5页。
④ 智旭：《灵峰宗论》卷七之一，《蕅益大师全集》第6册，第1070页。

释《楞伽经》者,有《楞伽经玄义》一卷、《楞伽经义疏》九卷。据其《楞伽义疏后自序》称"犹忆初发心,便从事禅宗,数年后,涉律涉教,著述颇多,独此《楞伽》,拟阅藏毕方注,壬辰(1652)结夏晟溪,无处借藏,乃以六月初三日举笔,至八月十一日阁笔,于长水南郊之冷香堂,仅阁七旬,而佛事魔事,病障外障,殆无虚曰,易三地而稿始脱。"①

释《占察经》者,有《占察经义疏》一卷、《占察经义疏》二卷。据其《占察疏自跋》称,智旭对《占察经疏》用力甚勤,自崇祯四年(1631)冬从云栖寺请到此经,顿感"悲欣交集",发愿作疏。翌年,依经立忏。崇祯八年(1635)夏,讲演分科。后因病冗交沓,屈指十五年来,梵网佛顶唯识法华皆已注释,独此夙愿,尚未填还,可叹也,今庚寅年,阅世已五十二岁,百念灰尽,偶同志数人,仍来结夏北天目,究心毗尼,"予念末世,欲得净戒,舍占察轮相之法,更无别涂"②。

其他经解,计有《四十二章经解》一卷、《八大人觉经解》一卷、《遗教经解》一卷、《十善业道经节义》一卷等。

智旭所撰的唯识论典疏释之作,计有《成唯识论观心法要》十卷、《八识规矩颂直解》一卷、《唯识三十论直解》一卷、《百法明门论直解》一卷、《因明入正理论直解》一卷、《唐玄奘真唯识量直解》一卷、《观所缘缘论直解》一卷、《观所缘缘论释直解》一卷、《六离合释法式略颂》一卷等。其中,最主要的是《成唯识论观心法要》(简称《唯识心要》)。据智旭本人所撰写的《缘起》称:"……慨自古疏失传,人师异解,文义尚讹,理观奚赖,钝者既望洋而退,利者复蔑裂而求,四分之旨未谙,一心之宗徒设,三性之理未究,二谛之致安归,赖有开蒙问答,梗概仅存,大钞宗镜,援引可据,而遡流穷源,则瑜伽显扬诸论,尤黄河之有宿海,于是绍觉法师《音义》,一雨法师《集解》,宇泰居士《证义》,无不殚精竭思,极深研几。然教

---

① 智旭《灵峰宗论》卷六之四,《蕅益大师全集》第 6 册,第 1020 页。
② 智旭:《灵峰宗论》卷七之二《占察疏・自跋》,《蕅益大师全集》第 6 册,第 1084 页。

道已明,观道未显,嗣有新伊法师,为之《合响》,力陈五观,冠罩诸家,尚未刊行,仅获染指,适二三同志,拟从能变所变差别之涂,以开性具性遍圆融之钥,漫尔饶舌,兼命管城,不敢更衍繁文,祇图直明心观,随讲随录,用质大方。"①可见智旭对当时唯识学的阐释颇为关注。

释《净土经》者,有《阿弥陀佛经要解》(简称《弥陀要解》)一卷。智旭的弥陀净土思想,深受四明知礼及云栖袾宏的影响。据其《弥陀要解自跋》,此书作于永历元年(1647,清顺治四年)九月,是对自己净土修行的总结之作,"旭初出家,亦负宗乘,而藐教典,妄谓持名曲为中下,后因大病,发意西归,嗣研妙宗圆中二钞,始知念佛三昧,无上宝王,方肯死心执持名号,万牛莫挽也"②。智旭的《弥陀要解》与袾宏的《弥陀疏钞》,成为后世阐释弥陀净土思想的两大代表性著述,影响甚大。

释《起信论》者,有《大乘起信论裂网疏》六卷等。其《裂网疏自序》称,"佛祖之道,以心传心。菩萨造论通经,亦唯此一大事……至马鸣龙树,并金口授记,传佛心宗,其所著述,定不互相乖异。乃后世讲师,辄妄判曰,天亲《识论》,立相始教。龙树《中论》,破相始教。马鸣《起信》,终教兼顿,并未是圆……马鸣以一心真如门,显甚深般若随智说。以一心生灭门,显瑜伽八识随情说。真如即一真法界,统事理而泯绝事理者也。生灭即全理所成之事,全事无性之理也,二门不离一心,无一生灭非全体真如,无一真如不全具生灭,即事事无碍法界也,谓其不同唯识中论,仍非圆极一乘可乎……敬以阄决于佛,拈得宜解唐本,遂殚一隙微明,剖尽两宗迷执,门人成时,请名为裂网疏。"《大乘起信论》与《唯识论》皆为通《楞伽》之论,力剖性相二宗分立之弊,可见智旭性相兼弘的阐释取向。

二、天台教义学阐释之作,计有:

《法华玄文节要》,二卷。

---

① 智旭:《灵峰宗论》卷六之一《成唯识论观心法要缘起》,同上书,第878—879页。
② 智旭:《灵峰宗论》卷七之一《弥陀要解·自跋》,《蕅益大师全集》第6册,第1084页。

《法华会义》，十六卷。据智旭《法华会义自跋》称："呜呼，圆顿妙法，旷劫难逢，繄我愚蒙，何缘幸遘，每一披阅，恍若夙闻，岂非普贤威力，及释迦守护之功邪，智者大师，不可复作。后贤坚执，斗诤滋生，圆融绝待法门，几成彼此是非情见。弘之者，城堑益高益深，望之者，疑畏日新日盛。耳闻目击，扼腕痛心，不揣疏庸，聊为介绍。举笔于己丑十一月初五日，甫成一序，病卧半月，至十九日，方得勉强从事。且夕孳孳，手不停书，目不停阅，腊月二十六日，仅完会义八卷。歇节三日，庚寅元旦随试笔，又历一月告成，共计会义一十六卷，足运心力六十八日。嗟嗟，古人一炷香，朗诵《华严》一部。旭也钝，矻矻乃尔，可嗤矣。然诱接初学，令得渐悟法华实相，不终按剑，亦不望洋，则释迦普贤，及与智者，必愍旭之钝置，而益鉴旭苦心也夫。"[①]

《教观纲宗》、《教观纲宗释义》各一卷。

三、文集论著

即《灵峰宗论》(全称《灵峰蕅益大师宗论》)，共计三十八卷。据成时所述，《灵峰宗论》收辑了智旭的七部文稿，但未说明其具体篇目。据圣严法师，这些文稿主要包括《净信堂初集》、《绝余编》、《闽游集》、《净信堂续集》、《幻游杂集》、《净信堂答问》等。

四、护教论著

智旭撰有《辟邪集》二卷。

五、其他撰著

《净土十要》十卷，《法海观澜》五卷，《阅藏知津》四十四卷等。

六、阙本文

仅存其序，计八种。其中最主要者为《宗镜录删正》。智旭尝三遍通阅法涌本《宗镜录》，感到"法涌诸公，擅加增益。于是支离杂说，刺人眼目"[②]。智旭完成《宗镜录删正》本后，一度与钱谦益(1582—1660)商定。

[①] 智旭：《灵峰宗论》卷七之一，《蕅益大师全集》第6册，第1104—1105页。
[②] 智旭：《灵峰宗论》卷七之二《较定宗镜录跋四则》，《蕅益大师全集》第6册，第1121页。

七、未完成著作

计二十二种。据圣严法师研究,智旭尚有未完成的撰著二十二种,主要为《圆觉经新疏》、《维摩经补疏》、《普贤行愿品续疏》、《地藏十轮经解》、《地藏本愿经疏》、《观经疏钞录要》、《金光明最胜王经续疏》、《仁王经续疏》、《摩诃止观辅行录要》、《贤护经解》、《同性经解》、《无字法门经》、《药师七佛经疏》、《十善业道经解》、《十二头陀经疏》、《四阿含节要》、《发菩提心论解》、《僧史删补》、《缁门宝训》、《续灯录》、《大涅槃经合论》等。①

透过智旭所从事的撰述活动,最能为后人提供了其思想活动的完整肖像。显然,后人不应仅以净土祖师或天台宗僧来框限智旭的丰富形象。

智旭与袾宏,不仅都生活地具有浓厚文化气息的江南地区,而且在精神学脉上也有相关性。智旭深受袾宏思想学说的影响自不待言。但智旭在义理探究领域的广度,显然超过了袾宏。

不像德清,智旭似乎并不关注道家思想。但他像袾宏一样,也倡导禅宗与净土的结合。他还为所有的哲学化的宗派所吸引。当他三十二岁时,他曾打算撰写一部有关《梵网经》的注疏,但无法决定依从哪个佛教宗派。他做了四个阄,每个阄上写着华严宗、天台宗、法相宗和自立宗四宗。恳请佛陀的允准后,他每次拈阄出现的都是天台宗。因此,智旭基于天台教义作为诠释儒家与佛教的基础。当他四十七岁时,他撰写了《周易禅解》,并在两年后撰著了《四书蕅益解》。根据同一尺度,他在这些著作中试图设法符合佛教"格义"。

除帮助其儒家同时代人理解佛教外,智旭还想表明儒家学说的真义只有根据佛教才能理解。他论及了散落在儒家经典中的"妙旨"。这些掩蔽着段落,指涉着在佛教经典中所展示的同样的真理。但由于机缘尚

---

① 参见圣严的《明末中国佛教之研究》第四章,关世谦中译本,第352页,台北,学生书局,1988。

未成熟,而且人们的知识水平和精神成长太过低下,因此,孔夫子和其他儒家圣人仅能运用方便设施,以一种不同于佛教徒的语言阐述其教义。遗憾的是,早在曾子时代起,儒家就不能阐明深含于儒家经典中的"妙旨"。智旭毅然肩负起为其同时代人阐明这些"妙旨"的使命。在某种意义上,他正实现其年轻时荣耀圣学的梦想。开启深藏在儒家经典中的意义的钥匙,必将在佛教心性之学中找到。

智旭素有博学多识、修行严谨之称。他一生撰著甚丰,涉及领域广泛。智旭一生著述颇丰,在其十二岁时就曾作论数十篇以辟佛老之异端,在二十二岁时更因专心念佛而尽焚窗稿两千余篇。智旭真正遗世之著述,均是在其二十三岁出家至五十七岁逝世之三十四年间所出。总计有五十一种不同的专著,达二百二十八卷之多。其中,有关唯识的著述,即有九种十八卷。智旭的佛学思想也在其不断地论述、宣教之中,逐渐丰富、发展和完善。最终形成其"禅、净、教三者为一,诸宗会归一致"的完整佛学思想体系。

二、思想与影响

作为最为晚出的明末佛教诸大师中,智旭不仅在佛法修学中颇具个性,而且其思想构成亦有异于其他诸高僧。智旭思想的演进,得益于其众多的撰述,留给后人一个相对清晰的脉络。在智旭具有一生总结性质的自传《八不道人传》中,为此提供了明确的线索。循此脉络,可以大致梳理其思想演进的过程。

在出家之前,智旭经历过"谈理学而不知理"、"习玄门而不知玄"修学阶段。这是当时普通士子的正常选择。在其二十三岁决志离俗出家之后,智旭的思想则经历过"参禅而不知禅"二十三岁至二十六岁、"习律而不知律"二十七岁至三十五岁及"演教而不知教"三十六岁至三十九岁三个时期。大致来说,智旭的佛教思想可以区别为思想磨合期与思想成熟期。在思想磨合时期,二十三岁至三十九岁,智旭由参禅知禅而弃禅、习律与知律、演教而知教,表现其对不同佛教知识系统的研习与评判的立场与取向,贯穿着智旭对佛教修行传统与经论传统的研习理解的持续深入过程。

智旭的思想历程,从出儒入释,习禅而弃禅,至教律兼弘,终归于净土圆顿法门。这不仅反映了智旭佛教观及其修行观的演进,更从中透示出晚明佛教的深刻变迁。与此同时,智旭对于晚明的佛教处境有着异乎常人的清醒。智旭对佛陀教法的评判,主要是通过阅藏修学的知识性活动,特别是其阅读律藏的经历,更对其思想的磨合与成熟有着至关重要的作用。

从思想资源的广泛性来说,智旭的思想,既是晚明思潮的时代产物,更是晚明佛教经世思潮的产物。

首先,晚明佛教经世的思潮转向,主要体现于佛门龙象的救世人格。作为晚明佛教四位大师中最为晚出的蕅益智旭,终生对紫柏甚为推崇。从紫柏的豪僧人格中,智旭看到了力挽晚明丛林颓废之势的勇决果敢的精神气度,并常把它与心学宗师王阳明的人格相比较。他说:"近代传孔颜心法者,惟阳明先生一人;传佛祖心法者,惟紫柏大师一人。旭生亦晚,习儒时不得亲炙阳明;后学佛不得亲躬紫柏。"①这不仅是学理上的认同,更出于对佛教果证的崇敬与神往。对此,智旭明确说:"吾眼见耳闻诸善知识,唯紫柏大师一人而已,已证无生,已得自在。其余大老,建丛席,立规条,广大周详,名满海内者,临命终时,俱不免牵缠系恋,反不若我憨翁大师及幽溪师伯,晚年一味默修,不管丛林中事,皆得脱然坐逝。又不若彼雪庭禅师、灵源禅师一生不拘小节,临终亦得晒然。故知门庭施设,不惟无益本分,正复萦绊杀人。"②据上所述,智旭对紫柏的推崇,基于三个评价,即绍传佛祖心法、重振丛林僧风和已证生死解脱。依照佛教佛、法、僧三宝一体的教法体系,在智旭看来,紫柏的弘法一生无疑堪

---

① 智旭:《灵峰宗论》卷六之三《赠石淙掩关礼忏占轮相序》,《蕅益大师全集》第 6 册,第 962—963 页。
② 智旭:《灵峰宗论》卷四之一《祖堂幽溪寺丁亥除夕普说》,《蕅益大师全集》第 6 册,第 594 页。

称不世出之良范:刊行大藏以继佛教慧命,力传佛祖心法承绪佛陀教诲,重振僧风重建丛林规范,亲证生死自在解脱。从智旭对紫柏的肯定性评价,隐然觉察到佛教全面复兴,必须回归于佛法的完整性与本源性;同时也说明佛法的全面振兴,必须仰赖于能够弘道的有为僧人,而非为一味闭关苦修的枯禅默照者。对照晚明佛教界对于评判紫柏弘化的是非功过的众多聚讼中,智旭的声音显得异常地肯定而坚决有力。

正唯如此,当时佛教僧人对王阳明突破理学藩篱的良知之学,甚表推崇。如智旭曾说:"王阳明龙场大悟,提致良知三字为作圣真诀,虽曰颜子复生,不亦可乎!"[①]他更说:"佛法之盛衰,而儒学之隆替。儒之德业学问,实佛之命脉骨髓。故在世为真儒者,出世乃为真佛。以真儒心行而学佛,则不学世之假佛。"[②]在智旭看来,真正的出世佛学与济世为怀的儒学为一。所谓佛教经世救法,就必须会通儒家济世思想,调和儒佛来加以阐明。因此,晚明佛学的佛教经世的思潮转向,从根本上说,仍然未出于儒家思想为本位的思考立场。

智旭曾揭示佛教修学三种境界说:"佛法中行佛法,非难也;世法中行佛法,乃为难事。又佛法仍不坏世法,名难中之难。然第患认佛法不真不亲切耳。世法、佛法何尝不同一缘起哉?"[③]依法如律修行,只是佛法修行的初始;更为根本的乃是佛法在世法之中,即世而修行佛法。佛行在人间,佛教出世之学最终将落归现实世法之中。正唯如此,蕅益智旭内心中充满着对丛林现状"言之可耻,思之可伤"的失落和无望,在身处佛法沦隐中痛感"唯诸佛与菩萨能知,亦唯诸佛菩萨能救耳"[④]。智旭一生数度阅藏、弘戒倡净,力救末世佛法,但晚年却时常流露出独隐深山的念头。他说:"智旭反覆自思:本以真实为生死心决定生大菩提心,绝不

---

① 智旭:《灵峰宗论》卷五之三《儒释宗传窃议》,《蕅益大师全集》第6册,第839页。
② 智旭:《灵峰宗论》卷二之四《示石耕》,《蕅益大师全集》第6册,第345页。
③ 智旭:《灵峰宗论》卷二之四《示朝彻》,《蕅益大师全集》第6册,第327页。
④ 智旭:《灵峰宗论》卷一之四《祖堂结大悲坛忏文》,《蕅益大师全集》第6册,第180页。

夹带利名,亦不牵染恩爱,如法出家,因地颇正,胡为堕落至此,久滞凡地,不预圣流? 即欲名晦迹,独往深山。"①时值世法并乱之时,作为一生以阐释教义弘扬佛法为职志的知识化学僧,智旭痛切地追忆一生说:"三十年来,自利既不究竟,利他又无所成。虽种种著述,仅与天下后世结般若因缘,而重兴正法之志,付诸无可奈何矣。"②智旭更注重学理化的知性追求,关注丛林救法,主张以教证禅、以教证法,乃至消禅归净。他所选择的以教救禅、以教救法的学僧道路,一则转归究心于台宗,以教救禅;一则"乃以参禅工夫求生净土"③,转归净土往生信仰,从而表现出了与紫柏不同的佛学取向。

智旭救法以救世的佛教志行与紫柏世法互救的弘法志业,体现了晚明佛学两种不同的思想取向。这两种取向交互交存。因为在智旭内心深处,他一生都在关注着佛教丛林豪杰人格如紫柏大师者的复出再世。他每每称述紫柏达观护法忘身的豪僧风范。他说:"羡莲师而私淑,纲宗急辨;每怀紫柏之风,护法忘身。"④而自己却由于时际而不得不选择了另一条学佛之路,"深痛末世禅病,方一意研究教眼,用补其偏"⑤。智旭呼唤佛教界豪僧人格的复出,当出于晚明儒家圣学精神式微、士子争相媚俗惑世的社会现实。对此,智旭曾指出:"世衰道微,由圣学不明;圣学不明,由功利惑志。不由豪杰振其颓,吾恐孔颜真脉不坠地者,几稀也。豪杰不过念念以圣贤自待。"⑥在智旭看来,世道沦丧,在于圣学隐晦;而圣学隐晦,又归因于学者追逐世俗功利。由唯有如阳明之类豪杰之士方能振儒家圣学之颓,智旭进一步联想到唯有豪僧才能救丛林之颓。他说:

夫豪杰者,圣贤之基址也;圣贤者,佛祖之阶梯也。不能为豪

---

① 智旭:《灵峰宗论》卷一之四《祖堂结大悲坛忏文》,《蕅益大师全集》第6册,第180页。
② 智旭:《灵峰宗论》卷二之五《示用晦》,《蕅益大师全集》第6册,第390页。
③ 智旭:《灵峰宗论》卷首《八不道人传》,《蕅益大师全集》第6册,第31—32页。
④ 智旭:《灵峰宗论》卷六之一《毗尼事义集要缘起》,《蕅益大师全集》第6册,第863页。
⑤ 智旭:《灵峰宗论》卷六之二《佛顶经玄文后·自序》,《蕅益大师全集》第6册,第928页。
⑥ 智旭:《灵峰宗论》卷二之三《示马尧都》,《蕅益大师全集》第6册,第301页。

杰，而能为圣贤者，吾所不信；不能为圣贤而能为佛祖，吾尤不信。然真豪杰，决不以豪杰自局；真圣贤，决不以圣贤自满；真佛祖，岂复以佛祖自命哉？①

由豪杰而圣贤而成佛，这种话语直接取源于紫柏。紫柏曾认为："是故经世能以出世为宗，谓之豪杰而圣贤；出世能以经世为用，谓之圣贤而豪杰。"②由豪杰而圣贤，进而由圣贤上达佛祖，豪杰之士成为丛林修行成佛的必要始基，由此方可进一步探究佛法涉世问题。对于佛法经世、佛僧涉世，智旭曾明确提出如下规范："学道不能伶俐，难于慎重；发心不能勇锐，难于坚久；涉世不难矫俗，难于自持；作事不难敏达，难于深研；研义不难领解，难于精确"③。学道宜慎重、发心宜坚久、涉世应自持、作事当敏达、研义应精确，其语意标明了佛教涉世的现实难题在于如何克服媚俗、矫俗的行为，在于如何保持佛法的纯洁与本源，更为重要的是如何自我修持的正觉解脱。而豪杰之士正是在自持修行上有超出常人之处。因此，在由佛法落归世法的过程中，豪僧更具有示范性的弘化力量。智旭对以紫柏为典范的豪僧人格的认同与推崇，反映了晚明佛教涉世入俗的坚强性格。在智旭这样的学者型佛教僧人的内心深处，尚且如此，更何况他人？！

其次，智旭的佛教思想不仅具有反思批判的性格，更有体系化的建构属性。这是一位佛教大师所具备的素质与素养。透过这些具有建构属性的思想，可以明显地看到智旭佛教思想的影响及其地位。

智旭如紫柏一样，极其强调了佛知见与众生知见的心性互通。智旭说："佛知佛见无他，众生现前一念心性而已。现前一念心性，本不在内外中间，非三世所摄，非四句可得，只不肯谛审谛观，妄认六尘缘影为自心相，便成众生知见。若仔细观此众生知见，仍不在内外中间诸处，不属

---

① ③ 智旭：《灵峰宗论》卷二之四《示刘诣昭》，《蕅益大师全集》第6册，第324页。
② 紫柏：《远公五论序》，《紫柏老人集》卷一四，《续藏经》第73册，第264页中。

三世,不堕四句,则众生知见当体即佛知见矣。"①他认为,所谓众生知见与佛知见当体不二,"佛知见,现前一念心之实性也",众生知见转妄证真的意识转化过程就是证达佛知见的超越过程。正因为佛知见与众生知见之间的一念之别而当体不二,使众生知见归向佛知见的转化成为可能。这一转化同时也是佛教修证中明心见性的现实修行。智旭基于心体论的生佛转化,即是众生证妄还真、转识成智的自觉成佛的修证过程。

从其思想资源上看,智旭对于中国佛教思想传统,甚为推崇永明延寿《宗镜录》百卷。智旭自称,自己在三十年间,已通读《宗镜录》三遍。《灵峰宗论》卷七之二收录了智旭《较定宗镜录跋四则》,可以看出延寿思想的深刻影响。兹摘录如下:

其一。"圣贤示现出世,觉悟群迷,不得已而有言。言此无言之旨,即文字非文字,不离文字而说解脱。岂非实相、观照、文字三般若本非一异,并别可思议哉?永明大师相传为弥陀化身,得法于韶国师,乃法眼嫡孙,宗眼圆明,梵行清白,睹末运宗教分张之失,爰集三宗义学沙门于宗镜堂,广辨台贤性相旨趣,而衡以心宗,辑为《宗镜录》百卷,不异孔子之集大成也。未百年,法涌诸公擅加增益,于是支离杂说,刺人眼目,致袁中郎辈,反疑永明道眼未彻,亦可悲矣。予生也晚,不遇先辈宗匠,但留心己躬下事已三十余年,又时寻了义至教,颇窥一线,阅此录已经三遍,窃有未安,知过去法涌决不在永明也。癸已新秋,删其芜秽,存其珍宝,卷仍有百,问答仍有三百四十余段,一一标其起尽,庶几后贤览者,不致望洋之叹,泣歧之若失矣夫!"

其二。"西土诸祖,宗说兼通,故能续佛慧命,普利人天。此土如北齐、南岳、智者、杜顺,未尝不以禅关为本。达磨、六祖、五宗诸老,未尝不以圣教为印,断未有师心自是可名禅,算沙数宝可名教者也。降至唐末五季,禅教相非,性相角立,台贤互讪,甘露反成毒药矣。永明大师于是

---

① 智旭:《灵峰宗论》卷二之三《示玄著》,《蕅益大师全集》第6册,第303—304页。

乎惧,爰成《宗镜录》百卷,以诏后人。虽被法涌杂糅,然具眼者观之,金沙可立辨也……后贤未获差别法眼,慎勿于先圣著作,妄事增益也哉!予手点此录。于今四遍,每寻讨必有新益,实是观心之助,断不可作世间文字道理会也。"

其三。"古人云,'依文解义,三世佛冤;离经一字,即同魔说。'盖至言也。自禅教分门,佛冤魔说遍海内,非古佛现身,实未易救。细读《宗镜》问答引证,谓非释迦末法第一功臣可乎?然唯彻悟无言之宗,乃能曲示有言之教。今人须藉其言以契无言,始能不死于言下。傥直以是为宗,而不知离指得月,纵解悟了了,仍是三世佛冤耳……"

其四。"教下人不肯坐禅,与坐禅人为肯学教,虽其师匠之过,亦由人未发真正大菩提心也。夫大菩提心,未有不知痛为生死大事者也。果为生死大事,安肯以文义相封,以暗证自守乎?如欲至长安,口必诹道,足必不停。诹而不走,终不能到;走而不诹,必遭歧曲。今之封文义者,何异诹弗走?守暗证者,何异走弗诹邪?呜呼!以是求出生死,成无上道,难矣!《宗镜》一录,既示厥道,复加痛策,可谓彻底慈悲……"①

与智旭重视《宗镜录》的义学立场不同,云栖莲池对永明延寿的承继,主要在于念佛与修福相并进的实践佛教或实践佛行。智旭以性相融通思想为指导,致力于构建一种包含禅、教、密、净、律的完整的佛学体系,其中各宗应相互依存,不可或缺。他曾在《法海观澜自序》中提出:"无解行之戒,非戒也;无戒行之教,非教也;无戒教之禅,非禅也;无戒行及禅之密,非密也;非或非教非禅非密,则非净土真因也;非有四种净土,则戒、教、禅、密无实果也。非真因实果,则不显非因非果之心性也。"②认为禅、教、律、净、密各司其职,而都以显露心性为其宗旨。

再次,面对晚明复兴中所关注的禅教关系,智旭有着独特的看法,力

---

① 智旭:《灵峰宗论》卷七之二《较定宗镜录跋四则》,《蕅益大师全集》第6册,第1120—1125页。
② 智旭:《灵峰宗论》卷六之四《法海观澜·自序》,《蕅益大师全集》第6册,第1043—1044页。

图超克"禅教相谤"的修行分歧。他在评析释教三宗的得失时,称"天台教观齐备,教可如夏,观即如秋;贤首教多观少,清凉收禅为顿教,圭峰自立三教以对三宗,则三教如夏,三宗如秋;慈恩弘唯识,自修兜率观门,基公略示唯识五观,未尝克实勤修,然夏后定有秋,是在学者自知领会而已,故且云诸教如夏也"①。

其对唯识宗的批评,正是他注解《成唯识论》的动机所在。他在《成唯识论观心法要缘起》中指出:"夫万法唯识,虽驱乌(沙弥)亦能言之,逮深究其旨归,则耆宿尚多贸贸,此无他,依文解义,有教无观故也。然观心之法,实不在于教外,试观十卷论文,何处不明心外无法,即心之法是所观境,了法唯心,非即能观者智乎?能观智起,则二执空而真性现,所以若境若教若理若行若果,皆名唯识,而五位五观一以贯之,纷而不杂,颐而不乱者也。"②他将《成唯识论》中成立的唯识道理当作观心法门,因而把唯识理论理解为对修行实践的指导,故不必于教外别立观心法门。

最后,智旭既是晚明最具修行个性的佛教大师,同时还是晚明时期信仰最虔诚的佛教徒之一。他一生崇拜观音菩萨和地藏菩萨。智旭在其出家之初,就怀着地藏本愿的深刻信仰。观音菩萨救苦救难,关照着个体在现世生活中的苦难,而地藏菩萨则救济个体在死后来世的苦难。同时他也是持咒的一位狂热修持者,一位以刺血写经、在头顶和手臂点上燃香标记、进行悔过与赎罪的自我苦行者。他还把诸如骰子和拈阄之类的通俗游戏改造成为在普通百姓中传播佛教教义的新工具。

其修学之初,除究参宗乘、研习律仪之外,其日常修行生活,贯穿着发愿、持咒、忏悔、苦行。像赎罪苦行与忏悔一样,持咒乃是基于对人们充满罪恶感的认信,并对基于净化自我与世间的强烈渴望。智旭深切地感受到其恶业的重负,并力图通过这些仪式来消除它们。他还为双亲、

---

① 智旭:《灵峰宗论》卷六之四《法海观澜·自序》,《蕅益大师全集》第 6 册,第 1039 页。
② 智旭:《灵峰宗论》卷六之一《成唯识论观心法要缘起》,《蕅益大师全集》第 6 册,第 877—878 页。

友人、捐助者和佛法的利益而持咒。智旭一生最喜欢的三种持咒,分别是《地藏灭定业真言》、《观音菩萨大悲咒》和《首楞严咒》。例如,在崇祯五年(1632),为了消除他自己和其他人的恶业,他持《地藏灭定业真言》四百六十八万遍。同年,他持《观音菩萨大悲咒》达十万零八千遍,为同修和居士信众祈佑。从其三十三岁至四十八岁,凡十五年间(1631—1646),智旭共修忏法二十五次之多。在各类不同的忏法中,最为普遍修持的两种忏法,是归向观音菩萨的《大悲忏》和基于地藏菩萨信仰的《占察经心法》。

刺血写经同样是智旭所推崇的佛教虔信修行方式之一。在大乘佛教中,《法华经》和《梵网经》都是特别倡导这一修持方法。真可、德清等人都曾刺血写经。智旭撰著记录了当时刺血写经的许多例子。他本人在二十六岁至三十二岁期间曾六度刺血写经,分别撰写过《法华经》、《金刚经》、《梵网经》和《华严经》。

智旭经常修行的还有燃香活动,包括"燃臂香"和"燃顶香"。这也是《法华经》、《楞严经》和《金光明经》中所赞赏的修行方式。二十六岁至三十八岁期间的记载表明,智旭六次焚香燃臂,燃香点数从三处至二十八处不等。

智旭的思想影响,还表现于对民俗佛教的深刻贡献。智旭是明代提倡《占察善恶业报经》(简称《占察经》)的著名僧人。《占察经》由隋代菩提腾所译,但普遍被认为是一部中国僧人编撰的伪经。此经由地藏菩萨宣讲,通过投掷木轮以察觉自己业报,预知未来的命运。同时,注重悔改的方法。智旭三十三岁时,从云栖寺请来一部《占察经》。两年后,他撰写了《占察经行法》;永历四年(1650,清顺治七年),五十三岁的智旭,最终完成《占察经义疏》。

袾宏以佛教化改造的《自知录》,来调适修行者的身、口、意"三业"。智旭的"占察行法",则通过像骰子的三套木轮来图示。第一套木轮由十面组成,与十善行及其对立面十恶行相应。每个木轮将在表面上刻上一种善行,在反面则刻上一种恶行,以此改善其日常行为。

第二套木轮由分别代表言、行、意的三个木轮组成。这些木轮也以长短不等的垂直线和水平线标明。这些线条暗示着业报是否是善或恶、严重或温和。一个人要投掷这套木轮以发现由身、口或意所导致的过去之业的状态及其善或恶与否。

最后,第三套木轮将被用于预示一个人未来的报应。这套木轮包括六套骰子,每个骰子有三面。这套木轮是连续不断地以一至十八的数目所标记,分别代表六识、六根和六尘,共成十八界。为了发现一个人在三界之中的未来报应,他必须投掷骰子三次。再生的全部可能的组合共有一百八十九个。智旭显然经常用此方法预测他本人的未来,并从中获得更多的解脱。智旭曾在袾宏遗像前授予自己以一位僧人(比丘)的戒律。这与毗尼戒律的做法有所不同。作为他研究毗尼的结果,当他三十五岁时,他放弃了比丘的身份;在他四十六岁,则放弃了沙弥的身份。他依据《占察善恶业报经》的教义修行赎罪;四十六岁时,他投骰子并得到一个判断,大意是说他已获得了一名僧人的净戒。他感动地说,在末法时代,除了通过依据这部佛经投掷骰子的办法,没有其他办法接受净戒。

永历五年(1651,清顺治八年),智旭创建了一种骰子游戏,称为《选佛图》(后改为《选佛谱》),对此进行教理上的解释。在其两年后所撰的序言中,智旭写道,他曾沉迷于这种游戏长达三十多年,并描述了他当时如何发明这一游戏的经过:"选佛之语,始于禅客点悟丹霞(1054?—1119年);而《选佛图》,传闻创自于捺麻僧也。学士解缙作《升官图》,故捺麻僧作《选佛图》,必应博谙教乘,深入禅律,未有不达法门中事,辄敢师心自创立者。惜其失传,无从得见"①。

智旭的生佛图,其基本理据出自于《占察善恶业报经》。智旭希望人们通过游戏认识到三界轮回或幻像世界的苦难,并学到由三套法轮所提

---

① 智旭:《灵峰宗论》卷六之四《选佛谱·自序》,《蕅益大师全集》第6册,第1028页。

供的不同的解脱方式。他之所以选择"南无阿弥陀佛"六字,显然是通过称念佛名,表达其净土往生的佛教信仰,使之成为修行者的日常活动。

在晚明四大佛教高中,智旭与祩宏在精神气质上最为相近,这正如真可与德清之间的密切关系。晚明佛教的四位大师,在佛教思想具有共同之处。首先,尽管他们都习禅并提倡禅修,但并未过多地关注法系传承,而是确信要促进禅教一致,甚至主张三教一致,因此而被列归到禅宗编年史上所划分的"法嗣不详"。其次,就教义而言,他们都具有开放精神,并融合了不同佛教宗派的思想,同时强调寺院戒律的至关重要性。尽管倡导三教之间的相互融合,但他们都相信佛教的至高无上性。再次,他们基本上都属于佛教的保守主义者,积极维护佛教的正统。祩宏与德清曾批评罗教,祩宏与智旭还曾抨击天主教义。最后,这四位晚明的佛教大师,都希望改革并复兴佛教,调整佛教以适应当时的环境,以此表达他们对佛教基本教义的忠贞。

第七章 晚明的禅宗中兴及其论争

第一节 明末禅宗概况

宋元之交,禅宗五家分灯中的沩仰、云门、法眼三家,皆已湮没无闻。入明以后,仅临济、曹洞两家尚能维系宗门一脉。明末禅宗的丛林情形亦大抵如此。为霖道霈(1615—1702)在《最后语序》中曾指明这一史实,称"五宗者,沩仰、云门、法眼三宗,与宋运俱终,其传至今日者,唯临济、曹洞二宗。其洞上一宗,亦已久衰。至万历间,寿昌无明老祖杰出,始中兴于世"①。至于万历年间,曹洞、临济二宗的具体现状,"当是时,义学纷纭,禅宗落寞,而少室一枝(指曹洞宗),流入评唱;断桥一脉(指临济宗断桥妙伦一系),几及平沉,虽南方刹竿相望,率皆半生半灭,佛祖慧命,殆且素矣"②。晚明时期,尽管禅宗法派相对落寞,流弊丛生,有目共睹,但仍不失其为佛教大宗的丛林地位。

在传统的佛教史观看来,明清禅宗正处于"禅道衰退的时代",但结

---

① 道霈:《为霖道霈禅师秉拂语录》卷下《最后语序》,《续藏经》第72册,第589页下。
② 自融:《南宋元明禅林僧宝传》卷一四《笑岩宝禅师》,《续藏经》第79册,第646页下。

合明末的情形来看,却未必如此。就曹洞宗的情况而言,即便与唐宋盛行相比,亦未必逊色多少。据永井政之的研究,自无明慧经(1548—1618)至阿字今无(1633—1681)约百年时间,曹洞宗僧撰集的个人语录、灯史灯录、纲要书等文献的编撰及其刊行,极其兴盛。就曹洞禅系而言,至少包括以江西无异元来为核心的博山系、福建以永觉元贤为核心的鼓山系,以及江苏镇江以古樵智先为核心的焦山系。此外,还有浙江云门显圣寺以湛然圆澄为代表的曹洞宗僧。这些派系的活动,至少从江南来看,曹洞一脉,仍然堪称活跃。对于后世禅法传承来说,明清之际的曹洞宗系,其影响则更为直接而重要。①

寿昌一系的曹洞宗僧,以无明慧经(1548—1618)为始,其门下旁出四支,即无异元来(1575—1630)、永觉元贤(1578—1657)、晦台元镜(1577—1630)和见如元谧(1759—1649)。其中,无异元来下启曹洞宗博山禅系,而永觉元贤则别开福州鼓山禅系。

据《宗教律诸家演派》载,江西寿昌无明慧经禅师属洞山下二十六世(雪庭下十二世),其演派凡二十八字:"慧圆(元)道大兴慈济,悟本传灯续祖先。性海洞明彰法界,广宏行愿证真常。"②

江西寿昌禅系的活动,构成了活动广泛而持续的僧团,影响遍及赣、闽、浙、湘等地区。寿昌寺初建于唐咸通年间(860—874),北宋治平间(1064—1067),赐额寿昌院。元皇庆年间(1312—1313),一度重修。至明洪武年间迁址重建,经永乐、正统年间,相继修葺,赐额"寿昌禅寺"。其间,临济宗慈舟道济的法嗣西竺本来(1355—1422)贡献颇多。无明慧经于万历三十六年(1608)入住寿昌,时在其晚年。据德清《寿昌无明大师塔铭》载:"师住寿昌,不假外援,不发化主,随缘任用,数年之间,所费万计,其道场庄严焕然,丛林所宜纤悉毕具,二十年来千指围绕,又别建

---

① 参见永井政之的《明清时曹洞禅者的动向》,《宗学研究》刊,第206页。
② 守一空成:《宗教律诸家演派》,《续藏经》第88册,第563页下。

庵院二十余所……"①慧经入居博山,以无异元来为第一座。但在慧经示寂后,继住寿昌则为元谧。"师住寿昌,前后二十余年,丛林未备者,师悉备之。"②元谧门下,主要弟子记载未详。与其相交往居士,则有江西籍的李长庚、黄端伯等人。

曹洞宗寿昌一系,下开博山、鼓山两脉,历万历、崇祯诸朝,直至清初。江西、福建、浙江、江苏四地的曹洞禅风隆盛一时。黄伯端在《入就瑞白禅师语录序》中称:"越国宗风,云门始倡,金粟、磐山继之,云门逝,弁山兴,于是曹洞大振。"③云门是指显圣寺的湛然圆澄,金粟是密云圆悟,而继之者磐山则为车溪性冲,弁山则为瑞白明雪。于此可以推测出,当时江浙曹洞系,是由云门而弁山而焦山。

继圆澄住显圣寺的是瑞白明雪。崇祯三年(1630),退居后的明雪前往弁山龙华寺,相继者则有石雨明方(1583—1647)、俍亭净挺、三宜明盂、蔗庵净范、元洁净莹。明盂住显圣寺前后五年。石雨明方《石雨禅师法檀》,制订了《云门初住规约》。俍亭净挺、三宜明盂、蔗庵净范、元洁净莹。

此外,晚明的曹洞法系尚有"洞山下三十七世(虚照下十二世)无极明信禅师",其法派"从性字起续演刘太保宗"十六字:"性能广达,妙用无方,蕴空实际,祖道崇昌"④。

当时,势力更大的临济宗。晚明临济宗主要出自笑岩德宝(1512—1581)的弟子幻有正传(1547—1614)门下。代表禅僧主要是密云圆悟(1566—1642)和天隐圆修(？—1635)两系。

圆悟门下有十二个传法弟子。其中以木陈道忞(1596—1674),汉月法藏(1573—1635)、费隐通容(1593—1661)和破山海明(1597—1666)两

---

① 《寿昌语录》卷四附《寿昌无明大师塔铭》,《续藏经》第72册,第215页上。
② 《见如谧禅师语录》附《行实》,《续藏经》第72册,第236页上。
③ 黄伯端:《入就瑞白禅师语录序》。
④ 守一空成:《宗教律诸家演派》,《续藏经》第88册,第564页中。

支为最,史称"天童系"。圆修门下有通问(?—1655)和通秀(1614—1675)两支,通琇门下又有羡发淳和栖云岳两支。圆修门下的临济禅系,习称"盘山系"。总之,晚明禅宗的复兴体现于曹洞和临济两宗,前者以云门、寿昌两系为主,后者以天童、盘山两系为主,每一系下又有许多支派,至清雍正年间之前,传承甚盛。

兹将临济下三十一世的传承法系简述如下:

临济下三十世雪峤圆信禅师从圆字起演派十六字:"圆宏顿教,传祖心宗,戒定慧法,璇玑化工"。[①]

临济下三十一世南岳山茨通际禅师从通字起演派二十字:"通达本来法,宏开祖道隆,慧灯恒永照,证悟了无穷"。

临济下三十一世玉林通琇国师住天目山另演二十四字:"法宏济祖,真宗绍续,永传英俊,净明梵行,严持亘古,嘉谟大根"。

临济下三十一世杭州理安箬庵通问禅师从圆字起演十六字:"圆通大法,顿越真常,悟祖超师,慧灯永照"。[②]

临济下三十一世绍兴平阳木陈道忞禅师另演二十八字:"道本元成佛祖先,明如杲日丽中天,灵源广润慈风溥,照世真灯万古悬"。[③]

临济下三十一世四川双桂破山海明禅师另演四十字:"海印发光,悟真永昌,寂常心性,戒定慧香。佛身克果,祖道联芳,双桂荣野,一苇度江,禅观固远,五计攸长"。[④]

临济下三十一世嘉兴古南牧云通门禅师演派三十二字:"通诠遵化,博审竺文,慎嗣英彦,演畅崇深。行至福圆,知明道兴,正法眼藏,永载传灯"。[⑤]

不过,对晚明禅宗影响最大的应说是真可、德清、袾宏等"不据宗门之位"的未详法嗣者。

---

①②③④ 守一空成:《宗教律诸家演派》,《续藏经》第88册,第560页下。
⑤ 同上书,第561页上。

清初黄宗羲对晚明禅风的相关情状曾作有如下评论说："万历以前，宗风衰息。云门、沩仰、法眼皆绝；曹洞之存，密室传帕；临济亦若存若亡，什百为偶，甲乙相授，类多堕窳之徒。紫柏、憨山别树法幢，过而唾之。"①就有明一代佛教的整体形象而言，黄宗羲称曰："有明自楚石以后，佛法中衰，得紫柏、憨山而再振。"②而明清之际的曹洞宗僧觉浪道盛（1592—1659）则说："当宗门凋落之际，憨山与云栖、达观称三大师，相为鼎立，以悟宗门之人，不据宗门之位，是预知宗门将振，故为大防，独虚此位，而尊此宗。使狂妄僭窃之徒，自生畏惧，而不敢眇视轻践。"③

明末自万历以降，佛教教团呈现出全面复振之势。南岳下三十四世的禅僧人数大增。下三十五世更是增加。"近代灯录叠出"，从明末清初的禅宗诸派的系谱灯录，宋、元、明间散佚的禅师语录。《宗门宝积录》凡例中所说的"宋末元明，诸祖录多数失无传"。禅宗传灯相承的法系，成为明末禅宗一大表征。明初及中期，禅僧活动不甚明了的状况得到了较大改观。

据载，憨山德清曾就学于临济禅系，却被称为"不据宗门之人"④。云栖袾宏"单瓢只杖游诸方，遍参知识……入京师参遍融、笑岩二大老，皆有开发"⑤，然终未承认二老法脉。紫柏虽一生参叩诸方尊宿，却学无师承，不能把他归于某一特定禅法系统。⑥ 德清曾称誉紫柏的见地"诚可远

---

① 黄宗羲：《南雷文案》卷六《三峰汉月藏禅师塔铭》，《黄宗羲全集》第10册，第513页，杭州，浙江古籍出版社，1993。
② 黄宗羲：《南雷文案》卷八《钱清溪墓志铭》，《黄宗羲全集》第10册，第343页。
③ 道盛：《天界觉浪盛禅师语录》卷二一《憨山大师全集序》，《禅宗全书》第59册，第608页，台北，文殊文化出版公司，1988。
④ 据守一空成的《宗教律诸家演派》载："临济下三十囗世（突空下第六世）憨山德清大师从德字起演派四十字：德大福德广，慈忍量普同，修持超法界，契悟妙心融。寂净觉常满，圆明体性通，慧光恒朗照，道化久昌隆。"《续藏经》第88册，第561页中。
⑤ 德清：《憨山老人梦游集》卷二七《云栖莲池宏大师塔铭》，第1422页。
⑥ 据守一空成的《宗教律诸家演派》述："临济下三十三世（突空下第九世）归宗紫柏真可大师演派从真字起十六字：真法元在，解契恒灵，慈门师子，大吼雷音。"《续藏经》第88册，第561页下。

追临济、上接大慧,以前无师派,未敢妄推"。此语虽似有归宗临济之意,然终未能成立,故而终其一生,紫柏并无上堂、普说、示众诸语。① 袾宏、紫柏、德清等晚明著名僧人,虽具个人化的亲修禅证,然却归于"法嗣未详"的参访经历,及其日后改革丛林以振兴佛教的选择,至少可以说明以下几点:一是晚明禅学凋零、宗门落寞,任何一宗一派都难以挽回其江河日下的颓势。倚著于某宗某派,也就日渐失去法嗣维系、衣钵相承的意义。二是宗门当以修证生死解脱为终极关切,因此,可不必拘泥于宗派法系的传承相续。三是佛教全面复兴,要求佛教学者具备独立的思想品格和相对的自由意志,如此才能敢于并勇于打破陈规,树立新风。

当然,上述明末"万历佛教三大师"的参学经历与法系判分,决不是说他们不重视禅法纲宗问题,更不表明他们不关注禅宗修证传统及禅学宗旨。尽管,有人会说明末佛教三大师的相继涌现于世,也许只是代表当时丛林的一种偶然巧合现象。人们也注意到,在晚明佛教丛林中,尚存在着另一种与此恰为相反的情形,即争取衣钵正统乃至宗法正统的丛林现象,如汉月法藏(1573—1635)为争取密云圆悟(1566—1647)的印法及其后的师徒反目,即是甚具代表性的例证。② 结合上述二种现象,即可发现它们都与晚明禅弊现状有关,更与当时所关注的佛教纲宗、禅学宗旨问题有关。就此而言,晚明宗门凋落的现实处境,同时也给有为僧人们改革丛林、中兴禅学提供了现实的契机。

第二节 禅学之流弊

晚明宗门面临传统禅学的种种流弊,如"狂禅"、"伪禅"之类"禅病"。这些"禅病",既是"法病",即源自佛教禅学思想的内在弊端;同时也属于"人病",即宗门修禅者及其所处的社会时代境遇的制约。法病人病,

---

① 德清:《憨山老人梦游集》卷二七《径山达观可禅师塔铭》,第633页。
② 参见连瑞枝的《汉月法藏与晚明三峰宗派的建立》,《中华佛学学报》,1996年第9期。

交错杂存,导致晚明时期的种种禅学流弊。对此,晚明禅僧多有评议。

永觉元贤曾将当时宗门流弊归结为"支离"和"笼侗"两大症况。他说:"禅学之弊,大都有二:一则失于笼侗,一则失于支离,而吾道丧矣。失于笼侗者,守著个颟顸佛性,一味虚骄,逢人则胡喝乱棒,强作主宰,于差别门庭全过不得,只成个担板俗汉。失于支离者,逐件商量,用尽心力,批判益精,支离益甚,于本源中依旧黑如漆桶,只成个盐铁判官。欲免笼侗之弊,非是从商量学解中得;要免支离之弊,非是从痴守一橛中得。须是百丈竿头,透出一步,自然日轮当空,山河无隐……"①元贤不仅辨析了宗门屡见不鲜的笼侗和支离两大禅弊,还进一步提出了克服二弊的有效出途,就在于必须超越"商量学解"的知解狂慧与"痴守一橛"的痴禅暗证之间的非此即彼,这需要真切地透明心地方能始得。禅宗修证工夫论上"只贵知见,不尚操履"的虚浮玄空,舍弃言教,徒生狂解,游谈无根,当然还包括晚明佛教丛林现状所存在的种种恶化情形,如禅法之滥用、戒律之松弛、僧伽之窳败,等等。

湛然圆澄是当时揭露丛林积弊最为深刻的禅僧之一。他曾描述当时出家僧人的现实情形说:"今时流辈,虽获出家,身杂异俗,或名利所牵者,或住持所拘者,或执事所劳者,或世情有关者,或衣食所苦者,如是等辈,尚杂于日用,何心于道乎?"②这些僧人虽有出家之名,却无修行向道办道之心,究其实只不过是一出家之俗子而已,甚至"僧不如俗"。随着明末佛教僧人职业化程度的日益加深和僧人队伍的持续扩大,佛教僧人中出于俗世利欲而身患人病者,必将愈来愈多。佛教宗门的改革与振兴,必须解决佛、法、僧三宝之一的僧伽问题,特别是必须重整佛教丛林戒律。

对此,紫柏曾提出"以僧为本源"的改革主张,强调了僧伽在住持佛

---

① 元贤:《永觉元贤禅师广录》卷一〇《示尼净光》,《续藏经》第72册,第439页下—440页上。
② 圆澄:《湛然圆澄禅师语录》卷八附《宗门或问》,《续藏经》第72册,第345页下。

教正法中举足轻重的本源性地位。他说:"自佛法东来,天下但知有佛而后有法,有法而后有僧。殊不知,过去诸佛、现在诸佛、未来诸佛,及十二部经,皆以僧为本源也。故曰:僧者,佛法所从出。而本源不清,则佛之与法有若无也。"①由此,关注僧伽问题也就自然转向对佛教戒律问题的重视。佛法以僧为本源,而僧则又以戒律为其本源,故佛法将以戒律为其根本始基,强调僧行的持守、僧制的规约、僧德的培固、僧伽的教育,力图重新审视佛教传统中佛、法、僧三宝一体的现实意蕴,以此从根本上解决宗门之种种病症。

第三节 纲宗之辨析

对于宗门的窳败情形,晚明佛教界颇为关注佛教纲宗的重建问题,普遍视禅学为佛教纲宗之所在。所谓"向上一路,千圣不传",此即是宗门纲宗的根本命意所在。从中国佛教史上看,禅宗以即心明性的直指心印确立其教外别传的无上地位。然而,中国禅学由其即心明性的易简化而兴盛,也因其即心明性的当下化而衰微。面对宗门普遍衰微,晚明佛教界重提论究佛教纲宗和禅学宗旨问题。

晚明对佛教纲宗问题的关注,既出于对丛林历史上聚讼已久的宗与教之间相互关系问题,即所谓禅教一致问题的思考,同时也是出于回应晚明丛林禅教一致的现实趋势之需要。佛教传统中宗教之辨,由来已久。如《楞伽经》所谓的宗通与说通之关系,及中土禅宗初祖菩提达摩"借教悟宗"、宗门"方便通经"的思想,都与宗教关系相关。

紫柏是当时对佛教纲宗问题最重视的僧人。他曾提及说:

> 余因师之书(指宋代慧洪觉范《石门文字禅》),而始知宗门有纲宗之说。既而寒忘衣、饥忘食,窥索久之,则纲宗肯綮,照用生杀之

---

① 紫柏:《紫柏尊者全集》卷四《示东西云居寺僧众》,《续藏经》第73册,第179页中。

机,亦稍尽崖略矣。纲宗崖略,不但宗门为然,即教家亦有纲宗。如天台、清凉、慈恩于佛所说法,各有所判。如天台有化仪、化法四教之说,清凉有小、始、终、顿、圆五教之说。①

据此所引,纲宗一词,盖源出自慧洪觉范(又称寂音尊者,1071—1128)《石门文字禅》卷二三之《五宗纲要旨诀序》等。② 其本义乃是讨究禅宗五家宗旨的根本要义。对辨明纲宗之于宗门教家所具有的非同寻常的意义,紫柏作如下评议说:

> 且道如何是纲宗?即临济、云门、沩山、法眼与洞上密印诸方衲子者也。纲宗如大将兵符,兵符在手,则兵多多愈善;兵符释手,则一兵不受命矣。故纲宗一明,即诸佛诸祖,或生或杀,机握在我,况人天魔外乎!教家纲宗如不明,理事皆不成就三昧,则语言文字与种种义理都谓之所知愚;禅家纲宗不明,则不能钳鎚学人,死其偷心。③

禅门纲宗作为宗门修学的枢机核心,乃是其用以接纳学子的密印所在,同时也是防护邪魔外道的有效手段。即此而论,佛教纲宗作为禅宗宗旨,既实又虚,或者说既实又权。因其实,佛教纲宗对于禅师修炼具有切实的指导意义;也因其虚,故宗门每每须借衣钵法嗣来维系。由其实,佛教纲宗被宗门视为可以生杀予夺的权柄;因其权,所谓纲宗则也可以最终被超越和扬弃。

紫柏等人如此重视佛教宗门纲宗的辨析问题,其根本理由,也许是希望通过对佛教纲宗的强调,重新唤起宗门法众对参究心印的信心,并希望借此在末法时代全面恢复对佛教的正信。对此,紫柏曾有许多论述:

---

① 紫柏:《紫柏尊者全集》卷一四《礼石门圆明禅师文》,《续藏经》第73册,第269页上。
② 慧洪:《石门文字禅》卷二三,引见蓝吉富主编《大正藏补编》。
③ 紫柏:《紫柏尊者全集》卷四《示始光》,《续藏经》第73册,第181页中。

达观自匡庐下江南,二、三年往来吴越间,初心窃谓宗门寥落,法道陵迟,假我门庭炽然以魔习为传,以讹继讹,真伪不辨,天下遂谓宗门光景不过如此,而不求真悟。至于少林奉朝庭钦依,以传宗为名,而崇尚曹洞、临济、沩仰、法眼、云门五家纲宗,亦不辨端倪,不知设此胡为。则宗风扫地可知矣。岩头奯云:但识取纲宗,本无实法。若然者,则纲宗乃宗门之命脉,而有志于斯道者岂可忽诸?达观以此未尝不痛心疾首,抚膺流涕。然知我此怀者几人哉?!①

近世黑白并乏忧深虑远之心,所以性不性、相不相、禅不禅。且性、相、禅三宗各有纲宗,如天台八教、贤首五教,皆毫不可紊者也,岂禅宗独无纲宗乎?禅宗若无纲宗,则岩头奯"但了纲宗,本无实法"之语,得非孟浪耶?奯公宗门龙象,宁肯草草?特后人心识粗浮,根器薄劣,了不知古德之典刑,作家之大全耳。②

对于辨明佛教纲宗的现实修学效用,紫柏认为:

盖纲宗晓了,魔外防闲,不费金汤,祖庭自固矣。所谓实法者,说理、说事、说理事无碍、说事事无碍,说鼻祖东来,斥相泯心,直指人心,见性成佛,说三藏十二部,说一千七百则机缘,皆实法也。反之,如果纲宗不明,则"看教则受教瞒,参宗则受宗瞒"。③

以此呼吁丛林中有志参禅见性的学人,当如古尊宿岩头奯者"直以纲宗为己任"。在紫柏看来,之所以如此强调辨明丛林禅学的纲宗问题,其实也就是回归到佛法修证传统中所固有的定慧双修。用宗门话语讲,这也就是必须智证双弘。正有鉴于此,紫柏对慧洪觉范的另一著作《智证传》亦多有推崇。他评论此著说:

---

① 紫柏:《紫柏尊者全集》卷二三《寄沈德舆》,《续藏经》第73册,第344页上、中。
② 紫柏:《紫柏尊者全集》卷二四《与吴临川始光居士》,《续藏经》第73册,第355页中。
③ 紫柏:《紫柏尊者全集》卷四《示始光》,《续藏经》第73册,第181页中。

> 大法之衰，由吾侪纲宗不明，以故祖令不行而魔外充斥，即三尺竖子掠取古德剩句，不知好恶，计为己悟，僭窃公行，可叹也！有宋觉范禅师，于是乎惧，乃离合宗教，引事比类，折衷五家宗旨，至发其所秘，犯其所忌而不惜。①

紫柏还对智、证二字作具体解释说，"书以智证名，非智不足以辨邪正，非证不足以行赏罚。盖照用全，方能荷大法也。充觉范之心，即天下有一人焉？能读此书，直究纲宗，行祖令，斯不负著书之意。即未能洞明此书，而能广其传于天下，以待夫一人焉！能洞明之者，纵未能即酬觉范之志，亦觉范所与也。觉范所著有《僧宝林传》、《林间录》与是书相表里"②。

紫柏对石门慧洪《智证传》的推重于此可见。不仅如此，紫柏还告诫其及门弟子密藏道开说："智证之义，或以维摩受诸触如智证释之，非洪老著书之意也。吾究之久矣，当以吾释为准。"③对照紫柏上述"非智不足以辨邪正，非证不足以行赏罚"的解释，我们不难看出，紫柏所力主的智证并用而双行的修学取向。举智方可究明纲宗，重证才能力行祖令。于此可见，紫柏之极力推崇慧洪既智且证的文字禅传统，乃是基于辨明禅学纲宗、证达祖师荷负大法之志。一句话，就是引证经教之圣言而再兴宗门禅学。

据上所述，纲宗亦称之为极则，佛教纲宗亦称佛教极则。纲宗与极则同称而异名。其中又可分为宗门极则和教门极则，"教家亦有纲宗，如天台、清凉、慈恩，于佛所说法，各有所判。如天台有化仪、化法四教之说；清凉有小、始、终、顿、圆五教之说"④。紫柏对此深有体会地指出："予以是知，马鸣、龙树、谷隐、东林与圆明大师，皆即文字语言而传心，曹溪则即心而传文字语言。即文字语言而传心，如波即水也；即心而传文字

---

①②③ 紫柏：《紫柏尊者全集》卷一四《重刻〈智证传〉序》，《续藏经》第73册，第262页下。
④ 紫柏：《紫柏尊者全集》卷一四《礼石门圆明禅师文》，《续藏经》第73册，第269页上。

语言,如水即波也……故石门以《文字禅》名其书。文字,波也;禅,水也。如必欲离文字而求禅,渴不饮波,必欲拨波而觅水也。即至昏昧,宁至此乎?"①据此,紫柏对佛教纲宗问题的关注,势必涉及到宗与教关系问题,涉及到宗门修证与经教言述的关系问题。

从历史上看,佛教本有宗与教的分派传统。佛教之宗特指禅宗,而佛教之教则指佛所说的经教;宗与教的区别在于佛语与佛心的差异,佛语为经教,而佛心则是经教的旨意。因此有所谓"经为佛语,禅为佛意"及"经是佛言,禅是佛心"之说。中国禅宗先以四卷《楞伽》印心,而《楞伽》明言:"佛语心为宗"。佛语经教当以佛心为宗,故中国禅宗自称为"佛心宗",以自心"传佛心"为其一宗之旨,故此而确立其相对于其他佛教宗派而言无出其上的宗门地位。于此可见,禅宗在中国佛教诸派中的宗门地位,一则固然是来自禅宗本身的自我标榜,二则亦确实出于中国禅宗注重心性直观的修证解脱论传统。

然而,佛语与佛心的关系,应该是相依相成的。同样地,与此相关的佛教之宗与教的关系,亦是如此。对此,紫柏尝言:"宗、教虽分派,然不越乎佛语与佛心。传佛心者,谓之宗主;传佛语者,谓之教主。若传佛心有背佛语,非真宗也;若传佛语不明佛心,非真教也。故曰:依经解义,三世佛冤;离经一字,即同魔说。"②由佛教宗、教的相依相成,进而实现宗与教之间的相互圆融,乃是其题中应有之意。佛语与佛心,既同出于佛法,理应也同归于佛法,此是禅教圆融同归的理论基础。佛语经教所涉及的佛教经义学,与佛心禅宗所关注的佛教禅学,应有其共同的信仰归趣与生命关切,而这应成为禅教一致的共同追求。这也是晚明佛教界重新谈论纲宗问题的蕴涵之义。

综上所述,可见晚明对佛教纲宗问题的重新审视和论究,乃是试图

---

① 紫柏:《紫柏尊者全集》卷一四《礼石门圆明禅师文》,《续藏经》第73册,第269页中。
② 紫柏:《紫柏尊者全集》卷六《法语·示圣坚》,《续藏经》第73册,第195页上。

探究并解决传统的禅教关系问题。宗教理论的完整一致与内在统一,既是思想理论本身的自主要求,更是维系宗教修证及其信仰的权威体现。晚明佛教丛林如此热衷于讨究佛教纲宗问题,表明丛林意识到佛教根本问题的厘清对于维系末法时代正信之佛教具有至关重要的现实意义,同时也有助于辨识长期以来悬而未决的宗教关系。

不过,必须指出的是,对于涉及传统宗教关系的佛法纲宗问题,晚明禅林宗门同样表示关注,并提出了一些不同的观点。如无异元来曾认为,"宗乃教之纲,教乃宗之目"。宗与教之关系,也即是纲与目、实与权、本与末之关系。宗门是纲、是实、是本;而教门则为目、是权、是末。纲举才能目张,纲正才能目正。这一观念多少体现了晚明宗门仍坚持中国禅宗传统所固有的判教观,依于顿渐、宗教而判其高下,而以教外别传直指心性之旨自居。所谓教外别传,其所指之禅非为教内所列的六度之禅,乃是经教所不能言称的直指之禅,借此宗门成为经教之纲领①。直指之禅的教外别传特征,具有宗教的神秘性和神圣性,因神圣而神秘,亦因神秘而神圣。神会与神秀一系之间有关禅宗南顿北渐的法门之诤,主张以衣钵表示法统的正宗嫡传,以衣钵的象征性实指法门的正统性。这种情形,即使在五家分灯法系中,仍相沿成习。降至晚明,丛林宗门的法派之诤又在酝酿着一个高潮,这引起了当时丛林有识之僧们的不满和逆反心理,从而促使辨明佛教纲宗问题意识更加明朗化。

上已指出,云栖袾宏、紫柏真可与憨山德清被法门宗统视为"法嗣未详",并无确切的法系归属,但事实上他们大都甚为关注禅法的纲宗问题,紫柏真可更是如此。而所谓法嗣传承问题,其末流往往只涉及到"人",或者说是作为化身的"衣钵",并非嗣其"法"或"德"本身。紫柏、憨山等人虽据宗门来说是"法嗣不详",但他们的参究行实却表明了"嗣德不嗣法"的情形,表明他们更加注重宗门的德—法传统的实践效用,而不

---

① 元来:《无异元来禅师语录》卷二五《宗教答响》卷五,《续藏经》第72册,第306页上。

是拘泥于形式化的宗门法嗣或衣钵传承。① 紫柏终其一生力主参究的卢舍那佛偈,并谆谆教诲学子以此为参究心地之工夫。这种直承祖佛的参究取向,一方面表明了晚明佛教注重历史还源的批判性格,同时又与当时社会思潮中"尊古"、"崇圣"的思想转向相适应。

与紫柏、憨山等丛林尊宿一样,注重法嗣传承的宗门龙象人物,如归属曹洞宗的永觉元贤、归属临济宗的汉月法藏等人,则从另一面向同样极为关注宗门的纲宗靠拢。他们更注重基于曹洞或临济立场宗门五家分灯的宗旨问题。如永觉元贤作《洞上古辙》二卷和《三玄考》②,汉月法藏之作《五宗原》及《济宗颂语》大体上都出于相同的动机。永觉元贤在《洞上古辙后序》中备述其撰著缘起称:

> 新丰创立五位,发明正中妙挟之旨,虽仅仅数言,而造道之方,接人之用,靡不毕备。造道则功位互明,而极于功位俱泯;接人则君臣互用,而极于君臣道合。大都剪诸见之稠林,截万端之穿凿,必底于闲名谢灭之境而后已,岂比乎笼侗之狂禅、廉纤之曲学,而混滥祖庭哉?! 但此法宜为知有人说,不宜为不知有人说。以知有人,不滞言诠,虽说事说理,总成向上境界;不知有人,专滞言诠,虽重玄复妙,总堕今时窠臼。③

不辨宗旨而混滥祖庭,笼侗支离而冒认法脉,永觉元贤对于禅学流弊的现实检讨和历史反思,表明对于宗门参悟方法的历史遗产,主张在辨明禅学宗旨下,恢复传统禅门修证之学的正信和正行,以报佛法之恩。又如汉月法藏对于"竞以抹杀宗旨为真悟"禅林现状表示强烈不满,明确

---

① 对此,紫柏在《祭法通寺遍融老师文》中写道:"予闻世谛,有父则有子嗣,微嗣则人类绝。然有宗嗣焉,有恩嗣焉。而出世法中有戒嗣焉,有法嗣焉。予于遍老之门未敢言嗣。若所谓德,则此老启迪不浅,焉敢忘之?"《紫柏尊者全集》卷一四,《续藏经》第 73 册,第 270 页上、中。
② 元贤曾说:"吾三十年前学临济,三十年后学曹洞,自从胡乱后,始知法无异味,又因曹洞而得临济。"引见《永觉元贤禅师广录》卷一六《三玄考》,《续藏经》第 72 册,第 477 页下。
③ 元贤:《永觉元贤禅师广录》卷二八《洞上古辙后序》,《续藏经》第 72 册,第 562 页上。

主张"得心于自,得法于师;师有人法之分,心有本别之异",公开强调"师承在宗旨,不在名字,源流证悟尽差别焉"。① 这无疑极其鲜明地体现了恢复禅学正脉的批判性的历史还源取向。

晚明佛教界既重视禅师语录的收集整理及刊行流通,注重尊宿古德们著述言论的编纂印刻②,同时还相当关注禅修经验的历史总结和契机阐释。如紫柏对推重文字经教的禅林前辈甚表礼敬,"能以语言文字,大饮光之笑者,惟谷隐、东林与石门而已"。紫柏尝称,慧洪觉范著书百余部,而其所著的《尊顶法论》、《法华髻珠论》、《僧宝传》、《林间录》及《智证传》、《石门文字禅》,"此皆予所经目者也,其余渴慕而未及见焉"③。紫柏在学脉上主动承继宋慧洪觉范"文字禅"之余绪,主张禅与文字,既不可割裂亦不应割裂,佛语与佛心应相依互成,不可偏废。他说:

> 凡佛弟子,不通文字般若,即不得观照般若;不通观照般若,必不能契会实相般若。实相般若,即正因佛性也;观照般若,即了因佛性也;文字般若,即缘因佛性也。今天下学佛者,心欲去其文字,一超直入如来地,志则高矣,吾恐画饼不能充饥也。且文字,佛语也;观照,佛心也。由佛语而达佛心,此从凡而至圣者也;由佛心而达佛语,则圣人出无量义定,放眉间白毫相光,而为文字之海。④

在此,紫柏引用三种般若与三因佛性的对应关系,表明文字般若对于开发正因佛性的助缘作用,由此可从凡至圣、转迷开悟;如果摒弃文字般若的助缘功能,所谓顿超直入如来境界,只不过是一句犹如画饼充饥式的自欺欺人之语。紫柏所理解的文字般若,其实当泛指佛教经典而言。他强调佛法修学者应充分重视文字般若的作用,其实也隐含着强调佛教经藏在全面复兴佛教中的正法功能与化导作用。这一注重经教圣言的思

---

① 汉月法藏:《五宗原·总结》,《续藏经》第65册,第107页上。
② 圣严:《明末佛教研究》第1章《明末禅籍一览表》,第25—31页。
③ 紫柏:《礼石门圆明禅师文》,《紫柏尊者全集》卷一四,《续藏经》第73册,第268页下。
④ 紫柏:《紫柏尊者全集》卷一《法语》,《续藏经》第73册,第148页中。

想立场,对晚明居士佛教产生了深刻影响,不仅使之形成了即世间文字而回向出世般若的禅教一致论思想(如钱谦益)[1],而且更促使晚明佛学展示出戒、定、慧三学并重,禅、教、律三家同行的整体形象。上述晚明尊宿们对于佛教经籍文字的强调与重视,往往被禅林中人视为认同于教门讲宗者之嫌。与此同时,晚明丛林中又有许多人认为宗风扫地,盖源于讲宗风习盛行之过。由此产生了晚明佛教思想中如何处理习讲与参究的理论话题。宗门超言述、绝知解的方法取向,反对执着文字相,主张得意忘言、得兔忘蹄、得鱼忘筌。而讲宗者则往往讲解宗门义理中忽视了禅宗直指人心的证悟追求,就好像编一张巨大的网去捕捉无形的风,终无所获。但对于佛教世俗化进程日益加深的时代,其现实效应之一,乃是将不可避免地倾向于对佛教义理思想的知识化理解和研究化解悟的认知趋向。因此,晚明佛教所面临的,正是末法时代的佛教思想中一个驱之难散的问题情境,一个解释学上的无穷循环:对佛教借讲习以明,而宗门却因讲习而晦;欲辨明宗门之晦,必又转而求助于研究义理。正是基于上述问题情境,紫柏、德清、袾宏等晚明丛林尊宿们一方面被正统宗门视为"法嗣不详",另一方面却转向否认宗门严明法系的派别之见,竭力辨明佛教纲宗问题,这种正法正源取向,对晚明丛林中基于现实主义立场的佛教圆融思潮具有重要影响,使晚明佛教出现了文字禅之再唱、念佛禅之风行以及祖师禅与如来禅之合流等一系列禅学中兴现象。

第四节 文字禅之再唱

晚明丛林对佛教纲宗问题的重视与强调,与通过拓展文字禅的涵义而再唱文字禅思潮密切相关。这一思潮转向,虽与宋元禅修相连续,但

---

[1] 钱谦益认为:"居今之世,而欲树末法之津梁,救众生之狂易,非反经明教,遵古德之遗规,其道无由也。"引见《牧斋初学集》卷八一,第1729页,上海,上海古籍出版社,1985。

更与晚明思潮变迁相顺应。晚明佛教的全面复兴，必自禅宗复振始。禅学修证兴，则佛教乃兴。

晚明的禅学中兴，不仅表现为在辨明佛教纲宗的旗帜下拓展了文字禅的涵义而再唱文字禅，同时还表现为参究念佛禅之日益风行，文字禅和参究念佛禅的圆顿整合，则更进一步使晚明禅宗趋归于如来禅与祖师禅之合流。

在中国禅学思想史上，所谓文字禅，并非指一种禅学宗派或流派，而是一种相当宽泛的表述，作为佛教用以指涉修行禅道的方法或形式，借文字言述而明心见性证达禅境的途径方式。文字禅开始流行始于宋代，作为对祖师禅法"不立文字，直指人心"的调整和反动，文字禅所表现出来的基本特征，乃是研究式解悟与参究式证悟之间的结合或融通。据此特点，晚明佛的文字禅，既指涉狭义上的公案禅及看话禅，更包括以经教言述印证参究有效性的意蕴。

就传统文字禅而言，其所直接关涉的研究对象主要是"公案"。所谓公案，亦称案底、话则，原意官府的案牍、判案条例一类的文字记录，后来禅宗以公案意指一些著名禅师的机智表述的范例，并借此作为接引初学者的修证境界和见地的考核勘验的有效手段。文字禅以公案为基据，而以"代别"、"颂古"、"拈古"及"评唱"等为具体形式，其中尤以后三者为常用。就五家分灯禅派而言，尤以临济宗最为重视参究公案。宋代文字禅的著名人物如汾州善昭、克勤圆悟、慧洪觉范和大慧宗杲皆出自临济宗。特别是慧洪觉范和大慧宗杲，无论为人为学，都甚为紫柏等晚明禅僧所推崇。

明末禅僧们的著作中多有颂古、拈古之作。不过，颂古、拈古所表达的多为禅师本人对禅悟的体证，并不完全适合于初学者。出于参究禅法有效性和可靠性的实修工夫考虑，晚明佛教界更推崇大慧宗杲(1089—1163)所创设的"话头禅"。其意旨在通过"看话头"的方法，深究祖师禅悟之道和禅悟之境。话头禅，同样源自于禅宗祖师禅修中的"公案"，都属于祖师禅法的"入道机缘"和"方便法门"。对此,云栖曾说:"公案者,公府之案牍也,所以剖断是非。而诸祖问答机缘,亦只为剖断生死,故以名之。总其问答中紧要一句,则为话头,如'一归何处?'、'因甚道无?'、'念佛是谁?'之类是也。千七百则,乃至更多,皆悉如是。"①而德清则认为:"古人说话头如敲门瓦子,只是敲开门要见屋里人,不是在门外做活计,以此足见依话头起疑,其疑不在话头,要在根底也。"②于此可见,参公案禅和看话头禅,有如助人上楼之梯的方便功用,其本身并不具有终极性或本源性的功能。对此,紫柏明确主张,看话参禅的本意在于参透自心、悟达祖意,而并非为颂古而学颂古,为评唱而评唱。他说:"至于由机缘而颂古作,由颂古而评唱集,由评唱而所谓秘要者行。秘要行,则后之学者评唱不知,安知颂古? 颂古不知,安知机缘? 机缘不知,安知自心?自心不知,安知祖意?"③紫柏的上述议论当有所指。时人尝有指出,"当嘉隆年间,宇内宗风多以传习为究竟"④。当时宗门所传习者,其内容和对象正是宋代以降禅师们相因成习的公案与话头。这反映出晚明宗门以颂古、拈古、评唱等文字禅风之盛行,并对专事讲习公案的研究性学风表示不满,甚至多有批评。

对于文字禅的颂古、拈古、评唱等文字禅形式,如关于禅宗历史上所称的"四家颂古",永觉元贤曾评论说:"世所传四家颂古,当以雪窦为最,天童次之。雪窦如单刀直入,立斩渠魁;天童必排大阵,费力甚矣。盖天童甚赡博,辞必典雅,然反为所累,故多不得自在也。"⑤

对于大慧宗杲欲碎《碧岩集》板的典型之举,云栖袾宏则评述曰:"圆悟作《碧岩集》,妙喜欲入闽碎其板。浅者遂病圆悟,不知妙喜一时遣著语耳。夫雪窦《百则颂古》,先德谓是颂古之圣;而圆悟始为评唱,又评唱

---

① 袾宏:《正讹集·公案》,《莲池大师全集》,第4109页。
② 德清:《憨山老人梦游集》卷六《示参禅切要》,第292页。
③ 紫柏:《紫柏尊者全集》卷一五《题师子端禅师语录》,《续藏经》第73册,第271页下。
④ 道盛:《建昌廪山忠公传》,《晦台元镜禅师语录》附,《续藏经》第72册,第227页中。
⑤ 元贤:《永觉元贤禅师广录》卷三〇,《续呓言》,《续藏经》第72册,第572页下。

之圣也,而不免为文字般若,愚者执之。故妙喜为此说,碎学人之情识也,非碎《碧岩集》也。"①有鉴于此,故袾宏明确表示:"近时讲演万松评唱,依本覆讲,便称得旨,此讹也。古德所遗问答机缘,后人即其疑处穷参力究,以悟为期。若讲演,则何疑之有?纵讲得一一皆是,亦与自己了没关涉,到底只成戏论,是知塞众生之悟门者,讲宗误之也。"②云栖袾宏本人终其一生并不以习禅者自居,因此,他不仅对讲宗者保持中立的批评态度,而且其弘法生涯并无颂古、拈古之作述。对此,云栖本人解释其缘由称:"不敢也。古人大彻大悟之后,吐半偈,发片言,皆从真实心地大光明藏中自然流出,不假思惟,不烦造作,今人能如是乎?国初尊宿言公案有二等:如狗子佛性、万法归一之类是一等。又有最后极则淆讹,谓之脑后一槌,极为难透。予于前狗子、万法尚未能无疑,何况最后?故不敢恣其臆见,妄为拈、颂也。"③

憨山德清在其《示参禅切要》中曾甚为详细地论述禅宗参究心性的旨趣所在,从另一进路提出了禅悟并不在于参公案、看话头的思想。他认为,佛教禅修宗旨在于传佛心印。其始自达摩西来,立单传之旨,以《楞伽》四卷印心。因此,虽然禅宗自许以教外别传之旨,其实仍以经教应证,方见佛祖无二之道。同样的,祖师们的所有参究工夫,亦当从经教圣言中出,自有其经教圣言的内在理据。如中土五祖黄梅弘忍即以"本来无一物"一偈,而传衣钵给六祖慧能。这就把参禅的禅师范例,追溯到公案之前。而大慧宗杲力主看话头痛下疑情工夫,并非拘泥于祖师公案话语本身,只是让学人死却偷心妄想,这仍属于观心法门的范畴。换言之,大慧话头禅,就其究竟归趣来说,正是向达摩禅法的本源回归。在此意义上说,宋代以降的文字禅,其根本旨趣恰恰是对达摩禅法思想的还源。这同样可视为就是晚明丛林对文字禅推崇中所体现出来的还源

---

① 袾宏:《竹窗随笔·碧岩集》,《莲池大师全集》,第 3648 页。
② 袾宏:《正讹集·讲宗》,《莲池大师全集》,第 4019 页。
③ 袾宏:《竹窗随笔·拈古颂古》,《莲池大师全集》,第 4010 页。

取向。

正是这种注重禅法传统中的修证法门而展示出来的还源取向,促使紫柏极其推崇北宋禅宗学者慧洪觉范的"文字禅"思想。时人尝称:"初祖不立文字,直指人心;大师(即紫柏)不离文字,亦指人心。其揆一也。"①紫柏弘法,在时人心目中树立了"瓶泻云兴文字禅"之形象。② 在其《石门文字禅序》中,紫柏曾明确地阐述自己推崇"文字禅"的见地。他说:"盖禅如春也,文字则花也。春在于花,全花是春;花在于春,全春是花。而曰:禅与文字有二乎哉? 德山、临济,棒喝交驰,未尝非文字也;清凉天台,疏经造论,未尝非禅也。而曰:禅与文字有二乎哉? 逮于晚近,更相笑而更相非,严于水火矣。宋寂音尊者忧之,因名其所著,曰《文字禅》。"③在紫柏看来,文字与禅之关系,如春天与花相即不二,无花不成春,经教文字与禅修法门,不应相互排斥而水火不容。寂音尊者对于文字禅的倡导,乃是由于宗门修证中"纲宗不明"导致"祖令不行而魔外充斥",及针对"学禅者不务精义,学文字者不务了心"这二种偏颇倾向,而不惜冒犯宗门"不立文字"之大忌,倡言文字与禅的结合。

不过,永觉元贤对慧洪觉范"文字禅"之评论,似全然不同于紫柏的推崇态度。他说:"洪觉范书有六种,达观老人深喜而刻行之。余所喜者,《文字禅》而已。此老文字的是名家,僧中希有;若论佛法,则醇疵相半。世人爱其文字,并重其佛法,非余所敢知也!"④在此,永觉元贤表达了对觉范的佛法悟解,表示了自己的保留意见。为此,元贤还曾进一步引证史实说:

> 当其时,觉范才名大著,任意贬叱诸方,诸方多惮之。唯灵源深

---

① 贺烺:《紫柏大师集跋》,《续藏经》第73册,第136页中。
② 吴应宾:《紫柏大师全身舍利塔颂有序》,《紫柏尊者全集》卷首,《续藏经》第73册,第144页上。
③ 紫柏:《紫柏尊者全集》卷一四《石门文字禅序》,《续藏经》第73册,第262页中、下。
④ 元贤:《永觉元贤禅师广录》卷三〇《续呓言》,《续藏经》第72册,第572页中、下。

知其未悟,尝有书戒之曰:"闻在南中时究《楞严》,特加笺释,非不肖所望。盖文字之学,不能洞当人之性源,徒与后学障先佛之智眼,病在依他作解,塞自悟门。资口舌则可胜浅闻,廓神机终难极妙证。故于行解多致参差,而日用见闻,尤增隐昧也。予善觉范慧识英利,足以鉴此,倘损之又损,他时相见,定别有妙处耳。"灵源此书大为觉范药石。然其痼疾弗瘳,亦且奈之何哉!①

据上所引,永觉元贤认为,慧洪觉范虽以文字禅名家而成为当时佛教界的风云人物,但其对于佛法的悟解,则不敢过于恭维。南怀瑾尝就此禅史公案指出,元贤对慧洪觉范的上述评论,是有其史实根据的。② 身为曹洞宗僧的永觉元贤,不愿看到世人因其文字禅之过度盛行而导入歧途的现实。这实际上是含蓄地批评了紫柏对文字禅的过分推崇。其言下之意应是,宗门修证当谨守禅学之为禅学的宗门范则,而非以义解之学取代悟解实证。

与永觉元贤一样,临济宗僧密云圆悟(1566—1642)对于宋代以后宗门修证传统的历史反思,同样涉及到了对文字禅的现实省察。他指出:"祖师西来,秉教外单传,别行一路。自佛果作《碧岩集》,大慧谓宗门一大变,故特毁其板。后曹洞宗人入少室,无本分为人,而提唱评唱。少室绝无本分衲僧出者,天下共知之。今吾徒提《智证传》,则临济宗至吾徒又一大变,为讲席矣。且教中尚忌所知障为智障者,吾徒到处提《智证传》为出人之表,拟临济儿孙而贬剥他人者乎?"③于此亦可见,晚明临济宗僧之于洪觉范《智证传》及其文字禅思想的不同立场。

其实,宋代以惠洪为代表"文字禅"并非为宗门修法中分化而出的别派,而只不过是借以表达其禅悟体验的一种可传达方式而已。据与惠洪觉范同时代人的相关评论,其禅悟见地确实并非透彻、高明。然而,对于

---

① 元贤:《永觉元贤禅师广录》卷三〇《续呓言》,《续藏经》第72册,第572页下。
② 南怀瑾:《禅海蠡测》,第17—18页,北京,中国世界语出版社,1994。
③ 道忞:《密云悟禅师年谱》,《密云悟禅师语录》附,《禅宗全书》第52册,第528—529页。

紫柏如此推崇宋代禅僧慧洪觉范的"文字禅",自觉承继慧洪觉范而推重其"文字禅"的思想动机,既要结合禅教关系的变迁史来考虑,更应结合当时的丛林现状来理解。唐代圭峰宗密认为"经是佛语,禅是佛心,诸佛心口,必不相违",推定禅教一致,以此救治当时"讲者毁禅,禅者毁讲"的宗门流习。①这表明其试图维护佛法完整性的思考立场。紫柏对文字禅思想和佛语经教圣言量功能的推崇,同样针对明末禅流把经教拒之门外的陋习时弊,出于维护佛教完整性的现实考虑。紫柏终生行脚不辍,所至之处往往目睹明末禅门之流动辄拒斥经教,以至于"饱食终日,游谈无根"。有鉴于此,紫柏认定,"此娑婆世界,非以文字三昧鼓舞佛法,法安可行?"②常劝告学佛者应"缘文字之阶级,究佛祖之心髓"。紫柏出家之初,意在"习讲",立志"贯通经旨,代佛扬化"③。紫柏本人则尝自称:"贫道虽宗门种草,若论见地,未始不以教乘为据证。"④明确表达自己学佛注重以经教为典据验证悟明之见地。所有这些,都表明紫柏较时人更重视并强调经教圣言之于弘扬正法、修学佛行的功能与作用。基于上述一贯立场,紫柏直承并扩展了慧洪文字禅思想,在辨明禅学纲宗、执行佛祖正令的规范下,推举包容一切经教言述在内的广义上的文字禅思想,进一步发挥了中峰明本"禅即离文字之教,教即有文字之禅"思想,从而深化了晚明丛林对"禅教一致"这一传统问题的理解与认识。如果遗弃经教言述,误认谈玄说妙为禅修,则每每不自觉地陷于高心空腹之空疏狂妄,而文字禅形式作为世俗士人所喜闻乐见的禅修方式,较能投合士人修禅的趣味。这显然既有利于扩大佛教的社会影响,同时也符合令法久住的佛教理念。故此,紫柏称:"夫大藏,佛语也;而大藏之所诠者,佛心也。佛语如薪,佛心如火。薪多则火炽,薪尽则火不可传。火不可传,则变生

---

① 宗密:《禅源诸诠集都序》,引见《中国佛教思想资料选编》第2卷第2册,第425页。
② 紫柏:《紫柏尊者全集》卷二四,《与吴临川始光居士四》,《续藏经》第73册,第355页下。
③ 德清:《达观大师塔铭》,《紫柏老人集》卷首,《续藏经》第73册,第139页中。
④ 紫柏:《紫柏尊者全集》卷二四,《与王宇泰》,《续藏经》第73册,第354页下。

为熟,破暗张明之用几乎息矣。故传火必待于薪,而火始有用;传心必合于佛语,而心始无疑。我心既无疑,佛心我心也。佛心我心,则凡有知觉者,孰非佛耶?"①借如薪之经教文字,传如火之佛心种子,证无量之我心自性,舍文字禅则莫之属也。

　　晚明丛林再唱文字禅,通过以经教文字印证和勘验参禅工夫,籍"方便通经"之路,扩展了传统文字禅的思想内涵,使禅宗修证能够更有效地广泛实践,并因此而赋予文字禅以其所注重的明晰性与权威性,可以最大限度地摒弃盲眼禅师自误误人的所谓"冬瓜印子",也可最大限度地避免参禅的内在暗证所造成的偏颇之失,乃是承负宗门弃教参禅的苦果而不得不作的蜕变。

　　从历史上看,达摩东传之禅法,宣称"借教悟宗",以四卷《楞枷》为其印心教典,这其实已表明教典与参究并重,教典印心与参究证心具有同步性。"方便通经",其由有历。晚明佛教宗门虽承继祖师禅法的种种门庭设施,以其为有效的参禅方便与入道机缘,唯苦于参禅的内在暗证,缺乏明确而权威的裁决,故不得以参禅悟宗而返验于经教文字。这是参究在先,而印证教典在后。因此,就其借助经教文字而言,晚明丛林的禅法修证,可以说是对达摩禅法的一种历史还源,是对"借教悟宗"、"方便通经"之传统法门的历史性回归。更进一步地说,出于对禅林"有禅无师"现状的不满,到重新检视"以法为师"的佛陀遗训,则可说是向经教言述的本源还归。这种历史性还源与本源性回归,实际上也就是回复到言述佛陀教法的经藏文字,回归到"以法为师"的佛陀遗训。在本源回归与历史还源中,晚明佛教试图找寻禅宗修证思想迷失的回归之路,借此实现宗门的再兴,乃至佛教的全面复兴和再生。正有鉴于此,晚明佛教甚为重视参究念佛禅这一修证方法的切实有效性。

---

① 紫柏:《紫柏尊者全集》卷一五《书某禅人募刻大藏卷后》,《续藏经》第73册,第277页下。

第五节　念佛禅之风行

晚明佛教丛林以话头禅为主导工夫的摄教归禅思想,其另一主要表现乃是通过对参究念佛禅的强调重视而加以落实。就此而言,晚明相当风行的念佛禅思想,同时也表明着当时禅净合流的进一步深入。

所谓念佛禅,其重要形式即在于参究"念佛者是谁?"这一话头。因此,参究念佛禅,在形式上仍然属于禅宗看话禅的范围。晚明力主参究念佛禅的尊宿代表憨山德清,曾详尽地描述参究念佛公案的具体过程。他说:

> 念佛审实公案者,单提一声阿弥陀佛作话头,就于提处,即下疑情,审问者(这)念佛的是谁?再提再审,审之又审,见者念佛的毕竟是谁?如此靠定话头,一切妄想杂念,当下顿断,如斩乱丝,更不容起,起处即消,唯有一念,历历孤明,如白日当空,妄念不生,昏迷自退,寂寂惺惺。永嘉大师云:寂寂惺惺是,寂寂无记非;惺惺寂寂是,惺惺乱想非。谓寂寂不落昏沉无记,惺惺不落妄想;惺寂双流,沉浮两舍,看到一念不生处,由前后际断,中间自孤,忽然打破漆桶,顿见本来面目,则身心世界,当下平沉,如空华影落,十方圆明,成一大光明藏。如此方是到家时节,日用现前,朗朗圆明,更无可疑,始信自心本来如此……①

据上所引,可见参究念佛"公案"与宗门相传成习的看话疑情方式并无多少相异之处。对于中国佛教史禅宗与净土的关系,南怀瑾认为大抵可纳于三途:主禅宗者、主净土者和主禅净双修的调和论者。② 其实,我们还可以在上述三分法的基础上再加上二种类型,即禅净双修论中的主

---

① 德清:《憨山老人梦游集》卷九《示念佛参禅切要》,第440—441页。
② 南怀瑾:《禅海蠡测》,《禅与净土》章,第123页以下,北京,中国世界语出版社,1994。

禅宗者和禅净双修论中的主净土者。据此可说,晚明佛教中的参究念佛禅一路,即可视为是禅净双修中的主禅宗者。禅净双修论自永明延寿提持以来,逐渐汇成为中国佛教修行的主导方法。晚明丛林虽然同样以禅净合流为其修行论归趣,但具体来说,则有禅净双修而以禅宗为究竟者与以净土为究竟者之别。这就是说对于禅净合流中参究念佛者落归旨趣的不同,可分为二派:一派把参究念佛视为参禅的一种具体形式,仍为禅宗归趣,可视之为禅宗究竟论者;而另一派则认为参究即是念佛的一种具体形式,因此应该属于净土法门,可称之为净土究竟论者。这二者之间的主要分际,在于自力修行当下净土与他力修行念佛往生的区别。以文字禅形式整合下的参究念佛禅论,主要为主禅净双修而以禅宗为究竟者所持。据印顺法师的研究,在中国禅宗初创时期即已运用念佛法门的修持方法。如禅宗四祖道信《入道安心要方便门》说:"我此法门,依《楞伽经》诸佛心第一,又依《文殊说般若经》'一行三昧',即念佛心是佛,妄念是凡夫。"①自"东山法门的念佛禅"始,禅宗即已运用称名念佛而直入实相念佛的修持方便,而其基本典据当为《文殊说般若经》(主要是神秀北宗)及《大乘起信论》中的"一行三昧"说。同时,东山法门念佛禅的念佛是自力修行,而不是仰凭佛力以求生净土的,只有极少数人才持有净土倾向。因此,印顺得出结论说:"禅宗对念佛的原始见解,一贯是自力的,作为即心即佛之方便的。"②这是与禅宗于自证自心中自净其心成佛道一脉贯通的。

从持名念佛直入实相念佛,既然被禅宗祖师们视为参禅证悟的有效方法,这表明在禅宗修证传统中,同时也存在着参究念佛禅的历史渊源。不过,晚明佛教丛林的参究念佛禅思想,却有着不同于持名念佛的思想内容。具体地说,晚明丛林所风行的念佛禅,主要是通过参究"念佛的是

---

① 净觉:《楞伽师资记》,《中国佛教思想资料选编》第2卷第3册,第161—162页。
② 印顺:《净土与禅》,《妙云集》之17册,第214页。

谁"这一独特话头的形式为其基本修持方法,这就是与宋代以后的文字禅整合后所形成的参究念佛禅。至少从禅修法门的思想渊源上看,这种类型的参究念佛禅,在强调自力修行自证解脱方面,仍与禅宗传统中所固有的实相念佛思想保持着一致性,同样持守着即心即佛的禅宗心性解脱论立场。就其归趣而言,则有所区别于净土法门的持名念佛方法。经由与文字禅整合而成晚明参究念佛禅,反映了禅宗念佛思想中对修持有效性和实践性的强调。

净土念佛作为通向往生极乐世界的直接径路,在净土信仰论者看来,当然是充分有效的选择,既有来自经验的例证(如大量往生传记可证),又有来自经典的根据;而且对于净土信仰论者来说,参禅者中历参而未悟者为数众多,既然参而未悟,即意味着未能真正了断生死、转凡入圣;又因没有持名念佛不能死后往生极乐,从而超生脱死、横出三界。因此,参禅而未得悟者大都没有达到或实现佛教修行证达解脱的神圣目的,就不如念佛往生这一简易法门来得充分有效。正是基于上述二难处境,晚明宗门大多并不完全直接地否认念佛的有效性,而只是尽量地把念佛纳入悟明即心即佛的运思模式,从而达到禅净归一。

究其实来说,参究念佛禅也像文字禅一样,并非是传统禅宗所分化的流派,而只是参究法门的一种方式而已。在晚明丛林中,对于禅宗修持的基本方法一直没有被怀疑,有的只是对禅悟方法的契机改进或有限调整。然而,参究方法的有效性与否,对于修证者体证禅悟具有决定性影响。为此,参究方法的有效性问题也一直困扰着中国禅宗。更进一步地说,禅悟方法的有效性,最终必将落归对禅宗心性法门的根本领会。这样就形成了一个悖论循环:修证禅悟依赖于参究方法的有效性,而参究方法的有效性则必须回归到对禅宗本身的真正领会。而这正是需加领悟并解决的肯綮之处。上述情形,同时也成为一直困扰着禅宗究竟论者力主参究念佛切实可行的二难问题。

明代中期的临济宗僧空谷景隆,乃是明代禅僧中对参究念佛禅法提出异议的典型之一。他曾提出下列异议说：

> 念佛一门，捷径修行之要也。识破此身不实，世间虚妄，是生死根，惟净土可归，念佛可恃，紧念慢念，高声低声，总无拘碍，但令身心闲淡，默念不忘，静闹闲忙，一而无二，忽然触境遇缘，打着转身一句，始知寂光净土不离此处，阿弥陀佛不越自心。虽然如是，若乃将心求悟，反成障碍……但以信心为本，一切杂念都不随之。如是行去，纵然不悟，没后亦生净土。阶级进修，无有退转。优昙和尚令提云念佛者是谁？或云那个是我本性阿弥陀？谓是摄心念佛、参究念佛。汝今不必用此等法，只用平常念去。①

据空谷景隆所见，将心求悟，心成障碍，导致修证无本；若能一心信愿念佛，则必有往生之实。因此，持名念佛的有效性并不等于参究念佛的有效性，而参究念佛则更不意味着先于或高于持名信愿念佛法门的优越性。空谷的上述意见是有代表性的。对此，云栖袾宏曾论及丛林在禅净之间仍争论不休的现实情形说："参禅者谓：本来无佛，无可念者；佛之一字，吾不喜闻；念佛者谓：西方有佛，号阿弥陀，忆佛念佛，必定见佛。执有执无，争论不已。"②参禅者反对念佛的理由是，因本来无佛，故无佛可念，以此否定念佛往生；而持净土信仰者则针锋相对，相信唯有称名念佛，必能往生西方。因此可见，云栖所提到的参禅者与念佛者各执一边的争论，其实既涉及到二者的基本理据之不同，更涉及到二者之间修持方法上的差异。参禅者主即心即佛，明心见性即悟自性佛，故无佛可念，无土可生；念佛者主往生见佛，一心不乱必能见佛往生。于此，参禅与念佛二者之间的调和必须关涉到两个方面：基本理据的调和以及修持理论的调和与融通。由此又出现另一个新问题，即参禅与念佛调和以后，如何才能保持各自义理上及修持上的独立品性。

---

① 空谷景隆：《示圆鉴堂》，引见袾宏《皇明名僧辑略》，《莲池大师全集》，第2549—2550页。
② 袾宏：《竹窗随笔·禅佛相争》，《莲池大师全集》，第3701—3702页。

有鉴于此,袾宏甚为关注当时主净土究竟论者与主禅宗究竟论者之争论,尚关涉到一个重要问题,此即念佛者所往生之西方极乐净土的有无问题。袾宏力主"净土不可言无",有人却只承认有唯心净土,认为"临终所见净土,皆是自心,故无净土"①,因而否认西方极乐净土的真实存在。在袾宏看来,这种对唯心净土的理解,虽说被视有其经论理据,其实却表明了只知其一而不知其二的片面性。由此,这种老生常谈的疑问,其实反映了禅净关系涉及到另一重要争论,即净土念佛者主张往生西方极乐净土,而反对者(其中绝大部分当为禅宗究竟论者)则认为并无净土可往生。

其实,在袾宏明确主张"净土不可言无"的思想背后,隐含着心境不二的本体论运思模式。对此,他认为"即心即境,终无心外之境;即境即心,亦无境外之心。既境全是心,何须定执心而斥境?拨境言心,未为达心者矣"②。但这一基于心境(土)不二的本体论运思,如果没有得到充分的理论展开,也就不能够真正消解净土往生的宇宙论运思模式。因为所谓净土信仰的宇宙论运思模式,主要有两个特征:一是时间上的未来性特征(需要死后往生);二是空间上的异在性特征(截然不同此在浊世)。与此相关,尚存在的一个问题,此即净土往生信仰的个人性与群体性关系问题。就个人来说,也许可以突破此在浊世的束缚而臻达心境不二的本体论境域;但就净土信仰者的群体性来说,则难以全面接受心境不二或心土不二的现实性特征。换言之,从理论上讲,净土往生信仰可以完成从宇宙论运思模式向本体论运思模式的转化,但就实践性层面来说,则难以得到充分地推行。从中我们可以明显看到,净土信仰本身所遇到的二难问题,与禅净关系中的二难问题,在结构形式上具有某种相似性。更进一步明确地说,禅宗与净土之间关于自力与他力之别、竖出与横出之异,归根到底是基于本体论运思模式与宇宙论运思模式之间的根本差异。

---

①② 袾宏:《竹窗二笔·净土不可言无》,《莲池大师全集》,第3880页。

据上所述，禅净调和论在晚明丛林的佛教思考中，仍然是一个悬而未决的两难问题。这具体表现在其中的主禅宗究竟论者与主净土究竟论者之间，所根据的基本理则存在着本体论模式与宇宙论模式的根本差异。禅净调和论中的主禅宗究竟者所依据的参究念佛禅思想，主要是基于一种本体论化的运思模式，禅修者心净即可当下土净，净土归根于现实人间；而禅净调和论中的主净土究竟论者，则主要是基于一种宇宙论化的运思模式，修行者的净土往生必依据于彼岸性的西方极乐。由于上述两种模式之间所具有的根本差异，对其主禅宗究竟论者的参究念佛禅思想，我们也应该就此而作出具体的分疏。

自北宋以来，禅林念佛思想日益盛行。如晚明佛教界甚为推崇的真歇清了禅师曾说："捷径法门，惟有念佛。功高易进，念佛为先。若不念佛而求出离者，终无所获。普劝清信，一心念佛，求愿往生，决不误矣。"① 真歇清了从"一心不乱"的理论阐述中，开启了以参究念佛替代参究公案的风气之先。他说："念佛法门，径路修行，接上上根器，旁引中下之机……直将阿弥陀佛四字，做个话头，二六时中，自晨朝十念之顷，直下提撕，不以有心念，不以无心念，不以亦有亦无心念，不以非有非无心念，前后际断，一念不生，不涉阶梯，顿超佛地，得非净土之见佛，简易于宗门乎？信知乃佛乃祖，在教在禅，皆修净业，同归一愿。入得此门，无量法门，悉皆能入。"② 从而明确表达了参究念话头而顿超佛地的切实有效性，这其实已经表现出了教禅归净的思想倾向。

不同于真清歇了主张禅教全面归净的论断，晚明曹洞宗僧无异元来虽然同样主张禅教合一，但在禅（宗）教关系问题上，却明确力主摄教归宗。他说："宗乃教之纲，教乃宗之目。举一纲则众目张。只知理目，而不识其纲者，是不知宗教之道合一之旨……诸教中皆有宗旨，得其旨，则

---

① 宗本：《归元直指集》卷上，《续藏经》第61册，第437页下。
② 大佑：《净土指归集》卷上《一心不乱》，《续藏经》第61册，第388页下—389页上。

一言一字,皆最上乘之机。如不识其旨,泥于文字,则宗亦教矣。"因其摄教归禅,故禅教二而为一;因其宗衍于教,故禅教一而为二,"当知宗衍于教,一而二也;教归于宗,二而一也。其真参实究捷径,名第一义,教中具载,非废教也。"①在充分承认教门作为佛法的构成内容基础上,作为禅僧的无异元来,在禅净关系上则主张禅净无二,尽管其机缘各自有别。他说:"然禅净二门,非别立标帜,求一门深入者,似不得不二也。如会通之说,亦权语耳。果发明大理,不妨念佛。世缘尚不碍道,况念佛乎? 浊界尚不碍生,况乐邦乎?"②于此可见,禅宗对于念佛与参禅但求一门深入的途径选择,导致了禅净会通之说只不过是一种权宜方便而已。这一现实立场表明念佛与参禅方法都各自有其修行效用。

据上所论,在念佛与参禅的关系问题上晚明佛教界并没有达成一致共识,禅僧们虽大都意识到禅净之间存在差异,但对净土念佛法门又表现出一定程度的认同。元贤对于念佛法门所持的实用主义观点,正是其中较具代表性的立场。

鉴于永明延寿禅净四料简说的巨大影响力及真歇清人等人推波助澜,晚明普遍有参禅不及净土及参禅不如念佛的观念。对此疑问,元贤辨析说:

> 此在师家主张净土,故抑扬赞叹,劝归念佛耳。若实论之,决无优劣。参禅者要悟自心,念佛亦是要悟自心。入门虽异,到家是同。但参禅到家者,无净土之缘,似为稍异。然心光发明,已与诸佛气分交接,何必净土乎? 天上人间,随意寄托,绝诸欣厌,何不净土乎? 况欲亲近供养诸佛,亦只在一转念之间而已,何难净土乎? 或曰:两途到家,诚为不异,但参禅未悟者,止滞人天;念佛未悟者,尚可往生。以此校之,似参禅不及念佛耳。曰:未悟往生者,必念佛极其诚

---

① 元来:《宗教答响》卷一,《无异元来禅师广录》卷二一,《续藏经》第 72 册,第 317 页上。
② 同上书,第 317 页下。

切。若参禅者亦如彼之诚切,则虽止滞人天,取悟不远,再出头来,慧根顿发,超证菩提,未可限量。念佛而未悟者,虽得往生,终堕疑城胎狱之中,俟其情识陶尽,始得见佛,岂可胜于参禅者乎?盖禅净二门,应机不同而功用无别。宜净土者,则净土胜于参禅;宜参禅者,则参禅胜于净土。反此,非唯不及,必无成矣。学者宜善择之。①

元贤指出,所谓参禅不及净土、参禅不如念佛的说法,只不过是劝归净土念佛的一种应机表达而已。就其佛法修证的终极指向而言,参禅与念佛其实并无本质差别,念佛和参禅都要自悟自心,二者之间只是入门之别,而到家则同,应机不同,而功用无异。对于一心念佛者能往生极乐净土,而参禅未悟者止滞天人境界的观点,元贤认为尚需具体分析。如果一心念佛而未悟自心者能够往生净土,那只是因为他念佛之心极其诚切的缘故,倘若参禅者也能做到极其诚切的程度,那么即使只达到天人境界,其未来的悟境却是无可限量的,远比念佛而未悟者高明得多。因为念佛而未悟者,虽得往生却终将堕落胎狱之中,并未能够亲见弥陀佛。总之,参禅与念佛虽各有其具体机缘,但究其实际功用来说则并无实质性差别。由此可见,永觉元贤对于禅净关系持有一种就事论事的相对主义观点:参禅与念佛各有所应之机,在于人的根机差异,并不表明法门的优劣。这就反映了当时禅林在参禅与念佛问题上持有一种实用主义的思想倾向。正是晚明禅林对于净土念佛思想的上述相对主义和实用主义的思想倾向,客观上促成了晚明参究念佛禅思想的风行一时。

第六节 如来禅与祖师禅之合流

一、如来禅与祖师禅合流的历史溯源及其现实背景

如来禅之说的重要典据之一,源于达摩禅法借以悟宗的四卷《楞

---

① 元贤:《呓言》,《永觉元贤禅师广录》卷二九,《续藏经》第72册,第569页上、中。

伽》。四卷《楞伽》曾分别四种禅门：即愚夫所行禅、观察义禅、攀缘如禅和如来禅。所谓如来禅，指"入如来地，得自觉圣智三种乐住，成办众生不思议事，是名如来禅"①。于此可见，如来禅特指佛教修行的方法与境界。唐代禅僧永嘉玄觉在其流传甚广的《证道歌》中亦曾提及如来禅："顿觉了，如来禅，六度万行体中圆。"②明确表达了如来禅基于六度万行的修证立场。其后，圭峰宗密在《禅源诸诠集都序》称："若顿悟自心，本来清净，元无烦恼，无漏智性本自具足，此心即佛，毕竟无异。依此而修者，是最上乘禅，亦名如来清净禅，亦名一行三昧，亦名真如三昧。此是一切三昧根本，若能念念修习，自然渐得百千三昧。达磨门下展转相传者，是此禅也"③。综合上引，"如来禅"约有三层涵义：就佛教修证论来说，如来禅主顿悟工夫论，即顿悟觉了自心本来清净的如来之地；就佛教心佛关系而言，如来禅主即心成佛，"此心即佛，毕竟无异"；就成佛修持而论，如来禅主六度万行圆修论，不废六度万行，"成办众生不思议事"，"六度万行体中圆"，圆摄六度之四禅八定。对此，印顺曾指出："印度传来的达磨禅，从达磨到慧能，方便虽不断演化，而实质为一贯的如来禅。"④这一识见与圭峰宗密的观点是一致的，同时也符合佛教禅宗的历史原相。

永嘉、宗密时尚无以立祖师禅之名。立祖师禅之名者，大致是始自于仰山禅师。据《景德传灯录》载："师问香严：师弟近日见处如何？严曰：某甲卒说不得。乃有偈曰：去年贫，未是贫；今年贫，始是贫。去年贫，无立锥之地；今年贫，锥亦无。师曰：汝只得如来禅，未得祖师禅。"⑤与如来禅相较，祖师禅更显禅门修证工夫的彻底性和修证境界的超越性，仰山之所以只许香严会如来禅，而不许其会祖师禅，盖因祖师禅当

---

① 参见智旭的《楞伽经义疏》卷二之上，《蕅益大师全集》第2册，第872页。
② 玄觉：《永嘉证道歌》，《中国佛教思想资料选编》第2卷第4册，第143页。
③④ 印顺：《中国禅宗史·序》，南昌，江西人民出版社，1993。
⑤ 《景德传灯录》卷七，《大正藏》第51册，第283页中。

"锥亦无"亦无。不过,严格地说,唐代宗门有关祖师禅与如来禅之分,其实并无绝对的界限和本质的差异,而只是在证悟的彻底性与超越性上程度有别。

祖师禅与如来禅之关系,可以从禅宗悟修关系加以进一步的论究。从历史上看,禅宗对于悟修关系问题一直甚为关注,唐代宗门影响深远的南顿北渐之争,即为一个显例。而且从另一方面来看,悟与修的关系问题,同时也是佛教处理禅教关系的重要组成内容。宗密在其《禅源诸诠集集》中就曾基于法无顿渐、顿渐在机的立场,就根机说悟修四料简:渐修而顿悟、顿修而渐悟、渐修而渐悟和顿悟而渐修、顿悟顿修者。即此而言,禅宗修证解脱论范畴的顿渐之说,乃是佛教悟修关系问题的表述形式。大致来说,不外为二义:即因悟而修之解悟与因修而悟之证悟。正是在佛教修证解脱论问题上,禅宗出现了所谓如来禅与祖师禅这两种不同修证工夫论方法立场。如上所述,如来禅主顿悟而不废渐修,六度万行体中圆,直指之禅圆摄六度之禅;而祖师禅则是基于非心非佛的唯顿悟论,顿悟即是最根本、最彻底的佛教修行法门,所谓向上一路,千圣不传,力图借此标明宗门直指之禅与六度之禅之间的应有界限。简言之,祖师禅倾向于马祖道一"非心非佛"的当下超越,而如来禅则归根于禅宗"即心即佛"的当下同一。

马祖道一主张从即心即佛到非心非佛的否定性转向,乃是如来禅转向祖师禅的一大关键。因为这一否定性转向既具禅宗心性-本体论的涵义,同时更有实修工夫论的内容。就其心性-本体来说,即心即佛所涉及的心佛关系具有当下现实的同一性特征,如六祖慧能直指人心见性成佛的思想主张,实即意味着直指当下本具空不空如来藏自性清净心;而非心非佛所涉及的心佛关系则具有当下现实的超越性特征。虽然二者皆未出禅宗顿悟修行解脱论的根本法门,但非心非佛无论如何都可说是对即心即佛的超越,所谓"即心即佛是无病求病句,非心非佛是药病对治句"是也。就其实修工夫论来说,禅宗即心即佛思想实含无漏自性本自具足、本来清净、不假修证、当下即是的工夫论内容；而非心非佛思想则因其含有当下现实的超越性内容而被宗门指称为"向上一路，千圣不传"的神秘性，不仅否定了任何修证工夫的有效性，而且同时还将最终取消任何修证工夫的可行性。如果说即心即佛说尚表达着佛教修行的理想性内容，那么非心非佛论则令佛教修行终将仅留下其神秘性内容。相较二者，晚明宗门更倾向于即心即佛说而有所变通，这表明当时佛教界试图贯通佛教修行工夫论与解脱境界论，隐含着祖师禅法与如来禅行本根一贯的相通性。

晚明禅门之所以趋归如来禅与祖师禅的合流，还存在着重要的现实根源。诉诸当时社会现实，鉴于禅宗修证工夫论影响的广泛性和深刻性，当时有志于外护法门的宰官士大夫，多以参禅为向上一路。而流于所谓狂禅一路的危害，却招致了社会舆论的诸多批评乃至拒斥。对此，黄宗羲曾说："佛氏之学有如来禅、祖师禅之异，然皆以空有不二为底蕴。如来禅言心性，祖师禅恶言心性；如来禅言体，祖师禅言用；如来禅谈空，祖师禅论实事；如来禅槁木死灰，祖师禅纵横权术。为祖师禅者之言曰：不怕瓮中走却鳖，故只在事为上立住脚，心之存亡邪正，一切不足计也。两禅之不同如此。如来禅自真空而妙有，祖师禅自妙有而真空，其归则一也。凡程朱之所辟者，皆如来禅，其于祖师禅曾未及也。"[①]

除却上引黄宗羲所指出的如来禅与祖师禅的异同之外，引文中尚透露出两点弦外之旨：其一，祖师禅与如来禅之旨趣，皆归于大乘佛教空有不二之法门；其二，程朱等宋儒之所批辟者，其对象仅局限于如来禅行，尚未及于祖师禅法。明确地说，黄宗羲的言下之意，即认为当务之急则在于批辟祖师禅法。因为，正是"恶言心性"的祖师禅法诱发了明儒流于空谈心性的陋习。对此，黄宗羲着重指出，"朱子云：佛学至禅学大坏。盖至于今，禅学至棒喝而又大坏；棒喝因付嘱源流而又大坏。就禅教中

---

① 黄宗羲：《与友人论学书》，《黄宗羲全集》第10册，第155—156页，杭州，浙江古籍出版社，2005。

分之为两:曰如来禅,曰祖师禅。如来禅者,先儒所谓语上而遗下,弥近理而大乱真者是也。祖师禅者,纵横捭阖,纯以机法小慧牢笼出没其间,不啻远理而失真矣。今之为释氏者,中分天下之人,非祖师禅勿贵,递相嘱付,聚群不逞之徒,教之以机械变诈,皇皇求利,其害宁止于洪水猛兽哉!故吾见今之学禅者而有得者,求一朴实自好之士而无有。假使达磨复来,必当折棒噤口,涂抹源流,而后佛道可兴。"①

晚明时期来自儒学立场的对于祖师禅法狂荡肆行之流弊的严厉抨击,极大地刺激着晚明丛林反省禅修法门的历史和现状,从而在客观上促进了祖师禅与如来禅的合流思潮。

对于宗门历史上形成的祖师禅法与如禅行之间的隔阂,至少有两大原因。一是出于强调禅修法门"教外别传"的殊异性。二是与中国禅宗佛教作为祖师佛教的宗派特质密切相关。对禅宗祖师修证工夫的权威性信从,亦极可能导致对祖师禅法的权威性认同,致使禅师禅法的普遍风行。

对此,晚明僧人罗峰弘丽(自号堕道人)曾评述祖师禅法的历史演进及其影响,而大感其叹说:"慨自古人分别如来禅、祖师禅,以行纵夺,迷言者流遂尊奉祖师禅为极则,如来禅置之不问。且所奉祖师禅者,非古之祖师禅,特不过机语新奇,文字别调,较之学语座主,如画家焉……故今宗风之衰,尤甚讲坛也。望夸宗禅者,了然于如来禅,正不可得也。设起沩山(应为仰山)于今日,则将曰:'祖师禅许汝了,如来禅未梦见在。'不将又高如来禅,而低祖师禅耶?法门如此,慧命谁寄?慧命无寄,今人谁度?"有鉴于此,罗峰弘丽希望通过宗门学子对大乘经论的抬参,"进诸人于如来禅,以达祖师禅,亦非肯纵诸人于如来禅,不夺诸人于祖师禅也"②。其实,只要把握了禅宗心性论思想所决定的悟修交互关系,就可

---

① 黄宗羲:《明儒学案》卷三三,第748页,北京,中华书局1985。
② 弘丽:《心经开度说》,《明嘉兴大藏经》第19册,第121页。

发现在禅宗修证法门的历史演进中,一直存在着如来禅与祖师禅相一贯的思想因素。如果坚持心性悟修的当下同一,所谓如来禅和祖师禅之判别,就只不过是禅宗祖师应一时之机的教谈,并无严格的界限可言,实非如来禅行之外别有祖师禅法,祖师禅法之外别有如来禅行。

早在元代,著名禅僧中峰明本(1263—1323)就曾偈称:"如来禅与祖师禅,一手何分拳与掌?"而无明慧经则更有偈称曰:"五宗极则机齐贯,三藏精微理共圆,不碍古今凡圣事,如来禅合祖师禅。"①对于禅宗修证中的心佛关系,曹洞禅僧无明慧经(1548—1618)有一充满禅机的表述顿悟自心即名为佛,"即心即佛即是心,非心非佛即是佛"②。即心是佛,即心是法,宗门修法即在修心,而修心成佛即是宗门修法,修心、修佛与修法三者一体不二。所谓"佛法非法,贵在悟达;祖道非道,要须亲到。达则决圣凡之非,到则断人天果报"③。故此,"不论通宗透教,秖贵直下承当"④。这表明无明慧经把禅教悟修同归于当下切实证悟的思想立场。但这一过于简约且显得宽泛的表述,尚未指明禅宗心性之旨所在。为此,蕅益智旭在其《楞伽义疏》中辨析如来禅与祖师禅之胜劣时,认为所谓祖师禅高于如来禅之说,只不过是古人的一时应机之谈,缺乏佛教典据,舍如来禅则无祖师禅。如果一味地推崇祖师禅法而否认如来禅法的修证有效性,那么就会恰恰适得其反,将会导致取消祖师禅法的修证根本。因此,智旭告诫说,对于祖师禅法,切不可误做实法会。他写道:"如古人云:且喜师兄会如来禅,祖师禅未梦见在。则祖师禅更胜于如来禅耶? 答曰:乘言者丧,滞句者迷,汝欲以古人一时应机之谈作实法会,何异刻舟求剑? 恐香岩大笑汝在。"⑤可以说,如来禅与祖师禅合流趋向,成为晚明佛教丛林的一大思想景观。其中,晚明的曹洞宗僧们远比临济宗

---

① 刘日杲:《博山和尚传》,《无异元来禅师广录》卷三五,《续藏经》第 72 册,第 378 页下。
② 《无明慧经禅师语录》卷三,《续藏经》第 72 册,第 201 页中。
③ 《无明慧经禅师语录》卷二,《续藏经》第 72 册,第 195 页中、下。
④ 《无明慧经禅师语录》卷一,《续藏经》第 72 册,第 182 页中。
⑤ 智旭:《楞伽经义疏》卷二之上,《蕅益大师全集》第 2 册,第 873 页。

僧们更为强调如来禅与祖师禅之合流。

二、如来禅与祖师禅合流的具体内容

从佛教禅宗的义理建构而言,心性论是其修证解脱论的理论基础,而修证解脱论则是其心性论的思想归趣。佛教禅宗作为充满实践特征的佛教类型,修证解脱论一直是其理论归趣和思想特质之所在。禅宗修证的现实解脱如何可能,则进一步关涉到禅宗修证工夫论思想。具体地说,禅宗修证工夫论归根于悟修关系。禅宗之论悟修关系,从时间性来说,具有悟修先后问题;就存在论来说,具有悟修体用关系问题;在具体表现方式上则又有顿渐问题。晚明宗门通过如来禅与祖师禅的合一化运动,其现实旨趣就在于力图从根本上化解禅宗的悟修关系问题,这成为晚明禅学中兴的一大内容和重要表现。

晚明宗门甚为重视探究禅宗心性之旨的问题,并在此基础上极其关注禅宗修证工夫论中的悟修关系问题。如憨山德清曾认为,所谓禅宗心性"乃一切圣凡生灵之大本也,以体同而用异,因有迷悟之差,故有真妄之别。所谓三界唯心,万法唯识,以迷一心而为识,识则纯妄用事,逐境攀缘,不复知本有真心矣。若知真本有,达妄无元,则可返妄归真,从众生界可顺入佛界矣。达磨西来,单传心印,顿悟法门,正是顿悟此心。此禅宗心性真妄之旨也"[①]。德清试图以体用关系讨论真心与妄识之别,以真心为体,而以妄识为用。就工夫论来说,即是以悟为体,而以修为用。就体用论而言,就是迷悟同源而真妄一体。这正是宋儒所说的"体用一源而显微无间"。

德清以体用关系对禅宗心性论要旨的阐发,表明了他试图把禅宗心性本体论与工夫论贯通的方法学立场。以体用关系说工夫论,工夫之体即是祖师禅的当下顿悟,而工夫之用则是分灯禅所设立的参究功夫。宋

---

① 德清:《憨山老人梦游集》卷五《示李福净》,第 246—247 页。

元以后,禅宗佛教往往落入"有体无用"的境况。这隐含着参究功夫当以顿悟心体为其根本前提这一预设。若视参究功夫为修,则顿悟心体之悟就是修后之悟,而非悟后而修。就此而言,德清顿悟渐修思想实涵修而悟、悟而修交互递进关系。有鉴于此,德清对于禅法修证的独到体认,使他不仅从时间性的先后关系上理解悟修关系问题,而且还试图以体用关系重新审视悟修关系问题,从而领会禅宗当下顿悟与参究功夫的内在关联。以悟为体、以修为用,即体即用,即悟即修。德清曾引沩山说,"令人一念顿了自心,名之为悟。即以所悟净除现业流识,是名为修。然流识者,谓微细生灭,即刹那心也。言悟后而修,则是悟而后见也。且悟后方见刹那,则微细生灭,流注潜行,如石压草,黯然不见,若不断生灭,如何得悟无生?若非无生,又何以敌生死?若悟后而见,则世尊依刹那而说无生,又为剩法矣"①。在另一处德清更明确地说:"所言修者,只是随顺自心,净除妄想习气影子,于此用力,故谓之修。若一念妄想顿歇,彻见自心本来圆满广大,清净本然,了无一物,名之为悟。非除此心之外,别有可修可悟者。以心体如镜,妄想攀缘影子,乃真心之尘垢耳。故曰想相为尘,识情为垢。若妄念消融,本体自现,譬如磨镜,垢净明现。"②依德清之见,禅宗佛教之悟与修皆不离人的当下自心,都是当下自心之悟与当下自心之修,心外无别悟,心外无别修。就此而言,悟与修乃是密切相关不可分割的统一整体。

就做工夫的具体情形而言,德清认为佛教修行中既存在着先悟后修与先修后悟之不同,而悟又有研究式解悟与参究式证悟之分别。他说:"凡修行人,有先悟后修者,有先修后悟者,然悟有解证之不同。若依佛祖言教明心,解悟也。多落知见,于一切境缘多不得力,以心境角立,不得混融,触途成滞,多作障碍,此名相似般若,非真参也。若证悟者,从自

---

① 德清:《憨山老人梦游集》卷六《示径山西堂灵智鉴禅师》,第304页。
② 德清:《憨山老人梦游集》卷一《答郑崑岩中丞》,第67—68页。

己心中朴实做将去,逼拶到水穷山尽处,忽然一念顿歇,彻了自心,如十字街头见亲爷一般,更无可疑,如人饮水,冷暖自知,亦不能向人吐露,此乃真参实悟。然后即以悟处融会心境,净除现业流识,妄想情虑,皆溶成一味真心,此证悟也。"①

据此,研究式解悟与参究式证悟之间的分别,被德清具体化为禅悟的彻底纯粹性与真实有效性的问题,所谓彻底纯粹性,即指克服知见之彻底、心境混融之纯粹;所谓真实有效性,乃指亲证体悟于一切时、一切处的触途无碍而当下即是的具体受用。

同时,德清还指出证悟又存在着程度上的深浅差异:"若从根本上做工夫,打破八识窠臼,顿翻无明窟穴,一超直入,更无剩法,此乃上上利根,所证者深。其余渐修,所证者浅。"②这就是说,所谓研究式解悟,即是依据于佛陀经教而知解通达佛教义理。在严格的意义上来说,研究式解悟并不是真正的佛教参悟,而且往往构成所知障,充其量只作知解宗徒而已。而参究式证悟虽然具有程度上的深浅差异,这同时也就是德清所认为的顿悟与渐修之别,却都是来自对于本然真心的真参实悟,因此而具有亲已性与真实性的特征,并超出义理知解的解悟层次。证悟虽有一超直入之顿悟与历劫渐修的时间性差异,却是证达本然真心的根本工夫,舍此别无他途。不仅如此,德清认为,顿悟渐修更具另一层涵义,"所言顿悟渐修者,乃先悟已彻,但有习气未能顿净,就于一切境缘上,以所悟之理起观照之力,历境验心,融得一分境界,证得一分法身;消得一分妄想,显得一分本智。是又全在绵密工夫于境界上做出,更为得力"③。德清所理解的顿悟渐修,强调的是证悟效验上的受用性与有效性,这是明末禅宗佛教对于顿悟渐修的一种新领会。此中透露出明末禅更加重视禅悟的效验性问题,力图避免口头禅、文字禅的流习与弊端。可以说,

---

① 德清:《憨山老人梦游集》卷一《答郑崑岩中丞》,第75—76页。
② 同上书,第76页。
③ 同上书,第77页。

证悟明体,而观照显用,或说是以证悟为体,而以观照为用,从而使佛教禅宗修证工夫论思想更为圆通自在,更具现实受用。即此而论,重视禅宗修证工夫的实践效用,是明末佛教界出于挽救禅宗衰颓情势一种现实需要。

与憨山德清同样"法嗣不详"的紫柏,亦持先悟后修之见,并认为悟有解悟、修悟、证悟之类型。他说:"古德云:悟明后方修行。然悟明之说,种种不同:有解悟、有修悟、有证悟。解悟者,从经教熏闻力久,心渐开通,又谓之依通识解。修悟者,宿有闻熏,曾少开解,但未得实用,今生出头来,或假修习,忽然疑情顿断,受用现前。证悟者,根器猛利,不移刹那,习随悟消,立地成佛。"①三种不同类型的悟明心体工夫相应于不同根器的修行者,但紫柏悟明工夫似暗含就习心识情而言的涵义,而非为禅宗顿悟解脱论思想之本旨。

晚明曹洞宗僧无异元来则尝辨解悟与彻悟(即相当于证悟)两种悟门,认为二者不仅在力量上存在着强弱之别,而且在实际效用上更存在着差异。他说:"论禅者有二种悟门:一者,从文字语言中得解悟;二者,从己分上参究得彻悟。夫解悟者力弱,彻悟者力强;解悟者如闻人说物,彻悟者如亲眼见物。闻见虽一,疑与不疑,实霄壤之远也。"②元来还着重阐释了依重文字通识之解悟所产生的文字障和理障二障、我慢和增上慢二慢、二种怯弱心、二种安隐想等具在诸禅病;以及宗通彻悟者的种种切实受用。③ 元来虽然认为解悟者较彻悟者为"力弱且简接",但这毕竟是属于力量上和程度上的差异,毕竟承认了这种依重文字语言之解悟,作为一种研究式证悟方法在修证上的有效性。

总之,研究式解悟与参究式证悟两种方法学立场差异,实关涉到佛教修证解脱论可信性与可行性根本问题,明末佛教界详辨解悟与证悟两

---

① 紫柏:《紫柏尊者全集》卷二四《与王宇泰》,《续藏经》第 73 册,第 354 页下。
② 元来:《宗教答响》卷三,《无异元来禅师广录》卷二三,《续藏经》第 72 册,第 326 页中。
③ 同上书,第 326 页中、下。

种方法学立场,其旨当在于重建禅宗佛教修证解脱论的可信性与可行性的思想理据,从而有效地反拨习禅者流于笼侗与支离的弊端,重建中国禅学修证解脱论的应有范式。鉴于禅学修证思想在世间民众特别是士大夫群体中影响的广泛性,禅学流弊也同时渗透于其中,从而极可能削弱佛教禅学的可信度与影响力。因此之故,辨析解悟与彻悟两种修证方法之间的差异与界限,就显得既必要又现实。

针对祖师禅法中有无修无证、顿悟不假渐修之说,明末宗门(如无异元来)每每称引大乘经籍《圆觉经》为典据,"知幻即离,不作方便;离幻即觉,亦无渐次",借此领略祖师禅法不假渐修之意。① 然而,修行者通过什么有效途径,才能真正达到知幻离幻之知之觉呢?这里难道并无渐修的涵义吗?从某种意义上讲,曹洞宗僧无异元来对于渐修的理解,不如憨山德清的诠释更为圆融。其实,佛教禅宗常称的以幻修幻、借路还家之意,实已隐含圆纳渐修的进路取向。只有圆修方成圆悟,只有圆悟才能真正圆修。悟修本具即体即用关系,正是以悟为体、以修为用、以圆为即。因此,渐修作为佛教修证的一个阶段性工夫过程,实有其不可否认的实际有效性,而证悟则是作为工夫的本体极致和终极归趣,从根本上消解以不修为修的现实禅弊。

于上可见,晚明禅宗修证方法的真实有效性,具有两个方面的涵义,其一是关涉禅宗佛教修证的亲己性与真实性,此为悟门;其二则关涉修证工夫与境界的实践效验,此为修门,憨山德清称之为"历境验心"。此一分际,充分表明当时佛教界颇为关注禅宗修证形式化流弊的根源之所在,并试图加以有效地克服。这一思想的提出,也与明末儒学对于佛教的深刻批评具有某种关联。从当时佛教内部的情形来说,对证悟的实践效用的强调,也有利于与讲宗者相抗衡,从而消解讲宗的负面影响,重振禅宗风范。针对佛教禅宗"暗证自守"的封闭性弊端,德清所提出的"历

---

① 参见元来的《与顽石禅人》,《无异元来禅师广录》卷三〇,《续藏经》第 72 册,第 359—360 页。

境验心"更具有开放性格,使禅宗佛教的顿渐实修工夫论具有新的内涵,从而超越了以往局限于证悟过程而论的南顿北渐之争。

明末佛教既关注佛教修证工夫"历境验心"的真实效验,同时也关注佛教境界的亲证体悟,却并不停留于修证工夫论或境界论思辨探究,而是进一步落归于念佛禅思想,表现出参究念佛与话头禅结合的念佛禅取向,反映了当时佛教修行受用落到实处的思想取向。

另一方面,明末丛林尊宿对佛教修证工夫论的探讨,形成了细密且堪称琐碎的风格。憨山德清开示禅人每言及修行工夫的诸要点一二三四①,这主要是出于让学人能够加以对照,并勘验自己参究体会的考虑,以免盲眼禅师冬瓜印子误人子弟。与此同时,明末佛教界重视对以往禅门修证工夫论方法的整理与完善,以为定则轨持而指导学人参禅,以期克服因缺乏明眼禅师而造成的狂禅、伪禅乃至霸禅之弊。如云栖袾宏之作《禅关警策》、无异元来之作《博山禅警语》等著述,都莫不如此。

三、如来禅与祖师禅合流的现实效应

在探究悟修关系及关注禅宗修证真实有效性问题的同时,针对宗门认为见地与行履二者之间只重见地而不贵行履的传统观念,晚明佛教界既强调宗门见地的重要,又重视实际行履的可贵。

见地,在佛教语脉中,当出于知见之说,主要是指依情识思虑、了知分别而安立的种种见解、见识。宗门见地,并非指菩萨乘修智而言,乃是宗门对禅悟亲证境界的一种表达方式。见地之悟明,端赖于禅修的实地工夫,且能够为悟道高明者所勘验证明。宗门见地与心性之悟明密切相关,禅宗谓之为"向上一路"。如德清曾明确认为,宗门见地具有三种不同的类型,"解为见地,有三种不同,有学解,有信解,有悟解。若从教上,

---

① 如德清在其《法语》卷一,《答郑崑岩中丞》列举了证悟理体的工夫法门说:不得贪求玄妙、不得将心待悟、不得希求妙果、不可自生疑虑、不得生恐怖心、决定信自心是佛等六大要点,第77—78页。

或祖师公案上解得佛祖究竟处,不落枝歧,此虽是名见地,谓依他作解。其有未亲言教,但只决定信自心了无一物,是为信解。若参究,一旦明本有,是为悟解。此三者皆名见地,但依他解,多落知解障。信解如此,亦要操修以臻实证。其悟解虽一念顿悟,尚有无始微细惑障,亦要净除。是三种见地虽贵,若不行履,终难究竟。今古人所贵见地者,但就根器为本,非全不行履。古人一期之语,不可作实法会也"①。

宗门中人谈论见地问题,每每涉及到行履。所谓行履,亦称操履,意指躬行践履,包括行住坐卧、语默动静等修行人生中的一切日常活动及实践行为。因此,见地与行履之间的关系问题,乃关涉到如何把悟修中的真实见地具落到日用生活中的实践性问题。从历史上看,宗门曾有只贵见地而不重行履之说。德清认为对此禅师"一期之语"须加辨识,并主张无论何种见地终将归根于具体操修以臻究竟实证的境界。这一既重见地又贵行履的思想,同样成为晚明佛教界强调宗门实修实证思想取向的表现。只贵见地而不重行履,在实践日用中就会导致徒负狂解,乃至授人以荡德丧检之口实。对此,智旭曾慨叹说:"只贵子见地,不贵子行履。谓有见地,必有行履;有行履,未必有见地也。今负狂解,而荡德丧检,痛哉!"②

德清等人基于既贵见地之悟明亦重行履之落实的整合趋向,强调实证实修,那么对于佛教修行传统法门中的六度万行,就完全有必要得到充分地重视,并进而使重新审视禅思想史上的南顿北渐之诤成为必要。对此,袾宏曾指出:"悟有大小,言悟后更无修持,得少为足之徒也,非狂即愚。"③对于从神秀和慧能之得法偈所透露的悟修论思想,袾宏认为,神秀主张"时时勤拂拭",正是宗门现实修行的有益方法。他说:"昔一友人谓予曰:今人见六祖道'本来无一物,何处惹尘埃',便将神秀'时时勤拂

---

① 德清:《憨山老人梦游集》卷一一《西堂广智请益教乘六疑》,第550—551页。
② 智旭:《灵峰宗论》卷四之三《梵室偶谈》,《蕅益大师全集》第6册,第675页。
③ 袾宏:《云栖遗稿》卷三《答吴广颖居士》,《莲池大师全集》,第4673页。

拭'之句藐视如一茎草,不知时时拂拭,正学者今日事也。予深善其说。"①更进一步地说,对于神秀北宗的渐修方法有效性的认同,势必导致对其观心看净、证妄还真的心识二元性的给予相当程度地思想认同,因为只有真妄二元的理论前提之下,神秀北宗禅渐修方法的有效性才能成立。从晚明丛林尊宿对如来禅法的关注与重视,可以表明当时佛教界对于禅宗心性论的某种反省,并表达出了顿悟与渐修并举的思想倾向。

从中国禅修史上看,祖师禅法注重亲己性参究的修证工夫论传统,强调参究者主体参与的亲证性。因此,在明末佛教宗门中,大都仍以看话头之公案禅为参究的主要形式。参话头之公案禅,对参究者的主体参与性的强调,表现在公案与参究者之心合为一体,既无离公案之心,亦无离心之公案,从而使参究功夫不至于流为空玄。鉴于看话修禅与疑情工夫具有密切相关性,晚明宗门甚为强调疑情工夫的切实运用,这是与看话禅修证法门相辅相成的思想进路。疑情工夫论思想源于大慧宗杲所倡导的看话禅。此派禅法举一则古德公案作为话头,教人于一切时一切处,无论行住坐卧,切切加以提撕参究,最后打破生死疑团,死却偷心,亲证体悟。在元末明初时期,如高峰原妙、古音净琴、毒峰季善等著名禅匠,都甚为强调痛下疑情功夫的重要性与有效性。晚明宗门视疑情工夫为明心见性的有效参究功夫,特别是对作为参究公案禅的疑情工夫,因其强调参禅者的主体性,最能体现禅宗自悟自性、自修佛行的修证自主性,较能克服讲宗支离学风所带来的负面影响,亦不至于流入狂禅者颠顶佛性的笼侗,从而把禅宗修证工夫落到实处。

疑情工夫作为公案禅的主要方法,不仅甚为注重参禅者的主体参与性,而且还符合禅宗自力自为的修证风格,同时历经数百年的宗门实践经验表明,疑情工夫论不失为一种证达禅悟而切实可行的有效法门。关于具体修行中的疑情做工夫,永觉元贤认为,至疑才能至悟,疑情为妙悟

---

① 袾宏:《云栖遗稿》卷二《答刘守复居士》,《莲池大师全集》,第4573页。

之因,妙悟为疑情之果。他说:"贵疑者,贵其疑则深研也。是知疑为悟因,悟为疑果。"①

元贤视疑情为引入妙悟的首要法门,于此可见对疑情工夫的高度重视,以及对疑情工夫通往证悟之有效性的充分肯定。历览明末禅师之语录等文字著述,棒喝机锋之类接引学人的方法并不多见,而多主张疑情做工夫论者,这表明疑情工夫论思想占据着明末禅宗接引学人方法的主导地位。相反的情形则是,其时密云圆悟每以棒喝接引学人,却为诸方丛林所讥,"谓和尚只得一橛头,是小法,大法未明在"。针对当时禅学末流鼓唱"无禅可参,无工夫可做"的谬说,以所谓的"俊捷"、"英灵"、"天然"、"超拨"作派,看话参禅确不失其为一剂良方,并且以参看话头统摄坐禅修行,克服失于笼侗之禅弊;以看话头涵盖义理知解,整治失于支离之学风。为此,元贤明言,自己的鼓山禅行与诸方所修大不相同。② 认为"我宗门下,只贵直下亲证,无逐段商量底禅,亦无渐次习得底禅"③,明确主张透显心性、直达心性本源的宗门立场。

元贤曾明锐地指出,当时宗门禅法存在两大流弊,且呈愈演愈烈之势。其一为失于笼侗,其二为失于支离。④ 虽然永觉元贤并没有明确指出如何超越与克服笼侗与支离这二种流弊的有效而可行的方法,但他认为不能局限于从佛教义理的认知学解中克服笼侗之弊,也不能于痴守一宗一派中超克支离之弊。对于从文字言述中悟解佛教义理,与从亲参己究中证悟佛教境界,此中有一重要分界,那就是佛教生死关切和生死解

---

① 元贤:《永觉元贤禅师广录》卷一一《答新城江孝廉》,《续藏经》第72册,第444页下。
② 对此,元贤曾说:"鼓山禅与诸方大不相同。诸方要人学偈颂,这里不要人学偈颂;诸方要人学答话,这里不要人学答话;诸方要人学上堂小参,这里不要人学上堂小参。所以诸方禅易参,而老僧禅难参。"引见元贤的《永觉元贤禅师广录》卷一〇《示善侍者》,《续藏经》第72册,第441页中。
③ 元贤:《永觉元贤禅师广录》卷一二《答密因上人》,《续藏经》第72册,第450页中。
④ 元贤:《永觉元贤禅师广录》卷一〇《示尼净光》,《续藏经》第72册,第440页上。

脱的当下亲己性问题。生死关切之切,既具有当下修行之切己义,同时又关涉当下修行之迫切义。晚明佛教宗门从证悟生死解脱这一终极性的信念思想立场出发,重新审视佛教修证解脱论,相对于参禅的适意性、自然性、随缘性与日常性,更多了一份担当生死的凝重与超克生死的深沉,因而更具内在性,并于生命关切中超越生死的意蕴。从佛教思想的历史演进上看,尽管晚明佛教界并没有从心性论方面作出多大的理论建树,而是从佛教修证工夫论上更深入地探究禅法可信且禅修可行的根本理据,从中重新审视佛教修证的工夫规范,因此表达了佛教生死关切的宗教情怀;从生死关切的同体大悲中,诠述了生命超越的佛教智慧;于整治"狂禅"、"伪禅"乃至"霸禅"等禅学流弊中,唤起了末世时代对佛教正法的正信,进而重振禅风、中兴禅学。

缘于宗门现实的种种禅弊,佛教内部有些人一度动摇了对参禅证悟解脱的信心。面对当时佛教界宗不成宗、教不成教的窳败情形,还曾有人主张废宗尊教、弃禅保教。如有人提出"不许参禅"的主张,其理由有二,一是认为佛教修行应遵循佛陀所教,而"禅宗乃后代权巧建立,依之而修,多有错误";二是"看教则今生现资妙解,当来必获智慧之报;参禅而不悟,则终身面墙,大失法利。以此较之,不宜参禅。"[①]元贤认为,此一论调,既不知宗亦不知教,根本站不住脚。他说:"参禅而不悟,实为悟因;看教而得益,只增解路。参禅则用心于内,实兼治心之功;看教则用心于外,全无返闻之力。其益果孰大乎?"[②]元贤承认有参禅而未悟者,但参而未悟绝非弃绝参禅的充分理由,不能成为弃禅尊教的借口,因为参禅用心于内,实涵治心的客观功能,而看教则用心于外,不可真正彻底洞达本心。永觉元贤驳斥以看教明心取代参究悟心的工夫立场,表明晚明宗门中人仍能持守禅宗传统的既有

---

① 元贤:《永觉元贤禅师广录》卷一一《与僧论不许参禅》,《续藏经》第72册,第445页上。
② 同上书,第445页上、中。

规范,力图保持禅宗教外之旨与经论学解之间的分界。一味地依持经论学解,既背离禅宗自立于教外本旨,同时也极可能陷入支离而不能自拔。更深一层地说,则是有悖于佛教修证本心、了脱生死的宗教本愿。

元贤的上述识见同样也针对看话禅末流的狂解之习。北宋看话禅即已出现宗门称之为狂解的末流习弊。北宋禅师慧洪觉范即曾批评狂解之风说:"嗟乎!于今丛林,师受弟子,例皆禁绝悟解,推去玄妙,要直问直答,无则始终言无,有则始终言有,毫末差误,谓之狂解。"①俗称"法久则弊生",晚明宗门虽大多倡导以看话禅为主要形式的参究方法,但狂解之风非但不能被有效地遏止,且愈演愈烈。对此,无异元来曾一口气列举了十三种狂解的典型表现,指出"从语言中作解,未得彻悟者,流出无边狂解"②,无知学人几乎对于每一句古德话语都有可能生出狂解,其源盖因于缺乏真参实悟的修证根基。

对于所谓"宗门但贵知见,不尚操履",与同门师兄无异元来一样,永觉元贤同样直斥之为狂解之徒。他指出说:"或谓宗门但贵知见,不尚操履。不知所谓但贵知见者,以知见之外,别无操履也。若别有操履,则其知见,犹未真在……近日缁流,类多以狂解当之,贪瞋炽然,乃曰:我宗门中,但贵知见,不尚操履。此则波旬之见,入地狱犹如射箭矣。"③而无异元来则慨叹说,"如近时假称知识者,将古人公案逐句下语,悉以义路符之,识者一见,则知宗风扫地……近时假知识,论此公案,万一未曾梦见在。呜呼!祖庭秋晚,魔风炽盛,纷纷曰参禅,尽入在魔邪网中,曾有一人能跳得出否?"④并一针见血地指出,"下语偈颂学语之流,是生死本"。无论元来之博山禅,抑或是元贤之鼓山禅,都共同地表现出贬抑知解的

---

① 慧洪觉范:《林间录》卷上,《续藏经》第87册,第246页下。
② 元来:《无异元来禅师广录》卷二三《宗教答响》卷三,《续藏经》第72册,第326页上、下。
③ 元贤:《永觉元贤禅师广录》卷九《示润如上人》,《续藏经》第72册,第439页上、中。
④ 元来:《无异元来禅师广录》卷二六《宗说等锡上》,《续藏经》第72册,第338页中、下。

宗门倾向，因为知解之徒未免流于支离、穿凿，有悖于禅宗直指心性的亲证彻悟，他们都遵循乃师无明慧经所强调的"禅宗一路，直须亲悟"参究规范。① 而与元贤同门的晦台元镜(1577—1631)，面对"当嘉(靖)隆(庆)间，寓内宗风多以传习为究竟"的习禅时弊之际，则更是深感悲谓说"打破大明国，寻不出一人能真参实究"②。这些明末曹洞宗僧，也许由于肩负着中兴曹洞宗旨的历史重担，他们更能体会到"以传习为究竟"之宗风对宗门修证的瓦解力量，因此都不遗余力地拒斥修学者的知解倾向。

晚明宗门"以传习为究竟"之狂解和狂禅，乃是明末祖师禅法之末流的极端表现形式，在狂解或狂禅的外表下，遮隐着不学无术乃至自欺欺人的虚浮骄逸。无异元来等曹洞宗僧之所以详尽地罗列出狂解之徒的种种表现，在某种意义上说，这种来自佛教内部的批辟，较之外在的儒家驳难(如黄宗羲者)更为鞭逼有力。当然，晚明宗门以传习古德公案为尚的狂解之风，不能仅仅归因于丛林本身，而是与当时社会所处的整个时代大环境相关，正如阳明心学末流不也是因其流于空疏狂妄而招致东林学派的猛烈抨击吗？重要的是，佛教界应该如何切实地克服晦台元镜所说"以传习为究竟"之宗风。对此，晚明宗门大致表现出三种不同的方法取向：一是元来、元贤、元镜等曹洞宗僧为代表，主张严守宗门规范，拒斥知解学风，通过宗旨的回归而走出困境。二是承认经教言述印证体悟的圣言量功能，如紫柏真可、憨山德清等不明法嗣者，由于没有宗派的束缚而提倡文字禅，试图借经典的权威重新确定以教证禅的规范。"不向教上印证，不得正知见"，"老人寻常要修行人以教印心者，谓是为自己所知所见一向无明眼人指示邪正，要以佛经印正"③。三是如密云圆悟、汉月法藏等临济宗僧们，仍承绪着相对严格的祖师禅法的修证立场。如汉月

---

① 参见元来的《无异元来禅师广录》卷四《语录》，《续藏经》第72册，第255页下。
② 道盛：《建昌廪忠公传》，《续藏经》第72册，第227页中。
③ 德清：《答沈大洁六问》，《憨山老人梦游集》卷一一，第561页。

法藏就明确坚持如来禅与祖师禅之间的判分界限。①

汉月法藏曾引仰山与香严有关祖师禅与如来禅的公案,认为这正是"如来祖师之法式"。据常理推断,如来见地难道尚不如祖师见地吗?为何学人要学祖师法式,而不学如来法式?对此,法藏认为,世人"只知如来高妙,而不知祖师之道,更高出青霄之外"②。祖师参禅法式的直截性与当下性,能使学人直下承当,故而学人更应参悟祖师格外之旨、出格径路。正基于此,汉月法藏仍主张判分祖师禅与如来禅之界限。他明确指出:"参禅贵先决择祖师禅与如来禅。祖师禅看透十法界之外,不堕如来之数,故曰出格。如来禅者超于九种法界,堕在十法界之顶,犹是格内。"③这也就是说,如来禅属于教内之禅,而祖师禅则为教外别传之禅。这是出于禅宗传统的禅教之判别观点。正基于此,汉月法藏认为:"教有如来禅,禅有祖师禅。如来禅有般若,有寂照,有定慧,有空智、实智种种名相,不可尽举。祖师禅即从如来禅尽处一椎,谓之独透、独露。故祖师家有通教义说者,有单提向上说者。通教义说者,便有义路;向上透教,便无义路。"④

以汉月法藏、密云圆悟及语风圆信等禅僧为代表的明末临济宗人,仍然持守中国禅宗以"教外别传"而判分宗教的传统观念,因此并不像曹洞宗师那样表现出如来禅与祖师禅的合一化取向,而是坚信祖师禅法作为教外别传的直指之禅,而优越于教内之禅的思想立场。其理由即认为,祖师禅无义路之可寻,而如来禅则有义路之可寻。宗门向上一路,

---

① 祖师禅与如来禅的合流,虽说是晚明禅学中兴的一大表现,但当时的佛教丛林中,仍然有僧人如湛然圆澄者明确主张,"虽则二皆佛心之心,如来禅与祖师禅不可相滥耳"。参见《湛然圆澄禅师语录》卷八《宗门或问补遗》,《续藏经》第72册,第858页中。其实,祖师禅与如来禅之合流,同祖师禅与如来禅之不相滥,只要真正与佛法本源相一致,回归到佛法的修证解脱的终极旨趣,当无所谓合流与严分界限。在此意义上,对于汉月法藏等人的思想立场,应该说,同样具有其现实合理性。因为这种立场,同样基于禅法的本源性与正统性。尽管这种立场最后湮没于宗门法系的论争之中。
② 法藏:《圣恩寺普说》,《三峰汉月法藏禅师语录》卷六,第70页下。
③ 法藏:《答熊鱼山明府》,《三峰汉月法藏禅师语录》卷一四,第148页下。
④ 法藏:《圣恩寺普说》,《三峰汉月法藏禅师语录》卷六,第67页下。

"不属文字意情领略,而得入正法,故谓之教外别传,大略此宗之旨,不出一个别字。"①无论汉月法藏等人的立场,是否拘于宗门的法系之见,它本身却标明了向祖师禅法之本源性与纯粹性的历史回归。只不过清初的宗门之争,却相当无奈地阻断了这种历史的回归。

晚明佛教面对禅弊丛生的严重现状,促使禅僧们开始关注对佛教纲宗和禅学宗旨的探究,一则试图通过对达摩"借教悟宗"思想的追溯与回归,同时借拓展固有的文字禅思想而再唱广义上的文字禅。二则通过对禅门五家宗旨的探究,注重如来禅与祖师禅合流的可行性与必要性。晚明出现了如来禅与祖师禅的合流趋向,可以说是中国佛教史上禅教一致论的历史归宿。

面对狂禅、伪禅等丛林流弊,具有鲜明改革取向的晚明佛教,必须重新检视禅学修证方法的真实有效性问题,借此解决悟修关系、见地和行履、宗与教关系诸问题,从而体现出多元分化、多头并进的纷杂性。袾宏、真可、德清等"法嗣不详"的丛林尊宿,既强调超越法派之分歧,转归达摩不离经教而以心印心的直指之禅,同时又关注悟修互补,及其在佛教修证解脱论上的实践效用,借悟修的体用一源观,以期化解禅思想史上顿悟渐修分立之争。因此,晚明佛教虽在心性论思想探究上并无新创,但表现出融会慧能南禅与神秀北宗的心性论取向,并对明末宗门论争产生了直接影响。

第七节 宗门之论争

明代中后期,由于禅门宗风衰败,讲宗流行,徒逞口舌,全无实悟,造成禅悟与教理的严重脱节。与此同时,禅门宗徒为显明法嗣正统,争斗之风愈演愈烈。智旭曾撰《法派称呼辩》,痛贬不知师资绍序之义,徒慕

---

① 法藏:《教外别传·序》,《嘉兴大藏经》第20册,第671页。

虚名的宗门法嗣正统之争："惟其道无足传，法无足授，不知戒律之当尊，不知绍继之正务，为师者但贪眷属，为徒者专附势利，遂以虚名互相羁系，师资实义扫地矣。岂不痛哉。"①

明清鼎革之际，时局动荡，禅宗内部的争论十分激烈。这些争论历时既久，范围颇广。其中，最具典型意义、影响最大者就是圆悟与法藏师徒围绕临济宗旨所展开的法系法派之争。鉴于临济宗的广泛影响，这场聚讼甚至招致了清代乾隆皇帝的直接干预。

对于明末清初之僧诤，陈垣在《明季滇黔佛教考》中加以概说，称："纷争之兴，自崇祯间汉月藏著《五宗原》，密云悟辟之始，是为宗旨学说之争，上焉者也。顺治间费隐容著《五灯严统》，三宜盂讼之，是为门户派系之争，次焉者也。有意气势力之争，则下焉者也。有墓地田租之争，斯又下之下矣。"②据此，清初宗门之僧诤，涉及宗旨学说之争、门户派系之争、意气势力之争及墓地田租之争诸内容。这些僧人之争，既表明了当时佛教内部的诸多矛盾，更是当时佛教与社会关系的反映，特别是当时佛教转型的集中体现。明清之僧诤，由晚明密云、法藏师徒之诤始。这主要是由于禅宗是当时佛教的"显宗"，涉及错综复杂的利益关系。因此，宗门论争成为当时僧诤的焦点所在，比较全面地反映了当时佛教的整体环境。从某种意义上说，明清之际的江南僧诤现象，标志着晚明佛教复兴的终结。

圆悟(1566—1642)③，号密云，俗姓蒋，江苏宜兴人。少家贫，从事多种劳作。二十六岁，因阅《坛经》，有出家之志。二十九岁时，出外游历。三十岁时，从龙池幻有出家，居龙池数年，精进修行。后与圆修同赴北

---

① 智旭：《灵峰宗论》卷五之三《法派称呼辩》，《蕅益大师全集》第5册，第831页。
② 陈垣：《明季滇黔佛教考》卷二《法门之纷争第五》，第275页。
③ 有关圆悟的传记文献，主要有道忞的《天童密云禅师年谱》、道忞的《明天童密云圆悟和尚行状》、王谷的《天童密云禅师行状》、徐之垣的《全身塔铭》、唐世济的《遗衣金粟塔铭》、韦克振的《道行碑》，多收于其门人如学编的《密云禅师语录》卷一二末附。另有钱谦益《天童密云悟公塔铭》等。其他参考文献则有《南宋元明禅林僧宝》卷一五《密云悟禅师》等。

京,服侍幻有。两年后,圆悟遵嘱南还,往来径山、天目山、天台山等江南名刹,多与陶望龄、陶奭龄等名士相交游,对江浙宗风影响颇大。

幻有示寂后,圆悟应请继其法席。居五年,入主通玄寺。天启四年(1624),迁住嘉兴金粟山广慧寺,宗风大振。崇祯三年(1630),圆悟赴福建黄檗山万福寺。翌年,先迁宁波育王山广利禅寺,两个月后再迁天童寺。至此,浙东宗风大振天下。

崇祯十五年(1642),圆悟隐居于天台通玄峰。七月初七示寂,门人建塔于天童幻智庵右陇。

圆悟一生历住诸刹,"六坐道场,说法二十六年,化溢支那,言满天下"①。圆悟禅师在江、浙、闽、楚及西南,均有广泛影响,"吴越闽楚,名公钜儒,慕师宗风,或晨夕随侍,或尺素相通,或邂逅咨请,得师激发,无不虚往而实归。宗藩勋戚仰师德者,怀香参扣,而齐鲁燕赵及殊方异域之士,亦憧憧不绝也,而弘护无斁"②。其剃度弟子二百余人,嗣法弟子主要有五峰如学(1585—1633)、汉月法藏(1573—1635)、破山海明(1596—1666)、费隐通容(1592—1660)、石车通乘(1593—1638)、朝宗通忍(？—1648)、万如通微(1594—1657)、木陈道忞(1596—1674)、石奇通云(1594—1663)、牧云通门(？—1671)、浮石通贤(1593—1667)、林野通奇(1595—1652)等十二人。圆悟门下的十二位弟子,各分化一方,大阐宗风,影响至广。由门人如学编辑的《密云禅师语录》一二卷及圆悟《辟妄救略说》一〇卷,大行于世,记载了圆悟历住诸刹之语录及其种种文字机缘。

除重振临济宗风之外,圆悟禅师的思想影响,还表现于与其弟子汉月法藏之间的宗系之争。

汉月法藏(1573—1635),字于密,江苏无锡人,俗姓苏。七岁,入乡校。十五岁,于德庆院为童子。十九岁,正式落发为僧,究心教典,兼习《易经》

---

① 徐之垣:《全身塔铭》,《密云禅师语录》卷一二附,《禅宗全书》第52册,第504页上。
② 五谷:《明天童密云圆悟和尚行状》,《禅宗全书》第52册,第499—500页上、下。

及《四书》、《五经》等儒典。他早年立志"四十当悟道,六十岁死矣",声名大噪。当时,儒门士子讲学极盛,与顾宪成分主东林讲席的钱一本(1539—1610年,字国瑞,号启新)、薛敷教等人,尝就《楞严》圆通意,质诸法藏。其时,汉月着重于儒释会通,缁素往来问道者甚众,声名日广。二十八岁时,汉月深感"宗乘中事,我自问理会也理会得,说也说得。只是一事未在,敌他生死不得"①。遂决意求具圆戒,行脚十方,参访诸方尊宿。

翌年,法藏向云栖袾宏乞戒未果,仅得授沙弥戒。此一经历,对法藏的戒律思想颇深。三年后(1604),法藏再次向云栖乞戒,又被袾宏以朝廷未开戒坛所辞。直到三十七岁时,古心如馨(1541—1615)在金陵灵谷寺开南山法门,汉月才正式前往受具足戒。"受小戒于莲池,受大戒于古心"②。在向云栖求戒的同时,法藏得读《高峰语录》,了然有省,宛若自语,因发大心参禅,自誓大彻之后,当绍此宗。圆戒后一年,法藏驻锡虞山北麓三峰清凉禅寺,独立参修,日夜参禅,愈参愈难,转究转远。年近四十的法藏,念近昔日发愿当悟之时,逐随峰中老宿朗泉老和尚打百日死关,参《临济三玄要》,"古人所谓前后际断,不可坐着著,乃尽力推究。忽于青州布衫,打失鼻孔,凡祖师言句,一时会尽。自此触处皆悟,转悟转深,尤于高峰落枕消息,得大受用"③。

此间,法藏披读惠弘觉范(寂音尊者,1070—1128)的《临济宗旨》,"宛然符契,如对面亲质",尝称"……因见寂音尊者著《临济宗旨》,遂归心此老,愿宏其法,自谓得心于高峰,印法于寂音,无复疑矣!"④

法藏驻锡三峰清凉寺时,即有三百弟子随之学法,地方士绅护法者甚众。如与著名文士虞山钱谦益(1582—1664)时有往来,相互问答酬唱。万历四十五年(1617),憨山德清自五乳至双径,途经海虞,至三峰清

---

① 《三峰和尚年谱》万历二十八年条,第205页上。
② 黄宗羲:《苏州三峰汉月藏禅师塔铭》,第70页上。
③ 参见潭吉的《五宗救》,净慧主编《中国灯录全集》第20册,第822、823页,北京,中国藏学社1993。
④ 《三峰藏和尚语录》卷一四《上金粟老和尚》,第190页上。

凉院,法藏与钱谦益等人共侍憨山。当时,德清颇赏识汉月法藏,邀请汉月到庐山。此时,寒灰及闻谷广印(1566—1636)则因径山法席空虚接替无人,延请汉月驻锡径山法席。翌年,法藏赴庐山,后以憨山门风"义学盛甚,宗旨蔑闻",返回三峰清凉院。自庐山返回虞山之后,汉月之名更为远播,"三峰禅法"渐为人知。

天启四年(1624),五十二岁的汉月法藏前往到嘉兴金粟山广慧寺,谒密云圆悟。密云极为器重法藏,称:"汉公悟处真实,出世先我,所以屈身来此者,为临济源流耳,老僧从来不易安第一座,今累汉师。"①圆悟特此升座"示临济宗旨来源",并付之以临济源流。但法藏却有所保留,称"若师家大法不明,无从辩验,则胡喝乱棒,群然而起,吾宗扫地矣!"②决意辞受。后来,密云将其手书源流信拂,亲送至法藏住处。法藏虽坚拒不受,入舟而去,但汉月侍者则暗自将源流信拂收下。为此,汉月复作书辞还,其信文称:"藏自折竹以来,十余年,深究临济宗旨,毕竟无疑,乃敢雪头行脚,实非掠虚知解宗徒,只以口头三昧棒喝门头、户口了事而已者也。昨闻和尚乃高峰正脉,特访大法于座下。深蒙法爱,感激非浅。复惠法源信物,如饥逢王膳,未敢即受者,无他,未得宗旨细契,恐后返辱和尚法门。伏乞和尚指示三玄三要,究竟是何等法。法若相符,方敢秉和尚拂,接和尚脉。如或不契,九顿以辞。此系法门大事,谅和尚亦不以佛法当人情也。"③法藏"因法中微密,尚未吻合",特别是在临济宗旨、三玄三要等肯綮处犹有保留,故未受密云授予的临济流源,请密云谅解。尽管师徒二人多次通过人书往复,但对彼此之论皆不甚满意,招致众人议论纷纷。

次年(1625),适值圆悟六十寿诞。法藏至金粟,竟"无一言相问,惟礼拜径去"④。直至天启六年(1626),法藏因一直无法在密云处得到宗旨

---

① 黄宗羲:《苏州三峰汉月藏师塔铭》,第70页上。
② 参见潭吉的《五宗救》,第823页;黄宗羲的《苏州三峰汉月藏师塔铭》,第70页上。
③ 潭吉:《五宗救》,第824页。
④ 同上书,第821页。

默契,遂走问诸方老宿,仍无有能对其请者。为此,他坦承自己"徘徊三载,旧愿难忘"①。是年春,苏州北禅寺请汉月开堂说法,檀越们皆劝汉月接受密云之法嗣。法藏月在开堂说法之前,遣弟子以书信询问密云,请纳为临济法嗣。同年冬,杭州安隐寺请曹洞宗湛然圆澄开堂说法,湛然手书邀汉月为首座,欲付法请汉月为曹洞法嗣。然而,汉月才到安隐寺,湛然就示寂,令安隐寺檀越认为湛然示寂是请汉月接曹洞法嗣的预兆。圆悟闻悉此事,恐有变故,就遣专使送法衣至汉月处,称"老僧年迈,不能领众说法了,也以旧衣一领,惠与代劳耳"②。表示密云纳汉月法藏于门下之意。

从天启四年至六年,凡三年间,密云圆悟与汉月法藏师徒间的种种曲折,令时人猜议纷纭。尽管汉月未领密云所付的"临济宗旨",但他归附密云门下之举,使得"天童之道亦自此愈尊",进一步巩固了天童密云禅的地位。应该说,汉月法藏钦崇密云门风而请入为临济法嗣,是因其代表"高峰的骨儿孙",示之为禅门正道,这与法藏对高峰原妙的推崇相承一脉。至于密云授法于汉月,仅属"表信"而已。不过,正由于两人对临济宗旨正源的认知差异,最终导致一场宗门大诤讼。

崇祯元年(1628),文震孟(字文起,号湛持,1574—1634)、姚希孟(字孟长,号现闻,1579—1636)、蔡云怡(字维立,号云怡,1586—1644)、周永年(字安期,1582—1647)等请法藏驻锡明初临济宗师万峰和尚创建的邓尉山圣恩禅寺。崇祯二年秋(1629),圆悟至邓尉山天寿圣恩禅寺扫万峰祖塔,同时开堂。父子同室说法,堪称当时法门盛事。

崇祯四年(1631)冬十月,汉月赴扬州天宁寺请,士庶拥道。十一月,江浙人士复请结制杭州安隐寺。其间,各方争相延请法藏,登堂讲法,而法藏则往来江浙诸刹,如杭州净慈寺、嘉兴真如寺等。直至崇祯五年

---

① 潭吉:《五宗救》,第825页。
② 同上书,第821页。

(1632),60岁的法藏才长期驻锡苏州邓尉圣恩寺,但往来座下的居士仍络绎不绝。

法藏晚年开堂说法,多以拈提惠洪觉范的《智证传》,力阐纲宗,尝撰《智证传提语》一书。此书"提传语句听者私各纪录,未敢刻布,此录所存则皆举扬祖道开示学人之心要也"①。此书一出,引起诸方惊疑,谤议四起。如圆悟即因此书的刊梓,致书汉月,称"祖师西来,秉教外单传,别行一路,自佛果作《碧岩集》,大慧谓宗门一大变。今吾徒提《智证传》,则临济宗至吾徒又一大变。故老僧去夏与吾徒云,当以本色本分者此也"②。圆悟似在提醒汉月临济家法别无他路,莫寻歧途。法藏在安隐寺提《智证传》时对此曾有所回应,称"济上宗旨,欲削去三玄等法,单存一喝,谓之直截中更加直截,省事好参。我且问你,只今还到不疑之地也,未若也未能无疑,将知从上来事不等闲,何不细心体究看。老僧因觉范法痛心,重新拈出,务使尽法忘心,将三堕操履复还,棒子头上使挂杖子,自能周匝有余,不待气喘喘地用尽腕中死力……"③"窃惟法门事大,任荷自心者,苟非深得祖宗的骨之髓,那可承虚接响,丧我儿孙。中外汹汹之议,何足知此血心哉?盖以法门建立之密,千古万古不能扑破,藏谓宗旨未破,则临济犹生也。那可一时以举扬之不易,承接之无人,便欲越过此宗,别行坦路耶。"④

圆悟与法藏师徒间书信往来,时人以"七书"、"三书"称之,更有圆悟门下的"七辟"、"三辟"事件,专门批驳汉月所刊梓的《智证传提语》一书。⑤《智证传》本以"临济宗旨"为主题,因此,无论是"七书""三书"、还有"七辟"、"三辟"都与此相关,并使得原本已经逐渐淡忘的圆悟与法藏

---

① 周永年:《三藏禅师松陵圣寿寺藏云堂语录后序》,《吴都法乘》卷二二下之下,《中国佛寺志》第三辑,第2988页,台北,丹青图书出版社,1985。
② 《宗统编年》卷三一,《续藏经》第86册,第296页上。
③④ 《三峰藏和尚语录》卷六《安隐寺提智证传普说》,第156页下。
⑤ 后来汉月弟子弘储撰《七书三书序》,可知相关情形。参见《宗统编年》卷三一崇祯七年条,《续藏经》第86册,第295页下至第296页上。

之间的授法事件,再起波澜,成为汉月法藏在晚年有关宗门纲宗之辩的最后绝唱。

总之,"三峰禅"名闻晚明江南,其争议伴随着法藏出世讲法的一生。崇祯八年(1635)五月,汉月自设死关,七月二十二日,泊然而化。法藏刊刻有《三峰藏和尚语录》三十卷、《广录》五十卷、《于密渗施食旨概》、《弘戒法仪》二卷、《五宗原》一卷、《济宗颂语》一卷、《修习瑜伽集要施食坛仪》一卷、《智证传提语》一卷、《传授三坛弘戒法仪》一卷、《梵网一线》一卷等行世。其中,《五宗原》则是明清之际宗门之争的总导火索。

汉月撰写《五宗原》的原初动机,是因为"痛宗旨灭裂,凡所演说极力匡救,不嫌重复,不顾诽谤,不避名位,但为宗旨"①。重新显扬五家宗旨,以防止当时修禅者假冒宗师,各自授法,澄清临济宗旨,进而厘清云门、沩仰、曹洞、法眼等法脉之特殊性,维护宗门的可续发展。法藏曾举释迦偈称,"法本法无法,无法法亦法,今付无法时,法法何曾法",以此说明三玄三要的勘验见地的功能,主张"法之本法原无法也,正以无法而为法耳,今付无法之时,则法而法者何曾法哉"。邪人说正法,正法亦为邪。如果以知意解禅偈,往往导致误解邪见,因此,法藏三玄三要即是勘验禅机的"临济宗旨"之所在。

因此,《五宗原》一书,将临济宗、云门宗、沩仰宗、法眼宗、曹洞宗五宗传法之初,各家祖师对机及其话头作一分析。他认为五宗在创宗派之初,其祖师皆有其一套勘辨来者的理论,其悟境同为无相之理,各具其微妙之处,"盖以身有相而无相,直截痛快,临济宗也。中间微露其旨,云门宗也。无相中而示圆相,沩仰宗也。身无相而面具六相,法眼宗也。身兼无相,曹洞五位之旨也"②。然而,时久弊生,五灯渐失其法脉。后人若要见道,须直承如来佛说之意。其言下之意,表明祖师禅已断其源,禅修

---

① 潭吉:《天寿圣恩藏禅师行状》,第 124 页。
②《五宗原》,第 176 页上。

都当惟以如来禅为据。

法藏《五宗原》备受争议之处有二,一是"临济宗旨来源"及"三玄三要"的内容;二是"威音王作一〇相"及"五家源流"的出处问题。在法藏看来,唐代临济义玄(?—867)所建立的"三玄三要",有权有实,有照有用,并不是用一套死公式去勘辨禅修者,也不能用作为话头,以供禅僧死参。宋代惠洪觉范作《临济宗旨》,正是有鉴于此。但密云则主张"本色本分、大机大用",并且认为临济唯以"棒喝接人",而棒喝的当下即是宗旨的展现,此外,别无宗旨可立。若于本分之外别求宗旨,就是妄认"宗旨",只会扰惑人心,妨碍开悟。

至于五宗始源,法藏独具见地,认为"七佛之始,始于于威音佛,佛惟大作一〇相……而诸佛之偈旨,不出圆相也"。且圆相之中,本具五家宗旨,五宗各出一面,临济宗旨则属"正宗第一"。① 但圆悟则对此反驳称,威音王者,无所考据;一圆相是于千佛万祖之前别作宗旨,属于无中生有,妄生邪法;若以临济为圆相之正面,余宗则为次,是狂妄自大之见。②

圆悟与法藏宗门之争,还有嗣法与嗣师的授受伦理。万历佛教三大师皆属"嗣法未详"之列,其嗣德与嗣法的微妙关系,颇令佛教界关注。法藏内心中一直,因此他在太仓慧寿寺、苏州北禅寺开堂说法时,不正位,不登座,称"威音以后,不许无师,若一旦称师据座,则未得谓得者,易启便门,吾罪深矣"。万历四十六年(1618),法藏上庐山赴憨山约,又强调"威音以后,不许无师,恐将来未得谓得者"③。直至参谒密云之后,法藏仍徘徊于传统宗门之外,对密云所付的临济流源,犹存疑惑。但在《五宗原》中,法藏开始认识到,"得心于自,得法于师。师有人法之分,心有本别之异。根本智者,自悟彻头彻尾者是。差别智者,自悟之后,曲尽师

---

① 《五宗原》,第175页下。
② 《辟妄救略说》,第219页上。
③ 潭吉:《五宗救》,第823页。

法,以透无量法门者是。良以师必因人,人贵法玄少,分宗列派,毫发不爽。故传法之源流,非独以人为源流也"①。又称:"正法眼藏者,师师相传之法眼也。不言涅槃心者,以人人自悟之心,各各固有,只在正法眼藏印定,以为师法也。"②据此,宗门嗣法的关键,在于心心相印,契证于心,而并非在于"人师"。因此,法脉师承,只有象征性的形式意义。师承绝非意味着"证悟",不代表传法的源流。所以,《五宗原·总结》称:"师承在宗旨,不在名字源流……正当究宗旨而竭情,情竭细除人忘法灭,方可为人师表。"③

法藏禅法之所注重者,惟以临济宗旨"锻炼学者",颇具实效,因此在明清之际江南丛林间极为流行。其门下弟子具德,住持灵隐寺,法道大振,众至七千,天下英俊之士,多集其门庭。其弟子晦山戒显(1610—1672)亦以临济宗旨钳锤衲子,号为毒辣,尝著《禅门锻炼说》一书,称"明纲宗,知锻炼,则初步不难出人,悟后不轻放过……宁慎勿滥,勿多而伪……故予苦□力陈锻炼,而终之以嘱流传……夫重纲宗,勤锻炼,持谨慎,此三法者,皆世也所未闻而难行者也。此可谓三峰家风也"④。

综观三峰禅法的特色,力主恢复古德之风,确信禅师教法的有效性,主张追溯五家源流,重振五家禅法,以临济宗旨钳锤学人,强调禅律兼弘,以此整治丛林禅弊。对此,其弟子潭吉评论说,"三峰先师者,非徒不能贬也,且昭昭焉若揭日月以耀人之过,取嫉于世也,孰谓不宜,虽然,此三峰之病,亦三峰之志也"⑤。

---

① 《五宗原·总结》,第179页中、下。
② 《三峰藏和尚语录》卷一一《传衣法注》,第179页下。
③ 《三峰藏和尚语录》卷一一《五宗原·总结》,第179页中。
④ 晦山戒显,俗名王瀚,字原达,太仓人。崇祯甲申国变后弃诸生为僧。《灵隐具德和尚塔铭》,收于吴伟业撰《梅村家藏稿》卷五一,第225页上。其研究文献参见林元白的《晦山和尚的生平及其禅门锻炼说》。
⑤ 潭吉:《五宗救》,第822页。

天启七年(1627),法藏正式付法梵伊和、一默、间石、在可、顶目、澹予、剖石、于盘、继起、慧刃、潭吉、具德等,付法弟子十二人。①其门下多特立独行者,如顶目和尚"居恒穆穆,不轻置可否,至辨异拣魔,驱耕夺食,单提陷虎一机,同时与天童、三峰称鼎崎,所至人天拥戴,勇退急流。"②又如具德和尚"英灵禅衲,从之如云,省悟者众"。后住杭州灵隐寺,其道大振于江淮之间。海内英衲名流,皆云集座下,以至于圆悟慨叹"汉月得人之盛,过于老僧"。汉月弟子具德住灵隐、继起住灵岩、加上汉月本山邓尉,时人便以"邓山、灵岩、灵隐,海内称佛、法、僧三宝"③誉三峰禅派。明清鼎革之际,原先附从于汉月门下的江南士子,多因国难而遁于丛林,亦不少披僧服出家,多入于三峰之门。三峰一派成为一股佛教与政治相结合的群体,风行于江南地区。

在法藏晚年即有"辟书事件"。尽管有关"辟书"的作者,众说纷纭,但出于密云一系则无可疑,至少是在密云默许下刊梓的。④"辟书"的刊梓流通,是在当时颇受佛教界关注的一大事件。崇祯十五年,密云圆寂,弘储又重刻"辟书"。法藏于崇祯八年(1635)圆寂后,更有好事"怂恿者有七辟三辟之刻"⑤。为此,汉月晚年随侍弟子潭吉弘忍,于崇祯十年撰《五宗救》,为乃师《五宗原》辩护。⑥翌年,密云亲撰并刊刻《辟妄救略说》,名义上批辟弘忍"妄救"之作,实指法藏在《五宗原》中"妄执""临济宗旨"。

圆悟的《辟妄救略说》,在江南佛教界引起轩然大波,吴越的檀越护法皆请密云消解天童与三峰二家之争讼。密云亦表示,"将从前葛藤,一

---

① 法藏:《付法法语》,收于周永年编《吴都法乘》卷二二下之下,第2980页。
② 《宗统编年》卷三二清顺治五年条,第304页下。
③ 同上书,第311页中。
④ 潭吉《五宗救》引用"辟书"内容时,辟书中第一人称"贫僧"即是指密云,"辟书"的序文是由木陈撰写的,所以潭吉怀疑为木陈所笔,但又恐开罪于前辈木陈,故借词"抑旁观喜事之人,媒孽而为之耶?!"《五宗救》,第821页。
⑤ 《宗统编年》卷三一,崇祯十二年条,第299页上。
⑥ 《五宗救》一书,在雍正年间遭到禁版。

时斩断,祖孙父子一志同心,回挽道法"①,这场争执暂时告一段落。

密云圆悟与汉月法藏的父子之争,是晚明宗门的一大事件。如果结合晚明佛教复兴的整体环境来看,这场论争既关涉当时宗门对师承法嗣的评判,涉及嗣德与嗣法关系的反省,更涉及禅悟法门的实修有效性。法藏明确主张,法脉是实,人脉是虚,法脉远高于人脉。密云则认为师承传授本身已蕴涵了人、法二脉,在实质上保证了禅宗法统的严肃性。尽管明末清初对三峰禅法颇具争议,聚讼纷纭。钱谦益甚至称,"国家多事以来(指明亡),每谓三峰之禅、西人之教、楚人之诗是世间三大妖孽。三妖不除,斯世必有陆沉鱼烂之祸。今不幸言中矣。迩来开堂和尚到处充塞……假借缙绅之宠灵,以招摇簧鼓,士大夫挂名参禅者,无不入其牢笼;此时热喝痛骂,斥为魔民邪师,不少假借,吴越间只老夫一人耳。"②三峰禅法,几同魔说。但仍有人认为,天童与三峰两家之争,"在世法为斗诤、佛法则酬唱而已"③。《宗统编年》对此评论说:"天童悟和尚藏大机于一棒,三藏师显大用于三玄。"④认为"非天童无以起临济之广,非三峰无以尽临济之精微,两祖盖互相成褫,以逆为用者也"⑤。如此看来,二家义理并无矛盾之处,反倒可以彼此互补,互为体用。乾隆三年(1738),乾隆皇帝又恢复三峰宗派。⑥

在传法世系上,常熟三峰汉月法藏禅系,自成一派"临济下三十一世常熟三峰汉月法藏禅师演派三十二字:法宏济上,德重律仪,教扩顿圆,

---

① "时旧檀护咸趋侍,法孙三峰下祥符储(即继起弘储)云门礼(即具德礼)等皆追随。护法王金如、周君谟、张二无、祈季超等,及天童诸尊宿,共白和尚言:法门不应异同,当消释之。和尚特上堂,将从前葛藤,一时斩断,祖孙父子一志同心,迥挽道法。"参考《宗统编年》卷三一,第229页上、中。
② 黄宗羲:《南雷文定》附录,此为钱谦益写给黄宗羲的信函。
③ 吴伟业撰《灵隐具德和尚塔铭》,第224页下。
④ 《宗统编年》卷三二,第312页下。
⑤ 《宗统编年》卷三一,第296页中。
⑥ [日]长谷部幽蹊:《三峰一门之隆替》文,收于《爱知学院大学论丛一般教育研究》31卷第3、4号,1984。

347

行尊慈忍,参须实悟,养合相应,后得深渊,永传光灿"①。继之者为"临济下三十二世(三峰下第二世)灵岩山继起宏储禅师演派十六字:法宏修智,道行超宗,代持真实,永绪瑶琮。"②

---

①② 守一空成:《宗教律诸家演派》,《续藏经》第88册,第560页中。

第八章　晚明佛教的诸宗复兴

第一节　明末的华严弘传与华严禅

晚明教门天台、华严二家之学,虽相对沉寂,但仍不乏传扬者。华严禅的推展与教净融会,仍是此一时期的大致趋势。嘉靖、万历年间,佛门僧人与华严相涉者颇众,如京城松、秀二法师、无极明信、遍融真圆、云栖袾宏、憨山德清、空印镇澄、雪浪洪恩、妙峰福登等人,皆以兼弘华严而著称一时。从华严宗(贤首宗)的法系传承上看,据守一空成《宗教律诸宗演派》所述,"贤首下第三十一世京都广善怀一庆余法师起演派二十字:庆性善正宗,祖道德兴隆,慧轮光普照,妙觉本圆融"。"自圭峰传二十二世至云栖莲池袾宏大师立云栖派二十字:果与因交彻,心随境廓通,玄微机悉剖,理性妙咸穷。"①

从地域分布上看,明末的华严弘传,仍有南北分头并进的情形。从华严弘传的现实来说,则表现出注意诸教整合弘传的特点,如华严与法华并讲、华严与念佛兼行,特别是禅化华严风行一时等特征。

---

① [日]守一空成:《宗教律诸宗演派》,《续藏经》第88册,第566页上。

一、遍融、镇澄与明末华严弘传

明代隆庆、万历年间(1567—1620)的晚明时期,禅教律净一时并兴。明代佛教格局下,禅僧兼弘《华严》成为当时颇为普遍的现象之一,涌现了一些阐释华严宗思想的义学撰著。这些主要由明末禅僧所完成的华严著述,大致上呈现出三种普遍趋势:一系为重在清凉澄观《华严经疏钞》的援引与阐释,如德清《华严经纲要》、袾宏《阿弥陀经疏钞》等著作;一系是依据李通玄《华严合论》的阐释之作,如《华严经合论纂要》、《华严经合论简要》、《西方合论》等;一系为会通《华严合论》与《华严经疏》的华严著述,如道霈《华严经疏论纂要》等。由于禅僧兼弘华严的努力,明末华严打破了长期的沉寂局面,展现出法道中兴的景象。

从地域分布上看,晚明兼弘华严的禅僧遍布南北。南方地区,主要集中于江浙。江浙地区既是晚明佛教复兴中心地域,社会思潮变迁也集中于这一地区。而北方地区,则仍以五台山为中心区域,并扩展到北京地区。北方丛林弘唱华严僧人,较著名者为遍融真圆和月川镇澄。①

遍融真圆(1506—1584),字大方,别号遍融(亦作辨融、辨容等),西蜀营山人,俗姓鲜(一作线)。家世业儒,书史过目不忘。二十九岁,入云华山,礼可公师披剃出家。至京城,听习《华严》,"遍游讲席,深入华严法界,心念口演,不离此经"②。尝言:"法界玄宗,毗卢性海,无外吾之方寸矣。"遍融尝南下洪州,居马祖庵七载。后入庐山,居狮子岩等处,前后二十多年。

遍融一生,尝四入京师。初住龙华,次住柏林,又移世刹海,最后居慈圣太后所建千佛寺,故世称"顺天府大千佛寺遍融真圆禅师"。遍融虽为禅师,而归于嗣法未详。《补续高僧传》则将其列归"义解僧"。从明末

---

① 遍融与镇澄在《补续高僧传》卷五中都被列归为"义解僧",《续藏经》第74册。
②《补续高僧传》卷五,《续藏经》第74册,第400页上。

佛教的历史演进上看,遍融真圆与笑岩德宝,皆可堪称明末万历佛教复兴的先驱僧人,与德清、袾宏等明末高僧皆有师承关系,忠敬法堂、法祥瑞光等人尝从其学,影响巨大。

遍融身为禅师,其所兼弘的华严,并非义学意义上的华严,而是禅化的华严,更是佛教弘化意义上的华严。据文献记载,遍融曾在杲日寺讲《华严》,因受某狂僧牵连,致有牢狱之灾。在京师时,遍融与陆光祖、赵大洲等学佛官员相往来。其时柄政的张居正,亦一度询以佛法大要。其日常修持,或"默持法界观",或诵《华严》。

性统《续灯正统》卷四一记载了陆光祖与遍融之间的一段答问,可以体现遍融的华严学者理解。兹引如下:

> 陆五台问:"如何是文殊智?"师曰:"不随心外境。"曰:"如何是普贤行?"师曰:"调理一切心。"曰:"如何是毗卢法界?"师曰:"事事无碍。"陆叹曰,"今而后,万殊一体,我知之矣。"①

遍融把文殊智与普贤行分别阐释为"不随心外境"和"调理一切心",而"毗卢法界"则是华严的极致"事事无碍"。上述答问,体现了遍融对"华严三圣观"的理解。其关键是"一心法界"。这种对华严观行的心性论阐释,正是遍融对华严学的基本把握,即通过"一心法界"而把华严与禅行相结合,对于当时社会心物、理事或知行关系,都能提供华严学的解释。云栖袾宏出家行脚,即曾北上参叩遍融,也受其禅化华严观念的一定影响。

在华严传法世系中,遍融为华严第25传,下传云栖袾宏,则为第26传。月川镇澄再传观衡,下开清代北方地区影响甚广的宝通贤首系。

月川镇澄(1547—1617),字月川,别号空印,故称月川镇澄或空印镇澄。金台宛平人,俗姓李。十五岁,礼西山广应寺引公为师,出家修行。

---

① 性统:《续灯严统》卷四一,《续藏经》第84册,第644页中。另见《五灯全书》卷一二〇补遗。《补续高僧传》卷五本传则记为遍融与张居正之答问。

早年游历各地,后入京师,从学于一江真澧、西峰深、守庵中诸大法师,"参穷性相宗旨,融贯华严,靡不该练,如是者十余年"①。《补续高僧传》卷五本传则称其"尤醉心华严圆顿法门。"②后参小山、竹岩二大老,究祖师西来密意,颇有契入。镇澄教禅兼修,学识博广。常住五台山竹林寺。镇澄弘法三十余年,"提纲挈要,时出新义,北方法席之盛,稽之前辈,无出师之右者"③。德清认为,镇澄乃是自圭峰宗密之后,"近代远绍芳规,杰然师表者"。他一生曾先后"三演《华严》",成为明末弘阐《华严》的一大名家,被列归为贤首下传第 25 世。上承一江真澧(1501—1582)(第 24 世),下启颛愚观衡(1579—1646)(第 26 世),兼弘华严,影响甚广。

镇澄律身至严,精勤苦修,颇具清凉遗风。而且学识广博,撰著颇丰,镇澄著有《楞严正观》、《金刚正眼》、《般若照真论》、《因明》、《起信》、《摄论》、《永嘉集》诸解,皆盛行于世。特别是他于万历十六年(1588),所撰著的《物不迁正量论》,更是引发一场持续十多年的佛学辩论。④ 其门下徒众达数百人,"多能开化一方"。

空印为万历中五师之一,北方法席最盛,时人评论称,"博引大小乘诸经论,证明首楞行位,破斥天台借别名圆之说,山家诸师,奋笔弹驳,要其是非,未有攸归也。印师博通三藏,勇于持论,近代贤宗,斯为杰出者与"⑤。

总之,镇澄是明代五台华严的代表学僧,"北方法席之盛,稽之前辈,无出师右者"。他重修五台古寺,创狮子窟,建万佛琉璃塔。"时两宫兴福,尤注意台山,闻师雅重之,特赐龙藏。寻延师入京,馆于千佛、慈因二寺,讲大乘诸经,赐赉隆厚,奉旨驰驿还山,开古竹林居之。"保存佛教典籍,重修《清凉传》,复兴古南台与竹林寺,多有兴福之举,成为明末五台

---

① 德清:《敕赐清凉山竹林寺空印澄法师塔铭》,《憨山老人梦游集》卷二七,第 1437—1438 页。
② 《补续高僧传》卷五,《续藏经》第 74 册,第 399 页下。
③ 德清:《敕赐清凉山竹林寺空印澄法师塔铭》,《憨山老人梦游集》卷二七,第 1441 页。
④ 参见江灿腾的《晚明〈物不迁论〉的争辩》(上、下),收于《中国近代佛教思想的诤辩与发展》,台北,南天书局,1998。
⑤ 钱谦益:《楞严疏解蒙钞》卷首之一,《续藏经》第 13 册,第 505 页上、下。

山佛教的代表僧人之一。

憨山德清因妙峰福登举无遮会于五台,而与镇澄相识。后曾与镇澄因《肇论》理解而产生一场佛学辩论,在当时佛学界有一定影响。

明代正德、嘉靖年间,佛门讲肆独盛于北方。京师有通、泰二大老主席,学人辐辏。无极明信(1512—1574),时人尊之为真人天师。明信与真澄(1501—1582),被后世尊为贤首第25世,皆承鲁山普泰之后。

嘉靖中,无极以时任祠部主政的陆光祖居士(1521—1597,号五台居士)礼请南归,卓锡金陵报恩寺三藏殿。西林永宁(1483—1564)请师礼,选寺僧数十人听讲诸经,畅演法道。无极门下有幻依祖住(1522—1587)、雪浪洪恩(1545—1607)和憨山德清等著名学僧。此外,云谷法会(1500—1575)也是当时南京兼阐华严法界观门的著名禅僧。据载,"达观真可与陆平泉、徐思庵同谒,会叩华严玄旨,发挥法界圆融之妙,皆叹未曾有"[1]。

南方弘唱华严教学僧,主要有在金陵和苏州兼讲华严的素庵真节和幻依祖住。

真节(1519—1593),尝随京城佛教名家秀法师习华严教义,"深得贤首之印"。后返金陵住摄山栖霞寺,讲《华严大钞》及《法华》、《楞严》等大乘经论,历三十余年。据载,真节讲《华严》至《入法界品》、讲《法华》至《多宝塔品》,皆现神异。《华严》和《法华》是真节最为重视的两部大乘佛经。在明代寺院三分的佛教格局下,兼弘《华严》是讲经教僧的弘法内容。而《法华经》与《华严经》并讲,则是当时教家、座主的普遍现象。这些讲教僧并不一定专弘《法华》或专弘《华严》。

明末江南的兼弘华严者,大都依据于唐代华严祖师对《华严经》的疏释。如真节主要依据澄观的《华严经疏钞》。尽管是兼弘《华严》,但听其讲经者却为数甚众。此外,真节等人都具有由教入禅或由禅入教的从学

---

[1] 参见[日]忽滑谷快天的《中国禅学思想史》,朱谦之译,第785页,上海古籍出版社,1994。

经历,使当时兼弘华严者,对华严与禅修之间结合较为敏感,反映了当时教讲与禅学皆注重实修有效性的特点。

祖住(1522—1587)①,字幻依,号麓亭,俗姓杨,丹徒人(今江苏)。出家后,依朝阳和尚习《法华》、《华严》等经。后至京城,见松、秀二法师,"尽得清凉宗旨"。据《补续高僧传》本传称,祖住南返金陵,谒无极老人,作务西堂。尝于京口万寿寺,讲澄观《华严疏钞》,听者多达千数。无极老人率徒往听,自叹不如。万历十二年(1584),祖住隐居苏州莲华峰下。示寂后,明末著名文士王世贞(1526—1590,字元美,号凤洲)为其撰《塔铭》。

祖住与真节,皆依澄观《疏钞》而演《华严》经义。这成为江南兼弘《华严》者的重要特色。与真节、祖住等人同时兼弘华严者,尚有月亭明德等僧人。

明得(1531—1588)②,号月亭,因嗣法于万松林禅师法嗣,故号"千松"。浙江湖州人,俗姓周。明德十三岁时投本郡双林庆善庵出家,随真祥习瑜伽教。其后,遍游丛席,参禅问道,而未肯契于心。后上中天竺,闻万松说法,得入师门。万松授以"楞严大旨",至"清净本然,云何忽生山河大地处",恍然而悟教乘。此后,明德一心研习《楞严》等经疏。因读李通玄《华严经合论》而"登座阐华严奥旨"。历游江浙,尝住浙江嘉兴东禅寺等佛刹。先后讲演《华严悬谈》、《华严疏钞》及《圆觉疏钞》等。从其讲经疏论的内容和范围来看,明德继承了唐代李通玄、澄观、宗密等华严学僧的华严学统。明得以传承天台教观第二十八祖的法师身份,传播华严教学,普及《华严》知识,颇受人关注。成为相当一部分兼弘华严的讲经僧人的活动。

---

① 参见如惺的《大明高僧传》卷五,另见徐昌治《高僧传摘要》卷四,《续藏经》第 81 册,第 349 页中。
② 明河:《补续高僧传》卷五,《续藏经》第 77 册,第 398 页下。徐昌治的《高僧传摘要》卷四作"明德",《续藏经》第 81 册,第 349 页下。

妙峰福登(1540—1612),山西平阳人,俗姓徐。从蒲州万固朗出家,誓愿修普贤行。出家之初,颇以禅修为务。后遇异僧指示,称"普贤行乃潜行密用,调一切心,非劳筋苦骨之谓"。遂南游金陵,参云谷法会。云谷示之以拈念佛是谁话头。其后,福登与憨山德清北游,历参遍融真圆、笑岩德宝、大千润诸公。万历初年,再参大千于少林。

憨山德清之于福登,介于亦师亦友之间,其交谊持续一生。福登虽为禅师,晚年隐居五台山,神异频传,如获文殊摩顶授记而豁然大悟,乃至"猛虎引路,菩萨送灯",如此等等。至,此道望隆重。福慧双行,建桥梁,修梵刹,功行多不及录。明神宗尝征福登赴京,钦赐紫衣及师号。福登示寂后,建塔于五台,敕封"真正佛子"。①

二、雪浪洪恩一系的兼弘华严

明末时期最为特出的华严学僧当推雪浪洪恩(1545—1608)。

洪恩②,字三怀,俗姓黄。家本富室。十二岁,于南京大报恩寺随无极守愚座下听讲《八识规矩颂》,言下领悟,旋即出家。对此,德清在《雪浪法师恩公中兴法道传》中称,"正嘉之际,北方讲席,亦唯通泰二大老,踞华座于京师,海内学者毕集。而南方学者,习于软暖,望若登天。惟我先大师无极和尚,自淮阴从师,一钵往依焉,饮冰啮雪,废寝忘餐者二十余年,具得贤首、慈恩性相宗旨。既而南归……祠部主政五台陆公往谒,谓先太师翁西林和尚曰,'顷见北来高僧无极,真人天师也。聆其讲说妙义,深契佛心。吾念报恩,乃圣祖所设之讲教,僧徒居此,安可绝无闻乎?公为住持,诚能礼请归寺,大演法道,开诱群蒙,法门之幸也'。师翁唯

---

① 参见《五灯全书》卷一二〇补遗,《续藏经》第 81 册,第 722 页下。
② 雪浪洪恩的传记文献,可参见德清的《雪浪法师恩公中兴法道传》(收于《憨山老人梦游集》卷三〇)、邹迪光的《华山雪浪大师塔铭》(《宝华山志》卷七)、钱谦益的《华山雪浪大师塔铭》(《牧斋初学集》卷六九)等。其研究文献,则可参见廖肇亨《雪浪洪恩初探》,台北《汉学研究》第 14 卷第 2 期,1996。

唯。即尽礼致币敦请"①。后雪浪即礼淮阴无极守愚为师,中兴江南华严讲坛。次年,憨山德清亦同入大报恩寺出家。十八岁,因博通内典,分座副讲,闻者悚然。

无极和尚是当时兼弘华严的著名学僧。他一生弘法,尝三演《华严大疏》,七讲《悬谈》,坚持清凉澄观的华严学阐释,而不同于李通玄《华严合论》,对于晚明华严弘传影响甚广。无极迁化后,洪恩继登讲座,尽扫训诂,单提本文,自此说法三十余年,讲听者难计其数。法席盛于东南,时无出其右者。嘉靖四十二年(1563),大报恩寺塔焚,洪恩惨淡经营,终于万历年间得以募化修复。

洪恩万历年间为僧界一大名人,固然缘于其少年成名,同时也得益于金陵大报恩寺在当时佛教界的巨大声望。洪恩之弘化,不同于更受云谷法会禅修影响的憨山德清,选择北上五台、游化北方之路,而是继承无极明信兼弘经教的学风,身据晚明佛教最为盛传的江南三吴地区,更与云栖袾宏专主华严教观于杭州,成南北遥相呼应之势。

洪恩借禅说经,不落时人讲教俗套,颇为引人注目,名振东南。雪浪出身于大报恩寺,以讲经说法为主。故时人文集中多称之为"雪浪大师",其学以贤首、慈恩一派为主。钱谦益在《华山雪浪大师塔铭》曰:"贤首、慈恩,二灯并传。"②这表明雪浪之于华严,仍属兼弘性质。不过,贤首与唯识二宗教义,在雪浪弘法中,是密不可分的。故钱谦益在《一雨法师塔铭》中则称:"本师唱演《华严》,实发因于《唯识》。"③"往时,雪浪大师掀翻义学窠臼,位下龙象,未易指屈。一雨润师,其白眉也。汰如河公,乃润师高弟,倡明教乘,为时所宗。"④一雨通润的本师即雪浪洪恩。故此可知,洪恩之学兼弘华严与唯识,其华严学立场仍属于兼弘性质。

---

① 《憨山老人梦游集》卷三〇《雪浪法师恩公中兴法道传》,第1580—1581页。
② 钱谦益:《牧斋初学集》卷六九《华山雪浪大师塔铭》,第1574页。
③ 同上书,第1575页。
④ 范景文(号思仁居士):《补续高僧传叙》,《续藏经》第77册,第363页上。

洪恩与德清同入大报恩寺，其所修却大相径庭。德清曾述其差异："予从云谷先师习禅于天界，切志参就向上事。"①早期洪恩推崇佛教义学，以文字般若，而不留心于禅法。据德清说："尝谓予曰：人言'不读万卷书，不知杜诗'，我说：不读万卷书，不知佛法。"②洪恩参学经历对其华严禅思想形成产生了较大影响。对此，德清回忆说："先师弘法以来，三演《大疏》，七讲《玄谈》，公尽得华严法界圆融无碍之旨，游泳性海，时称独步。公素慕禅宗，大章法师开堂于少林，公束包往参，竟中止。既而逊庵昂公从少室来，至栖霞，拈提公案，公折节往从，商榷古德机缘。得单传之旨，人或耻之，公曰：文殊为七佛师，何妨为释迦白槌？自尔，凡出语言顿脱拘忌，从此安心禅观。"③雪浪由讲教入禅法的参学经历，在其先师迁化后的弘法中可以看出。据德清说，"及先师迁化，公据华座，日绕万指。一旦翻然，尽扫训诂俗习，单提本文。直探佛意，拈示言外之旨。恒教学人以理观为入门，由是学者耳目，焕然一新"④。

兼弘华严的雪浪洪恩，以理观为入门，借禅说教。雪浪所理解的禅法，是华严与禅的融会之法。理观其实是指华严的法界观门。他不仅弘传华严，同时兼弘唯识学。雪浪讲经，一反训诂胶守古注，死守旧疏，枯竭了佛教生命，成为穷首皓经的事情。但雪浪洪恩并非如分灯禅法中对经教的拒斥。洪恩对经教的基本立场或者说是态度，则是为讲经佛教注入新的方法。其实这并不是洪恩的创见。从我注六经到六经注我，并不是方法学的简单转变，而更是学风的改变。思潮变迁的影响。使明末佛教的关注自我。洪恩的后继者中多有讲经名僧，专弘华严者却很少。

雪浪洪恩对华严学的诠释，虽无专门而完整的华严著述行世，但从

---

① 德清：《雪浪法师恩公中兴法道传》，《憨山老人梦游集》卷三〇，第1584页。
② 同上书，第1584页。
③ 同上书，第1587页。
④ 同上书，第1588页。

时人的记载中使我们明显感受到洪恩借禅释教、引禅入教、阳教阴禅的讲经特点。钱谦益在《一雨法师塔铭》中评论说:"南北讲肆,楞严则《会》,法华则《要》,如老塾师墨守兔园册,口耳之间,传邅而已。浪师扫除注脚,敷演妙义,频呻咳唾,光明炽然,闻之如樯马奔驰,风涛回骇。破除宿物,得未曾有。"①由此可见,雪浪洪恩的讲经新风,尽扫训诂旧习,单提本文。回到经典本身,在回归经典的重新阅读中,注重解读经典时的自我体悟,使解读者领略到佛教经典的内在意义,以及对自身修行的指导意义。尽管缺乏文献依据,后人无法确知洪恩的解经内容,但从时人的诸多记载中,可以看出洪恩令人耳目一新的弘教方式,不仅使时人重新认识经典,而且有助于重新审视佛教。因此,雪浪洪恩的新解招致了时人的一些批评。如云栖袾宏就曾对雪浪的讲经方法,表示不满。时人记称,"莲老颇不以(雪浪洪恩)为然。盖近日丛林议论崇尚宗门,主于单刀入阵,寸铁杀人,而鄙禅修为齷齪。如雪浪辈不禅不宗,而欲又兼有禅宗之美"②。袾宏分辨禅修与宗门,认为宗门贵单刀直入,即单提本文。其实,云栖之见只说明了事情的表面,雪浪洪恩的引禅入教、引禅说教,不止是简单的引介宗门的。

雪浪著有《谷响集》、《金刚经解义》、《相宗八要》、《般若心经解》、《雪浪集》、《续雪浪集》等。

雪浪洪恩说法凡三十余年,门人分化四方,"南北法席师匠,皆出公门。"除门人雪山昊(1566—1608)英年示寂外,先师说法三十余年,门下出世不二三人,亦未大振。雪浪洪恩门诸弟子可数者,多分化四方,除耶溪志若(1563—1638)、三明明宗已往,现前若巢松慧浸(1566—1622)、一雨通润(1565—1624),弘法于三吴。碧空性湛(1563—1636)于金陵天界寺阐演华严,玄津大壑(玄津一作元津,1576—1627)唱法于杭州武林。

---

① 钱谦益:《牧斋初学集》卷六九,第1575页。
② 沈德符:《万历野获编》卷二七《禅林诸名宿》,第693页。

蕴璞如愚，晚居京师金刚寺，振法于都；若昧智明，独揭于江西；心光敏，宣扬于淮北。此外，雪浪门下尚有明宗广询、绍觉承、筠泉莲、无学如能、蔚然智观、三明等学僧。时称"海内凡称说法者，无不指归公（洪恩）门"①。

雪浪之后，其门下继续兼弘华严于三吴之地，直至清初时期。钱谦益尝述吴中地区贤首教学相承的情形，称："贤首之宗，弘于雪浪。其后为巢、雨，为苍、汰，皆于吴中次补说法。瓶锡所至，在花山、中峰，两山云岚相接，梵呗相闻。"②巢即巢松浸，雨即一雨通润，苍为苍雪读彻，汰为汰如。三吴之地，成为明末清初江南弘扬华严教学的中心地区之一。

雪浪洪恩的华严新解，其基本特点在于表现出融通禅教的综合取向，从而超越了以往墨守一家的旧解。洪恩在华严学史上的地位，还具体表现在洪恩讲经新解对明末佛教界的广泛影响。洪恩的新解，不仅使讲经者为之开风气之先，而且还对明末清初的佛教诸派产生了一定的影响。如永觉元贤（1578—1657）曾评之曰："国朝嘉、隆以前，治经类者胶守古注，如生盲依杖，一步难余，甚陋不足观也。万历间，雪浪振而救之，尽罢诸疏，独演经义，遂为讲中一快。然而轻狂之士，强欲效颦，妄逞胸臆，率尔灾木，其违经叛圣之害，岂止于陋而已哉！"③

晚明华严禅思想，通过兼弘华严，促使华严与禅学的结合。晚明华严禅的复兴，是当时禅学中兴的重要构成内容。

三、明末的华严观与华严禅论

随着明末佛教的全面复兴，兼弘华严者往往关注华严与禅学的结合，融会综合讲经观。明末的佛教兼倡华严者为数不少。其中，既有名

---

① 参见德清的《憨山老人梦游集》卷三〇《雪浪法师恩公中兴法道传》，第1589页。
② 钱谦益：《牧斋初学集》卷六九《汰如法师塔铭》，《钱牧斋钱全集》第3册，第1577页。
③ 元贤：《永觉元贤禅师广录》卷二九《呓言》，《续藏经》第72册，第566页上。

扬海内的佛门高僧,如云栖袾宏、憨山德清、雪浪洪恩等;更有致力实修华严观门的出家僧人,以及崇信《华严经》者。从兼弘华严宗的立场上看,明末弘传《华严》的相关著作大致呈现出三种趋势:一系为重于援引清凉澄观《华严经疏钞》,由此形成了憨山德清的《华严经纲要》、云栖袾宏的《阿弥陀经疏钞》及《法华经科拾》等著作。一系侧重于依据李通玄的名著《华严合论》,由此而形成了方泽的《华严经合论纂要》、李贽的《华严经合论简要》、袁宏道的《西方合论》等。第三系则为合会《论》、《疏》的华严著述,如禅僧为霖道霈的《华严经疏论纂要》等。

袾宏由儒入释,出家修学,曾入京师参遍融真圆和笑岩德宝。袾宏以其温和的宗教立场倡导儒佛相资而互利,同时也是明末禅教归净的著名僧人。袾宏佛学虽以净土念佛法门为归,但极重视经教的作用,曾说:"予一生崇尚念佛,然勤勤恳恳劝人看教……学佛者必以三藏十二部为模楷。"[1]在佛法诸经教中,《华严经》则居于"佛经天王"的崇高地位。在其晚年所著的《竹窗随笔》中,袾宏力辨《华严经》之殊胜。他说:"宋儒有言,读一部《华严经》,不如看一艮卦。此说,高明者自知其谬,庸劣者遂信不疑,开邪见门,塞圆乘路,言不可不慎也。假令说读一部《易经》,不如看一艮卦,然且不计,况佛法耶?况佛法之《华严》耶?《华严》具无量门,诸大乘经犹是《华严》无量门中之一门耳。《华严》,天王也。诸大乘经,侯封也。诸小乘经,侯封之附庸也。余可知矣。"[2]袾宏辩驳宋儒《华严》不如一艮卦之说,在其心目中,《华严经》的无上地位是牢不可破的。袾宏还曾辑录《大方广佛华严经感应略记》一卷,记述了汉地自晋至元以及古印度有关奉持《华严》的神异事迹。

自隋唐中国化的佛教宗派确立后,在宋代以降的佛法经教诸阐释中,人常言"天台贤首",天台与华严各擅其长,每竞其短,异议纷存。袾

---

[1] 袾宏:《竹窗随笔·经教》,《莲池大师全集》,第3695—3696页。
[2] 袾宏:《竹窗随笔·华严不如艮卦》,《莲池大师全集》,第3658页。

宏却提出了"天台清凉"之说,一反成见。他说,"人有恒言,天台贤首。愚尝究之,南岳举其纲,而万目毕张,则莫备于天台。贤首持其衡,而千星交罗,则莫备于清凉。盖自有佛法以来,天台集其大成。自有天台以来,清凉集其大成矣。故当以二师相对而名宗也……天台之后有清凉,犹尧舜之后有孔子也,而又何议也?"①华严宗亦称贤首宗,袾宏则更主张以清凉宗命名华严教学,清凉澄观的重要地位,于袾宏心目中达到如此尊胜。

袾宏自称"虽崇尚净土,而实则崇尚《华严》"②。在袾宏的教学理解中,净土教应为华严普贤行愿品为宗归。他指出,"论净土者,当据《华严行愿品》为主,而以《合论》参之"③。这里的《行愿品》即《华严经》中的《普贤行愿品》,而《合论》则指李通玄的《华严经合论》。为此,袾宏推崇疏释《普贤行愿品》的清凉澄观,称"清凉国师,绍华严祖位,称文殊后身,而指示弥陀即卢舍那,亦疏《观经》,宏扬净土"④。

袾宏对澄观的推崇,具体体现于《弥陀疏钞》一书撰著之中。此作不仅在撰著体例上依循澄观《华严经疏》,更有其弟子完成《弥陀疏演义》之作,亦仿澄观之《随疏演义钞》。在《弥陀疏钞》的总论部分,袾宏更参仿承袭《华严疏钞玄谈》的释经格式,分列十科(十门分别)。其第二藏经所摄,则是径引华严五教判之说,实乃参照《华严玄谈》卷五而论。

体现于袾宏《弥陀疏钞》者,不止有澄观的影响,还有宗密《圆觉经疏钞》的影响。其十门分别之名,多出于宗密《圆觉经大疏》、《略疏》等著述。特别是其第一门教所因、第二门藏教等摄、第五门能诠体性、第六门宗趣旨归、第八门译释诵持,正是参仿宗密《圆觉经大疏》的结果。

袾宏运用华严判教,首次把《阿弥陀经》判释为顿教所摄,具有类似

---

① 袾宏:《竹窗随笔·天台清凉一》,《莲池大师全集》,第3725—3726页。
② 袾宏:《云栖遗稿》卷一《答苏州曹鲁川邑令》,《莲池大师全集》,第4455页。
③ 袾宏:《往生集》卷二《孙良赞语》,《大正藏》第51册,第141页下。
④ 袾宏:《往生集》卷三附《普劝为人必修净土》,《莲池大师全集》,第2504页。

于《圆觉经》的经教地位。鉴于袾宏本人在当时佛教界的地位及《弥陀疏钞》的重要影响，不仅扩展了华严净土的思想影响，同时还导致了曹鲁川与云栖袾宏之间的一场争辩。曹鲁川误认为袾宏重净土而轻华严，为此袾宏回复二书，答其所疑。此后，袾宏在《净土疑辨后跋》一文，仍记此事称："微休居士鸣道学于靖江，有武城弦歌之风。既致政，励精《华严》，镂梵本为方册，以便读学。而复弘赞净土，刻予所著《疑辨》，广为流通。夫尚志十玄之门，栖神九莲之域，可谓深契普贤愿王，妙入毗卢性海者矣，惜早逝，不令曹鲁川见之"①。

云栖曾就学于遍融，他对华严教学应有自己的理解。事实上，在其所著的《阿弥陀经疏钞》一书中，袾宏不仅运用法藏的华严判教理论，提出《阿弥陀经》为顿教，且兼通终教与圆教，借此抬高《阿弥陀经》的地位，这同时也就是抬高净土经典的佛教地位。更为重要的是，《弥陀疏钞》以十门悬谈之方式论述经要，其体例即以澄观《华严疏钞》为基据。② 云栖在《开章释义》中明示："此例《华严疏》旨，略为十门。前八义门，后二正释。"③续法在《华严祖师传》中把袾宏列归为华严第20祖。而《宝通贤首传灯录》则记其为第26传。

清代著名居士彭际清（1740—1796）曾结合明清华严的弘传趋势，评述袾宏与曹鲁川之间的华严之辨，称："云栖所刊贤首华严三要，为清凉疏钞所从出。文简义周，卓绝千古，业华严者，俱宜顶受……明曹鲁川论华严诸家不及方山，独推重方山，而讥清凉所分信解行证，裂全经为瓜豆。云栖以即行布而圆融解之。若以行布论，则经中五十二位，本具信解行证四法。清凉以五十二位俱属解分，而以《离世间品》为行分，《入法界品》为证分，离异经文，别生枝节。鲁川所讥，诚非无据。至《入法界品》善财童子在文殊所，亦从信而入，遍参知识，发广大解，圆修圆证，亦

---

① 袾宏：《山房杂录》卷一《净土疑辨后跋》，《莲池大师全集》，第4243—4244页。
② 岩城英规：《云栖袾宏之华严教学》，第87页。
③ 袾宏：《弥陀疏钞》卷一，《莲池大师全集》，第847页。

不应独以证分当之。方山《论》直截根原，与少林、曹溪同一鼻孔出气，诚多造极之谈，而以《入法界品》为正宗，余品为伴，又以《如来出现品》属流通分，未免后先倒置。"①

袾宏不认同于"方山为主，温陵为辅"的华严教学的会通立场，贬抑清凉澄观《华严经疏》所阐释的教学立场。曹鲁川与袾宏的华严态度具有如下差别：前者惟崇枣柏之《华严合论》，而诋清凉之《华严疏钞》；后者则坚持《华严合论》、《华严疏钞》各有功用。袾宏述其过失说，"谓彼居士（即曹鲁川，引者注）惟崇柏之论，其诋清凉者，言不当以信、解、行、证分裂全经，大失经旨。不思经开信、住、行、向、地等，其分裂也，抑又甚矣。然则，佛亦非欤。夫行布圆融，一而二、二而一者也。必去行布，则圆融何物？因该果海，果彻因源，则先后同归，首尾一贯，无缝无罅，何处觅其分裂也？况论有论体，疏有疏体。发明大意，莫尚乎《论》；委曲发明，穷深极微，《疏钞》之功不可思议。二大士者，皆羽翼《华严》之贤圣，不可得而轩轾者也"②。据袾宏所述，曹鲁川未能回应上述之见。袾宏以为"贤首之道，自清凉而始备"，视清凉澄观为华严经学之集大成者。于此可见袾宏对清凉澄观的推崇与敬仰。

在《竹窗随笔》所收录的《净土难信之法三》一文中，袾宏指出，"《华严》第十，主药神得念佛灭一切众生生病解脱门。清凉《疏》谓：'趣称一佛，三昧易成。敬一心浓，余尽然矣。况心凝觉路，闇蹈大方者哉？'前数语宏赞专念，后二句入理深谈。谁谓净土浅也？《行愿品》广陈不可说世界海、不可说佛菩萨功德，临终乃不求生华藏，而求生极乐，谁谓净土浅也？圣贤垂训如是，而人自浅之，佛言难信之法，不其然乎？"③

对于袾宏之论，后人曾评议说，"（云栖）此实持平之论，《论》、《疏》各

---

① 彭际清：《一行居集》卷二，《书贤首华严三要后》，第10—11页，台北，新文丰出版公司，1973。
②③ 袾宏：《竹窗三笔·华严论疏》，《莲池大师全集》，第3932页。

有发挥,各有功用,分读合读,皆可益人神智。然不过益人神智而已。末世根浅,全修华严观门获得果证者,实罕其人。然深究华严,可以增进信心,启发慧解"①。

云栖袾宏的净土与华严会通,不仅影响到闻谷广印(1566—1636)以及鼓山禅系的永觉元贤(1578—1657)、为霖道霈等曹洞禅僧的华严禅思想,并且影响清初华严的走向。

云栖《弥陀疏钞》依澄观华严疏钞注释的格式,采用十门释经法。这种释经法,自澄观开创后,宗密用于注释《圆觉经》,北宋长水子璇则用于注释《楞严经》,而袾宏则用于疏解《弥陀经》。但由于袾宏宗归净土,极力将净土法门配合于华严圆教,赋予净土法门以法界统观的圆融无碍,使净土法门具备通宗统教的普适性,从而彰显出华严圆教与净土圆摄法门的互适性,成为当时扩展华严影响的特例。

袾宏依澄观《华严疏钞》为据,引起了当时李通玄《华严经合论》的拥护者曹鲁川的批评。

除云栖袾宏之外,憨山德清的华严观及其华严禅论也颇具特色。

憨山德清早年曾与雪浪洪恩同于栖霞寺从无极明信习《华严玄谈》,后随云谷法会习禅。教禅兼习的从学经历,使德清在明末三大师中最为重视振兴华严义学,同时也更关注华严与禅的结合。在万历佛教三大师中,德清与华严的因缘最为深切。他尝于万历十年(1582)开讲《华严玄谈》及《华严大疏钞》。

德清诸禅侣的悟道行历,同样颇具华严因缘,如释妙峰,"早从法界观入道,故生平建立,皆从普贤行愿、法界心中流出"②。再如空印镇澄,曾撰《正心论》十一篇。

德清曾编著《大方广佛华严经纲要》八十卷。此书始作于明万历四

---

① 蔡运辰:《竹窗三笔·赘言》,第214页,台北,新文丰出版公司,1997。
② 德清:《憨山老人梦游集》卷三二《题华山隆昌寺铜殿二碑文后》,第1734页。

十七年(1619),成书于天启二年(1622),但流传不广。德清之作该书,主要是担忧当时华严一宗将失传,人们对于澄观的华严疏钞"皆惧其繁广",而"但宗《合论》"。针对于此,德清历经三载寒暑,于圆寂前一年犹"力提《华严》,名《纲要》"。德清编著此书,"志欲但明《疏》文,提契大旨,使观者易了,题约《纲要》"。德清节录澄观的《华严经疏》,并补充了自己的理解和解释。因此,德清的《华严经纲要》主要依据于清凉《经疏》的华严立场。其实早在无极大师于金陵大报恩寺宣讲《华严玄谈》时(1564),初受具戒的德清,"随听讲至十玄门,海印森罗常住处,恍然了悟,法界圆融无尽之旨",乃至因"切慕清凉之为人,因自命其字曰澄印"。无极明信更号之"清凉"。明确表达其专入华严之志。[①] 世人称之为"华严法界,悟彻于清凉"[②]。德清所编的《华严经纲要》具有通俗讲解的性质,并不发挥自己的见解。这表明德清对华严的态度在于承绪唐代华严宗立场,并不满意于明末佛教思想界独阐《合论》的华严观。

　　憨山德清作为一代高僧对于禅教论思想,涉及到对禅宗的认识,同时也离不开对教观的理解。德清称"华严以平等法界为宗,以无障碍为门,苟悟此宗、入此门,无一物不播遮那之体,无一声不阐圆妙之音,无一时不修普贤之行,无一人不是刹那知识。是则光网三昧,举目照然,普眼真经,随念具足,举足下步,不离寂灭之场,居尘出尘,顿到般若之岸"[③]。

　　德清曾引《华严经》中善财童子遍参五十三大善知识的著名典故说:"善财童子南询百城,参五十三大善知识,各授一种法门,到头只落个与法界等、与虚空等,何曾有实法系著耶? 又不见毗卢遮那,法身非身,而托普贤妙行为身;普贤无行,但以众生之行为行。故曰:菩提所缘,缘苦

[①]《憨山大师年谱疏》卷上(嘉靖四十三年条),第15页。
[②] 钱谦益:《憨山老人梦游全集序》,《憨山老人梦游集》卷一,第11页。
[③] 德清:《憨山老人梦游集》卷三《示念松通禅人》,第158页。

众生,若无众生,则无菩提。此从上佛祖出世之榜样。"①实法非实,以法界为实;法身非身,以妙行为身;妙行无行,以众生行为行。德清的上述阐释,其实蕴涵着以禅参教,以经证禅,体现禅教关系的识见。

德清基于禅教一致的华严禅取向,还阐述了悟后之修在禅门中的重要性。他说:"善财童子参五十三大善知识,已入五十三位法门,入佛境界,但云与虚空等、与法界等、与毗卢遮那等,及见普贤菩萨,乃为说十种行愿,此便是修行学佛的大榜样,不以悟后为无事也。今人修行,纵能悟彻法界,若不学善财修习普贤大行,终是不免堕落空见外道,可不惧哉!"②

德清曾多次毗卢遮那、普贤、文殊"三圣圆融"思想。从中国佛教思想的历史演进来看,德清的这一识见,明显地受到了唐代清凉澄观"三圣圆融观"的深刻影响。依澄以同之见,德清曾在《示古愚拙禅人》中写道,"毗卢遮那,法身非身,以文殊、观音、普贤三大士之行以成其身。文殊,智也;观音,悲也;普贤,行也。舍此三者,则法身寂寥,亦无寄矣。故如来法身,若方其智,则彻法界理事因果,乃至草芥尘毛,无不尽其源底,尽众生界心念头数,莫不彻其根源;若言其悲,则尽众生数皆为己身,凡众生之饥寒困苦疾病痛痒,乃至三途剧苦,皆菩萨全身一体共受,故不能舍于一众生;若言其行,则尽虚空彻法界,无一草芥尘毛,不是菩萨舍身命处。故普贤十愿,一一皆言虚空界尽、众生界尽、众生烦恼尽,我此行愿无有穷尽。"③在此,德清把清凉澄观的三圣圆融观扩展成为四圣圆融,这说明他对华严教学的不同理解。结合丛林现实的理解和改造。文殊之智、观音之悲、普贤之行三位一体而成毗卢遮那法身。于此,德清进一步扩展了以清凉澄观为代表的三圣圆融观。他说:"是故本师毗卢遮那以此三法,成就一身,少一法而法身不成,即一众生而非自己,则法身不遍,

---

① 德清:《憨山老人梦游集》卷五《示颙愚衡禅人》,第249页。
② 德清:《憨山老人梦游集》卷五《示段幻然给谏请益》,第258—259页。
③ 德清:《憨山老人梦游集》卷八《示慧成信首座》,第386—387页。

乃至尘毛草芥,一有不彻,则未尽无明,以至虚空尽处,而行愿亦尽,则法身断灭。"①由证悟全体真心,而修行,由行愿无尽而行佛陀教化,诵《华严》同时也就是以普贤行愿激励自己普度众生的弘愿。既然毗卢遮那清凉法身佛,遍一切处,具体来说即是无所处不在,无处不有。据此,德清更进一步推演说,既然毗卢遮那清净法身佛遍一切处,那么文殊菩萨亦不必局限于清凉山为唯一道场,不必执着于文殊菩萨只住五台山,而应更进一步依佛说,"若行人能开智眼,达本情忘,知心体合,则当下清凉。如是,则触目无非文殊化境,步步不离清凉道场"②。佛教修行缺乏的并不是弘愿,而是把弘愿落到修行实处的具体行动。于此可见,憨山德清所表达的是一种整体的佛教修行观,突破或超越了传统看话禅的局限。这可以说是憨山德清禅教一致论思想的特色之所在。

德清之所以强调依经修行的重要性,必须解决众生依经修行的成佛的可能性问题。在此,德清同样运用了《华严经》的心佛众生三位一体的思想原则。德清明确指出,《华严经》的纲宗,即在于心佛众生三位一体的思想原则。他说:"惟我毗卢遮那,旷劫因中,称法界心,修普贤行,证穷法界,名为报身,号卢舍那,具有佛刹尘数相好,是为正报;所感二十重华藏世界,无尽庄严,以为依报。安住海印三昧,称普光明智,为地上菩萨演说此经,明曰普照法界修多罗,为称性法门,种种微妙不可思议,如此法门,乃诸佛自证境界,具在众生日用妄想心中,念念现前……由是观之,即八十卷之雄文所开示者,乃吾人一念之妄想心耳。"③在此,德清特别强调指出,《华严经》中唯一至高无上法身人格——毗卢遮那佛,表明德清对于《华严经》独特诠释,并在此基础上阐述了对华严法界观的理解。具体到对华严一心法界的理解,德清表现出与清凉澄观不同的诠释。德清所理解的一心,为众生当下现实的日用之心,而唐代澄观的华

---

① 德清:《憨山老人梦游集》卷八《示慧成信首座》,第386—387页。
② 德清:《憨山老人梦游集》卷九《示夜台禅人》,第427页。
③ 德清:《憨山老人梦游集》卷九《示同尘睿禅人》,第437—439页。

严心性论中的一心则为真心,亦即如来藏自性清净心。此一真心,就众生心识言之,称作"心体";约法界而言,则为"一真法界"。对此,澄观说:"法界者,一切众生身心之本体也。从本已来,灵明廓彻,广大虚寂,唯一真境而已。无有形貌,而森罗大千;无有边际,而含容万有。"①德清意不在弘扬《华严》,其旨端在于打通《华严》经教与参禅证悟的相互整体。德清所关注的正是禅教圆融一致的佛法整体观。为此,德清认为:"法界之经(即《华严经》),则凡在法界,无非此经。若悟毗卢,以法界为身,则自己身心亦同法界。此则日用现前,动静语默,拈匙举筋,咳唾掉臂,皆法界之大用。"②法界遍在一切处,由此《华严》大经也同样无所不在。毗卢遮那佛以法界为身,吾人身心亦同于法界,于此,一切日用经验无非法界体现与表相,只要证悟法界遍在,即是读经诵经。于此可以明显看出德清以禅悟诠解《华严》的方法取向。

当然,这并不是说德清不重视《华严经》的教化功能。相反的,在晚明诸大师中,德清可以说是最为重视《华严经》教化的僧人。德清曾提到,对佛教正法的发心正信,最首要的方法之一莫过于写书佛经。在曹溪弘法之初,德清即"先教写书《华严》大经,使知亲近随顺佛法,信心若发,方可引入佛慧"③。书经是一种树立佛法信心的有效手段,这是一种宗教性的修行,是证悟佛法的一种方便法门。这种手段当然不能代替佛教更为高级的修行目标与境界。书经是当时佛教僧人的一种基本修行方法,甚至可以说是一种较为普遍的修行方法。如德清曾提及,在曹溪不到十年时间,寺僧们共书写《华严经》十余部。而他本人在五台山修行时,更曾有过刺血书写《华严》大经的修行体验。④ 德清认为,佛教修行可分别为理行与事行两大类。所谓理行,包括"第一,向上参禅,求明自心,

---

① 德清:《憨山老人梦游集》卷九《示同尘睿禅人》,第437—439页。
② 德清:《憨山老人梦游集》卷九《示海阔禅人刺血书经》,第447—448页。
③ 德清:《憨山老人梦游集》卷九《示曹溪沙弥能化写华严经》,第449页。
④ 德清:《憨山老人梦游集》卷九《示惺初元禅人书经》,第451页。

志了生死；次则深穷教海，志愿宏通，护持正法，续佛慧命；又次则深厌生死，专心净业，愿生西方，此皆理行，为最上者"①。明心参禅、研教弘法、净业修行，为理行的三大法门；而所谓事行，则包括书写佛经在内的种种修行。德清理、事二行并举，理行以参禅为本而教净同修，这表明了德清禅教一致的思想取向。

基于华严一心法界的基本思想，德清力陈修行净土的重要功效。他称"佛说修行出生死法，方便多门，唯有念佛求生净土，最为捷要，如《华严》、《法华》圆妙法门，普贤妙行，究竟指归净土；如马鸣、龙树及此方永明、中峰诸大祖师，皆极力主张净土一门。此之法门，乃佛无问自说，三根普被，四众齐修，非是权为下根设也"②。德清明确指出，《华严》普贤妙行，"究竟旨归净土"，佛教净土法门具有相当广泛而普遍的有效性，因此，为中印诸大师所高度重视。净业修行当以净心为本，念佛与参禅并举，以此融通会解，华严净土思想。

紫柏真可对华严的析解及其禅法思想，亦颇具相关性。

紫柏是万历佛教三大师中最具独立特行的佛门高僧。据德清《达观大师塔铭》所载，紫柏受具足戒后，尝在嘉兴东塔寺跪看僧人书写《华严经》，并赞叹说"吾辈能此足矣！"随后即至武唐景德寺，掩关三年。③ 他一日行脚三百里，无人与比。曾游历五台山，并作有《文殊师利菩萨赞》、《礼北台文殊菩萨赞》、《蚤春谒李长者著论处》、《华严岭诗》、《登方山歌》等，称颂五台圣地、菩萨及《华严经》。

紫柏重视宗门纲宗与教家纲宗。他认为："如天台、清凉、慈恩，于佛所说法，各有所判。如天台有化仪化法四教之说，清凉有小始终顿圆之说。"④判分释迦一代时教，为华严、天台、法相三宗的纲宗所在。据此，华

---

① 德清：《憨山老人梦游集》卷九《示惺初元禅人书经》，第451页。
② 德清：《憨山老人梦游集》卷九《示修净土法门》，第440—441页。
③ 参见德清的《憨山老人梦游集》卷二七《径山达观可禅师塔铭》、陆符的《紫柏尊者别集》卷四"附录"等。
④ 《紫柏老人集》卷一四《礼石门圆明禅师文》，《续藏经》第73册，第269页上。

严纲宗就在于其五教分判。五教分判乃是华严宗所成立的根本,也是华严区别他宗的标识所在。

对于华严教理中最具特色的"四法界"说,紫柏甚表关注。他说:"夫华严大典,虽文丰义博,实雄他经。然其大义,不过四分:四法界而已。一念不生,谓之理法界;一念既生,谓之事法界;未生不碍已生,已生不碍未生,谓之事理无碍法界;如拈来便用,不涉情解,当处现成,不可以理求之,亦不可以事尽之,权谓之事事无碍法界。行者能信此、解此、行此、证此,总谓之四分也。"① 真可对华严四法界说提出了基于禅宗心性论立场的诠释,而有别于华严宗的传统理解。他特别关注四法界中的事事无碍法界,称"又事理无碍法界,自大典东来几千载,而黑白诸豪杰,莫不以为此经是根本法轮,皆研精殚思,疏之论之,至于事事无碍法界,则如子闻父名,终不敢称。谓纵有强虚空矣。虚空无形,毛能容之,况天地万物者乎?"②

紫柏推崇唐译《八十华严》中"毗卢遮那佛偈"。其偈称:"毗卢遮那佛,愿力周法界,一切国土中,恒转无上轮。"认为"此偈总二十字,而大部《华严》包括无余"③。明确主张《华严经》对于参禅悟道的指导效用,"参须实参,悟须实悟,则华严四法界不在八十一卷,而在我日用也。如参悟未能,且从八十一卷语言文字,检名审实。实审则义精,亦非分外。四法界者,理法界、事法界、事理无碍法界、事事无碍法界是也。理法界,则水外无波;事法界,则波外无水;事理无碍法界,则波水无碍;事事无碍法界,则波波无碍。以水言之,则谓之理;以波言之,则谓之事;以波水言之,则谓之事理;以波波言之,则谓之事事。是故善用其心者,即一尘而入四法界,如因一枝花得无边春耳"④。

不同于袾宏等人,紫柏重视唐代李通玄的华严学思想。在《紫柏老

---

①②《紫柏老人集》卷九《法语·示麟禅人》,《续藏经》第73册,第174页下。
③《紫柏老人集》卷一三《募书金字〈华严经〉缘起》,《续藏经》第73册,第256页上。
④ 同上书,第256页中、下。

人集》中共有九篇文字论及李长者的《华严经合论》,如称:

> 吾读枣柏《论》,乃知清凉之疏《华严》也,虽精且深,然不若李方山之发挥,无蹊径可寻,而天机深者,以不可寻为前茅。①

紫柏关注华严修证与禅门参究的一致性。他引《华严经》曰:"一切众生具如来智慧德相,但以妄想颠倒执着而不证得,若离妄想颠倒执着,则自然业智当下现前,如一微尘具含大千经卷,智人明见,剖而出之,则利用无穷。"据此,紫柏得出结论说:"由是观之,无论众生具不具,只在当人眼明不明耳,岂更有他哉?是以文殊举之以为智,普贤操之以为行,善财挟之以发心,弥勒带之而趣果,四十二位之各证,五十三人之全提,月满三观,星罗十门,行布圆融,事理无碍,以极尘毛涉入,依正互严,种种言诠、重重法象,火聚刀山之解脱,卧经狗牛之坚持,乃至异类潜行,分身散影,无非游刃微尘之利具也。"②

华严修证并不局限于华严一宗的义理思想,而是通过对华严经义的本身阐释,探寻与禅宗修证共通之处。对此,紫柏坚决反对"不信自心,徒信佛语"的知解倾向,他指出,迷事与迷理,都是障蔽佛法参究之大机大用者也。为此,他抨击明末丛林的"禅门之患":"以为禅家古德机缘,可以悟道,悟道断不在教乘上。我且问你,安禅师读《楞严》破句悟道,永嘉看《维摩经》悟道,普庵肃禅师、英邵武皆读《华严论》悟道。你谓唯禅家机缘可悟道,教乘不可悟道,岂非大错!"③

据上所述,明末三大师都关注华严教学,重视华严经教阐释与禅法参究及净土事行的结合,关注华严经典、菩萨信仰、日常修行的社会作用,使民众更广泛而普遍地接受信仰佛教。但他们对华严不同派系的思想立场则有所不同,袾宏、德清倾向于清凉澄观一系的华严学,而真可等人则对李通玄一系华严学多有接受。

---

①②《紫柏老人集》卷七《示刘生戒杀》,《续藏经》第73册,第208页上、中。
③《紫柏老人集》卷三《法语·示学者》,《续藏经》第73册,第82页。

四、曹洞宗僧华严观及其华严禅论

在佛教思想传统中,曹洞宗的禅法思想与华严观颇具相通之处。明末时期的曹洞宗僧同样重视华严法界观与曹洞事理观的结合。如寿昌无明慧经阐释说,"事不尽于心,盖因理不明,理明无别事。何法心弟兄,左右常时用用,无有我人,本自如如体何处?……参禅学道者,休令理事萌,要入五宗旨,须当理事精。千圣不传法,单传无事心,无心无事相,诸佛及众生,了了这一著,非来支与今"①。博山无异元来更曾奉《华严经》上堂:"灵心皎洁,彻古该今,至理弥纶,和真混俗,根境不实,元是华严微妙法门,大小相融,一多自在,高低一顾,万象齐彰,拟议之间,相隔霄壤,更乃依文解义,却如掘地觅天,闭目藏睛,大似敲冰取火,非为无获,只益自劳,何须抹转上头关,直下已是毗卢藏……如此信得,则头头弥勒阁,处处毗蓝园,既无净秽之名,宁有佛生之异?"②对于华严法界观法,更有明示:"法界观法,又不可不以彼为的据。《华严疏》云:若有欲识佛境界,标也;当净其意如虚空,示也;远离妄想及诸取,止也;令心所向皆无碍,观也。此四句,亦标示止观大纲也。"总体来说,明晚的曹洞宗僧对华严思想的理解,具有三大明显特点。一是关注清凉之《华严大疏》的华严教学;二是重视金刚藏菩萨的修行;三是主张禅非为五教所摄,唯禅门能摄五教。对此,元来答曰:"华严具无量乘者,以佛果德相普示众生,用成因位,使大心众生由此顿入,如水一滴即同大海,顿发圆机。即众生心中具足如来智慧德相,此是教家极则,非比禅宗悟门也。如教家所能摄者,吾佛四十九年所说妙法,判教者无不摄尽,何故复于灵山会上拈花示众,百万人天悉皆罔措?人天会中,岂无圆顿之机?又何待迦叶一人破颜微笑者欤?故世尊印定以教外别传之旨付嘱摩诃迦叶,以此则

---

① 《无明慧经禅师语录》卷一,《续藏经》第72册,第187页下。
② 《无异元来禅师广录》卷四《示璧如禅人》,《续藏经》第72册,第256页中。

知五教所不能摄,唯禅门能摄五教。如净因禅师一喝中能分五教。岂但一喝,即一语一喝,一动一静,皆纯圆之旨,非悟入者可能仿佛万一也。"正基于此,无异元来明确指出:"或禅宗称顿者,是顿悟之顿,非判教之顿也。良以教者贵在众生以期悟入,如获悟者,岂教之能摄也?当知宗门中,别有长处。古德云:此事不与教乘合,惟到者乃能知之,非诤言也。"①

元来指出:"或问:华严乃性起法门,众生悟入者,于一尘中,彻见无边法界,知心体合,达本忘情,彻诸佛之本源,洞众生之本际,故《华严论》云:其为本有,不可以功成;其为源者,不可以行得。如生在王家,天然之贵。岂禅宗称顿悟曰教外别传者,过此而别有长处耶?不涉此大教而别有长处耶?"对此,元来答曰:"经中分明向汝道:如来晃此果位德相,使大心众生以期悟入,其悟入二字,与言说之相,何啻霄壤之远也?如言说之相即是,而不期妙悟者……纵知如来无边法宝之藏,还如穷子犹在门外,止宿草庵,非己有分也。只饶顿入圆明,入不思议法界,未称悟门,须知法身向上更有事在。所以云:向上一路,千圣不传。"②因此,"若达平等实相,一微细众生与毗卢遮那佛等,无有异。《华严疏》谓:遮那如来入一微细众生身中入定,全身不散,此众生不觉不知,谓佛生同体故,理无分齐故……斯达实相之理,无所分别。以此观人有贵贱,位有尊卑,而心无高下也。是故妆发大心,以愿力维持,直成佛道,似不可须臾有间然也。"③

"清凉大师云:凡圣交彻,即凡心而见佛心;理事双修,依本智而求佛智。或执理而迷事,或执事而迷理,而不知约圆明之智成此事缘,又不知起行布之缘求此佛理。当知即事之理,念念果成;即理之事,心心行起。不明斯旨,俱堕偏枯。约理始曰圆修,融事方成圆行。如亡情则染分自

---

① 元来:《无异元来禅师广录》卷二七《示璧如禅人》,《续藏经》第72册,第346页中、下。
② 同上书,第346页下。
③ 元来:《无异元来禅师广录》卷二二《宗教答响二》,《续藏经》第72册,第327页上。

净,真体自明;无事则净分自清,妙用斯起。"①

永觉元贤出家前曾习《楞严》、《法华》、《圆觉》三经,后往参曹洞宗师无明慧经,决意学禅。四十岁时方落发出家。曾先后住持福州鼓山涌泉寺、泉州开元寺等,"四坐道场,大作佛事,言满天下,道被域中。"②元贤禅法思想基于禅宗真心理论,以佛教真心法门为归旨,主张统合禅教,其思想多以宗释教,同时兼融儒释,融会经世出世,为儒为释,经世出世,决无异辙。永觉元贤基于以宗释教的思想立场,展开他对华严禅的思想。

元贤的华严禅思想是从属于其禅法理论的。元贤曾作《法华私记》、《楞严翼解》、《楞严略疏》、《金刚略疏》、《般若心经指掌》等以宗释教的疏经之作,表明其以宗统教的思想旨趣。对于华严义学,元贤指出说:"华严为世尊成道最初所说,实称性之直谈,非逐机之曲说,他经不可得而并拟者也。昔杜顺大师首为发端,贤首继之,颇畅厥旨;至于清凉,而表里发挥,罄无余蕴矣。然其旨幽,其理圆,其文富,其义丰,非浅薄之机所敢窥,故学者多望洋而退。至方山李长者,则别为《合论》,约繁就简,独明大旨,盖是大圣方便,用接此方好略之机,非二师之有轩轾也。"③据此,永觉元贤首先指明《华严经》在佛教经典中的独特地位,认为《华严经》本以"称性之直谈"而超出诸经之上。但《华严经》文富义丰,非大机之士实难全窥其旨。中国华严宗杜顺、贤首、清凉三祖对于华严教理的阐发,构成了华严义学。除此之外,李长者所著之《华严合论》,作为教外华严学,仍有其独特地位,对其仍应有所肯定。对于李通玄与清凉澄观的华严学思想,永觉元贤认为二者并无轩轾冲突,澄观与通玄。

但元贤并没有充分展开说明其理由之所在,而只是依据北宋温陵大师的《华严经要解》说明之。南宋建炎二年(1128)世称温陵大师的戒环

---

① 元来:《无异元来禅师广录》卷二七《示弘传禅人》,《续藏经》第72册,第344页上、中。
② 道霈:《为霖道霈禅师秉拂语录》卷二《最后语序》,《续藏经》第72册,第589页下。
③ 元贤:《永觉元贤禅师语录》卷一三《重刻华严要解序》,《续藏经》第72册,第457页下—458页上。

撰成《大方广佛华严经要解》(简称《华严经要解》)一卷。此书"以方山为正,清凉为助,洞究全藏"。由此可知,温陵大师的《华严经要解》主要是基于李通玄《华严合论》的教学立场并折衷清凉疏而诠释《华严经》。对《华严经》实用立场出发,澄清一种误解,即认为参禅不必诵《华严》。元贤极力主张,诵经不碍参禅,参禅不妨诵经,为此他主张保持参禅而诵经的修持方法。元贤在《鼓山讽华严经疏》中说:"……但禅堂岁必讽《华严》以为日课,禅者或以为嫌。予谓:'华严宗法界,少林传一心,路分两径,归本一揆,况真实参禅者,自古必兼庶务……岂以一卷《华严》而遂为参禅者所碍乎?又如龙树马鸣皆兼教乘,圭峰温陵并注经论,岂以一卷《华严》而遂为参禅者所碍乎?'"①

元贤称引杜顺之偈颂云:"怀州牛吃禾,益州马腹胀,天下觅医人,灸猪左膊上。此颂若谓是教,《华严》八十一卷,出于何卷?若谓是禅,渠又是华严初祖。可知,但要明此,禅也著,教也著,不必割截虚空,竟分彼此,为识者所笑。"②禅教一致论的思想立场于此昭然若揭。

永觉元贤以华严称性之谈融合儒释性体思想,这是元贤华严禅思想的一大特色所在。

除元来、元贤之外,晚明曹洞宗僧见如元谧、宗宝道独等僧人都对华严禅观有所阐述。如元谧禅师(1579—1649)尝称:"问:华严以法界为宗,法界又以何为宗?答颂:一轮明月印千江,千江明月一轮藏。透得毗卢华藏界,全身普现法中王。"③宗宝道独则称:"李长者《华严论》一乘圆顿、见性成佛之秘典也。诸佛根本不动智,即是众生分别性,诚无转折,只要当人信得及。若信至满处,即入十住初心,明见佛性,成正等觉。所以云:才入信门便登祖位。或有从来习气,不过以无作三昧方便应之,于

---

① 元贤:《永觉元贤禅师广录》卷一七《鼓山讽华严经疏》,《续藏经》第72册,第485页上。
② 同上书,第485页上。
③ 《见如元谧禅师语录》,《续藏经》第72册,第49—50页。

此真智之外,非别有毫头法增入,亦不论修与不修。"①

五、明末佛教居士的华严禅论

明末佛教的复兴,当然也包括了居士佛教的复兴。在晚明居士佛教中,禅教归净是佛学主流,但不少居士对华严教学仍表关注和重视。李通玄《华严经合论》吸引了众多佛教居士的返教兴趣,成为居士佛教的典范。他们节录李通玄的《华严经合论》,其代表作有方泽所作的《华严经合论纂要》三卷,李贽则撰《华严经合论简要》三卷。

李卓吾甚为推崇《华严合论》。他说:"《华严合论》精妙不可当,一字不可改易,盖又一《华严》也。"②视李通玄的华严学为最权威的理论解释。在其《华严经合论简要》一书中,李贽拣选了华严无尽藏之法界观。"自心是毗卢遮那佛智,自眼是佛文殊根本智,自身是佛普贤差别万行智,自诵是佛音声,自听是佛观世音力,自语是佛开不二门,自念是佛不思议神通,自在功德皆佛也,吾何幸身亲见之。"③

袁宏道著《西方合论》,"乃借净土以发明宗乘,因谈宗者不屑净土;修净土者,不务禅宗,故合而论之"④。严者,往往批评净土"是权非实"。对此,袁宏道试图以华严一多相即的思想加以沟通。袁宏道归心净土法门,"取龙树、天台、长者、永明等论,细心披读",而作《西方合论》一书,依据于李长者《华严合论》的十门组织,在华严学的取李长者。

智旭对唐代华严诸祖师的评价,甚具代表性。"贤首法藏国师,得武后为其门徒,声名借甚,疏晋译华严经,经既未备,疏亦草略,故不复传。所传《起信论疏》,浅陋支离,甚失马鸣大师宗旨,殊不足观。方山李长者有《新华严经论》,颇得大纲。清凉观国师,复出《疏钞》,纲目并举,可谓

---

① 《宗宝道独禅师语录》卷六,《续藏经》第72册,第84页。
② 李贽:《又与从吾孝廉》,《焚书增补一》,《李贽文集》,第314页,北京,燕山出版社1998。
③ 《李长者华严经合论·序》,《续藏经》第4册,第832页上。
④ 《珊瑚林》上卷,第27页。

登褉华之堂矣。后世缁素,往往独喜方山,大抵是心粗气浮故耳。不知清凉虽遥嗣贤首,实青出于蓝也。圭峰则是菏泽知见宗徒,支离矛盾,安能光显清凉之道?"①在晚明佛教诸大师中,对华严评价最低的是智旭。

晚明佛教界对华严教学思想的关注,客观上促进了明清之际华严宗的中兴。

第二节 天台宗的再兴

天台宗是中国佛教的代表性宗派之一。然及至明代中叶,教观不行,其法派传授源流,难考其详。及至晚明,出现了天台宗的再兴现象,其代表人物主要有无尽传灯与蕅益智旭。但与宋代天台鼎盛之时相比较,仍然要暗淡得多。② 在明代天台宗的法系传承中,以东溟慧日所承的法照系为主。据传,东溟门下有思齐、行枢、允鉴、良谨、普智、文会、元秀、景梵、妙修等十大弟子。但这些弟子,在佛教史籍中多失其传,仅在《大明高僧传》中收有《普智传》。故此,明代中叶天台东溟系的传承情形大致如下,慧日东溟→普智(别号"一枝叟")→慧林("万松")→明得("千松")、易庵→真觉("百松")、真界。自无碍普智(?—1408)传人慧林始,明代天台宗的传承进入晚明阶段。万松慧林、千松明得和百松真觉,成为师承相传的天台法系。晚明最著名的二大天台学僧无尽传灯与蕅益智旭,即出此门。真觉下传幽溪大师无尽传灯,下贯晚明天台中兴。在上述明代天台传承过程中,明得、真觉的影响最大,具有承前启后的重要地位。

一、晚明天台宗的法系传承

慧林("万松")→明得("千松")→真觉("百松")→无尽传灯,是晚明

---

① 智旭:《灵峰宗论》卷五之三《儒释宗传窃议》,《蕅益大师全集》第6册,第841—842页。
② 了解晚明天台宗的重要文献是无尽传灯编纂的《幽溪别志》16卷,收于《四库全书存目丛书》史部第233册。

天台宗传承的主要法系。其中,无尽传灯更是晚明天台宗中兴最具代表性的集大成者。

慧林(1482—1557)①,字万松,俗姓沈,杭州仁和人。慧林出家于法轮寺,后以了生死大事为期,往依天目平舒野习禅,获闻心要。后入京师,历诸讲肆,研究玄奥。其时,伏牛空幻禅师,寓广德寺,乃往诣,自陈所见,遂嗣空幻之门。慧林历游诸方,晚归余杭,隐居径山。他最后示寂于嘉靖三十六年(1557),世寿七十六。临终偈云:"七十七年,浮踪何倚,本无去来,应缘而已。"②塔于径山传衣庵。

慧林一生,绝迹于城府。其持身约,守律严,素通三藏,尤精《法华经》、《圆觉经》、《楞严经》等,善于开诱,析义宣旨,如慈父母之训其子,必至领解而后已,道日益崇,修日益起,而四方从学者,日益以众。其弟子有明得、智空、如通等人。智空从万松得悟天台止观十乘之学,兼修禅宗直指之道,历住括苍山等道场,后专修净业。如通则从万松习《始终心要》,弘扬天台净土,后住天台国清寺。

由于缺乏文献,无从获知慧林法师对天台教观的理解,但其参禅有得,并嗣法于空幻门下,以"万松禅师"名闻一时。慧林台禅兼修,为天台宗第27祖。他与嗣法子孙并称为"万松林"、"千松明"、"百松觉",亦见当时天台宗法系传承相继的盛况。

明得(1531—1588,一作明德)③,号月亭,浙江湖州人,俗姓周。因其绍万松禅师法,故别号"千松"。十三岁时,祝发于本邑庆善庵,因不喜习瑜伽佛事而弃之。后遍参名宿,备历艰辛,益发愤励志。往诣武林,遇万松于中天竺,问以来意,以礼普门对,万松竖一指曰:"且去礼大士,却来相见。"明得闻言,顿有所省,再拜求了生死之诀。依受具足戒,万松授之

---

① 《补续高僧传》卷五《解义篇》,《续藏经》第77册;《释氏稽古略续集》卷三,《大正藏》第49卷。
② 《释氏稽古略续集》卷三,《大正藏》第49卷,第950页上。
③ 《大明高僧传》卷四《嘉兴东禅寺沙门释明得传》,《补续高僧传》卷五《万松千松百松传》,《续藏经》第77册,第397页下、第398页上、中。

以摄心念佛法,并留侍左右,朝参夕叩,久无所入,万松授以"楞严大旨"。于是苦心研究,历时十载。一日阅至"清净本然云何忽生山河大地",豁然契入,遂作偈呈曰:"楞严经内本无经,觌面何须问姓名。六月炎天炎似火,寒冬腊月冷如冰。"松颔之嘱曰:"汝既悟教乘,异日江南讲肆,无出尔右,向上大事,藉此可明。"

据记载,明得兼习《华严》,颇有所得。尝阅李通玄《华严经合论》至十地品,中宵隐几而坐,梦游兜罗绵世界,登座阐华严奥旨,至于结座乃说偈曰:"从本已来无,今日何曾有,一毛头上现,虚空笑开口"。万松闻知,称"此圣力之冥被耳,非惟吾道之将行,清凉一宗亦大振矣"①。

万松住径山,明得为众负米采薪,不惮劳苦。后结茅凌霄峰绝顶,独坐三年,四方禅侣,接踵而来,师随机响应,无不迎刃而解。

此后,明得历住诸刹,畅演经义。如他曾在径山传衣庵,讲《楞严经》。游天台,讲《华严经》。并尝演法于杭州灵隐寺。其间,明得尝应管东溟(名志道,字登之,号东溟,1536—1608)请,往住德清天池山。再应沈仪部观颐延请,住持圆证寺。应陆光祖(号五台居士)之请,讲《华严经》于秀水(今浙江嘉兴)东禅寺。东禅寺环境雅僻,遂修葺法云堂以居。后来,明得即示寂于此。于此可见,明得的弘法区域,主要集中于浙江湖州、嘉兴等地。

万松迁化后,明得守塔三载。后挂锡报先寺,预佛慧祇园法师讲席,晨则持钵,午则听讲,夕则与同参十余人敷其义趣,益有所进。明得在报先寺开堂讲法时,瓣香为万松拈出,遂嗣万松之法。其后,再往径山凌霄峰,又力参三年。一夕初夜跌坐,豁尔心境冥会,疑滞冰释,乃跃然说偈曰:"千年翠竹万年松,叶叶枝枝是祖风。云岳高岑栖隐处,无言杲日普皆同。"自此道誉益隆,学者辐辏,四方交聘,讲经说法,岁无虚日。

明得应请,南游赤城天台山,"台郡教乘之被,实师始也"②。在此其

---

①②《大明高僧传》卷四《嘉兴东禅寺沙门释明得传》,《续藏经》第77册,第912页下。

间,阐《华严玄谈》于大中庵,讲《圆觉疏钞》于法海寺,演《华严大钞》于东禅寺,众常千指,盛称一时。

万历十六年(1588),明得归寂,世寿五十八,僧腊四十六。其塔后迁于径山。

明得以传法卫道为己任,以复兴教乘为职志。他宗归天台,却兼阐贤首,一反天台与华严相互隔阂的传统,体现其讲教圆融的弘法风格。但这种讲教,却不为时人所理解。其中,包括门下的一些弟子。

妙峰真觉为明得入室弟子。其修学之初,遥宗四明知礼,志弘天台教观之道。他感到明得多阐华严,未谙台衡,曾以"六即蚰蜓之义"质诸明得。明得称:"天台六即,在行人迷悟之分耳。如我在名字,则十界皆名字;我证究竟,则十界皆究竟。若我蚰蜓,十界皆蚰蜓也。非蚰蜓上,别有六即。"觉曰:"不然,天台六即,不论世出世间、有情无情,物物皆具,随举一法,六即在焉,何必以我迷悟观彼优劣哉?"师曰:"圣人设教,诚为汲引迷涂,若云随举一法,六即在焉,是为惟谈世谛,成于戏论,学人何有哉。前五即置所弗论,如云究竟一究竟,则一切皆究竟,如金出矿,似璧离璞,是故如来初成正觉,观于九界,一切众生同时成佛,非惟九界正报,全体遮那,则九界依报无非寂光。所以叹云,奇哉,众生具有如来智能德相,乃因妄想不自证得,岂非以我成佛观彼皆成佛也。果如子言,其究竟蚰蜓,永无成佛日矣。一切众生而无一人发菩提心,所谓十法界都为一队无孔铁锤。若言究竟蚰蜓容有成佛,如来何日复迷而作众生。金重为矿,其失孰大。"觉曰:"究竟蚰蜓,非是说也。以其心体本具,故曰理即。色相已成,方称究竟。一界既尔,界界总然。当界而论,六即自备。何必以其成佛不成佛难耶?"师笑曰:"子去做一个究竟蚰蜓也。"闻者无不高其论。①

除真觉外,明得弟子还有真界等人。真界,号幻居,别号"悦堂",从

---

① 《大明高僧传》卷四《嘉兴东禅寺沙门释明得传三》,《续藏经》第77册,第913页中。

千松研习天台教旨，后住径山传衣庵，撰有《楞严纂注》、《大乘起信论注》、《金刚直解》等。

真觉(1537—1589)①，号百松，江苏昆山人，俗姓王。二十一岁出家后，往苏州竹堂寺，从虚白禅师受具足戒。继至崇明寿安寺闭关，潜研《楞严经》。出关后，返竹堂寺，工夫益进。虚白介绍他往湖州，谒月亭明得("千松")，从其学《法华经》。后阅《大藏》，得四明《妙宗钞》，宛如吻契，遂潜心于天台教观之学，深悟一心三观之旨，颇得首座道元法师的赏识，得录置归千松法师下座。后来，真觉出世讲法，遂为千松拈香而嗣其法，别号"百松"。

嘉靖四十二年(1563)，真觉应请前往杭州锅子山，开演《法华经》。翌年，受天台之请，开讲《楞严经》、《法华经》及《妙宗钞》、《法华玄义》等经疏教典。此后，真觉长住天台，直至圆寂。凡二十六年间，"岁无虚席，远近向风"。真觉专精于天台教观近三十年，重兴天台三观十乘之学。撰有《法华披荆钺》一卷、《三千有门颂注》一卷、《梦谭记》一卷及《楞严百问》等行世。

《补续高僧传》引冯梦祯《塔铭》说："妙峰师梵相奇古，身不踰中人，而言论风采，如大火轮，不可撄触。于时，江南有二法师，师与东禅月亭得师。师出东禅之门，东禅不专贤首，而师独精天台，遂有同异。然其妙辩纵横，凌厉千众，俱东南无畏光明幢也。"②东禅明得兼阐贤首，而妙峰真觉则专精天台，都是江南地区恢复教乘的重要法师。

万松慧林、千松明得和百松真觉，其法脉虽层层相承，却并无思想定式。慧林由参禅而入道，明得之学多契贤首，真觉则专精天台。于此可见，明代中后期的天台教学，既寓禅教相摄之义，更显讲宗会通之学。自

---

① 真觉的传记文献主要有冯梦祯《百松祖师塔铭》，收录于《幽溪别志》卷一二。另参见《补续高僧传》卷五《万松千松百松传》，《续藏经》第77册，第398页中。
② 《补续高僧传》卷五《万松千松百松传》，《续藏经》第77册，第398页中。

真觉卓锡天台而后,则有传灯法师出世,开创了晚明开始传承的"天台宗高明寺法系",天台宗始全面中兴于世,影响至远。因此,近世天台宗传承史上称百松为重兴天台教观第一世,无尽传灯为第二世,蕅益智旭为第三世。

据吴中南禅沙门守一空成重编《宗教律诸家演派》所载,明代天台宗高明寺百松真觉为智者下传第26世,其门下演派凡六十四字:

  真传正受,灵岳心宗。一乘顿观,印定古今。念起寂然,修性朗照。如是智德,体本玄妙。因缘生法,理事即空。等名为有,中道圆融。清净普遍,感通应常。果慧大用,实相永芳。①

其中,"真"为百松真觉,"传"为其门下以无尽传灯为上首的诸弟子,如法华传记(？—1613)、戒山传如(1562—1624)等人。至于"正字辈"则人数更多,如幻由正路、午亭正时、璧如正镐、照宗正寂、休远正复、振宗正胜等人。蕅益智旭尊无尽传灯为师伯,为百松三世孙,相当于午亭正时等人的"正字辈",在天台宗的传法系谱上称"蕅益正旭"。

此外,"百松"真觉又衍表行偈六十四字为号:

  大教演绎,祖道德宏。立定旨要,能所泯同。功成谛显,了达则安。万象海现,孰分二三。初门悟入,化法遂行。己他益利,究极彰明。源深流远,长衍纪纲。百千之世,恒作舟航。②

另据记载,由百松真觉下传无尽传灯,无尽传灯再传灵峰蕅益智旭大师,为"灵峰宗",开净土法门,其演派四十字:

  智净真如行,全性起妙修。汇本分河息,归源觉海周。守信培因裕,宏愿振先猷。扶律谈常旨,法道永千秋。③

---

①②③ 守一空成:《宗教律诸家演派》,《续藏经》第88册,第565页下。

二、传灯的天台思想及其影响

晚明天台学之再兴,肇始于幽溪大师无尽传灯。无尽传灯与当时著称于江南的禅僧黄檗无念深有①、博山无异元来,被称为佛教界"三无"而齐名。②

传灯(1554—1628)③,字无尽,号有门,浙江衢州龙游(时称太末)人,俗姓叶。父亲以行医为业,母亲修斋念佛。幼承家训,熟读《龙舒净土文》,志慕出世法。二十岁,父亲客死广东番禺,传灯千里扶柩而归。后朝礼普陀山,更坚出家之志。二十六岁,随进贤映庵禅师剃染出家。映庵授之以《永嘉集》,称:"苟能一门深入,则门门具足。"传灯于《永嘉集》体认颇深,尝云:"永嘉从台教悟入,印证曹溪禅与教融者也。"④传灯相信禅同归,从天台圆顿止观入手,一门深入,定能明心见性,修证成佛。其后,修习《楞严》、《楞伽》诸经。又参台山性见、遍融真圆、大千宣理诸师。再随百松真觉法师听讲《法华经》和《楞严经》,习天台教理,并问楞严大定之旨,得契眼根圆通,终获真觉法衣之传。

其后,传灯前往万年寺阅藏,并到余杭瓶窑天台教院听习《妙宗钞》。返归天台后,圆具大戒。传灯的法系演派称"真传正受",即指真觉传法于无尽传灯,为天台宗第30世祖,百松真觉下第2世。

据记载,传灯于万历八年(1580)首登天台,随真觉在智者大师塔

---

① 据守一空成的《宗教律诸家演派》述,"黄檗山无念深有禅师住麻城立派二十八字:祖觉宗清净行深,常怀戒定慧圆明。神通法性真如海,永远兴隆见太平。(后续)平空一月印千江,照世舒光化日长。识得本来人面孔,宗风万古自恢张"。《续藏经》第88册,第562页下。
② 参见释慧岳编著《天台教学史》,第309页,台北,台湾中华佛教文献编撰社印行,1995。
③ 有关传灯的传记文献,主要参见蒋鸣玉的《有门大师塔铭》,《幽溪别志》卷一二,《四库全书存目丛书》史部第233册(下同)。研究文献则有林一銮的《明幽溪传灯(1554—1628)大师之研究》,台湾华梵大学东方人文思想研究所2004年度硕士学位论文。
④ 蒋鸣玉:《有门大师塔铭》,《幽溪别志》卷一二,第276页上。

院修习《童蒙止观》。一日,经行幽溪,见其秀奇,遂发心建寺重兴祖庭。①

天台幽溪高明寺,原为天台智者大师所创的十二刹之一,距国清寺十六里,位于天台高明山麓。唐天佑年间(904—907),一度重修,称高明寺(一作高旻寺)。后唐时,改称智者幽溪道场,然世人仍以高明寺称之。明嘉靖年间,高明寺沦为废寺,"大殿损而不修,法堂毁而不理,日就月将,渐致崩圮而化为乌有……居僧失守,寺随田废,迹之不可泯者,唯石经幢而已。"②

万历十四年(1586)春,传灯再入天台山,应请居幽溪,首辟幽溪讲堂。因幽溪地处深山穷谷,艰于檀施,尽管有一些善信居士的资助,但仍未能满足实际需要。因此,传灯必须通过讲经活动来筹措建寺资金。万历二十四年(1596),传灯殚精竭虑,此后30余年,铸佛刻像,赎回寺产,募修寺宇,印造藏经,相继营建大殿、僧房、禅堂、山门、钟楼、藏经阁等,粗具古道场规模,终遂重兴天台祖庭之愿。③

营构寺院之余,传灯不废修讲著述,启建楞严坛,屡修《法华》、《大悲》、《金光明》、《弥陀》、《楞严》诸经忏,坚持修天台四种三昧。时人尝称,"忏法重兴,实自大师始,寓内至今宗之"④。综观传灯一生,在台州、杭州、湖州、嘉兴、绍兴、苏州等江浙地区,宏演天台教观,凡四十三年,"年有重席,岁无虚筵",前后应讲七十余期,被时人誉为"中兴天台"的幽溪大师。

---

① 传灯称"余于万历八年,岁在庚辰(1580),随百松先师讲《童蒙止观》于定慧真身塔院。暇日,曾一经行此地。观其山耸万秀,众壑幽奇,便有买山之志"。《幽溪别志》卷四《幽溪道场重兴考》,《四库全书存目丛书》史部第233册,第185页上。
② 《幽溪别志》卷四《幽溪道场重兴考》,《四库全书存目丛书》史部第233册,第185页上。
③ 有关传灯重修幽溪道场高明寺的经过,可参见屠隆的《高明寺天台祖庭募缘疏》、韩敬的《重兴高明寺碑记》和《重建佛殿记》、邹嘉生的《重修高明讲寺大殿并修楞严坛殿疏》,均见《幽溪别志》卷四《幽溪道场重兴考》。
④ 虞淳熙:《楞严三昧海印坛仪碑》,《虞德园先生集》卷八,《四库禁毁书丛刊》集部第43册,第280页上。

崇祯元年(1628)五月二十一日,无尽传灯预知时至,手书"妙法莲花经"五字,复唱经题两遍,忽敛手足,泊然而逝。蒋鸣圭撰有《有门大师塔铭》,综括其弘法一生称:"《楞严》为宗,天台教观为几杖,观音悲智为事行良津。"①其深究《楞严》要旨,影响颇大。门下弟子主要有午亭正时等人。冯梦祯、王士性、屠隆、闻龙等名士执弟子礼。

在中兴道场、讲经弘法之余,传灯撰著不辍,且态度甚为严谨,每下笔必披戒衲。据载,传灯的著述,共计十一种之多。兹简述如下②:

《首楞严经玄义》,四卷,万历二十五年(1597)撰,此书依准天台释经例式,以五重分类,以生起简别,显扬《楞严》深义,宗归《法华》。

《天台山方外志》,三十卷,万历二十九年(1601)撰,收录虞淳熙、屠隆、顾起元等名绅及传灯本人所撰写的多篇序文。其中,屠隆《天台山方外志序》对此书评价颇为全面而精到,较能体现传灯的撰著旨趣。"……法师无尽灯公,以上智夙德,为百松妙峰师高足,远绍台宗,卓锡佛陇。爰此山秀拔,遂抽灵心,发藻思,作天台山志。佛迹仙踪,名区胜壤,亦既囊括胪列,纤细靡遗,且气格森严,辞华宛畅,掩文人之笔,夺秋林之采,而又发明宗教,究极旨归。上继佛陇之风,下振百松之绪,作人天之耳目,为道俗之津梁。旁及仙踪,研讨同异,归趣宝所,羽翼台传,不知者以为名山之志,知者谓是教观之文。"③

《楞严经圆通疏》,十卷,万历四十七年(1619)撰。此书是对元代天台惟则《楞严会解》的再疏释,广征博引,取简避繁,颇富学识。

《阿弥陀经略解圆中钞》(简称《弥陀圆中钞》),二卷,天启元年(1621)撰。此书是对元末明初天台教僧大佑(号启宗,别号"遽庵",1334—1407年)《阿弥陀经略解》一卷的疏钞之作,表明旨宗天台而行归

---

① 蒋鸣玉:《有门大师塔铭》,《幽溪别志》卷一二,《四库全书存目丛书》史部第233册,第277页下。
② 据张师铎(克隽)称:"(传灯)所著《楞严玄义》、《圆通》诸疏,《小弥陀圆中钞》、《法华》珠影、融心、论性诸篇,所较注《维摩无我疏》《永嘉集》及《成道》、《二瀑》诸记事之文,与幽溪草山居十友诸有韵之语。月可成帙,岁有成书……"《幽溪别志》卷首《天台山幽溪别志序》,第164页。
③ 屠隆:《天台山方外志序》,第10页,台北,新文丰出版公司,1987。

净土的思想立场。

《性善恶论》,六卷,天启元年(1621)撰,阐释天台性具思想,辨析儒佛心性论的差异,强调天台性具善恶思想对于佛教修行实践的殊胜地位。全书共分八门,依荆溪湛然《金錍论》的体例而作。

《维摩经无我疏》,十二卷,天启五年(1625)撰。此书依天台释经格式而作,强调《维摩诘经》与《华严经》、《法华经》、《般若经》、《涅槃经》共同的大乘圆顿旨趣。

《天台传佛心印记注》,二卷,天启七年(1627)撰。这是传灯对于天如惟则名著《传佛心印记》的疏释之作,全面阐释了天台性具思想、性修不二、全性起修等教义,引导天台修学者,成为传灯阐释天台思想的最重要著述之一。

《法华玄义辑略》一卷,天启元年(1621)撰。此书是阐释天台智者大师《法华文句》和《法华玄义》的重要著作,与日僧圆珍《法华玄义略要》、智旭《法华玄义节要》并称为"法华玄义三要",是一部引导研习天台教学的入门书。

《永嘉禅宗集注》,二卷,天启二年(1622)刊行。此书是订正了唐代魏静原著的若干错误,重编而成。

传灯在演畅天台教观的同时,还力弘净土圆修法门,撰有《净土生无生论》一卷、《净土法语》一卷、《观无量寿经图颂》一卷等净土著述。其中,《观无量寿经图颂》是依据四明知礼《妙宗钞》而作《观经图颂》,便于修行者次第修行十六观法。而《净土生无生论》则融会天台一心三观之旨,阐释净土思想,被智旭收于《净宗十要》之中,成为明末净土教影响最大的著述之一。"至若近世,则幽溪师《生无生论》,袁中郎《西方合论》,皆远公之的裔也。"①

此外,无尽传灯还编撰了《幽溪别志》十六卷。此书与《天台山方外

---

① 智旭:《灵峰宗论》卷五之三《儒释宗传窃议》,《蕅益大师全集》第6册,第840页。

志》三十卷,都是研究天台山及明代天台宗历史的重要文献。

传灯经宗《楞严》,教演天台,行归弥陀,注重经籍阐释,其思想影响颇广,是明清以降天台宗高明寺法派的实际开创者,被誉为中兴天台的"幽溪大师"。①

传灯的佛教思想,主要通过经典的阐释来加以表述。首先,传灯承绪百松真觉对《楞严经》的推崇,多年来致力于注重《楞严经》思想的阐释。真觉撰有《楞严百问》,而传灯则相继撰写了《楞严经玄义》四卷"释题"、《楞严经圆通疏》十卷"释文"、《楞严经圆通疏前茅》"辟妄"("雪谤")、《楞严海印三昧仪》"修观",时称"《楞严》四书",对明代《楞严经》的系统阐释作出了独特贡献,影响甚广。

通过《楞严经》的阐释,传灯形成了经教的一体统观思想。他对《楞严经》评价甚高:

> 灯夙生庆幸,获遇真诠,索隐研几,积多寒暑,既仰承乎本讲之面命,复资乎坛法之圆修,参同止观法门,会通《圆觉》了义。随文释义,既不忍废于诸师之雅言,立体标宗,竟独挈乎一己之心印,笔以成疏,名曰圆通,剞劂流通,用酬法乳。大矣哉!《首楞严》之为经也,无法不具,无教不收,狂心若歇,歇即菩提,胜净妙明,不从人得,谓之《华严》圆顿可也。堕淫室,无殊乎孩提弱丧。征心目,何异乎哆哆嗻和,谓之《阿含》渐初可也。四教并谈而三根普润,一道直入而四门等开,谓之方等渐中可也。广辩三科,备明七大,以空慧水,荡二执情,谓之《般若》渐末可也。开示悟入,佛之知见,疑惑消除,心悟实相,谓之《法华》非渐非顿可也。始明常住真心,终归三德秘藏,四种律仪,珍重扶植,三无漏学,恳切宣扬,谓之《涅槃》扶律谈常可也。部类既不专乎四时,法门复兼通乎渐顿,收通归别,以别摄

---

① 《有门大师塔铭》称"台教久湮,百松开辟,至师而大畅,化行吴越东南,为大法幢……"。《四库全书存目丛书》史部第233册,第277页下。

通,诚方等实相之真诠,圆顿生酥之教相也。呜呼,悟此理者,清净法身可即生而获,修此法者,般若妙智可直下以圆,解脱德由之而念念增明,涅槃果因之而心心成就,可谓明心见性之妙门,成佛作祖之秘典也。①

天台向来就有推崇忏仪的传统。传灯不仅对《楞严经》多有阐释,而且制订了"楞严坛法"。对此,时人评论称,"世行楞严坛法者,自无尽灯师始。世有《楞严》道场,自天台山始。世有酌灌顶五部之轨,采《法华》、《圆觉》、《缁训》、《清规》,而若灯师之抗法者,自万历乙卯(1615)始。浸假而法臣,且绍法王具耳根者,慎听之。如王律将,证同观音,成无上道,叶我前言。"②

传灯门下的弟子,主要有午亭正时、宝明正言、壁如正镐、祇园正印、意山正乐、照宗正寂、洞虚性融、虚我正力、古予正我、休远正复、大安正静、以玄正谧、影若正端、慧心正与、本妙正迹、振宗正胜等人。③

午亭正时(1564—1610)宁波鄞县人,俗姓陈。弱冠时,闻传灯在黄岩圣水寺讲法,从幽溪大师剃度,受具足戒。"律行精严,每日听讲之余,课《大悲咒》。早晚二时,修大悲忏,轨范威仪。年三十,登狮子座,于永嘉、四明、赤城,利化缁白,忏讲不替。所有施,助营祖庭佛殿。四十一谢讲,归隐幽溪之白花庵,仍六时修大悲忏,每时课咒百遍。万历庚戌十一月十七日中夜忏毕,云:'弥陀生日,正是某甲去时。'上榻跌坐而逝,年四十七。塔于百松大师左。"④午亭正时增补、编印了传灯所撰著的《幽溪别志》。

三、智旭的天台思想及其影响

智旭虽宗归天台,却自我定位为"私淑台宗,不敢冒认法脉"。慧岳

---

① 传灯:《楞严玄义序》(1619),《续藏经》第 57 册,第 690 页上、中。
② 虞淳熙:《楞严三昧海印坛仪碑》,《虞德园先生集》卷八,《四库禁毁书丛刊》集部第 43 册,第 280 页上。
③ 传灯:《幽溪别志》卷八《幽溪道场人物考·增补》,第 235 页下—第 236 页下。
④ 同上书,第 235 页上。

编著的《天台教学史》认为："智旭大师虽非属台宗法谱系,但却是天台教学的权威学者。"①而且,视之为清代天台教学的代表人物。在后人的法脉传承史上,智旭的教学阐释,无宁说是归本于莲宗净土。但在天台法派的传承系谱中,对于蕅益智旭上承无尽传灯及百松真觉,为"灵峰宗",开净土法门,"百松传无尽灯,灯传灵峰蕅益智旭大师,为灵峰宗,开净土法门,演派四十字:智净真如行,全性起妙修。汇本分河息,归源觉海周。守信培因裕,宏愿振先猷。扶律谈常旨,法道永千秋"②。至于时人推尊智旭为"莲宗九祖",则是强调了"灵峰宗"弘扬天台净土的一个面相。

智旭二十五岁时开始接触天台教义,并曾前往天台山高明寺拜访传灯。他提出关于生死解脱的问题。传灯没有正面回答他,只是用智者大师《四教义》卷一〇中的话:"得真如无我智焰,破真如我惑,知非我非无我,是真我义,无我法中有真我。"并指出:"随无明染缘而起为妄,随修行净缘而起为真。"由于当时智旭对天台宗接触不多,感到其中义理深奥,"未领片益"。事后,他到离寺不远的圆通洞坐禅,数月后,"身心世界,忽皆消殒,因知此身从无始来,当处出生,随处灭尽,但是坚固妄想所现之影,刹那刹那,念念不住,的确非从父母生也。从此性、相二宗,一齐透彻,知其本无矛盾,但是交光邪说,大误人耳。"从此,他对一切经论,一切公案,都顿感觉悟。但是,当时他对这种可喜的开悟,认为是从坐禅"暗证"得来的,与天台教义无关。这正如他后来所深为忏悔的,对传灯是"但钦温恭之德,罔窥法海之涯。方且甘暗证而蔑义涂,因门庭而昧堂奥",认为此非"圣证,故绝不语一人"③。

是年腊月,智旭从天台山回到杭州。此后,一边参禅,一边学天台教法。逐渐领悟到天台宗义理的殊胜,因而对当时"暗证生盲"的禅士,产生厌恶。他在《示如毋》文中说:

---

① 慧岳:《天台教学史》,第314页。
② 守一空成:《宗教律诸家演派》,《续藏经》第88册,第565页下。
③ 参见智旭的《灵峰宗论》卷八之三《燃香供无尽师伯文》,《蕅益大师全集》第6册,第1278页。

> 道不在文字,亦不离文字。执文字为道,讲师所以有说食数宝之讥也;执离文字为道,禅士所以有暗证生盲之祸也。达磨大师以心传心,必藉《楞伽》为印,诚恐离经一字,即同魔说。智者大师九旬谈妙,随处结归止观,诚恐依文解义,反成佛冤。少室天台,本无两致,后世禅既谤教,教亦谤禅,良可悲矣!……深痛我禅门之病,非台宗不能救耳!①

于此可见,智旭认为天台宗的殊胜特质,在于教观双修,从而避免了宗门堕于"暗证生盲"之弊,同时明确主张以此救治"禅宗之病"。

智旭三十岁后,曾与传灯门人讨论和修持天台教观,因而更加扩大了眼界,加深了对台宗的了解。这些僧友中,有璧如正镐法师。据《幽溪别志》载,璧如法师(1580—1631),名王敬毂,浙江台州人。万历年间举人,从云栖袾宏受五戒,名广镐。后从传灯大师受菩萨戒,改名正镐。曾居幽溪从传灯大师受学《楞严》,于耳根圆通章,最能心领。② 惺谷法师(1583—1631),名道寿,福建温陵人,俗姓何,名启图。则尝"东游武林,访无尽法师于天台,见故友归一师德业俱进,疑(传灯)法师必有出格钳锤。依之,得阅《妙宗钞》等极则教理。回视昔时慧解,倍觉精细。"③崇祯元年(1628),他们一道在博山从无异禅师学戒律,志同道合,亲密异常。

传灯示寂时,智旭刺臂血为书,作《燃香供无尽师伯文》,文云:

> 不肖初游台岭,即睹慈辉,但钦温恭之德,罔窥法海之涯。方且甘暗证而蔑义途,因门庭而昧堂奥。造罪意地者,匪希矣!后出入禅林,目击时弊,始知非台宗不能纠正其纰。台教存,佛法存;台教亡,佛法亡,诚不我欺也。顾于老伯,犹半信半疑。自缔盟筹兄,乃甫倾向,而老伯已往生珍池矣!徒增悲仰,窃聆化仪,惭怀

---

① 智旭:《灵峰宗论》卷二之五《示如毋》,《蕅益大师全集》第6册,第385—386页。
② 传灯:《幽溪别志》卷八《幽溪道场人物考》,第235页。
③ 智旭:《灵峰宗论》卷八之一《璧如、惺谷二友合传》,《蕅益大师全集》第6册,第1208页。

悔志,拟将何裨?呜呼!师弘绝响,野干竞鸣。演教者,舍醇醴而取糟粕;参宗者,先发足而后问津。孰能依教起观,一洗说食数宝之陋;知津发足,解脱盲修黑炼之纷。老伯实中流砥柱、杲日中天也。悯予小子,不沾法乳于生前,不修微供于殁后。敬以三炷臂香,深达忏摩;三炷臂香,遥伸印手。惟老伯不起寂光,现觉三有,鉴法门婴杵之忧,锡初心止观之佑。苟机感之不诬,必含笑而摄受。①

智旭因病不能远赴台山,便托璧如等将"供文"带到高明寺,在传灯大师灵前祭奠、诵读。从"供文"中,我们可以看出,这时,智旭已坚信天台宗的殊胜,认为"台教存,佛法存;台教亡,佛法亡!"他喻传灯为"中流砥柱,杲日中天"。

翌年,智旭卧病于龙居。拟注《梵网经》,作四阄问佛,频频拈得天台阄,开始悉心研究天台宗。当时传灯已殁,当时自命为"台宗真传"基于宗派偏见,对于禅宗、律宗和法相的学说,颇为排斥。他感慨异常,在《示巨方》文中说:"鉴近时禅病,思所以救疗之者,请决于佛,拈得依台宗注《梵网》阄,始有究心'三大'、'五小',愧无实德,不克以身弘道。然于古之妙,今之弊,颇辨端的。盖台宗发源《法华》,《法华》开权显实,则无所不简,无所不收。今之弘台宗者,既不能遍收禅、律、法相,又何以成绝待之妙;既独负一台宗为胜,又岂不成对待之粗。是故台宗既拒禅宗、法相于山外,禅亦拒台于单传直指之外矣!"②"三大"即天台三大部,"五小"即天台五小部。此后数年,智旭"兼戒兼教,以自熏修"。"探《法华玄义》、《摩诃止观》等书。"③相继撰成《法华玄义节要》、《大乘止观释要》等台教阐释之作。

智旭晚年,卧病灵峰,是其弘扬台宗最力时期。他汇合天台诸家的

---

① 《灵峰宗论》卷八之三《燃香供无尽师伯文》,《蕅益大师全集》第 6 册,第 1278—1279 页。
② 智旭:《灵峰宗论》卷二之五《示巨方》,《蕅益大师全集》第 6 册,第 362—363 页。
③ 智旭:《灵峰宗论》卷六之二《〈梵网经〉合注·序》,《蕅益大师全集》第 6 册,第 912 页。

《法华经》释义,编成《法华经会义》十六卷。智旭认为章安的记述过于古朴,难以理解;湛然的注解尚留六朝浮风,初学者难以领会。智旭依据智者本义,结合湛然的撮要注释,使之前后一贯。此书可谓集名家注《法华》之大成。他在《法华会义自跋》中,极赞天台宗的圆教妙法是:"普贤威力及释迦守护之功!"为了弘宣《法华》妙理,他抱病"且夕孳孳,手不停书,目不停阅",仅用六十八日,便完成了撰述。在他生命的最后几年中,还为蕴谦、愿弥、达迩等人书写的《法华经》题跋。他在《愿弥血书〈法华经〉跋》中说:"如来一切经典,《法华》称王;行人一切供养,血书为最。盖五时八教,至《法华》而理无不尽,机无不收。所以一句沾神,一言作种,必至成佛,矧全经功德乎!"①可以看出,他坚信天台教理,坚信书写和读诵《法华》,"必至成佛"。

智旭生前虽未受过传灯的"法衣",但私淑台宗,绍承传灯。他研讨台宗,撰有《法华论贯》、《法华玄义节要》、《大乘止观释要》、《教观纲宗》、《教观纲宗释义》和《法华经会义》等。而且,他能将禅、律、净、密、法相、华严和天台的教理融为一体,特别是在阐释《华严》义理时,他以传灯的《性善恶论》思想为依据,认为"真如门"(法性)和"生灭门"(法相),是性、相两家的说法不同而已。因此,他解释"真如门"时,斥唯识家的"相执";显"生灭门"时,破法性家的"性执",充分显示了性相圆融的义理。②

虽然智旭一生"不认台宗子孙",仅以"私淑台宗"而自居。他晚年给《复松溪法主》的一封信,道其原委称:

> 癸亥(1623)春拜见幽溪尊者时,正值禅病,未领片益。戊辰(1628)冬,遇归一兄,方悔向日当面错过。曾刺血书《燃香供师伯》文,寄至台岭,屈指二十二年矣。台宗一脉,我兄勇猛仔肩。次达月

---

① 智旭:《灵峰宗论》卷七之一《愿弥血书〈法华经〉跋》,《蕅益大师全集》第6册,第1066页。
② 参见智旭的《大乘起信论裂网疏》,《大正藏》第44册,第464页。

管公,亦复半壁。观被会合《玄》、《签》,一字弗敢稍易,知不坠家风也。如劣弟者,少年误中宗门恶毒,放肆之习,沦骨浃髓。今虽痛革,余习难除,故"私淑台宗",不敢冒认法派。诚恐著述偶有出入,反招山外背宗之诮……然置弟门外,不妨称为功臣;收弟室中,则不免为逆子。知我罪我,听之而已。①

于此可见,智旭之所以不敢自称"天台法派",一是因为他所敬仰的台宗大德传灯已经圆寂,无法再去接法和求教;二是自知有"放肆之习",假如自认是"台宗子弟",则可能因著述偶有出入,而被人讥为"山外背宗"。他在《寄达月法主》的一封信中,就曾指出当时有自认台宗正统的"皋亭一派,有名无实",指出"尊者台宗独步,不唯近接幽溪之绪,实远继荆溪之教,非同皋亭一派,有名无实也。曾闻台门多顺子,乃即中之门,何以有跃冶之金耶?忆甲戌春,见金若采《法华百问》,时一笑置之。不意历年七周,未摧斧钺,今且梓成,何肆无忌惮至此?虽鄙陋浅恶,亦有一辈生盲,辄从其教。在尊者已不屑诲,其如害愚小何?"②可见当时台宗虽有一些高僧(如松溪、达月),但也有"皋亭派"的有名无实以及像金氏那样不懂台宗而从事著述和讲学,并有"一辈生盲,辄从其教"。他深有感慨地说:"法道陵夷,斯时为甚,坏正教者,不止一金氏。"在这样的情况下,他如果自认"台宗子孙",双方必然会引起论战。所以,他自称"私淑台宗",虽"置弟门外,不妨称为功臣;收弟室中,则不免为'逆子'。"

由于以上原因,也由于智旭生前祭传灯的"供文"中有"遥伸印手"之愿,故智旭圆寂后,其弟子尊他为继承传灯的台宗第28世祖。在法系谱中,还将"蕅益智旭"改为"蕅益正旭",是为了与"天台64辈的法系谱"中第28世的"正"字辈相通。

---

① 智旭:《灵峰宗论》卷五之二《复松溪法主》,《蕅益大师全集》第6册,第792—794页。
② 智旭:《灵峰宗论》卷五之二《寄达月法主》,《蕅益大师全集》第6册,第802页。

第三节 晚明的唯识学复兴

中国佛教义学的教判理论认为,大乘佛法可判分为性、相二宗。性宗,亦称法性宗,强调万法本性归于一体。相宗,亦称法相宗,关注世间法相的差别。性、相关系既是佛教义学辩论的重要问题,又涉及到佛教心性论中的染净觉迷、修持实践论中的真妄性修,并与禅教关系密切相关。晚明佛教界对性相关系的阐释,即基于禅教关系而展开。但随着明代儒学对心、性、情、理问题的深入探讨,客观上刺激着佛教界对于性相问题的认识需要更进一步地深化,把法相唯识学引入性相关系的具体探讨,最终促成了晚明的法相唯识学复兴。[①]

一、性相关系的讨论

祩宏、紫柏、德清等"法嗣不详"的晚明僧人,相较于宗门禅僧更为关注佛教性相关系的探讨。他们在佛教性相关系问题上,着眼于性相会通,既注重对万法体性的存在体认,同时亦关注诸法事相的生成意义。在禅教关系上,则侧重于禅教并重、顿渐圆修。如祩宏曾基于本-末、根源-枝叶的关系对举性相,作出了一些颇具针对性及实修意义的辨析。他说:"相传佛灭后,性相二宗学者各执所见,至分河饮水,其争如是,孰是孰非欤?但执之则皆非,不执则皆是。性者何?相之性也。相者何?性之相也。非判然二也。譬之一身,然身为主,而有耳目口鼻、脏腑百骸皆身也。是身者,耳目等之身;耳目等者,身之耳目等也……夫岂判然为二者哉?不惟不当争,而亦无可争也……性为本而相为末,故云'但得本不愁末'。未尝言末为可废也。是故偏言性不可,而偏言相尤不可。偏

[①] 参见圣严的《明末佛教研究》第三章,《明末的唯识学者及其思想》,第191页以下,台北,东初出版社,1987。特别参见《性相融会的佛教思潮》,第223页以下。

言性者,急本而缓末,尤为不可中之可;务枝叶而失根源,不可中之不可者也。"①

依袾宏之见,性相关系是一种充满辩证的交互关系。性相本非二。性是相之性,离相则无以言性;相则为性之相,离性则无相可言,性与相二者不可偏废。袾宏还进一步把性相关系转化为本末关系,明言以性为本,而相为末,本依末而立,末赖本而存,本末相依而不相离,反对离性言相与离相言性这二种失之偏颇取向。

紫柏同样极为关注佛教的性相关系问题。他汲取唐代圭峰宗密禅教归一、性相会通的思想观念,基于性、相、禅三宗判教而论述性相关系,主张性相会通而终归禅宗。他通过对印度佛教中性相两宗的历史变迁而阐释指出:

> 戒贤,即唐奘师得法师也。戒贤传弥勒之宗,其宗谓之法相宗。若天台、清凉,西土马鸣、龙树,皆谓之法性宗。法相如波,法性如水。后世学者,各专其门,互相排斥,故波之与水不能通而为一。此曹皆以情学法者也,非以理学法者也。殊不知凡圣精粗,情有而理无者也。凡圣精粗所不能尽者,理有而情无者也。至于甚者,斥达磨所传之宗谓邪禅……故曰:性宗通而相宗不通,事终不圆;相宗通而性宗不通,理终不彻。事不圆,则不能入事,不成就三昧;理不彻,则不能入理,不成就三昧。纵性相俱通,而不通禅宗,机终不活,机不活,则理事不成就三昧,虽入而不能用也。②

据此,紫柏就中印佛教史上的法相宗、法性宗之分派,认为后世学人以情识分别研判佛法,故妄执性、相二立,更有甚者,乃指斥直悟性体之禅宗为邪禅。紫柏本人则主要着眼于理事圆通、禅教归一的根本归旨,就佛教理、事而阐论性、相关系,并进而以机用纵论禅法。这一运思方

---

① 袾宏:《竹窗三笔·性相》,《莲池大师全集》,第 4043—4044 页。
② 紫柏:《礼石门圆明禅师文》,《紫柏老人集》卷一四,《续藏经》第 73 册,第 269 页上、中。

法,其实源自于中国佛学传统所固有的即体言用的运思模式。如永明延寿在《宗镜录》中论性相关系说:"性相二门是自心之体用。若具用而失恒常之体,如无水有波;若得体而阙妙用之门,似无波有水。且未有无波之水,曾无不湿之波。以波彻水源,水穷波本,未如性穷相表,相达性源。须知体用相成,性相互显。"①"法相如波,法性如水",这是中国佛教传统中阐释性相关系的一个广为人引的比喻。性相同归一心,既是佛教义理上性相圆通的关键,也是佛教修行中理事圆融的基础。从禅教关系上看,正是由于性相同归一心,所以禅教终归一致。

在《唯识略解》中,紫柏曾表达了与此类似的论意。他说:

性宗通而相宗不通,则性宗所见犹未圆满;通相宗而不通性宗,则相宗所见,亦未精彻。性相俱通,而未悟达磨之禅,则如叶公画龙,头角望之,非不宛然也,欲其济亢旱,兴雷雨,断不能焉。是以有志于出世而担荷法道,若性、若相、若禅宗,敢不端诚而留神哉!②

据上所述,紫柏认为佛教性相二宗互为补充,都归于禅宗的大机大用、济世弘道,着眼于佛教修行的实际效用,论述性相关系,强调佛法行证上的性相互补与会通。

性相关系作为佛教教义学的重要内容,必须涉及到中国佛教对世界存在本性与生成关系的基本理解,由此涉及到另一对重要范畴,即理事关系,进而关注经教文字与禅宗修证之间的互动作用。紫柏上述所谓入事与入理,实即关涉佛教行证与理事思想,涉及到佛教修证的实修问题。入事之圆修与入理之彻悟的相互统一,则构成为佛教禅宗统摄性相二宗的义理根据。这种观念对于晚明佛教注重经教言述的思考取向,产生了较大影响。

---

① 延寿:《宗镜录》卷一,福建莆田广化寺本,第4页左。
② 紫柏:《紫柏老人集》卷一二《唯识略解》,《续藏经》第73册,第252页中。

就禅教关系而言,上述问题,其实也可纳归为教修行解脱论上的悟修关系问题。晚明佛教注重讨论性相与禅教关系,关键落归于借此而解决悟修问题。

从历史上看,虽然宗密和延寿在禅教关系问题上都主顿悟与圆修,但他们所理解的顿悟之悟,却并非禅宗修证解脱论上的亲证体悟,而是一种知解性的领悟。永明延寿曾大量引用历代禅宗祖师的语录,以表明印可知解修证的真确性。如引南阳慧忠说:"禅宗法者,应依佛语一乘了义,契取本源心地,转相授传,与佛道同。"①并认为,"纵依师匠领受宗旨,若与了义教相应,即可依行;若不了义教,互不相许"②。以此强调佛教经论在印可禅悟修证中的权威性与有效性。对此,紫柏和永明寿之间具有共通之处,并有所阐发。在紫柏看来,"知有解悟之知,有修行之知,有证极之知。故无解悟之知,则修行之知无本矣;无修行之知,则证极之知无道矣。又证极之知,为解悟、修行之知之所归宿也"③。紫柏对佛教之知的三种不同涵义的上述分疏,表明他对于知解的清醒认识,尤其是他视证极之知为解悟之知和修行之知的归宿。知有三种类型而以证极之知为归宿,与三种类型之知相应,佛教之悟同样亦有解悟、修悟、证悟三种类型。紫柏说:"古德云:悟明后,方修行。然悟明之说种种不同,有解悟,有修悟,有证悟。解悟者,从经教熏闻力久,心渐开通,又谓之依通识解;修悟者,宿有闻熏,曾少开解,但未得实受用,今生出头来,或假修习,忽然疑情顿断,受用现前;证悟者,根器猛利,不移刹那,习随悟消,立地成佛。"④紫柏承认解悟、修悟、证悟,无不都有针对不同根性修行者的有效性,这就承认了依通经教之解悟、渐修之证悟和当下明心见性之顿悟各自的修证实效,反映了晚明佛教在修行观上主顿悟渐修的取向。

---

① 延寿:《宗镜录》卷一,第14页右。
② 同上书,第14页左。
③ 紫柏:《紫柏老人集》卷八《法语》,《续藏经》第73册,第214页上。
④ 紫柏:《紫柏老人集》卷二四《与王宇泰》,《续藏经》第73册,第354页下。

不过,圭峰宗密所说的证悟,尚需要进一步的修习。① 故而,宗密认为理须顿悟,而事则渐修,借此而表达理悟与事修之间的圆彻性。在紫柏看来,理悟与事修相结合的圆修之禅,直指达摩之禅。达摩东传中土之禅,以禅悟为主,辅之以性相之教,从相似般若亲证真实受用之境,不外为达摩借教悟宗之旨。对此,紫柏曾细究性、相、禅三宗相互依存说:

> 凡学佛,性宗通而相宗不通,常迷于相似般若路头;(性、相)二宗通而禅宗不通,如叶公画龙,形容龙之态状,宛若真者,然终不能致雷雨耳……即如义学之徒,或于禅宗生谤,立言排斥,总是为虑不远,执泥心重,于情识上通不去,故堕于失。又相宗之书,无有通变师承,学一分加一分系缚,故于性宗、禅宗上和会不来;若于相宗精了,即一切外书,亦总是佛法。故古人云:若人识得心,大地无寸土。寸土尚无,外书非心而何?②

紫柏对于性相二宗的阐述,基于佛教性相的内在圆融,而将性相圆融归于一心,由一心则可摄融佛法与世法,明确主张融会性相并归于一心,旨在化解禅教之角立状态。为此,紫柏进一步糅合《起信论》真如随缘说,阐析了佛教法相唯识学对于禅悟修证的激发功效。他指出,法相唯识学的纲骨在于其"八识四分"说,进而主张参悟心识本体之所在。他说:"夫八识四分,乃相宗之纲骨也。阿赖耶识、末那识、分别识、眼耳鼻舌身五识,谓之八识。证自证分、自证分、见分、相分,谓之四分。究本言之,八识四分,初无别体,特以真如随缘,乃成种种耳。夫真如随缘之旨,最难明了,良以真如清净,初无熏染,如何瞥起随缘耶?于此参之不已,忽然悟入,所谓八识四分,不烦少检唯识之书,便能了了矣。"如果"四分通彻,则八识之纲,思过半矣"③。尽管佛教法相唯识学的八识四分理论,

---

① 吕澂:《中国佛学源流略讲》,第253页,北京,中华书局,1991。
② 紫柏:《紫柏老人集》卷七《示门人》,《续藏经》第73册,第205页上。
③ 紫柏:《唯识略解》,《紫柏老人集》卷二,《续藏经》第73册,第369页上。

涉及到宇宙万法的生成论及认识论问题,并且有助于对《大乘起信论》中真如不变而随缘的领会,但紫柏试图以参究法门加以了达,表明其对法相唯识学的领会,并不在于法相唯识学本义上的理解或把握,而是以禅悟为本位的方法立场。因此,紫柏所关注的法相唯识,其实乃是基于禅宗参究法门的禅教圆修的法相唯识。

在晚明佛教界,紫柏因其"深究相宗精义"①,而成为当时重视佛教义学的名僧。他着眼于佛教相宗的存续问题,曾劝嘱、鼓励佛教居士王肯堂等人熟究《成唯识论》,同时亲自撰作了《八识规矩颂解》、《唯识略解》(与《紫柏尊者别集》所收《阿赖耶识四分略解》大致相同)、《前五识略解》等数种佛教唯识学著述。这些论著,虽大都出于对法相唯识思想的初浅理解,并非紫柏弘法的重点所在,但可看出紫柏对于法相唯识学的极大兴趣与关注,直接推动了晚明佛教唯识学的一时复兴。

德清也重视大乘唯识学对于现实禅教修行的指导性。德清曾亲撰《百法论义》和《八识规矩颂通说》各一卷,基于其内在修证而诠释相宗之学,以示其禅教归证之旨趣。对此,圣严法师指出,"他(即德清)的相宗注释,也是以修行的立场为其著眼"②。德清本人至晚年时则称"(《百法明门论》)乃入大乘之门,是知此乃性相二宗之关要"。并指出《百法明门论》及《八识规矩颂》这两部大乘唯识学论典,对于禅教修行者所具有的普适性效用。他说:

> 百法八识,乃相宗指南,为入大乘之门也。以佛说惟心唯识道理,遍该一大藏经,统收一大时教,世出世法无不该尽。若教若禅,无不揭示正修行路……若亲教者,展卷则见文字遮障,而不知所说皆自心本有之佛性。参禅者抱持妄想,盲修瞎炼,而竟不达生灭根源,是皆不知此论之过也。③

---

① 陆符:《紫柏老人传》,《紫柏尊者别集附录》,《续藏经》第73册,第429页下。
② 圣严:《明末佛教研究》,第198页,台北,东初出版社,1987。
③ 德清:《憨山老人梦游集》卷三二《刻百法论八识规矩跋》,第1683页。

出于当时禅教相非、性相相抵现象的强烈不满,憨山德清试图从《大乘起信论》的论说立场寻求解答。德清在其《起信论直解后序》中指出,《大乘起信论》"大开一心法界之门,摄性相而会一源,引三乘而执至极"①。有鉴于此,德清把《大乘起信论》推尊为"教禅之指南"、"修行之圆鉴"。德清重视《大乘起信论》的义理旨趣,正于他发现《起信论》中"摄性相而会一源"的唯心论思想,对于丛林法门禅教解立的现实局面具有综摄融通之用。德清认为,《大乘起信论》全面破斥了印度佛教的性相之执,达摩西来所点化禅法修证,正是承绪马鸣论说的结果。圭峰宗密《禅源诸诠集》力主禅教一源,永明延寿《宗镜录》百卷更是发明性相一源之旨,所谓"体用相成而性相互显",皆源自于此论。德清说:"马鸣为传心印之宗师,乃宗《楞伽》而著论;达磨乃禅宗之鼻祖,亦指《楞伽》以印心。所以然者,正恐末世修行,正眼不明,堕落邪见,以破坏正法耳!夫何近世亲教者,不务明心,但执文言为究境;参禅者概以肓修为向上,痛斥教乘,甘堕愚迷,固守偏执为必当。"②与紫柏一样,憨山德清基于性相互融而归于一心的唯心论思想,其实仍为源自于教禅一致论的思想产物,而其现实归趣则是"直欲学者从此一门而入,则教可离言得义,而禅亦不堕邪途,是救末法之大关键也。"③

德清更依《大乘起信论》而会通《百法明门论》,明确主张《大乘起信论》"会相归性,以显一心迷悟差别","此论乃禅宗关钥,为大教之宏纲也。亲教者,非此无以知宗要;参禅者,非此无以开正眼,实性相二宗之指南也。"④又称"文简义深,法界一心,理事因果,修证顿渐,包括无遗。故法门学者,舍此而求悟入,是却步而求前也"⑤。征引经教,阐释义理,以明证禅参悟修证的有效性,无不说明晚明佛教丛林在对性相关系的深

---

① 德清:《憨山老人梦游集》卷一九《起信论直解后序》,第1024页。
② 同上书,第1027页。
③ 同上书,第1026—1027页。
④⑤ 德清:《刻起信论直解题辞》,《憨山老人梦游集》卷三二,第1683页。

入探讨,注重经教言述以达教禅归一的取向。

晚明佛教界对法相唯识学的兴趣和关注,表明其以经导修证行的倾向。这对当时的居士佛学注重佛法知性理解的自觉意识产生了较大影响。佛教僧人对法相唯识学的关注,固然出于性相会通的佛教义学圆融立场,但通过对性情关系的佛教化理解,可以借此主动介入当时兴盛的佛儒对话,表明当时儒佛交涉的丰富内容。

紫柏、德清等人会通性相而归宗禅门的方法立场,仍未免被当时丛林中人所讥议,习讲教者视之为"不师古",而参禅者则又斥之为"文字师"。对此,智旭评论说:"憨大师《性相通说》,久为教家嗤笑,无能为害;达大师以能所八法所成《释性境》二字,不过承鲁菴之讹,习而不察,白璧微瑕耳。'交光用根'一语毒流天下,遗祸天下,非一言可罄。"①智旭对憨山德清、紫柏达观的不同意见,表明晚明佛教界对紫柏、德清等尊宿力主的性相会通而归宗禅门,存在着相当程度的思想歧异。

对于晚明佛教界"性相二宗,不许和会"的观念,蕅益智旭曾苦参其中玄奥,试图以天台教义理圆通性相关系,以使"性相二宗,一齐透彻,知其本无矛盾"②。智旭深感,性宗与相宗作为佛教义学的义理构成,自身本无矛盾,只是丛林对此分际存有成见而已。智旭深切体认到性相二歧的片面性及其负面影响,力主阐明性相之间的相互转化关系。他说:"迷于相,全性即相……悟其性,全相即性。"③"相外无性,弃相即弃性;性外无相,会性即会相。若弃相方得会性,此大不然。夫弃色相是空相,弃空相是色相;弃有情心相,是无情色空相,弃无情相,是有情相;弃无分别之根尘相,是有分别识相;弃分别相,是无分别相;弃根尘识妄相,是觉明真相;弃真相是妄相。毕竟何相可弃,何性可会耶?"④据此,智旭一则就迷

---

① 智旭:《灵峰宗论》卷五之二《复钱牧斋》,《蕅益大师全集》第6册,第806—807页。
② 智旭:《灵峰宗论》卷首《八不道人传》,《蕅益大师全集》第6册,第31页。
③ 智旭:《坛中十问十答》之第八问,《灵峰宗论》卷三之二,《蕅益大师全集》第6册,第488页。
④ 智旭:《灵峰宗论》卷三之二,《蕅益大师全集》第6册,第489页。

悟关系论性相关系,认为迷相即是迷于性,悟于性即是悟相;另则表明了性与相之间的相即不二关系。弃相会性之所以不可能,乃是因为存在体性本于生成现象之中,无分别本于分别之中。而所谓弃,则其实表明了弃与被弃者之间的分离,因此,弃相论性最终必将成为不可能达到的事情。对此,智旭在《唯识心要·凡例》中指出:"性之与相,如水与波,不一不异。故曰:性是相家之性,相是性家之相。今约不一义边,须辨明差别,不可一概笼侗;又约不异义边,须会归圆融,不可终滞名相。"①这明确地表明了智旭基于超越性相互歧的教家成见而会通性相的思想立场。

与德清一样,智旭或以《起信论》真如体性本具不变而随缘二义,或基于理事观来展开对性相关系的辨析。智旭基于天台性修不二法门,以天台性具论阐述性相关系。就理事关系而言,性具可区分为理具与事造。具体言之,理具由悟,事造则修,由理事一如而达性修不二。"是以不变之性,正由全具善恶,故能举体随缘,而善恶二修;正由全揽真性,故复举体不变。不变举体随缘,故称理具三千;随缘举体不变,故称事造三千。又理具只是具于事造,事造只是造于理具。故虽称两重,亦非六千;虽云两重,即重重无尽也。"②由此可见,智旭基于天台宗义学性修不二的思想立场理解性相关系,并以《起信论》关于真如体性本具不变随缘二义进一步加以说明,这就充分表明了晚明佛教界对唯识学的实用主义的诠释立场。智旭探究性相关系问题,落归于佛教实修论中的性修关系问题。智旭指出,执性废修即成天然外道,以明示其修即性、性即修的性修不二立场,趣归于性修交成、二而不二的性具法门。对于性修关系的论说,智旭指出,"始终理一,名之为性;六位转变,功在于修。修不在性外,悟性方成修。"③又说:"不悟妙性,无以成修;不事真修,无以显性。"④这就明确表明了性与修之间相辅相成的不二关系,性相会通终归于天台性

---

① ② 智旭:《成唯识论观心法要》卷一,第 4 页。
③ 智旭:《灵峰宗论》卷三之三《答大佛顶经二十二问》,《蕅益大师全集》第 6 册,第 547 页。
④ 同上书,第 548 页。

修不二法门,表达了智旭注重性修为一的佛教圆融思想。

晚明佛教界对性相关系的讨论,主要以禅教关系问题为思考基点,一则试图改变当时丛林仍存在的"性相二宗,不许和会"的保守观点,另则圆通佛教修行论上悟修关系。正是出于把性相关系与禅教关系结合思考的综合立场,晚明佛教界一度出现了法相唯识学的复兴情形。晚明时期的唯识学者大都出自禅宗,并最终落归于佛教修行论上禅教一致观,注重顿悟渐修、性悟事修,并对晚明佛教的修学活动产生了较大影响。

二、晚明的唯识学复兴

据圣严法师的研究,从明末及至清初,凡一百余年间,曾先后涌现了自普泰至王夫之共计有十七位撰有唯识著作的僧俗学者,其总数量多达三十五种、凡一百零七卷。

紫柏、德清等晚明禅修尊宿对法相唯识学的重视,客观上促成了当时法相唯识学的一时再兴,南北寺院都出现了一批出身于禅宗的唯识学者。① 其中,明末的佛教唯识学者较著名的有:绍觉广承(?—1606?)、高原明昱(生卒不详)、一雨通润(1565—1624)、新伊大真(1580—1650)、真界幻居等。智旭在其《成唯识论观心法要》(即《唯识心要》)中称:"于是绍觉法师为之《音义》,一雨法师为之《集解》,宇泰居士为之《证义》,无不殚精竭思,极深研几……嗣有新伊法师为之《合响》,力陈五观。"②而智旭本人则更于永历元年(1647,清顺治四年)撰《成唯识论观心法要》十卷,"拟从能变所变差别之途,以开性具性遍之錀"③。试图以天台止观法门诠析唯识法门,表达了智旭归宗于天台性具法门而会通性相的思想旨趣。

据王肯堂《成唯识论集解序》称:"余闻紫柏大师言,相宗绝传久矣。

---

① 参见圣严的《明末佛教研究》,第191页,台北,东初出版社,1987。
② 智旭:《成唯识论观心法要》卷一,《蕅益大师全集》第5册,第2页。
③ 智旭:《唯识心要》卷一,《蕅益大师全集》第5册,第2页。

鲁庵泰法师,行脚避雨止一人家檐下,闻其内说法声,听之则相宗也。亟入见,乃一翁为一妪说。师遂拜请教,因留月余,尽传其学而去。"①明武宗正德年间(1506—1521),鲁庵普泰撰成《八识规矩颂补注》、《百法明门论解》两书,成为晚明再兴唯识学的先声。普泰在其自序中,提及自己若干唯识古释,皆为未识著者的钞录之本。

明末佛教唯识学的中兴,并非专弘法相唯识,主要是出于贯通性相二宗、对治宗门空疏之习而兼弘。明末唯识的兼弘性,可以分别为两种类型。其一是出于禅修有效性考虑的兼弘,以此阐扬观心法门,如真可、德清、智旭等人阐释唯识学,皆是如此。其二是讲教类型的兼弘,如明末唯识复兴的始祖鲁庵普泰,即列归华严宗第24传、贤首下第23世。再如雪浪洪恩、一雨通润、绍觉广承、新伊大真等人,同时也是兼弘贤首者。总体来说,晚明唯识学中兴是当时禅教圆融意识的体现。从地域分布上看,兼弘唯识者,尤以江南地区者为众。

绍觉广承(生平行历未详),或称绍觉明理,为云栖袾宏的弟子。② 作为晚明唯识学的积极推动者,广承不仅亲撰唯识学著述,更培养了灵源大惠、新伊大真、辨音大基、玄箸、一相等数位研究唯识的弟子,尤以灵源大惠为著名。其中,大惠撰有《成唯识论自考录》、大基续完绍觉生前未完成的《成唯识论音义》,其法孙苕圣智素则撰有《成唯识论音响补遗》。可知他在为顾若群所写的序中亦曾提到:"于唯识之旨,当于此事,不得不推我云栖座下绍觉法师,而灵源独得其传。"③

---

① 王肯堂:《成唯识论集解·序》,《续藏经》第50册,第658页中。
② 据袾宏《答湖广曾金简仪部(曾凤仪)》,曾氏修书袾宏,称:"……别具二序,为高徒绍觉结缘。冥冥之中,幸批示可否。"另书则称:"……出游净慈,适陶石梁、春元以令徒绍觉所著《因明论》、《成唯识论》二解,命为之序。不辞浅陋,借题篇端。更托石梁请正门下,乃可付梓。……"《云栖遗稿》卷一,第4511、4512页。据此可见,曾凤仪所撰二解之序,或呈袾宏批阅。另据董漠策《成唯识论音响补遗科·序》(撰于1678年)称:"古杭绍觉老人,乃云栖莲大师嫡裔也。"《续藏经》第51册,第454页中。
③ 顾若群《成唯识论自考录·序》称:"于唯识之旨,当今此事,不得不推我云栖座下绍觉法师,而灵源独得其传。"《续藏经》第51册,第146页下。

绍觉虽为袾宏弟子,但其唯识学似与无极明信关系密切。据《新续高僧传》卷六《圆珑传》记载:"释圆珑,字大觉,姓郑氏,武林人也。往来无极讲席间,与雪浪、度门相友善,而绍觉承,执弟子礼唯谨……尝读《宗镜》有省,与其徒承手录白卷,示邻居士虞长孺曰:'吾得扫除宗镜堂,为寿师役,足可无憾。来时虚空包法界,去时法界包虚空耳。'"①绍觉广承为圆珑的正式弟子,圆珑则为无极明信的登堂学生。

圆珑与广承合作,刊刻方册本《宗镜录》一百卷,流通于苏杭地区。同时又与重视唯识的雪浪洪恩及度门正诲相友善,故广承之弘扬唯识,似受无极明信之门的影响。而无极明信为德清、洪恩等人的受业师,他本人被列为华严传人。广承在师承关系上颇为复杂,今已不得详考。绍觉广承之兼弘唯识,与《宗镜录》的渊源颇深。其时,先有妙峰福登易梵本《宗镜录》于五台,圆珑则传写于吴,"吴中士人多喜读之"。尤其是妙峰南下杭州,驻锡南屏净慈寺,与筠泉莲友善,成为远嗣永明延寿的二大重要人物。《宗镜录》的普遍流通,成为南方唯识学再兴的一大助缘。

在无极门下,度门正诲是兼弘唯识的重要人物。有关度门正诲的文献记载甚少,仅知其与雪浪洪恩同时受学于无明门下。正诲撰有《八识规矩颂略说》,在弘扬唯识的先辈古德,推崇玄奘与普泰,可知普泰《八识规矩颂补注》对其影响颇大。

真界,字幻居,浙江檇李(今嘉兴)人。因其简传,附记于《圆珑传》之后,可知其修学活动似与圆珑相关。真界的活动区域亦是苏杭地区,往来于吴中,曾栖止南屏净慈寺松寿堂,注《金刚经》,"视古今百家注无当旨者,独会祖意而为之注,直指人心而不袭旧语。盖六祖、中峰于此顿悟,非直注则经属为论矣。六梦居士序之,去隐西溪,无何端坐而化生"②。真界效法于六祖慧能、中峰明本,直指心地。除此注本今佚无传

---

① 《新续高僧传》第四集卷六《明余杭土桥庵沙门释圆珑传》,第806页中。
② 《新续高僧传》第四集卷六《圆珑传》,第806页中。

外,真界尚于万历十七年(1589)完成《因明解》,后来于1599年完成了《大乘起信论纂注》二卷、《楞严经纂注》十卷、《物不迁论辩解》一卷。于此可知真界并非是专研唯识的佛教学僧。

高原明昱,生平行历不详。仅知其为西蜀人氏,长期驻锡于杭州净慈寺,并至少撰写了八种有关唯识的诠释作品,但在晚明的唯识学僧中,却鲜提及其名。明昱的撰著,大致书完成于1600—1612年间。袾宏曾捐资助刻其最著名、流传甚广的《成唯识论俗诠》十卷。

明昱的唯识学撰著,在晚明江南的居士群体影响颇广。《成唯识论俗诠》收录了江宁宝林居士顾起元、楚中双如居士游士任、浮渡居士吴用先、金坛念西居士王肯堂、寓庸居士黄汝亨、云间金云鹏、钱塘葛寅亮等著名居士的序文及弟子秦舜友跋。① 有关明昱的事迹,仅见于江宁宝林居士顾起元为《成唯识论俗诠》所写的序中提到:"今何幸有高原昱公,开此线径,使人人涉羊肠之诘曲,顽履康壮哉! 公起自潼川,挂锡吴越,清跱绝俗,灵悟鲜伦……以宇泰先生之请,诠释此论。"②

达观紫柏真可"因游匡山,深究相宗精义"。王肯堂曾三次提到紫柏大师与唯识法相的关系。其一,"余闻紫柏大师言,相宗绝传久矣"③。其二,"余始闻唯识宗旨于紫柏大师,授以此论,命之熟究"④。其三,"余与董玄宰,侍紫柏大师于金陵之摄山中,日相与纵谈无生,且谓枯坐默照为邪禅,非深泛教海不可。一日于素庵法师阁上,得一小梵册,有喜色,授予二人曰:'若欲深泛教海,则此其舟航维楫乎。'观之则《因明入正理论》也。"⑤紫柏大师自己也写了一卷《八识规矩颂解》以及一篇短文《唯识略解》。并强调:"有志于出世而荷担道法,若性、若相、若禅宗,敢不竭诚而

---

① 参见《成唯识论俗诠》卷首,《续藏经》第50册,第502页上—第505页中。
② 顾起云:《成唯识论俗诠·序》,《续藏经》第50册,第503页上。
③ 王肯堂:《成唯识论集解·序》,《续藏经》第50册,第658页中。
④ 王肯堂:《成唯识论俗诠·序》,《续藏经》第50册,第503页上。
⑤ 王肯堂:《因明入正理论集解·自序》,《续藏经》第53册,第917页下。

留神(于唯识之书)哉？"①可见他对唯识学的重视。

一雨通润著有《唯识集解》一〇卷、《六离合释》等。他对唯识的研究，极富心得，当王肯堂听说有巢松及缘督诸师，结侣于焦山，遍检大藏，将译《成唯识论》，便派人迎到家里，二师虽先后到了，对于为作《补疏》的事，则皆以非得请到通润不可。通润的唯识学渊，王肯堂为《成唯识论集解》作的序中所说："雪浪法师，即鲁庵之孙也，缘督又雪浪之孙，而一雨、松巢二师，皆得法雪浪，称高弟子。"②通润是雪浪洪恩的弟子，亦即是鲁庵的法重孙。智旭推崇他，称为"慈恩再来"。虽然他的著述被流传下来的不多，可是明昱及智旭注的《相宗八要》的八种唯识学的书目，即是根据洪恩从大藏之中录出来的。从《新续僧传》所载，可知洪恩是无极的学生，善讲楞严、圆觉、般若。因而他的弟子通润，也自号为"二楞庵"，注释楞严及楞伽二经，以会通性相二宗为其宗旨。

通润之释唯识，颇受洪恩的影响。"师(指通润，引者注)每慨法相一宗，玄奘传之西域。自贤首、清凉唱《华严》，人皆畏数逃玄，习者益少。本师(指洪恩，引者注)唱演《华严》，实发因于《唯识》。龙藏具在，教海方新，时节因缘，其在斯乎？"③

德清与相宗有关的著述，有《百法论义》及《八识规矩颂通说》的两种各一卷。他曾亲近无极、遍融诸师，与雪浪、紫柏为善友。其相宗注释，也是以修行的立场为其着眼。如他在《八识规矩颂通说》的文中说："此书乃为一大藏教之关钥，不唯讲者不明难通教纲，即参禅之士若不明此，亦不知自心起灭头数。"④在他晚年，手批其侍者广益纂释的《百法明门论》时，则说："此百法论，以门称者，乃入大乘之门，是知此乃性相二宗之关要。凡义学者，未有不明此法而能穷诸法门者。"⑤他将《百法明门论》

① 紫柏：《唯识略解》，《续藏经》第73册，第252页中。
② 王肯堂：《成唯识论集解·序》，《续藏经》第50册，第658页中。
③ 钱谦益：《牧斋初学集》卷六九《一雨法师塔铭》，第1575—1576页。
④ 德清：《八识规矩颂通说》，《续藏经》第55册，第420页中。
⑤ 德清：《百法明门论纂释》，《续藏经》第48册，第312页中。

视为性相二宗的入门书,而鼓励弟子研习。据《憨山大师自叙年谱》称,他到71岁那年,因澹居铠公请益性相宗旨,故依《起信》会通《百法明门论》。

灵源大惠(生平不详)①,自称"莲居弟子",对绍觉广承颇为崇敬。有他的传记,同时在顾若群为《成唯识论自考录》所写的序中,也作了若干介绍:"当今此事,不得不推我云栖座下绍觉法师,而灵源独得其传。灵源师者,匀余仕族,年未壮室,以优婆塞,入土桥觉师二十年,口轮未尝停转,源师入耳辄服膺,朝往暮归,中途寻记其师说,必如昔人所称,分水泻瓶而后已。故师殁又几二十年,其所传习,独不谬海昌。"②从《新续高僧传》可知,大惠出家时,已五十七岁,然在其白衣时代,早以仕人身份,受广承十年熏沐之后,尝于京师慈慧寺闻其开山比丘愚庵真贵,讲八识标指,而微参疑义,为贵师叹服,故邀其登座,以未出家为辞,强而后可,所宣皆是莲居广承的唯识宗旨。出家受具之后,因辨音大基于补充广承的唯识论之疏,刻板于海昌。大惠以为与广承之旨颇有出入,故撰《成唯识论自考录》问世。

新伊大真(1580—1650),曾与大惠同门。蕅益智旭对其人其学备极称赞。智旭在《灵峰宗论》卷八,特为大真所写的文章,即有五篇之多,说他年十五从广承为沙弥,习师所演教法,夜以继日,慈恩、台岳宗旨,每多游刃而心益虚。后继广承而主持莲居,力宏绍觉之道,着《唯识合响》,兼授金刚宝戒,而教观并举。可知大真不是专宏唯识的学者,却是唯识学的探究者。他对于天台智凯、南岳慧思,唯识、戒律都很重视。他著有一部《成唯识论遗音合响》,此书是继绍觉广承未完的《音义》而作,智旭对大真的《合响》,所作评价极高:"有绍觉承师,具无师智,闻而知之,述为《音义》八卷,一篑功亏,忽尔西迈。于是及门高士,各出手眼,如辨音基

---

① 其传记参见《新续高僧传》卷七。
② 顾若群:《成唯识论自考录》序,《续藏经》第51册,第146页下。

师之《疏》,灵源惠师之《自考录》,亦既各竭精思、殚才力,然皆升堂有余,入室未足,故使学斯宗者,无由诣极。唯新伊真师,绍师嫡胤,执侍最久,闻熏独深,遂能继志述事。"①

虚中广益是憨山德清的晚年弟子,作成《八识规矩颂纂释》及《百法明门论纂释》两书,均经德清手批。

蕅益智旭(1599—1655)有关唯识的著述,即达九种十八卷,堪与另一位明末的唯识大家高原明昱,互为伯仲。明昱除了专攻唯识之外,并未留下任何其他著作,智旭则纵横教海,举凡天台、法相、戒律、净土、禅,无不著有专著行世。

智旭对唯识思想的疏解颇为广泛。凡释经论,均依天台的方法,明确主张教观并重。其《成唯识论观心法要缘起》称:"夫万法唯识,虽驱乌(沙弥)亦能言之,逮深究其旨归,则耆宿尚多贸贸,此无他,依文解义,有教无观故也。"②他对《起信论》极为推崇,在《大乘起信论裂网疏》自序中,先斥华严宗判唯识论为立相始教,又判中论为破相始教,《起信论》为终教兼顿之不当。又将起信与唯识的观点连接起来而主张:"《唯识》谓真如不受熏者,譬如波动之时,湿性不动,所以破定一之执,初未尝言有凝然真如也。然则,《唯识》所谓真,故相无别,即《起信》一心真如门也;(《唯识》所谓)俗故相有别,即《起信》一心生灭门也。"③又以《起信论》与《大乘止观法门》一书,在思想系统上,颇有渊源,所以其在《成为论观心法要》之中,屡以《起信论》与《大乘止观法门》,作为论证或对比的说明。

晚明唯识学者,对唯识思想的了解,大多从唐代清凉澄观的《华严经疏钞》八十卷、五代永明延寿的《宗镜录》一百卷以及元代云峰的《唯识开蒙问答》两卷中获得,并进而溯源《楞伽》、《深密》、《瑜伽》、《显扬》等经论

---

① 智旭:《灵峰宗论》卷六之三《成唯识论遗音合响·序》,《蕅益大师全集》第6册,第986—987页。
② 智旭:《灵峰宗论》卷六之一《成唯识论观心法要缘起》,《蕅益大师全集》第6册,第877页。
③ 智旭:《灵峰宗论》卷六之四《裂网疏·自序》,《蕅益大师全集》第6册,第1034页。

中来探索研究唯识思想。而作为晚明唯识学总结性人物的蕅益智旭,亦不例外。

大致来说,智旭主要基于《起信论》思想来解释唯识义。其在《裂网疏自序》中有云:"马鸣以一心真如门,显甚深般若,随智说。以一心生灭门,显瑜伽八识,随情说。"将空有两宗共同会归性宗。而对于性相二宗分歧最为显著的真如是否受熏及凝然与否的争论,则以《起信论》中真如随缘理论加以会通,故其在《裂网疏序》中又说:"故《起信》谓真如受熏者,譬触波时,即触于水,所以破定异之执,初未尝言真如随熏转变也。《唯识》谓真如不受熏者,譬波动时,湿性不动,所以破定一之执,初未尝言别有凝然真如也。"①智旭在《大乘起信论裂网疏》有了更为详尽的解释:"如来藏者,即是真如。真如不变随缘。举例而成生灭……但约不变随缘,名如来藏,亦名阿赖耶,故可云生一切法;若约随缘不变,乃名真如,但可云摄一切法也。"②在此他认为真如和八识之不同只是一性之两面,二者完全融会,并以此使性与相不再割裂。

智旭以性相融通思想为指导,致力于构建一种包含禅、教、密、净、律的完整的佛学体系,其中各宗应相互依存,不可或缺。他曾在《法海观澜自序》中提出:"无解行之戒,非戒也;无戒行之教,非教也;无戒教之禅,非禅也;无戒行及禅之密,非密也;非或非教非禅非密,则非净土真因也;非有四种净土,则戒、教、禅、密无实果也。非真因实果,则不显非因非果之心性也。"③认为禅、教、律、净、密各司其职,而都以显露心性为其宗旨。

他对于晚明佛学思想体系中的禅教关系,有着独特的看法。故他在判释教三宗的得失时,就有"天台教观齐备,教可如夏,观即如秋。贤首教多观少,清凉收禅为顿教,圭峰自立三教以对三宗,则三教如夏,三宗如秋。慈恩弘唯识,自修兜率观门,基公略示唯识五观,未尝克实勤修。

---

① 智旭:《灵峰宗论》卷六之四《裂网疏·自序》,《蕅益大师全集》第6册,第1033页。
② 智旭:《大乘起信论裂网疏》卷二《蕅益大师全集》第5册,第1227页。
③ 智旭:《灵峰宗论》卷六之四《法海观澜·自序》,《蕅益大师全集》第6册,第1044页。

然夏后定有秋,是在学者自知领会而已,故且云诸教如夏也。"①智旭对唯识宗的批评,正是他注解《成唯识论》的动机所在。他在《成唯识论观心法要缘起》中明确指出:"夫万法唯识,虽驱乌(沙弥)亦能言之,逮深究其旨归,则耆宿尚多贸贸,此无他,依文解义,有教无观故也。然观心之法,实不在于教外,试观十卷论文,何处不明心外无法,即心之法是所观境,了法唯心,非即能观者智乎?能观智起,则二执空而真性现,所以若境若教若理若行若果,皆名唯识,而五位五观一以贯之,纷而不杂,颐而不乱者也。"②由于智旭主张将《成唯识论》中成立的唯识道理当作观心法门,把唯识理论理解为对修行实践的指导,故不必于教外别立观心法门。

智旭对《成唯识论》教观齐备义之发明,其目的在于能即教而直明心性。因此,他对唯识学的研究,首先是要实现教与观或教与禅的综合,不使理论脱离实修,他采取用天台教义释唯识义理的方法来实现对唯识思想的综合,其目的在于消除相宗对于名相的执着胶滞。他在《重刻成唯识论自考录序》中以相分为例,以天台的百界千如说来疏释相宗对相分的理解:"更就相分论之,且如拈一茎华,此华本质,如来大圆镜智之相分也。佛眼所见华,成所作智之相分也。佛智所知华,妙观察智之相分也。此三为一为异。若定异,何处别有三华。若定一,佛眼不视时,但灭成所作智相分,余二仍在,佛智不缘时,但灭妙观察智相分,本质仍在。又眼见华时,有眼识相分,闻华香,尝华味,觉华触,各有鼻舌身识相分。佛一人既尔,迦叶复有三华四微,百万人天各各皆有三华四微。如是无量三华四微,同在一处,似如一镜,不杂不乱,无二无别。于百万人天中,随拈一人相分时,必摄一切诸人相分。于眼等识中,随拈一识相分时,必摄余诸识相分。重重无尽,无尽重重,是可思议邪,不可思议邪……后世弘相宗者,何为自设藩域,曾弗一深思也。是故习性不习相,未有不瞒盱者,

---

① 智旭:《蕅益大师全集》,《成唯识论观心法要·缘起》第6册,第1040—1041页。
② 智旭:《灵峰宗论》卷六之一《灵峰宗论》卷六之四《法海观澜·自序》,《蕅益大师全集》第6册,第877—878页。

习相不习性,未有不胶滞者。① 在智旭看来,不能将相与其本性相应着来观照,是唯识理论随顺常识而沦为常识的结果,必须以天台思想加以会通,而其目的就是发明心性,因而只有不离修行证悟,才能对佛学义理平等观照,融通无碍。

智旭从《成唯识论》中发明唯识观法,以五位唯识为现心法门,正是表现了晚明佛教中对如来禅的重视,对经教于禅修作用的重视,这种对待唯识乃至教下诸宗的态度,也是唯识学受到重视的原因,也是唯识学在晚明佛教发展中所具作用的反映。

由于智旭对唯识学的理解,是站在性宗的立场,对唯识相学进行新的阐释。他试图通过唯识理论严密细致地解说,将诸法相会归于一心,从而破除我法二执,最终达到体修证悟,因此智旭对唯识学概念的解释,未能与传统唯识学保持一致。

尽管智旭对唯识学的研究并非从相宗立场出发,但其对经论的理解基本上能保持客观的态度,力求对经文原义以准确的解读。如其在《八识规矩直解》中,对性境是这样解释的:"性境者,性是实义,谓相分色,从相分种子所生,故名为实。此复有二:一、本无质;二、有本质。一、本无质者,即第八心王所缘根身器界及种子,但是自变自缘,不假外质,然约器界及他人之浮尘根既是共相识种所变,亦得说有外质也。根本智亲证真如,虽不变为相分,亦名性境。二、有本质者,即今五识所缘五尘,及明了意识初念,并定中独头意识所缘定果色等,皆托第八识之相分以为本质,随即变为自识相分而为所缘,犹如镜中所缘群像,虽约真谛言之,则皆如幻如梦,了无真实,而约俗言之,则五尘即是五识相分,从种子生,还熏成种,不同空华镜像兔角龟毛,亦复不同过去未来之不可得,故名性境也。"②智旭将性境分成无本质与有本质两种,实际上是将以真如为性境

---

① 智旭:《灵峰宗论》卷六之三《重刻成唯识论自考录·序》,《蕅益大师全集》第 6 册,第 972—973 页。
② 智旭:《相宗八要直解》卷九《八识规矩直解》,《蕅益大师全集》第 5 册,第 1685—1686 页。

的观点,和把阿赖耶识的见相二分等同于五识与性境的观点,并其二者进行了仔细梳理,最终整合进自己对性境的理解中,使之融会相同,此是在性相融合观念指导下的必然结果。

同时,智旭对"所缘缘"义之解释,亦可见其融会思想之痕迹,他在《观所缘缘论直解》中说:"所缘缘三字,是所观之境,即心王心所之相分也……今用正理比度较量,既非极微,又非和合,则心外更无一法为所缘缘。而所缘缘,惟是自识所变相分明矣。"①其所立所缘缘之目的,在于破斥凡外小乘妄计现量五尘境界以为心外实法,因此所缘缘义作为"自识所变相分",侧重于"自识所变"的意味,而非相宗所注重的五识内境的实在性质,体现其破除我法二执、会归一心的思想。

智旭对真如心与八识心王心所及四分关系都有其独特的认识,如其在《成唯识论观心法要》卷二中说:"上末欲显俗谛差别,故以二分破一,又以三分破二,又以四分破三;今欲显真理圆融,故可第四可摄入第三,而可但言三分,又内三可摄入于见分,而可但言二分。又见相分本无二体,而可但言一心也。入《楞伽》偈即证成一心之旨、然所谓一心,亦非拨无八个心王、五十一个心所,而别指一真如心以为总相法门也。但以四分体无别故,名为一心,则知八个心王、五十一个心所,随拈一王一所,皆具四分,随其所有四分,体皆无别,惟是一心,是知一一王所,无非法界。又四分体既无别,以体融用,用亦无别,故得说言'一色一香、无非中道'及'唯色唯香',等也。"②他把一心说成"一真如心以为总相法门",把一心与四分之间的关系说成"但以四分体无别故,名为一心",一心与四分是体与用、生与灭的关系,又从一心与四分的体用真俗关系,推导出一心与八识王、所的体用关系,因此四分、八识摄为一心,便是"四分体既无别",以一心变为八识王、所及四分,则是"以体融用,用亦无别",明确表达其

---

① 智旭:《相宗八要直解》卷五《观所缘缘论直解》,《蕅益大师全集》第5册,第1547—1548页。
② 智旭:《成唯识论观心法要》卷二,《蕅益大师全集》第5册,第227—228页。

体用无碍、性相融通的思想。

智旭对唯识思想的梳理,其最终目的是为了融会性相,破除二执,体证法性。他在《成唯识论观心法要》中称,"……此诸法胜义,亦即真如,常如其性故。当知唯识二字,即遣相证性。"①又称,"是故吾人发大乘心,须于唯识相性深生信解。然后修习菩提资粮,可名顺解脱分。否则纵修诸行,但是人天有漏之因而已"②,说明了唯识思想对佛教修行中的重要作用。

总之,智旭以性相融合的思想为指导,对唯识法相观念进行梳理,并通过对性相两宗理论的融会贯通,力图将相宗纳入性宗的解释体系。

第四节 净土教的兴盛

晚明净土宗的兴盛,是当时佛教界禅、教、律学行兼修,净土思想的全面阐释,成为明代佛教的一大亮色。鉴于净土宗传承的非历史性,描述晚明净土教的兴盛,主要着眼于当时净土理论的阐释,主要通过云栖祩宏的摄禅归净论、无尽传灯的摄教归净论及蕅益智旭的消禅归净论,特别是对净土信仰的全面皈依,不仅是佛教界禅教一致、禅净合流的有效途径,同时也是晚明佛教复兴的重要表现。晚明佛教对净土信仰的全面皈依,既可视为晚明佛教全面复兴的重要表征,更可视为中国佛教世俗化的逻辑完成。

一、禅净合流及其影响

晚明佛教参究念佛禅的风行,将宗门参究工夫与净土持名念佛法门的圆顿整合,既是晚明禅学中兴的重要内容,同时也是其禅净合流的主要特色。

---

① 智旭:《成唯识论观心法要》卷一,《蕅益大师全集》第5册,第9页。
② 智旭:《成唯识论观心法要》卷四,《蕅益大师全集》第5册,第425页。

晚明佛教解脱修证论意义上的参究念佛禅,其基础仍然在于禅宗的心性论,其关键是即心即佛的自心念佛论。因此,参究念佛禅,就其实质来说,首先是一种禅法,而并非是净土修行理论。或者说,参究念佛禅乃是一种会通唯心净土思想的禅法。参究念佛禅的心性论根据,包括佛教心佛一如、即心成佛根本思想。正如德清所说,"佛者觉也,即众生之佛性,以迷之而为众生,悟之即名为佛。今所念之佛,即自性弥陀;所求净土,即唯心极乐。诸人苟能念念不忘,心心弥陀出现,步步极乐家乡,又何必远企于十万亿国之外,别有净土可归耶?所以道'心净则土亦净,心秽则土亦秽。'"①在念佛即自净其心的修行意义上,晚明丛林的参究念佛禅,表面上以话头禅为其形式,乃是对参话头禅加以变通的结果,然其会通整合的内在理据,就在于禅宗即心即佛的心性论思想。具体地说,参究念佛禅的思想理据依基于慧能禅宗即心即佛的心性论。但又与神秀基于"观心看净"修行立场所主张的"净心念佛"或"念佛净心"的方便法门②,同样也存在着密切关联,尽管神秀的净心念佛法门,并不直接表达称念佛名而往生极乐西方的净土信仰。

参究念佛禅效法看话头的参究工夫,力透"念佛者是谁"的意旨所在。此一方式反映出持名念佛与参究话头禅的结合,隐涵着下述推论:念佛即是参禅,而参禅即是念佛;念佛与参禅一而二,二而一。这既是晚明摄禅归净论的运思逻辑,又被视为末法时代切合实际需要、极为稳当的实修法门。如憨山德清认为:"参禅看话头一路,最为明心切要,但近世下手者稀。一以根钝,又无古人死心;一以无真善知识决择,多落邪见。是故念佛参禅兼修之行,极为稳当法门。"③念佛参禅兼修这一稳当法门,通过对当下念佛之心的参究,毋需甚为难得的明眼真善知识的勘

---

① 德清:《法语·示优婆塞念佛结社》,《憨山老人梦游集》卷二,福建莆田广化寺本,第110页。
② 参见神秀的《大乘无生方便门》。据《传法宝纪》说:"及(弘)忍、法如、大通神秀之世,则法门大启,根机不择,齐速念佛名,令净心。"神秀认为,心体不动,即是净,"一念净心,顿超佛地",但此净心方法从根本上说,仍属于禅宗渐修法门。
③ 德清:《憨山老人梦游集》卷五《法语·示刘存赤》,第228页。

验,只要修行者能够持之以恒,久久自见心地开通,顿现自性,借念佛之便利而悟自心之觉明。基于此,德清主张念佛参禅兼修之行,不失为极稳当法门。若据禅净二者自力与他力之分际,从根本上说,德清所主张的兼修念佛,仍不外为自力修行的禅修范围,没有明显倾向于籍弥陀本愿力量的他力救助,也不涉及往生西方极乐世界的来世问题。

德清曾细述参究念佛的疑情工夫,明确阐释参究念佛论的禅宗立场。他说:"……但把从前妄想一齐放下,不容潜生,缓缓专提一声阿弥陀佛,著实靠定,要观此念从何处起?……若妄念又生,此因无始习气太重,又要放下,切不要将心断妄想……直于妄念起处觑定,放下又放下,缓缓又提起一声佛,定观这一声佛毕竟从何处?至五七声,则妄念不起。又下疑情,审为这念佛的毕竟是谁?世人把此当作一句说话,殊不知此下疑情,方才是(工夫)得力处。如妄念又起,即咄一声,只问(念佛的毕竟)是谁?妄念当下扫踪灭迹矣。"①

据此所述,参究念佛大致有三个主要过程:先缓缓专提一声阿弥陀佛,并观此念从何处起;其次,定观一声念佛毕竟从何处起;最后,下疑情审察念佛的毕竟是谁,于二六时中,坐、行、茶、饭动静中,莫不如此做去。这完全是禅宗修证的工夫法门。

此外,德清在另一处也作了类似的开示:

> 念佛实审公案者,单提一声阿弥陀佛作话头,就于提处即下疑情,审问者念佛的是谁。再提再审,审之又审,见者念佛的毕竟是谁。如此靠定话头,一切妄想杂念,当下顿断,如斩乱丝,更不容起,起处即消。唯有一念,历历孤明,如白日当空,妄念不生,昏迷自退,寂寂惺惺。②

据德清所述,于参究念佛公案中贯穿参禅者的一整套参究工夫:疑情、提

---

① 德清:《憨山老人梦游集》卷五《法语·示玉觉禅人》,第257—258页。
② 德清:《憨山老人梦游集》卷九《示念佛参禅切要》,第440页。

撕、审察、靠定话头,如此等等。这种念佛法,其实完全属于禅宗修证的工夫法门。从理论上看,参究念佛禅修中隐含着正念与妄想之二元分别,念佛之念是为正念,舍此而外,就是妄念。这表明参究念佛,不仅与神秀北宗禅观心看净法门有着异曲同工之处,而且并不完全等同于如蕅益智旭所主张的妄心念佛净土法门。德清的参究念佛禅思想,乃是证妄还真的参究真心过程,是分析性的修证命题;而妄心念佛观则是即妄而真的心佛、心土当下同一,属于综合性的修证命题。这说明德清基于禅宗究竟论立场,其参究念佛思想仍然以证悟本心为归旨,而没有直接指向往生净土的信仰归宿。

晚明坚持体究念佛论而主摄禅归净、净土往生的真正代表是云栖袾宏。袾宏在论及明代参究念佛思想演历时曾说:

> 国朝洪(武)永(乐)间,有空谷、天奇、毒峰三大老,其论念佛。天、毒二师俱教人看念佛是谁;唯空谷谓,只直念去,亦有悟门。此二各随机宜,皆是也。而空谷但言直念亦可,不曰参究为非也。予于《疏钞》(即《弥陀经疏钞》也)已略陈之。而犹有疑者,谓参究主于见性,单持乃切往生,遂欲废参究而事单持。言经中止云:"执持名号",曾无参究之说。此论也甚有理,依而行之,决定往生。但欲存此废彼,则不可……故《疏钞》两存而待择,请无疑焉。若夫以谁字逼气下行,而谓是追究念佛者,此邪谬误人,获罪无量。①

在袾宏看来,明代禅修者主参禅与念佛为一,约有二种类型:其一为天奇本瑞、毒峰季善等明初禅僧所持,认为看"念佛是谁"即是参禅,表现为以参究话头工夫而摄归念佛法门,借此对治念佛者不知众生全体是佛的有效法门,如天奇曾示众云:"终日念佛,不知全体是佛。如不知,只看念佛者是谁?直下诘问,一猛提醒"②。其二如空谷景隆所主张,认为始终单

---

① 袾宏:《竹窗随笔·参究念佛》,《莲池大师全集》,第3851—3852页。
② 转引自圆瑛的《佛说阿弥陀经要解讲义》卷三,第180页,上海,上海圆明讲堂,1996。

持名号直念佛名,亦是悟门,主张持名念佛即是参究工夫。依袾宏之见,持名念佛与参究工夫,二者不应存此废彼,废参究而单持称念佛名。因为参究见性与称名念佛,就其根本归趣来说毕竟一归往生,殊途而一致。袾宏所理解的"决定往生",乃是往生西方极乐世界意义上说,而非基于"唯心净土,自性弥陀"当下即是的此在往生。

依据上述净土往生的信仰立场,袾宏进一步指出,念佛不惟不碍参禅,实有益于参禅。他说:

> 古谓参禅不碍念佛,念佛不碍参禅。又云:不许互相兼带。然亦有禅兼净土者,如圆照本、真歇了、永明寿、黄龙新、慈受深等诸师,皆禅门大宗匠,而留心净土,不碍其禅。故知参禅人虽念念究自本心,而不妨发愿:愿命终时往生极乐。所以者何?参禅虽得个悟处,倘未能如诸佛住常寂光,又未能如阿罗汉不受后有,则尽此报身,必有生处。与其生人世而亲近明师,孰若生莲花而亲近弥陀之为胜乎?然则,念佛不惟不碍参禅,实有益于参禅也。①

禅净兼修,至迟在北宋宗门中即以相当风行。有鉴于此,袾宏特别称引宋代禅僧长芦宗颐"念佛不碍参禅,参禅不碍念佛,法虽二门,理同一致"之说②,认为念佛往生不仅无碍于参禅心悟,而且有益于参禅心悟者落归实处,永住法身,而尽脱报身轮回之苦。因此,参禅见性者不妨留心念佛,发愿往生。参禅与念佛兼修互补,其摄禅归净之意昭然若揭。

袾宏主张参禅与念佛相互补充的思想见解,不仅是晚明摄禅归净论的代表性理论,而且在实践中证明是行之有效的理论。但也曾引起一些禅僧的误解。时人尝称:"云栖惟求生净土"。此时的云栖寺"僧众济济,佛声浩浩"。但依曹洞宗师湛然圆悟之见,袾宏在根性上仍不失为一禅宗中人,表明云栖本质上仍为一个禅者。他以自己亲历云栖禅修证悟的

---

① 袾宏:《竹窗随笔·念佛不碍参禅》,《莲池大师全集》,第3860—3861页。
② 引见道衍的《净土简要录》,《续藏经》第61册,第418页下。

经过为例证说：

> 予昔年曾近座下，凡见和尚示众皆圆示真心，曾无异道。一日和尚诘予曰："古人云：海底泥牛衔月走，岩前石虎抱儿眠，铁蛇钻入金刚眼，昆仑骑象鹭鸶牵。此四句内，有一句能纵能夺能杀能活，若人检点得出，一生参学事毕。你作么生？"予将旁僧推出云："大众证明。"和尚复诘曰："南泉斩猫，不得学赵州顶草鞋。你作么生？"予便抽身出堂。大众报云："已出矣。"和尚即休。又一日，有西堂湛源出问，云"德山托钵因缘，意旨如何？"和尚展卷示之。如此对客开示，日无少之。岂云栖不欲参禅而惟修净土耳！①

袾宏作为戒定慧三学并重的一代龙象人物，却因倡导净土修行而招致时人的误解。对此，圆澄而深有感触地为袾宏辩解说：

> 虽然云栖曲尽万途，岂止（禅净）二门，何者？和尚直抵燕京访询辨容、月心诸大尊宿，亲领圆融法门，故说无定方。姑举数端以释子疑。其发隐戒疏、朔望布萨，是主戒也；历讲《法华》、《维摩》、《妙宗》、《圆觉》等经，是主教也；作《正讹集》、《崇行录》，是主论也；教受（同授）瑜伽，是宗咒也；放生咒食、济贫扶乏，是修福也。其余万德万行难以具述。且三时课诵，是百丈已来诸方各刹住持大体。今指云栖惟修净土，其犹见门墙未见堂奥，而妄度人家财，不亦诬乎？矧彼之门墙，亦非易窥。今凡住云栖者，或往随喜者，皆不能深叩微妙。但见僧众济济，佛声浩浩，退谓人曰："云栖惟求生净土。"若人如古人拨草瞻风，便见云栖有通天作用。辞海波腾，未易言也。②

圆澄认为袾宏不仅注重禅悟而禅净兼修，而且律教并重、福德双行，因此对袾宏禅教归净的圆融法门作出了相当有力的肯定性评价描述。当

---

① 圆澄：《湛然圆澄禅师语录》卷八《宗门或问》，《续藏经》第72册，第848页中。
② 同上书，第848页下。

然,肯定袾宏是禅僧这一事实,但这并不能否认他对净土法门的极力推崇,而只不过是表明袾宏从参究念佛论到摄禅归净的思想演历过程。但圆澄的上述辩解,在某种程度上说明了袾宏摄禅归净论恰恰真实体现了晚明佛教的现实圆融思想,正是出于振兴佛教、改革丛林的法运担当。

持名念佛往生净土,在晚明时期是具有普世效应的修行法门。有见于晚明佛教"一概示人念佛,更无他语"的现状,如圆澄等禅僧,对此多有否定性的评论。圆澄尝就当时丛林糊弄念佛而内心如墨的情形,批辟说:

> 近来法门浸敝,多出听响之流,入耳出口,祇欲人前装大模样,衒惑于人,不知自己全然缺于师法。今日出家,明日收徒。经教有所未闻,知识未能亲近,外假威仪,内心如墨。凡弟子有问,则答曰:念佛千了百了,不知是何道理。只恐彼此朦胧,唐丧光阴,伊谁之过?……苟或有问云:如何是念佛,即心离心圆修别修法门?彼师则便生瞋,不知自缺师承,反责前人无理。或以胡指乱答,取笑达者。苟图名利,掩彼善根,其害匪细。①

如果只以持名念佛为胜义法门,而漠视参究实修方法的有效性与合理性,就会走向事情的反面。应该说,净土持名念佛法门,无论是心念还是口念,都难以提供外在的明察与界定,容易流为形式化,而徒有持名念佛之虚设而已。再者,念佛往生的彼岸特征,则更容易使深受俗世纠缠的念佛往生者流于虚信,致使佛教觉人度世的现实悲愿失于空幻。基于此,圆澄认为,与其求于他人(求于他佛亦然),勿如求己,努力参究本性,即心成佛。他说:"念佛惟凭彼佛提携,全叨愿力;参禅克究真心,祇是自因。求人求己,优劣可见。且《十六观经》佛因韦提希夫人难遭逆子,身禁狱中,速求解脱,为说此经作胜方便。且佛出世四十九年,其间所说法

---

① 圆澄:《湛然圆澄禅师语录》卷八《宗门或问》,《续藏经》第72册,第848页上、中。

要,不可胜举,其指于净土者,万中之一耳。"①于此可见,圆澄坚守禅宗参究本然真心为本,求诸自得解脱的思想立场,而视净土念佛法门仅为方便权设法门之一,甚至不惜判净土持名念佛往生法门的方便性和他力性为劣。

圆澄进一步指出,佛法修行者若真正悟明心地,则必生唯心净土;而称念佛名,如若不能亲证本然清净之心体,亦不得往生。他说:"真正悟明,必生净土。何以故?悟者悟自心外无土,土外无心。此界他方,同归方寸;净土天宫,总是家山。形直影端,声和响顺,大德大位,理必如此。岂有悟心而不生净土者哉?!且念佛如不分证净心,岂有决获往生!何以故?随声唱和,未必皆归净土,教有明文,所以云栖劝人念佛以千继计万,今载往生者,止有二三。马祖会中众,惟五百八十余人悟道,故知净土之易,不异参禅之易;参禅之难,即是净土之难。难易之事,在人不在法;顿渐之宗,在志不在得。所以云:小圣不及大凡。"②

据上所引,既然真正悟明心地必生净土,那么参禅与念佛在行果境界上必将殊途而同归。为此,圆澄较为全面地分疏了禅净之自力与他力之异,所谓难行道与易行道之别,也只不过是相对而言,不可一概而论。圆澄结合明末佛教净土修行之种种浅薄情形,明确地提出以参悟真心为主务,悟明心地必生净土,反映了宗门对于净土念佛修行方法所持的保留意见,同时也说明了当时禅净之间对于念佛往生仍有着相当不同的态度,而且宗门中人仍有对此持否定性意见者。当然,这并不妨碍主禅修究竟论者劝修净土念佛。如圆澄尝作《净土偈》八首,普劝行人日常念佛。其八有曰:

> 百行不如念佛好,念佛之人少烦恼。忙闲不废用工夫,他日名受阎王拷。行也念,住也念,行住之中著方便。法法头头本现成,何

---

① 圆澄:《湛然圆澄禅师语录》卷八《宗门或问》,《续藏经》第72册,第847页中。
② 同上书,第851页上、中。

须更问娘生面？坐也念，卧也念，散乱昏沉打一片。极乐国，去不遥，目前一念可顿超……①

二、教净合流及其影响

在晚明佛教界，除了德清、袾宏等人倡由参究念佛、禅净兼行而摄禅归净外，同时还并存着禅教归净乃至于主张消禅归净的思潮。明末时期，曾有"中兴天台"之称的天台宗师无尽传灯，撰著《净土生无生论》一卷、《净土法语》一卷以及《弥陀圆中钞》二卷，基于天台法界互具思想而高唱生即无生的性具念佛说；在晚明佛教居士中，则出现了袁宏道（1568—1610）基于华严真常唯心论立场而作《西方合论》十卷。二书皆收录于智旭所编的《净土十要》中。另外，尚有李卓吾所著《净土诀》一卷（亦称《西方诀》）等明末佛教居士的净土著述。

归净之教，主要是指华严与天台而言。明末教净合流的主体是天台与净土的结合。其中，尤以无尽传灯的性具念佛及蕅益智旭的圆顿念佛为代表，体现出从摄教归净到消禅归净的思想演历。

天台宗人向有倡导念佛法门之传统，并且极为重视对净土经典的疏释。入宋以后，中国佛教以天台宗学者为中心而出现了禅、净、律兼重并顾的净土教，产生了如四明知礼（960—1028）、遵式（964—1032）、智圆（976—1022）等代表人物。无尽传灯在其净土专著《净土生无生论》中，基于天台宗法界互具的性具法门，着重阐释了佛教净土往生而无生的思想。

传灯所撰的《净土生无生论》一书，字尚不足四千言，而文共分十门，即一真法界门、身土缘起门、心土相即门、生佛不二门、法界为念门、境观相吞门、三观法尔门、感应任运门、彼此恒一门及现未互在门。其主旨在于阐明净土生而无生，使念佛法门者终能断疑生信，进阶不退。智旭弟

---

① 圆澄：《湛然圆澄禅师语录》卷八《净土偈》，《续藏经》第72册，第831页下至832页上。

子成时曾对《净土生无生论》一书所阐释的义旨，作如下概述说："此论以现前一念心，无法不具为本（初门），具则必造（二门），故佛土佛身，皆即我心（三门、四门），今即以此本不可思议之一念念佛（五门），而西方依正，圆妙三观，生佛感应，旷劫誓愿因缘，总不出我现前念佛之一念（六门、七门、八门），如是，则十方彼此、三世因果、凡小偏邪种种诸疑，可以悉断矣（九门、十门）"①。

另据传灯弟子正寂的诠解，本论十门，约可三分："初四（门）为体，中三（门）为宗，后四（门）为用"②。承绪天台宗人注重唯心净土及其修法思想的历史传统，特别是智者大师《净土十疑论》中断疑生信而归向净土圆修的佛教立场，传灯在《净土生无生论》中，基于天台宗法界互具的性具法门，着重阐释了弥陀净土往生而无生的唯心旨趣。传灯在《序论》有偈称："敬采经论秘密旨，圆明净土生无生，普使将来悟此门，断疑生信阶不退。"③

传灯首先指出，真如法性当体理具十法界，而此一真如法性，与众生介尔之心相即不二，"一真法界，即众生本有心性。此之心性，具无量德，受无量名"④。约净土言，此一众生本有之心性，同时也就是吾心所具的佛土，"夫念佛求生，正由吾心所具之佛土也。言介尔心者，即凡夫念佛之心也"。由此，"十万亿远之佛土，居于凡夫介尔之心，即心是土，即土是心。"传灯认为，此一众生本具的介尔之心，由于超越了真妄之分别，既为不变而随缘之生灭心，同时也当下即为随缘而不变之真如心，所以能够包容广大无边之佛土。他说："介尔之心，昧者谓小，达人大观，真妄无二。盖此妄心，全性而起，性即无边，心亦无际……盖真如不变随缘，随缘不变。既曰随缘不变，岂可以真妄而局大小哉？"⑤据此，真如性中所具九法界，能随

---

① 成时：《净土生无生论·旧跋》，见智旭汇辑《净土十要》卷九，第410页，苏州灵岩山寺印行本。另见《续藏经》第61册，第745页上。
② 正寂：《净土生无生论注》，《续藏经》第61册，第833页上。
③ 传灯：《净土生无生论·序论》，《净土十要》卷九，第398页。
④ 传灯：《净土生无生论·一真法轮门》，《净土十要》卷九，第398页。
⑤ 引见传灯的《净土生无生论·心土相即门》，《净土十要》卷九，第403页。

染缘,造事中九法界;同样地真如性中所具的佛法界,能随净缘,造事中佛法界。其根本原因,就在于天台宗的性具事造法门。由此理具,方有事用。因其性具,而当下即能悟达净土生而无生、无生而生的佛境。

由此,众生全体本具的当下现实的介尔之心,同样可以当体即具西方弥陀净土。在第五《生佛不二门》中,传灯指出,弥陀实为悟果之人,成就无量功德;而凡夫则是迷因之人,虽具足无量恒沙烦恼,但凡夫之心本具无量性德,为当成之佛。即因而果,即迷而悟,由因果不二而凡圣同体,由迷悟同源而生佛不二。以此之故,传灯说:"古德云,'诸佛心内众生,尘尘极乐;众生心内诸佛,念念证真'。故弥陀即我心,我心即弥陀;未举念时,早已成就;才举念时,即便圆成。感应道交,为有此理。故念佛人,功不唐捐。"[1]

往生西方弥陀净土最简捷的修持法门,不外是持名念佛。传灯承绪四明知礼的法界念佛观,明确主张:"法界圆融体,作我一念心;故我念佛心,全体是法界。"以此全体法界之心,修持名念佛,"则彼三身,何身不念?求彼四土,何土不生?"[2]同样地,由此全体法界之心而观想佛境,"则西方依正,已在我观之内;我今身心,已在依正之中"[3]。观佛即是观心,观想西方极乐佛境,亦不出此一观心法门。由性具,我观佛之心,已本自具足佛土;由修成,我心作观之时,西方佛土已在我观之心当下全体显现。

那么,观心法门何以能够照了十万亿西方极乐世界?传灯认为,这就必须常以天台宗一心即具空假中的圆融三观,称性照了所观之真、俗、中三谛,"是以观极乐依正者,以吾一心之三观,照彼一境之三谛,无不可者;以吾三观之一心,照彼三谛之一境,亦无不可者"[4]。如此观境圆融不

---

[1] 传灯:《净土生无生论·生佛不二门》,《净土十要》卷九,第404页。
[2] 传灯:《净土生无生论·法界为念门》,《净土十要》卷九,第404—405页。
[3] 传灯:《净土生无生论·境观相吞门》,《净土十要》卷九,第406页。
[4] 传灯:《净土生无生论·三观法尔门》,《净土十要》卷九,第407页。

二,即行者应知"西方极乐世界,乃吾心中之一土也,娑婆世界,亦吾心中之一土耳。约土而言,有十万亿彼此之异;约心而观,原无远近"①。据此可见,在传灯看来,生佛不二与心土不二,皆源于众生一念之心,以心土互即而不二,故众生介尔之心当下本具西方极乐净土,故此往生西方净土即是归向自心本具之净土,往生见弥陀,亦即是见自心本具之弥陀。这从表面上看,与晚明时期禅净教一源论者每每津津乐道的"唯心净土,自性弥陀"思想,二者之间似具相通之处。

在心佛一体、心土不二的性具念佛法门下,传灯更进一步论述了净土往生的实际修持。他认为,"求生净土者,信、行、愿三者缺一不可"②。只要修行者"兼福兼慧及与净愿,自然心开,见十方佛,一切净土,随愿往生"③。

值得一提的是,传灯净土生即无生的性具净土观,法界圆融的持名念佛观,终不出于众生介尔之妄心即念佛之心,此心同时亦为即生净土之心。这与智旭即"现前一念之心性"而信愿持名念佛、往生净土思想之间,多有相通之处。从佛教心性本体论的角度来看,传灯基于天台性具法门而推演出的心土不二、心佛不二思想,既具有当下同一又具有当下超越的特征,而在净土修行论上看,不仅为净土念佛、净土往生信仰极为简易的实修方便性,同时又在义理上不至于丧失天台性具教理的殊胜性与超越性。

从净土教理思想史上看,传灯净土生而无生的心性义旨,不仅见诸大乘佛典,如《维摩诘经》所说的"随其心净则佛土净",《华严经》中"应观法界性,一切唯心造",无不构成"唯心净土、自性弥陀"思想的根本理据。而就净土生无生论而言,唐代昙鸾就在其《往生论注》卷下,即已阐述了这一思想旨趣:若能悟明心土相即、生佛不二之理,所谓往生净土,即生

---

① 传灯:《净土生无生论·彼此恒一门》,《净土十要》卷九,第408页。
② 传灯:《净土生无生论·感应任运门》,《净土十要》卷九,第408页。
③ 传灯:《净土生无生论·彼此恒一门》,《净土十要》卷九,第409页。

自心之净土;得见弥陀,即见自性之弥陀。以此之故,净土往生即生而无生。当然,作为净土论者,昙鸾在《往生论注》中,还强调了依仗弥陀愿力、往生极乐世界而亲证无生法忍的果德成就。对于后者,传灯并没有过多地进行理论上的阐述。这说明其天台净土论,并非出于纯粹的西方净土信仰的往生论,而是以天台"性具"圆理诠释净土修法的往生论。以此之故,传灯的《净土生无生论》,因其天台圆修的理论特征,有别于云栖袾宏基于华严性海为旨归的净土修法而独树一帜。基于同样的原因,无尽传灯的《净土生无生论》被其后学蕅益智旭列归于《净土十要》中,并因而受到了后世净土修学者的普遍瞩目。

就晚明佛教界的修学现状而言,禅净合流再度在理论上得到重视,特别是参究念佛禅,得到了如憨山德清、云栖袾宏等佛门龙象的一致推崇。其中尤以云栖袾宏的影响力最巨,对净土念佛修法的普及化起到了至关重要的推动作用。在其道力感化下,不可计数的佛教修学者,归向净土法门,以至于云栖古寺一时"僧众济济,佛声浩浩",使人误认"云栖惟求生净土"。作为"中兴天台"的一代宗师,传灯实不能无视于佛教修行的现实取向,无视于天台宗注重倡导净土圆修行法的历史传统,而不对现实的净土修持作出理论上的全面阐释。所以无尽传灯的《净土生无生论》一出,就迅速获致了明末佛教界的普遍赞同,满足了晚明佛学界对净土修法的理论探究的强烈需求,特别是禅净双修、教净合一论者的理论需要。对此,传灯受法弟子正知曾满怀崇敬之情地记载称:"幽溪大师中兴天台教观,以性具圆理阐净土法门,著为《(净土)生无生论》,初开演于新昌石城寺,每一登座,天乐盈空,大众同闻,事非虚诳,诚可谓离五浊之大津梁,登九莲之胜方便。"①

传灯《净土生无生论》刊行于世后,很快就获得了丛林宗门的回应,明末清初鼓山曹洞宗僧为霖道霈(1615—1702),于清康熙丁卯(1687)尝

---

① 正知:《净土生无生论·旧跋》,《净土十要》卷九,第410页。

撰《续净土生无生论》，并自述缘起称："明万历间，幽溪无尽灯法师，本一家教观，作《净土生无生论》，理无不圆，事无不彻，乃净土之正宗，往生之捷径。故当时论成，师登座为四众讲演，感天乐鸣空，众共闻见，每日皆然，讲毕乃止，其灵应不爽如此。净业行人，依之修持，复何惑哉？然余今日复有是作，貂续于其后者，盖以十门中，有旨别而门同者，有门别而旨别者，皆足以互相发明，究竟净土指归，聊备自修，兼示同见同行者，同生净土云尔。"道霈所撰之《续净土生无生无论》，其十门分别为一真法界门、性心具造门、心佛互遍门、心佛同体门、唯心即至门、性德庄严门、佛佛同体门、心佛感应门、三无差别门和因果互具门。所谓旨别门同者，如初一真法界门；所谓门别而旨别者，如心佛互遍门、心佛同体门、心佛感应门、三无差别门、因果互具门。道霈自以为正续二篇《净土生无生论》，合而观之，"相互发明，净土深旨，似无遗憾"①。道霈的续作，大体上是基于华严与禅的结合而论净土，约归于自性清净心。此立场大体类同于袾宏所主的华严净土观。

综上所述，天台幽溪大师的《净土生无生无论》，本于性具圆理的天台教观，基于大乘教典"唯心净土、自性弥陀"的净土旨趣，对当时佛教界教禅归净的修行取向，作出了圆行中道的理论回应，较好地解决了世人视持名念佛、净土往生太过易行的疑虑。特别是通过把持名念佛的净土修法，纳归于更具圆融性的法界心体念佛，较完满地回应了宗门盛行的参究念佛法门，以至于即便是主禅净双修的禅僧们亦不得不重视无尽传灯的净土诠释。这其中固然有传灯出于弘扬天台本宗思想的考虑，但同时也需要独立思考的理论勇气。无尽传灯的天台净土思想，也许并不在于其理论上的独创性，而在于其思考的独立性。从某种意义上，我们可以说，无尽传灯摄教归净的理性探讨，是稍后由其师侄蕅益智旭所显扬的消禅归净思想的一种铺垫。正是在无尽传灯摄教归净的基础上，智旭进一步阐发了天台净土圆修法门，汇成影响远至民国的净土修持。

---

① 引见道霈的《续净土生无生论·序》，《净土十要》卷八，第411页。

传灯另撰有《净土法语》一卷,虽然同样基于天台性具圆教"唯心净土、本性弥陀"的净土思想,但更为明确地阐明了净土念佛法门仗于他力往生的殊胜性。他认为,在佛教修行解脱中,"求其捷径,最简要者,莫胜于念佛求生净土法门。可谓速出生死之玄关,疾成觉道之秘诀也"①。净土念佛法门不仅在经论上有圣典理据,有历代祖师的大力弘倡,而且也在佛教的现实修行中广泛地深入人心。传灯认为"惟极乐世界念佛一门为究竟,可谓言言阐唯心净土之心宗,句句演本性弥陀之妙法。悟此者,达生心与佛心平等,心土与佛土无差;修此者,获妙观与妙境相符,自力与他力兼济"②。唯心净土、自性弥陀;心佛不二、心土为一;观境互融、自他兼济,所有这些净土法门的殊胜圆融,都无不充分展现了净土念佛往生作为普世修行的广阔前景。

当然,净土法门在理念上的简易性,并非意味着在实际修行中人人皆可一蹴而就,而是必须信、学、行、愿四者的结合修行,才能在真正意义上体会净土往生法门的殊胜性。对此,传灯开示说:"是以求生极乐者,要以敦信为之始,必须遍读大乘,广学祖教。凡是发明净土之书,皆须一一参求。悟极乐,原是我惟心之净土,不是他土;了弥陀,原是我本性之真佛,非是他佛。"③据此,信学结合,才是悟明唯心净土、自性弥陀的真实路径。另外修学者,还应该广修正行与助行。

就净土正行而论,有观想念佛行和称名念佛行。在一心不乱的称念佛名中,就要做到于事一心而念中究明理一心之无念,修行者的极致境界,就是要体悟到"现前一念之心,便是未来净土之际,念而无念,无念而念,无生而生,生而无生;于无可念中,炽然而念;于无生中,炽然求生。是为事一心中明理一心也"④。而在观想念佛中,"心想佛时,是心即是三

---

① 传灯:《净土生无生论·净土法语》,《净土十要》卷九,第427页。
② 同上书,第427—428页。
③ 同上书,第431页。
④ 同上书,第432页。

十二相,八十种好,是心作佛,是心是佛,诸佛如来正遍知海,从心想生"①。

就净土助行而言,其要有二端,即世间之助行和出世间之助行。所谓世间助行,不外乎孝顺父母、心怀仁慈、戒杀等世俗的人伦规范;所谓出世间之助行,则包括六度万行种种功德,诸诵大乘、修诸忏法等,无非净土出世之助行。②传灯还提出了一种"微妙助行"。这种微妙助行,其具体内容,就是"当于历缘对境处处用心,如见眷属,当作西方法眷之想,以净土法门开导之"③。至于净土誓愿,广如四弘誓愿,上求下化,狭如自修自度,决志往生,皆应忠实地回向于净土往生。总之,信、行、愿三者,"可为生净土之弘纲,觐弥陀之宝筏,一切净土法门,举不外乎是矣"④。

据上所述,在净土修持的具体方法上,无尽传灯仍以天台净土教的"称名"与"观想"为念佛正行,明确主张即事一心而明理一心,以收"于无可念中炽然而念,于无可生中炽然而生"之功效。同时也吸收了净土宗的信、行、愿三位一体的修行观思想。应当指出的是,无尽传灯基于天台教学一心三观、一念三千的妄心即净土观,并不完全等同于德清等人基于即心即佛的唯心净土思想。因为无尽传灯在宏演净土法门时,着重于弥陀净土的弘扬,而非为以参究本来心地为指归。

晚明佛教不仅普遍流行着持名念佛而往生弥陀净土的修行法门,而且还极为重视对小本《阿弥陀经》的思想疏解。明末净土教中流行最广者,即为弥陀净土思想及此之相应的持名念佛法门。云栖袾宏、无尽传灯及蕅益智旭等人无不重视对持名念佛而往生弥陀净土法门的诠释。或基于华严自性清净心,如云栖《弥陀疏钞》的疏释;或着眼于天台性具圆教,先有无尽传灯之《弥陀圆中钞》,后有蕅益智旭之《弥陀要解》。下

---

① 传灯:《净土生无生论·净土法语》,《净土十要》卷九,第432页。
②③ 同上书,第433页。
④ 同上书,第434页。

面具就传灯之《弥陀圆中钞》,简述其弥陀净土思想。

无尽传灯之所以依据于蕅庵大佑的《阿弥陀经略解》而撰著《阿弥陀经略解圆中钞》(亦称《弥陀略解圆中钞》,简称《弥陀圆中钞》)。① 其重要理由,是因为小本《弥陀经》的一心不乱持名念佛一法,完全符合于天台圆教的真空妙有之中道。他在本书自序中揭示之所以题作"圆中钞"的题义称:"今为之钞,而特题为圆中者,意以极乐依正为妙有,一心持名为真空。微真空,而莫能证于极乐之妙有;微妙有,而莫能显于此心之真空。所谓不思议假,非遍假;真空不空,非但空。合是二者而行之,则圆中圆满,非但中之道成。是故命为钞焉。意欲读是经而修行者,顾名思义,诚宜一心不乱,而万虑皆忘,则真空之理彰;七日持名,念念相续,则妙有之理显。行成而见佛,心净而华开。娑婆之印坏,而极乐之文成。印坏所以空其情,是之谓真空;文成所以立其法,是之为妙有。二者俱忘。"②

与袾宏基于华严性海所主的理一心持名念佛不同,在《弥陀圆中钞》中,传灯着重于以天台宗一心三观、性修不二的修学旨趣阐释弥陀净土的观心法门。他说:"求生净土之人,但以一心不乱,而执持名号;祇执持名号,而一心不乱,无边妙义,咸在其中。不思议观,非离当体。可谓全性起修,全修在性也。"③这就明确表达教净一体的诠释取向。传灯大师教净一致论的诠释立场,还具体表现在以天台止观融摄弥陀念佛法门,认为净土修法中的持名念佛,不出于台宗的止观法门。他阐释说,"七日持名,即是观;一心不乱,即是止;方持名而一心,方一心而持名,是则止观双照。"④更为重要的是,以圆顿法门融摄理事,使圆教修人一心念佛,

---

① 大佑(1334—1407年),姑苏吴县人,字启宗,号蕅庵。年十二出家,通内外经典,尝从古庭善习华严,复从九皋声学《摩诃止观》。阅元代蒙润之《天台四教仪集注》而得省,渐通达天台纲格。尝为苏州北禅天台讲寺住持,专修念佛三昧。后诏右善世、左善世,考试天下僧徒。传灯称大佑"精于教理,其于净土一门,尤得其妙,有《净土指归集》盛行于世"。大佑的《净土指归集》,洪武二十八年(1395)由四明翠岩无象刊行后,流行甚广。
② 传灯:《弥陀略解圆中钞·序》,福建莆田广化寺本(据扬州藏经院存板刻),第7页。
③ 传灯:《弥陀圆中钞》卷下,第209页。
④ 传灯:《弥陀圆中钞》卷上,第59页。

"了事乃即理之事,理乃即事之理,是以一心持名时,事一心可也;理一心可也;理事相即一心可也。念念无非法界,心心皆即真常。如是念佛,功德最大。"①对于净土念佛往生法门,看似简易,却因其法界性具,故一心念佛其实为圆顿修法,乃是"一切世间,实为难信。可谓大乘中之大乘,了义中之了义也"②。

从幽溪传灯摄教归净、教净归一的佛学取向上,晚明佛教界对于净土念佛往生信仰的推崇,并非出于净土信仰的思想性和智慧性,而是出于佛教净土信仰修持论上的简易性和方便性,或者说乃是出于佛教净土信仰所具有的宗教性、信仰性特征。晚明佛教思想中所体现出的摄教归净倾向,即是基于上述宗教性、信仰性的立场考虑。由此可以说,晚明佛教思想中出现摄禅归净、摄教归净而向佛教净土信仰的全面皈依,乃是当时僧人修学观念中源于佛教宗教化、信仰化的内在要求所致,并借此展开佛教信仰合理化的充分论证,使佛教特别是净土信仰成为末世时代的普世宗教和普世信仰。

三、消禅归净及其影响

晚明之际摄教归净思想的另一著名倡导者,就是为被后世尊为佛教"莲宗九祖"的蕅益智旭。

智旭极其推崇净土法门,他曾开示学佛者说:"超生脱死,舍净土一门,决无直捷横超方便;而生净土,舍念佛一法,决无万修万去工夫。近世盲禅妄谓弥陀不必念,净土不必生。"③据此,智旭不仅明确表达了对丛林盲禅暗证的不满,而且还竭力主张净土念佛法门是佛教修行中超生脱死的便利法门。智旭不仅是晚明佛教丛林中主消禅归净论的代表人物,而且还是摄戒归净者、摄教归净者。当然,智旭所针砭的禅修者,主要是

---

① 传灯:《弥陀圆中钞》卷下,第213页。
② 同上书,第286页。
③ 智旭:《灵峰宗论》卷二之三《示陆喻莲》,《蕅益大师全集》第6册,第270页。

那些徒具参禅虚名的末流。

禅、戒、教三学,皆归于净土持名的念佛正行,表明智旭乃是净土往生论信仰的彻底皈依者。他说:"念佛求生净土,乃一门圆摄百千法门,非举一废百也,但必一门深入。念佛为正行,余一切戒定慧等为助,正助合行,如顺风之舟,疾到岸矣。"① 在念佛正行中,当推持名念佛最为简便。智旭把净土持名念佛的修行方法抬升到极致高度。他在辨别《阿弥陀经》的持名念佛宗旨时,曾明确指出:"此经以信愿持名为修行之宗要。非信不足以启愿,非愿不足以导行;非持名,不足满所愿而证所信。"② 认为,"唯持名一法,收机最广,下手最易……可谓方便中第一方便、了义中无上了义、圆顿中最极圆顿。"③

智旭在《参究念佛论》一文,更以其所主的台宗修行立场明确地阐述念佛净土思想说,"然了义中最了义、圆顿中极圆顿、方便中第一方便,无如净土一门。何以言之? 随其心净,则佛土净;见思净,超同居;尘沙净,超方便;无明净,超实报……众生心念佛时,是心作佛,是心是佛,以一念顿入佛海。故曰:'一称南无佛,皆已成佛道。''若人专念弥陀佛,是名无上深妙禅。'岂不至圆至顿?"④ 据此,《阿弥陀佛》所开启的持名念佛法门,被智旭推许为佛教修行的极致工夫,众生完全可借念佛之心,顿入诸佛正遍知海,证达超生脱死之境,完全不亚于"向上一路"的禅修悟道。不仅如此,智旭还把这一念佛法门至上论思想立场贯彻于其疏经解论之中,表明智旭基于天台净土观把禅教归宗于持名念佛法门的佛教圆融观。

智旭净土修行的圆融观念,从根本上讲,乃是基于即妄而真的当下现前一念心立场的圆融。如智旭依据《楞严经》的念佛论思想,认为佛教"念

---

① 智旭:《灵峰宗论》卷二之四《示石友》,《蕅益大师全集》第6册,第319—320页。
② 智旭:《弥陀要解》,《蕅益大师全集》第2册,第5页。
③ 同上书,第9页。
④ 智旭:《灵峰宗论》卷五之三《参究念佛论》,《蕅益大师全集》第6册,第810页。

佛三昧"为三昧中王者也。智旭所持的末法众生须依念佛得度说,即由《楞严经》导引而出。这表明智旭力图从佛教元典中找寻教净圆融的经典依据,并更进一步阐释教禅归净的修行义旨。他提出参禅、教观与念佛法门,既不可言同,亦不可说异、亦同亦异,甚至也不可言非同非异。对此,他阐论说:"夫吾人现前一念心性,虽昏迷倒惑,灵知终不可灭;虽流转纷扰,本体终未尝动。此岂非寂照真源、止观血脉、定慧根据乎?究此现前一念心性,名为参禅;达此现前一念心性,名为止观;思惟忆持此现前一念心性,名为念佛。盖念者,始觉之智;佛者,本觉之理也。就此念佛法门,有念自佛、他佛、自他佛之不同。"基于天台义学的判教理论,智旭将本源于众生当下一念心性的念佛,分别为三种类别,即念自佛、念他佛和自他俱念佛。并认为"若念自佛,与参禅、止观全同;若单念他佛,与参禅止观亦异亦同;若双念自他佛,则与参禅、止观非异非同"①。而念佛往生所见之佛,当为果佛,而非性佛、因佛。这就充分表明智旭以净土往生为归趣的思想立场。

智旭还曾敏感地注意到《大乘起信论》中的念佛论思想,具有相当独特的宗教品性,并对此加以摄教归净的义理阐释。对于《大乘起信论》所说的"发大誓愿,一心专念佛及菩萨。以生如是决定心故,于此命终,必得往生余佛刹中,见佛菩萨,信心成就,永离恶趣"。智旭疏释说,《大乘起信论》的念佛修行,"令仗自心中之他佛,度脱佛心中之自身也。须知前止观门,名念自佛三昧;今示念佛菩萨,即念他佛三昧。以念佛及菩萨,不生妄想分别,即是止行;了知诸佛菩萨有大神通巧便,能救拔我及诸众生,即是观行。"《大乘起信论》所谓"发大誓愿"者,正是指救拔一切险厄众生。智旭认为,这也就是说"为度众生而求生净土,非为自身独出生死。有此菩提弘愿,方是往生正因。不然,纵令念佛菩萨,与佛菩萨气分不相契合,不能生净土也"②。因此,大乘净土法门中的往

---

① 引见智旭的《灵峰宗论》卷五之三《念佛即禅观论》,《蕅益大师全集》第6册,第823页。
② 智旭:《起信论裂网疏》卷六,《蕅益大师全集》第5册,第1407—1408页。

生信仰论,其宗教性趋向,必以救度众生而往生净土为归趣,绝非仅局限于个体性的自我解脱行为。正是在此意义下说,智旭并非简单的摄禅归净论者,而是主张消禅归净的严肃往生论者,因此与云栖袾宏有着相当的不同之处。综括大乘佛典中的念佛诸说,蕅益智旭指出,净土念佛形式多种多样,有持名念佛、忆念念佛、观境念佛、实相念佛、参究念佛等等。他论析说:

> 净土正行,尤以念佛为首。顾念佛一行,乃有多途:《小经》重持名,《楞严》但忆念,《观经》主于观境,《大集》观佛实相。后世智彻禅师复开参究一路;云栖大师极力主张净土,亦不废其说。但法门虽异,同以净土为归。①

有鉴于此,智旭特别辨析了由元代智彻禅师所开出,并经同云栖袾宏加以阐扬的参究念佛论。他进一步阐释说:

> 独参究之说,既与禅宗相滥,不无淆讹可商。尝试论之,心、佛、众生,三无差别,果能谛信,斯直知归。未了之人,不妨疑著。故谁字公案,曲被时机,有大利,亦有大害。言大利者,以念佛或疲缓,令彼深追力究,助发良多。又,未明念性本空,能所不二,藉此为敲门瓦子,皆有深益。必净土为主,参究助之,彻与未彻,始不障往生。言大害者,既涉参究,便单恃己灵,不求佛力,但欲现世发明,不复愿往。或因疑生障,谓不能生;甚者废置万行,弃舍经典。古人本意,原欲摄禅归净,于禅宗开此权机。今人错会,多至舍净从禅,于净宗翻成破法。全乖净业正因,安冀往生彼国?②

据上所引,智旭认为,对于参究念佛之说,因其直接关涉到禅宗修证

---

① 智旭:《灵峰宗论》卷五之三《参究念佛论》,《蕅益大师全集》第6册,第811页。元智彻曾著《禅宗决疑论》一卷,称:"或有参无字者,或有参本来面目者,或有参究念佛者,公案虽异,疑究则同。"
② 智旭:《灵峰宗论》卷五之三《参究念佛论》,《蕅益大师全集》第6册,第811—812页。

工夫论,而当其时禅弊丛生,故有须加辨明之必要。禅者所主的参究念佛之说中利害相杂,有大利,也有大害。通过参究"念佛者为谁"这一公案话头,可发明本心,悟明心地,从而裨益于念佛,此为参究念佛之大利也。然而,此大利必须以净土往生为主,以参究证悟为助缘之力,对于往生净土有助发之功。参究念佛作为参话头禅的变通方法,也有其潜在的危害性,这就是表现于参究者在参究过程中,容易过分相信个体的主观能力,而忽视净土信仰皈依弥陀本愿的他在佛力;不仅如此,而且希冀现世的当下顿超佛地,不愿相信历劫往生的极乐世界,从而完全违背了净土往生的信仰旨趣,同时也走向了古人"摄禅归净"之本意初衷的反面。智旭明确表明其摄禅归净的往生信仰论思想立场,而有别于视参究念佛为参禅的一种方法的观点。不止如此,智旭还进一步把摄禅归净极端化为消禅归净的思想立场,充分说明当时佛教界对于参究念佛的效用存在着极为相异的理解,这同时也表明晚明佛教思想界对于禅净合流,尚有着不一致之处。而智旭乃是最明确表达以持名念佛为正行而视参究为助缘的僧人,这实际上使智旭成为习禅者主参究念佛论的反对者。更进一步地说,智旭的消禅归净的阐释取向,实则标明了晚明佛教对净土信仰之全面皈依的历史完成。

禅净关系,自宋代以来,就一直成为佛教界甚表关注并加以探讨论究的显学问题。元末明初的著名禅师中峰明本的观点,相当程度上代表了晚明宗门之于禅净关系所持的基本观点。大致来说,中峰明本观点主要有二:其一是认为禅者净土之禅,而净土者禅之净土,"净土心也,禅亦心也,体一而名二也";其二是认为"禅与净土,理虽一,而功不可并施,修之者贵乎一门深入,则禅与土二者似又不可得兼矣"①。禅之参究与净土之念佛,对于具体的修行者来说,只能选其一法而"一门深入"。参禅为究竟论者的上述观点,虽然承认了净土念佛方法的有效性,但同时也指出了

---

① 中峰明本:《天目明本禅师杂录》,《续藏经》第70册。庄广还:《净土资粮全集》,第588页下。

在具体修行生活中,二者不可得兼的非此即彼性,这就为坚持参究修证的宗门工夫的真实有效性保留了存在空间。不过,智旭并不如此认为。

正有鉴于此,智旭尝进一步分辨禅与净土之内在关系说:

> 无禅之净土,非真净土;无净土之禅,非真禅。然净土之禅,本不须参究,但一心不乱即静,名号历然即虑。若夫禅之净土,必须证极净心,非可以理夺事。从上诸祖,凡情已尽,圣解未忘,不妨随机扫执。后世学人,虽有乾慧,染习未枯;自非发愿往生,依旧随业轮转。永明四料简、楚石十念不缺等,正所谓有禅有净,岂偷心哉?①

智旭依于永明延寿禅师禅净料简的摄禅归净说,高唱禅净归一,虽然他也承认无禅之净土非真净土,但他却更为明确地说"净土之禅,本不须参究",从而表明作为摄禅归净的"净土之禅"才是真禅,禅宗参究本无须运用念佛法门,因为净土持名念佛法门,本自具足静虑禅定的意蕴。智旭言下之意不外是认为,参究念佛纯属多此一举。况且,末法时代佛教学人,往往过分拘泥于毫无生命力的枯禅干慧,既绝无可能断尽情识染习,也甚难彻底证达真正之觉悟。因此,如果修行者不发愿往生,终不免随业轮转,难以解脱生死,枉为出世为佛子。这一末法时代的修行悲念主张,其实就是决志强调净土他力修行的现实功用,而限制禅宗自性自悟自我解脱的自力修行。

智旭的上述立场表明,对于参究念佛这一既禅亦净、即净而禅的方便法门,持有排他性的保守观点,反映了晚明的佛教丛林,在事实上并未真正实现禅净合流。无论是对参禅究竟论者来说,还是在净土念佛究竟论者看来,对方所持的佛教修行方法的实效性,都尚缺乏充分有效的内在理据。在某种意义上说,这种情形也就是表明了净土信仰的相信他在佛力、往生西方极乐世界,并不能完全彻底地与中国禅宗所倡扬的自性自悟、依于自力而顿超佛地的现世性、当下性、自主性相契应。

---

① 智旭:《灵峰宗论》卷五之三《参究念佛论》,《蕅益大师全集》第 6 册,第 813—814 页。

更进一步地说,智旭所主的净土持名念佛论,意在涵摄风行一时的禅宗参究念佛论之思想。这是一种整合式的表达,表达着基于当下现前一念妄心的即心即佛观及即心即土观;而德清等丛林尊宿所持的参究念佛论,则为一分析性的表达,乃基于证妄还真的真心观。二者之间的差异,从表面上看,乃是在于由工夫论不同取向所导致的终极归趣之差异,从深层来说,则涉及到基于佛教心性论思想的运思模式之不同。智旭对当时宗门修证中所存在的痴禅暗证、枯禅默修即所谓盲禅行为的向来不满,并结合他本人参禅求法的亲身体会,更有理由进一步怀疑禅宗参究念佛论方法的实效性。智旭不仅对参究念佛所依基的疑情方法一直持有异议,而且在他看来,达摩西来所传的直指之禅也已沦为有大害而无利,表明某种否定禅宗修证方法传统的倾向。然而问题是,对于上述盲禅行为的不满,是否就可以由此而在根本上否定参究性悟方法本身的有效性?是否可以由于禅学末流的积弊丛生,即可一笔勾销慧能以下中国禅宗的修证传统?或者说,晚明佛教界所倡导的禅净合流、摄禅归净的现实趋势,是否必须走向极端化的消禅归净论,而要以牺牲中国禅宗修证解脱论思想为代价?当时佛教界对于佛教圆融思潮也有作出反思者,明确指出,佛教圆融统观并不是无任何思想原则和方法立场的混通,不过智旭的消禅归净论无论如何是一种极端化的观点。

从智旭本人的参学经历而言,他对看话头参禅以及疑情工夫论的异议,涉及到对禅学的理解。圣严曾指出:"智旭的禅学思想,并非承袭当时传统上的正统禅师,而是直接依奉《楞严经》的,所以智旭的禅与中国传统的禅宗,有其相当的不同。唐末以后的禅宗,是以公案为中心的祖师禅;而智旭禅,则是以佛说的经典为中心,是即所谓如来禅。对于禅宗祖师,智旭固然并无反驳的意识,但对专事执着公案,而不用经典的禅者,在他整个生涯中,都持有激烈的攻击。"[①]据圣严的观点,智旭的禅学

---

① 圣严:《明末中国佛教之研究》,第 408 页,台北,台湾学生书局,1988。

经验乃是基于《楞严经》,而《楞严经》据智旭的解读包含着念佛净土的思想。诉诸智旭博杂的佛学知识背景,及其对参禅的实证体会(所谓"径山之悟"),智旭的禅学背景,当不至于令他全然放弃对禅修实效性的肯认。既然如此,那么智旭何以持念佛法门而非议参究念佛,并由对于以话头禅为主要表现形式的祖师禅法的不满,进一步转为对参究念佛论的否认? 这其中包含复杂禅宗历史与现实的问题。

智旭曾反省中国禅宗的历史和现实而感慨说:"达磨西来,事出非常,有大利必有大害。呜呼! 先辈幸得大利,今徒有大害而已。谁能以悟道为先锋,以念佛为后劲,稳趋无上觉路者邪?"①智旭结合自己的禅修体会②,从当时宗门的禅修现状出发,智旭并不认为参究方法与念佛法是完全互补的,这一见解与禅净合流思想之间明显存在歧异。智旭的摄禅归净论,乃是通过消禅归净而实现的,这表明唯心净土与西方净之间不可能彻底会通。而晚明佛教希望借摄归净而救治丛林积弊,同样仍有其内在的现实难题。其实,晚明禅学中兴所体现出来的祖师禅与如来禅之合流趋向,已经注意到了证悟心性与现实受用的关系问题,并通过辨明见地与行履之关系,而开始关注福慧双行的实修效应,而智旭只是从净土修行的角度再加以强调而已。即此而言,智旭极端的消禅归净论,其实也并非就是充分而必要的思想观念。

当然,上述辨析,绝非否定蕅益智旭对净土思想的巨大贡献,更非意欲抹杀智旭大师作为莲宗祖师的历史地位。事实上,智旭对净土思想的阐释,完全可以说是卓然自成一大家。这里想着重说明的是,蕅益智旭的净土念佛论与参究念佛论之间的思想歧异。

智旭根据净土信仰的信、愿、行三德,认为参究和念佛皆属行摄,"虽

---

① 智旭:《灵峰宗论》卷六之四《西方合论序》,《蕅益大师全集》第6册,第1002—1003页。
② 圣严:《明末佛教研究》,第5页,台北,东初出版社,1987。智旭曾经参谒洞宗师无异元来,非但未嗣其法,反而因之而"尽谙宗门近时之弊,乃决意宏律"了。

有切行,若信愿为导,则往生;无信愿为导,则不生也"①。因此,就净土往生信仰来说,信和愿乃是行的必要条件,而行则只是净土往生的充分条件而已。据此可见,智旭所理解的净土往生信仰必须以信愿为基础,由此方可确立参究或念佛的具体修行,即信愿为先导而参究为辅修,不同于德清等人所认为参究中落实净土修持。

那么,智旭所理解的净土念佛法门又有什么特征呢?智旭曾说:

> 念佛法门,虽该罗八教,圆收无量百千三昧,而下手之方,又最直捷痛快。盖凡念相好、念法门、念实相等,固先开真解,然后下手,万无夹带疑情之理。只今持名一法,亦止蓦直持去,不用三心两意,深信净土可生,发愿决定往生,以持名为正行,以六度等为助行,万修万人去,断断可保任者。若一点好胜之心,涉入参究,谓为向上,则脚跟不稳,禅净两失之矣!智者不可不决定其所趋也。②

如果说,智旭在此所开示的对象为居士,并不能完全代表其全部观点,那么,尚可征引其著论《示念佛法门》所持的观点:

> 念佛法门,别无奇特,只深信力行为要耳。佛云:若人但念阿弥陀佛,是名无上深妙禅。天台云:四种三昧,同名念佛;念佛三昧,三昧中王。云栖云:一句阿弥陀佛,该罗八教,圆摄五宗。可惜今人将念佛看做浅近勾当,谓愚夫愚妇工夫。所以信既不深,行亦不力,终日悠悠,净功莫剋。设有巧设方便,欲深明此三昧者,动以参究谁字为向上,殊不知现前一念能念之心,本自离过绝非,不消作意离绝,即现一句所念之佛,亦本自超情离计,何劳说妙谭玄?祇贵信得及,守得稳,直下念去……岂知念得阿弥陀佛熟,三藏十二部极则教理,都在里许;千七百公案向上机关,亦在里许;三千威仪,八万细行,三

---

① 智旭:《灵峰宗论》卷五之三《参究念佛论》,《蕅益大师全集》第 6 册,第 813 页。
② 智旭:《灵峰宗论》卷二之三《示方尔阶》,《蕅益大师全集》第 6 册,第 278—279 页。

聚净戒,亦在里许。①

不仅如此,智旭以念佛往生净土该摄六度万行,明确主张真能念佛,即大布施、大持戒、大忍辱、大精进、大禅定和大智慧②。智旭最后告诫说,相反的情形则是,"若初心便要说好看话,要不著相,要学圆融自在,总是信不深,行不力,饶你讲得十二分教,下得千七百转语,皆是生死岸边事,临命终时,决用不着"③。

智旭首先征引佛祖圣言量,以阐明净土念佛在佛教修行中的无上地位,声称念阿弥陀佛即是无上深妙禅,念佛三昧乃是三昧中王,念佛在诸佛教中的圆摄地位,绝非今人所言的浅近,更非属于愚夫愚妇之工夫,亦非习禅者向来所言之暮年行为。相反地,念佛法门综该一切经教,涵摄千七百则公案,总括净戒律仪,统合六度万行,更为至关重要的是,如果学人在修行上三心二意,而不能深信念佛法门的无量功德,那么最终达不到生死解脱的修行目的。因此,智旭指出:"若更问念佛是谁,头上安头,骑驴觅驴,明眼为之喷饭。而近代无知狂悖之徒,反以话头为奇特,名号为寻常,弃如意珠王,竞取瓦砾,可哀矣!"④智旭认为,若更参究"念佛是谁",就是"头上安头,骑驴觅驴"的表现,这种表达其实构成了对憨山德清、无异元来等主禅宗究竟论者参究念佛思想的驳难,同时也更明确地表明了智旭消禅归净的思想立场。

综上所论,晚明佛教思想中由参究念佛(如憨山德清)到摄禅归净(如云栖袾宏),从摄教归净(如无尽传灯)到消禅归净(如蕅益智旭)的思想演变,表明当时佛教从注重自力与自律的心性解脱智慧,趋归于强调他力与他律而往生西方的信仰救度。这一从智慧走向信仰的思想转向,同时也体现于更为具体而实践的佛教修行生活中,从而表现出晚明佛教

---

① 智旭:《灵峰宗论》卷四之一《示念佛法门》,《蕅益大师全集》第 6 册,第 613—615 页。
② 同上书,第 615 页。
③ 同上书,第 616 页。
④ 智旭:《灵峰宗论》卷二之五《示念佛社》,《蕅益大师全集》第 6 册,第 375 页。

修行观念中所具有的普世性格。但从佛教思想史上看,晚明佛教界对净土思想的会通解释,却深刻地反映出真心论与妄心论之间的理论歧异及其思想难题。

四、净土思想的会通

中国佛教的净土学说历来具有三种类型:其一为弥勒净土,亦称兜率净土。其主要典据为《弥勒下生经》、《弥勒成佛经》和《弥勒上生经》,被称为"弥勒三部经"。佛教认为弥勒佛是未来佛、当来佛,表明弥勒信仰在时间维度上的未来属性。因此,弥勒的兜率净土亦具有未来性。弥勒净土信仰在中国民间具有广泛的影响,甚为流行。不过,晚明佛教中占主流的并非是弥勒信仰及其兜率净土。

其二是基于天台、华严特别是禅宗义理思想而提出的"唯心净土"说,主张心净即佛土净,净土在于净心,如《维摩诘经》所说"心净即佛国土净",认为净土唯心即是行菩萨道;此一观念也被禅宗所接纳,如《坛经》认为西方净土非离心而别有。唯心净土作为晚明佛教净土论的主导观念之一,并对晚明居士佛教修学具有相当广泛的影响。具体而言,晚明唯心净土思想又可分别为两种类型。其一为华严与禅宗立场的真心净土论类型,其二为天台宗的妄心净土观及性具净土论。

第三种类型的净土信仰则为中国净土宗所力持的"西方净土"说,所谓西方净土亦即"弥陀净土",以称念阿弥陀佛之名而往生西方极乐世界。晚明净土教中所最广为流行的就是弥陀净土信仰。

从中国佛教历史上看,净土念佛论思想约有三大体系:一为东晋慧远所创立的观想念佛派,由证入三昧而见佛往生;二为昙鸾、道绰、善导等净宗大师所创立的本愿派,指众生若依于弥陀本愿,即可往生弥陀净土;三为唐代慧日法师所传的称名念佛派。中国净土三系,皆主往生。此为净土教门信仰观念的根本旨趣之所在。

"唯心自性净土"与"弥陀西方净土",作为二种不同类型的净土信仰,有着相异的理论学说、经典依据与修持方法。唯心净土或以止观修持,或以法界圆融统观修持,或如禅宗借明心见性而参究体证。西方净土论则主要由种种念佛法门而趣归往生。进一步地说,唯心净土与西方净土之间的差异,基于它们各自所依据的运思模式差异。唯心净土论具有即心即佛、即心即土而达致心佛土三者相即不二的本体论模式,而西方净土则具有以往生超在的西方极乐世界为归趣的宇宙论模式。唯心净土与弥陀净土的思想会通,形成了所谓的"唯心四土"思想,这是传统净土学引入佛教唯心本体论模式的结果,标明了佛教本体论与宇宙论二大运思模式之间的汇通,同时也说明佛教心性论思想的进一步深化。

具体到修持净土的念佛法门而言,由于所据经典圣教的不同,中国净土教可分为四种念佛类型,即持名念佛、观像念佛、观想念佛和实相念佛。随着宋代禅净合流思潮的兴起,又出现了参究念佛说。晚明净土教的修持方法主要为持名念佛、参究念佛或体究念佛。其中持名念佛更为晚明净土教所共持。这种诠释取向,当与晚明佛教界对《佛说阿弥陀经》的推崇态度密切相关。明末时期,佛教界不仅把《阿弥陀经》列为丛林日课,而且众多弘法之僧更是对之注疏赞扬有加,嘉贻后人。印光法师尝就晚明相继推出的弥陀经注疏撰著评论说:"于中求其至广大精微者,莫过于莲池之《(弥陀)疏钞》;极直捷要妙者,莫过于蕅益之《(弥陀)要解》;幽溪法师握台宗谛观不二之印,著略解圆融中道之钞。"①晚明佛教界普遍弘持弥陀净土,且各具影响。无尽传灯的弥陀净土思想已见前述,在此且集中比较云栖袾宏与蕅益智旭两位净土祖师的弥陀净土思想之异同。

(一)袾宏摄禅归净的本体论诠释

云栖袾宏疏释净土的主要著述《弥陀疏钞》四卷,以及与之相关的后续著论,如《阿弥陀经疏钞事义》(《阿弥陀经事义》)一卷、《阿弥陀经疏钞

---

① 印光:《重刻〈弥陀略解圆中钞〉·劝持序》,引见《弥陀略解圆中钞》,福建莆田广化寺本,第3页。

问辨》一卷、《答净土四十八问》等。其中影响最大的就是《弥陀疏钞》。

袾宏《弥陀疏钞》形式独特,系仿清凉澄观《华严疏钞》而成的自疏自钞之作。据袾宏所述,古人有关《阿弥陀经》的阐释著述,"辞虽切而太简,理虽露而不彰",且流传大都不广,故决意"总收部类五经,直据《文殊》一行。而复会归玄旨,则分入《杂华》(即《华严经》);贯穿诸门,则博综群典,无一不消归自己"①。这表明袾宏《弥陀疏钞》博综群典与诸家疏解的整体立场。

袾宏在《弥陀疏钞》一书,引用大小乘佛经约三十种、论典四种、中国先贤的著述十七种。② 圣严进而指出:"本书以《起信论》的真如一心,及《华严经》的清净唯心,作为'一心不乱'说之思想的磐基。以《文殊般若经》的一行三昧,作为修行持名念佛的有力旁证。以华严教判的方式,判《阿弥陀经》正属大乘顿教,故与禅宗并驾齐驱,兼带终教,因其属于法性宗系;分属圆教,若得理一心,即入毗卢性海。云栖对于'持名念佛'及'一心不乱',均分事理二释,乃为此书发挥最多的一大特色。"③

在博综群典的整体阐释中,般若性宗思想(华严、禅宗和天台)是袾宏判析弥陀经旨的主导立场。云栖明称,《阿弥陀经》"宗乎法性,以净土、依正、信愿等,皆归一心。一心不乱即法性故"④。而此经有另一大旨趣在于"直指众生,以念佛心入佛知见"⑤。于此可见,云栖《弥陀疏钞》的主题是必须究明众生念佛之心的奥秘所在。了达众生念佛之心的奥秘,则须从净土教所阐扬的种种念佛法门入手。

对于净土教的念佛法门,云栖疏称:"教分四种念佛,从浅至深,此

---

① 袾宏:《弥陀疏钞》卷一,《莲池大师全集》,福建莆田广化寺本,第839—840页。
② 其中较为常用的典籍有《大本阿弥陀经》、《文殊般若经》、《楞严经》、《观无量寿经》、《华严经》、《大乘起信论》、《大智度论》及智者大师《十疑论》、天如惟则《净土或问》等近十种。参见圣严的《明末佛教研究》,第114页,台北,东初出版社,1987。
③ 圣严:《明末佛教研究》,第114—115页,台北,东初出版社,1987。
④ 袾宏:《弥陀疏钞》卷一,《莲池大师全集》,第911页。
⑤ 同上书,第848页。

(指持名念佛)居最始。虽后后深于前前,实前前彻于后后,以理一心,即实相故。"①云栖基于佛教实相一相而无相的法性观,以理一心统摄称名、观像、观想和实相四种念佛方法。他具体诠解说:"持名,即今经(指《阿弥陀经》);观像者,谓设立尊像,注目观瞻,如《法华》云:'起立合掌,一心观佛,即观相好光明现在之佛也。'……观想者,谓以我心目,想彼如来,即《观佛三昧经》、《十六观经》所说是也。实相者,即念自性天真之佛,无生灭、有空、能所等相,亦复离言说相、离名字相、离心缘相,是名实相。所谓'我欲现极乐世界、阿弥陀佛,随意即见'是也。此之四者,虽同名念佛,前浅后深。持名虽在初门,其实意含无尽。事一心则浅,理一心则深。即事即理,则即浅即深……理一心者,一心即是实相,则最初即是最后故。"②

由此可见,所谓持名、观像、观想和实相四种念佛方法的先后次第关系,实为相对而言,以阶段性而说前后浅深。具体地说,若以事一心念佛,则有前后之别;如约理一心念佛,则无前后之可分。其关键是持名念佛之心的事理统观。据此,净土教的四种念佛方法皆归于一心念佛:一心持名念佛、一心观像念佛、一心观想念佛、一心实相念佛。这就是说理一心念佛的特质,在于理事统观下持名念佛可圆摄实相念佛,称名即得实相,表明云栖对于净土四种念佛法门中唯重持名念佛和实相念佛,具体地说,圆摄实相念佛的持名念佛,在事持与理持中则推重理持念佛思想。

净土教一心持名念佛说,出于《佛说阿弥陀经》中的"执持名号、一心不乱"之经旨。净土宗的所谓一心,向来有事一心与理一心之分。因此,一心持名念佛思想,同样具有事持一心与理持一心区别。据袾宏分疏,净土持名念佛法门的一心不乱之一心,有事理各别,"事一心者,如前忆

---

① 袾宏:《弥陀疏钞》卷三,《莲池大师全集》,第1230页。
② 同上书,第1231—1232页。

念,念念相续,无有二念,信力成就,名事一心。属定门摄,未有慧故"①。此即说,众生由持佛名号而专志于忆念,念念相续,以定摄心,此属事持工夫,未以法性空慧尽破妄惑,故名事一心。袾宏具体显明此义说:"忆念者,闻佛名号,常忆常念,以心缘历,字字分明,前句后句,相续不断,行住坐卧,唯此一念,无第二念,不为贪瞋烦恼诸念之所杂乱。所谓空闲寂寞而一其心,在众烦恼而一其心,乃至褒讪、利失、善恶等处,皆一其心是也。事上即得,理上未彻,惟得信力,未见道故,名事一心也。言定者,以伏妄故;无慧者,以未能破妄故。"②袾宏认为,执持名号既属事上工夫,如忆念无间,更为理持所摄。理持工夫,其要在于一心体究无间。袾宏《弥陀疏钞》的一大创见,在于把理一心的理持念佛与体究念佛相会通,从而在上述出于净土传统的四种念佛方法之外,更列体究念佛一法。所谓体究念佛,往往被人视同于是参究念佛禅的另一变通表述方式。对此,袾宏称:"体究念佛与前代尊宿教人举话头、下疑情,意极相似。"③

对于何谓体究念佛的问题,袾宏辨析称:"体究者,闻佛名号,不惟忆念,即念反观,体察究审,鞠其根源。体究之极,于自本心,忽然契合。"④由此,"理一心者,如前体究,获自本心,故名一心。于中复二。一者了知能念与所念,更非二物,唯一心故。二者非有非无,非亦有亦无,非非有非无,离于四句,唯一心故。此纯理观,不专事相,观力成就,名理一心。属慧门摄,兼得定故"⑤。更具体地说,所谓体究念佛,约佛理观照言,则有二个面向。其一是如智不二,其二为寂照难思。所谓如智不二,即"能念心外,无有佛为我所念,是智外无如;所念佛外,无有心能念于佛,是如外无智。非如非智,故惟一心"。至于寂照难思,即"若言其有,则能念之

---

① 袾宏:《弥陀疏钞》卷三,《莲池大师全集》,第1227页。
② 同上书,第1228页。
③ 同上书,第1215页。
④ 同上书,第1229页。
⑤ 同上书,第1228—1229页。

心,本体自空;所念之佛,万不可得。若言其无,则能念之心灵灵不昧,所念之佛历历分明。非有则常寂,非无则常照……"①

综上所述,事一心持名念佛,专指忆念念佛,以成就信力,由定门所摄,能伏除诸妄,尚未开慧,未能破妄,能所尚立;所谓理一心持名念佛,则指涉体究念佛,深达一心念佛之旨,观力成就,能破诸妄,定慧双至,能所并泯。由理一心致达一心实相,以法性统观而使持名念佛合定慧、破诸惑,既有充分的经典理据,更能令念佛行者更着重理事双融。

袾宏对理一心的疏释,有着相当充分的经典理据及修持实证效验。他说:"又理一心,正《文殊》一行三昧,及《华严》一行念佛、一时念佛,又如《起信》明真如法身,及诸经中说。"②"又虽云一心,实则《观经》三心,《起信》三心,乃至《华严》十心,《宝积》十心,无不具故。又《净名》八法,亦一心故。德云二十一念佛门,亦不出理一心故。"③据此可知,袾宏疏释净土持名念佛之理一心,即是一行三昧之心、法性真如心、如来藏自性清净心,乃至达摩直指之心、菩萨念佛三昧之心。如此不难理解袾宏"一心不乱"持名念佛与体究念佛之间的会通关系,还可说明袾宏阐释摄禅归净的义理根据之所在。

袾宏所谓理一心念佛,即是体究念佛;事一心念佛,即为忆念念佛。忆念念佛,在所念之佛与能念之心之间,未能彻底达到心佛一如、能所双泯。因为忆念念佛实属心中有佛,未能做到心中无佛。因此,以忆念念佛为主体的事一心持名念佛,仅能成就念佛者的信力,为初浅法门。而理一心念佛,则既涵摄事一心念佛,又能真正做到一心不乱。事持与理持之分,也就是忆念念佛与体究念佛之别。对此,云栖说"忆念无间,是谓事持;体究无间,是谓理持。"④二者都强调念佛是具有连续性与内在性

---

① 袾宏:《弥陀疏钞》卷三,《莲池大师全集》,第1229—1230页。
② 同上书,第1232页。
③ 同上书,第1234页。
④ 袾宏:《弥陀疏钞》卷二,《莲池大师全集》,第1215页。

的修行。理一心念佛所达到的定慧一如,与慧能《坛经》所说"定慧双持"的修行观相近。事一心的忆念念佛是初基阶段,而理一心的体究念佛则是忆念念佛的深化。袾宏理一心念佛的所谓理持观,与佛教性空般若思想、达摩直指之禅法,皆有着某种相通之处,并吸收为其净土持名念佛的思想资源,故袾宏称:"自性空则无所念,无所念,是为念佛"①,"此一心即达摩直指之禅故"②。

袾宏如此强调体究念佛法门,一是由于其理事圆融、先后交彻的理论特性,二则是为了充分有效地贯彻摄禅归净而双克愚狂的立场。袾宏认为,禅净合流者所高唱的自性弥陀、唯心净土,正指理一心不乱而言。他慨叹"守愚之辈"每每"著事而理无闻",亦指责由于"执理而事遂废"的"小慧之流",认为这二种偏失之见者背离了理事无碍而一如的内在同一性要求,主张"事依理起,理得事彰;事理交资,不可偏废"。因此,"约理则无可念,约事则无可念中吾固念之。以念即无念,故理事双修,即本智而求佛智,夫然后谓之大智也"③。袾宏强调由理事一如的平等本智,通过理事双修,而达到超越性的根本佛智。如此,方能真正成就佛教了生脱死的解脱大智慧。袾宏指出持名念佛必有三慧,主张以闻、思、修三慧持名念佛:闻说佛名,是为闻慧;执受在怀,是为思慧;持守不忘,是为修慧。袾宏试图借佛教实修的智慧三学,充实领会净土佛教的深旨所在,同时也警惕摄禅归净的整合过程禅宗形式化流弊的侵入。

依袾宏之见,"著事而念能相继,不虚入品之功;执理而心实未明,反受落空之祸。"具体地说,"假使专持名号,念念相继,无有间断,虽或不明谛理,已能成就净身,品位纵卑,往生必矣"④;相反,"假使骋驰狂慧,耽著

---

① 袾宏:《弥陀疏钞》卷三,《莲池大师全集》,第1233页。
② 同上书,第1238页。
③ 袾宏:《弥陀疏钞》卷一,《莲池大师全集》,第833—834页。
④ 同上书,第834—835页。

顽虚,于自本心曾未开悟,而轻谈净土,蔑视往生,为害非细,所谓'豁达空,拨因果,莽莽荡荡招殃祸'者也"①。净土佛教认为九品往生相应于不同的根性机缘,尽管因著事相而持名念佛,被时人视为是"守愚之见",乃是愚夫愚妇之所为,但祩宏仍认为具有入品之效,并不失其为有效的往生法门,远比禅学狂慧者流的耽空顽虚更具实际效验。祩宏此论既是针对当时禅宗人批评而言,同时亦是出于救治禅学流弊的现实需要,并可以作为对儒教学者指斥佛教沦空尚虚论的一种积极回应。

祩宏基于理一心持名念佛而摄禅归净的思想立场,离不开佛教心性论问题。没有基于佛教心性本体论思想的根本会通,就不可能充分实现摄禅归净、禅教归净。祩宏根据于《阿弥陀经》中的"执持名号、一心不乱"的一心念佛之说,通过把存在法性与众生佛性相合解的真心念佛论,完全忠实于中国佛教性宗传统中所主的心性本体论运思模式。

在诠释弥陀净土思想时,除了摄禅归净的方法取向而外,云栖祩宏同样表达了教净归一的思想原则。他依据华严性海思想为根本立场,疏释《阿弥陀经》思想义理,判此经为大乘顿教,认为若得理一心,即入毗卢性海。因此,华严理事观始终贯穿着云栖净土持名一心念佛思想。如事一心与理一心、事持与理持、事福与理福、理善与理善等,莫不存在理事关系。佛教理事关系论,出于华严教义学的四法界说。华严四法界说的终极归趣在于法界圆融观,即理即事而理事平等一如。法界圆融意味着存在之空的理法界,与作为当下实存的事法界,具有本体论意义上的同一性,否则事事内在无碍圆融就将成为不可能;非但如此,法界圆融终将落归于妙有真心、清净自性心,此为一真法界体现了法界圆融观的唯心旨趣。因此,所谓法界圆融仍不外为心性论上的内在同一。就佛教修行论而言,倡导理事双修只不过是理事圆融的逻辑延伸而已。理事双修,一则是旨在克服禅宗执理迷事的顿悟论所造成的如内在暗证之类的负面影响;另则是

---

① 祩宏:《弥陀疏钞》卷一,《莲池大师全集》,第835页。

为了避免因执事迷理之渐修所带来的身心不一的懒散倾向。

(二) 智旭消禅归净的信仰论诠释

晚明佛教虽然充斥着"守愚之辈"、"小慧之流"乃至"狂禅盛行",但不可否认其对净土信仰的普遍认同。因此,中兴天台教观的幽溪大师与唱导摄禅归净的莲池大师分别就净土圣典作出疏解时,在僧俗两界中都掀起巨大反响。对此,蕅益智旭曾评论说:"云栖和尚著为《疏钞》,广大精微;幽溪师伯述《圆中钞》,高深洪博。盖如日月中天,有目皆睹。特以文富义繁,边涯莫测,或致初机浅识,信愿难阶。"基于此,智旭决定化繁为简,直指信愿持名念佛,著《佛说阿弥陀经要解》一卷(简称《弥陀要解》),自称"不敢与二翁竞异,亦不必与二翁强同"①。

相对于袾宏《弥陀疏钞》的鸿篇巨制来说,智旭净土著论更显得简洁、直捷。智旭的《弥陀要解》不完全同意袾宏对《阿弥陀经》的疏解,尤其不认同其事理统观下所主张的体究念佛说,从而把摄禅归净进一步推向为消禅归净,以消解参究念佛论的极端化思想来推进禅净合流的历史进程。

智旭的《弥陀要解》,基于天台思想,直判《阿弥陀经》为圆顿法门,并对持名一心念佛的事持与理持,作出了不同袾宏的解说。智旭主张,持名一心即是众生本具当下现前一念之妄心,直指信愿持名念佛,更强调净土往生的信仰性与实践性,从而把净土信仰的直截、圆顿、简易与普适推向极致,认为"于一切方便之中,求其至直捷至圆顿者,则莫若念佛求生净土;又于一切念佛法门之中,求其至简易至稳当者,则莫若信愿专持名号"②。智旭相信,信愿持名的念佛法门,源于作为往生西方净土之接引导师的阿弥陀佛,乃是万德具足、无余无欠的圣德人格:

阿弥陀佛是万德洪名,以名召德,罄无不尽故,即以执持名号为正行,不必更涉观想、参究等行,至简易、至直捷也。闻而信,信而

---

① 智旭:《弥陀要解·引言》,《蕅益大师全集》第2册,第2页。
② 同上书,第1页。

愿,乃肯执持;不信不愿,与不闻等,虽为远因,不名闻慧。执持则念念忆佛名号,故是思慧。然有事持、理持。事持者,信有西方阿弥陀佛,而未达是心作佛、是心是佛,但以决志愿求生故,如子忆母,无时暂忘。理持者,信西方有阿弥陀佛,是我心具,是我心造,即以自心所具所造洪名为系心之境,令不暂忘也。①

智旭指出,弥陀净土当以持名念佛为正行,不必更涉观想念佛、参究念佛等法门为助行。虽以忆念念佛为事持工夫,而以悟达心佛土一体为理持至境。就不劳观想念佛而言,智旭与袾宏是相同的,但他明确不同意袾宏对体究念佛这一基于禅宗立场的参究念佛论。认为这有悖于持名念佛的简易性与直捷性。至于一心持名念佛中事持与理持的关系,则由是否信达《观经》"即心是佛,即心作佛"而加以判分。这稍有不同于袾宏借定慧双修与否而判别理事二持的观点。

对于事一心与理一心,智旭基于天台教观而加以诠解:"一心亦有二种:不论事持理持,持至伏除烦恼,乃至见思先尽,皆事一心;不论事持理持,持至心开见本性佛,皆理一心。事一心,不为见思所乱;理一心,不为二边所乱,即修慧也。"②智旭根据天台教理而分疏理一心和事一心,认为事一心与理一心这两种不同持名念佛,具有不同的修果,事一心往生同居、方便二种净土;理一心则往生实报、寂光二种净土。他奉劝说:"当知执持名号,既简易直捷,仍至顿至圆。以念念即佛故,不劳观想,不必参究,当下圆明,无余无欠。上上根不能逾其阃,下下根亦能臻其域。其所感佛、所生土往往胜进,亦不一概。可谓横该八教,坚彻五时。"③在此,智旭并没有回避自己主张"不劳观想,不必参究"之说,与佛教经典所说的观想念佛(如《十六观经》)及时人所言的"参究不碍念佛"说之间的有着对立和冲突,因为"不劳观想"即出于《十六观经》之第十六观门,而"不必

---

① 智旭:《弥陀要解》,《蕅益大师全集》第2册,第60—61页。
② 同上书,第61页。
③ 同上书,第62页。

参究"即来自古有诸说。①

智旭声称:"唯即事持而达理持,所以弥陀圣众现前,即是本性明显;往生彼土,见佛闻法,即是成就慧身,不由他悟。"②智旭把弥陀归于众生现前一念心性,认为持念佛名不离显明本来自性,把往生西方净土视为是成就智慧法身本身,不由他悟。智旭推崇持名念佛之说,坚信一切信愿持名念佛的众生无不是当成而未成之佛,阿弥陀则是已成之佛的圣德体现者。信愿持名念佛的终极奥秘在于"全在了他即自"。由信愿持名念佛,净土虽未生,却当生而必生。这就必然把往生净土把众生修行引向信愿念佛的现世信仰性与当下实践性。这正是智旭《弥陀要解》中最具鲜明的思想特质。

智旭虽然在强调持名念佛思想上与袾宏具有高度一致性,但不同意袾宏的体究念佛说。在智旭看来,持名念佛即已容摄理一心念佛,故不必更立参究念佛,不应"头上安头,骑驴觅驴"。智旭曾辨析袾宏的理一心即参究念佛论思想说:

> 云栖大师发挥念佛法门曰:有事一心不乱,理一心不乱。说者谓持名号是事一心,参谁字是理一心。亦何讹也!夫事一心者,历历分明,不昏不散是也;理一心者,默契无生,洞明自性是也。是参时话头纯熟,犹属事门;念时心佛两忘,即归理域。安得事独指念,理独指参也?又参谁字,谓之究理则可,谓理一心不可。然非其人,即究理

---

① 智旭在《弥陀要解》中说:"问:天奇毒峰诸师皆主参念佛者是谁,何谓不必参究?答:此义即出天奇诸祖。前祖因念佛人不契释迦彻底悲心,故傍不甘,直下诘问,一猛提醒,何止长夜复旦?我辈至今日犹不肯死心念佛,苦欲以执敲门瓦子,向屋里打亲生爹娘,则于诸祖成恶逆,非善顺也。"圆瑛法师讲解说:"佛以大悲愍念众生,教人念佛,要人悟明是心作佛、是心是佛之旨,一切众生不明斯旨,是为不契佛心。故诸祖在旁不甘心,以佛心如是大悲,念佛者昧而不觉。故天奇示众云:'终日念佛,不知全体是佛。如不知,只看念佛者是谁?直下诘问,一猛提醒,曰念佛是谁?'要人于言下回光返照,亲见自性弥陀。"《弥陀要解》,《蕅益大师全集》第2册,第63—64页。圆瑛《佛说阿弥陀经要解讲义》卷三,第180页,上海,上海圆明讲堂,1996。

② 智旭:《弥陀要解》,《蕅益大师全集》第2册,第71页。

亦未可轻易。何以故？事有挟理之功,理无只立之能。幸审思之。①

据智旭所见,信愿持名念佛乃是即理而事的一心念佛,不需要借助于参究念佛为助发之功。如果参究之理尚未落到修行实处,则仍应需要事修的支持,方不至于落空。因此,信愿引导下的持名念佛是贯穿始终的修持法门。云栖袾宏对于事一心与理一心的诠释,则可能使修行者误解为事一心即持我中念佛,而理一心则为体究念佛,最终落于理持高于事持而舍弃持名念佛。为此,智旭指出:"若舍现前弥陀,别言自性弥陀;舍西方净土,别言惟心净土;此是混讹公案。"②智旭将众生现前一念心性指认为现前弥陀,舍此别无自性弥陀;将西方净土确立为惟心净土的根本始基,舍此别无惟心净土,那么弥陀圣佛的超越性与净土往生的彼岸性,就必然落归于以修持者心志信愿为核心的净土正行。正是在此意义下,智旭坚持信愿即是往生净土的正行,舍之别行则无成其为正行。并进而从否定参究念佛论中,同样得出了与袾宏大致类同的结论。智旭称:

> 宗乘与净土二俱胜妙法,众生根性异,不免随机说向上一著,非禅非净,即禅即净,才言参究,已是曲为下根。果大丈夫自应谛信是心作佛、是心是佛,设一念与佛有隔,不名念佛三昧;若念念与佛无隔,何劳更问阿谁。故参究谁字与摄心、数息等,皆非净土极则事也。净土极则事,无念外之佛为念所念,无佛外之念能念于佛,正下手时,便不著四句百非。③

当时曾有居士从另一个角度评论袾宏《弥陀疏钞》中有关念佛法门的疏释,存在着持名与理观的冲突,而体究念佛说则可能更加淡化了持名念佛的信愿力量:"一部《疏钞》大意全重理观,则所明持法最为要害。今既持名,又复理观;既是理观,复拈话头。禅、净、止观三法混淆。虽复

---

① 智旭:《灵峰宗论》卷四之三《梵室偶谈》,《蕅益大师全集》第6册,第700页。
②③ 智旭:《灵峰宗论》卷四之一《答卓左车茶话》,《蕅益大师全集》第6册,第612页。

义理圆融,而行人念不归一,将何为宗？此与一门深入专修之间,何复不侔？"①此疑问指出了袾宏《弥陀疏钞》中对念佛方法的多元化解释,致使修行者无所适从而引起的修持混乱,不能把弥陀净土信仰中的持名念佛贯彻到底。智旭对于袾宏《弥陀疏钞》多元方法的批评,当亦涵此意。

其实,智旭对袾宏体究念佛论所提出的异议,主要源于净土信仰的两种不同运思模式。袾宏主张摄禅归净论对念佛思想的唯心旨趣,乃是基于心佛一体、心土一如思想,认为念佛即是念心,念心即是念佛,念佛与念心本于一真法界的清净自性心。由此,心净则佛土净,念一即往生。以清净真心而持名念佛而往生净土,此为袾宏诠释弥陀弥陀净土的基本运思模式。这是基于中国佛教心性本体论的运思模式。袾宏说:"正由念佛至于一心,则念极而空;无念之念,谓之真念;又念体本空,念实无念,名真念也。生无生者,达生体不可得,则生而不生,不生而生,是名以念佛心入无生法忍……故知终日念佛,终日念心,炽然往生,寂然无往矣。"②因此,念佛即是念心,往生彼土而不离此土。这是净土持名一心念佛论思想对"自性弥陀,唯心净土"思想的具体表述,由此方可成立禅宗净土殊途而同归的旨趣。袾宏明确地说,"以不离自心,即是佛故,即是禅故,彼执禅而谤净土,是谤自本心也,是谤佛也,是自谤其禅也"③。并且"终日念佛,终日念心;终日念心,终日无念。即心即佛,非心非佛,是则名为真念佛者"④。念心即是念佛,持名念佛往生之净土,与即自本心体悟之禅宗,由其心佛一如的本体论运思而达到念佛与参禅的同一、往生净土与清净本然之心的同一。其间有两点值得注意之处:其一,念本无念,无念之念,是为真念;其二,生而无生,无生之生,是为往生。若此,则持名一心念佛,实即无念;一心净土往生,实即无生。这一说法,与慧

---

① 元来:《宗教答响》卷四,《无异元来禅师广录》卷二四,《续藏经》第72册,第333页中。
② 袾宏:《弥陀疏钞》卷一,《莲池大师全集》,第830页。
③ 同上书,第831页。
④ 袾宏:《弥陀疏钞》卷三,《莲池大师全集》,第1250页。

能《坛经》所言的"立无念为宗"思想有相通之处。其关键是真心念佛，而非妄心念佛。总之，心体无念，性体无生，乃是禅宗真常心性论与佛教般若性空学相结合的义理思想，而袾宏则通过体究念佛皆被统合到净土持名一心念佛思想之中，从而为佛教净土思想提供了本体论化的理论基础，为真正实现禅净合流打开了理论通道。

以袾宏为主要代表的晚明净土论者，较为自觉而主动地吸取佛教心佛一体、理事无碍的心性——本体论运思，以真心念佛思想试图克服并消解净土佛教所原本具有的宇宙论思维方式，以大乘佛教特别是中国禅宗所固有的即心即佛内在同一性主张，超越或克服心土之间的分离性，以即心即土思想全面整合即心即佛思想，从而在根本上救治著事或执理的双重偏失，借此而达佛教净土信仰的真正落实，实现佛教法门的复兴。而智旭则基于严肃敬虔的净土往生论信仰立场，认为往生西方净土落实于众生即具当下现前一念妄心之中，试图以天台妄心观解决心佛及心土关系问题，揭唱当下现世的信愿持名念佛，从而为真正为晚明净土佛教信仰的现世化、普世化大开方便之门。

智旭私淑天台宗，由此全面完成其由禅归教的思想转向，使他不必如紫柏、德清等人那么强调以教证禅、返教明禅的方法立场；智旭又以基于其消禅归净的思想立场，因此在修行方法学上，亦无必要如袾宏那样因过分注重关于如何做工夫煞费笔墨的种种考辨，而导致净土修行方法的混乱。由此可见，智旭禅教归净进而乃至消禅归净的思想转向，回归到了佛教净土信愿持名念佛而横超三界的简易性、直捷性、当下性的信仰特质，这是净土佛教信仰化的回归之路，从而不必追究佛教修行实证方法有效性问题。一言以蔽之，世间一切学佛、修佛、向佛者，"只管信愿念佛去"。

五、晚明净土信仰的社会效应

面对基于真心论与妄心论立场而会通净土思想所产生的理论难题，

佛教界通过对净土信仰的全面皈依而加以解决,鲜明地体现了晚明净土佛教的普世性特征。晚明佛教普世性,主要是通过净土信仰的生死关切所表达的个体性与众生性、日常性与临终性、经典性和通俗化加以具体体现。晚明佛教对净土信仰的全面皈依,表明了净土修持方法的有效性,不再完全是一个理论性问题,而更是一个实践修行的信仰性问题。在此意义上说,晚明佛教从全面皈依净土信仰中所体现出的普世性特征,既是中国佛教世俗化的具体表现,同时也成为对佛教信仰合理化的现实论证。

晚明佛教视净土往生信仰为具有普世性格的修行类型,在净土弘愿中体现佛教对生死解脱的根本关切。所谓佛教的普世性格,其基本涵义即在于佛教弘化的人间性、大众性、通俗性。晚明佛教在现实的弘法教化活动中,全面皈依净土信仰,既是佛教普世性的具体表征,同时也是出于对佛教展开合理化证明的现实需要。从佛教思想历史演进的意义上来说,晚明净土信仰的普世性格,则是由中国净土教的基本特点所决定而引导出来的。

佛教净土信仰强调阿弥陀佛的愿力而往生西方净土的他力性。此一特性,源于净土往生信仰的来世性。净土往生论的时间向度,总是指向来世。此一信仰的生存论基础,就在于对死亡这一生命终结性实存的彻底克服。就佛教净土往生信仰来说,在西方无有痛苦唯有极乐的弥陀净土世界,不再是有限生命的重复,不是三世间的生死轮回,而是生命的全面新生,是对生死轮回的彻底超越,更是佛行的可见成就。晚明佛教净土信仰,把佛教往生的生死关切,以临终关切的极端形式加以表达,把现实苦难的真实解脱与来世的福乐相关联,并认为钝根之人临终十念亦能脱离生死苦海而超升解脱,这就为普世众生的生死解脱,充分打开了方便之门。

大乘净土佛教往生净土信仰论充满实践性的持名念佛思想,本身具有自力与他力相结合的特征。从中国净土往生信仰论的历史演进来看,既有依于《观经》所说的三福十六观为往生之行因者,有依《往生论》五念门为净土生因者,有依《无量寿经》称名为本愿正因之行。其中影响较大者为昙鸾依据世亲《往生论》以五念门为净土往生之行因,并确信如来本愿之力而主张的他力往生信仰论。修五念门,自利利他,速得阿耨多罗三藐三菩提;又如《无量寿经》第十八愿所说的念佛往生是依本愿力故。修五念门乃是修行者的自力行为,而往生净土则必须仰赖于弥陀本愿之力方能成就。因此,这里就有弥陀本愿与众生始愿之间的关系问题。这一问题直接关涉到自力与他力的关系问题。或者更准确地说,中国净土教思想本身就存在着自力修行与他力接引救援的关系问题,而并非为净土宗判教思想所认为自力与他力之间的外在对立。

净土持名念佛的主要内容还表现在所谓的净土三德中,即信、愿、行净土三资粮,此为佛教持名念佛往生净土的三个必具条件。

《阿弥陀经》曾说,"众生闻者,应当发愿,愿生彼国","若有信者,应当发愿,生彼国土"。此可视为净土信、愿、行三德的恰当注解,"应当"即含有深信之意,"愿生彼国"、"生彼国土"即具行之意。袾宏对净土信仰三资粮的诠解说:"信,谓信生佛不二,众生念佛定得往生,究竟成佛故……愿,谓信非徒信,如子忆母,瞻依向慕,必欲往生故……行,谓愿非虚愿,常行精进,念念相续,无有间断故……此之三事,号为资粮。"① 净土持名念佛法门中的信、愿、行三资粮说,充分体现了净土信仰修持的实践特征。

智旭进一步把净土三德归为一心所具,认为三德依于一心,他说:"依一心说信、愿、行,非先后,非定三。盖无愿、行不名真信,无行、信不名真愿,无信、愿不名真行。今全由信、愿、行三,声声圆具。"② 据此,信、愿、行三德一体而同归持名念佛的当下现前之心,一心念佛即圆具信、

---

① 袾宏:《弥陀疏钞》卷二,《莲池大师全集》,第899—900页。
② 智旭:《弥陀要解》,《蕅益大师全集》第2册,第66—67页。

愿、行三德。信之所立，端缘因于他佛的存在；由深信而发愿，皆归因于对他佛存在的深信不疑；由深信、发愿而力行，在于对往生净土的渴望。故智旭充满雄辩而自信地宣称："已愿已生，今愿今生，当愿当生，正显依信所发之愿无虚也。非信，不能发愿；非愿，信亦不生。故云'若有信者，应当发愿'。又愿者，信之券，行之枢，尤为要务。举愿，则信、行在其中。"①

智旭认为，领会西方弥陀"是心作佛、是心是佛"法门奥旨，其关键在于"了他即自"，他佛不外自佛，自佛即是他佛。因此，智旭明确指出，"若讳言他佛，则是他见未忘；若偏重自佛，却成我见颠倒。"②他我两忘的自在境界，才能真正领会作佛与是佛的深蕴所在。他佛出于所持之名号，自佛则出于能持之心性，能持之心性与所持之名号，二者皆不可思议。因神圣而神秘，因神秘而神圣。因此，净土三德归于一心，正是净土所主张的"念佛归于一心"思想的合理推导。显然，充满实践特征持名念佛的净土往生信仰论，又被智旭纳归众生当下现前一念妄心之中。

净土持名念佛往生论思想的简易性，也成为晚明净土佛教普世性的重要根据。净土法门作为"易行道"，宣称"下手易而成功高，用力少而得效速"。较之其他"竖出三界"的难行道，净土法门别立"横出三界"简易之旨。不同于其他宗派的实修证悟而转凡成圣，净土法门高倡临终一念而接引入佛国。难行道与易行道之说，即就初始下手工夫而言，同时也约成就修行而说。曾被佛教僧人千征万引的"功高易进，念佛为先"一语，念佛法门的易、速、稳使净土信仰获得了极具竞争性的力量。念佛修行法门在明末佛教修行活动中进一步巩固与落实，袾宏在其《共住规约》中明确规定："不信净土法门者出院"③；同时，每日念诵《阿弥陀经》列为寺院五堂功课之一，也在晚明寺院的佛法修学中蔚然成风，说明当时从

---

① 智旭：《弥陀要解》，《净土十要》本，第47—48页。
② 智旭：《弥陀要解》，《蕅益大师全集》第2册，第70页。
③ 参见《云栖共住规约》之《勤修行业约》，《莲池大师全集》，第4850页。

林力主以寺院规范形式,来落实并巩固禅教净之合流同行。①

弥陀净土持名念佛法门的圆摄性,也成为晚明佛教净土信仰普世性的一大理由。在智旭看来,"净土法门,三根普摄,绝待圆融,不可思议,圆收圆超一切法门,甚深难信"②。"唯持名一法,收机最广,下手最易。"③智旭坚信,佛教净土念佛具有不可思议的无量功德。其不可思议约有五义:横超三界,不俟断惑;即西方横具四土,非由渐证;但持名号,不假禅观诸方便;一七为期,不藉多劫多生多年月;持一佛名,即为诸佛护念,不异持一切佛名。④ 净土念佛者以信愿持念佛名,即可全摄佛功德以成就自功德,念佛心与菩提心、弥陀救度心同为一体。阿弥陀佛本愿力量何以贯穿念佛者信愿之中,这是一个神秘的过程。正是佛既慈且悲的本愿力量,最终成就的净土信仰者的生死超越,生死的终极超越表现为往生西方极乐世界。《佛说阿弥陀经》称,"若有信者,应当发愿,生彼国土",由信发愿,依信发愿,这表明弥陀信仰对于净土往生的优先地位,但个己性愿力仍具相当重要,甚至是决定性的关键作用,故此经又称已愿已生、今愿今生、当愿当生。把使佛教净土信仰,归结为当生净土、今生净土与已生净土之间的时间性问题,这对于晚明佛教所处之末法且末世时代来说,自然是极具号召力量的宗教实践理念。

净土信仰修持法门的实践性,在袾宏看来不仅包括起信心、发誓愿、持斋戒及持名、观想、实相、参究四种念佛方法,而且同样要求关注净业修持所具有的福报与功德的助行功效,这是晚明净土教修行中甚为关注的内容,并成为晚明净土佛教伦理思想的重要体现。袾宏认为,持名念佛既为"善中善",同时亦为"福中福"。他说:"福中福者,亦有二义:一者,弥陀乃万德名号,一名才举,万德齐圆,不期于福,而福已备故。二

---

① 参见圣严的《明末佛教研究》,第118页,台北,东初出版社,1987。
② 智旭:《弥陀要解》,《蕅益大师全集》第2册,第21页。
③ 同上书,第9页。
④ 同上书,第73页。

者,以持念力,自然诸恶不作,众善奉行,以之修福,福易集故。是则福中之福,名多福也。"①曹洞宗僧永觉元贤曾著《净慈要语》二卷,分列为净门与慈门。其中净门又包括念佛正信、作福助缘、念佛正行、念佛正愿、临终正念等章,视念佛方法为一整体性的修行法门;而慈门则更通过戒杀生、戒溺女、劝放生等现实净业助行修持而表达佛教的因果福报思想。

晚明佛教的净土往生信仰论,通过信、愿、行三德一体的完整性要求,合理地肯定了现实功德对于净业修持及往生解脱的有效性。通过肯定现实功德助行净业修持的有效性,使晚明净土信仰更进一步相信众生带业往生的可能性,既突出表达其净土往生信仰的普世性特征,同时又解决了净土修持方法的有效性问题。

晚明净土信仰的普世性特征,乃是基于这样一个基本事实:无数的禅宗修行者之中,唯有极少数人能得以证道,所以古德有言"参禅了生死,百无有二三",对于绝大多数者来说,未免终将落归现行而无果的境地。事实上,在云栖袾宏众多的追随者中,往生者只不过二三人而已。因此,如果不能充分保证佛教修行的现实有效性,无论是禅宗修证还是净土念佛,都不可能令人信服地证明佛教存在的合理性,必须寻找更具现实性的修行途径,以论证净土佛教修行的合理性。对此,晚明佛教界试图通过净土行门的个体性与众生性、日常性和临终性、经典性与普及性相结合,使净土修行方法成为一个基于生存论的有机整体,贯彻净土教的生命关切、伦理关切和现世关切,而所有这些都汇归于往生西方极乐世界。

为了充分贯彻佛教净土修持的众生性,需要克服对于净土往生信仰的三种认识误区:一是认为当超佛越祖,净土不足生;二是认为人间处处皆净土,西方不必生;三是认为极乐圣域,凡夫不能往生。基于此,晚明佛教中的净土信仰,借参究念佛而摄禅归净、从摄教归净到消

---

① 袾宏:《弥陀疏钞》卷三,《莲池大师全集》,第1201页。

禅归净等理论阐释,主张净土当生,西方必往;又通过带业往生的方便性和横超三界的简易性,认为凡夫与圣贤一道,亦同样能往生西方极乐世界。晚明佛教的净土往生信仰论思想,就其生死关切的终极实质来说,具有某种的个体性特征,因为生命问题和死亡问题在本质上总是个体性的问题,由此决定着净土往生的个体性特征。就此而从表面上看,与禅宗修证生死解脱所具有的个体性有着相似之处。但究其实则不然。佛教净土信仰与其说注重个体的往生,倒不如是更为关注净土信仰的众生性。对于佛教净土信仰的众生性,《庐山莲宗宝鉴》曾引僧肇法语云:"土之净者,必由众生;众生之净,必因众行。行净必众生净,众生净则佛土净,此必然之理,不可差也。"① 为此,晚明佛教寺院中不仅风行念佛社、净社、莲社、念佛堂等的组织形式,而且通过慈行落实净土信仰,如放生戒杀,水陆施食等修持方式,具体表达了净土信仰的生命关怀的伦理观,而且同时也表现出晚明佛教中净土信仰与持戒律行的合流取向。

晚明的佛教净土信仰,通过日常性与临终性相结合,把佛教净土信仰把来世往生的理想境界系于现前心性的当下一念。《佛说阿弥陀经》甚为强调净土念佛法门的简易性与彻底性,"此经不兼戒律,亦无论议,自始至终,专说念佛求生净土"②。袾宏不仅在《疏抄》中禅净并举,自性与弥陀齐唱,自力与他力兼济,通过摄禅归净而会通禅净,把禅宗参究工夫具体落实为净土念佛修行,从而引使晚明佛教修行思想普遍同化于净土往生信仰之中;而且还关注着历史及现实中众多修行者净土往生的经验整理,编撰《往生集》以资传达"普劝念佛往生净土"的思想,"用以考验古今,作为修行净业者的左券"③。在蕅益智旭的佛教著述中,同样充斥

---

① 引见普度的《庐山莲宗宝鉴》之《念佛正行》,《大正藏》第47卷,第330页下。
② 袾宏:《往生集·序》,《莲池大师全集》,第2298页。
③ 圣严:《明末佛教研究》,第115页,台北,东初出版社,1987。

着关于同时代修持净业者的往生传记①,借此而把日常念佛修持与临终往生净土结合起来。

晚明佛教中的净土信仰论者,把经典诠释与通俗普及化相结合的普世性,具体落归于重视佛教经典对于佛教修行的指导作用,同时注重经典的通俗化工作。不仅甚为重视历代相传的净宗要典,而且还注重大乘佛教经论中的诸多涉及净土言述,如《大宝积经》、《悲华经》、《佛地经》、《大集经》、《入楞伽经》、《妙法莲华经》、《维摩诘经》、《大般若经》等。智旭就曾在其所著的《法海观澜》卷五中,摘抄出"净土要典",从中可以得窥晚明佛教丛林注重净土经典言述的普遍与广泛。②

至于明代净土教的重要著作,则有"净宗八祖"云栖袾宏的《阿弥陀经疏钞》四卷、《净土疑辩》一卷、《往生集》一卷和《西方发愿文》;"净宗九祖"蕅益智旭所著的《阿弥陀经要解》四卷、《求生净土偈》、《净土十要》、《作愿文》等。据圣严法师的统计,明末净土教著述,包括经疏、撰述编著、史传和注解撰述四大类,共计二十四种,凡七十一卷。③

净土经典的通俗化解释工作,主要表现为明末佛教居士参与净土信仰思想的诠释述活动之中,如云栖袾宏的俗家弟子庄广还,尝编就净土类书《净土资粮全集》六卷,该书收入语汇疏释,便于阅读者参考;而古德广贤则更作《弥陀疏钞演义》,使袾宏巨著《弥陀疏钞》更为通俗而普及。对此时人曾评曰:"莲池大士疏注于前,古德大师演义于后,其宣明妙义更为亲切。"④另外,晚明时期的佛教界还运用点评方式评析净土著述,如成时点评智旭编订的《净土十要》,从而推动了净土信仰的社会流传。尽管当时居士学佛众中仍主要以参禅为向上一路,仍以参究本心为主导倾向,但这并不否认晚明时期佛教净土信仰落实民间的巨大影响。

---

① 智旭在《灵峰宗论》卷七传记中收入了七篇往生传记。
② 智旭在《法海观澜》卷五中列出净土要典凡二十三种,达五十五卷之多。其内容涉及到净土佛教的经典依据、往生方法、忏愿修持等。
③ 参见圣严的《明末佛教研究》,第105页,台北,东初出版社,1987。
④ 引见惟诚的《重刻弥陀疏钞演义·原序》(1752),香港佛经流通处本下册,第1页。

第五节 佛教戒律的复兴

戒律是一切宗教所共同持守的禁戒律仪。佛教戒律是构成全体佛法的戒、定、慧三学之一。恪守戒律既是佛教僧人的身份标志,同时也是佛教修持的实践始基。作为佛教僧人,出家修行的全部过程,始于持戒,而终于持戒。持守戒律不仅贯穿其佛教修行、证达菩提道的始终,而且定慧之学也必须以戒为归,舍戒则定慧无由。

按受持对象的类别,佛教戒律可分为在家戒与出家戒二种类型;在家戒与出家戒又具有不同的等级分别,其中在家戒分四种,即三归戒、五戒、八关戒斋和菩萨戒。[①] 出家戒则分五种:沙弥及沙弥尼戒、式叉摩尼戒、比丘尼戒、比丘戒和菩萨戒。[②] 其中,同为出家佛教徒众与在家佛教徒众所当共持的即是大乘菩萨戒。

佛教戒律作为一个包括受戒、学戒、持戒三者的整体有序过程,持受佛戒本身,就已表明佛教戒律具有严格的规范性与实践性特征。佛教戒律既是佛教修持的根本依据,故具有类似世俗法律的效用,同时也是贯穿于佛教修持的具有独立品格的伦理规范与行为准则。在某种意义上说,佛教戒律既是佛教作为其宗教形态的立法之本、立教之本,同时也是表明佛教非俗世的行为规范的特质所在。戒律规范最能体现出佛教所具有的宗教品格。

在印度佛教中,从佛陀时代到部派佛教时期,戒律只是作为僧团所共

---

① 三归戒,即皈依佛、法、僧三宝。五戒是指戒杀生、戒偷盗、戒邪淫、戒妄语和戒饮酒。五戒中的前四戒,皆有戒罪与性罪,故称为性戒,具有可悔与不可悔之罪;而饮酒戒,只有戒罪而没有性罪,属于可悔之戒。所谓八关斋戒,除上述五戒外,还包括不著香华缦、不香油涂身、不歌舞倡伎、不故往听观;不坐卧高广大床;不非时食三戒。

② 据圣严法师《戒律学纲要》所称,佛戒共有二种类别,一为渐次戒,一为顿立戒。所谓渐次戒,是指在家的三归五戒,出家的沙弥、沙弥尼戒,比丘、比丘尼戒。这些佛戒必须渐次受持,不可越等。所谓顿立戒,是指八关斋戒与菩萨戒,这两种佛戒是在七众戒之外的别解脱戒(梵语波罗提木叉)。圣严:《戒律学纲要》,第128页,台北,法鼓文化出版社,1987。

同持遵的修行规范,并没有成为独立的宗派传承,尽管各部派都有自身所传承的戒律。传入中国并译成汉文的虽有"四律五论"①,但在中国独树一帜而加以弘传的佛教戒律则是《四分律》,后来成为中国律宗的根本典据。对《四分律》精义的诠解疏释,使中国佛教律统得以一脉相承。然而,唐代中土弘扬《四分律》的三个系统,即南山道宣系、相部法励系和东塔怀素系,其中仅有南山道宣系被传承下来,成为中国律学正脉。即便是南山道宣系到北宋灵芝元照(1048—1116)止,其传承就已告中断。② 到了明末时期,面对佛教界的种种颓败现象,不仅相继出现了弘扬戒律的著名高僧,如云栖袾宏、蕅益智旭、在犙弘赞(1611—1681?)、三昧寂光(1580—1645)、永觉元贤、汉月法藏等人③,而且在某种程度上恢复了传弘戒法的律师及其传承,如与云栖袾宏几乎同时的古心如馨(1541—1615)所创立的弘戒系统。

据圣严法师的分析,明末佛教戒律思想具有以下四种特色:其一,菩萨戒及小乘律并重;其二,以华严宗、天台宗和禅宗的观点解释戒律;其三,引述佛教大小乘经论及祖师的著作,乃至世间典籍作为解释佛教戒律的资料;其四,引用密咒作为日常生活的修持。④

晚明佛教所关注的戒律问题,主要是针对当时戒律荒废、授戒有名无实的现状,并回应各界对佛教戒律沦丧的严厉指责。因此,其关注佛

---

① 包括《十诵律》、《五分律》、《四分律》和《摩诃僧祇律》,以及《毗尼母论》、《摩得勒迦论》、《善见论》、《萨婆多论》和《明了论》。
② 圣严:《明末中国的戒律复兴》,引见傅伟勋主编《从传统到现代:佛教伦理与传统社会》,第145—146页,台北,东大图书公司,1990。另参见温金玉的《中国律学源流》,《中华佛学学报》,第12期(1999年)。
③ 袾宏撰有《具戒便蒙》、《沙弥律仪要略》、《梵网经义疏发隐》五卷等弘律著作。智旭有《沙弥十戒录要》一卷、《毗尼珍敬录》二卷、《重治毗尼事义集要》十八卷、《四分律藏大小持戒犍度略释》一卷、《律要后集》一卷、《梵网经合注》七卷、《梵网经玄义》一卷、《菩萨戒本笺要》一卷等。在犙弘赞著有《沙弥日用》二卷、《沙弥律仪要略增注》二卷、《四分戒本如释》十二卷、《式叉摩那尼戒本》一卷、《八关斋法》一卷、《梵网经菩萨戒略疏》八卷、《比丘受戒录》和《比丘尼受戒录》各一卷等。三昧寂光撰有《梵网经直解》四卷。永觉元贤著有《四分戒本约义》四卷、《律学发轫》三卷等。汉月法藏辑有《弘戒法仪》二卷、《传授三坛弘戒法仪》一卷等。
④ 圣严:《明末中国的戒律复兴》,收于《从传统到现代:佛教伦理与现代社会》,第146页,台北,东大图书公司,1990。

教戒律的思想立场,不等同于以往传统律宗以律解律的单一性,绝非简单地再续律宗学脉,而是更关注戒律规范对于佛教修行、弘化的现实功用。大体来说,晚明佛教中的戒律思想,既有摄戒归净、教戒合流的思想,同时也有摄戒归禅、禅律一体的内容。

一、晚明弘律诸僧

古心如馨(1541—1615),江苏溧水人,俗姓杨,字古心。十一岁,投摄山栖霞寺素安(一作素庵)真节和尚出家,修学三年。当时,佛门弘律者希,如馨立志弘律。称"佛法住世,功在毗尼。盍专律学,以报佛恩"①。他向真节求授具足戒时,得知"若得清净十僧,方可得戒。如不满数及不清净,难以授受"。于是后阅《华严经》至《菩萨住处品》,知五台山为文殊菩萨示迹应化之地,遂发愿朝圣,誓求亲觐文殊菩萨,从受大戒。如馨历时三载,方至五台。据称,某日傍晚,如馨恍惚中从一老妪受僧伽黎衣,并悟五篇三聚心地法门,不仅得圆之受授大戒之愿,而且大小乘律了然于心。自此,专持戒律,人称优波离尊者再来。

万历十二年(1584),古心如馨南还金陵,住古林寺,建弘律道场。万历四十一年(1613),明神宗嘉其道誉,特赐紫衣,并诏至五台山圣光永明寺,启建龙华大会,举开皇戒,授千佛大戒,让司礼内臣张然代受菩萨戒。如馨深受神宗崇敬,被赐"万寿戒坛"匾额及"慧云律师"之号。

从五台山南归后,古心如馨还住古林。万历四十三年(1615),古心如馨泊然示寂。世寿七十五,僧腊二十七。终其一生,"染道三十四年,弘戒二十二载,坐南北道场三十余会,弟子数万人"。门人奉塔于金陵天隆玉环山。神宗闻讣,画其遗像,供奉于大内,以示瞻仰,并御笔题赞,"瞻其貌,知其人。入三昧,绝六尘。昔波离,今古心"②。

---

① 镇澄:《清凉山志》卷三,第86页,中国书店出版社,1989。
② 引见福聚的《南山宗统》卷二。

古心如馨先后开坛授戒三十余处，重兴南山律宗，世称"中兴律祖"。他辑有《经律戒相布萨轨仪》一卷，其律学法系被称为律宗"古林派"。

《经律戒相布萨轨仪》一卷，如其书名所示，首先简述了居家佛教徒受五戒、八戒、沙弥十戒、比丘二百五十戒、比丘尼三百四十八戒的"戒相"内容，其次则比丘戒、沙弥戒及其日常活动的诸多仪式、注意事项。为了便利参阅，对一些经律名相进行了解释。最后，则列举了三十二个问题，以供修学者参考。

如馨门下弟子中，较为著名者有莲宗性相、大会永海(性海)、三昧寂光、澄芳远清(性清)、茂林性祇、东沧性福、隐微性理、印含性璞及性正、性藏、性馨、性昙等十二人。性相重修南京天隆寺(如馨塔院)，性海执掌北京法源寺，性清驻锡五台山圣光永明寺，奏建戒坛，性福传戒于荆楚间，性福、性理先后住持古林寺，维系古林一派。性祇住苏州报国寺，弘律三十余年，撰《五百门经略解》二卷、《四分撮略》及《毗尼日用录》一卷。在古心如馨诸弟子中，尤以三昧寂光最为著名。

在晚明"南山律派"的传承系谱中，"终南山道宣律师，为律门第一世，十三世传至金陵古林庵慧云如馨律师，馨传三昧寂光律师，为宝华山第一代。从如字起，演派五十六字：如寂读德真常实，福性圆明定慧昌。海印发光融戒月，优昙现瑞续天香。支岐万派律源远，果结千华宗本长。法绍南山宏正脉，灯传心地永联芳"①。

三昧寂光(1580—1645)，江苏广陵(今江都)人，俗姓钱。二十一岁，礼净源禅师出家。初从雪浪洪恩习华严教观。后遍参名宿，颇受真可、袾宏之器重。他从古心如馨圆具比丘大戒后，专精弘律。如馨晚年在五台山启建戒坛，嘱寂光为弘律副座。崇祯十六年(1643)，寂光应诏修建南京大报恩殿。晚明弘光元年(1645，清顺治二年)，寂光开戒坛于金陵，获赐紫衣，谥"净智律师"。寂光一生临坛说戒百余座，修建佛寺二十余所。

---

① 守一空成重编《宗教律演派》，《续藏经》第88册，第566页上、中。

三昧寂光遵循如馨的教诲，专弘律法，不仅被推尊为明清之际南山律学系统的重要继承者，同时也是当时宗派佛教复兴的代表僧人，在明清之际佛教界具有特殊的地位，影响较大。如万历三十七年(1609)，寂光于金陵灵谷寺重开戒坛，一改此前戒坛沉寂之习，令佛教界为之一振，许多注重如法修学的出家僧人参与此次受戒活动，如汉月法藏曾从之受圆戒。其后，寂光重整宝华山隆昌寺，修建律宗道场，举扬南山律学。

如馨曾仿庐山慧远在东林寺结莲社，开设"千华大社"，成为近世中国佛教史上著名的"千华派"。寂光在宝华山建律宗道场，设坛传戒，承"千华大社"之绪，再兴律宗"千华派"，溯唐代道宣为高祖，如馨为太祖，寂光本人则列归第三祖。正是在三昧寂光及其门下的相继努力下，宝华山成为中国律宗的三大祖庭之一，成为清代及近世中国弘戒的江南重镇。

寂光重要的弘律著述，主要有《梵网经直解》(简称《梵网直解》)。据其弟子愿云戒显所的后跋称，"千华本师大和尚，专精弘律，鼎重法门。手著《梵网直解》，久布海内。甲申(1644)冬日，于会稽戒坛，更殚精思，重加删润。命显较正，兼董剞劂，永为定本。乙酉(1645)秋仲刻成，谨志岁月于后"①。《梵网直解》一如袾宏《弥陀疏钞》，主要基于贤首教观阐释《梵网经》的心地法门。

继寂光之后，清初的德玉律师亦有《梵网经》的注解之作。德玉禅律并学，尤重《梵网》，著有《梵网经顺硃》二卷行世。②

据守一空成重编《宗教律演派》所述，三昧寂光及其相关的法派传

---

① 《续藏经》第88册，第874页下。
② 据其自叙称"德玉自丙申年(1656)得戒于澄江和尚，后即参大随禅学，而律部不暇研实虚声焉尔也。及从双桂先师得法，南游抵华山律堂，见其威仪，攸摄心悉，面愧无已，欲依学以赎前咎，而又恨识浪漂流。二三友人牵制。至行脚事讫。还渝始拈先法戒二师香。以华严新创清规未整。虽草草露布。律禅并行。亦有虚无实。遂禁足于季。而关三载，日课《华严》万遍并《楞伽》、《梵网》等经……乃展三昧和尚《直解》，谛究之年余，少有进益。但其中文理浩瀚，引证攸长，肤学者实难趣入，非悟戒体广学多闻细心于经论律部者，亦不识三昧和尚之深心也。今此顺朱虽就正文，顺朱填墨，亦从《直解》中截出。间或别出己意，亦不敢杜撰外三昧和尚法眼也……"参见《续藏经》第39册，第1页上。

承,主要有如下情形。三昧寂光律师另演一派二十字:"寂戒元常定,信理妙恒融。从闻修福慧,绍隆佛祖心。"①据称,接此派下,尚有续演二十字:大智德勇健,观照万法通。本性周沙界,应现临济宗。②此外,则有湖北麻城如是山支浮戒岳律师,"亦于前派心字下续演二十字:禅灯照本觉,灵源自永昌,法云迷大地,智日亘光扬"③。至于寂光后学,承其法派,"(孙宜洁玉书字辈)律师从华山分住杭州昭庆寺,从读字起,分演四十字:读书福德大,持戒定方真。慧发开心地,灵光耀古今。千华同一脉,万善总归因。顿超佛祖位,永远续传灯"④。

除如馨、寂光一系之外,晚明的临济宗僧汉月法藏、曹洞宗僧永觉元贤,亦对"南山律学"有所阐解。其禅律一体的综摄律学观念,对当时及后世影响颇广。

二、菩萨戒的推崇

作为出家佛教徒与在家佛教徒共同修持的菩萨戒,在晚明佛教界得到了前所未有的高度重视,普遍强调把菩萨戒贯穿于佛教修行与佛法弘化活动之中。

作为佛教菩萨戒主要典据之一的《梵网经》,其开宗明义即称:"(菩萨戒)是诸佛之本源,菩萨之根本,是大众诸佛子之根本。"⑤于此可见,菩萨戒可谓是葆全菩萨行、恪守菩萨道之根本戒法,同时亦是众生修菩萨行终至成佛之种子。佛教律学认为,所谓菩萨戒乃是优婆夷、优婆塞、沙弥、沙弥尼、式叉摩尼、比丘、比丘尼等七众弟子戒之外的波罗提木叉(其意为别解脱戒、保解脱戒),这表明菩萨戒在佛教诸戒中独特的超越性地位。而晚明佛教界对大乘佛教菩萨戒的高度重视,也就具体表现在对作为其基本理据的《梵网经》的疏解中。

---

①②③④ [日]守一空成重编《宗教律演派》,《续藏经》第88册,第566页中。
⑤《大正藏》第24册,第1003页下。

据圣严法师所述，汉译藏经中菩萨戒本或菩萨戒经共有如下六种：《菩萨璎珞本业经》、《梵网经菩萨戒本》、《瑜伽论菩萨戒本》、《菩萨地持经戒本》、《菩萨善戒经戒本》和《优婆塞戒经戒本》。以上六种戒本，又可进一步分为顿立与渐次两大类型，而《璎珞》与《梵网》则属顿立一类。晚明佛教僧人中，以云栖袾宏、蕅益智旭等为代表弘扬佛教戒律者，即皆属于此一类。[1] 其中，尤为推重中国佛教史流通最广的菩萨戒经《梵网戒经》。晚明佛教的菩萨戒思想，主要以《梵网经》为其根本典据。

对于《梵网经》的历史注疏，约有旧疏与新疏之分别，"从大体上来说，各家的《梵网》注疏，分为新旧两派：旧疏以天台智者大师的《菩萨戒本疏》为主；唐代的明旷，明末的莲池、蕅益、弘赞等注，皆属旧疏一派。新疏则以贤首法藏大师的《菩萨戒本疏》为首，唐代的义寂、太贤《古迹记》为新疏系。旧疏与新疏的最大不同点，是在对于十条重戒条文的判别"[2]。

到了明代，由于仅能见到天台智者大师所著的《菩萨戒经义疏》，因此只能据此而作为佛教菩萨戒思想的诠释所本。云栖袾宏就曾依据天台关于《梵网经·心地品》的疏解著述《菩萨戒义疏》，而作《〈梵网经·心地品〉菩萨戒义疏发隐》（简称《戒疏发隐》），凡五卷。所谓发隐者，即对于隐而未露者加以发挥也。同时，云栖袾宏又作《发隐事义》一卷，以此作为重新整理明末佛教菩萨戒思想的基本理据。

蕅益智旭有关菩萨戒的著述共有五种，即《梵网经玄义》一卷、《梵网经合注》七卷、《菩萨戒本笺要》一卷、《菩萨戒羯磨文释》一卷和《梵网经忏悔行法》一卷，凡十一卷。智旭上述有关佛教菩萨戒的著述中，当以《梵网玄义》与《梵网合注》最为重要。与云栖袾宏"发隐"天台戒疏的方法立场不同，智旭试图更全面完整地诠解佛教菩萨戒的义理体系及其地位。因此，智旭对《梵网经》的义理解释较诸袾宏的《戒疏发隐》来说，更具发挥

---

[1] 参见圣严的《戒律学纲要》，第303—305页，台北，法鼓文化，1987。
[2] 同上书，第318页。

创新之意。所谓创新,主要表现于智旭对于佛教菩萨戒的体性问题(即戒体)作出了不同于天台、云栖等人的新诠释。另外,晚明界中重视疏释菩萨戒思想的僧人尚有三昧寂光(1580—1645),曾著《梵网经直解》四卷。

佛教戒律源出于设定佛教行持生活的基本规范,因此,对于出家僧人及学佛者的修行生活来说,佛教戒律不仅具有指导、规范的作用,而且还具有保障、护持的功能。对此,憨山德清指出:

> 佛所设戒,律部载之详矣。本意为众生有八万四千烦恼,故设八万四千律仪为对症之药,欲令烦恼病除,法身清净。因机有大小,故戒有三品,曰沙弥十戒,比丘二百五十戒,菩萨十重四十八轻戒。以沙弥、比丘二种戒,乃因事而设,名为遮戒,谓遮止过非,虽大小同遵,而多为小乘,但执身不行;有能执心不起者,即为大乘,亦在事相戒。至若《梵网经》所说'十重四十八轻戒',名为性戒,乃我师本卢舍那报佛所说,诸佛心地法门,名金刚宝戒,命释迦文佛展转传化。所言性戒者,谓了达自性清净,本来无染,顿悟本有清净法身,性自具足,故名为戒……故释迦四十九年所说者,但传此戒法而已。末后拈花所示者,亦示此戒性而已。历代祖师所悟者,亦圆此戒光而已。①

依德清之见,佛教戒律虽有三品,然不外为相戒与性戒两大类。至于相、性二戒之别,乃是基于持守戒相与了达戒体之间的分别。相戒约身、口、意三业之遮过止非言,可以说是属于佛教戒行的修持问题,且多为小乘所持;而性戒则就戒相本空、戒体本净无染说,乃属于佛教戒体或戒性的透悟问题。德清对大乘佛教菩萨戒的上述说明,实已涉及佛教律学的戒体或戒性问题。戒体或戒性问题,同时也是晚明佛教界所着重思考的菩萨戒思想的核心问题。

据称佛祖最终遗训告诫弟子说"汝当以戒为师",然而,时处末法时代的晚明佛教丛林,受持戒律所面对的严峻现实不止是"有戒无师",而

---

① 德清:《憨山老人梦游集》卷一一《答沈大洁六问》,第554页。

且甚至是"无戒亦无师"。明末时期,对于佛教界所处的"有戒无师"乃至"无戒亦无师"的窳败窘境,佛教界有志之士深感忧虑。对此,永觉元贤曾描述当时僧人的持戒与受戒的颓败情形说:

> 律学自灵芝照之后,鲜见其人。至于后代称律师者,名尚不识,况其义乎!义尚弗达,况躬践之乎!至于潭柘、昭庆二戒坛,其流弊有不忍言者,若不奉明旨禁之,后来不知成何景象也。万历末年,诸方得自说戒,正与佛意合,然卤莽甚矣。今日欲起律宗之废者,非再来人,必不能也。悲乎!①

佛教戒律学自灵芝元照律师以降,益见其衰亡而后继无人。其后虽有律师之名,却既无法通达佛教戒律义学之名相,更无从躬践戒行律则。有明一代,由于缺失行之有效的戒律规范,而致使下述情形甚为普遍:虽有受戒出家之名,却既无学戒之实,更无严持戒律之实。北京的潭柘寺戒坛(北戒坛)和杭州的昭庆寺戒坛(南戒坛),虽号称为当时南北两大戒坛,但据永觉所述,其流弊却使佛教僧人丢尽脸面而耻为言说,终至遭到明政府的行政干预,于嘉靖四十五年(1566)诏禁尼僧戒坛说法。万历末年,则又走向另一个极端,一改佛教丛林授戒成规,导致佛教寺院戒律更加失控。永觉元贤面对丛林禅不为禅、教不为教、律不为律情状的无奈与绝望,以至于他唯有寄望于菩萨再临此世,古佛重现人间,方能救拨佛教戒律之凋敝。正是出于对丛林受持戒律情形的忧虑,永觉元贤曾撰著《律学发轫》三卷和《四分戒本约义》四卷,以禅僧身份阐扬佛教律学。在《律学发轫》卷下"受戒辩误"条中,永觉元贤列举了当时丛林戒法存在着如下七种失误,即所谓沙弥付三衣误、造衣非量误、轻弃亡僧衣误、居士付衣误、不受学戒误、妄改科文误及混乱登坛误等,并参照旧例成规,一一加以考订纠正。② 这说明身为禅僧的永觉元贤对于戒律的深厚学养,

---

① 元贤:《永觉元贤禅师广录》卷三〇《续呓言》,《续藏经》第72册,第574页上、中。
② 元贤:《律学发轫》卷下《受戒辩误》,《续藏经》第60册,第959页下至第961页下。

同时更说明晚明佛教界之于丛林戒法的普遍无知而混滥的严重情形。当然,此情由来已久。数百年间率皆迷谬相承,以至于莫知其非也。

与永觉元贤一样,晚明著名临济禅僧汉月法藏,亦以自己受戒的切身经历,说明当时戒坛受戒的混滥情形,深有感触地表达了自己撰著《弘戒法仪》心情和基本立场,他说:

> 法藏初受戒于云栖,既具圆于灵谷,再禀云栖塔前,而教授于云门,往复至再。纵三家之法为一律,盖禅人忽律而重心,戒师执相而遗体。自戒坛一闭,仪法尽亡,相顾讥诃,难于和合。不揣浅见,求拾古规。得昔律师之具足戒式于南坛,略加参演;仿菩萨戒式于《戒疏发隐》,勉自补全。皆欲以禅、教、律三宗,会归实相无相涅槃妙心之一旨,勿使堕于增慢不净破戒之流弊。此诚缀钵之痛心,和法之愚见。览此者,幸勿以禅不挽律,戒不谈禅为诋,可也。①

法藏本人十五岁出家,却直到十九岁方于云栖袾宏处受沙弥戒,直到古心如馨在灵谷寺开戒坛后,汉月才正式圆受具足大戒。法藏受戒的曲折经历,使他得以亲领明末丛林戒法浇漓的现实处境。当然,丛林戒律松弛的另一现实原因,是官府严禁丛林授受戒法。法藏特别提到,当时佛教寺院根据国家勿开戒坛的禁令,而一律不许私下授戒,致使佛戒轨仪湮废逮尽,丛林律仪全然丧失其自我约束的规范性。对此,法藏阐释自己弘举戒仪之意称:

> 自禁以后,老师宿德终其身焉,卷怀不讲。万历已来,后进知识自不受戒,不见坛仪授法,通谓戒不应自授,须候国家开禁,遂置律藏于无用之地,但习讲经以展胸臆,俾后生晚学沿袭轻华,公行犯戒。既不知心地,甚致谤及参禅,返非正法,肆行邪说,禅宗正法欲灭。循流既久,致令四民之外无赖之徒,以出家无戒防制,遂以剃头

---

① 法藏:《弘戒法仪·序》,《续藏经》第60册,第572页上至下。

为藏垢容恶之府。稍不为世法所容者,便自行剃落,阑入法门。种种不肖,既无真法住持,教诫则无从驱摈;浮滥既习,使白衣见其荤酒淫污,亦不为奇特,无复讥嫌。官法收摄不到,佛法无人举扬。设或举扬,翻以为犯禁而排之。藏窃抱杞忧,恐将来或有不测,使佛法与国法两敝,未可晓也。为僧有血气者,岂可坐视法门肝脑涂地之祸,而不亟为修戒以律众者耶?第恐戒法湮没既久,一旦不顾身名,犯世憎恶,以整佛戒,谅未能全究本源,兼之仪法缺失,则邪戒之议或不免矣。痛言及此,不觉涕泣。①

为此,法藏于天启三年(1623),"集三归、五戒、八戒、剃度十戒,并比丘白四羯磨及菩萨戒等,为诸品说戒之式。汇《沙弥律仪要略》、《比丘戒本》、《梵网经》为三种诵戒之本,并随机羯磨,为比丘之则。著《梵网一线》上下卷,为禅律一心之宗。兼之佛藏经四卷,共刻一函,合命之曰《弘戒法仪》。俾受戒之人,急究禅以求戒体;而参禅之人,务持律以固禅宗。禅律一心,而教无别出之遗法矣。此救末世之急先务也"②。

法藏以禅师身份求拾古规,依据南戒坛所承袭的具足戒式,加以参演,仿菩萨戒式于云栖袾宏所撰之《戒疏发隐》,以作《弘戒法仪》上下二卷,力图重整丛林的律仪规范。身为禅僧的汉月法藏,其弘戒行为,实则表明了当时丛林对戒律复兴的共同意识。许多晚明佛教僧人已经充分认识到,戒律意识的松弛和戒律环境的窳败问题,已经到了不可纵容的程度,不仅严重损害了佛法的整体形象,同时对国家社会的稳定产生了不良影响。从某种意义上讲,整治丛林戒律,不止是佛教本身的事情,而且还成为当时朝廷所应该加以关注的问题。为此,明神宗于晚年深知佛戒有裨世道,恩准五台僧远清之奏,允许山中开戒说法,一改嘉靖禁令,从而使佛教界得以在实践中把弘戒理念与弘戒仪则结合起来,使晚明佛

---

① 法藏:《授戒辨》,《弘戒法仪》卷下,《续藏经》第60册,第612页中。
② 法藏:《弘戒法仪·序》,《续藏经》第60册,第576页上、中。

教的戒律复兴方成为可行。

正缘于历史上长期未开戒坛,故晚明佛教界甚为关注菩萨戒的授受法式,以及与此相关的授戒师资问题。由于佛戒必须经由师授而成,故授戒师资在佛教戒律中具有极其重要的作用。与此相关,佛教传统中曾有"以教法为戒体"的观点。依据《梵网经》等佛教菩萨戒经,规定丛林授戒法师须具五德:一持戒清净,二是持戒十腊,三是通解律藏,四是通达禅思,五是慧藏穷玄。对于授戒师的资格问题,云栖袾宏曾作如下解释说:

> 此五德者,贵乎兼备。或戒具而腊卑,或腊高而解寡,或解通经法,而定力荒芜;或见落枯禅,而慧心不朗,皆非全德也……然可以戒该腊,以慧该定,亦或末世五德难全,有戒无腊,德也可师,犹胜徒老无知,不能诲人也;有慧无定,解也可师,犹胜枯定哑羊,不能说法也。①

于此所述,云栖袾宏面对末法时代的弘戒环境,考虑到佛教授戒问题上师资匮乏的现状,当时丛林实在是难觅五德全具者,故而提出了二种不得已的解决办法,即以戒德服人和以佛法慧解取人。

另依佛教戒经,受戒者有上、中、下三品之分。上品戒,当于诸佛菩萨前;中品戒,当于菩萨法师前受;下品戒,则千里无师时于经像前受,或自誓受戒。对于受持菩萨戒(下品戒)方式中方便法门,如"千里无师,许对佛像;千里无像,许对经卷",或自誓受戒,成为末法佛教中最普遍的方式。若无授受佛教菩萨戒的合格师资,则既可以自己面对佛像自誓受持菩萨戒,甚至可以对佛教经卷自己受持菩萨戒。晚明佛教四大师之一的蕅益智旭,其出家修佛的受戒经历即是如此。据其于《重治毗尼事议集要》的序文中自称,他出家后,曾先在云栖袾宏的遗像前受比丘戒,第二年又在云栖袾宏的像前受菩萨戒,然后通读佛教律藏之后,他却最后发

---

① 云栖:《戒疏发隐》卷一,《莲池大师全集》,第118—119页。

现自己的比丘身份不合佛制。① 智旭的受戒经历,真是令人可叹而又可悲。可叹的是,智旭这样的高僧尚且如此,更何况他人?可悲的是,晚明佛教僧人中授戒师资匮乏之严重,于此可见一斑。

智旭等人上述变通授受戒法,虽有其一定的经典根据,但只可解一时之缓,更重要是必须恢复并整治佛教寺院的弘戒法式。基于此,晚明时期,佛教界涌现了一批中兴戒律法式的尊宿、禅僧和律师,如智旭作"明白而简易"的《重定授菩萨戒法》一卷,法藏述《弘戒法仪》二卷,而见月读体(1601—1679)所编订《传授菩萨戒正范》,则更是成为近世流传最广的一种授戒法式。通过对弘戒法式的恢复和一系列整理,有效地促进了晚明佛教的戒律复兴。

据上所述,当时佛教界对于戒律为佛教立教之本的自觉意识,或者说是复兴佛教戒律的愿望,并非出于对以往作为宗派的律宗复兴意识,而是基于整治寺院环境复兴佛教的现实考虑。因此,晚明佛教的戒律思想与唐宋时代多所不同。唐宋诸家律宗之学,大都持以律释律的单一立场,而晚明丛林的戒律思想则表现为多元而圆融的特色。总结来说,晚明佛教的戒律复兴,主要有如下表现:

首先,晚明佛教界不仅出现了一批兼志于弘扬佛教戒律思想的著名僧人,而且还在较长时期内恢复了戒律传承。正如圣严法师所指出,明末佛教弘扬戒律有的两大系统,即云栖袾宏与古心如馨。这二大系统都弟子众多,影响深远,尤为值得一提的是,直到现在为止的中国戒律的传承,大多是从古心如馨系统发展延伸出来。②

其次,晚明佛教的戒律思想的复兴,还表现在这一时期出现了大量有关佛教戒律的著述。据圣严统计,《卍续藏经》所收中国人的戒律著述,从六朝陈代的慧思开始、直到明末,大约一千年间,共有二十九种、四十八卷,

---

① 智旭:《灵峰宗论》卷六之四,《蕅益大师全集》第6册,第1007—1008页。
② 圣严:《明末中国的戒律复兴》,《从传统到现代:佛教伦理与现代社会》,第152页。

涉及到二十一位作者。而在明末清初的一百五十年间,却有十三位作者,留下了二十六种、共四十四卷有关佛教戒律的著述。不仅如此,据《新续高僧传四集》等所见,此时尚有二十一种戒律著述未被收入。① 然而,尽管如此,晚明佛教界真正对佛教律藏作过深入研究的学僧,却为数并不多,仅蕅益智旭、见月读体等数人而已。余者皆泛心戒律,未及深究。但从另一角度来说,晚明佛教界业已开始关注佛教戒律的整治问题,这表明当时僧人们对佛教戒律意识的全面觉醒。

再者,晚明的戒律复兴,还表现为当时丛林关注佛教戒律问题的普遍性和广泛性,如云栖袾宏、蕅益智旭等丛林尊宿,以及永觉元贤、汉月法藏等著名禅僧都曾相当关注佛教戒律、戒法、戒仪、戒规诸问题之探究,并且表现出摄戒归净、教戒并唱、禅律一体的思想取向,从而使晚明丛林的戒律复兴,与明末佛教复兴,特别是其禅学中兴现象,具有某种程度上的关联性和同步性。

第四,晚明佛教界不仅重视弘戒仪轨的恢复和整理,而且还相当重视沙弥戒和在家众的持守戒律问题,这在一定程度上表明了当时佛教界关注佛教戒律问题的全面性和现实性。

最后,作为晚明佛教戒律复兴的主导内容,大乘佛教菩萨戒思想所具有的明显人间性的社会关怀与伦理关怀,使佛教戒律思想与儒家伦常思想能够加以沟通、融会,更易于阐释佛教戒律思想中的经世精神,这可以说是晚明佛教戒律复兴的应有之义,同时也是晚明佛教介入现实社会的根本始基。佛教戒律作为丛林僧团伦理共同遵守的行为准则,一方面集中体现了佛教不同于儒教社会伦理的思想内容,以戒律为本的佛教僧团伦理与以家族伦常为本位的儒教伦理,存在着差异,尽管同时亦有着某些相通之处。由于二者之间有其相异性,这就不可避免地存在着某些思想原则上的冲突。但在另一方面,佛教僧团伦理以其独特的行为规

---

① 圣严:《明末中国的戒律复兴》,《从传统到现代:佛教伦理与现代社会》,第146页。

范,吸引了遵守儒教家族伦理的人,特别是在家修行的佛教徒众身上体现出某种程度上的伦理互补性,从而在晚明社会转型时期,表现出伦理规范多元并存的新格局。

三、戒体的阐释

据日本学者平川彰对印度佛教戒律一词的语源学考察指出,在印度佛教中,"戒"(sila)与"律"(vinaya)或"律仪"(samvara)明显分开,并无连用的迹象。依其字源分析,"戒"字原指自愿加入僧伽修行佛法的比丘个人的主观决意,故有自律意味;而律则不然,专指为了僧伽本身的团体秩序与存续,僧伽成员必须遵守的客观规范,故有超越成员的个人意志而自外强制奉行的他律性格。① 据此,晚明佛教戒律复兴中表现出既关注自律之戒,同时又重视他律之律的思想特征。另一方面,大乘佛教戒律思想的独特规范性所具有的超越性、实践性、伦理性,根植于佛教戒法所具有的强制性、律法性、共守性。戒律之所以被视为是宗教性的普遍规范,首先具有他律行为的强制性、律法性和共守性特征。但宗教戒律同时也必须转化为受戒及持戒主体的内在自觉意识及其自律行为。因此,晚明佛教界既重视恢复佛教戒律的仪轨法式,更关注对"摄心为戒"、"摄戒归性"圆融之说的思想阐述。故此,晚明佛教丛林甚为重视戒体问题的探讨,并从中表现出戒净合流、禅律一体和教戒一致的思想特征。

戒体乃是佛教受戒主体由受持佛教戒法而获致的内在体性。对于戒体问题,曾出现过多种主张,主要有如下三类:即色法戒体说,主要为小乘佛教一切有部所持;二是心法戒体说,此为法相宗的观点,并为唐代道宣律师等所采纳;三是非色非心说,这是成实论的看法。② 智者大师在

---

① 转引自傅伟勋的《佛教伦理现代化重建课题试论》,《从传统到现代:佛教伦理与现代社会》,第236页,台北,东大图书公司,1990。
② 李世杰:《戒律的思想》,转引自张曼涛主编《现代佛教学术丛刊》第89册,第53—54页,台北,大乘文化出版社,1980。

其《菩萨戒本疏》中曾提到,当时佛教对戒体问题的不同主张,或以教为戒体,或以真谛为戒体,或以愿为戒体,表明戒体问题在佛教内部一直存在争议,而未能得到一致的认识。① 即便是天台智者,也既主心法戒体说(《摩诃止观》),同时又认为性假色法即戒体的色法戒体说(《菩萨戒本疏》)。② 佛教戒体问题,由于涉及到佛教戒律的根本依据问题,因此在佛教戒律学思想中具有重要地位。只有明确认识佛教持戒的体性问题,才能使佛教外在的戒律规范仪轨,最终转化为持戒主体的内在自觉和实际修持行为,使他律之规范转化为自律之诫命。因此,究明戒体问题,对于整治晚明佛教寺院戒律混乱的现状,更具有现实意义。

对于戒体问题,天台智者大师在《梵网戒疏》中认为:"戒体者,不起而已,起即性,无作假色";并引《璎珞经》说:"一切圣凡戒,尽以心为体。心无尽故,戒亦无尽。"③智者于《梵网戒疏》中所说的无作戒体,即是无漏色法,非本心本具,而由师师相承传授而习得。因此,具体表现为三种情形:对于未受戒者来说,则无戒体;对于已受戒者来说,则具戒体;若已受戒者毁戒,则戒体当失。在智者看来,戒体非为本心自性所本具,而是随受持戒法的具体行为而生起。就戒体的生成活动(即受持戒法)而言,戒体乃是经验的生成,而非先验的本体存在。但戒体一旦生成,即具有根本性的存在力量。因此,天台智者的上述戒体论,具有生成即戒体的特点。这也就是说,受戒本身就意味着戒体的生成。

在《戒疏发隐》中,袾宏以戒体无无作义为非,而以有无作义为是,他说:"心虽无为,戒虽无像,而以无为心受无像戒,岂得云无?然前云如是因作,便有无作,则一作之后,任运止恶,任运持善,功德自然增长,无作而作,作实无作也。"④在袾宏看来,受戒本身主要应属于受戒者本人内心

---

① 参见袾宏的《戒疏发隐》卷一,《莲池大师全集》,第 80—81 页。
② 李世杰:《佛教法律哲学的精要》,《现代佛教学术丛刊》第 89 册,第 77 页,台北,大乘文化出版社,1980。
③ 参见袾宏的《戒疏发隐》卷一,《莲池大师全集》,第 80 页。
④ 袾宏:《戒疏发隐》卷一,《莲池大师全集》,第 90—91 页。

自觉选择的主体行为。这种出于主体意志的行为一旦作出选择,本身就意味着止恶持善的价值选择。因此,戒本无作而心有作,无作即是有作。对此,袾宏进一步指出:"即心为戒,固尽理之玄谈;因戒摄心,实救病之良药也。"①据此,袾宏在处理解戒体问题时,既重视"即心为戒"中受戒持戒主体的自律意志及其行为,同时也强调"因戒摄心"中所必须引发的他律规范作用,从而表现出摄戒归心、藉戒摄心、戒慧并重的思想倾向。

基于此,袾宏着重阐释了所谓"一心持戒"的思想。他说:

> 一心者,无二心也。一心不乱,始名持诵也。按一心念佛,有事有理。此亦应尔。事一心也,以心守戒,持之不易,诵之不忘,无背逆意,无分散意,心不违戒,戒不违心,名一心也。理一心者,心冥乎戒,不持而持,持无持相;不诵而诵,诵无诵相。即心是戒,即戒是心,不见能持所持,双融有犯无犯,名一心也。②

袾宏根据净土佛教的一心持名念佛思想,进一步联想性地推演出"一心持戒"论。由一心念佛之中的事一心与理一心的区分,而有一心持戒中的事一心与理一心。具体地说,事一心持戒,属于经验性修证的他律规范行为,"心不违戒,戒不违心";而理一心持戒则更强调对受戒持戒与存在理体的内在同一,强调即心是戒、即戒是心的自律意志,表现出心与戒在本体论上的同一。由心戒一体进而戒净一致、念佛即持戒,足以表明云栖袾宏的戒律之学并非中国佛教律宗所阐扬的理路取向,而是具有明显的摄戒归净、摄戒归心的圆融倾向。

由上述可见,佛教律学的戒体问题实关诸受持戒律主体的心力意志作用,而心力意志在佛教中被认为是无表业,即无作。因此,戒体不能脱离佛教对受戒主体意志"即心是戒"的自律作用,由此成立无作戒体主体自律的思想。与此相关的另一内容,乃是自律性戒体与他律戒法的在现

---

① 袾宏:《菩萨戒问辩》,《莲池大师全集》,第734页。
② 袾宏:《戒疏发隐》卷五,《莲池大师全集》,第577—578页。

实修证佛行中的关系问题,而这一问题正是智旭所欲辨析的重要旨趣之所在。

对于天台智者《梵网戒疏》所说的无作戒体,归宗天台的智旭亦曾有具体评论。智旭首先指出,智者大师所谓的"无作戒体",其用意甚为明确,这就是彰显佛教戒律的"修证行持之门"。他说:"盖戒法惟贵专修,故理体姑置不辨。若辨理体,则自性清净,无犯无持,亦无得失,于弘扬戒法,似非所急,故独明无作戒体,用彰修证之门。如能实修,自能合性……今正示秉戒成修,何须复谈理体。所以于三重中(释名、出体及料简),虽名出体,乃是戒之当体,非是所依理体。以理体属性,戒体属修;理体于五重中属体,戒体于五重中属宗。"①

智旭认为,天台智者出于对佛教戒律规范之实修性的强调,特别注重佛教戒律在实践修持中的规范功能。因此,在某种程度上持有"戒体属修论",并因而对作为佛教戒律的根本理据的戒律体性问题未能加以辨析。在智旭看来,智者大师甚具对治性的"戒体属修论",应该说是值得后人高度重视的。但他同时也从天台佛教的性修、理事关系,进一步阐释了"戒体无作"的理体根据。他说:

> 言无作者,只是一作之后,不俟再作。所谓凭师秉受,直至未来,任运止恶,任运行善,故名无作。与无作四谛之义不同。以此无作戒体,乃是无漏色法,受之则得,不受则无,持之则坚,毁之则失。故属事不属理,属修不属性,属宗不属体。然事理非二,性修交成,宗体不隔……是则无作戒体,全依理体而发;而本净理体,全赖戒法而显。②

智旭认为,天台智者的所谓无作戒体,乃是一作之后,不再另作。受戒者秉师授戒,从而习得止恶行善的修持规范,终其一生持守不

---

① 智旭:《梵网玄义》,《蕅益大师全集》第4册,第78页。另见《续藏经》第60册。
② 同上书,第78—79页。

失,就成为无作戒体。于此可见,天台智者对于无作戒体的理解是描述性的和经验性的,而并非是规范性和终极性的。智旭指出,虽然无作戒体即是无漏色法,但此一无作非存在实相之无作,具有"受之则得,不受则无,持之则坚,毁之则失"的动态特征,这就说明此一无作戒体在受与不受之间、持与毁之间,具有得与未得、守与失的二元差别,这虽然对于受持戒法的现实修证是完全必要的,但并不具备戒体所要求的终极理据。从根本上说,天台智者所理解的无作戒体"属事不属理,属修不属性,属宗不属体"。既然认为无作戒体属于事相、修持、宗用等他律性意志行为,因此,也就不能视之为自律自足的戒律本体理性。智旭认为佛教戒律不仅应该具有自律性,而且还应具备自足性。而这里的自律与自足,即相当于天台家的修与性、宗与体关系。戒律修持的自律行为与戒律本体的自足理据,二者之间具有二而不二、不二而二的交互关系。智旭说:"而此无作妙戒,及发趣长养金刚等心,体性平等,诸地同以本源清净佛性为所依体。以宗契体,体非宗外;悟体成修,宗原属修。修证要门,孰过于此?"①又说,"体显于性,宗显于修;全性起修,故不二而二;全修在性,故二而不二"②。因此,智旭对《梵网经》戒体的理解表现为"无作自归于宗,心地乃成正体",作为佛戒正体的心地,同时就是诸法实相,"诸法实相乃此戒所依之理体也"③。更进一步说,《梵网》菩萨戒体即是佛性本身。因此,在自性清净理体的意义上,梵网菩萨戒即是佛性戒,或是自性戒。蕅益智旭阐论说:"此经以诸佛本源心地为体。言心地,则当体即是,更无他求;言本源,则法尔性德,非关修证……全是众生心性之理,更无少许别法可得。此理即名为体,亦为一切教体,亦为一切行体。此即真正,魔外所不能坏,权小所不能滥也。"④

---

①④ 智旭:《梵网玄义》,《蕅益大师全集》第4册,第83页。
② 同上书,第80—81页。
③ 智旭:《梵网合注》卷三,《蕅益大师全集》第4册,第7315页。

据此，智旭指出："但有心者，皆有佛性；有佛性者，即入佛性戒中。以此妙戒，全依佛性理体所起，还复开显佛性，庄严佛性，故名佛性戒也。"①智旭把《梵网经》佛性戒与大乘佛教戒体问题相结合的思想，充分体现了佛教蜀丛林在佛教戒体论问题上，并非以事解律、以律解律而是以理解律、以教解律的思考取向。

蕅益智旭通过天台性修关系问题辨解理体与戒体问题，认为理体属性，而戒法属修。并基于天台理事非二、性修交成的思想立场，主张存在理体问题，应当与戒法修证功能问题结合起来，不能分开而论。智旭的上述观点表明他既考虑到戒体的主体自律性，同时也兼顾到受戒持戒的现实修证功能，从而调和了智者在戒体问题上的不完满与不彻底。智旭的上述立场，实际上表明了佛教戒法贵于实际修持的现实取向。

正基于此，智旭明确认定《梵网经》的佛性戒思想，应该更进一步作为佛教戒体论的基本理据。为此，智旭阐释说："此经以佛性因果为宗，佛性非因非果遍能生一切因果。经云：'一切众生皆有佛性'，此佛性者即是诸佛本源心地，以此不生不灭为本修因，然后圆成果地修证，则因亦佛性果亦佛性。"②如此，《梵网经》的佛性戒，就与众生本具的佛性，沟通起来，从而达到戒由心生、戒心不二、不生不灭的佛境。

基于上述识见，智旭对于天台智者、云栖袾宏所持的无作戒体论，进行了他称为七句胜义的言诠："……此菩萨无作律仪，应以七句胜义而诠显之：一者，本源清净以为其因；二者增上善心以为其性；三者，三种胜境以为其缘；四者，三番羯磨以为其体；五者，无漏妙色以显其相；六者，极至佛果以为其期；七者妙极法身以为其果。"③这就充分表明智旭在无作戒体问题上既把菩萨戒体归于众生本具的本源清净之性，同时又以统合种种实践修持的律仪功能，最后摄归佛果法身。这一概括性甚强的胜义

---

① 智旭：《梵网合注》卷三，《蕅益大师全集》第4册，第7313页。
② 智旭：《梵网玄义》，《蕅益大师全集》第4册，第81页。
③ 智旭：《梵网合注》卷三，《蕅益大师全集》第4册，第7314—7315页。

言诠,无疑充实了天台无作戒体论的传统思想。

明末曹洞宗僧永觉元贤在其所著的《律学发轫》中,也曾全面引征天台智者大师在《梵网戒疏》中对无作戒体问题的解释,他说:"受菩萨戒者,当以发菩提心为先。菩提心者,四弘誓愿也。若实发此愿,复以至诚心仰承大戒,则能发起无作戒体,方名得戒。既得此戒后,或遇缘破犯,亦自有殊胜功德。故云'破戒比丘,犹胜外道。'……"又称:"此戒体不发则已,发即是性,故名无作。小乘明此,别有一善能制定佛法,凭师受发,极至尽形,或依定依道别生,皆以心力胜用有此感发,《成实论》判为非色非心聚,律师多依此说,未尽其义。大乘明戒是色聚,谓大乘情期极果,凭师一受,远至菩提,随定随道,誓修诸善,誓度含识,亦以心力大故,别发戒善为行者所缘,止息诸恶。《大论》云:罪不罪不可得,具足尸罗。此是戒度正体,以心生口业从今受,息身口恶法,是名为戒,即无作也。此无作虽无色相,而有能持所持,有得有失,亦似有色相,故曰假色,亦名无表色也……如此虽非实有,戒从外来,然亦不可谓自心本具,无得与不得,盖以理虽本具,藉缘方发故也。"①元贤把发菩提心作为受菩萨戒的先决前提,认为以至诚心仰承菩萨,即能发起无作戒体,方为得戒。据此,小乘佛教及传统律宗在受戒问题上虽然强调无作心力的胜用功能,但仍未尽大乘佛教无作戒体的全部涵义。大乘佛教无作戒体尽未来际既是摄律仪戒,同时也是誓修诸善的摄善法戒,以及誓度众生的饶益有情戒。因此,大乘佛教中的无作戒体,相对小乘佛教及传统律师而言,更具有实践修持的全面性和贯通性,因此必须关注无作戒体的本具之理体与实践修持的助缘功能。

晚明佛教在戒体问题上,既表现出即心为戒而摄戒归心的心性化倾向,同时也具有即戒为心而因戒摄心的功能化倾向。上述两大思想倾向的基本理据,在于《梵网经》的佛性戒思想,同时也是佛教心性论思想(亦

---

① 元贤:《律学发轫》卷上,《续藏经》第60册,第561页上至下。

即佛性论思想)在戒体问题上的具体体现。从当时佛教界对戒体问题的阐释中,可以看到两种不同取向的理解,一是律宗传统基于以律解律立场的理解;一是基于佛教心性论以禅解律来诠释戒律。以律解律涉及佛教戒律持犯等具体修证,以禅解律则更关注佛教戒律的体性及理据,并借此而探讨戒律体性与实践修持功能之间的内在关联。以律解律的律学立场,相对具有保守性的特征;而以禅解律的佛性论思想立场,则更有开放性与兼容性。上述两种不同的立场之间,既具互补性,同时也存在着张力与冲突。

四、从佛性戒到禅律一体

晚明佛教界通过摄戒归性、因戒摄心的佛性戒思想取向,使丛林禅律一体、律净并弘成为可能。特别是晚明宗门,大都基于其以禅解律的方法立场,甚为关注教戒一致、戒净一体、禅律并行的全局观念,借此全面整治佛教僧人的修证规范,以此实现佛教的振兴。如汉月法藏曾于万历四十五年(1617)迎请憨山德清前往三峰寺讲解《梵网菩萨戒经》,就明确表达了禅中有戒、戒中有禅的禅修立场。

晚明丛林宗门以禅解律的方法立场,具体表现为普遍关注戒律对于佛教出世修行的功德作用。如无异元来明确指出,无论是念佛,还是参禅,都应俱精戒律。这是由戒律在佛教修学活动中的独特地位所决定的。任何佛教修行,"其断恶修善,以戒为基本。若无戒律,一切善法,悉无以成。南山大师云:'戒德难思,冠超众象,为五乘之轨道,实三宝之舟航。禅定智慧,以戒为基;菩提涅槃,以戒为本;发趣万行,戒为宗主;戒为却恶之前阵;戒为入道之初章。'"[①]有鉴于佛教戒经对于佛教修持的基本功用,无异元来继承历史上"禅律并行,不相留碍"的修证立场,明确指

---

① 元来:《宗教答响》卷一《戒律品》,《无异元来禅师广录》卷二一,《续藏经》第 72 册,第 271 页上。汉月法藏在其《弘戒法仪》卷上《第二开导》中,同样征引了南山律师之语,《续藏经》第 60 册,第 579 页下。

出说,"如念佛无戒,有慧无福。纵得为人,福慧浅薄,轮回诸有,亦未可知。参禅不持戒者,斯谓之狂人。将持戒束身,藉以口实,以祖师门下破执之谈,都作个实法会,殊不知洗钵水倾地亦施主物,犹为过犯,况其他乎?清凉大师九岁出家,十一岁背通三藏,十四岁发明南宗大理,犹以十戒严身;六祖亲传衣钵,亦登坛受戒。是故当深信戒法疾得出世"①。

晚明宗门以禅解律的思想立场,还表现在以参禅持戒同体并行的禅律一体观。如汉月法藏说:"夫戒者乃菩提之根本,圣道之镃基。佛世利机,契动便感;末世浇薄,圣制从缘。缘集则作法成功,缘散则戒德无立。无作功勋不可见也。托缘定其有无。"②这表明佛教修证中的定慧二学,无不皆以持戒为本源。在此基础上,汉月法藏更进一步指出即律即禅、禅律同一宗归的思想主张,并驳斥了历史上"禅律相非"的传统偏见。汉月指出僧伽持戒的极至境界,即是对于"戒体即禅"的证悟。禅非在戒外,戒非在禅外,参禅证悟即是真实持戒,反之亦然,二事实为一体。汉月法藏曾感慨开示说:

> 嗟夫! 自归,禅也,禅非在戒外也;三归,是正禅也,戒非在禅外也;参禅是真戒也,禅,正法也。古来禅律相非,正为不知自归即禅即律,所以正法速灭也。汝等要知受菩萨戒,须参自归之禅。若受戒而不参禅者,受相戒而亡体也;参禅不受戒者,破戒相而破禅也。故受戒必参禅,参禅必持戒,而后为佛子也。不然,皆外道种性耳。何以故? 以其不知心地之不可破戒相,而戒相之不可失心地故也。③

参禅修证乃属自归心地法门,戒为心地法门之始基、本源,故禅戒当为一体统观,同归于自性心地也。受戒之性体即本于心地法门,故受戒却不参禅,不过是持相戒,实失其戒体;而参禅者却不受戒,则是戒相既破,禅

---

① 元来:《宗教答响》卷一《戒律品》,《续藏经》第72册,第271页下。
② 法藏:《弘戒法仪》卷下,《续藏经》第60册,第1002页上。
③ 同上书,第602页中。

悟更属无由。因此,参禅与受戒当互依共存,一本于自当本源心地法门。

在上述阐释禅律一体统观的基础上,法藏进一步指出,"自归者,直提向上祖师禅也。以吾人一向迷自己佛,向心、意、意识处只管领会,不知离心、意、意识参究自己。故我佛于人初入法门,便教渠知有本心之佛而归依之。若上根利器,一闻自归二字,直下返本还源,了彻心地,何等直截痛快!纵不能了彻自心,亦使其念念参求而自归之,并在意识色心,见情是心,皆入佛性戒中矣。是知一自归,便证戒体;戒体具则直超菩萨心地已,何有渐次阶级耶?"①在此,法藏援引了慧能《坛经》所主张自心皈依佛、法、僧三宝思想,指出行人若"各须自归自心三宝,内调心性,外敬他人,是自归依也"②。故此,持戒与参禅互为必要,相互支持和补充,趋归于向上解脱。所以,汉月法藏特别强调指出:"故在家出家者,得归自己佛,已知我心绝非众生;归自己法,已知我心本传心印;归自己僧,已知我心未尝染污。无始至今,一向是佛,不曾移易一丝毫许。"③

汉月法藏以禅解律的思想取向,还表现在以参禅证悟的修证方法参透佛教戒律的本源。如他曾以慧能南宗禅的即心即佛的无念观,来诠释其即心即戒的禅律一体论思想。他说:"无念即戒,无心即禅。无戒无禅,即佛非佛。又何言受戒、言参禅、言证佛耶?虽然,不戒即不得无念,无念即成寒灰枯木;无禅则未得无心,无心则为枯井乾潭;无证则落顽虚,何得成佛?故知,证佛、参禅,自持戒始。既欲持戒,须识心体。心体无缘,如空中日,一切见闻知觉,缘之即属染污,直须时时远离,不使一点粘著……知戒是心,戒本来具足,岂可以持犯、开遮种种名相为律哉?知心是戒,何敢触心?知心是禅,何更拟心?知心是佛,便好歇心;知心本无,何妨用心?何妨持戒?何妨参禅?何妨证佛?何妨入魔?何妨出世、入世为自在人去?"④

---

① ③ 法藏:《弘戒法仪》卷下,《续藏经》第 60 册,第 602 页上。
② 法宝本:《坛经》第六《忏悔品》,引见《中国佛教思想资料选编》第 2 卷第 4 册,第 47 页。
④ 法藏:《示持戒者》,《三峰藏禅师语录》卷一三,第 144 页上。

据上所引,汉月法藏虽主张持戒为学人参禅、证佛之始基,但对于持戒的理解,却不能拘泥于戒相论的固执,而更应上升到戒体论的高度。这就是说,必须在即心即佛、实相无念的心性本体论上,把持戒、参禅与证佛三者统一起来。唯有如此,才能真正领会佛教持戒修行的本意之所在。

与汉月法藏一样,永觉元贤也表达了由禅而律、由律及禅的禅律一体思想。在禅律关系上,他认为,就禅、教、律三宗而言,至难通达者莫过于禅学,经教次之,而戒律又次之,然而数百年来,禅教犹有一线之脉尚存,而戒律之学却成寥寥绝响者,其原因究竟何在?"盖以聪明才辩之士,多以律学为浅近而忽之,不屑自局于此;又以人之常情喜自便而畏检束,则又不肯安意于此。故律学之最易,却成最难也。"①他认为,佛教戒律学的衰亡,不外乎两个原因:其一是缘于僧人不为,以为佛教戒律学为浅近之学,不屑为此学;其二是由于僧人不能,因缺乏自我检束的意志力,而不能做到严持戒律。由于上述两个原因,致使佛教戒律之学由最易而一变为最难,乃至于寂寥无闻终成绝响。

晚明佛教界关于禅律同宗一源的思想,并非其独到的见解,而是根本佛教传统中戒定慧三学一源及中国佛教传统中禅、教、律三宗同归思想的合理推演。永觉元贤曾指出后世佛门把禅教律三宗一分为三,如鼎之三足,缺一不可,"合之则俱成,离之则并伤"②。佛门后学往往以我执之情,起生灭之见,相互诋毁,正如兄弟自相戕贼,致使佛灯黯淡。永觉元贤试图倡禅举律,力究佛教丛林戒律学之所以衰微的深层原因,当出于他重振佛教戒律之学的悲愿。然而必须指出的是,永觉元贤等丛林尊宿注重佛教戒律学的重振,与其说只为弘唱律宗,只关注一宗一派的复兴,更不如说落归于当时佛教全面振兴这一当务之急,这可以说

---

①② 元贤:《永觉元贤禅师广录》卷三〇《续吒言》,《续藏经》第72册,第574页上。

是晚明佛教界有识之士的共见。因此，永觉元贤、汉月法藏等宗门禅僧们，之所以如此自觉地参与晚明佛教弘扬戒律的复兴运动之中，应该结合晚明佛教改革这一广阔的深层背景，才能得到相对合理的说明。

永觉元贤四十一岁时在博山受菩萨戒，六年以后又在宝善庵受闻谷大师所授之大戒。① 这一事实表明，元贤本人非常重视佛戒的受持。不仅如此，他同时也视戒坛为禅堂，而视禅堂为戒坛，寓戒于参禅之中，寓禅于授戒之中。永觉元贤对于自己在真寂禅院的说戒三问，甚为自许。此一"受戒三问"，相当明瞭而具体地表达了参禅与持戒如何一致，及禅律同宗而一体的思想。永觉元贤的受戒三问，引述如下：

其一，戒必师师相授，请问威音王从何人受戒？

其二，《梵网经》云，戒光从口出，非青黄赤白，请问毕竟作何色？

其三，破戒比丘，不堕地狱。既是破戒，因甚不堕？

永觉元贤试图把对于佛教以戒为本这一本源立场的领会与把握，结合禅宗参究的方式加以展示。上述受戒三问，大致上描述了时间性的过去、现在、未来三维中，修证者由受戒而持戒的过程。永觉元贤认为，受持佛戒过程，其本身未尝不是禅宗参究本体顿悟心性本净的过程，由证悟心性本净而洞达戒相本净。受戒第一问，直探受戒的本源，中国禅宗每借威音王之名，言指极远之时，同时也喻指宗门向上本分之事。在无始之时，试问威音王又从何人受戒？这一审察旨在引导学人直达受戒本体不外是吾人心性本分之事，外在规范须从内在自觉方成效用。学人现在持戒，戒光从口出，当下持戒而戒体本空，此问将引导学人洞达佛教持戒的当下无碍的本性。如《大般若经》所云："持戒比丘，不升天堂；破戒比丘，不堕地狱。"比丘持戒的未来果报，并不从戒相持犯中直接引发，因为法界中并无持犯分别，所以破戒比丘不堕地狱。永觉元贤曾详述其受

---

① 元贤有"戒本真寂"之说，参见林之藩《永觉和尚行业曲记》，《永觉元贤禅师广录》卷三〇，《续藏经》第72册，第576页下。

戒三问的涵义,他说:

> 老僧昔年在真寂院中说戒,曾垂三问:第一问:"戒必师师相授,请问威音王从何人受戒?"若识得此一问,便明最初一句,亦明最后一关,百千诸佛,百千戒法,尽从脚跟下流出。第二问:《梵网经》云:"戒光从口出,非青黄赤白",请问毕竟作何色?若识得此一问,则一切声色尘中,并可横身直过,无有些毫过患。第三问:经云"破戒比丘,不堕地狱";既是破戒,因甚不入地狱?若识得此一问,则淫坊酒肆,随处自在;手把猪头,口诵净戒。诸人还会么?①

据上所引,在永觉元贤的心目中,作为佛法本源的佛教戒律思想,并非是作为一宗一派的传律解律之学,而是承继佛教禅宗"禅戒合一"的佛性戒或自性戒的思想,特别是慧能南宗禅的无相戒、自性戒一脉。此一诠释取向的经典理据,同样也出于《梵网经·心地品》。该经说:"金刚宝戒是一切佛本源,一切菩萨本源,佛性种子。一切众生皆有佛性,一切意识、色心,是情是心,皆入佛性中。"②北宗神秀主张受持菩萨戒"是持心戒,以佛性为戒"③,而南宗慧能则明言"授无相戒",并引《菩萨戒经》云:"戒本源自性清净"④,在戒、定、慧三学的关系问题上,慧能南宗禅也把三学落归于自性清净这一根本基点。对此,慧能曾开示说:"心地无非自性戒,心地无乱自性定,心地无痴自性慧。"⑤慧能把佛教中戒、定、慧的三学修持皆落归于众生自性心地的思想,超越了佛教传统中的"诸恶不作名为戒,诸善奉行名为慧,自净其意名为定"的诠释⑥。这种诠释,在晚明佛教丛林中,既为憨山德清等僧人所继承,亦为永觉元贤、汉月法藏等禅僧

---

① 元贤:《永觉元贤禅师广录》卷五《宝善受戒普说》,《续藏经》第72册,第414页下—415页上。
② 参见《梵网经》,引自《大正藏》第24卷,第1003页上。
③ 据《大乘无生方便门》称:"菩萨戒是持心,以佛性为戒。性心瞥起,即违佛性,是破菩萨戒。护持心不起,即顺佛性,是菩萨戒。"参见《大正藏》第85册,第1273页中。
④ 敦煌本《坛经》19节,杨曾文校写本,第20页。
⑤⑥ 敦煌本《坛经》41节,杨曾文校写本,第49页。

所继承，从而表现出晚明佛教的戒律思想即心言戒而摄戒归禅、摄戒归性而禅律一体的解释倾向。基于此，永觉元贤尝告诫僧众说："不知此戒不是老僧底，亦不是闻（谷）大师底，亦不是云栖老人底，亦不是南山律师底，乃至亦不是释迦牟尼佛底，只是诸人自心本具底。所以，六祖大师云：本性无非自性戒。"①这就充分表明永觉元贤摄戒归心、摄戒归性的禅戒一体论思想观念。

永觉元贤一则自觉承绪禅宗六祖慧能有关本性无非自性戒的思想，但另一方面又认为，此说并未彻底。他说："六祖此语可谓吃紧，为人直捷指出。然亦未免尚带枝叶。良以非因是立，是由非生。既本性无非，将以何者为是？既本性为是，将以何者为非？而言不非，若学人滞于言句之下，是非之见未泯，则此戒尚隔千山。须得是非情尽，灵光独露，则所谓戒者，已为鱼游水中，人在空中，无你受处，无你背处，无你持处，无你犯处。搭衣展钵，尽显金刚道场；布萨羯磨，孰非毗庐境界？"②力主以参透自性心地作为受戒者的极则事，这是永觉元贤授戒普说的一大鲜明立场。兹援引一则普说内容，以证此说。元贤尝开示说：

> 如昔日百丈大师上堂云，"灵光独耀，迥脱根尘，体露真常，不拘文字，心性无染，本自圆成，但离妄缘，即如如佛。"此语紧要，只在"灵光独耀，迥脱根尘"二句。识得灵光独耀底，是之谓真受戒。③

"灵光独耀，迥脱根尘"之所以最为紧要，乃是此语最直接地呈示出自性戒与悟性法门的有机结合。据此，元贤强调了对南禅自性戒思想须加以本己参悟的亲证性与实践性，进而透达本性无非的真实受用之处。永觉在其普说开示场合中，多有涉及受戒之说，他本人曾经历两次受戒过程，并曾撰著《四分戒本约义》、《律学发轫》等戒律著作，表明他甚为关注佛

---

① 元贤：《宝善受戒普说》，《永觉元贤禅师广录》卷五，《续藏经》第72册，第414页下。
② 元贤：《授戒普说》，《永觉元贤禅师广录》卷五，《续藏经》第72册，第412页下。
③ 元贤：《永觉元贤禅师广录》卷六《普说下》，《续藏经》第72册，第416页下。

教戒律。在此意义上说，元贤摄戒归禅的禅律一体思想，乃是其继承慧能南宗禅戒一体兼举、禅律同源并行的思想归趣所在。

晚明佛教界对禅律并行的关注与强调，其现实目的，主要是对治当时丛林宗门的种种疏于戒行的现状。元贤曾列举了宗门无戒亦无行的情状。他开示受戒者说：

> 有等狂妄之徒，轻飘圆顿之糟粕，习成豁达之邪空，便谓我亲见衲僧巴鼻，穿过佛祖髑髅。或胡喝乱棒，或指马呼牛。如发癫病相似。及夷考其行，则恣心所欲，恣身所行，毫无忌惮，乃谓我得无碍大解脱门。殊不知，左之右之，一一并成魔业；举足下足，在在总陷泥犁。诸人如食肉不异食蔬，方可食肉；饮酒不异饮水，方可饮酒；见宝女不异木偶，方可行淫。若也见有美恶，则境未亡；情存欣厌，则心未空。心境对立，何所不有？将见铁城铜柱，罔不炽然；剑树刀山，何能无碍？……有等悠悠之辈，虽曰受戒，但取受戒之名，全无受戒之实，随群逐队，苟简登坛拜跪，尚言不堪，精神何由感格？是以受戒者多，得戒者少。至于受戒之后，便尔荏苒度日。或营俗缘，或耽世乐。所受戒法，并不肯请问明师，勤翻贝叶。云何为戒法？云何为戒体？云何为戒行？率皆懵然，卤莽一生，与未受戒者何异？①

正值明末社会世运之变与丛林法运之变相互并存之际，特别是面对当时丛林戒行混滥的现状，晚年的元贤发心而作《四分戒本约义》，他不遗余力地弘唱毗尼，表现出一种不可为而为之的勇决，一种不可致而致之的悲慨。丙戌之冬，即弘光二年（1646，清顺治三年），时年永觉六十九岁，他在其《四分戒本义序》中写道：

> 今当乾坤鼎革之际，草昧未宁之秋，白刃凌空，横尸遍野，居民

---

① 元贤：《永觉元贤禅师广录》卷五《授戒普说》，《续藏经》第72册，第413页上、中。

逃奔,山谷旦夕,莫必其命,而余乃力疾作此,何哉?盖以人知世运之变,其苦为甚;而不知法运之变,其苦为尤甚。世运之变,苦在一时;法运之变,苦在万劫。一时之苦,祸止杀身;万劫之苦,祸极三途……以此较彼,百千万亿能及其一哉!余慨自天启以来,耆德凋丧,晚进日趋日下,如狂澜之莫回。且又妄逞空见,弁髦戒律,不有防之,后将安极?余所以孳孳亟亟,勉成此书,未敢以世难阻也。①

时值明王朝灭亡的乾坤鼎革之际,自家性命尚且朝不保夕,危如累卵,为何竟还竭尽心力弘唱毗尼?这就是永觉元贤的弘律心志之所在,这就是执持大乘佛教菩萨道情怀之所在,同时也成为晚明有为禅僧们力主以戒行续佛慧命这一佛教人格化力量的具体体现。治乱交替的世运之变尤有尽时,而佛教法运之变更,却唯有仰赖于点点滴滴的踏实艰难努力而加以改观。

元贤曾在《律学发轫·自序》中,指出晚明丛林中对佛教戒律的种种诠解,"大都目不见律,而袭取他书。"这表明当时佛教界的戒律思想复兴,并不是佛教律宗一门的复兴。比较而言,佛教律宗基于以律释律的单一立场,在晚明时期并未受到丛林的全面重视。②

从上述分析中可见,晚明时期对佛教戒律思想的理解,或基于净土念佛(如云栖袾宏),或基于天台教理(蕅益智旭),或基于禅宗参究(如永觉元贤、汉月法藏),或基于各自立场的修行持守。晚明佛教的菩萨戒思想,其主要理据出于《梵网经》。当时丛林尊宿如云栖云栖袾宏、蕅益智旭等人都对《梵网经》作了诠释,弘律比丘如三昧寂光等则更是当仁不让。晚明丛林对大乘佛教菩萨戒思想的重视,不仅注重对《梵网》佛性戒

---

① 元贤:《永觉元贤禅师广录》卷一四《四分戒本要义·序》,《续藏经》第72册,第461页下。
② 见月在《一梦漫言》中称,他尝请师为受比丘戒为僧,但其师遵循佛律制,未以法师之身为其受戒。并对见月说:"律宗将息,南京有古心律师中兴,世称为律祖,今已涅槃,法嗣中独三昧和尚大弘毗尼,今在江南。"为了获得比丘身份的合法性,见月万里迢迢前往江南爱戒,并最终成为继主千华而弘唱毗尼的一代律师。参见《一梦漫言》卷上,第11—12页,台北,新文丰出版公司,1990。

体论的疏理,表现出由摄心归戒到摄戒归性的思想取向,把佛性论思想具体落实到对佛教戒律的理论诠释之中,而且还表现出了从性戒一体而禅律同源的思想特征,从而在晚明宗门出现了以曹洞宗师永觉元贤和临济禅僧汉月法藏为代表人物的禅律一体论思潮,并借此而回归慧能禅宗无相戒、自性戒思想,表达了对禅律并行传统的历史回归。晚明佛教对戒律思想的多元弘唱,并不是说其中没有大致相同的归趣。其实,晚明丛林对佛教戒律思想的关注,是以菩萨戒思想为中心内容,并以弘扬菩萨戒思想为主体。

五、佛教戒律的社会影响

佛教戒律是信从佛法者在修行实践理性中自律之戒与他律之行的结合。就其动机论来说,佛教戒律所体现的实践理性指向出世间法。因此,佛家之善常自称为出世之善,而儒家伦理之善则被称为出间之善。如云栖袾宏曾说:"儒戒成世间善,佛戒成出世间善。"[①]所谓世间之善与出世之善的划分,其实是并不十分严谨的说法。因为伦理学意义上的善,涉及现实生活中人的行为规范,因此总是属于现实此世的善。之所以用世间之善与出世之善这一表述,乃是沿用佛教思想传统的一贯表达,以此标明佛教与儒家对善之旨趣的不同领会。基于佛教"孝名为戒"这一影响深远、涵义深刻的经典表述,借世间之孝与出世之孝之间的关系,主要是为了说明儒家为主体的世间之善与佛教立场的出世之善之间的相互关系,并对佛教戒律思想进行社会伦理化的思想诠释。

大乘佛教戒行伦理与儒家孝道伦理之间具有一致性的思想,其典据之一当源出于《梵网经》。该经有云:"尔时,释迦牟尼佛而坐菩提树下成无上觉,初结菩萨波罗提木叉,孝顺父母、师、僧三宝,孝顺至道之法,孝

[①] 袾宏:《菩萨戒问辩》,《莲池大师全集》,第724页。

名为戒,亦名制止。"①据此推论,佛教戒行之孝由孝顺父母、师、僧及顺信佛法等言行所构成,而儒家孝道只局限于人间伦常。因此,在佛教戒行意义上的孝道,远比儒家孝道具有更广泛的意蕴,非为儒家世俗孝道伦常所能全面涵盖。所以云栖称:"菩萨应生孝顺心,救度一切众生,净法与人。"②此外,佛教戒行伦理所蕴涵的孝顺之义,根植于佛教独特的三世多生的宇宙生命观,及源于佛法基于宇宙生命观的报恩思想;而儒家孝道伦理则基于现在此世生命的报亲思想及其扩展化的忠义伦理。

从历史上看,佛教僧团戒律与儒家伦常孝道的相互关系,既是儒释交涉的重要内容,同时也是儒家指斥佛教的主要方面之一。佛教主张出家修行,这一充满宗教性的行为方式,全然背弃了儒家所持守的孝道原则。以唐代韩愈《原道》的排佛论及宋代欧阳修《本论》开其端,程朱等宋代儒家承其后,一无例外地指斥佛教非孝之罪。与此针锋相对的是,宋代佛教护教大师契嵩曾作《辅教论》三卷(包括《原教》、《孝论》和《非韩》),高唱佛教孝道伦理观的殊胜之处,以辟排佛论者韩愈之说。其中宋代明教契嵩之《孝论》有佛教《孝经》之隆誉。宋代大居士张商英作《护法论》宣称:"佛以持戒当为孝,不杀、不盗、不淫、不妄、不茹荤酒,以此自利利他,则仁及含灵耳,又岂现世父母哉!"③无论契嵩之辅教也罢,张商英之护法也罢,其关涉戒孝一致的思想旨趣如出一辙。具体地说,即是佛教五戒无异于儒家五伦,这表明佛教戒律思想与世俗的伦理法则具有相通性这一事实。然而,他们或多或少地规避了佛教戒律作为佛教出家者的僧团伦理这一更为根本的历史事实,没有意识到佛教五戒与儒家五常之间的可比会性,只不过是外在的比会,而不可能成为完全内在的同一。

历史上曾有"孝子佛教徒"之称的唐代圭峰宗密禅师,在其《盂兰盆

---

① 《梵网经》,《大正藏》第 24 册,第 1004 页上。
② 袾宏:《戒疏发隐》卷三,《莲池大师全集》,第 265 页。
③ 张商英:《护法论》,《大正藏》第 52 册,第 640 页下。

经疏》中也阐述了戒孝一致论的思想立场。他在《盂兰盆经疏序》中写道:"始于混沌,塞乎天地,通人神,贯贵贱,儒释皆宗之者,其唯孝道矣。"他认为佛戒虽具万行,而必当以孝为宗:"经诠理智,律诠戒行。戒虽万行,以孝为宗。"宗密认为"此经是为孝顺而设供,以拨苦报恩为宗旨"①。佛教充满报恩思想的《盂盆兰经》在民间行为观念中的广泛渗透性,实可视为中国佛教通过伦理渗透而进行宗教渗透的成功之例。佛教宣称"孝名为戒",意谓着以孝为戒的始端,孝道是持守佛戒的先导或基础,无孝即无戒,戒依孝立,戒依孝成。然而,所谓"戒教一致",所谓"孝为戒先",其所言之戒,虽可描述为菩萨戒的重要内容,但毕竟不是菩萨戒之全部。若果真如此,则佛教何以仍然如此坚持主张出家而授受持守菩萨大戒?至宋代以降,佛教戒孝一致论思想蔚成大观,多少隐匿了佛教出世之孝与儒家伦常之孝的差异性这一儒佛之间的根本歧异。戒孝一致思想,虽说能够使中国佛教更加具有世俗意义上的广泛性与民众性,并且在相当程度上与中国传统的家庭伦理及政治伦理相一致,从而得到了封建王朝的官方扶持,但同时也可能消解了佛教戒律本身所包含的超越性、宇宙性的追求旨趣,并因此而抹煞了佛教戒律的规范性与权威性。更进一步地说,儒家以孝为本位的孝道社会,由孝及忠,由家及国,由父母及君臣,如此层层推演出世俗化的自足伦常,则更使佛教戒行之道相形见绌,而明显有违于佛教出家修行出世解脱的初衷本愿。因此,佛教传统提出了"出家大孝"的观念,表明儒家世间之孝仅止于一世,而佛教出家之孝则贯彻过去、现在、未来三世。儒家基于时间性的现世伦理,与佛教基于超时间性的宇宙生命伦理之间,存在着深刻的差异。对此,宋代以后的佛教徒,无论是出家修行的佛教徒,还是在家修行的佛教徒,都有相当多的

---

① 参见宗密的《盂兰盆经疏》,《大正藏》第39册,第505页下。智旭甚为重视《盂兰盆经》中所表达的佛化伦理,对于佛教持戒修行以及对广大民众的社会教化功能。他曾撰《佛说盂兰盆经新疏》,称"此经以法供为名,自性三宝为体,教慈为宗,拔苦与乐为用,大乘为教相"。参见《蕅益大师全集》第3册,第400页。

论述。日本学者道端良秀在其所著的《佛教与儒家伦理》一书中,曾较为全面叙述了佛教在中国与儒家孝道伦理之间所展开的论辩。① 尽管儒家视佛教出家修行为完全异己的生活方式,中国社会却接纳了佛教,这一历史事实表明,佛教思想理论具有某种非孝道社会所能完全理解的殊异之处。

晚明佛教界同样继承佛教戒律的孝观伦理解释,在诠释佛教戒律思想中同样体现出了伦理化取向。如袾宏基于"孝名为戒"的基本立场,进一步发挥说,《梵网经》称"直以孝名戒",《法苑》云"戒即是孝"。据此,"只一孝字,可概戒义。"又说:"一孝立而诸戒尽矣,""由孝顺贯一切法","戒不离孝,诸经互出,以孝为因,乃得往生,则此经实该净土法门,但人不自察耳。"②这些表述,都坚持了"孝名为戒"、孝顺即持戒等戒孝双行的一体统观,袾宏在其《戒疏发隐》中,还从摄戒归净的思想立场,进一步发挥出"孝名念佛"论的观念,从而把《菩萨戒经》亦纳归于净土法门。他说:"《十六观经》云,'欲生彼国,当修三福:一者孝养父母,奉事师长,慈心不杀,修十善业;二者受持三归,具足众戒,不犯威仪;乃至三者发菩提心等'。是故念佛修净土者,不顺父母,不名念佛,父母生育,等佛恩故;不顺师长,不名念佛,师长教诲,同佛化故;不顺三宝,不名念佛,所宝虽三,统一佛故。尽理而言,顺净觉心,而不道以浊染,是孝名念佛。"③

不仅如此,袾宏在戒孝一体统观下,还把孝戒论提升到综摄其他五度行法的高度,称孝名布施,孝名忍辱,孝名精进,孝名禅定,孝名智慧,乃至孝名万行。通过对佛教戒律的伦理化诠释,不仅沟通持戒修行与净土念佛之间的思想关联,而且借此戒净关联辨明儒家世间之孝与佛教出世之孝的区别所在。他说:"世间之孝三,出世间之孝一。世间之孝,一者

---

① [日]道端良秀:《佛教与儒家伦理》,蓝吉富主编《世界佛学名著译丛》第48册,台北,华宇出版社,1987。
② 参见袾宏的《戒疏发隐》卷二,《莲池大师全集》,第211、212页。
③ 袾宏:《戒疏发隐》卷二,《莲池大师全集》,第212—213页。

承欢侍䌽,而甘味以养其亲;二者登科入仕,而爵禄以荣其亲;三者修德励行,谓成圣成贤以显其亲。是三则世间之所谓孝也。出世间之孝,则劝其亲斋戒奉道,一心念佛,求愿往生,永别四生,长辞六趣,莲胎托质,亲觐弥陀,得不退转,人子报亲,于是为大。"①此是基于佛教净土信仰而论佛教出世间之大孝。如果说信儒佛教而出世修行成佛之道乃是大孝的话,那么,皈依净土持戒念佛往生是大孝中之大孝,是为至孝。云栖说:"人子于父母服劳奉养以安之,孝也。立身行道以显之,大孝也。劝以念佛法门,俾得往生净土,大孝之大孝也。"②行孝或孝行的等级排列方式多种多样,袾宏从佛教修行的角度认为持戒修行净土乃是大孝之中的大孝,是为至孝。

蕅益智旭也极其注重阐释基于大乘佛教菩萨戒思想的忠孝观、孝亲观和孝慈观。智旭认为大乘佛教菩萨戒法,"通于世出世间,不坏俗谛,故虽受菩萨戒,君仍是君,臣仍是臣,父子主仆,亦复如是。若欲乱其名位而统叙戒次,则世法不成安立矣。"借此,智旭批驳了儒家对佛教出家修行乃是"无君无父"、"祸国殃民"的指责,他认为佛教出家修行,"但舍虚名,不舍恩义。但律制比丘,应尽心尽力孝养父母;若不孝养,则得重罪"③。总体而言,智旭所持之佛教孝亲观、孝慈观,乃是大乘佛教即世间而出世间真俗不二思想的逻辑推导,主张不废世间忠孝而更成就出世忠孝。④ 智旭在其《盂兰盆经新疏》中,基于戒孝一致、戒孝一体的思想立场,把佛教独特的孝亲孝慈观解释为与佛教持戒修行的归趣所在。他说:"戒虽无量,以孝为宗;万行虽多,以孝为首。"⑤智旭进一步申论佛教对孝道伦理的独特诠解。他基于出世与出世间的传统分别,指出孝道同

---

① 袾宏:《竹窗三笔·出世间大孝》,《莲池大师全集》,第4020—4021页。
② 袾宏:《竹窗二笔·出世间大孝》,《莲池大师全集》,第3864页。
③ 引见智旭的《梵网合注》卷七,《蕅益大师全集》第4册,第545页。
④ 对此,智旭指出:"又比丘身处山林,故无事君之礼。倘受王供养,与王亲善,亦须随事纳忠,此即不废世间忠孝;而况如法修行,弘通在教,令龙天欢喜,护国护民,令过现父母同出苦海,此更成就出世忠孝。然则大忠大孝,孰过出家?有此大义,必不容更论小小虚名虚位矣。"引见《梵网合注》卷七,《蕅益大师全集》第4册,第546页。
⑤ 智旭:《盂兰盆经新疏》,《蕅益大师全集》第4册,第406页。

样可区分为世间之孝与出世之孝二种类型。就世间之孝来说,具体包括三种孝亲行为,即能尊亲、不辱其亲和能养其亲。世间大孝,非能尊亲莫属,是为世间孝之极致,是为达孝,亦名至孝。至于出世之孝,据智旭所述,包含如下二义:其一,直明孝道;其二,以慈成孝。① 在智旭看来,属于出世之孝的直明孝道,主要包括四种佛教修行:即尽心供养、诱令修善、劝令舍恶和令证道果。至于以慈成孝,则主要包括三种修行,即生缘慈、法缘慈和无缘慈。所谓生缘慈,即观一切众生如父母想,体现了佛教的生命平等伦理;所谓法缘慈,即观一切诸法皆从缘生。在此特别值得一提的是,无缘慈的出世之孝,尤其鲜明地表达了佛教宇宙生命的同体大悲。智旭所表达的佛教孝亲观、出世间的孝慈观,无不阐释了佛教对宇宙生命的慈悲伦理。这种基于佛法本怀的生命慈悲伦理,慈即是顺,顺达法性;顺即是孝,孝即是一切佛法的宗要;欲孝顺父母,则须行孝慈。故智旭点明《盂兰盆经》乃"以孝慈为宗也"②。

在晚明佛教对戒孝一致思想的理论诠释中,还十分注重从佛教经典言述中,寻找戒孝同源的圣言理据。如智旭在其《盂兰盆经新疏》中,除著名的《梵网经》外,还曾广泛征引了《佛说孝子经》、《五分律》、《毗尼母经》、《骂意经》等佛教经典。这表明其佛戒的伦理诠释,自有其重建佛教伦理的义理典据。此外,袾宏、紫柏、德清、智旭等晚明佛教高僧无不具有不废世间忠孝而成就出世忠孝的言述表达,从而说明当时丛林普遍接受双重标准的忠孝观,仍继承了大乘佛教基于"报恩"思想的忠孝伦理。

明末曹洞宗僧永觉元贤,不仅同样指出"孝为大戒之道,孝为成佛之本"③,而且还曾论辩了儒释孝行观念之间的差异。他说:

> 孝之一字,儒家谓天经地义至德要道。至我释门,《梵网》一经演说菩萨大戒,开口便道"孝名为戒",亦云孝顺至道之法。是儒释

---

① 智旭:《盂兰盆经新疏》,《蕅益大师全集》第 4 册,第 407—409 页。
② 同上书,第 410 页。
③ 元贤:《答翁茂才》,《永觉元贤禅师广录》卷一一,《续藏经》第 72 册,第 447 页下。

并以孝为首重也。但吾释之孝与儒不同。儒者之孝,不过口体奉养,尽诚尽敬,立身扬名,葬祭以礼。孝之道惟斯而已矣。吾释之道则异于是。盖以人子所有法身,即是父母之本身,若能知此法身,然后加奉重之功,念兹在兹,至于承当担荷,一旦顿忘,则与法身冥合无间……始称孝顺之子,不然,虽能立身扬名,葬祭以礼,亦只是一场梦事。其与父母之精神命脉,迥然相背,又安孝乎?①

据元贤看来,儒家伦常之孝与佛教出世之孝,虽同名为孝,而意蕴不同。这一意蕴不同之所在,即是佛教之孝表现出落实于佛教法身思想的对超越性的宇宙—生命之终极关怀。儒家《孝经》对尽孝的解释是"不伤损身体,名留后代而耀宗"②。若拘守于古典儒家的孝行原则,则佛儒同宗之孝道,实在难以完全契合一致。并且就其内容来说,佛教出世伦理与儒家现世伦理之间具有相当的差异,如伦理关怀的指向、伦理思想的预设、伦理方法及伦理理想等方面,都存在不同之处。

中国佛教关于戒孝一致论的思想,既是佛儒交涉的重要内容,同时这一问题对于中国佛教世俗化来说,则更具有多重意蕴。伦理渗透乃是进行宗教性渗透的主要手段之一。伦理渗透既是观念形态的渗透,同时又是现实行为方式的渗透。另一方面,伦理渗透,既是宗教走上层路线的必要准备,同时也是把宗教信仰推向民众的有效途径。对此,中国佛教当具有许多历史经验可资借鉴。从另一角度来说,儒家孝道伦理与佛教戒道伦理之间的关系问题,正统儒家在所谓佛教非孝论的排佛思想的外衣下,其实同时也是在拒斥佛教的伦理性渗透。中国儒家之所以一再地老调重弹,正是基于这一现实考虑。接受佛教戒道即孝道论,无异就等于是接受了佛教思想理论本身。因此,征诸文献,充斥其间的大多是佛教徒对其所持的佛教戒道即儒家孝道的无数申诉,而非

---

① 元贤:《永觉元贤禅师广录》卷三《再住鼓山语录》,《续藏经》第 72 册,第 401 页上、中。
② 《十三经注疏·孝经》。

为儒家方面对佛教戒孝一致论的主动接纳。基于宗教立场的伦理渗透与基于伦理立场的反宗教渗透,二者之间的纠缠与交涉实在是一个耐人寻味的问题。

宗教伦理化问题,同时也属于宗教世俗化问题。中国佛教主张戒道即孝道的思想立场,同时也表明其世俗化的思想立场。就佛儒之间戒孝一致论思想来说,中国佛教以伦理化为表征的世俗化,至少具有两个层面的涵义。其一是主动迎合儒家孝道伦理思想,这是思想观念层面的世俗化;其二通过伦理化的途径向广大民众进行渗透,这是现实层面的世俗化。佛教伦理的主要表现形式,即是其戒律伦理。因为,在佛教戒律思想中,最能体现佛教所实践的行为规范与道德理念。正有鉴于此,晚明佛教界极为重视对佛教戒律思想的伦理诠释。

总的来说,晚明佛教界对于佛教戒律思想的伦理化诠释,大致上具有如下特征:

首先表现为重视大乘佛教戒律思想自利而利他的开放性。

晚明佛教界既重视大乘佛教的菩萨戒思想,同时也甚为关注在家众的戒律问题。云栖袾宏首先指出,佛教戒律中,在家与出家体制有别,"在家者必受五戒,方得受菩萨戒;出家剃度者,必受比丘戒,方得受菩萨戒"①。在此,云栖强调了持守五戒对于佛教在家众的必要性,以及受持比丘戒对于佛教出家僧人的必要性。受持五戒乃是在家众受持菩萨戒的先决前提,而受持比丘戒则是出家众受持菩萨戒的先决前提。云栖袾宏之所以强调这一点,其实是有感而发。对于声闻戒与菩萨戒之间的关系,《楞严经》说:"先持声闻戒,执身不动;后持菩萨戒,执心不起"②。而所谓的小乘声闻戒,不外为即是比丘戒。于此可见声闻戒与菩萨戒的差异所在:持声闻戒在先,而后方可持萨戒;声闻戒执身不动,而菩萨戒则

---

① 袾宏:《戒疏发隐》卷四,《莲池大师全集》,第555页。
② 引见《楞严经》。

执心不起。云栖《戒疏发隐》中曾细述二种佛戒的区别,"声闻戒直禁不杀,而菩萨戒见机宜,虽断命不为杀;声闻直禁不盗,而菩萨兴利济,虽夺取不为盗;声闻不得捉金银钱物,而菩萨行施可畜一切财宝;声闻不得近非亲里比丘尼,而菩萨已视一切众生皆其亲里。如是者,必其具大人之作略,开弘誓之胸怀,权实双融,悲智并运,然后可以语此也"①。于此可见,大乘佛教菩萨戒相对于小乘佛教声闻戒来说,具有更明显的开放性特征。但菩萨戒的开放性,仍然必须受制于持戒者的主体心地,而并不是无原则地破格越常。大乘佛教菩萨戒更为强调持戒主体的自觉意识。佛教戒律基于二业意识而成立,并标示其独特的内涵。所谓二业,即是性业和遮业。从某种意义上说,佛教戒律相对于世俗道德规范更具有严格性和强制性。佛教戒律既是个体性,同时也是全体性;既是人类性的,同时也是宇宙性。因此,具有完全自律与绝对他律的内在关联。如果拘泥于传统律师以律解律的思想原则,那么大乘佛教菩萨戒就难以体现出自行化他、自利利他的开放性和独特性。

其次表现为关注佛教戒律思想即真而俗回向人世间的现实性和众生性。

晚明佛教的戒律思想,十分注重回向现实世间的伦理诠释。云栖指出,所谓回向即是:"回真向俗,回智向悲,使真俗圆融,智悲不二,到于菩提实际,名回向也"②。佛教修行回向世间的实践性要求,从出世之真到入世之俗,由上求之智到下化之悲,暗示了从出世间的证悟解脱智慧到现实世间普度众生的修行转向。这一现实转向,同时也成为晚明佛教戒律思想伦理化诠释的重要表征。此外,晚明佛教戒律也强调持守戒行的众生性。如云栖袾宏认为,"众生持戒则佛法兴,众生毁戒则佛法灭"③。从而进一步把众生持守戒行与众生修善德行关联起来,更集中体现了晚

---

① 袾宏:《戒疏发隐》卷五,《莲池大师全集》,第556—557页。
② 袾宏:《戒疏发隐》卷一,《莲池大师全集》,第71—72页。
③ 袾宏:《戒疏发隐》卷五,《莲池大师全集》,第618页。

明佛教戒律回向现实人间的道德化倾向。

强调佛教戒行的道德性,是晚明佛教戒律思想伦理诠释的一种基调。云栖指出:"戒为诸善功能之本,持戒则一切功德集聚不遗。"①明确主张戒即善,而持戒同时也即是修善,所谓受持佛戒即是"内以善修己,外以善导人"②。就佛教戒律思想而言,持戒之善具有不同层次的涵义,有着止善与行善这两种静态的善与动态的善之划分。如佛教著名的七佛通戒偈所说:"诸恶莫作,众善奉行,自净其意,是诸佛教。"③天台智者大师对此解释道:"诸恶莫作,即是诫门;众善奉行,即是劝门;无作义该善恶,善恶无作,义总止行。"息恶不作,名之为止;信受修习,名之为行。诫门是止善,而劝门悉属行善,据此止行二善而有小大二乘之分别:小乘声闻戒律,但止身、口二恶,且有止无行;大乘菩萨戒则备防身、口、意三业,且止、行双修。上述划分实有一个基本的预设,即对善恶的正确判断能力。对于原始佛教来说,正确的善恶判断表现出僧人修行过程中随犯随制的经验性;就小乘佛教而言,善恶的正确判断,源自于佛教戒律的规范性和权威性。对于晚明佛教戒律思想而言,善恶的正确判断,则必须亦只能出于对佛教的正信。而所谓正信的佛教,首先就是"以戒为师",这就要求在佛教末法时代,以充满他律性的佛教戒律规范一切宗教性的修行。其次,所谓正信的佛教,还必将落归于充满自律的实践修持,这一实践修持以自行化他、自利利他为基本原则,而不是拘泥于佛教律师们的条规解释。这就可说明晚明丛林尊宿何以表现出对传统律师有如戏论的条文解释不满,而倾向于摄戒归心、摄戒归性的佛教戒律心性化立场。

再次,晚明佛教具有把戒律思想心性化的解释特征。

晚明佛教"摄心归戒"、"摄戒归性"戒律思想,表明了戒律心性化的

---

① 袾宏:《戒疏发隐》卷五,《莲池大师全集》,第619页。
② 袾宏:《戒疏发隐》卷一,《莲池大师全集》,第98页。
③ 《法句经》,《大正藏》第4册,第567页中。

诠释特征,借此表现出戒净一致、戒教合流、禅律一体的圆融倾向。《梵网经》基于心地本源论的佛性戒思想构成了戒律心性化诠释的根本理据。由以心为戒之本源,云栖进一步引申出性戒论。对于《梵网经》所称的"一切众生戒自性本源清净",云栖解说为"本源自性者,此戒是佛菩萨本源。本源者,即一切众生同然之自性也。性本清净,无有污染,此戒乃复其本净之体,非有加于自性之外也"①。戒即佛性而佛性即戒的思想,充分体现了明末佛教诠释戒律的心性化取向,并由此而开显出戒行修持与戒德发用。对此云栖指出:"戒法原于心地而为众德之本"②;"心戒为体,止恶行善为用";"实相心地为体,执持心戒为宗,灭恶生善为用"③;"心地之戒,即佛性也。佛性本体离过绝非,故名性戒。此性戒中福慧皆具。由性善故,万行齐修;由性灵故,万法俱朗,曰福慧满也"④。由摄戒归心、摄戒归性的佛性戒思想,大乘佛教菩萨戒全体具足六度万行,彻圣通凡。为此,云栖盛赞说:

> 诸佛正遍知海,汪洋无尽,此心地戒为之本源也;菩萨万行开敷成就妙果,此心地戒为之根本也;一切众生生生不穷,乃至后当作佛者,亦此心地戒为之根本也。彻圣通凡,咸因此戒。⑤

最后,晚明佛教戒律思想的伦理解释,还表现在佛教戒律——伦理思想观念的实践化和社会化。

这一倾向通过晚明佛教的戒净合流而得到落实,从而超越或克服了明末儒家伦理说教空谈心性的弊端,极大地扩大了佛教伦理观念的社会影响,产生了深入人心的社会效应。袾宏主张把净土念佛法门贯穿于持守菩萨戒之中,不仅如此,他同时还认为佛灭度后,当以戒为

---

① 袾宏:《戒疏发隐》卷二,《莲池大师全集》,第177—178页。
② 同上书,第184页。
③ 袾宏:《戒疏发隐》卷一,《莲池大师全集》,第136—138页。
④ 袾宏:《戒疏发隐》卷五,《莲池大师全集》,第620页。
⑤ 袾宏:《戒疏发隐》卷二,《莲池大师全集》,第228页。

师。从"以法为师"的佛陀遗训到"以戒为师"的末法准则,中国佛教试图保持其宗教性的行为规范,并以此菩萨戒作为佛教规范的根本理据。晚明佛教界普遍重视的大乘佛教菩萨戒思想,以及基于《梵网经》佛性戒思想的摄戒归性、以戒摄心,他律为保障,自律为动力,自他二律构成佛教寺院持戒守律之二轮。晚明佛教通过僧约寺规的制定,对于民间放生、自知录等现世戒行的广泛宣传,所有这些僧伽规范及佛教修行方式,都无不使佛教戒律所体现出来的宇宙生命伦理转化成为民众的普遍自觉行为。如永觉元贤所提出的"净慈"伦理,包括了戒杀生、戒溺女的生命伦理观念,体现了佛教对于生命尊严的价值关怀。晚明佛教居士中许多人都是由于佛教式的宇宙生命伦理的影响作用,并成为佛教信仰的皈依者,从而进一步体现出普世教化的思想倾向。

晚明佛教戒律思想的社会化倾向,还表现在试图把佛教戒律的出世法度与现实世间法度结合并持。如云栖袾宏认为:"僧尼暴横,灭法之由,司世道者从而抑之,佛法乃得久存而无弊,是正以安僧,非以病僧也。"①这种态度,其实是表达了以外在的社会法度与内在的丛林律制相互兼行的思想观念。而紫柏达观则更主张:"世间人自有法度,出世人亦自有法度。世间人礼义不可苟,出世人照用不可昧礼义。"②既然世间法度与出世法度,各有其合理性,因此二者都应并行不悖,从而明确表达了佛教戒律当与世间法度兼用并举的社会化愿望。

晚明佛教的戒律复兴,体现了晚明佛教思想的圆融特征。这主要表现在晚明佛教不仅从华严、天台或禅宗的思想立场来解释菩萨戒,而且还征引佛教大小经论、祖师著述乃至世间典籍作为理解佛教戒律思想的有效支持,同时尚吸收密咒作为戒律日常修持。因此,在晚明佛教界出现了禅律一体、净律兼修、教戒一致、显密双融的思想趋势。

---

① 袾宏:《戒疏发隐》卷五,《莲池大师全集》,第596页。
② 紫柏:《紫柏老人集》卷二三《与李次公》,《续藏经》第73册,第343页中。

基于中国佛教历史上"孝名为戒"、戒孝一致论的传统立场,晚明佛教对大乘菩萨戒的思想诠释,表现出了明显的伦理化倾向。这种诠释取向,可说是回应晚明佛教世俗化进程的现实体现。晚明佛教戒律的伦理化诠释,主要体现于四个方面:注重阐发佛教菩萨戒思想自利利他的开放性,即真而俗回向现实世间的现实性,基于佛教心性论立场诠释戒律思想,以及重视佛教戒律的实践化与社会化。晚明佛教戒律思想诠释的伦理取向,明显地表现出以伦理渗透进行宗教渗透的佛教世俗化特征,同时说明了当时佛教世俗化进程的加深及其社会教化中普世取向的扩展。

第九章　晚明的居士佛教与三教关系

第一节　晚明的居士佛教

佛教居士主要是指持守佛戒(五戒、八关斋戒或菩萨戒)而居家修学的佛教信众。对于居士佛教虽无确切界定,大致涵括居家众对佛法信从、修学、研习等活动内容。晚明时期(大体上历经隆庆、万历、天启、崇祯四朝)佛教居士信众广泛,热情高涨。

据彭际清(1740—1796)《居士传》所载,收录于正传的晚明佛教居士凡六十七人,见于附传者三十六人,合计一百零三人。然其实际人数,当远非此数。

大凡一种宗教信仰,都终将落归于具体的现实修为。对于晚明居士佛教的修行取向,圣严法师称论为"以禅宗精神为依归,而以弥陀净土往生为信仰"[1]。禅净双修而尤以净土为归,特别是相信弥陀愿力而祈向净土往生,几乎成为当时佛教居士所共通的修行法门。

总体而言,晚明居士佛教的思想构成、修学内容,大都依附于丛林尊

---

[1] 圣严:《明末佛教研究》,第260页,台北,东初出版社,1987。

宿和宗门禅僧。佛教居士以在家之身而修出世之行的角色定位,使其修学特点表现为既重佛法经教,亦重佛教行化,并积极主动地响应晚明丛林佛教涉世或经世取向。特别是阳明后学基于儒佛调和论对儒佛关系所展开的诸多探讨,每每援佛禅解儒道,以佛言禅意诠儒圣心法,乃至宣称"学佛以知儒",以阳儒阴佛而达儒佛俱显,以其居家宰官之身而力学修证解脱之行,无疑更有利于诠释即世出世的大乘佛旨,从而扩展了晚明佛教的社会影响。

一、禅净并行

天台净土修法在晚明居士佛教界产生了重要影响。在晚明居士佛教中,弘唱天台净土的代表人物为李卓吾(1527—1602,名贽,号温陵居士)。他曾在万历二十五年(1597)刊刻了《净土诀》一卷。在李卓吾看来,西方净土同时也即是唯心净土,故其《净土诀》也被称为《西方诀》。在教净关系上,卓吾倾向于天台净土,而不同于当时同样弘唱净土的袁宏道(1568—1610,字中郎,号石头居士)所主张的华严净土。他曾明确表态说:"卓吾和尚曰:天台智者《决疑》十论,可谓往生净土之津梁矣。后学又何疑乎?有宋杨无为居士为之序,盖赞念佛者必定往生。是亦一决疑也。温陵法师复为发明一心三观之旨,盖赞念佛者必定见佛。是又一决疑也。合而观之而后知天台净土止观之理,无非发明此一大乘,使学者知起念便生净土,开口便见佛,不待往生之劳矣,又何往生之疑,而不念南无阿弥陀佛乎?"①从而明确表达自己归宗天台唯心净土的思想旨趣。

当然,李卓吾同样推崇永明延寿之禅教一致论,而力主劝修净业。他说:

温陵李卓吾曰:维摩大士云:随其心净,则佛土净。阿弥陀佛极

---

① 李贽:《净土诀》,《续藏经》第61册,第492页上。

乐国土者，土之净也；念阿弥陀佛极乐国土者，心之净也。念阿弥陀佛极乐国土者，便生阿弥陀佛极乐国土者，随其心净则国土净也。然则念佛，念此净土也；参禅者，参此净土也。果何以别乎？故念佛者，必定往生净土矣。参禅者，亦岂能舍此净土而别有所往耶？若别有所往，是二土也，非净也。阿弥陀佛极乐国土不容如是也。参禅者固不待往生矣，念佛者亦岂待有所往而后生耶？若必待有所往而后生，则是此以念佛而往彼，彼以念我而来此。一来一往，亦是二土也，非净也。阿弥陀佛极乐国土亦不容如是也。故知阿弥陀佛极乐佛土即自心佛土，念佛参禅即所以自净其心。奉劝诸学者无高视禅客，而轻目净土也。①

据上所引，卓吾之禅净观大抵不出净心为本而往生为用。因其以净心为本，故而倾向于自力解脱；由其以往生为归，故而不废他力作用。心净即是土净，净心就是净土；而土净也即是心净，土之净即是心之净。据此，弥陀净土即是自心净土，自心净土终归弥陀净土。

卓吾进一步指出，阿弥陀佛即是众生自心本具之佛，见弥陀即生西方净土，除此而外，别无净土可生，别无西方可往；见性，即见弥陀，舍此而外，别无他佛可成。他说："夫念佛者，欲见西方弥陀也。见西方弥陀即是生西方了，无别有西方可生也。见性者，见自性阿弥陀佛也。见自性阿弥陀佛了，即是成佛了，亦无别有佛可成也。"②在天台唯心净土、自性弥陀的往生取向基础上，李卓吾阐发了别具一格的"孝慈念佛"说："能念真佛，即是真弥陀，纵然不念一句阿弥陀佛，阿弥陀佛亦必接引。何也？念佛者，必修行，孝则百行之先。若念佛名而孝行先缺，岂阿弥陀亦少孝行之佛乎？决无是理也……（阿弥陀）必定亦只是寻常孝慈之人而已。"③

---

① 李贽：《净土诀》，《续藏经》第61册，第491页中。
② 李贽：《焚书》卷四《豫约》，引见《李贽文集·焚书》，第223页，北京，燕山出版社，1998。
③ 李贽：《焚书》卷四《读若无母寄书》，第174页。

李卓吾"孝慈念佛"论,与晚明云栖袾宏的孝顺念佛观之间,存在着某种相通之处,但以李贽的狂狷之行,却产生了不同凡响的社会影响,受到了晚明居士们的认同与推崇。如竟陵派文士钟惺(1574—1625,号退谷居士,又称止公居士,一曰晚知居士)曾对此论评价说:"李温陵有言,'阿弥陀佛,亦只是寻常慈孝之人而已',此通透平实之言也。由此推之,所谓佛事菩萨行,亦不能舍寻常慈孝之事之行而别有所谓事与行也。"[①]此一推论,基于人人皆有父母、人人皆有兄弟的现实人伦,致使佛教净土修法获得了充分的现实依据。明末居士对净土修法的认同,同时也是对佛教人间化、佛教大众化的认同。在此意义上,在禅教归净取向下的净土修持,成为晚明佛教普世趋向最为切实有效的推动力量。正是出于净土修法的普世性格,晚明佛教界无不重视净土理论的演畅与弘扬。

二、摄禅归净

佛教禅宗强调授受传承,注重衣钵,而净土法门则较具弹性而圆通。明末清初,净土几成为佛教诸宗共通同归的实修范式。佛教居士居家学佛的在世角色,使授受传承印可证悟往往成为虚谈,加之当时丛林宗门积弊丛生,也难以使禅修的普及化成为现实。作为相对独立且方便有效的净土法门,比看话参禅更具有广泛的社会基础。因此,晚明居士中修行净土法门甚为普及。据圣严法师统计,晚明时共有一百一十六位佛教徒著有净土教著作,其中至少有五人为居士身份[②]。而修净土法门者则更为数众多。

就其净土修行方式而言,晚明居士不仅注重持名念佛的净土修持,组成放生会、念佛堂或念佛社、莲社等松散组织,而且借其博杂的佛学素养展开对净土思想的理性思考。净土修学成为晚明居士佛教的一大特

[①] 钟惺:《隐秀轩集》卷二九《募盂兰盆施食念经礼忏疏》,第501—502页,上海,上海古籍出版社,1992。
[②] 参见圣严的《明末佛教研究》,第102—108页,台北,东初出版社,1987。

色与主导内容。离开了净土思想,晚明居士佛学将因之失色。同样地,脱离了晚明居士佛教对净土思想的阐释,也就难以全面把握晚明丛林的佛教思想。

中国佛教向来所推重的唯心净土与弥陀净土,对于晚明居士的佛教修行观念都有重大影响,而禅净合流则更促使晚明居士禅净兼修且以净土为归。晚年李卓吾和英年早逝的袁宏道,乃是晚明居士中借阐释净土思想而倡导禅净双修的代表人物。兹就对袁、李两人的佛教净土观,以明晚明居士佛学中禅净并行而摄禅归净的思想特质。

李卓吾(名载贽,自号温陵居士,1527—1602)虽自中年后就号称为"学佛之人",却从未曾严格受戒,晚年仍茹荤食,且终其一生以异端者流而自居,被人目为阳明后学中"狂禅者流";虽号逃禅入佛,却又难觅其有关禅悟之印记[①];佛学专论著述数量尽管不多,却时时处处充斥着佛教文字记录。卓吾晚年的佛教修行,一意归宗唯心净土,致力于倡导"孝慈念佛"。

李卓吾明确主张,心与土当体不二。心净即是土净,净心就是净土;而土净也即是心净,土之净要归于心之净。弥陀净土不离自心净土,自心净土必终归弥陀净土,弥陀佛即是众生自心本具之佛。于此可见,李贽约土归心、约佛归心的心土一体统观,仍未完全摆脱其自我佛化或圣化的固有思路。为此,他既可执着于弥陀佛的他力接引,亦能强调自力念佛的孝慈行为。然而,无论是见性往生,抑或是他力生西,作为名噪一时的狂禅派代表,李贽何以如此倾向于念佛往生?在李卓吾身上,其狂禅作派究只是其信仰虚弱的极端表现吗?尽管卓吾归向净土行,其根本仍不出禅净并行,乃是自力解脱与他力往生的混合物,然而,泰州后学中以"狂禅"著称的李卓吾(卓吾尝师从王襞、罗汝芳),其返归净土行的转向,对于晚明居士佛教所产生的巨大效应,实在不容忽视。

[①] 李贽:《焚书·答李如真》,第253页,台北,汉京出版社,1984。

在晚明为数众多的佛教居士中,倡行禅教归净而修学有见的另一代表人物是当推袁宏道(字中郎,号石头居士,又号空空居士,1568—1610年)。

袁宏道曾自述其由禅皈净的学佛经历说:"弱冠即留意禅宗,迄今无所得。"①其实,袁氏参禅并非全无所得,他至少因此而深识到了晚明丛林盛行的狂禅或霸禅之弊。对此,他写道:"余十年学道,堕此狂病,后因触机,薄有省发,遂简尘劳,皈心净土。"②乃兄袁宗道(字伯修,1560—1600年)曾指出说:"石头居士少志参禅,根性猛利,十年内洞有所入,机锋迅利,珠语走盘。寻常与人论及此事,下笔倾湫,不蹈祖师陈言,直从智臆流出,活虎生龙,无一死语,遂谓了悟,无所事事。"③据此可见,袁宏道的参禅经历,虽不无悟入之处,却因无切实受用,终未免知解之徒虚诳空泛或蹈空袭虚之习。正是出于对知解之徒每每堕于狂病的不满,促使袁宏道最终归向西方净土思想。

袁宏道初学禅于卓吾和"儒心僧形"的无念深有,因其而皈信佛教;继而由禅归净,鼓吹西方净土,竭力倡导以往生净土为归趣的念佛法门;同时还在与江南丛林尊宿的密切交往中,更增添了一份对僧范律行的关注。袁氏由禅归净、由净摄教、乘戒并重的佛学立场,自不同于卓吾以空宗性体为归旨的唯心净土观,更有别卓吾中年后声名狼藉的"急乘缓戒,细行不修"④。袁宏道在由禅归净的学佛转向中,强调学戒并行,主张严肃僧伽律行;而李贽却因其常有违规之举,以至于授人口实,乃至有践踏僧伽修行之嫌。对此,后人曾评袁李异同说,"袁氏禅虽未敢遽断为口头,得法于龙湖,龙湖不无狂魔入肺腑之证。至袁氏一转而为轻清魔,堕

---

① 袁宏道:《曹鲁川书》,《袁宏道集笺校》卷五(钱伯诚笺校本),第253页,上海,上海古籍出版社,1981。
② 袁宏道:《西方合论》,《净土十要》卷一〇,第469页,苏州灵岩山寺1996年印行。
③ 袁宗道:《西方合论原序》,《净土十要》卷一〇,第466页。
④ 此为袁小修(中道)《李温陵传》中之评语,为其三不愿学卓吾者之三,见《李温陵外纪》卷二,第117页。

在轻安快活里做窠臼,日流在光滑滑处,无个银山铁壁时节。后来知无所得,皈心净土"①。

早慧天才袁宏道之所以被后世学佛者视为迷途知返的典型,表明袁氏践形实修皈向净土,不失为有意义的行为选择,当为禅修者蔑视净土行者诫。从袁宏道对禅修观的识见中,也许更可看出晚明佛教居士由禅归净的思想脉络。

且看袁宏道对参禅的体认:"禅有二种。有一种狂禅,于本体偶有所入,便一切讨现成去。故大慧语李老汉云:'此事极不容易,须生惭愧心始得。往往利根上智者,得之不费力,遂生容易之心,便不修行,多为目前境界夺将去,作主不得。日久月深,迷而不返,道力而不能胜业力,魔得其便,定为魔所摄持,临命终时,亦不得力。'……又有一种不求悟入,唯向事上理会。"②袁宏道对参禅的识见,不外乎重理悟与重事修之分别。理悟与本体相关,而事修则与工夫相关。仅重理悟而废事修,故落入"狂禅"一路;不求悟入本体而专重于事修工夫,故导致死寂枯禅。由其专重顿悟理体的禅悟偏向,故导致本体境界论之神秘;因其事修工夫之偏向,则又可能流于工夫论之神秘。两种神秘倾向在晚明居士佛教修行中都有不同程度地存在,致使对禅学、禅法修行的褊狭认识,一则使人们对禅修方法的有效性产生怀疑,另则使禅修方法导向神秘。而晚明狂禅之习过分强调本体之顿悟,忽视工夫之渐修,招致丛林尊宿和佛教居士的普遍不满,因此而转归以教证禅、借教悟宗、返经明宗的思想立场。

正基于此,袁宏道明确主张以教证禅,进而转向禅教归净。这既是对禅修实效性的自觉,同时更是禅悟本身的自觉。袁宏道曾结合当时儒佛交涉之现状,而深切反省儒佛相滥的弊端,希望有志于学佛者能够悟

---

① 彭际清:《居士传》卷四六,第638页,扬州,广陵古籍刻印社,1991。
② 袁宏道:《黄檗无念禅师复问》卷五,第151页上,台北,新文丰出版公司,1993。其中所引大慧宗杲语,见《大慧普觉禅师语录》卷二六,《禅宗语录辑要》,第426页上,上海,上海古籍出版社,1992。

修并重,以免落入狂魔。他提醒正志于参禅的陶望龄(字周望,号石篑,1562—1609)说:"妙喜(即宗杲)与李参政书,初入门者不可不观。书中云:'往往士大夫悟得容易,便不肯修行,久久为魔所摄。'此是士大夫一道保命符子,经论中可证者甚多。姑言其近者:四卷《楞伽》,达磨印宗之书也;龙树《智度论》、马鸣《起信论》,二祖师续佛慧灯之书也;《万善同归》六卷,永明和尚救宗门极弊之书也。兄试看此书,与近时毛道所谈之禅,同耶非耶? 近代之禅,所以有此流弊者,始则阳明以儒而滥禅,既则豁渠诸人以禅而滥儒。禅者见诸儒没世情之中,以为不碍,而禅遂为拨因果之禅;儒者借禅家一切圆融之见,以为发前贤所未发,而儒遂为无忌惮之儒。不惟禅不成禅,而儒亦不成儒矣。"①

对于儒佛关系,特别是儒禅关系的现实反省,这是晚明居士佛学的重要内容。不仅如此,对于"以儒滥禅"(如王阳明)和"以禅滥儒"(如邓豁渠,号太湖居士,1498—1578前后)在阳明后学中,如陶望龄、周海门(名汝登,号海门,1547—1629)、管志道(字登之,号东溟,1536—1608)及焦竑(字弱侯,号澹园居士,1540—1619)等人,亦都具类似于袁宏道的思考。这表明晚明居士对伪禅或狂禅的反拨,即视同于对伪儒或狂儒的反动,实则暗示着儒佛一致、儒禅一体的预设承认。就袁宏道来说,纯粹而追求人生完善的学佛者,应当为了解脱生死而放弃文学艺术的审美情趣。而生死大事的根本解决,即在于念佛往生之法,舍此别无他途,"故知念佛一门,于白衣(居士)尤为吃紧"②,强调净土念佛往生法门对于在家居士修行的优位性和重要性。其现实理由就在于,"纵使志在参禅,不妨兼以念佛,世间作官作家,犹云不碍,况早晚礼拜念诵,身心宴如者乎? 且借念佛警绵,可提参禅之怠;借参门洞彻,可坚净土之归。适两相资,最为稳实"③。

---

① 袁宏道:《袁宏道集笺校》卷二一《答陶石篑》,第790—791页,上海,上海古籍出版社,1981。此中引文当为上注引文之略意。此书作于《西方合论》杀青后不久。
② 袁宏道:《西方合论·原序》,《净土十要》卷一〇,第465页,苏州灵岩山寺本。另见《中国佛教思想资料选编》第3卷第3册,第372页。
③ 同上书,第465—466页。

念佛非唯不碍参禅,且有益参禅证悟;参禅洞悟,更可助念佛净土。袁氏对晚明既狂且滥之禅弊的切实认识,正明其由禅归净、摄禅归净的切实动因。针对狂慧知解之徒,主张回归到"悟修并重,乘戒兼行"的禅修传统,借此回应晚明禅净合流、乘戒并重之势,更借净土法门以矫时人重悟废修之弊。

当然,对于佛教丛林禅教归净、念佛往生的修行取向,明末居士中亦曾有人提出一些不同的意见。如钟惺曾说:"念佛一事不可视为太难,亦不可恃其太易。云栖之言念佛,似只须口诵,便可往生。彼非不欲知幽溪所言,恐人以为难,反生退转,不若且引之口诵。幽溪深极之论,恐人视为太易。然不善会之,亦能生退转。"①钟惺指出云栖袾宏称名念佛而往生净土的思想,似有太过易简之嫌,使人视之太易而生退转之心;而幽溪大师(即无尽传灯)的净土生无生论,则又有太难之过,令人望而生畏,亦让人生退转之心。有鉴于此,钟惺鼓吹文士注经,以文士之笔代僧伽之舌,强调对佛法义理的知性探究,表达了返经明教而学行并重的居士佛学取向。

三、返经明教

晚明居士注重经典依据,力倡学行并重,既重禅净修行,亦重佛法经教言述。这是晚明居士佛学思想的又一显著特质。晚明居士不仅迎合丛林注重借教悟宗而中兴文字禅的转向,而且积极投身于佛教著述事业。钟惺所倡导的以文士之笔代替僧伽之舌,成为许多佛教居士的一种共识。

晚明居士注重佛教之文,主要表现在著述数量之多、人数之众、涉及领域之广。举凡禅宗、净土、天台、华严、唯识、僧传、居士言行录等佛教著述,晚明居士均有涉足。② 此外,对于丛林尊宿及禅僧文字著述专集

---

① 钟惺:《隐秀轩集》卷二八《与徐元叹》,第492页,上海,上海古籍出版社,1985。
② 对此,圣严曾指出,"综合《居士传》及续藏经所收的明末居士们的佛教著述的书目看来,关于《心经》的计七种,关于《楞严经》的有六种,有关《金刚经》的计三种,关于净土行的计四种,关于禅史传记及禅门语录的合计九种,至于其他如《华严》、《法华》、《圆觉》三经,仅各有一种,《唯识》、《因明》也各一种,关于《楞伽经》则有二种。"圣严:《明末佛教研究》,第272页,台北,东初出版社,1987。

或别集,亦情有独钟,不遗余力地加以编撰整理。晚明佛教四大师和主要著述及明末禅僧语录流之广、影响之大,都离不开明末佛教居士的努力。

就明末居士佛教的经典依据来说,首推《金刚经》与《楞严经》,其次《法华经》、《阿弥陀经》、《华严合论》、《准提咒》。由此可见,晚明佛教居士既重性宗经典,亦重相宗经典;既持名念佛修净土,又持密咒证佛;既有显教经典,亦有密宗行持。从中体现了晚明居士佛教学行并重、禅净兼顾的思想取向。

明末文士注经成为一种时尚风气,特别是对影响甚巨的《楞严经》、《金刚经》等大乘经籍的疏释之作,更是层出不穷。晚明佛教居士注解经文、诠释经意蔚然成风,无疑明确表达了尊经崇教、返经以明教的佛学取向。对此,钱谦益曾指出,"居今之世,而欲树末法之津梁,救众生之狂易,非反经明教,遵古德之遗规,其道无由也。夫佛法如大地之载众生,从地倒者须从地起;经教为药草之疗百病,中药毒者还用药攻"①。

晚明居士注重佛法经教之文,固然是响应于佛教丛林重经崇教的现实,另则又是当时社会思潮中以阳明后学为主体的"儒释调和论"的一大反映。晚明盛行禅讲之风,对此学术情境,邹元标(字尔瞻,号南皋,1551—1624)曾指出:"浪游南北所接僧,非无赫然为世顶礼者,大都落归风流讲解窠臼。"②教界学僧每每以佛解儒、以禅释儒,儒家学者则常引释迦教言析解儒典心要、援禅悟修法证儒家心法。此情形,招致后人的许多讥议。如顾炎武曾说:"取佛书言心言性略相近者,窜入圣言;取圣经有空字无字者,强同于禅教。"③儒释相滥固然导致了纷杂乃至混乱的思

---

① 钱谦益:《牧斋初学集》卷八一《北禅寺兴造募疏》,第1729页。
② 邹元标:《黄檗无念禅师复问》卷五《黄檗禅师小传》,第145页上,台北,新文丰出版公司,1993。
③ 顾炎武:《日知录》卷一八《科场禁约》,引见《日知灵集释》,第661页,长沙,岳麓书社,1994。

潮格局,以至于"儒生惮治经传者,引内典文其陋;释子之畏于参究者,藉诗翰以掩其惰,实则两者咸无立定足跟之处"①。多少在表面上给人以明代学术的"无根"之感。不过,正是晚明文士的注经风尚,致力于引释入儒的思想阐释,不仅形成了儒佛互补、儒佛俱显的识见,即便是以佛抗儒的异端思想,同样有助于促进晚明儒佛之间的思想整合,从而呈现出儒佛俱兴的局面。

晚明居士注重佛教之文的重要缘由,乃是基于对丛林禅弊的现实反省,尤不满于丛林宗门流于公案禅、棒喝禅的现状。有鉴于此,钱谦益曾尖锐地指出:"今之禅,非禅也,公案而已,棒喝而已矣。"并明确主张:"宁守净,无趣禅;宁守云栖之真净,无趣今日之伪禅;宁灰心挫名,种净因于来劫;无吠声逐响,断慧命于多生。"②在钱氏看来,佛教正处于末法时代,学佛者更严辨正法与邪法、佛行与魔行之界。为此,他大声呼吁说:"为僧徒者,守正法不染邪法;为宰官者,护正法不护邪法,斯不负如来付嘱之意。"③僧徒守法与居士护法,首先必须涉及到对于何为佛门正法、特别是禅门正法的再认识。默照之禅,由于既少明眼知识的正确勘验而缺失内证暗修的可公度性与权威性,流于既伪且狂,是为邪法,非为如来正法。正唯如此,憨山德清对居士护法曾寄予厚望:"久向居士为当代裴、杨,法门保障。"④德清之弘法理念与谦益之护法情怀之间相互沟通与对话,表明晚明佛教居士对丛林尊宿的弘法理念与护法情怀的理解与接受,从而阐释了晚明佛教即世护法、即法救世的思想理念。

晚明居士佛教对"宗不成宗,教不成教,禅不成禅"丛林现状的正视,

---

① 吴因明:《晚明江南佛学风气与文人画》,张漫涛主编《中国佛教史论集六》,第64—65页,台北,大乘文化出版社,1980。
② 钱谦益:《牧斋初学集》卷四二《武林重修报国院记》,第1110页,上海,上海古籍出版社,1985。
③ 同上书,第1111页。
④ 德清:《憨山老人梦游集》卷一八《答钱受之太史》,福建莆田广化寺本,总第957页。

对非儒非佛之狂禅风气的强烈不满和抨击,一则导致晚明佛教居士修行的现实分流,或舍禅归净(如袁氏兄弟),或专修念佛三昧(如焦弱侯、钱谦益),更多的佛教居士则专修净土念佛往生;另则促使明末居士关注对禅法的反思,转向对禅史的历史总结。如瞿汝稷"尝上溯诸佛,下逮宗门,撮其语要,为《指月录》,盛行于世",①于万历二十三年(1595)撰作著名的《指月录》(全称为《水月斋指月录》)三十二卷,后人把此书盛赞为"禅林秘籍,海内盛行。……儒者谈禅之书,未有盛于此本者也"②。当禅门喋喋不休于宗系之诤时,在家修行的佛教居士却正致力于对宗门的历史反思,表达对禅史的现实理解,充分说明了晚明居士注重佛教之文的思想特点。明末佛教居士还通过对禅法的历史反思,进一步扩展为对阳明后学流变的狂禅现象的大力排击。钱谦益曾评论瞿汝稷称:"痛疾狂禅,于颜山农、李卓吾之徒,昌言击排,不少假易。"③

晚明居士的护法动机、护教心态,复杂多样而多元并存的。既有出于佛教经世的思想理念,又有对于生死解脱的生命关怀;既有对道德人格上的自我完善的追寻,更有着在宗教情怀上自我体认的需要。这就使晚明居士佛教,既存在着明显地依附于丛林佛教的非独立品格,同时又不同程度地具有相对的批判意识,特别是涉及到宗门派系之诤时,更示以不满。如钱谦益对明末临济宗僧们囿于门户之见、拘于宗派之诤,特别是"抹杀教典、诋谰尊者"做派深为不满。认为这是"以小辩饰其小智,以大妄成其大愚"④。他还进一步把丛林宗门分列为二类禅,其一为"不禅而禅",其二为"禅而不禅"。⑤ 所谓不禅而禅者,指紫柏达观、憨山德清、云栖袾宏、雪浪洪恩等丛林尊宿;而所谓禅而不禅者,则指泛于伪禅

---

① 彭际清:《居士传》卷四四,第611页。
② 聂先:《续指月录·凡例》,《续藏经》第84册,第12页上。
③ 钱谦益:《牧斋初学集》卷七二,第1610页。
④ 钱谦益:《牧斋有学集》卷四五《印初讲师画像赞偈》,第1442页,上海,上海古籍出版社,1996。
⑤ 钱谦益:《牧斋初学集》卷八六《又题佛海上人卷》,第1809页。

或流于狂禅之辈。钱谦益认为,当时丛林"宗强教弱,魔在法中",此魔非别魔,而正是"棒喝交加,豁达莽荡"的狂禅之魔。①

正是针对晚明佛教界真伪相乱、儒释混滥的丛林实情,钱谦益等人不遗余力地提倡返经以明教,重视对佛法本源的经教阐释,强调对佛教经典的历史回归,主张以教法为师,力求恢复佛法本源的纯粹与完整。通过倡导文字禅与如来禅的全面整合,达到即世间文字而归向出世之般若,即世谛而成就出世第一义谛,从而最大限度地消解狂禅之习对丛林佛教形象的侵害。面对明末禅门一己修证的自闭修行,由禅入教而归净、注重实修,同时注重对佛法义理的知性探究,并强调佛教对社会时代的切实关注,称引大慧宗杲"予虽学佛者,然爱君忧国之心与忠义士大夫等"语,声称"忠孝种性即是佛种性"②。通过对爱君忧国这一洞上宗风的回归,把士大夫忠义之品性与众生本具之佛性勾联起来;在以经法为师、以僧史为鉴中,重新唤起对佛教正法的正信,挽佛法于末劫,救世法于末运,如此方能理解晚明居士何以热情高涨地投身于护法维教,甚至在很大程度可以解释逊明遗民何以逃归禅门的风习。

四、修身悟性

晚明居士佛学的思想特质,还表现在通过佛教心性解脱智慧与因果信仰的结合,以因果信仰反拨非因果的流弊,从而强调佛教心性解脱智慧必须与因果信仰相结合的义理旨趣。就以禅宗为代表的中国化佛教义理结构而言,佛法般若智慧的殊胜性,在于般若心性化,把般若不二法门落归于一己之心。与此相关,中国化佛教的因果信仰亦具有归于心性的思想倾向。把佛法生死解脱之智慧与因果信仰归于一心,致使佛教修行智慧与因果信仰相结合,切实地落归于一心之修行,从而把佛教世界

---

① 钱谦益:《牧斋有学集》卷四一《募刻大藏方册圆满疏》,第1399页。
② 钱谦益:《牧斋有学集》卷四五《报慈图序赞》,第1425页。

观的智慧与出世解脱信仰结合起来。

对佛教因果信仰的推崇,可以说是晚明居士佛教较普遍的现象。如阳明后学的中坚人物罗汝芳(号近溪,1515—1588)就曾"师僧玄觉谈因果,单传直指","每见士大夫,辄言三十三天"。① 李贽和焦竑二人在秣陵时曾同梓《太上感应篇》,以明其"最不肤浅"。李贽更为之撰序称:"释氏因果之说,即儒者感应之说。"② 并于隐居龙湖精舍时,辑《因果录》三卷。从信仰生成的意义上说,深信生死因果是阳明后学归趣于佛教修行的一大契机。

晚明佛教修行中盛行着准提咒法的修持之风。如云栖袾宏、憨山德清万历佛教二大师及蕅益智旭等人都曾传授准提咒法,天界觉浪道盛(1592—1659)也尝称"观音与准提之救世,最为灵验"。丛林在佛教修行中持准提咒法,对于居士佛教修行产生了重要影响。其中,袁黄对佛教修行法门的选择,即为最具典型性的例子。

袁了凡名黄,字坤仪,其学"以儒家为基础,以道家为附从,以佛教为究竟",相当旁杂。③ 就其学佛经历而言,他尝从云谷法会禅师(1500—1579)学佛。云谷禅师"于是授以功过格,教以准提咒",并告诫"但持准提咒,无令间断,持至纯熟,持而不持,不持而持,日用应缘,念头不动,则灵验矣"④。据了凡自述,自从奉持准提咒法后,"终日兢兢……在暗室屋漏中,常恐得罪天地鬼神"⑤。袁了凡修学经历表明,准提信仰与功过格的修行,构成了晚明居士佛教修行的重要内容。

袁了凡依准提咒法及功过格的佛教修持形式,体现了晚明居士在佛教修行中的功德主义倾向。这种思想取向,不仅在当时产生了广泛的社会影响,而且还对于近代功德化的居士佛教产生了深远影响,从而赋予

---

① 黄宗羲:《明儒学案》卷三四,第763页,北京,中华书局,1985。
② 李贽:《因果录序》,《李氏文集》卷一〇。
③ 参见圣严的《明末佛教研究》,第272页,台北,东初出版社,1987。
④ 彭际清:《居士传》卷四五,第622页。
⑤ 引见《了凡四训》第一书。

在家修行成为一种注重现实功德的佛教修行,在一定程度上背离了中国禅宗关注心性解脱论中非功德化的修行导向。这一修行导向,固然出于对象法佛教与正法佛教之界限的不同认识,但更是与中国传统文化,特别是与儒家传统中"太上立德、其次立功、其次立言"这一世间不朽功德观相糅合的结果。佛教修行中注重因果信仰与世现功德的倾向,集中体现于修身、修性与修德共同并进的现实德行,导致了晚明居士修行趋归于宗教化、信仰化与道德化,并进而与民间宗教信仰形态相互混融。正唯如此,晚明佛教崇尚持咒修行,亦就不可避免地遭到了时人不满,怀疑"持准提陀罗尼,福聚神用无征者"①。

在晚明佛教圆融与佛教还源思潮的影响下,晚明居士依附于寺院佛教,通过以教证禅、禅教归净的禅净合流,形成了既重佛行亦重经教、智慧与信仰齐举、修身与修性并重的晚明居士佛学,从而表现出多元纷杂的思想特点,并由此而展现出晚明居士佛教的趣归于佛教经世之学的思想取向。

第二节 晚明的"狂禅"现象

对于晚明思潮中所出现的"狂禅"现象,嵇文甫在《晚明思想史论》中写道:"当万历以后,有一种似儒非儒似禅非禅的'狂禅'运动风靡一时。这个运动以李卓吾为中心,上溯到泰州派下的颜(山农)何(心隐)一系,而其流波及于明末的一班文人。他们的特色是'狂',旁人骂他们'狂',而他们也以'狂'自居。"②据此,所谓"狂禅"派,并非为禅学之狂,而是王学之狂、心学之狂,是儒者之狂,而非禅者之狂。晚明判识狂禅的思考基点在于社会-伦理的价值评判,指斥狂禅派离经叛道而非尊经崇道。彭际清《居士传》卷四四所列阳明学者如李卓吾、管志道、杨复所、陶周望、焦弱候、瞿元立等人,大都出于"跻阳明为禅"的泰州学派。另有罗近溪、

---

① 引见《密藏道开禅师遗稿》卷下,第56页下,台北,新文丰出版公司,1993。
② 嵇文甫:《晚明思想史论》,第50页,上海,东方出版社,1996。

周海门、赵大洲等阳明学者亦甚好佛学。然而,阳明后学向佛、好佛,并不意味着他们完全舍儒归佛,更不意味着阳明心学全然等同于佛教禅学,而是晚明儒佛调和的思潮产物。

晚明时期,狂禅派与佛教禅学相关的思想基调,大约有二。其一为由心佛一体转化为我佛一体,其二为由心中有佛转化为心中有我。我佛一体与心中有我,或者说执佛为我与心化为我,此是阳明后学狂禅派的根本心源之所在。由此不难理解,狂禅派的主体为何归属于阳明心学流变中以泰州学派为核心的阳明后学,而非丛林宗门。狂禅派执佛为我、心化为我,与佛法双破我执与法执的修证旨趣大相违背。以阳明后学为代表的儒者好佛而导致的狂禅思潮,同时也给晚明佛教带来负面影响。对此,钱谦益指出:"本朝理学大儒,往往假禅附儒,移头易面。"①假禅附儒、阴释阳儒,其思想内核仍不外为儒家圣学,不出理学义域。"狂禅"作为儒佛交融中出现的一种思潮现象,是隆庆万历年间析解儒家圣学时的异端化思想话语。

对于禅何以为狂、儒何以为狂的现实反思,时人管志道曾作如下评断,"从心宗起脚而不印合于应世之仪象者,皆狂也;从儒门立脚而不究极于出世之因果者,皆伪也"②。据此,禅者因非应世而为狂,儒者则非出世而为伪。而顾亭林更直截了当地把李贽狂行归咎于阳明、龙溪引禅入儒的流弊中。他说:"愚按:自古以来小人之无忌惮而敢于叛圣人者,莫甚于李贽。然虽奉严旨,而其书之行于人间自若也……试观今日之事髡头也,手持数珠也,男女宾旅同上床而宿也,有一非李贽之所为者乎?盖天将使斯人有袭冠左衽之祸,而豫见其形乎?……然推其作之则,所以敢于诋毁圣贤,而自标宗旨者,皆出于阳明、龙溪立禅悟之学。"③依顾亭林之见,反圣之为狂,弃经之为狂,诋毁圣贤之为狂。自标宗旨之狂当由阳明、龙溪之禅悟之学负主要责任。上述抨击狂禅的思考取向,莫不

---

① 钱谦益:《牧斋有学集》卷一六《董文敏公遗集序》,第737页,上海,上海古籍出版社,1996。
② 钱谦益:《牧斋有学集》卷四九《管公行状》,第562页。
③ 顾炎武:《日知录》卷一八,第668页。

都是以儒家思想为基点的。而陶望龄则曾反省说："今之学佛者,皆因良知二字诱之也。"①这就明确表明,晚明狂禅现象的出现,其实质是一种浸染于佛教禅学之中的心学"狂儒"现象。

独标良知宗旨的阳明心学,对于宋儒天理论所具有的超越性与本源性的消解或冲击,使阳明后学倾向于诠释生命真境时的自然化、实在化。在心性悟修关系上,以悟废修;在本体工夫关系上,则以本体取代工夫;在人欲与天理问题上,更主张存人欲中之天理。因此而言,晚明狂禅既有对圣贤权威的改写,更有对平民话语的张扬。当然,王学之狂为自得于心之狂,是面对乡愿之俗而向往自由意志的精神超越之狂,而非为无知之狂妄。然而,正是对自得于心的自由意志的过度强调,使宋儒的天本体彻底转化为心学良知本体,以寡欲之心取代了无欲之天,从而不仅混淆了审美满足与涉世应世的道德成就之间的应有界限,而且还混淆了涉世应世的道德成就与宗教化终极关切之间的应有界限。儒家性命之学的现实关怀,终将难免被佛家身心之学的生命关切所淹没。晚明儒"理欲混淆,故多认欲以为理"的迷失,难免归向到以佛解儒乃至以佛代儒的话语体系。认欲为理,不也就是认情为性吗？更进一步,不即是认心作性吗？而这正是宋儒常指责的释氏作用见性之说吗？

阳明后学中出儒入释者,其思想深处交织并存着儒释二家思想的双重难题,既要解答儒家尊生崇圣的现实出路,又要探究末法佛教时期的生死解脱;不仅面临着生死信仰与现世关切之间的两难困境,更不得不处理因果信仰与现实理性之间的纠缠。如此,我们就不难理解晚明居士援佛解儒以期达到儒佛俱显的纷杂性,如曹洞宗僧永觉元贤曾指出："龙溪、近溪二老讲阳明之学而多用禅语,非有得于禅,乃以儒解禅也。以儒解禅,禅安得非儒哉？"②以儒解禅,则无禅而非儒;反之,以佛解儒,则无

---

① 陶望龄：《歇庵集》卷一六,第2361页,《明代论著丛刊》第二辑,台北,伟文图书公司,1976。
② 元贤：《呓言》,引见《中国佛教思想资料选编》第3卷第2册,第495页。

儒而非佛,从而导致了儒释相滥。

晚明儒佛相滥的混杂情形,使晚明居士佛学所主张的儒佛调和论产生了思想分化。儒者或完全转归佛门,如李卓吾、邓豁渠等人;或转向关注儒佛共同的人生关切,如袁宏道就把个体性的佛法信仰与群体性的社会关切内容加以区分,增加了社会关怀的现实内容,从而表现出渐归儒学的思想倾向。这全然不似李卓吾、邓豁渠等人遁归佛门的人生选择。

对狂禅、狂儒的针砭与抨击,同时也使身居儒林的好佛、向佛之士寄望于佛门的经世转向,改变佛教为出世之学而儒家为经世之学的传统划界。如阳明后学杨复所明确认为:"世皆知佛为出世之学,予以为出世不足以尽佛。佛亦精于经世者也。"①佛门淡漠现世关怀,历来招致儒者不满。"而世学佛者,区区于西方净土及了生死而已,其惑者至求福田利益,广施财宝造寺度僧,以为功德。儒者耻之,遂谓佛之教足以惑人而雠疾之"②。为了扭转佛教出世以求自利的传统偏见,当务之急就是要关注佛教现实经世的社会效应。杨复所结合自身出儒入释的为学经历,不惜冒着谤佛的罪名,明确倡导佛教当为经世之学的思想观念。他说:"近因博之释典,而参之旧学,殆似有可以发明者,遂不自揆,而以经世言佛。盖言经世者,谤佛;而言出世者,亦谤佛也。均一谤也,不若言经世矣。"③这种态度是甚具见地的。

于上可见,阳明后学流变中的"狂禅"现象,是晚明思潮变迁与晚明佛教思想互动关联的现实产物。晚明时期亦儒亦禅、非儒非禅的"狂禅"现象风行一时,客观上提醒佛教界关注佛法修学、修证的实效性。正是身兼阳明后学与"佛教居士"双重身份者促使晚明佛教重新审视、反省佛教修学与经世教化的双重担当,痛辟狂禅肆行之害,整治伪禅流荡之弊,澄清既狂且伪之习,注重"返经以明教",强调对佛教元典本源精神的回

---

① 杨复所:《赠无念上人序》,《黄檗无念禅师复问》附录,第146页上左。
②③ 同上书,第147页上。

归,关注佛教现世的社会教化功能,从前言往行中找寻应有的借鉴,力图克服丛林佛行的局限性,促进了晚明佛教经世转向的进一步落实与展开。在此意义上。晚明居士现实经世的人间导向,成为后世佛教走向人间佛教之路的重要阶段,其思想特质值得后人总结。

第三节　佛道会通与摄道归佛

晚明时期,儒、释、道三教合一倾向进一步加强。佛教界基于佛法传统的判教立场,主张会通佛老而拒斥道教,即以佛法判释传统的老庄道家与金丹道教,对道家之学加以融摄而力主佛道会通,对金丹道教则加以辩驳而力主摄道归佛。总之,无论是会通佛道,还是摄道归佛,都在客观上回应了明清之际仙道附佛、援佛入道的佛道合宗混通趋向,并对晚明知识界的佛道关系思想产生了深刻影响。在由会通佛道而摄道归佛的同时,晚明佛教界还对以老庄道家传统为代表的中国天人之学作出了批判性的整体回应。

在晚明儒、释、道三教混融的现实情形中,儒佛交涉一直占据着主导性的地位,但对于佛道或传统的佛老关系,鉴于当时仙道附佛、援佛入道的仙佛合宗的演化趋势,晚明佛教界同样也基于佛法知见而对于佛道关系展开了一些探讨,在修道成仙与修证成佛之间进行宗教性对话。在这种宗教性对话中,晚明丛林通过把哲学形态的老庄学说归入道家,而将其宗教形态的修仙成道视归道教,始终表现出以严分仙佛、道佛之间的思想界限。大致来说,晚明丛林对于老庄经典如《道德经》、《庄子》等,基于以佛解道的方法立场加以会通解释,而对道教及其经典则基本上保持着一种辩驳而加以拒斥的态度。具体地说,对于前者,晚明佛教尊宿如憨山德清、永觉元贤等人都曾对老庄的道学经典作出基于佛法知见的全面疏释与深入解说,力主援佛入道以达释道互通,反映了晚明佛道合流的时代趣向,在客观上回应了明清之际仙道附佛、援佛入道的佛道混通趋向,并对晚明士人的佛道思想产生了深刻影响。对于后者,则有湛然圆澄(1561—1626)等禅僧针对金丹道教仙家者流所明确表现出的拒斥态度。在佛道会通的思想阐述中,德清、元贤等人对老庄道家之学中的道气论、自然论、有无论、生死观等内容均有所涉及,表明当时佛道之辨的深入和全面。

一、摄道归佛论

晚明佛教界的佛道会通,首先需要澄清的是一个聚讼已久的老问题,此即是佛陀教法与老庄道学之间的历史关系问题。对于这个有关佛法信仰根本的重大问题,晚明佛教界明确坚持其一以贯之的传统立场,坚决驳斥儒道两家混通佛道的历史性偏见。

自宋代以降,譬如朱熹等人皆曾一度相当固执地认为,佛法及禅法本出于老庄之学。对于此一佛道混同的历史偏见,晚明佛僧们明确表示了反驳性的意见。如袾宏曾就此而论辩说:以中国文化正统者自居的宋代儒家学者,基于其贬抑佛法的顽固立场,认为佛典及其修法皆本出老庄,这是一种可哂的讹论。他指出,如果人们将佛典与老庄之书比较对读,即可发现老庄之书"其所谈者,虚无自然而已"。而就思想深刻性而言,老庄所阐论的虚无自然之学,与佛典知见相较,仍为浅陋之见,难与相比。据于此,袾宏认同于清凉澄观所判,认为老庄之学为邪因、无因的外道学说;而就老子与庄子的思想旨趣而言,庄子又不及老子之学。①

晚明佛教界对老庄之学的思想判评,大都基于其虚无自然之说而归宗立论。而这一点正可说是万历佛教三大师对老庄道家之学的共同评判。而这种评判,从会通佛道的意义上说,则构成了晚明佛教会道融佛的一个重要立场。从这一立场出发,晚明佛教界对于老庄道家之学的自然本体论、成圣工夫论等一系列学说展开了更进一步的阐释。如紫柏辨析老子自然无为之学的自然本体论与成圣工夫论时,他指出说:

---

① 参见袾宏的《正讹集》,《莲池大师全集》,福建莆田广化寺本,第4072页。

> 老氏宗自然。夫自然者，即无为之异称也，无为即不烦造作之谓也。若然者，则圣人设教，将教谁乎？何者？以善既自然，恶亦自然，则无往而非自然。果如此，则众人之希贤，贤希圣，始从勉然，而终至于自然之说，老氏大悖也。故老氏但言其终，而略其始。之说行，则熏恶为善之教，将战而不能全胜矣。夫始终一条也，故众人希贤，贤希圣，此尽其始也；圣希天，尽其终也。尽始也者，以理治情之谓也；尽终也者，复其性也。复性，则向谓一条者，昭然在前矣，夫复何事？至此，则知自然俱掉棒打月耳。①

紫柏认为，既然老子所称说的自然即是无为，而无为即佛教不烦造作、清净自在之意，因此老子的自然无为学说，在现实层面上，从根本上就不能说明导致众生何以在具体行为上存在善恶判分的伦理问题，在终极关怀的层面上，则不能有效地解答人类行为的价值和意义，如此也就不可能始终一贯地以理统情，复归天地本性。因此，老子自然无为的宇宙观，并不能始终一贯地坚持以理治情的价值理想，同样地，以其无始有终而无法自圆其说。据此，紫柏实际上点明了老子自然无为之学，因其缺实修意义上的复性工夫这一重大要件，而终至于难以成为圆满自足的修学法门。这一评判，可谓为甚具灼知正见的恳切之论。更重要的是，这一评判，可以说是构成晚明佛教界对老庄道家之学佛法判教的基本内容。憨山德清、永觉元贤等人正是循此思路，展开其佛道会通的辩论。

在此应该顺便提及的是，佛教界对评判老庄之学的另一重要内容，就是借中国佛教特有的教判立场，判分老庄道家之学为天乘之学、无因外道之论。如蕅益智旭评判老子之学说："老以自然而然，强名曰道者为性，复归无物无名者为德。一往判之是天乘，亦未尽天中差别，恐不过四王忉利法门，远自人间视之，称为自然及无名者耳。"②此外，智旭还指出，

---

① 紫柏：《紫柏老人集》卷九《长松茹退》，《续藏经》第73册，第221页上。
② 智旭：《灵峰宗论》卷三之二《性学开蒙答问》，《蕅益大师全集》第6册，第509页。

"老子天法道,道法自然,是无因论,不知正因缘法,亦见论摄收之"①。依智旭之见,判分老庄道家之学为天乘之学,尚为一种宽泛的表述,其实不过相当于佛教中的三十三天,仅属于六欲天中的第二欲天。而其"道法自然"之说,则更明显地表达了其无因外道之论。以法华判分,儒、道二家,是权非实,"但说权理,又局人天",与佛教超出人天之外的成佛理想相比,实存着莫大差异。

晚明佛教界中援佛解道、以佛会道的代表尊宿,当推憨山德清。憨山德清的佛道会通,其基本思路源出于佛法传统的判教思想。具体言之,此一思路又可分别为两种表现形式。一是基于儒佛道三教的定位性评判,二是在佛法内部对儒道二教的判分。对于前者,德清曾述儒道释三家为学之宗要,并明确表达了终归于参禅悟道的佛法归趣。这可说是德清本人的一大创见,并引以自勖。他说:"为学有三要:所谓不知《春秋》不能涉世,不精《老》、《庄》不能忘世,不参禅不能出世。"②憨山德清基于世间观立场而判分儒、道、释三家之学的思想要旨,不外儒家涉世、道家忘世与释家出世。他认为,对于经世与出世而言,三家之学皆不可偏废,"缺一则偏,缺二则隘"。然而,尽管三家之学皆不可偏废,但其终极旨趣却在于究明一心法门。由此才能真正统贯儒道佛三家之学。因此,究明一心,可说是德清对佛道异同的基本立场。

德清不仅对佛道为学宗要表明了自己的根本立场,而且还非常注重对道家经典的佛法诠释。德清自幼喜读老庄,并更是援佛入道而注老解庄,而撰《道德经注》、《观老庄影响论》及《庄子内篇注》。他曾自述说:"余少喜读《老》、《庄》,苦不解义,惟所领会处,想见其精神命脉,故略得离言之旨。"③德清认为老庄之学,其归趣在于"忘

---

① 智旭:《性学开蒙答问》,《蕅益大师全集》第6册,第517页。
② 德清:《憨山老人梦游集》卷三九《学要》,第2082页。另见《憨山老人梦游集》卷四五《观老庄影响论》。
③ 德清:《憨山老人梦游集》卷一九《注道德经序》,第1027页。

世"。忘世并不是否认世间万法的实存,而是对世间实存所表现的超越性意向。在此意义下,道家之"忘"世,虽不及佛教之"出"世,然亦离之不远矣。但即便如此,二者之间仍难以比拟。基于此,我们勿宁说,德清充其量视老庄忘世之学为佛教出世之学的有益补充,从而在佛老互补、摄道归佛的思想立场上展开其援佛入道并以佛解道的会通诠释。

德清指出:"老氏所宗,以虚无自然为妙道。"①而老子所宗的虚无自然之妙道,不是别的,正是佛教《楞严经》所说的"识精元明"。这就充分表明了德清以佛教《楞严》义理诠解老子之道的思想立场与方法取向。他说:"老氏所宗虚无大道,即《楞严》所谓晦昧为空,八识精明之体也"②,认为"识精元明"即是老子之妙道。那么,老子之道是否为如德清所说的"八识精明之体"?回答是否定的。老子之道,既是存在一本体论的形上涵义,同时也有宇宙生成论的内容。这也就是说,老子之道,具有即存在即生成的哲学涵义,在某种意义上,甚至可以与佛教禅学即心即性的本体论动思模式的结构大致相同。因为,佛教即心即性论,同样具有即本体即生成的哲学意蕴。也许,德清是从佛教万法唯识的思想中,看到了类似于老子道家的宇宙生成的因素,同时看到了老子的道体论与佛教心性本体论仍有差异。所以他致力于以佛法"唯心识观"会通老佛。譬如他引《老子》"杳杳冥冥,其中有精,其精甚真"来描述或指称"识精元明"这一心识本体。在此意义下,德清把老子的自然道体与佛教的识精元明,视之为一体之异称。

如何不离佛法而佛道沟通、摄道归佛,德清认为,作为以出世解脱为本怀的佛教学者必须具备二个前提条件:其一,首先要洞悉佛教经典,特别是精透《楞严》、《法华》,融会佛教双破我法二执的根本旨趣;其二,要精透佛教宗门教禅定工夫,工夫纯熟,用心微细,于此方可真正体察到老

---

①② 德清:《憨山老人梦游集》卷四五《道德经解发题》,第2439页。

道家工夫以身为苦而绝圣弃智的见地所在。若非如此，则难以会通佛老。德清认为，以往历代诸家诠解《老子》者，都仅知老子以虚无为宗，而对老子何以入道的修学工夫则茫然不知。通过自己数十年精研《老子》的体会，并结合自己的禅修体悟，德清指出，《老子》首章的"观有观无"之观，即是老子所开示的入道首要工夫。应该说，德清把老子道家的体认宇宙本体的根本工夫归结为"观"，这是比较真切的把握。不仅如此，德清还更进一步把道家之观解释为无我之观照，从而与佛教的破我执思想勾联起来。不过，尽管如此，佛教的止观之观与道家"观有观无"之观，尚存在层次上的深浅差别。这就是说，德清认为，道家之观不仅低于佛教止观之观，而且其修证境界也浅于佛门止观。佛老都以无我为宗趣，这正是从上述观照之同，而进一步推导出来的结论。因此，德清得出结论说："以孔子专于经世，老子专于忘世，佛专于出世，然究竟虽不同，其实最初一步，皆以破我执为主，工夫皆则止观而入。"①尽管如此，老子忘世之学仅略同于小乘佛教的无我去执，而非大乘佛教出世之学的无我清净行。

从紫柏对老子之学缺乏实修意义上的复性工夫的否定性评判，到德清认为老子以破我去执为初步工夫的肯定，反映了晚明佛学界以佛解道的思考方法，正在逐渐摆脱以往佛道对立的立场，并为更进一步摄道归佛提供了义理上的依据。

为了阐明摄道归佛的旨趣，德清从发明体用的方法学立场提出，佛教与道家皆以"无我为体，利生为用"，这同时也是儒道佛三教一致的根本之处。"由无我，方能经世；由利生，方见无我，其实一也。"②德清所提出的"无我为体"思想，表达了以佛教为宗而三教会通的思想立场。德清所理解的道家哲学与儒家学说，都处在一个相互折衷而会归佛法的义理

---

① 德清：《憨山老人梦游集》卷四五《道德经解发题》，第2446页。
② 同上书，第2447页。

结构之中,认为孔老都是佛之化身。并且只有基于三教共同的无我为体、利生为用的现实立场,才能彻底克服后世学者"各束于教,习儒者拘,习老者狂,学佛者隘"①的因隔阂而褊狭、因褊狭而隔阂的三教分立局面,从而更有益于社会的稳定与现实民生的福祉。

基于上述思想立场,德清意识到以往佛教学者囿于内外之学的成见,每每把佛学与其他世间学问分为内外两截,因而不能真正认识到佛法与世法之间的辩证关联。德清曾列举佛教历史上对老庄之学的两种不同取向,其一,以僧肇和清凉澄观为代表,入于老庄而超乎老庄;其二,以圭峰宗密、永明延寿为代表,力辟老庄之学。德清承认二者各有所主,都有其分别取舍的方法立场。但德清更倾向于前者的方法学立场,即入于老庄而超乎老庄。这是德清诠释老庄之学并摄道归佛的基本立场。因此,德清并没有如袾宏那样认为庄子低于老子的成见,他在注解老子的同时亦作《庄子内篇注》四卷。不仅如此,德清由熟读《庄子》进而对于《老子》进一步有所领会,他认为《庄子》是《老子》一书不可多得的注疏之作,并致力于以援佛解道的基本立场解读庄子。德清曾注《庄子》内七篇,这表明对庄子之学的推崇,既推崇庄子其人,也推崇《庄子》其书。他说:

> 发明老氏之道者,唯庄一人而已。焦氏有言:"老之有庄,犹孔之有孟"。斯言信之。然孔称老氏犹龙,假孟绝见庄,岂不北面?间尝私谓:中国去圣人,即上下千古,负超世之见者,去老唯庄一人而已。载道之言,广大自在,除佛经,即诸子百氏,究天人之学者,唯庄一书而已。藉令中国无此人,万世之下,不知有真人;中国无此书,万世之下,不知有妙论。②

德清认为,对于老庄之学的取舍态度,应遵循佛陀所开示的"但破其执,

---

① 德清:《憨山老人梦游集》卷四五《道德经解发题》,第2450页。
② 德清:《憨山老人梦游集》卷四五《观老庄影响论》,第2410页。

不破其法"的方法原则。正是基于这种理性原则,德清不仅承认了老庄外道之学的合理地位,从而解答了拒斥老庄之学的封闭立场,而且也使得德清对老庄之学具有较他人更为全面精到的深刻理解。

更进一步来说,德清诠解佛道会通的义理根据,主要有二:一是佛教"三界唯心、万法唯识"的心识观;二是圆融无碍的法界平等观。对此,德清指出说:

> 若以三界唯心、万法唯识而观,不独三教一理,无有一法一事,不从此心之所建立;若以平等法界而观,独三圣本来一体,无有一人一物,不是毗卢遮那海印三昧威神所现。①

据此,三教一理而同归一心,万法平等而同归一体。正是基于佛教心识观与法界圆融观的方法立场,憨山德清进一步阐释了儒道佛三教的为学工夫与学问根本。德清认为,佛教的修心工夫为止观为本,并以此认为孔子儒家的诚明工夫属于人乘止观工夫;老庄道家则为天乘止观工夫,以此判分儒道释的工夫阶次。

憨山德清对儒道两家中国固有思想学说的上述疏解,实际上也意味着德清对中国传统文化中天人之学的理解。中国传统文化的天人之学与佛教的出世之学之间的关系问题,实即是德清探究三教关系的归趣之根本所在。德清对佛教与中国固有文化传统的关系问题的认识,较诸前人已有所不同。中国天人之学以庄学为高峰,因此,德清关注庄学与佛学的会通取向,也就不失为可行的选择。由此,德清进一步展开对人道与佛法的关系问题的探讨。在此意义上说,德清对庄子内圣外王之学的重视和强调,同时也表明了丛林注重佛教经世思想的思想取向。德清之辨佛老异同,其基本方法立场是以佛解老、援佛入道、摄道归佛,借此实现德清弘法护教的佛教理念,从而在思想认识上超越了宋儒对佛道二教的批评,并为晚明的佛道对话提供了有益的途径。

---

① 德清:《憨山老人梦游集》卷四五《观老庄影响论》,第2413—2414页。

二、曹洞宗僧的佛道之辨

晚明对佛道二教思想差异的认识,同时也是对宋儒释老并列同批的反批评。如果说德清基于援佛解道的方法立场,运用佛教万法唯识、法界圆融思想会通佛道,那么,永觉元贤则可以说是力辨佛道二家之学之差异。针对明末时期佛道混融三教合一的时代思潮,作为晚明曹洞宗师的永觉元贤(1578—1657)虽未注庄解老,但学识渊博的元贤亦广辨佛道异同,深辨佛教之空与老庄之无。如果说德清对于老庄之学注重援佛解道的全面注解,那么永觉元贤则是严分佛道的敏锐点评。从永觉元贤禅师甚具针对性的点评中,更可看出晚明丛林对老庄道学的援佛解道、引佛入道的思想立场。

曾有人问元贤:"老子以虚无为宗,释氏非之,谓其为无因外道。然尝闻释氏之说,乃曰:'从无本住,立一切法';又曰:'虚空之本,为众生之原,与老氏何异?'"对此,永觉元贤答道:"老氏宗虚无者,顽空也;释氏言虚空之本,乃谓一切有为法,无不始于无明,而此无明实无体性,无所住着。因其实无体性,无所住着,故能随缘成就诸法,炽然建立。故曰'从无本住,立一切法';又曰:'虚空之本,为众生之原。'岂老氏虚无自然之义哉?"①基于佛教般若性空之学,元贤指出,老子道家所宗之虚无,只不过是佛教所认为的顽空。而佛教所谓的顽空,也称偏空,乃是指执滞于空的断见观点,并没有达到空空之妙有的存在实相。佛教的虚空之本,是指一切生灭有为法,及其之所源始的无明存在,属于并无自在体性的假名存在。因其没有真实自在体性,故称之为空。佛教之空为无自性之空,并非断见灭空;佛教之虚无,乃是能够成就万法的本性虚无。因此,佛教之般若性空论与老子道家的虚无自然论截然不同。

---

① 元贤:《呓言》,引见石峻等编《中国佛教思想资料选编》第3卷第2册,第485—486页,北京,中华书局,1991。

永觉元贤对老庄之道的有无之论、无为之学也有详辨。他说：

> 老庄祖昔之无,是未能超无也;厌今之有,是未能超有也。见既局于有无,乃思去今之有,归昔之无。由是堕肢体,黜聪明,绝圣智,弃仁义,以修混沌之术,皆生灭法耳。故虽曰无思,非真无思也;虽曰无为,非真无为也。其用止可离人而入天,未可以离是入圣。或曰:庄生之学,非堕于无也,其言曰:"有有也者,有无也者,有未始有无也者,有未始夫未始有无也者。"既曰未始有夫未始有无,则超于有无矣,非真性而何哉?曰:非也。庄生不能离有无之见,故穷有以入无,穷无以入无无,穷无无以入无无亦无,虽能深入重玄,而总之舍有取无,认无之极为至,是终不能出无也。故其言曰未始有物者,至矣尽矣,不可加矣。非局于无而何?且论性必索之于未形未气之先,则必失之于已形已气之后,是偏认寂寞为性也,非局于无而何?或曰:庄生非以寂寞为性也,彼推极于未始有物之先者,以无物之先,性体始见耳。曰:悟性者,物即是性,何妨见于有物之后?虽有物,未始有物也。迷性者,性即成物,何能穷于无物之先?虽无物,是亦物也。譬之镜焉,镜之体非影也,影之体即镜也。智者即影以识镜,识镜则不论影之有无矣。迷者执影以为镜,或闻影之非镜也,则执无影以为镜;或闻无影亦非镜,则更执无影之前以为镜,若是可以得镜乎?庄生之说,大率类是,故曰局于无而已。①

老庄道家的有与无思想,来自《老子》所称述的"天地万物生于有,有生于无"(四十章)。于此可见,老子有无论,乃是基于宇宙一生成论的哲学表达。据此,元贤首先指出,老庄道家之学,在思想上,虽以虚无为其归趣,但实际上却未能超越虚无;老庄厌离现实存有,其实也就是没有从根本上超越存有的具体表现。他认为,老庄哲学局限于有无分别的二元论思想立场,所以主张舍现实存有而归入虚无。基于上述有无二元论的思

---

① 元贤:《呓言》,《中国佛教思想资料选编》第3卷第2册,第491—492页。

想,老子主张诸如"堕肢体,黜聪明,绝圣智,弃仁义"之类的修道方法。元贤指出,这些修养方法,皆属于佛教的"生灭法"范围,因此老庄道家所谓的"无思无为"境界,并不是禅法修证意义上的无思无为。据上所引,我们可以注意到,元贤理解老庄有-无论形上学思想,乃是基于时间性的过去(昔)与现在(今)两个维度探讨而言。无指时间性的过去,而有则属于现在存有。如此,就把老庄有-无的形上学转换为宇宙论的生成范畴。由于个体生命的有限性,致使主体意义上的无思无为,不可能穷尽宇宙论时间意义上的无限性,也就不可能最终达到生命的解脱境界,真正无思与无为的圣境。有人指出,也许并不能把庄子之学理解为执无之学,因为庄子曾明确主张有与无相对而言。从终极存在的意义上说,有与无的相对性将最终被超越,而这一超越有-无的终极存在即是佛教的"真性"。对此,元贤明确指出,事实并非如此。庄子并不能就此而从根本上摆脱有与无的二元分别,因为庄子正是基于有无分别的二元论立场,才可能穷有以入无,穷无以入无无,乃至穷无无以入无无亦无。庄子的重玄思想,不外乎舍有而归无,最终不能脱离"无"的极至。因此,庄子没有从根本上超越有—无对立的二元论,并最终堕于"无"的偏失,这正是老子道家之学的"顽空"之所在。

元贤进一步讨论了佛道两家对于存在之性体问题的不同理解。他认为,庄子道家论性,必求诸未形未气之先的存在,因此,不能在根本上解决"已形已气之后"的性体问题。因为,庄子之学其实是认寂寞为存在之性体,从而割裂了性与气的关系,使存在性体成为只存在而不活动的虚静实体。元贤指出,由于庄子没有真正领悟到存在性体即万物存在而活动的动态特征,因此也就不可避免执为寂寞为性的过失。当时有人指出,庄子并非认寂寞为性。因为庄子所谓的存在性体,同样具有生成万物的属性。对此,元贤进一步讨论说:

> 或曰:庄生非以寂寞为性也,所以必推极于未始有物之先者,乃穷万化之所自出,是即所谓性也。曰:万化根源不出于一心,故曰三

界唯心,万法唯识。今求之未始有物之先,则愈求愈远矣。夫未始有物之先,乃前劫之末,空劫是也。此界虽绝无形相,而一气浑沦,默运不息,从微至着,生地生天。老庄即此空界,名之曰虚无,亦名之曰无极。即此一气,名之曰太极,亦名之曰太乙,谓天地生于一气,谓一气生于空界,遂执此以为万化之根源,一真之实性也。殊不知,此空从前坏劫而成,是有生也;天地既生之后,遂失其空,是有灭也。有生有灭,一幻妄法耳,安得为万化之根源乎?又,此一气非生于空也,乃从无始劫来,生生不息,阒不穷者也。学人若能于此达生生之本,则三界万法,实非他物,今古可以一贯,有无可以不二。今庄生乃谓气生于空,则失之远矣。故曰认寂寞为性者也。①

基于佛教"三界唯心,万法唯识"的存在论立场,元贤辨析了庄子及道家的宇宙生成论思想。他指出,老庄所谓"有生于无"的宇宙生成论,在佛教看来,老庄之无,即是宇宙生成之初的空劫。但老庄没有认识到空劫之前尚有前劫,如此以至无始之劫。因此,老庄之无只不过是另一意义上的有而已。

晚明佛教界普遍认为金丹道教源自于老庄道家思想,如果辨倒老庄之学,也就从根本上动摇了当时盛行的金丹道教的理论基础。因此,佛教界鲜有对于道教本身的直接驳难,而大多选择深辨佛教与老庄道家之异同,借此回应金丹道教对佛门弘法的冲击。只有通过力辨金丹道教的成教理论,才能真正辩明佛道二教之分界,维护佛法的宗教利益。

晚明佛道交涉的重要内容之一,乃是宋儒对佛、道二教学说的共同指责。元贤对老庄道家思想的批评,我们从中也可以看出与儒家对老庄的批评具有某些共通之处。针对宋儒以道解禅的指责,元贤主要辨析了下面二个问题。一是宋儒指责说庄学即是禅学的历史偏见;二是指责佛氏以老庄文饰其教。对于第一个问题的指责,永觉辩论说:

---

① 元贤:《呓言》,《中国佛教思想资料选编》第3卷第2册,第492页。

宋儒曰:《庚桑子》一篇都是禅,其它篇亦有禅语,但此篇首尾都是。呜呼!此宋儒之所谓禅也,岂识禅哉?夫庄生之学,自谓穷玄极妙,而要其归旨,不过安于虚无自然以为极致。夫道超有无,离于四句,则言虚无者,非道也,乃其境也。彼欲习虚无以合于道,而虚无翻为窠臼矣。道无有自,云何为然?随缘而然,然而非自,则曰自然者,非道也,乃其机也。彼欲习自然以合于道,而自然翻为桎梏矣。此庄生之所以为外学也。若吾释之学则不然,不以有心取,不以无心合,其要在圆悟一心而已。悟此一心,则主宰在神机之先,不必言顺其自然也;运用在有无之表,不必言返于虚无也。听而不闻,非骈于聪也;明而不照,而非枝于明也;智无不知,而非伤于凿也;圣无不通,而非淫于艺也。岂局局然守其昏默,一以是终云乎?①

据上所引,元贤指出宋儒根本没有认识到佛教禅学与道家庄学的差别所在。他认为,庄学的要旨在于安顺虚无自然,以为极致之道。而庄学所谓的虚无,恰恰是佛教所破斥的外境实有。真正的道体存在,则必须双超有无。若执虚无为极致,则仍然落于执有之境,即认无为实在;如果以体认虚无为体道的方法,那么虚无就成了禅学所忌讳的窠臼。存在之道,本无自性,故没有形状可言述,天地万物皆由因缘和合而生灭,这才是佛教所的自然。而道家庄学的自然,只不过是对一种活动机缘的外在描述而已。如果道家通过体认自然而证达道体,则自然也就成为了外在的约束,而不可能真正与道一体。在佛教看来,无心于合道,才能真正合于道;无心于有无分别,才能真正双超有一无,这才是真正的体道圣境。

至于宋儒的第二个指责,永觉元贤答辩说:

宋儒曰:佛氏将老庄文饰其教。此宋儒之妄也。彼老庄以太极之先为无,以太极之后为有;以无为是,以有为非。则有无之见未

---

① 元贤:《呓言》,《中国佛教思想资料选编》第3卷第2册,第492—493页。

> 消,是非之情未泯。即此便为轮回之根,虚妄之本。而况欣之厌之,取之舍之乎?虽自谓游虚合漠,体道之极,而堕于虚无之狱,缚于自然之缰。因成有为,果招有漏,以之拟禅,不犹河伯之望海若哉!①

元贤指出,老庄之学囿于有无分别,而归宗于虚无之道。因其固执于有无二分,故其是非情识不可能完全消尽。在佛教看来,妄执情识,正是众生轮回生死的根本无明之所在。据此,尽管老庄道家自称以自然虚无为归趣,其实却不知自己正堕入因虚无而"顽空"的邪因之见,固执于因"自然"而流转于生死的轮回之中。对于这样浅陋的外道之学,佛教怎能借之以"文饰其教"呢?

关于庄子的"齐物论"所宣扬的相对主义哲学思想,元贤加以评论说:

> 昔惠子造指物论,强辩之以齐万物,庄子非之,乃作《齐物论》,其旨在舍己而因物,则物自参差,我自齐平矣。此庄子近道之论也,然惜未能竟其旨。夫物之不齐者,妄形也;见物之不齐者,妄情也。以理破情,则无不齐之见;以性夺形,则无不齐之形。譬如陶家取土作种种器,迷者执器之形,则万状乃分;智者达器之质,则实唯一土耳。今欲舍己,而己之情未破;徒欲因物,而物之形未虚,安得为究竟之论哉!②

据元贤所述,庄子的"齐物论"思想,虽说比惠施指物论稍显高明一些,但仍然未能证达真正物我两忘的境界。而佛教则不仅主张物形本空,而且观物之我也无真实自性。因此,只有"以理破情"、"以性夺情",才能真正双破物我,而达到物我的真正同一。然而,庄子只不过希望达到主体认识上的主观同一,既未能做到破观物之我情,更不能彻底认识物形本空的存在实相。

---

①② 元贤:《呓言》,《中国佛教思想资料选编》第3卷第2册,第493页。

生死解脱，是佛教修证的终极旨趣。因此，对于佛道生死观的异同，也就成为晚明佛学佛道之辨的重要构成内容。在生死观上，庄子主张人的生死存在，乃是出于人力所无法抗拒的天命安排。对于生与死，人类才能时来则安，时去则顺。能够做到安时而处顺，哀乐不能入于吾心，这是庄子所谓的生死"悬解"境界。所谓"悬解"，成玄英疏曰："为生死所系者为县（悬），则无死无生者县（悬）解也。"①因此，在庄子的生死观中，主要表现出一种天然解脱的自然倾向。庄子认为，气聚为生，气散则为死，生死本于一气，所谓庄子才提出著名的薪火之喻，人死即如薪火的自然熄灭，有限的人生在无限的宇宙大化流行中生生不息。另一方面，庄子则基于齐物论的相对主义立场，也提出"方生方死，方死方生"齐生死观，并认为"见独而后，能无古今；无古今，而后能入乎不生不死"②。无论是庄子把生死理解为形化或气化的天然解脱过程，还是理解为生死无差别的观点，都与佛教的修证解脱论思想，具有较大的区别。

对于老庄道家的自然生死观与佛教生死解脱观之异同，元贤评论说：

> 庄生安时处顺，视生死为一条，能齐生死而已，未能忘生死也。未能忘生死，又安能无生死哉？其言曰："父母于子，东西南北，唯命之从，阴阳于人，不啻父母，彼近吾死，而我不听，我则悍矣，彼何罪焉！"是知其不可逆而安之也，其能忘生死乎？若吾释之学则不然，一真恒寂，生而无生也；妙体常存，死而无死也。生乃幻生，生即不生也；死亦幻死，死即不死也。夫如是，直谓之无生死可也，岂但曰人之不能胜天也，而安之哉？③

元贤认为，庄子未能真正做到忘却生死，而只不过是视生死为一齐生死

---

① 成玄英：《庄子·养生主疏》，引见郭庆潘《庄子集释》第1册，第129页，北京，中华书局，1985。
②《庄子·大宗师》，《庄子集释》第1册，第153页。
③ 元贤：《呓言》，《中国佛教思想资料选编》第3卷第2册，第494页。

的平等观而已。不能忘生死,也就不能真正超越生死。佛教则不然。佛教认为,存在实相本性生而无生,真如随缘而不变。真如随缘,故生而无生;真如不变,则灭(死)而不灭(死)。世间所理解的生与死,都只不过是幻相而已。佛教解脱生死与庄子所主张的安生顺死之间,具有极为不同的解脱论取向。这一不同的生命解脱论取向,乃是由于佛教与道家对存在本性的不同理解而成。

据上所述,元贤对老庄道家的道气论、有无论、生死观都有所评述。元贤对于老庄道家思想的点评,大致上仍不出于传统佛教驳斥自然外道的评判思路。与德清援佛注解老庄的方法取向相比较,德清更多地强调佛道会通之处,而元贤则倾向于辨析佛道二家的相左之处。元贤对老庄学说的点评,相对来说,更具有现实针对性,更能切中宋儒以道解佛的弊端之所在。这同时也可以说明,晚明佛教界对于三教合流思潮的存在着不同取向的理解。

晚明佛教学僧对于老庄之学的会通诠释,充分反映了佛教圆融的思想取向。这些学僧严辨老庄道家哲学与道教学说的基本界限,其主要目的即在于通过援佛解道而使佛道(指老庄之学)相互会通与圆融。晚明佛学虽没有辨析佛道两教在修行工夫论的具体关联,没有探究老庄自然无为与佛教禅宗无修无证说之间的思想关系,而是运用佛教教判理论分判道家为人天乘,并在此原则下,承认老庄道家之学的合理地位。这一方法立场,可说是明智而不失自信,开放而不自闭。晚明援佛入道而摄道归佛,不仅在客观上为明末时期的老庄之学增添了新鲜内容,同时也为晚明居士佛学援佛入道的思考提供了依据,从而对晚明居士会通佛道的思想取向产生了深刻的影响。

当然,晚明佛道会通,究其实,乃是一种具有互动关联的时代思潮。晚明思想界普遍关注佛道互通互解,这在一定程度上影响了佛教丛林尊宿们对此思潮的关注。以憨山德清为例,德清之诠解老庄,其缘起约有两端。一是出于对历代诸家引佛典诠解老庄之学的不满。他曾自述说:

"追观诸家注释,各狗所见,难以折衷。及见《口义》、《副墨》,深引佛经,每一言有当,且谓一大藏经皆从此出,而惑者以为必当,深有慨焉。"①于此可见,德清之所以如此重视援引佛理诠解老庄道学,绝非单为会通佛道,实为有感而发,以期纠正自宋代以来学界,特别是道家学者引佛解道诸种偏失。具体地说,德清诠解老庄之举,主要针对于南宋学者林希逸所著的《道德真经口义》(或称《老子口义》)及《庄子口义》,及明代道士陆西星所撰之《南华真经副墨》②。其二,就是希望能够借此响应并引导当时士子文人对佛道汇融的知识性渴望。因此之故,每遇士子文人请益老庄之学,德清辄称引佛理典据以释老庄之学,并由此进一步撰成《观老庄影响论》③、《道德经注》、《道德经发题》及《庄子内篇注》诸作④。

结合上述两大原因,德清诠解老庄,其实就是以佛法知见清理历史上以佛解道的种种成说,以期矫正当时学者如焦竑等人之浅见,引归佛法正知正见。在撰着《观老庄影响论》一文之前,德清必定已读到焦竑所撰的《庄子翼》一书。因为他在《论去取》中提到了焦竑在《庄子翼序》中的一句话:"老之有庄,犹孔之有孟。"于此,我们可以明显地推断出,晚明丛林尊宿如德清者在弘法之余,必定甚为关注当时士子援佛解道的成果。并亲撰会通佛道的著述,对形形种种的引佛入道作出明确的佛法回应。

这种响应与评判,其实就是对以林希逸、陆西星、焦竑等人援佛解道的评判。如林希逸在其《庄子口义发题》中曾多少有些武断地声称,作为百家之冠的《庄子》一书,同时也是佛教经藏的源头之一,因为"《大藏经》

---

① 德清:《憨山老人梦游集》卷四五《观老庄影响论》,第 2407—2408 页。
② 陆西星所撰的《南华经副墨》八卷,撰于明万历戊寅(1578)前后。据《四库全书总目提要》卷一四七,陆氏此书"大旨谓《南华》祖述《道德》,又即佛氏不二法门,盖欲合老、释为一家。其言博辨恣肆,词胜于理。"第 758 页,海口,海南出版社,1999。
③ 据《四库全书总目提要》卷一四七称:"其书多引佛经以证《老》《庄》,大都欲援道入释,多惝恍恣肆之言,以其借《老》《庄》为名,故姑附之道家。其曰影响论者,取'空谷传声、众响斯应'之义也。"
④ 参见德清的《憨山老人梦游集》卷四五《观老庄影响论》,第 2408 页。

五百四十函比自此紬绎出"①。德清明确指出,类似于林氏的这种引佛理解道的方法取向,绝非通达之谓。与全然拒斥老庄道家之学的立场一样,皆不可取。他说:"学佛而不通百氏,不但不知是法,而亦不知佛法;解庄而谓尽佛经,不但不知佛意,而亦不知庄意,此其所以难明也。"②在论述晚明会通佛道的思想史效应之前,我们有必要简单地了解德清上述所举诸书的基本论意。

林希逸(1193—?),字肃翁,一字渊翁,号竹溪,又号鬳斋、献机。南宋时期著名学者,著作颇丰,以《三子口义》(即《老子口义》四卷、《庄子口义》十卷及《列子口义》)最为人所称引。林氏在其《庄子口义发题》称,读《庄子》有五难,其中最后一难乃是由于《庄子》一书"语脉机锋,多如禅家顿宗,所谓剑刃上事,吾儒中未尝有此……,是必精于《语》、《孟》、《学》、《庸》等书,见理素定;又必知文字血脉,知禅宗解数,而后知其言意。"而林氏本人则因"尝涉猎佛书,面而后知其纵横变化之机,于此书稍有所得,实前人所未尽究者。"③据周启成先生的考察,林氏《庄子口义》一书,有八十多处援引佛法义理来诠解庄子④。正唯如此,焦竑所撰之《庄子翼》也辑录了林氏的《庄子口义》。

陆西星(1520—1606),字长庚,号潜虚子,被后世尊为道教内丹东派之祖。他自幼习儒,自谓"以文儒究心二氏垂二十年"⑤,中年隐居修道,潜心丹道,深究丹理,晚年又精研禅法,潜参佛乘。陆氏不仅撰有《南华真经副墨》(亦称《南华附墨》)八卷及《老子玄览》,而且更撰有《楞严经述旨》十卷、《楞严经说约》一卷。⑥ 在其《楞严经说约引语》中,陆西星明确表达其儒佛同源而一致的旨趣。他说:"晚讨竺坟,刳心健相,质成鲁诰,

---

① 引见《庄子鬳斋口义发题》(周启成校注本),第1页,北京,中华书局,1997。
② 德清:《憨山老人梦游集》卷四五《观老庄影响论》,第2417页。
③ 上引均参见《庄子鬳斋口义发题》(周启成校注本),第1页,北京,中华书局,1997。
④ 参见周启成的《庄子鬳斋口义校注前言》,第16页。
⑤ 陆西星:《玄肤论序》,引见《藏外道书》第5册,第367页,成都,巴蜀书社。
⑥ 陆氏二著皆收于《续藏经》第14册。

自信同源。……儒门宗旨,何异西来!"①陆西星甚为推重《庄子》一书,以为《南华真经》乃是中国本土的佛经,"不读三教之书,不可以不读《庄子》。"②"《南华》三十二篇,篇篇皆以自然为宗,以复归于朴为主,盖所以羽翼《道德》之经旨。其书有玄学,亦有禅学;有世法,亦有出世法。大抵一意贯串,所谓天德王道皆从此出。"③玄禅一体、世出世不二乃至天人合一,所有这些皆统归于一部《南华真经》,其以庄意诠解佛意、以道家之学统摄禅佛之学间的旨趣,于此可见其一斑。

据上引所述,大致可知林希逸、陆西星等人的援佛禅解道之作,其立论虽稍有不同,如林氏以儒者身份,借禅语禅机诠解庄意,援儒入道、以禅解庄,而陆氏则以丹道之理为基准,通贯儒释道三教。然而,二人推崇庄子之意却昭然若揭。林氏谓一大藏经皆从庄门中演绎出,而陆西星更把《庄子》视为中国的佛经。据此,如果听任此类诠解流传于世,势必影响大乘佛法的纯粹性与完整性,障蔽佛法知见。正唯如此,晚明佛教界的会通佛道首要的事情,就是必须坚持佛法判教,以此摄道归佛,防止仙佛合宗思潮下对佛法正统的侵害。憨山德清等丛林尊宿在会通佛、摄道归佛过程中,始终贯穿一种强烈的维教护法意识,这可说是晚明佛教界会通佛道的思想史效应的第一层面。

从佛道会通的诠释历史来看,如果说东晋支道林等佛僧的"格义"佛教,首开以佛法义理附会老庄道学之风习,那么经过唐宋诸代佛道学子的诠解工作,到晚明丛林的佛道会通,则可说是已经完全摆脱了佛法附会于道学的从属性,全面确立了以佛法知见判释老庄之学的主动性。因此,对于德清等晚明丛林尊宿来说,佛道会通的另一层思想史效应,使他们有可能从以佛摄道的会通诠释中,以佛法知见全面审察儒道两家引佛禅入道的诠释取向。如宋儒以为庄学同于禅学,陆西星氏亦以为庄语大

---

① 陆西星:《楞严经说约引语》,《续藏经》第14册,第614页上。
② 陆西星:《南华真经副墨》,《藏外道书》第2册,第244页。
③ 同上书,第79页。

类禅语。儒道两家皆以为庄学类似于佛教禅学,对此成见,佛教丛林理应作出基于佛法知见的回应。鉴于庄学作为中国天人之学的传统代表,据此扩大言之,这种响应同时也就构成了对中国传统天人之学的回应。在此意义上说,以佛法知见观照下,全面而完整地审视中国儒道传统的天人之学。因为只有通过对中国儒道传统天人之学的整体审察,才能真正深刻地领略到佛法出世解脱智慧的殊胜功德,有力地回应三教归一思潮下对佛法的冲击。这可说是晚明丛林佛道会通的最为重要的思想史效应。

晚明会通佛道的第三层思想史效应,就是引导向佛学佛的士子能够以佛法知见判释老庄之学,特别通过以佛法判解佛老之异同,明确了佛道二家在佛法判摄系统中的义理定位,从而为晚明佛教界的对金丹道教的判释提供了佛理依据。这种定位意识,结合明中叶以后金丹道教的现实影响,可以更加清醒地认识到佛教出世解脱为本的智慧法门的殊胜性。尽管晚明时期的佛门末流仍不同程度地以秘法示人,但佛教学僧们通过深辨佛道,厘清了佛法修证与丹道修炼的应有界限,维护了佛法出世解脱智慧的纯粹性与完整性。这是晚明佛教界如此注重会通佛道的一个非常现实的效应。

综上所述,以憨山德清等人为代表的晚明佛教界,以佛法知见判摄道家之学的立场方法,从中所透显出的是佛法辩击外学的宗教本位,全然不同于持三教归一论者的他者立场,如陆西星等道教学者引佛显道以达佛道俱显,通过倡导仙佛合宗、同具同证来消泯佛道分界。从儒佛道三教交涉的思想演历上来看,晚明佛教界通过响应以老庄道学为代表的中国传统天人之学所达到的思想高度与丰富内涵,自晚明以降,几无出其右者。

第四节 性命之辨与仙佛合宗

晚明佛教基于严辨老庄道家之学与金丹道教的方法立场,在当时三教同归的合流思想下,主张与老庄道家之学相融并存,而对明末道教主流道派正一道与全真道,则表现出明确的拒斥态度,视之为非主流宗教类型。面对道教指责佛教只修性不修命的批评,晚明丛林基于佛教心性一元论的基本立场,特别针对全真道所主张的性命双修的丹道炼养工夫展开了思想论辩,阐述了佛教"性本论"的性命不二与道教"气本论"的性命二分之间的义理差异,进而辨析佛教明心见性与道教修身炼性之间的工夫论差异,致使晚明全真丹道趋归仙佛合宗同修共证的思想融通。晚明佛道之辨的现实效应,同时也使晚明佛教吸收道教修命传统的《功过格》形式,加以佛教化的改造,通过"唯心立命",强调佛教心性智慧与因果信仰相结合,一并落归于现实世间的劝善教化,参与共建中国社会的道德秩序,对后世民众的佛教修行产生了重大影响。

从历史上看,西来佛教与本土道教之间的相互关系,大致有着三个不同的阶段,第一阶段是视为混同的时期;第二阶段是对立、斗争与颉抗的时期;第三阶段是并存或融合时期。① 佛道二教并存互融,乃是长时段的历史事实。具体而言,在此一相当长的历史时期中,佛道二教出现了教理乃至经典的兼容现象,在律仪、修持上也有着相互关联。当然,这也并不否认佛道二教之间所存在的某些相异之处,福井文雅的论文对此已有所列举。②

对于道家思想的宗教形态——道教,佛教界长期以来都缺少有效的正面响应,而只能满足于佛道两家混同并存的宗教格局。至于有明一代,"释道之教各有二徒,僧有禅有教,道有正一有全真。禅与全真务以修身养性独为自己而已;教与正一专以超脱,特为孝子慈亲之设,

---

① 参见福井文雅的《道教与佛教》,福井康顺等监修《道教》第2卷,第71页以下,上海,上海古籍出版社,1990。
② 参见《道教》第2卷,第94—98页。在此,福井文雅列举佛道两教的不同点,如道士的等级、重视秘传、房中术等。

益人伦,厚风俗,其功大矣哉!"①参究自心自性之本来面目的禅宗佛教与倡导性命双修的全真道,在究明心性的理论意义上并列,而注重实践性的佛教与正一道,则在应化世间、敦伦劝善的意义下等同。明太祖着眼于人伦教化的基调,奠定了明朝释道兼重并举的宗教政策。如明太祖在洪武年间曾限令道士人数,与僧人等。这其实已有抑佛崇道的意图。因此,从明代朝廷的宗教政策而论,佛道二教混同并存的格局,有明一代非但没有全新的改观,且有更进一步强化的趋势。特别是明代中叶,皇室对佛道二教的偏好,为佛道两家在不同层次上的思想对话,提供了开放性的语境,最终促成了集中体现于隆庆、万历年间(1567—1620)的儒释道三教合流的时代思潮。

明代后期,现实的宗教格局却发生了重大变化。道教从明中叶时的"贵盛"走向衰落,而佛教丛林却出现了以云栖袾宏、紫柏真可、憨山德清三位佛教大师为代表的"万历佛教"复兴。此消彼长,充分启动了佛道二教原本一直存在的异质宗教类型的内在张力。随着道教的全面式微,以"性命兼修"为标榜的全真道,顺应于晚明时期甚为风行的三教合流思潮,趣归佛道合流,仙佛同修共证。这客观上刺激了佛教界对全真道教的"仙佛合宗论"的关注。

对于作为哲学形态的老庄道家之学,晚明丛林大都基于存其同而析其异的"三教一家"立场加以辩论。这正是晚明佛教高谈畅论"三教合流"的理论底线之所在。至于宗归成仙证道的道教,由于其与佛教了生脱死的信仰旨趣大相径庭,晚明佛教丛林则又表现出另一种理论取向。在晚明时期三教合流的时代思潮的背景下,以禅宗为代表的佛教丛林对以全真道为代表的道教,集中于心性-修行论上明心见性与修身炼性之间的思想论辩。

---

① 朱元璋:《御玄教立成斋醮仪文序》,转引自任继愈主编《中国道教史》,第589页,上海,上海人民出版社,1994。

一、佛道性命之辨

晚明时期,道教正统的二大主流道派——正一道与全真道,仍然平分秋色,沿袭历史陈习,佛教丛林或统称之为"道门",或同名之曰"玄门"、"玄教"。具体而言,在正一道与全真道之间,佛教界更关注对全真道"性命双修论"的思想论辩,而对正一道注重符箓斋醮的实践性仪式,则表现出不屑一辩的姿态。这主要基于全真道注重心性论意义上的内丹炼养工夫,更与佛教特别是禅宗的明心见性的修证法门相近。

从宗教性追求的信仰旨趣上讲,佛道二教的异质之处,乃是显而易见的。仙道玄门,归宗于成仙得道的渴望与祈求,而佛教则向往了生脱死的根本解脱。如宗本在其《归元直指集》中,曾援引明初禅僧毒峰季善(1443?—1523)语云:"儒教教之以穷理尽性,释教教之以明心见性,道教教之以修真炼性。"①这种表述隐匿了"命"的存在与作用,承认儒释道三教的终极教化,虽各有侧重,却无碍于各自发挥。

道教的修炼工夫,其理论源自于老庄道家之学。从表面上看,老庄道家之学所崇尚的自然无为、任性自在,与佛教禅宗之无住无念、随缘任运、无修无证的修行法门,有其相通之处。这恰恰是晚明佛教界通过修证系于一心,而达到三教归于一理的逻辑推演的基础,同时也是区别佛道二教的理论关键之所在。

从佛教历史上看,中国禅宗开宗立派,就曾遭遇到道家自然义与佛家因缘义的异同问题。如菏泽神会曾答复马择有关道家自然与佛教因缘之同异的疑问,他说:"僧唯独立因缘,不言自然者,是僧之愚过;道士唯独立自然,不言因缘者,道士愚过……僧家自然者,众生本性也。又经文所说:'众生有自然智、无师智。'"②又说:"此是自然义。道士家因缘者,

---

① 宗本:《归元直指集》,引见《中国佛教思想资料选编》第3卷第3册,第537页,北京,中华书局,1991。
② 神会:《神会和尚禅话录》,杨曾文校注本,第90—91页,北京,中华书局,1996。

道得称自然者。道生一,一生二,二生三,三生万物。从道以下,并属因缘。若其无(道),一从何生? 今言一者,因道而立;若其无道,万物不生。今言万物者,为有道故,始有万物;若其无道,亦无万物。今言万物者,并属因缘。"①在神会看来,佛教不仅说因缘,而且也言自然。佛教认为众生本来具足自然智慧,能够无师而自悟的独觉智慧,这就是佛教自然义。道家虽言自然,但仍具因缘义,道法自然而生成万物,此即是道家因缘义。因此,佛道二家至少在悟解生存智慧这点上具有互相共通之处。

自晚唐以来,道教丹道由外丹转向内丹,内丹修炼渐为道述之主流。性命兼修的炼养工夫,成为丹道修炼的主导取向。至宋元间,道教诸派鲜有不谈性命兼修的内丹道术者。如吕洞宾曾说:"只修性不修命,此是修行第一病"②,强调了道教内丹修行中修命的优先性与重要性,明确表明其性命双修的信仰立场。于此可见,自宋代以后,道教内丹即已出现性命双修的工夫取向,虽然在道教内部仍有先后的争论。

到明初时期,与佛教,特别是禅宗自悟自性为心性法门密切相关的问题是,基于上述性命双修论的思想立场,在佛道关系问题上,道教基本上形成了"近世禅为性宗,道为命宗"的判教观念。③ 这种出自于道教本身的明确定位,既体现了明代道教扬其所长避其所短的传教策略,以及力图与佛教分庭抗礼的宗教自觉,同时也预示了明代道教基于性命双修的一贯立场,指责佛教特别是禅宗只修性而不修命的偏颇之处。道教对以禅宗为代表的佛教见性而不知命的批评,不无其合理之处。正唯如此,晚明佛教界对道教的回应,也就集中表现为基于佛教禅宗立场的回应。

此外,随着明末时期儒释道三教合流思潮的影响,士人向道者甚众,如明末佛教居士焦弱候、袁了凡都曾沉潜于修习道教摄生修命之术。如

---

① 神会:《神会和尚禅话录》,杨曾文校注本,第91页,北京,中华书局,1996。
② 吕洞宾:《敲爻歌》,《藏外道书》第6册。
③ 张宇初:《道门十规》,《正统道藏》第55册,总第44680页。

果不能从心性论、工夫论上作出鞭辟有力的理论阐述,有力地回复道教对佛教的批评,佛教信仰在士人心目中的优势地位,就会受到相当程度的消蚀。因此,从佛教社会学的意义上说,晚明丛林严辨佛道,同时还关涉到佛教信仰本身现实合理性的论证问题,具有通过阐明摄儒道归于禅佛的思想立场,争取更多的佛教信众的现实意涵。

综合历史与现实的双重考虑,晚明佛教界所关注的佛道之辨,首先集中于修性与修命这一关涉到根本宗旨的论争上。性命问题,构成为晚明佛道之辨的核心问题。对此,袾宏在其《正讹集·性命双修》条中写道:

> 道家者流,谓己为性命双修,谓学佛为修性不修命。此讹也。彼盖以神为性,气为命,使神驭气,神凝气而结成丹,名曰性命双修。以佛单言见性,便谓修性缺命,目为偏枯,自不知错认性字了也。佛所言性,至广至大,至深至玄,奚可对气平说?气在性中,如波在沧海耳。见佛性者,尽虚空法界无不具足,何况一身之气而不该摄?故曰:但得本不愁末,则一修一切修,又岂止二事双修而已?①

据上所引,当时道教盛行着佛道二教之判,其要在于道教既修性亦修命,性命双修;而佛教则只修性而不修命,重性修而轻命修。袾宏对此不以为然。他详析了佛道二教所论之性的不同涵义,指出道教所谓的性与命,其实就是神与气。如全真道派的始创者王重阳在其《重阳立教十五论之十一》的《论混性命》中就曾明确指出,"性者,神也;命者,气也……性命是修行之根本。"因此,全真道教在理论上由认神为性、认气为命,在修养工夫论上分别为性功与命,这是典型的性命二分,明显是属于二元论的运思模式。而佛教则不然。佛教所谓的性,是全体法界之真性,所谓命同时也属于是此一全体法界真性中。这就是说命在性中,性命为至一无二的整体存在,不必在性之外更安立一个"命",无需性命分

---

① 袾宏:《正讹集·性命双修》,《莲池大师全集》,第 4078—4079 页。

立后，更言性命合一。因此，佛教只说修性，而修命也实已涵盖其中，性命不二，不必在修性之外更言修命。于此可见，袾宏辨析佛道二教性命异同观的方法论立场，是明确地坚持佛教性命一元论，以此批驳道教的性命二分说，这其实阐明了佛教修行工夫论所依据的唯心性论的本体论运思，而道教的性命二分则属于宇宙论运思。从修行工夫论上看，既然性命不二，修命就在修性之中，那么性命双修也纯属没有必要的多余之举。道教对佛教"只修性而不修命"的指责，自然也就不攻自破了。

在佛教看来，性命不一，不可二分。这种本体论运思，从根本上消解了道教以修命见长的炼养工夫的本体论根基。道教性命双修论的修命工夫，充其量是入道工夫，远非佛教禅宗悟道与证道的超妙法门。不过，在袾宏的佛道性论之辨中，尚未展开辨明的一个重大问题是道教认神为性、以气为命中"神与气"的具体涵义。袾宏既没有从佛教思想对此加此辨析，更没有准确描述道教思想中对"神与气"的具体解说。晚明佛教论性命关系，甚少援引原始佛教作为修证解脱八正道之一的"正命"，而且极少引述与命相近的"业"的观念。这可能是道教学者指责佛教"不修命"的表面原因。如果未能辨明性与命这个佛道理论异同的重大问题，就会导致佛道修养工夫之异同辨别不清。因此，佛教界需要超出笼而统之的高谈佛道之别，不能仅仅满足于佛教"明心见性"、而道教"修身炼性"之类大而化之的佛道论辩，应该从根本上阐明佛道二教之性的区别所在。

晚明丛林中较为关注此一问题的是著名曹洞宗僧湛然圆澄（1561—1626）。他在《禅宗或问》中，从禅门之心与道门之气的区别，曾对此有所论辩。

圆澄假客问曰："师云：'直究一心'，与道门一气同别何如？彼云：一气流行，发生万物；又云：天地之根，乃玄牝之门。师云：万法从心，似同一途，何以异也？"①这一问答，从表面上看，似乎涉及到两个问题，佛教禅

---

① 圆澄：《湛然圆澄禅师语录》卷八附《禅宗或问》，《续藏经》第72册，第854页中。

宗直究一心与道教一气说之间的同异问题，涉及到禅宗"心本论"与道教"气本论"之间的异同；而道教所谓一气流行则生成万物与佛教所谓万法从心而生之间，则涉及到佛道宇宙生成论上的异同问题。准确地说，这其实只是一个根本问题的二个方面，即佛教"心本论"与道教"气本论"的异同问题。对此，圆澄明确答复说：

> 此盖言万法生于虚妄，虚妄依乎一心。彼云一气者，乃阴阳流行之气也。在阴非阳，在阳非阴，一何为定？又云："大道无形，运行日月；大道无名，长养万物。"既无形名，而有一气，真是邪因。彼谓玄牝为天地之根，玄者，有而不可见也；牝者，无而能生物也。盖言万物生于有无者也。彼谓黄庭之下丹田之上为玄牝之门者，或直指丹田者，或言泥洹者，或言色身内者，或言色身外者，曾无定指，岂得类一心元鉴决定之真说哉！①

圆澄首先指出，禅宗所谓直究一心，本于万法从心缘生。此心为虚妄不真之情识心。因此，万法从心，乃是意指一切万法皆缘生于情识心的虚妄分别，而所有这些主观意念的虚妄分别又皆要于一心。正唯如此，佛教所说的万法唯识、万法从心，具有严格的一元论运思特征。道教一气说则不然。道教之一气，实指天地间生生不息的阴阳流行之气，由于阴阳不定，故有阴阳之分，从而导致道教的一气说出现二元论的倾向，致使道门的一气论得不到根本保证。道教主张气化为道，道既无形无名，却能运行日月、生养万物，充满某种神秘的创生力量，以佛法判之，道教的气本论思想当归属于邪因外道。另外，道教对所谓天地之根的玄牝之门，存在多种不同的混乱解释，而并无确切的定指，因此也就根本无法同佛教真常唯心论相提并论。圆澄从思想学说的纯粹性与彻底性方面评判佛道二教的优劣。

有鉴于全真道教每每指责佛教只修性而不修命，而自诩道教则为性

---

① 圆澄：《湛然圆澄禅师语录》卷八附《禅宗或问》，《续藏经》第72册，第854页中。

命双修。对此,湛然圆澄又假客问曰:"彼谓禅者修性不修命,但出阴神;玄门性命双修,形神俱妙,能出阳神。阴神能见人而人不能见,又不能取物;阳神能见人,而人亦能见,又能取物。似有不如,师何明之?"①所谓阴神、阳神之说,乃是全真道教为辨明其内丹修炼之术而设立的两个概念。全真道的到整个内丹修炼工夫一般由炼精化气、炼气化神、炼神化虚三步功法组成。"阳神"即在经三步炼神化虚的末尾显现。全真道认为,在内丹修炼中显现阳神就意味着显出身外之身,再加之以炼虚工夫即可阳神脱体,超凡入圣,进入超凡之境。阳神这一具有活动功能的神秘实体,既是道教性命双修所最终达到的形神俱妙的极致境界,同时又能明显地标识出佛教与道教的区别所在,因此成为全真道教抑贬佛教的重要手段。对道教阳神说的驳斥,可以说构成为佛教丛林拒斥全真道教的重要内容之一。

对上述设难,湛然圆澄答曰:

> 妙性如空,曾无出入。若认往来,还如见鬼。彼将识神认作自心,起灭无因,故云:"杳杳冥冥,其中有精;恍恍惚惚,其中有物。"依稀执此识心还修于识,故所谓婴儿姹女内构阴阳,相逢离坎,十月胎成升于黄庭,透于泥洹,成此神我,便夸形神俱妙,不知真生死根也……前云能见而复能取于物者,不是无形,有形而能免生死者,吾之不知也。可谓自语相违,过非小小,思之择之。彼《清净经》亦云:"内观其心,心无其心;外观其形,形其无形;远观于物,物无其物。三者既悟,惟见于空,空无所空;所空既无,无无亦无;无无既无,湛然常寂。"既云无无而有形神,常寂而有往来,无物而能取物,无形而人能见我,无心而我能见人。所谓自相违者,殆甚也。彼谓阳神取物,难逃五百年雷火之灾;吾门成佛尚且不贵,况阴神乎?②

---

① 圆澄:《湛然圆澄禅师语录》卷八附《禅宗或问》,《续藏经》第72册,第854页中。
② 同上书,第854页中、下。

据上所引,圆澄首先表明自己所持守的佛教般若性空一元论的思想立场,认为万法妙性空无所有,并无出入之时空可言。如果说往来之时空,那只不过是人的分别情识(识神)在作祟。其次,圆澄从佛教因缘论思想立场批评了道教的无因论。他认为道教不仅以识神为自心本性,而且还执此识心修炼成丹。因此,道教内丹修炼所达成的形神俱妙的阳神之境,究其实仍是识神而已,这正是佛教所说的生死根本。全真道教认为阳神是一人所能见并能取物的实体存在,而不是无形的东西。有形之物而又能超生脱死,这是令人难以置信的。圆澄更进一步援引道经《清净经》,论证了全真道阳神之说的不合逻辑和自相违悖。最后,圆澄指出全真道教的阳神之说本身也并不具有终极性,而佛教则更是法我皆空,即使成佛都不贵,更遑论妄执阴神。

圆澄基于佛教真心论与般若性空学的思想立场,驳斥了道教特别是全真道的基本内容及其内丹修炼方法。值得注意的是,圆澄较为注重从逻辑方法上批驳道教内容的粗俗不纯,表明佛教对全真道教的论难并没有纠缠于性命论、修养论,而是入乎其中、出乎其外,这表明晚明佛道论辩运思的成熟与深入。

二、援佛入道与仙佛合宗

援佛入道,古已有之,明代更是如此。早在正统五年(1440),应天府五圣庙道士缪尚诚曾绘制一幅黄龙禅师与吕洞宾之讲礼图,名为《神化图》,并附上子虚乌有的臆妄解说,谓黄龙禅师深羡吕洞宾金丹道法而从其学仙。当世之徒多为其所惑,成为附佛丹道的一大左证。

有鉴于此,禅僧空谷景隆(1387—1466)尝作《尚理编》以破其伪。文中涉及到佛道二教之辨异。他自述其撰著缘起说:"老子之教,至于庄(子)列(子)之后变为正一、修炼等流。正一未暇论之,炼术瞇其真矣,无本可归,唯事矫倨,而至窃攻吾之教也。余不欲言人之不善,奈何彼流无状,靡所不至:折佛经造彼经,折禅书造彼书,及行傍佛宝……余以纳诸虚怀,不与之较。兹因缪道士妄造《神化图》,以黄龙洞宾之语,更换而说之,虚架陋词,粘扶屈伸,以刻板印行,世之不识邪正者,竟以彼图揭之于室,矧相传诵。余不忍观,故着是编以谕之。"①空谷景隆所说的正一、修炼等流,即是宋元以后中国道教的两大主流道派正一道与全真道。正一道主符箓斋醮,全真主性命双修之内丹修炼。在文中,空谷景隆着重辨析了金丹道教的炼养法术。

何为丹道炼术?空谷景隆对此辨析说:"夫炼术者,形气之学,属乎数量成坏之法也。似乎灵明者,神识也;神识也者,精魂也;精魂也者,妄情也;妄情也者,生死之本也。惟藉神识凝想之力,死为中阴界中神灵而已。"②对于道教炼养长生之术,空谷景隆评论说:"彼等执迷于此,妄图血肉之身以致长生不死。内以敛精良气,外以吸露餐霞,执假迷真,不免赴死,但其魂魄寿长而已。"③丹道追求长生久视的炼养法术,表露了道教贪生怕死阴暗心理,景隆直斥道教炼养方术为幻术迷信,正是为佛祖所诃斥的鬼神家话计。为此,空谷景隆引唐代禅师长沙岑之语云:"一等修行不识真,只为无端认识神;无量劫来生死本,痴儿唤作本来人。"他指出道教炼养方术,其偏失之处正在于指认识神为灵性,而不知识神正是生死根本。正惟如此,空谷认为:"其造经书无芜之多,虽用佛经禅学之语,争奈不识佛经深旨,不识禅机下落,只能窃语,不能窃道,不免以精气神为内丹炼炉,次为外丹,立名性命兼修,图形鬼怪,瞒人自瞒,相牵沈滞也。"④空谷指摘道教模仿佛教禅修,窃取佛教用语,只学佛语,却不会佛法旨趣。

空谷景隆还希望看到道教学者能够以史为鉴,摒弃执着修命之见。他指出,宋儒正是潜心禅学而最终确立了性理之学,虽然道教同样深受

---

① 景隆:《尚理编·序》,总第123页。空谷景隆注重护法维教,其著作主要有《尚理编》和《尚直编》。《尚直编》二卷主要辨朱子学与佛学之异同,而《尚理编》则是对禅学与道教之异同的疏理。二书皆收入蓝吉富主编《大正藏补编》中,台北,华宇出版社,1986。
②③ 景隆:《尚理编》,总第126页。
④ 同上书,第127—128页。

佛教禅学的影响,只可惜金丹道教却未能自觉佛教禅学明心见性的高明之处,反而转归炼养方术,而错失了阐发教旨的大好良机。他痛心地说:"宋儒潜心禅学,凡著书立言,皆用禅理,所以儒学变为道学,此是天地间一等好事。道家变为修炼,不逮儒家之变也,惜哉!"①

总之,空谷景隆指出丹道炼养之术,只不过是炼精化气、炼气为神的形气丹道工夫之学;而丹道之识神,充其量只不过是佛教所深辟的虚妄情识而已,绝非佛教穷究生死本相的心性之学所可比拟。至于吕洞宾与黄龙禅师之间师承关系的历史公案,其正解应为:道教仙人吕洞宾始习炼术,后遇黄龙禅师指明禅宗心法,方成真仙。

空谷景隆基于历时性的考察立场,在其《尚直编》中,不仅征引大量史料辨析禅宗与道家及道教的历史关系,同时也思想内容、修行归趣等方面辨别其异同。空谷景隆一如儒家批评道教者,指责道教自私偷生,从而把宗教的批判转化成伦理的责难,以伦理性立场取代了宗教性驳难。空谷景隆对丹道炼养方术的批判,与晚明丛林对全真道修身炼性以成仙思想的批判是一致的,这成为晚明佛教界指斥道教的共同立场。如在《归元直指》中,明本称引毒峰季善禅师语曰:"若曰啬精养神,飞仙上升,此特道家之粗迹"。② 又如蕅益智旭曾明确宣称:"至于内丹外丹,本非老氏宗旨,不足辩。"③晚明丛林援佛解道之对象止限于老庄道家之学,而不包括金丹道教在内,这一情形导致了不能辨析佛教与道教之间的思想差异,更多的只是指斥。

耐人寻味的是,晚明佛教界鲜见援佛入道、以道解佛者,鲜见出佛入道者,而道教修行之士则不然。与此相应地,相对于佛教界援佛入道的理论诠解来说,明末道教引佛入道倾向更为明显。这种倾向,不仅体现

---

① 景隆:《尚理编》,总第 126 页。
② 明本:《归元直指》,引见《中国佛教思想资料选编》第 3 卷第 3 册,第 537 页。
③ 智旭:《儒释宗传窃议序》,《灵峰宗论》卷五之三,《蕅益大师全集》第 6 册,第 835 页,福建莆田广化寺印本。

在道教普遍迎合、趋归于三教合流的时代思潮,而且在佛道关系上更为明确地表达出"仙佛合宗"的思想取向。

从古已有之的援佛入道到晚明倡导"仙佛合宗",有二位著名道士值得一提。一为陆西星(字长庚,号潜虚子,1520—1606),二为伍守阳(字端阳,号冲虚子,1565—1644)。从这两个同属内丹道士的著名例证中,可以更进一步探讨晚明佛道性命之辨的思想史效应。

陆西星是明代内丹道东派的开创者。他自幼习儒,中年隐居修道,潜心著述,晚年精研禅理,兼参佛乘。自谓"以文儒究心二氏垂二十年"[①],表明其儒、道、释三教共研的为学经历。鉴于晚明佛道交涉中,佛教丛林严分老庄道学与金丹道教之界限,全然拒斥道教内丹术,陆西星有意识地吸取佛教心性论的义理思想,以化解佛道两教的理论对峙。

陆西星的化解方法,可谓双管齐下:

其一是援佛入道,调和性命解说。陆西星对性命的诠解,与前人有所不同。他并不完全同意佛教修性不修命的道教流行观念,明确主张"修道之要,莫先炼性"的"性本论"。他认为:"夫佛无我相,破贪着之见也;道言守母,贵无名之始也。不知性,安知命耶?既知命,性可遣矣。故论性而不沦于空,命在其中矣;守母而复归于朴,性在其中矣。是谓了命于性也,是谓形神俱妙,与道合真也。"[②]

其二是阐明内丹修道与佛教见性之间的共通之处。在陆西星看来,道教修道见性,属于"以真销妄,妄尽真存"的渐修过程。他说:"夫人之一心本来无二,但以迷觉而分真妄。《金刚经》云:云何降伏其心?人生而静,天之性也;感于物而动,性之欲也。既有欲矣,则情随境转,真以妄迷,纷然而起欲作之心。"[③]转情归性、转迷开悟、由凡入圣,这一修证理路

---

① 陆西星:《玄肤论序》,《藏外道书》第5册,第359页。
② 陆西星:《玄肤论》,《藏外道书》第5册,第363页。
③ 《方壶外史·纯阳吕公百字碑测疏》,《藏外道书》第5册,第343页。

似乎与佛教类似。其实，陆氏所主张的"转妄证真"的修道工夫论，仍然基于一心而具真妄之别的二元论立场。但由于道教明确主张精、气、神三元一体，其修道理据与终极境界趣归于形神妙合的一元论，实难将此一元论运思贯彻始终。而佛教则不然。因其力主心性一如，由真妄而有迷悟，全在心性上下工夫，故其一元论运思易于体现在其修行工夫论上。陆西星也承认佛道两教的修行理据有着差别，但他认为这些差异并不妨碍仙佛、道释一如。他明确说，"三教圣人同一宗旨，但作用不同，故有三者之别也"①。

与陆西星一样，伍守阳为学同样也是"由儒悟道，因道证果"，力主将佛学引入仙学，再以佛证仙，仙佛互阐而达仙佛合宗。伍氏会通佛道的典型表现有二：一是在性命观上，更注重三教共阐性命之学的共通之处，并突出道教的殊胜地位。二是在丹道炼养工夫论上，力主仙佛合宗共修，而在果证境界上则相得益彰。

伍守阳认为，性命为三教共学，但以道教为殊胜完整，坚持性命双修为丹道的秘宗要旨之所在。他说："孔氏倡素王之业，为入世法。而言性言命，其词微。释氏出称为梵王，而言性不言命，其词密。"②而道教则不同，"《阴符》《道德》而下，娓娓言命，娓娓言性，而又娓娓言性必言命，言命必言性"。不仅如此，伍冲虚还以形喻性、以影喻命，总结比较三教性命观的不同。他说："孔氏之言性命，言其影，不言其形者。释氏之言性命，以性为形，以命为影者也。老氏之言性命，言其影，必言其形者也。"③

伍守阳援佛入道、仙佛合宗的独到高明之处，在于明确提出佛道二教在炼养工夫论及其果证境界上，"同一工夫，同一景象，同一阳神证果"④。当然，这是属于利根大修之士的工夫作为。所谓"大修者"，即应

---

① 陆西星：《玄肤论》，《藏外道书》第5册，第363页。
②③ 伍冲虚：《内炼金丹心法·生死说》（撰于1622年），引见徐兆仁主编《东方修道文库·金丹集成》，第101页，北京，中国人民大学出版社，1990。
④ 伍冲虚：《仙佛合宗语录》，《藏外道书》第5册，第690页。

该"学仙佛正道,谈仙佛正理,持仙佛正戒,行仙佛正行"①。尽管伍守阳在其《仙佛合宗语录》中,征引了大量佛教名相、禅宗话语,但其要旨皆归于在修证境界(果位)上以"长生"与"无生"融会仙佛,以道教"长生"与佛教"无生"的互补性倡导"仙佛合宗"。为此,伍冲虚在其《仙佛合宗语录》中辨析佛道修证果位(境界)说:"仙宗果位,了证长生;佛宗果位,了证无生。然而了证无生,必以了证长生为实诣;了证长生,尤必以了证无生为始终。所谓性命双修者也。斯录阐发仙宗而以佛宗为印证,故名《(仙佛)合宗》,无非使天下后世知性命双修为要也。"②

无论是仙道"长生",还是佛教"无生";无论是"形神妙合",还是"明心见性",佛道二教修证归趣的不同,终归表现为宗教原理的不同和修炼方法的差异。而所有这些不同或差异,都源于佛道二教对性命的不同理解。晚明佛道之辨的重大论题,正是集中于辩明性命观的差别。金丹道教倒是并没有局限于佛道二教的性命之争,而是尽可能地着眼于仙佛合宗,倡导仙佛同归,态度远较佛教丛林为积极,以至于"仙佛凡圣同具共证"的佛道合宗,成为明末清初金丹道教主张佛道合流的重要思想。晚明以后,中国道教致力于在心性论上与佛教会通互融的思想取向,表明佛教心性工夫论对道教性命修行论所产生的深刻影响。

三、唯心立命与劝善教化

由于道教丹道炼养方式的繁杂异常,非专精者难于一门深入,其修行方式往往被晚明佛教中人贬称为"幻术"的秘传修炼,加之修道成仙这一道教理想的神秘性,使得内丹道教心性论,与佛教特别是禅宗心性论之间的相互差异,甚少得到应有的重视。尽管在历史上佛教特别是禅宗对于促成道教心性论的成立,有着不可忽略的重要影响。另外,由于佛

---

① 伍冲虚:《仙佛合宗语录》,《藏外道书》第5册,第690页。
② 伍冲虚:《伍真人丹道九篇·序》,见《道教精华录》下册,杭州,浙江古籍出版社,1990。

教丛林严分老子道家与金丹道教,也影响在谈论三教关系之时,鲜有包含道教之意。智旭的对内外丹道拒斥态度,即为一例。这表明晚明丛林援佛解道、引佛入道的思想立场,与当时全真道教会通道佛、仙佛合宗的思想会通取向,相当不同。

然而,无论佛教界如何坚持严分老庄道家与道教的立场,三教同归或三家一旨,却是时代思潮的大势所趋。这一时代思潮的归旨,不在别处,正在于落归现实世间的劝善教化。晚明的佛道之辨,其思想归趣同样如此。

在《尚理编》的最后,空谷景隆指出三教圣人大道同归于劝善教化,以宗教信仰所外化的伦理规范裨益社会。他说:"佛老之徒各求先圣之道,至于达其大本,修身弘道,共助国家无为之化,斯为理之固然也。三教圣人鲜不以道为教,以善为劝,分门为三,皈善而为一。"① 容谷景隆基于劝善教化的三教同归,着实点明了佛道二教汇通的现实之路。任何宗教信仰的合理性,都离不开社会的现实证明。佛道二教之所以在晚明时期,在信仰外化的社会层面上,皆趋归于劝善教化,其缘因是多元并存的。在这些原因中,晚明的佛道性命之辨,正是其助缘之一。

晚明佛道性命之辨,使一些佛教名僧重视对道教传统以修命为归的劝善教化《功过格》进行了一番佛教化的改造。如袾宏晚年(1606)将其改造为《自知录》而刊行。袾宏的改造主要表现于形式上的置换,其具体内容有二:一是改"功过"为"善过",此之"善"即为昔之"功",结合佛教"诸恶莫作,众善奉行"诸佛通偈,广修六度万行;二是以佛教诸天置换道教式的"天尊、真人、神君",旧有的"章奏、符箓、斋醮等",代之以诸如刊刻佛经、持戒、造寺、皈敬三宝、阐扬佛法等各种佛教事业修行。② 著名禅僧云谷法会(1500—1579)则更为其俗家弟子袁了凡提供过佛教版本的

---

① 景隆:《尚理编》,《大正藏补编》本,第129、132页。
② 彭际清:《居士传》卷四五,第634页,扬州,广陵古籍刻印社,1991。

《功过格》。通过佛教改造的"功过格",旨在全面确立基于佛教心性工夫论的"唯心立命"说,使传统中国佛教讳言"命"的一贯立场,渐渐消融于"唯心立命"的现实教化。通过对道教以"功过格"为表达的修命形式的佛教化改造,不仅成为晚明佛教吸引慧业文士的有效手段,而且还结合佛教净土信仰,与当时广泛影响于民众社会的净明忠孝道修行,以及其他民间宗教信仰,共同构建民间社会的价值规范。这也可说是晚明丛林佛道之辨的现实效应。这种效应,对于末法时期的佛教大众修行,影响远及20世纪初的民国时期。

晚明佛教改造道教《功过格》的成功典型,当推云谷法会禅师。而其推广之功,则应属袁黄。后世佛教功过格的盛行,袁黄影响为最巨。隆庆三年(1569),袁氏从云谷法会禅师于南京栖霞山学佛。云谷禅师不仅向袁了凡传授经由佛教化改造的功过格,且曾开示说:"命自我造,福自己求,一切福田不离自性,反躬内省,感无不通,何为其不可变也!"①所谓命与福皆归自心自性,都可于一心所得。既然每个人自心自性中具足一切命福,由此感通,内可得道德仁义,外可求功名富贵。②

其实,所谓"命自我造、福自己求"之说,并非云谷禅师所独见。道教经典早有"我命在我不在天"、"我命在我,不属天地"的训示。云谷对"命"的改造,其独到之处在于:一是在理论上创"唯心立命"说,二是在实修工夫论上,以持准提咒配合《功过格》修行。

"立命"之说,源自孟子"夭寿不贰,修身以俟之,所以立命也。"③对于孟子"立命"之说,云谷禅师作了如下阐释:"夫夭与寿,至二者也。当其

---

① 彭际清:《居士传》卷四五,第620页。
② 云谷法会援引禅宗六祖慧能"一切福田不离方寸",开示袁黄说:"从心而觅,感无不通。求在我,不独得道德仁义,亦得功名富贵。内外双得,是求有益于得也。若不反躬内省而独向外驰求,则求之有道而得有命矣,内外双失,故无益。"引见袁黄《立命篇》(1607年刊本),第3页上。
③ 出自《孟子·尽心上》。孟子还有"正命"之说。无论是立命,还是正命,孟子都是在"天"的决定性意志下立论,从属于天人关系。这与佛教一贯主张的超脱于"六道轮回"的修证旨趣,仍有相当的不同。

不动念时,孰为夭?孰为寿?细分之,丰歉不二,然后可以立贫富之命;穷通不二,可以立富贵之命;夭寿不二,然后可以立生死之命。人生世间,惟死生为重,夭寿则一切顺逆皆该之矣。"①上述引文中的关键词是"不动念"。这里的"不动念",表面上类似于孟子所说的"不动心",其确切意涵应为禅宗修行法门中的"无心"或"无念"。因为,云谷禅师之所以向袁黄"授以功过格,教以准提咒",正是由于袁黄未能真正做到"无心"。据此可知,所谓"唯心立命",其终极归趣应为"无心于立命"。佛教式的"修命"或"造命",其根本理据仍在于明心见性的修证旨趣。

如何才能真正做到"不动念"或"无心"呢?作为禅师的云谷法会,并没有一如传统禅师那样教导袁黄参话头、下疑情工夫,而只是明确地告诫他:"但持准提咒,无令间断,持至纯熟,持而不持,不持而持,日用应缘,念头不动,则灵验矣。"②据了凡自述,云谷法会借道教喻明"念头不动"说:"符箓家有言:不会书符被鬼神笑。此有秘传,只是不动念也。执笔书符,先把万缘放下,一尘不起。从此念头不动处下一点,谓之混沌开基,由此而一笔挥成,更无思虑,此符便灵。凡祈天立命都要从无思无虑处感格。"③值得注意的是,云谷禅师虽然杂糅了佛教、儒家、道教的术语,以诠解新式的"唯心立命之学",但袁了凡却通过自己的切身修为,认定"云谷禅师所授'立命'之说,乃至精、至邃、至真、至正之理"④,劝勉后代勤修勿废。而他本人更是终生修行不辍,自述奉持《功过格》及准提咒法后,"终日兢兢,便觉与前不同,前日只是悠悠放任,到此自有战兢惕厉景象。在暗室屋漏中,常恐得罪天地鬼神"⑤。袁了凡修学经历表明,佛教准提信仰配合功过格之修行。具有某种示范性的成功经验,并因此构成了后世佛教居士修命之学的重要内容。

---

① 袁黄:《立命篇》,第5页下。
② 彭际清:《居士传》卷四五,第622页。另可参见袁黄的《立命篇》,第6页上。
③ 袁黄:《立命篇》,第5页。
④ 同上书,第8页。
⑤ 引见《了凡四训》,第一书。

佛教类型的"修命之学",与道教合精气言之"命",当然不能严格等同,但其对佛教修持内容的实际影响,却不容轻视。佛教式的"唯心立命之学",迎合了晚明居士在佛教修行中的功德主义倾向,从而赋予居士在家修行成为注重现实功德的佛教修行。这一修行导向,不仅与儒家立功、立德、立言的现世不朽的功德观相糅合,而且还通过注入佛教基于心性善行的因果信仰,对仙道功过格进行佛教化改造,更进一步把居士佛教的现实修行导向"修性"与"修命"(或准确地说是"修身")相结合的进路。从历史上看,仙道类型的功过格,强调通过修行者的主体善行来沟通天人关系,以臻达生命的理想超越。而佛教化的《功过格》则是"唯心"的,主张于"无思无虑"处实修体证明心见性的无量功德,如此方为感应道交的真善行与真感通。正如云谷法会所说:"事天立命,须于何思何虑时,实信天人合一之理。于此起善行,是真善行;于此言感通,是真感通。"①正是受到了佛教丛林功德化修行的思想影响,袁了凡撰写了影响深远的《了凡四训》一书,启开了佛教家政学之先河,结合并回应中国礼教史上源远流长的家教传统,为佛教世俗化点上浓重一笔,同时也为佛教中国化增添了新的内容与形式。

影响远到近现代佛教修行的《了凡四训》一书,谈论心性因果,极力劝人为善,自明清以来,甚为流行。就晚明的实际情形来说,自知录及佛教功过格在明末社会的广泛流传与普遍盛行,使儒家学者深表疑虑。明末大儒刘宗周(1578—1645,人称蕺山先生)曾就此评论说:"友人有示予以袁了凡《功过格》者,予读而疑之。了凡自言尝授旨于云谷老人,及其一生转移果报,皆取之功过,凿凿不爽,信有之乎?予窃以为病于道也……今之言道者,高之或沦于虚无,以为语性而非性也;卑之或出于功利,以为语命而非命也。非性非命,非人也,则皆远人以为道者也。然二者同出异名,而功利之惑人为甚。老人以虚言道,佛氏以无言道,其说最

---

① 彭际清:《居士传》卷四五,第621页。

高妙,虽吾儒亦视以为不及。乃其意主于生死,其要归之自私自利。故太上有《感应篇》,佛氏亦多言因果,大抵从生死起见,而动援虚无以设教。猥云功行,实恣邪妄,与吾儒惠迪从逆之旨天壤也。是虚无之说,正功利之尤也。"①刘宗周指责佛教功过格的功德化修行取向,正是源出于佛教修证生死解脱流归于自利的利己主义。不过,这种注重现世功德的修行倾向,从佛教世俗化的意义上说,通过功过格形式的佛教修行,转向关注对现实命运的改造,充分表达了晚明佛教即世间而修行的现世取向。正是这一点,令一向以"为生民立命"自诩的儒家学者大为不安。

总之,云栖袾宏、云谷法会等晚明僧人通过对道教原创的《功过格》进行佛教化改造,把中国佛教明心见性的解脱智慧与因果信仰,一并落归到改变世俗命运的道德完善,表达了佛教修行与儒家伦理、道教劝善说教相互会通的功德取向,从而为处于晚明三教合流思潮下的居士佛教修行提供了信仰与现实结合的理据,促成了晚明居士佛教修行的功德转向,并进一步导致晚明佛教与民间宗教信仰的现实合流,成为佛教下贯民间、渗透世俗生活的重要环节,并与明清之际中国民间宗教的盛行具有千丝万缕的思想关联。

---

① 刘宗周:《人谱自序》,见《刘宗周全集》第2册,第1—2页,台北,"中央研究院"文哲所,1996。

第十章 明代的僧官制度与寺院经济[①]

一、明代寺院及其僧官制度

僧官的设置,是传统社会把佛教纳归行政序列的一个方面。明代的僧官设置,始于明太祖时期,历代相续沿革,稍有损益。其影响则远及清代。

明代僧官制度的首要特点是体系整备,确立了中央("在京")与地方("在外")二级僧官制度,从而与皇权政治体系保持高度一致。

建朝之初,明太祖废除了元代掌管全国佛道事务和吐蕃地区军政事务的行政机关宣政院,于洪武元年(1368)在金陵天界寺设置了"善世院",秩从正二品,授觉原慧昙为"演梵善世利国崇教大禅师","领释教事",下设统领、副统领、赞教、化纪等职,成为掌管全国佛教事务的中枢机构。同时,设"玄教院",以道士经善悦为真人,统领全国道教事务。这是明代佛道机构的最初设立。

洪武四年(1371)十二月,诏"革僧道善世、玄教二院"[②],由隶属礼

[①] 参见何孝荣的《明代南京寺院研究》,北京,中国社会科学院出版社,2001。
[②] 《明太祖实录》卷七〇,洪武四年十二月戊申。

部的祠部(洪武二十九年,即1396年易称祠祭清吏司)分管全国佛道事务。之所以如此改制,主要是由于在明代僧道官制建立之初,僧道度牒人数反而大增,助长了二教的发展。如洪武十七年礼部尚书赵瑁尝谓:"自设置僧道二司,未及三年,天下僧道已二万九百五十四人,来者益多。"①

洪武二十四年(1391),明太祖积极整顿二教时,僧道官便发挥了作用,成为政府责成执行的对象,收到了"以僧制僧"、"以僧治僧"之效。僧道官隶于礼部,而非独立官署,亦有效地限制了二教的发展,自此宗教仅能依附于政治。其后,明代诸帝纵使仍多崇信方术,僧道亦多有不法情事,唯若与前代相较,特别是元代,不啻小巫见大巫。明初不采裁抑宗教的政策,而僧道之势及其祸害大为削减,实得力于太祖僧道官制的建置,以制度约束规范了僧道的活动。

虽然不可能完全确定明代佛教寺僧的总数或者是寺院的总数,但从政府数次规令试图限制它们的数量,以及从朝臣们谴责这一现状所提出的奏疏中,人们可以想见这二者的数字是相当之大的。洪武皇帝起初采取鼓励僧伽度牒的举措,客观上使出家僧人的数量迅速恢复。隆庆六年(1572),多达57 200名佛道僧尼获准出家;万历元年(1573),出家者人数竟达96 328人之多。他同时还颁令废除"免丁钱"。明初诸帝,僧道度牒人数都保持在五位数。下面是文献记载的明初诸帝的度牒总数:

洪武五年(1372),僧道度牒数57 200人。

洪武六年(1373),僧道度牒数96 328人。

永乐十六年(1418),僧道度牒数51 000人。

景泰二年(1451),僧道度牒数50 000人。

成化十二年(1476),僧道度牒数100 000人。

---

① 《明太祖实录》卷一六七,洪武十七年(1384)闰十月癸亥。

成化二十二年(1486),僧道度牒数220 000人。①

上述僧道度牒人数的总量超过了50万人。

由于度牒人数的急速增长,明王朝从又采取了限制度牒的相应措施。洪武六年(1373),朝廷规定欲求度牒者必须参加考试,必须具有一定的佛经知识和能力。洪武二十八年(1395),再次诏令所有佛道僧侣须到京城参加考试。未通过考试者,责令还俗。同时对度牒者的名额和年龄提出限制。在名额分配上,规定度牒人数,每县不超过二十人,每州三十人,每府四十人。度牒仪式,每三年仅举行一次。在年龄限制上,洪武皇帝在位时,男人必须在四十岁以上,而女性则在五十岁以上者,才可离弃家庭生活。永乐皇帝降低了僧人的年龄限制,包括十四岁至二十岁之间的男子(对于尼姑的年龄限制则没有规定)。在以后的期间内,举行度牒仪式的次数也被减少。起初,度牒仪式每五年举行一次;到宣德年间(1426—1435),仪式则每十年举行一次。在成化二十三年(1487),改为每二十年举行一次。

这些措施,一方面确保僧人的文化素养与及佛教寺院的社会教化功能,不仅得到了明初宋濂等朝臣们的支持,而且客观上使僧人数量的增长保持在一个相对合理的水平。这个时期总体上属于明皇朝及其朝臣们的"护法"时期。

明太祖平定天下、建立明朝之初,急需治国治世之才。当时,天下文士多集中于江浙地区。《明史·文苑传》中所载洪武时59位文士作统计,江浙人士便高占81%。同时,江浙一带亦是高僧荟萃之地,据学者研究,《护法录》、《皇明名僧辑略》、《补续高僧传》、《大明高僧传》、《国朝献征录》、《名山藏》、《吴中人物志》、《续武林西湖高僧事略》诸书所载,洪武朝高僧55人,属江浙僧统者有47人,占85%。文士所居之地,亦是佛教盛行之地,江浙文人深染释风。明初大儒宋濂辑有《护法录》传世,刘基、

---

① [日]道端良秀:《中国佛教史》,第231页,京都,法藏馆,1939。

杨维桢等人多混迹于寺庙道观,与教中人士往来密切。明太祖尝数度召开护法大会于蒋山,尊礼江浙高僧。上述55位高僧中,与太祖有来往者就达40人,约占73%。这40人中,江浙僧有34人,占85%。① 明太祖如此结好江浙高僧,既表达了对佛教的尊崇,从而使那些与佛教界过从甚密的江浙文士能效命明朝,为其所用。同时,通过佛教法会的举行,则突出了明太祖作为天下宗教领袖的国君地位,更有效地集政权、教权、皇权于一身。为了表示对佛教寺院及高僧尊崇,明太祖还于洪武二年(1369)二月,在南京天界寺设置元史馆,将当时江浙人才尽纳史馆之中,作为治国之才的智库。

中国佛教是祖师佛教,明太祖通过尊礼高僧,可以收到整饬教风之效。元末时期,教风败坏。延及明初,僧徒们大都饱餐优游,不事讲经阐论,限制了寺院的社会教化功能。加之,明教、白莲教等藏身寺观,不时聚众叛乱。所有这些情形,都促使明太祖在即位后即着手整顿释道二教,以高僧住持各寺,并设善世、玄教二院,以有戒德僧道主其事,期能以僧治僧、以道治道。通过整饬僧道,来变易风俗。颁令天下,凡为僧道,必给度牒,以防伪滥,且必经过考试,通晓经典者方许给之。民家女子四十岁以下,禁为尼冠。府州县只存大观一所,并其徒而处之,择有戒行者领其事。② 同时,诏令天下名德沙门点校藏经、御署曲名辑《献佛乐章》、举办荐福法会等,发挥宗教教化的社会影响。

洪武十五年(1382)僧道官制建立后,百姓企图规避有司差役,度牒人数大增。洪武十七年(1384),礼部尚书赵瑁建议三年一次出给度牒,且严加考试,以限制人数。③ 洪武二十年(1387)更规定,百姓年龄二十岁

---

① 参见朱鸿林的《明太祖与僧道:兼论太祖的宗教政策》,台湾师范大学《历史学报》第18期(1990年6月),第70页。
②《明太祖实录》卷七七,洪武五年十二月己亥,第4页上、下。洪武六年十二月戊戌,第8页上。
③《明太祖实录》卷一六七,洪武十七年十月癸亥,第4页上。

以上不得为僧,二十岁以下请给度牒者,必在京诸寺试事三年,考其廉洁无过,而后方可。① 明太祖还曾亲制《大诰》中规定,凡僧道不务祖风,但以混同世俗,交结官吏,为人受寄生放,有乖释道者,处以弃市之刑。② 明太祖深忌僧民混杂相处,聚众滋事。为了区别僧民,于洪武十五年(1382)十二月就颁定天下僧道服色。③ 但此举收效不大。虽然明太祖重用高僧使诵经荐福,但他同时又猜忌群臣,试图通过神道设教,以神仙征应谕众,表明自己是得天命真符的天子的神权属性。当时朝廷屡次访求通晓天文历数奇验者,封官授爵食禄。明太祖利用僧道以神道设教的做法,使整饬教风为空言。但神道设教能有助于政权的稳定,发挥宗教阴翊王度的功能。神道设教演变为神怪方术,这最终导致了此后明代诸帝崇信佛道的变异。

洪武二十四年(1391)六月,太祖下令礼部清理释道,规定僧道人数,每府不得超过四十人,州三十人,县二十人。男子四十以上,女子五十以上,方得出家。④ 二十岁以下愿为僧者,须父母具告有司奏闻方许,三年后赴京考试通经典始给度牒,不通者杖为民。僧道亦需赴京考试,不通经典者黜之,唯年六十以上者免。儿童不许为僧,违者儿童父母皆坐以罪,府州县寺观虽多,但只可留存宽大可容众者一所并而居之,毋令僧道杂处于外,与民相混。凡归并之大寺,设砧基道一人,以主差税。各大观道士编成班次,每班一年,由年高者率之。并规定凡创立庵堂寺观,非旧额者,悉毁之。鼓励僧道一二人往崇山深谷修禅及学全真之道,但若三四人前去,则不被允许。凡愿意还俗者,听其还俗。复命僧录司造知周册颁行天下寺院僧名,凡僧之年甲姓名字行,及始为僧年月与所授度牒字号均登载其上。凡

---

① 《明太祖实录》卷一八四,洪武二十年(1387)八月壬申,第5页上。
② 朱元璋:《御制大诰》,《僧道不务祖风第三十》,北京,中华书局,1998。
③ 《明太祖实录》卷一五〇,洪武十五年十二月乙酉。
④ 洪武六年(1373)十二月规定,女子四十以下不得为尼冠,二十年(1387)规定民年二十以上不得为僧,且限三年一给度牒。龙文彬:《明会要》卷三九《职官一一》,第695页,北京,中华书局,1998。

僧侣游方问道，所至僧寺必揭周知册以验其实，不同者，送有司治罪。僧道游食四方需自备费用，不得索取于民，更不得交构官府，以书письменный称为题疏，强求人财，否则谋首处斩，余判充军。僧道娶妻亦在严禁之列，凡僧道有妻室许诸人捶打，更索取钞五十锭，如不听从，打死勿论。

洪武五年(1372)，明太祖诏令编撰所有度牒僧众的名册《周知榜册》。此簿册记载所有僧名、祖籍、年龄、姓名字行、性别、出家寺庙及度牒日期、父兄业师等信息内容，颁发给全国主要佛教寺院，作为正式僧人的身份名录，以防假冒。一旦发现不合法的度牒僧，即令驱逐出寺。"凡遇僧、道到处，即与对册，其父母籍，告度岁月。如册不同，即为伪僧。"①尽管1394年曾经再度颁发，但到明代中叶时，由于出售空名度牒变得更加平常，遂无人再提榜册之事。

到明代中期，佛教僧人的度牒问题开始凸现出来，逐渐成为一个社会问题。由于朝廷对于僧人出家的年龄、时效的限制性条令未必被强制实行，而往往受制于日益泛滥的私人度牒以及官府出售度牒。特别是由官府出售度牒所导致的"空白度牒"问题，表明这种情形在明中期显然已经成为一个社会性问题。

景泰二年(1451)，官府出售度牒第一次获准，作为筹措经费以缓解四川的饥荒的一种应急措施。如果一个人捐五石米，并送抵贵州，他就将得到一份度牒证书。出售度牒，在1453、1454年再次出现。当时，明朝同样遇到了财政危机。在成化在位期间(1465—1487)，出售度牒规模扩大，且售价更高。成化二十年(1484)，竟然有一万张空名度牒以每份十石米的价格标价出售，以便缓解陕西和山西的饥馑。稍后，又有多达六万张的空名度牒，以每份十二两银子的标价出售。随着空名度牒的出售活动，佛教僧人数量剧增，引起了朝廷官员的警觉，甚至声称，僧数几占人口的一半。总之，明代中期盛行一时的空名度牒问题，由于有违于

---

① 《释氏稽古略续集》卷二《洪武五年条》，《大正藏》第49册，第925页中。

明初颁订的有关名额、年龄限制与资格的条令,更受人关注。

嘉靖中期以后的严重财政危机,则是明世宗强令僧人"供应赋役"的又一原因。

明代中期以来,由于土地兼并剧烈,地主阶级千方百计逃避赋税,封建国家财政收入不断减少。而随着最高统治者奢侈浪费和宗室、官员俸禄以及军费猛增,财政支出却大幅度攀升,明王朝已陷于严重的财政危机。史载,嘉靖二十八年(1549)以前,太仓银库每年收入二百万两,支出约一百三十三万两。嘉靖二十九年,因蒙古俺答进犯北京,明王朝增兵设戍,饷额过倍。次年,京边岁用至银五百九十五万两。户部尚书孙应奎蒿目无策,乃建议加派,"自北方诸府暨广西、贵州外,其它量地贫富,骤增银一百一十五万有奇"。其后,国家财政入不敷出状况愈甚,加派遂不断施行,"其箕敛财贿、题增派、括赃赎、算税契、折民壮、提编、均徭、推广事例兴焉"。为了解决财政亏空,明王朝冒着官逼民反的危险实行加派,征收重赋。在这种情况下,僧人、寺田不承担赋役(明代中期以后,力差向银差转化,各地徭役多征收银两)是不可想象的。

嘉靖六年(1527)强令尼僧还俗,但效果有限。当时,京郊黄村有明英宗敕建并赐额"顺天保明寺",又称"皇姑寺","凡贵家女缁髡皆居其中,有寺人司户",与宫廷、贵戚关系密切。方献夫等人很清楚其来历和后台,因此在要求将尼僧还俗、庵寺拆毁和变卖时,也提出"内有年老无归者不可不为之处,内(外)皇姑寺为敕建之所,宜令安置其中,以为终老之计"。明世宗断然拒绝保留皇姑寺。圣旨下后三四天,慈寿张太后及慈仁蒋太后都派人传话,要求保留,被婉拒。但两太后并不罢休,又先后传谕保留,大学士杨一清等也从中调和。最终,明世宗只得妥协,表示"将此寺房与无归尼僧暂住,止着终身,不许复引此类"。因此,皇姑寺得以保留,北京尼僧没有全部还俗。①

---

① 参见陈玉女的《明嘉靖初期议礼派政权与佛教肃清》,京都大学《东洋史论集》。

南京在明代作为"留都",是仅次于北京的政治中心,按理对朝廷政令应该模范地执行。但事实恰恰相反。嘉靖十五年(1536),在禁止尼僧诏令颁布近十年后,南京礼部尚书霍韬仍奏称:"南京尼僧视别省为尤盛,淫污之俗视别省为尤剧。尼僧外假清修,内实淫恣,有暗宿奸僧、袈裟莫辨、诱拐女妇入庵礼佛、恣肆奸淫者,有群诸恶少窃伏庵院、诱妇女礼佛、潜通奸宿者"。并清查出尼僧计四百八十一名,最终多遣散还俗。但嘉靖十八年(1539)霍韬离职后,"尼复集,庵复兴,更倍往日矣"。

嘉靖朝虽然禁止私创寺院,不准修理毁废寺院,但据《宛署杂记》所载,北京宛平县境内,仅嘉靖年间新建者就达61所,可见北京私创寺院之多。南京、杭州等地的许多私创寺院,都通过改换寺额,免于禁毁。

嘉靖年间,严禁戒坛传戒说法,为此而三次颁令禁止。同时,虽强令僧人"供应赋役",但地方僧人却寻求各级官员与生员的外护而对付。如杭州,"嘉靖间,(崇福庵)僧苦徭役,乞庇于总戎万鹿园(即漕运总兵官万表,引者注),称万氏宗祠"。僧人将崇福庵改称万氏宗祠,划入漕运总兵官万表名下,逃避徭役。

通过皇姑寺事件,大量寺院被毁废、变卖。嘉靖六年(1527)十二月,仅京师即毁尼姑庵寺六百余所。霍韬在南京,"三月之间,毁寺、观、庵、院数百所",抑制了寺院经济。毁刮佛像,拆毁和变卖各地私创寺院及尼僧庵寺、废毁寺院,将寺院田地"还官召卖",令寺田纳税、承担赋役等,无不增加了国家财政收入。如霍韬在南京拆毁尼寺,规定"各庵铜像,该城收送工部销毁,以备铸造别用"。一改明初以来,诸帝崇佛,花费在建寺、斋僧、斋醮等佛事活动中的钱财虚消。在社会风气上,多少改变了民众对佛教的信奉,所谓"淫风自是革化矣,人家妻女无庵院潜行矣","金陵一片地顿尔清净"[①]。

明世宗禁佛政策虽然在其驾崩以后被废止,但其中的一些措施却为

[①] 参见何孝荣的《明代北京佛教寺院修建研究》第三章,天津,南开大学出版社,2007。

后朝所沿用,继续发挥着影响。此后诸朝虽恢复鬻牒度僧,但鬻牒规模不大,一次性开度成千上万僧童之举成为历史。各朝多次重申嘉靖年间禁令,封闭戒坛,禁止传戒说法。如,神宗即位诏宣布:"万寿、广善二坛说戒僧人,指以戒法诱惑愚民,有伤风化,照旧禁革"。万历七年(1579)二月,因神宗出疹,李太后祷于佛,"曾许僧人于戒坛设法度众"。痊愈后,李太后要求"酬还此愿"。但大学士张居正指出:"戒坛一事,奉有世宗皇帝严旨禁革。彼时僧人聚集以数万众,恐有奸人乘之,致生意外之变,非独败坏风俗而已。隆庆以来,僧徒无岁不冀望此事。去年四月间,游食之徒街填巷溢,及奉明旨驱逐,将妖僧如灯置之于法,然后敛戢。今岂宜又开此端?"疏入,"事遂寝"。待神宗亲政后,"开戒坛诸事"、"大珰辈屡屡力为之请",但也始终未能如愿。各朝也不再大量封授藏僧,广作斋醮,永乐以来深受诸帝崇奉的藏传佛教自此基本上退出宫廷。

明世宗整肃佛教,其动机抑佛扬道,故称"于佛则绌,于道则崇"。其禁佛政策和措施虽抑制了盛行的佛教势力,但禁绝佛教,大量拆毁、变卖已经建成寺院,实是对佛教文化的一场破坏和浩劫。禁止僧人传戒说法,也使寺院教育更趋荒废,加剧了明代佛学的衰微。万历时一僧人即说:"自嘉靖间迄今五十年,不开戒坛,而禅家者流,无可凭据,散漫四方,致使玉石同焚,金鍮莫辨。"明世宗禁佛,虽然对发展生产、改善百姓生活、维护明王朝统治有一定作用。但大量拆毁、变卖寺院,在一定程度上也是物质财富的浪费;停止开度僧人,清理非法出家者,遣散尼僧,使民众失去出家为僧机会,缺少宗教安慰和关怀,不少人更加贫困无依,痛苦难捱,也不利于社会的稳定。①

二、寺院住持的选任与僧职设置

佛教寺院是僧人聚居活动的重要场所,也是佛教存在的基本内容之

---

① 参见何孝荣的《明代南京寺院研究》,北京,中国社会科学出版社,2001。

一。自宋代以来,佛教寺院出现了明显的等级制度,"五山十刹"制的设立,使宋代有官寺与地方寺院的分别。与此相应,寺院住持的选任,亦赋予更多的行政色彩。

在明代的不同时期,寺院兴衰情况差别较大。洪武二十四年,诏令归并天下庵堂寺观。洪武二十六年(1393)九月,"赐天界、天禧、灵谷、能仁、鸡鸣五寺芦柴地四十七顷有奇"①。

住持是一寺之首,其戒行、学问对全寺僧众起着表率作用。太祖规定,"凡各处寺、观住持有缺,从僧、道官举有戒行、通经典者,送僧录、道录司考中,具申礼部,奏闻方许"②。据此,对佛教寺院住持的选择非常重视。"永乐之后,主席久虚,禅风渐泯,高明之衲,云散四方。"③成化年间(1465—1487),明政府下令各地,"遇有钱粮僧寺住持缺,必须僧司举保本处籍僧,送有司勘结,转行给札,不许仍前滥保。其曾经问结者,虽有札付,亦并究问"④。寺院住持,大多是由地方官或者乡绅延请有名望高僧来此住持。

明初国家颁布一系列政策对佛教信仰进行限制和利用,但是政策的实行情况还要视以后各朝统治者的喜好、地方官员的执行及地方民众的态度而定。地方寺院的发展在朝着国家规定的方向进行的同时,也受到地方上乡绅及民众佛教取向的巨大影响。

明代寺院的僧职设置,往往取决于寺院的规模及僧徒的数量,并无定制。从类型上看,明代寺院除禅寺、讲寺、教寺三大类型之外,在不同时期、不同地区均不同程度地存在着诸多私创寺庵。

如在明末时期,京师或京城寺院,"两京僧人俱属祠部,每缺住持,则祠部郎中考其高下,以居首者填补。往游金陵,见三大寺首僧仪从甚都,盖灵谷、天界、报恩三大刹为最,所领僧几千人。而栖霞等五寺次之。灵

---

① 《明太祖实录》卷二二九。
② 《明太祖实录》卷一四四,上海古籍出版社据台湾影印本复印,第2262页。
③ 释元贤:《泉州开元寺志》,民国十六年(1927)重刻本,第52页。
④ 《明宪宗实录》卷二一○,上海古籍出版社据台湾影印本复印,第3658页。

谷寺住持年甫弱冠,姿貌清粹。出考卷见示,则皆八股四比,与儒家无异,亦有新词绮句。其题则出《金刚》、《楞严》诸经。其入选者,亦称祠部郎为座师,呼其同辈为敝寅,堪为破颜……尝见天界寺廊庑出示推升诸僧职事,则云某人升首座,某人升维那诸职,其后着年月,用印一如铨曹文榜。"①并未以戒腊为尊,而是以考课为上。

自明朝建立之初,太祖皇帝曾设置了善世院,统领全国佛教事务。但不久善世院裁撤,由中书省及辖下的礼部等世俗衙门管理佛教。② 洪武十四年(1381),礼部提出设置僧司衙门方案:按照行政划分,在京设置僧录司,掌管全国的佛教事务,各府、州、县分别设置僧纲、僧正、僧会等司,各执其政;选择精通经典、品行端庄的人作为僧录司,设善世(正六品)、阐教(从六品)、讲经(正八品)、觉义(从八品)各两员,僧纲司设都纲(从九品)、副都纲各一员,僧正司设僧正一员,僧会司设僧会一员;各级僧司管理部门"专一检束"僧人,管理寺院,僧人除非犯"与军民相涉"等罪,否则不准"有司惩治"。③ 次年明太祖命各级僧官各执其政,僧司衙门正式成立,并与明朝的存亡相始终。

明初的僧官制度的建立,使得地方寺院的管理趋于制度化。如福建漳、泉二府设有僧纲司,府辖下各县又设有僧会司一员。其中,泉州府僧纲司在承天寺内,除了安溪县外,各县如惠安县僧会司在县治东北乾峰寺,南安县僧会司在县西延福寺,永春僧会司在县治东南程田寺。④

虽然明朝国家在县一级设置了僧会司管理佛寺,但这并不是独立于世俗的行政机构。国家实现其对地方社会的教化控制主要还是借助于地方官吏。僧会司一般设置在当地最具影响力的寺院里,由地方官员掌控。因此地点的选择往往是寺院实力和地方官偏好综合的结果。如长

---

① 沈德符:《万历野获编》卷二七《僧家考课》,第687页,北京,中华书局,1980。
② 谢重光、白文固:《历代僧官制度》,第237页,宁夏,青海人民出版社,1990。
③ 陈梦雷等原辑,蒋廷锡等重辑:《古今图书集成》博物汇编神异典第六十四卷《释教部》,第60505页,北京,中华书局,1986。
④ 刘兆佑主编:《万历重修泉州府志》,第346—360页,台北,学生书局,1987。

泰县僧会司先是设置在报亲寺里,正德十五年(1520),知县朱侯铉"以寺将倾又更新祥光寺为祝圣道场"①。永春州永春僧会司本来在县治东南程田寺。明崇祯间,县令桂振宇在县堂东边旧学堂的空地上建寺"以奉祝圣御碑并为乡约讲所,寺后为僧会司"②。

鉴于元朝崇奉藏传佛教的弊端和明初民间显密法事盛行的现实,洪武三年(1370),明太祖召集各地僧耆,分天下寺院为禅、讲、教三类,要求僧众分别专业修习,并规定了各类僧侣的服装。③ 为了"清其事而成其宗",洪武二十四年(1391)和二十七年(1394),明太祖又分别颁布了《申明佛教榜册》和《避趋条例》。条例规定,处于市的僧侣须三十人以上聚集成一寺院,不可与民杂居;不可与官府结交;有妻室的僧人可听其还俗或继续修行,不可两者并顾;不可以化缘为由,奔走乡村,败坏祖风等。④ 此举将僧众与普通平民严格区分开来,正是为了防止僧俗夹杂,不利于社会秩序的稳定。这是国家对僧人日常事务的管理进一步规范。

在地方的实际贯彻过程中,国家的这些管理政策往往打了折扣。如福建漳、泉二府的佛寺,除了具有重大影响力的寺院改为禅寺(如泉州开元寺和漳州的五大禅寺以外),其他的依旧保持原先的状态。洪武间,漳州开元寺、法济寺、净众寺、南山寺都进行重修并撤换门匾,法济寺还由禅寺改为讲寺。⑤ 但这并没有得到普及,大部分寺院并没有做如此严格的区分。

洪武五年(1372),明太祖宣布给予现有僧人新朝度牒,罢免身丁钱。

---

① 嘉靖《长泰县志》卷之《寺观》,天一阁藏明代地方志选刊续编,第910页。
② 范正辂康熙《德化县志》卷一五《杂记》,《中国地方志集成》,第157页。
③ 明实录洪武十五年(1381)定天下僧服色。凡僧有三:曰禅,曰讲,曰教。禅僧,茶褐常服,青条玉色袈裟;讲僧,玉色常服,深红条浅红袈裟;教僧,皂常服,黑条浅红袈裟。僧官皆如之,唯僧录司官袈裟缘纹及环皆饰以金。
④ 葛寅亮:《金陵梵刹志》卷二《钦录集》,《何孝荣点校本》,第67—68页,天津,天津人民出版社,2007。
⑤ 郑雪芬:《明代漳泉二府的佛寺及寺田》(硕士论文),2008。

次年又规定申请度牒的僧人需要经过考试才可,同时还规定了出家女子须四十岁以上。十七年(1384),礼部奏准三年一次给度牒,并进一步限制了"不许军、匠、灶、站、违碍之人出家"①。

除了对出家人数、类型和年龄做出了种种限制以外,明太祖还命僧录司造《周知册》,让僧人所到之处对册其父母籍、告度月日,防止非法僧人。与此同时,明政府禁止私自剃度,清理非法出家的人。

明太祖对明初佛教状况明显不满意,多有批评,尤其是对当时僧徒不修、与世俗混同的状况极为不满,他自讽"今朕域之内,慕清净而欲出三界者,有其名而无其实,其泛泛者不下五、七万"②。例如漳泉二府还是出现了很多"隐变军、盐、匠、灶户籍贯"的僧人,他们"原籍娶妻生子,止以法名占据袭充。或一家而住三寺、两寺,或一人而管三庵、四庵,或典拨田亩,厚私藏而累里甲以粮差,或举放私债,索重息"③。这是对国家政策的公然违反,却也是地方佛寺存在最真实的情况。因此明代国家通过各种规定来限制僧尼数量的增长,保证正常的社会秩序。

明初,政府为了恢复社会秩序,杜绝宗教成为社会动乱的策源地,就对当时的形形色色的地方宗教进行禁绝。洪武三年(1370),禁淫祠:"朕思,天地造化,能生万物而不言,故命人君代理之。前代不察乎此,听民人祀天地,祈祷无所不至。普天之下,民庶繁多。一日之间,祈天者不知其几。渎礼僭分,莫大于斯。古者天子祭天地,诸侯祭山川,大夫士庶各有所宜。祭具民间合祭之神。礼部其定议,颁降违者罪之。于是中书省臣等奏,凡民庶祭先祖,岁除祀灶,乡村春秋,祈土穀之神。凡有灾患,祷于祖。先若乡属邑属郡属之祭,则里社郡县自举之。其僧道建斋设醮,不许章奏上表,投拜青词,亦不许塑画天神地祇,及白莲社明尊教。白云宗巫觋扶鸾,祷圣书符咒水诸术并加禁止。庶几左道不兴,民无惑志。

---

① 《明宣宗实录》卷一一四,上海古籍书店据台湾影印本复印,第2575页。
② 葛寅亮:《金陵梵刹志》卷一《授了达德瑄溥洽僧录司敕》,第1页。
③ 谢纯等:嘉靖《建宁府志》卷一九《寺观》,上海古籍出版社影印天一阁藏本,第56页。

诏从之。"①

国家有一套完整的祭祀体系,因此严格控制民间寺观的创建。"淫祠"就是民间不合国家祀礼的宗教信仰的总体指称。而明代国家所谓的"淫祠"包括三类:一是不属于国家祭祀制度规定的神灵系统;二是民众私自建立和祭祀的、与其社会地位不相称的寺观;三是不在额定制度内建立的寺观。明代国家一直限制寺院的数额,严禁建立或下令拆毁不在额定制度内的寺院。②

明代国家毁"淫祠"呈现了一个变化的过程。洪武时期是确立祭祀和宗教制度、开始毁"淫祠"活动的时期。洪武二十四年(1391)敕令:"各府州县寺观虽多,但存其宽大可容众者一所。"③从明太祖洪武二十四年起,限制寺院的数量,拆穿不在额定内的地方寺院的活动贯穿了有明一代。无怪乎有人感慨"天下之至无用,释氏也"④。

国家禁毁"淫祠"的政策贯穿了有明一代。其后,明朝政府又多次严禁私自创建寺院,力图控制寺院的数量。然而屡禁不止。据不完全统计,有明一代,漳泉二府新建的寺院将近二十座。这些新建的寺院或以庵、或以岩、或以院为名,与寺不同,都是在官方认可范围之外存在的。这反映了地方佛教管理与民众需求之间的矛盾,使佛教管理政策在施行的过程中并未达到预期的效果。

至永乐十年(1412),鉴于天下僧道"多不守戒律",败坏风化,明成祖皇帝重申了洪武年间的禁令,"违者杀不赦"⑤。此后,明朝统治者对佛教

---

① 《明太祖实录》卷四八,上海古籍出版社据台湾影印本复印,第958页。
② 毁"淫祠"的活动伴随着佛道和民间信仰的发展愈演愈烈。明以前就有几次规模浩大的毁"淫祠"。如"后魏道武帝,用崔浩之言,尽诛缁流,毁梵宇",唐代武宗时用李德裕的计谋"沙汰僧尼"。
③ 所谓"淫祠"是指官方不正式认可的祠庙。这些祠庙包括佛道及民间宗教的寺观。但本文只论及与佛教有关的淫祠。
④ 利瓦伊钰原本,沈定钧续修,吴联熏增纂:光绪《漳州府志》卷之四十古迹,《中国地方志集成》,第40页。
⑤ 《明宣宗实录》卷八八,上海古籍出版书店据台湾影印本复印,第1791页。

发展并没有采取像洪武初年那样强有力的措施,甚至永乐皇帝还取消了太祖皇帝制定的关于僧道"人无过十亩,余以均给平民"的法令。① 从宣德到成化年间,各统治者没有很好执行明初颁布的一系列的佛教管理政策,客观上也保护和提倡了佛教。这一时期,度化的僧人不可胜数。本来洪武五年(1372)给僧道度牒时,天下僧尼、道士、女冠,一共只有五万七千二百多人。② 到景泰二年(1451)四月,度僧一万八千九百零二人③。到了十一月,据《明英宗实录》记载,共度僧道三万两千八百余人。但是可以肯定的是,明英宗短短时间内度化的僧道人数就已经达到了洪武时期全国僧道人数的一半。

而洪武时期毁"淫祠"行动只是借助开国雷厉风行之势的开始,之后就转入了维护国家宗教和祭祀制度的阶段。④ 从永乐到成化年间,国家减小了地方毁"淫祠"的力度。于是不断有新的寺院被建立,新的神灵被纳入国家的祭祀系统。随着佛教、道教和其他民间信仰的迅速膨胀,寺院在地方的兴修和新建,国家的宗教和祭祀制度被破坏,威胁到了国家的利益。从弘治到万历年间,国家开展了大规模的毁"淫祠"活动。其中以弘治初年、嘉靖间和万历前十年为国家毁"淫祠"的高峰期。

三、寺院经济的构成及其变迁

寺院经济是佛教寺院的社会经济史研究对象,全面描述明代寺院经济殊非易事。而通过微观或个案式的调整,则难以整体呈现明代寺院经济的全貌。大致来说,明代寺院的经济活动,仍然从属于寺院的教化系统。

明初明令禁止寺田买卖。如《大明律》规定,"僧、道将寺、观各田地

---

① 张廷玉:《明史》卷一五〇《虞谦传》,第2768页,北京,中华书局,2000。
② 《明太祖实录》卷七七,上海古籍出版社据台湾影印本复印,第1416页。
③ 《明英宗实录》卷二〇三,上海古籍出版社据台湾影印本复印,第4353页。
④ 赵献海:《明代毁淫祠现象浅析》,《东北师大学报》(哲学社会科学版),2002年第1期。

朦胧投献,私捏文契典卖者,投献之人问发边卫,永远充军。田地给还各寺观,其受投献家长并管庄人参究治罪。"①但时久弊生,寺田流失现象普遍存在。明代寺田的流失,主要集中于那些规模较小的地方寺院。寺田流失,往往为地方奸猾之徒等所侵占。这就不可避免地出现许多纠纷,往往诉诸公堂,有的最终返还寺田,但更多的则未能如愿。为了加强寺田公产的管理,官府在稽查寺田的基础上,通过僧录司登记造册,送祠部司备案。当然,这些措施主要是针对大寺院而行。

寺田的管理是传统社会结构下寺院经济的基础。在佛教相对兴盛的江南地区,寺田管理往往成为官府所关注的问题。在寺院经济活动中,则往往牵涉到不同的地方势力。

明代中期,随着佛教的整体衰落,寺院经济环境亦步入低谷。即便是那些著名寺院,同样陷入经济困顿的境地。据德清所述,南京大报恩寺住持西林永宁示寂后,寺院竟然靠借贷方才得以维持。这种情形,表明了当时佛教整体衰落的社会环境。

---

① 引见葛寅亮《金陵梵刹志》卷五三《各寺公产条例》下册,第842页。

第十一章　明代的佛教著述与佛教史学

明代的佛教著述众多,不仅有大规模的佛教藏经刊刻,更有大量佛教著述的刻行流通。佛教藏经的刊刻与流通,是明代佛教文化的重要活动。其中,朝廷资助的官刻本与民间募资的私刻本相互并存,如杭州云栖寺刻经处、传灯法师幽溪讲堂的刻经处等,都是当时江南具有一定影响的民间寺院佛经刊刻机构。大致来说,明代佛教藏经的民间刊刻流通活动,主要集中于江南地区。这不仅反映了当时佛教兴盛的社会环境,更对清代佛教刊刻活动有着直接影响。

第一节　佛教藏经的刊刻

一、《初刻南藏》与《永乐南藏》

明初数十年间,明代官刻佛教藏经即达三部之多。这三部官刻佛教藏经分别是刻于南京的永乐南藏(简称《南藏》、《明南藏》),刻于北京的永乐北藏(简称《北藏》、《明北藏》)。又因《南藏》有初刻和再刻之分,故有《初刻南藏》。[①]

[①] 参见李富华、何梅的《汉文佛教大藏经研究》,北京,宗教文化出版社,2003。

《初刻南藏》千字文函号自"天"字至"鱼"字,共678函。现藏于四川省图书馆。《初刻南藏》经板因永乐五年(1407)五月,毁于寺火,故其印本流行甚少。

《永乐南藏》是明初继《初刻南藏》之后的第二部官版大藏经。此藏经刊板后,流行颇广,不仅是明代佛教官刻藏经的代表,更远播海内外,影响独特。

《永乐南藏》刊刻的时间,现已不可具考。大致于永乐十二年(1414)到永乐十五年(1417)间,陆续刊行。刊刻寺院,主要是南京的灵谷寺、大报恩寺等著名佛刹。至永乐十八年(1420)全部刊刻完毕。

《永乐南藏》凡收经共计636函,编号由千字文"天"字至"石"字,共收录佛典1 610部、6 331卷。版式一遵《洪武南藏》,为梵夹本,每版30行,折为5页,每页6行,每行17字。总计用纸110 526张,经板凡57 160块。

《永乐南藏》刻板完工后,经版收藏于南京大报恩寺,由南京礼部祠祭清吏司专门负责管理、印刷流通,各地寺院均可请印。《永乐南藏》的经板,直至清初,仍在印行,可见流通甚广,直至毁于太平天国的战乱。

二、《永乐北藏》及其续刻、修补

《永乐北藏》是明代继《初刻南藏》、《永乐南藏》之后的第三部官刻汉文大藏经。因其刊板开雕于迁都北京之后,故亦称《北藏》。

《永乐北藏》始刻于永乐十七年(1419)三月,竣事于正统五年(1440),历时凡21年。全藏计636函,千字文编号从"天"字至"石"字,共收录佛典1 621部,凡6 361卷,经板藏于内府。

嘉靖二十九年(1550)前有过一次较大规模的修补。及至万历三十年(1602)以后又有第二次大规模的续刻。清初顺治十八年(1661)还有最后一次续刻。《永乐北藏》补版,则有两次。

《永乐北藏》,亦称北藏,是明代第三部官刻大藏经。正统五年(1440)刊刻后,又在万历年间进行了续刻,其内容包括正藏636函,正藏目录4

579

卷。万历十二年(1584)，明神宗朱翊奉神宗生母慈圣皇太后懿旨，敕令出资进行《北藏》的续刻。刊北藏流传至明神宗，又续刊了41函。因其经版珍藏于内府，由朝廷刊印，颁赐天下各大寺院，因此民间罕见稀珍。[①]

三、《径山藏》和《嘉兴大藏经》

《嘉兴藏》，因其刊刻于浙江余杭径山，故亦称"径山藏"。又因其后来由嘉兴楞严寺刊刻流通，故称"嘉兴楞严藏"。无论是称《径山藏》，还是称《嘉兴楞严藏》，都表明其作为地方藏经刊刻的特色，成为明清之际民间刊刻佛教藏经的代表。

《嘉兴藏》最初以"方册藏"闻名于时。因为此藏的装订方式一改明代大藏经的卷轴本或梵箧本为线装方册形式的书本型，故名。又因此藏经刊刻于明代万历年间，亦有人称之为"万历藏"。

从刊刻时间上看，《嘉兴藏》最初始刻于明末万历年间，全部完成于清康熙年间。这是一部由民间佛教信众募资刊刻的大型藏经。从其内容构成来看，嘉兴藏包括正藏、续藏、又续藏三编。其中，正藏主要以《永乐北藏》为底本，收录佛典1 662部，6 924卷。续藏为新编中土诸宗撰著，收录藏外典籍248部，约3 800卷。又续藏为新续各宗著述318部，约1 800卷。三编共约2 195部，10 332卷，为我国历代刻本大藏经之最。《嘉兴藏》中，正编的史料价值并不高。其最具价值者为其续藏、又续藏二编。

《嘉兴藏》的刊刻，由于民间集资不易，历时较久，经历过许多曲折。其刊刻活动，最由紫柏大师真可达观与其弟子密藏道开、幻余法本等人倡议发起。[②]

[①] 参见长谷部幽蹊的《关于明代以降的藏经开雕》，《爱知学院大学论丛·一般教育研究》，第31卷第1、2号(1983)。
[②] "在所有中文大藏经中，《嘉兴藏》正、续编与《卍续藏》是包括清代以前的中国佛教著述最多的藏经……《嘉兴藏正续编》独家收有288部，而《卍续藏》则收有981部。"参见蓝吉富的《嘉兴藏研究》，载于《中国佛教泛论》，第115页，台北，新文丰出版公司，1993。

从历史影响上看，《嘉兴藏》于清康熙初年即传入日本。据曾主持翻刻此经的日僧铁眼道光称，"尝忆大明神庙年间，紫柏大师念大藏卷帙繁多，致遐方穷邑有终不闻法名字者在，故易梵本为方册，以便流传，普使见闻作金刚种子，遂倡缘于三吴之间。命道开、法本二神足董其役，而太宰五台陆公、司成梦祯冯公、方伯彦先吴公等闻之大加赞美，各愿岁捐俸禄以助。不数年间，竟成竣其事。迄今附舶而来者，即其本也"①。

据上所述，《嘉兴藏》最初由紫柏真可、憨山德清等僧界大德共同发起倡议，先期由其弟子兼侍者密藏道开负责，其后则由幻余法本负责。由江南名绅陆光祖、冯开之、袁了凡等宰官护法共同出资刊刻流通。

密藏道开，江西南昌人，"出家于补陀，闻（紫柏）师风来归。师深器重，留为侍者。凡法门大事，如复楞严寺、刻大藏、复化城（寺），皆以属之"②。密藏追随紫柏，前后达二十余年，虽称紫柏侍者，二人实为亦师亦友关系，因为紫柏尝称密藏为"密藏开公"。道开禅师示寂，辑有《密藏开禅师遗稿》二卷行世。

《嘉兴藏》最初的赞助发起者，为明末江南地区诸宰官居士，主要有陆光祖、冯梦祯、曾广享、瞿汝稷、唐文献、曾凤仪、徐琰、于玉立、吴惟明、王肯堂、王世贞、汪道昆、张寿明、乐晋、陈瓒、沈自邠、虞淳熙、管志道等人。与北方朝廷主导的经厂相比，《嘉兴藏》的刊刻可说是当时江南佛教文化兴盛的时代产物。由于藏经刊刻规模宏大，绝非仅凭一己之力即可完就。继紫柏首倡之后，其弟子子密藏道开等人，会同"吴中法侣"，联合嘉兴、苏州等江南一带的宰官居士，积极促成此举。

作为民间性质、自发推进的佛经刊刻活动，《嘉兴藏》的刊刻经费主要来自社会各界资助。对此，紫柏首先提出通过社会广募刻资，或认请五函，或认请十函，各人随力捐赠，以体现佛教的布施观念。当时，也有

---

① 《昭和法宝总目录》第 2 册，第 437 页上。
② 参见《紫柏尊者别集》附录，台北新文丰版《嘉兴大藏经》第 23 卷，第 78 页中。

人(如于玉立)则提出"速成之议"。所谓"速成之议",主要是考虑到慈圣皇太后闻知紫柏有刻藏之举,一度动念用国库的款项进行资助。① 不过,嘉兴藏的刊刻与流通,最后还是通过社会广募的方式,分头四处劝募,筹措刻藏之资。

《嘉兴藏》以永乐北藏为底本,综合性与民间性兼备的刻藏活动,历时几达数十年,真正完成清初,达到了民间刻藏事业的新高度。自北而南,是顺应当时佛教活动兴盛的综合事业。②

万历二十二年(1594)以后,密藏道开退隐,"匿迹远引","国家事势,日削日孤"。③ 万历二十五年(1597)后,移至径山寂照庵、化城寺、嘉兴楞严寺诸地,并由道开弟子念云兴勤接替。加上法本幻予迁化,使嘉兴藏的刊刻几乎停顿。直至万历二十九年(1601)以后,念云兴勤受真可付嘱,正式承担刻藏之任,才使刻藏基本恢复正常。④ 为了更规范地管理刻资。"时方设刻场于五台,取施资于吴越……迁五台山经板于双径立为定法,山之寂照主收藏,禾之楞严寺主流行,推公领其事。"⑤但紫柏弘法罹难的悲剧事件,又为嘉兴藏蒙上一层阴影,以至于"佛殿经坊渐至冷落"。

万历三十八年(1610)以后,紫柏弟子瞻居(卒于天启元年,即1621年)护送先师遗骨回径山。早期的宰官护法相继离世,修复化城寺,将刻藏中心由寂照庵移至化城寺,并将刻藏之事托与吴先用。瞻居主持刻藏长达十年。接瞻居后,负责刻藏之事,还有白法于天启二年(1623)主持嘉兴楞严寺,"流通大藏,永成规划"⑥。

---

① "慈圣皇太后知有刻藏之举,欲发帑金命刻。尊者(即紫柏)谓宜令率土沾恩。师(即密藏道开)愿以一身任事,遂撰文广募。"《密藏开禅师遗稿卷首》。
② 《汉文大藏经研究》第十章《关于嘉兴大藏经的研究》,北京,宗教文化出版社,2003。
③ 《与本师和尚书》,《密藏开禅师遗稿》卷下。
④ 念云兴勤,俗姓张,河南禹州人。少失怙恃,先事师密藏为弟子,密藏退隐后,由真可落发为僧,礼别寻师,后接无边海公为吴江接待寺住持,寂于崇祯元年(1628)。参见沈珣《明吴江接待寺监寺前径山寂照庵司藏念云勤公塔铭》(撰于1633年)。
⑤ 沈珣《明吴江接待寺监寺前径山寂照庵司藏念云勤公塔铭》,《密藏开禅师遗稿》卷末。
⑥ 智旭:《灵峰宗论》卷八之二《白法老尊宿八寿秩序》,《蕅益大师全集》第6册,第1620页。

总之,明代时期,虽大开经厂,佛教藏经流通,但因梵本重大,民间流传未广。明末时,改易以方册,更便梓行。"使处处流通,人人诵习。"①明季时期,佛教刻经装帧方式的革新,实得益于明代印刷术的改进,更得益于江南文化兴盛的结果。

嘉兴藏的刊刻事业,前后相续,虽历经曲折,却终成伟业。其中,观衡的《刻方册藏经目录序》,颇为详尽地记载了从明末到清初的持续情形,折射出明末民间刻藏活动的曲折历程。兹引如下:

……神庙初年,有紫柏老人见南、北二藏板印造艰难,远方更难于持行流布,立意转梵荚为方册,印造流布,二俱轻便,与二三子确议无疑,劝诸大心檀越,捐身命之财,镌坚固之板。初发手于五台山妙德庵,已刻就数百卷。顾冰雪积岁,恐侵及板,移于杭之径山。山在江南,极于温暖,山不为峻,易于上下,刽厮供给,事事得便,乃紫柏老人一大快事。

此一大事始兴于神庙八九年间。至三十一年,紫柏老人为弘法历难,卒于燕都。门下诸大弟子扶龛南还,塔于径山,与大慧老人塔相与呼应,意在此老生死以方册藏板为身心。自紫柏老人去后,四方刻资归聚亦微,因就施者之方任力刻之。于是四方有道力者,随讨未刻名目,同式就梓。自癸卯岁(1603)至壬午岁(1642),将四十年,梓未虚日,其事犹未竟。已刻者不及归山,未刻者懒不速完突。有利根上座,乃贵竹赤水人也。颖悟卓然,妙有大人标致,慨紫柏老人未尽因缘,为佛祖慧命所系,不觉泣泪流涕,矫首叹曰,大丈夫出世一番,不作大丈夫事,则不如鱼鸟矣,况可名人乎。天地万物,毛羽草木,皆吾通身骨肉,岂属他乎哉。过去乃吾之过去,未来乃吾之未来,现在乃吾之现在,紫柏老人未尽之愿乃吾未尽之愿,自己未尽之事,自不勇猛于前,又谁待焉。奋力精进,坚誓曰,此身不竟此事,

---

① 袁了凡:《刻藏发愿文》,载《密藏开禅师遗稿》,第11页下。

愿此身碎为微尘耳。立此坚誓已,策杖遍讨径山、嘉兴、吴江、金坛诸处已刻成者,某某经律论,某某传疏,记录名目卷帙板数,一一查明,未刻者亦如是查清名目板数多少,记于指掌心目之间。先之云间,商之徐、李、黄诸大檀越,欣然就事。已刻者十之八九,未刻者十之一二耳。不期半载可完。利上座欣闻新主登元,大兴善事,上疏请旨,催四方已刻之板,同归径山。复请御制序,以光方册藏经之首。此实修延国祚,密助王化,一首善也。嗟哉,紫柏老人为此一事海内奔驰三十载,未竟其事,将非因缘时节有待今日耶。老人未尽之事有八,四方之板未归径山,一也。板未完未制方册藏首序,二也。贮板之方构造未广,三也。因板未完板头钱未总则定数,四也。板头钱预修贮板之室未得良策多有昌用,五也。目录依五时之次其正译重译华梵传述未尽其详,六也。搜括古今名集遗漏未全,七也。因板未完劝者施者鸠工者未勒名于石以昭千古,八也。是紫柏老人所有当尽未尽之谋,而利上座一一能尽之,是紫柏老人与利上座可谓首尾一贯也……①

第二节 明代的佛教著述

明代的佛教著述,除佛教藏经的雕刻之外,还有丛林僧人的佛教撰著及佛教居士的相关撰著,数量颇多,难以尽述。

明初的丛林撰述,除传统的禅师个人语录集之外,与当时明皇朝的诏令敕经相关。明太祖于洪武十年(1377)诏令天下佛僧讲习《心经》、《金刚般若经》和《楞伽经》。在明太祖、明成祖的推崇下,佛教界对于《心经》、《金刚般若经》和《楞伽经》,进行权威式的注解,许多当时的一流僧人都参与其中。现留有如玘(1310—1385)《楞严经语解》八卷、《金刚经

---

① 观衡:《刻方册藏经目录序》,《紫竹林颛愚和尚语录》卷七,《嘉兴藏》第28册,第695页。

注解》一卷、《圆觉心经合注》一卷等。宗泐(1318—1485)作有《心经注》一卷、《金刚经注》一卷、《全室泐和尚语录》四卷。

在此影响下,明代佛教界掀起了注释阐解的风习,僧俗推出了许多有关《心经》、《金刚般若经》的阐释之作。收入藏经者,主要有德清《心经直说》一卷,真可《心经注解》、《心经直谈》、《心经说》和《心经说》各一卷,雪浪洪恩《心经说》一卷,颛愚观衡《心经小谈》一卷,永觉元贤《心经指掌》一卷,在犙弘赞《心经添足》、《心经贯义》各一卷,智旭《心经释要》一卷,观光《心经释义》、《心经释疑》各一卷,费隐通容《心经直说》一卷,弘丽《心经开度》一卷,正相《心经发隐》一卷,大慧《心经际决》一卷,大文《心经正眼》一卷。明代佛教居士的《心经》释作,计有宋濂《般若心经解义节要》一卷、李贽《心经提纲》一卷、林兆恩《心经释略》一卷、诸万里《心经注解》一卷等。

至于《金刚经》的释解之作,收入藏经者,主要有德清《金刚经决疑》一卷,真可《金刚经释》一卷,智旭《金刚经破空论》、《金刚经观心释》各一卷,独芳洪莲《金刚经注解》一卷,颛愚观衡《金刚经略谈》一卷,永觉元贤《金刚经略疏》一卷,明得《金刚正眼》一卷,广伸《金刚经鎞》一卷,如观《金刚经笔记》一卷,圆杲《金刚经音释直解》一卷。佛教居士的释作,计有屠根《金刚经注解铁鋑铭》二卷,韩岩《金刚经补注》二卷,曾凤仪《金刚经宗通》二卷及《金刚经偈释》二卷等。

晚明佛教撰著收于藏经者,影响最著者,当推晚明佛教四位高僧的文集汇编。袾宏《云栖法汇》、真可《紫柏尊者全集》及《别集》、《憨山老人梦游集》、智旭《灵峰宗论》等,都是后世传颂的佛学名著。其次,则为明代曹洞、临济二宗的禅师语录、文集等汇编,其数量更是难以胜举。再次,尚有阐释佛教经典的相关著论,其中包括《心经》、《华严经》、《法华经》、《楞严经》、《楞伽经》及净土经类的疏解阐释之作。

在明代时期,刊刻藏经的同时还刊刻了此前禅宗祖师诸多的宗门典籍,如《四家禅语》、《法宝坛经》、《五灯会元》等著名禅典。

至于明代僧人语录文集,首推《楚石禅师语录》二十卷及《外集》一卷。恕中无愠(1309—1386)晚年撰于洪武八年(1375)的《山庵杂录》二卷,呆庵普庄(1347—1403)则有《敬中和尚语录》一卷。南石文琇(1345—1418)辑有《增集续传灯录》六卷及《南石文琇禅师语录》四卷等。

智及(1311—1378)辑《四会语录》二卷,原溥(一作圆静,1312—1378)《三会语录》二卷。①

心泰(1327—1415)撰《佛法金汤》十六卷。

居顶(卒于1404)编《续传灯录》三十六卷,其中《目录》三卷。

大佑(1334—1407)洪武年间任僧录司,撰著颇丰,如《弥陀经真解》一卷、《金刚经真解》一卷、《弥陀略解》一卷、《法华摄要图》、《净土指归集》二卷等。特别是其《净土指归集》二卷,对于中晚明的佛教净土信仰产生了一定的影响。净土经典的阐释工作,自明初至晚明,一直持续。道衍《净土简要录》一卷及《诸上善人咏》一卷。其他净土撰著,不另再述。

溥洽(1346—1426)撰《金刚经注解附录》二卷等。

《法华经》的疏释之作,则有如惺《得遇龙华修证忏仪》四卷。至于《法华科注》七卷,则由上天竺住持、僧录司右善世释一如,依《法华文句》、《句记》编葺而成。

《华严经》的撰著,主要有袾宏《华严经感应传》一卷、憨山德清《华严疏钞纲要》一百二十卷、为霖道霈《华严经论纂要》一百二十卷等。

《楞伽经》和《楞严经》是中国佛教的重要经籍,明代佛教界阐释工作更是甚多。

明代有关《楞伽经》的阐释之作,主要有宗泐、如玘等人《楞伽经注解》八卷、德清《观楞伽经记》八卷及《楞伽补遗》一卷、智旭《楞伽经玄义》一卷及《楞伽经义疏》九卷、一雨通润《楞伽经合辙》八卷、云栖广莫《楞伽

---

① 参见河村孝照的《明代佛教者的研究活动》,《印佛研》第25卷第2册,第70—75页。

经参订疏》八卷、焦竑《楞伽经精解评林》一卷等。

明代有关《楞严经》的阐释之作,据钱谦益《大佛顶首楞严经疏解蒙钞》(简称《疏解蒙钞》)卷首之一收录了明代对《楞严经》的阐释情况,兹述如下：①

吴江融室净行《楞严广注》十卷,此作基于贤首教观,归宗长水子璇《楞严经疏》。此书成于洪武丙辰(1376)后,是明代最早的一部《楞严经》注疏之作。

弘正年间(1488—1521),修习贤首教观兼习唯识的大兴隆寺鲁山普泰撰《楞严管见》力排会解。"于经旨不无得失,亦多人所未发者。"②

憨山德清《楞严悬镜》一卷、《楞严通议》十卷及《提纲略科》一卷,"当体三观,观掌中之果,文字性离,无别解脱"③。此后,湖南颛愚观衡,著《四依解》十卷,认为德清《悬镜》"依三观分经四分,即同温陵五分,一谓三观体,即见道,二谓三观相,即修道,三谓三观用,即证道,四谓三观名,即结经"。又云,"《楞严》一经从始至终,教义理智因果,总一观字,此观字,全体是如来藏心,故曰首楞严究竟坚固,究竟即能观智坚固即所观理也,摄其要义,庶几不失师门宗旨"④。

紫柏达观著《楞严解》一卷,收录于《紫柏老人集》中,另有别行本。"师每言此方真教体,清净在音闻,以文字三昧,证清净音闻,是首楞一经教体,约文拈义,每有提唱,翦截葛藤,超然于笺注之表,此解则偶见笔札者也。"⑤

雪浪洪恩《经解科判》一卷(亦称《雪浪楞严解》),"枝经理解,要言不烦,科判一章,尤为孤迥"⑥。"二楞"通润法师,撰《楞严合辙》。"此书盛谈师门讲授,顾其开演宗指,略而不传……又复杂拈公案,多引机缘,借

---

① 钱谦益:《楞严疏解蒙钞》卷首之一,《续藏经》第13册,第505页。
②③④ 同上书,第505页上。
⑤ 同上书,第505页上、中。
⑥ 同上书,第505页中。

禅门捧喝之谈,资讲筵排演之口,鲁冠适越,刺语带吴,岂能广设门庭,终是自资败阙。"①

云栖袾宏《楞严模象记》一卷,此作主要针对当时盛行于江南的交光法师《楞严正脉》而作。在袾宏的影响下,柴紫乘时在虞山开讲《楞严》,成《楞严讲录》十卷。云栖广莫撰《楞严直解》十卷,虞山鹤林大寂撰《楞严文义》十卷,"消文贴释,咸有可采"②。

内江中川界澄《楞严新疏》十卷,"殆亦所谓多说法相,少说法性者也矣"③。五台空印镇澄法师基于华严教学,撰《楞严正观疏》十卷,"证明首楞行位,破斥天台借别名圆之说"④。

在佛教界关注《楞严经》疏解阐释的同时,晚明的居士学者亦积极参与阐释活动。其中,最具影响的是金陵秋溟先生殷迈、太仓东溟先生管志道《楞严质问》一卷。殷迈别有《温陵要解辑补》十卷。此外,另有焦竑《楞严经精解评林》三卷、曾凤仪《楞严宗通》十卷及钱谦益《楞严经疏解蒙钞》三十六卷及凌弘宪《楞严证疏广解》十卷等。

尤值得一提者,当时道教学者也参与佛教经典的阐释。如陆西星撰有《楞严说约》一卷及《楞严述旨》十卷等。

随着明末禅教关系的深入讨论,其间《楞严经》疏释,颇受人关注的是交光真鉴《楞严正脉》十卷,万历庚子(1600),有藩王制序的妙峰登公校刻本。真鉴另有《楞严正脉疏科》、《楞严正脉疏悬示》各一卷。

此外,天台幽溪传灯撰《楞严玄义》二卷,此书"申释其师百松《楞严百问》"。传灯另著有《会解圆通疏》十卷。同时,"私淑台宗"的蕅益智旭,著有《楞严玄义》二卷、《楞严文句》十卷。这些归宗天台的《楞严》疏释之作,多与交光的《楞严正脉》相关。如时人尝称,"……幽溪力扶台宗,专依《会解》。教典博涉,观网详明。教博则文多泛滥,观详而理未周

---

①② 钱谦益:《楞严疏解蒙钞》卷首之一,《续藏经》第13册,第505页中。
③④ 同上书,第505页上、下。

圆,识见每涉于支离,义解罕据其精要。《玄义》多文,广明师说,骈一家之枝指,舖四教之陈羹,此类实繁,束之高阁可也。蕅益标释三摩,正明三昧,辨梵音之楚夏,订法相之总别,长水吴江,宗指印合,谘决初首,仗此证明,是以度众而取之。此师律仪清肃,心眼孤明,著作专勤,未见其止。若其自立坛墠,凌躐古今,破立自由,是非不少,当俟诸方哲匠,公虚楷定,非蒙所敢置喙也。"①

除上述诸作外,《楞严》疏解,僧俗参与者甚众,"近代疏解,层见迭出。"如归宗天台的传如法师有《楞严截流》、曹洞宗僧湛然圆澄撰《楞严臆见》。宰官居士的相关撰述,除王墨池《楞严指月》、汪静峰《楞严依释》之外,影响较大者,尚有竟陵锺惺(字伯敬)、永新贺中男(字可上)撰《楞严如说》十卷。锺惺自序称,此书"辨因果于兹经,析异同于诸教,自谓厥衷所蕴,非缘予笔不宣",对于交光、幽溪等僧人之作,"略有折衷"。② 至于钱谦益的《楞严疏解蒙钞》三十六卷,据其"略例"所称,"此钞禀承长水,次用大字,排列经文之下,悬叙已后,引用全文,单标一疏字。泐潭要义,则标标指二字。他如携李之证真钞,孤山之谷响,吴兴之熏闻,寂音之尊顶论,或称其名字,或指其地号,或列其书帙,随文错举,初无定例,近代诸解,闻见错互,多列名号,以防抑没。若幽溪圆通疏,自署天台,僭本宗四祖之称,不敢不削正也。通经科判,全依长水,间或略其繁苀,非敢妄言治定。具如谘决,览者请详。"③

晚明佛教界强调经教言述对于佛教复兴与传续佛法慧命的承载功用,充分利用当时较为发达的印刷业,以广佛教经典刊印流布。如紫柏曾与憨山德清多次商议,共同续修《明传灯录》,并视之为自己一生弘法的重要慧命之一。这反映了当时丛林注重僧史、灯录而续佛慧命的正本清源意识。虽然紫柏最终未能成就续修《明传灯录》之举,但与他同时代

---

① 钱谦益:《楞严疏解蒙钞》卷首之一,《续藏经》第13册,第505页下、第506页上。
② 同上书,第506页上。
③ 同上书,第506页中。

或稍后的佛教学人,却撰写了五十种共三百八十六卷禅宗史传著述,充分表明当时丛林注重僧史灯录著述对于现实佛教的启迪和警示功能。①

从禅宗典籍的编辑来看,主要是在晚明时期开始大量涌现。如瞿汝稷的《水月斋指月录》三十二卷、聂先的《续指月录》二十卷、朱时恩的《佛祖纲目》四十一卷、超永的《五灯全书》一百二十卷、通问的《续灯存稿》十二卷、净符的《祖灯大统》十八卷、通醉的《锦江禅灯》二十卷、性统的《续灯正统》四十二卷、本皙的《宗门宝积录》九十三卷、纪荫的《宗统编年》三十二卷、自心性磊的《南宋元明禅林僧宝传》十五卷等。

除上述禅宗灯史著作外,还有许多大部头、多卷本的语录著作,如《密云悟禅师语录》十三卷、《汉月藏禅师语录》十六卷、《普济玉林国师语录》十卷、《无明慧经禅师语录》四卷、《无异元来禅师语录》三十五卷、《永觉元贤禅师语录》三十卷、《湛然圆澄禅师语录》八卷等。这些典籍的编辑刊刻,既是当时禅风兴盛的表现,同时对清初禅宗文献起到了促进作用。

至于禅宗颂古之作,明初即有惟则(1303—1373)《颂古》百二十偈、普慈(1355—1450)《颂古诗》及洪莲(1366—1456)撰有《金刚经注解》四卷。

至于明代佛教戒律、法相唯识学等有关著述,因已在专节中有所涉及,兹不再述。

明代的佛教著述,还涉及藏经目录学、字义学、名相法数等著述。其中,僧录司一如(1352—1425)撰有著名的《三藏法数》五十卷。《七藏法数》亦称《大明三藏法数》,由一如法师"奉敕探讨大藏群经,采集类编"而成。此外,尚有僧录司右善世心源圆静撰《教乘法数》四十卷等。

明代佛教文化兴盛,还表现于许多僧人的诗文作品,被收录于后世的各种文献集成之中。如明初有楚石梵琦的《西斋楚石和尚外集》一卷、

---

① 圣严:《明末佛教研究》第1章《明末禅籍一览表》,第25—31页。

季潭宗泐《全室集》一卷。明中后期,则有空谷景隆《空谷集》七卷、洪恩有《雪浪集》二卷(此书上卷为诗作,下卷为偈语和杂著)、如愚撰有《空华集》二卷、《饮河集》二卷、《止啼集》一卷、《石头庵集》五卷。① 释斯学(字悦支,号瘦山,浙江海盐慈会寺僧)撰有《幻学集》二卷。此集由晚明居士屠隆汇编而成。

这些诗文集,主要集中于明初与明末两个时期,这是与明代佛教的兴盛情形相应的。

第三节 明代的佛教史学

明代的佛教史学,其基本内容主要由教史、禅史、僧史、寺志及地方佛教史籍等构成。此外,散见于诸多僧人著述及文人撰著中的塔铭、行状、年谱等,同样是明代佛教史学的重要文献。

有明一代的佛教教史之作,《释氏稽古略》及其《续编》为典型。

江苏吴兴宝洲觉岸于至正十五年(1355)七十岁时写《释氏稽古略》四卷(亦称《释氏稽古手鉴》)。② 此书依"年经而国纬"的格式,撰写佛教全史的编年史,"盖自有佛以来。凡名师大德之行业出处。以及塔庙之兴坏。僧侣之众寡。靡不具载。本之内典。参之诸史。旁及于传记。而间以事之着显者为之据。将以侈历代之际遇而寓劝诫于其间。岁月先后。考核精审无所遗阙。可谓瞻且详矣"③。此书在明代嘉靖年间重新刊刻。其续作,则有幻轮《释氏稽古续略》二卷。

此外,朱时恩编纂有《佛祖纲目》四十一卷。

明代僧史,主要是僧人传记撰著。其中,既有通行的《高僧传》,更有弘传诸宗的僧人传记文献。

---

① 如愚另有《宝善堂集》,已佚。周汝登、曹学佺、袁宗道兄弟等皆与之交游,诗唱往来。
② 《释氏稽古略序》,《大正藏》第50册,第737页上。据此序文,《释氏稽古略》初名为《释氏稽古手鉴》。
③ 中山李桓序,《大正藏》第50册,第737页上。

明代的僧传,主要有明成祖的《神僧传》、如惺于万历四十二年(1614)撰成《大明高僧传》八卷,及明河所撰的《补续高僧传》二十六卷。如惺《大明高僧传》叙称,"入我国朝,成祖文皇帝于万机之暇,乃于僧史、传灯录间采诸灵异者,别曰《神僧传》,又若干卷。于戏,可谓盛典矣。夫孔子作春秋而乱臣贼子惧,太史公作史传天下不肖者耻。今吾释氏而有是书,则使天下沙门非惟不作师子身中虫,而甚有见贤思齐,默契乎言表得免亡筌者,讵可量哉……然僧史始于汉明,传灯远遡七佛皆终于宋。惟《神僧传》迄于元顺而止。明兴,太祖高皇帝开国以来,国家之治超于三代,佛法之兴盛于唐宋,独僧史传灯诸书尚寥寥无闻,良可叹也……而我国朝人物,其果不若唐宋乎?予于庚子(1600)校刻前代金汤编。今岁又缉国朝护法者以补其缺。间于史志文集往往有诸名僧载焉。因随喜录之。自南宋迄今略得若干人,命曰《大明高僧传》,以备后之修史者采摭"①。

明末的佛教著述,不仅数量颇多,且一直延续到清初。明清之际,丛林佛教撰著仍然处于鼎盛状态。如道忞(1596—1674)撰有《禅灯世谱》九卷、《西岩隐集》四卷、《禅苑清规总要》一卷,通容(1593—1661)则撰有《丛林两序须知》一卷,《祖庭钳》、《五灯严统》二十五卷及《目录》二卷、《渔樵集》一卷等著作,皆可视为晚明佛教著述的延续。

此外,明代还涌现了一批阐释三教关系的史书。如杜文焕撰《三教会宗》十卷。其中《三教会宗》八卷、《赠言录》二卷及卷首。明代姚功言撰《三教优劣传》一卷,李贽则辑有《三教品》一卷,陶元柱(素心居士)则编有《山谷老人禅喜集》。

明代的佛教撰著,还有着注重教化的内容。这方面,主要有《释门真孝录》五卷,袾宏俗家弟子张广湉辑。明僧聚云吹万(广真,1582—1639)《释教三字经》,清僧荆南敏修加注。这些撰著都有着自身的撰著特色及

---

① 如惺:《大明高僧传叙》,《大正藏》第50册,第901页上。

影响。

禅史,俗称"灯史",灯灯相传的禅宗史。明代注重灯史撰著,主要有瞿汝稷《水月斋指月录》三十二卷及与相密切相关的清初聂先《续指月录》二十卷。此外,尚有远门净柱《五灯会元续略》八卷、密庵如《禅宗正脉》十卷等。

明代从事禅史("灯史")编纂者,不乏当时临济、曹洞二宗的一流禅师。如临济宗僧费隐通容《五灯严统》二十五卷、道忞《禅灯世谱》九卷等,影响颇广。再如曹洞宗僧永觉元贤著《补灯录》(1649),以补五灯会元之阙。再作《继灯录》(1651),述宋明四百年间的"灯史"。"先是宗门录传灯者,止于宋,自宋末至明,四百余年,一灯相承,未有修者,师广搜博采,至是乃有成书。"元贤另撰有《建州弘释录》二卷,为明代区域性佛教史籍的代表作之一。永觉元贤还于崇祯十六年(1643)纂修《温陵开元寺志》四卷。

明代佛教居士有关禅史的撰著,亦为数甚多。其中,主要有朱时恩《居士分灯传》二卷,郭凝之《教外别传》十六卷,郭凝之《教外别传》十六卷,郭凝之、语风圆信共同编撰的《先觉宗乘》五卷及《优婆夷志》一卷等。

有明一代的佛教志书,既有佛教寺院志,又有佛教名山志,为中国佛教史保留了大量文献。许多僧人都撰写了相关的志书,成为中国方志刊刻的组成部分,为地方文献存留了许多宝贵资料。

在《明史艺文志》,著录了汪可立《九华山志》、周应宾《普陀山志》、传灯《天台山志》等十种佛教志书。在清代《四库全书总目》中,收录了《破山兴福寺志》、《径山志》、《吴都法乘》、《邓尉圣恩寺志》、《禹门寺志》等十七部明代佛教方志,对其作者、源流、版本、流传、史料价值等加以考述。此外,清代《内府写本书目》也著录了《清凉山志》的写本。

在一些书目文献中,如主要著录明代文献的《千顷堂书目》,收录了《金陵梵刹志》、《祈泽寺志》、《栖霞寺志》、《长水塔院纪》等四十五部明代佛教方志。《红雨楼书目》则著录《法海寺志》、《黄檗山寺志》、《天目山志》等二十三部明代佛教方志。①

1980—1985年杜洁祥主编《中国佛寺史志汇刊》三辑中,该丛书收录明清至民国的佛教寺志、山志九十七种。1996年白化文、刘永明在此基础上又搜集诸多珍贵佛教寺院志资料,编辑《中国佛寺志丛刊》出版发行,该丛刊收录一百七十一种佛教寺院志,其中含有三十一种明代佛教寺志。

在明代的综合方志文献中,较具特色者为葛寅亮《金陵梵刹志》、周永年《吴都法乘》(周氏另编有《邓蔚山圣恩寺志》)及夏树芳撰《名公法喜志》四卷(一作三卷)。其中,《名公法喜志》一书,"是编取历代知名之人,摭其一事一语近乎佛理者,皆谓得力于禅学,凡二百余人。至于韩愈、程子、周子、朱子亦罗织入之。姚江末派,至明季而横流,士大夫无不以心学为宗,故有此援佛入墨之书。以文饰其谬,可谓附会不经"②。

---
① 参见曹刚华的《明代佛教方志研究》(未刊稿)。
② 《四库全书总目提要》卷一四六,第748页,海口,海南出版社,1999。

第十二章　明代的佛教文化交流

明代的佛教文化交流，既有明初朝廷所促成的西行求法之举，更有官方与民间并行的东亚佛教文化交游活动。总体来说，佛教文化交流与当时的外交政局关系密切，是当时邦交活动的重要内容。从时间上看，明代时期的东亚佛教文化交流，主要集中于明初及明末二个时期。

洪武元年(1368)，明太祖即派遣官员出使日本、安南、占城及高丽等国，晓谕改元洪武、大明建朝等相关情况。翌年，再遣杨载一行七人使日，赐日本国王玺书。但当时主政的征西府大将军怀良，竟将其中五位使者斩首处决，将杨载、吴文华二人拘留了三个月才放还。此后，倭寇骚扰山东、浙江等沿海地区的活动益显猖獗，甚至扩展到福建等地。在处理与日本的邦交关系上，佛教僧人的独特作用得以充分显现出来。

第一节　与日本的佛教文化交流

元末时期，仍有不少东渡求法的日本禅僧留居中国。其中，较著名者有日本沙门椿庭海寿。椿庭曾任杭州净慈寺第二座，又住应天府(南京)天界寺。明太祖在奉天殿加以召见，选名僧校藏经时，他也被选参加，并蒙召见，询问日本国情。洪武五年(1372)，更住鄞县福昌寺。

当时明朝山东沿海一带面临倭寇之乱。因日本信奉佛教,明太祖乃命僧祖阐、克勤等八人送使者还国,并赐良怀《大统历》及文绮纱罗等物,旨在修好两国邦交。此外,太祖还安排椿庭海寿、权中巽二人为通事,以解决语言不通的障碍。

宗泐在中日佛教文化交流中也作有重大贡献,日本的绝海中津就曾从宗泐受法,特别是在文学上的得益尤足称道。

绝海中津(1336—1406),号蕉坚道人。师事梦窗疏石得法,亦曾受教于龙山德见。明洪武元年(1368)入明,为入明日僧之最著名者。入明后,至杭州中天竺,参见宗泐,求学其师大欣笑隐"薄室四六"的骈文作法。为此居留十年,尽得此文法。回到日本后,以此法为日本五山文学中期骈文作法的规范,对推动五山文学的发展起了很大作用。

日本在明的留学僧权中巽,于明初(1368)任杭州中天竺寺藏主。此外,日本沙门无我省吾在牛头山,曾受明太祖召见,赐以紫衣,后圆寂于中国。

洪武六年(1373)5月25日,明太祖特遣禅僧仲猷祖阐(宁波天宁禅寺住持)、教僧无逸克勤(金陵瓦官教寺住持)等八人,从浙江宁波出发,出使日本。五天后,抵达肥前五岛。再过五日,至博德。祖阐一行,最后在京都滞留两个月,这是明代与足利幕府交往之始。

祖阐出使日本之行,以日僧椿庭海寿、权中巽二人为通事随往。随后,日本也遣僧文珪、如瑶相继使明。

克勤长诗文,滞留期间与五山僧人相往来,或删改诗文,或为诗轴作序,二僧归国途中,竟遭到拘留,直至洪武七年(1374)五月始获释,得返金陵。

洪武九年(1376),日本良怀亲王遣僧廷用文桂入明。后至洛阳,中兴宝福寺,请经藏,后住光严院,获赐敕赐转法轮藏禅寺额。入明请得翰林大学士宋濂撰寺记刻石。

洪武十二年(1379)以后,日僧赴明者渐增。洪武十五年(1382),廷用文桂再度入明。两年后,如瑶使明入贡。

明惠帝建文四年(1402),仿太祖遣僧为使之例,遣禅僧道彝天伦、教僧一庵一如等东渡使日。二僧滞留京都凡半年,其间,常与五山僧人相往来。嗣后,日本也遣僧坚中圭密(正使)及祥庵梵云、明空(副使)等来明通商。乃至日足利幕府和明朝通商,也多以该国的禅僧为使节,而展开了中日海上的交通贸易。因而明代日僧来华的也还不少,其中值得叙述的则有绝海中津,于明洪武元年(1368)入明,参中天竺、道场、灵隐、天童的季潭宗泐、清远渭、良用贞、了道一诸德,曾蒙明太祖接见并赋诗,于洪武九年(1376)回国,开创宝冠寺,后又被请住等持、相国等寺。

有明一代,凡三百余年,由日入明之僧,不下百余人。① 其中,尚要有如下诸人。

龙室道渊,明代宁波人氏,后赴日本嗣法于圣福寺宏书记,宣德七年(1432)为遣明使入明。明宣宗授以僧录司右觉义之职,宣德九年(1434)返日,住天龙寺。

雪舟等扬,于成化四年(1468)从遣明使入明,他的画法受到明宪宗欣赏,命为天童第一座,次年返国。

日本入明僧,大致可以分为求法僧与政使僧等两种类型。出于交通便利的考虑,日僧入明,大多选择浙江宁波为入境,然后沿大运河北上。途中游览江南五山十刹,历游绍兴、萧山、杭州、余杭、嘉兴、苏州、常州、镇江、南京、扬州、淮安、济南、天津,抵达北京。北上之途,历经宁波诸佛刹,如白衣寺、育王寺、天童寺,杭州净慈寺、灵隐寺,姑苏寒山寺。北京则有大兴隆寺、正觉寺、知果寺。从宁波到北京,然后返回宁波离境。从居留中国的时间上看,这些入明日僧,少则一年,多则两年左右。

了庵桂悟,原为东福寺僧,正德六年(1511)八十三岁为遣明使,受明

---

① 有关日本入明僧的情况,参见释东初的《中日佛教交通史》,第584—596页。

武宗崇敬,令住育王山广利寺,赐金襕袈裟,正德八年(1513)归国,后住南禅寺。桂庵玄树,历游苏杭。

入明僧对于日本五山文学影响颇广,他们从明代诗文、宋学、儒学、史学典籍,入明日僧,与名儒多有交往。如王阳明之与书题、像赞、塔铭、语录、序跋。入明僧中,多为禅僧,具有中国文化的基础,对于明代典籍的保存起到了一定的作用。

日僧入明,有些人以遣明土官入明,具有政治使节的身份。

策彦周良,原为天龙寺僧,曾于嘉靖十八年(1539)及嘉靖二十六年(1547)先后为遣明使入明。明世宗以诗和他唱和,他撰有《入唐〔明〕记初度集》、《再度集》共五卷,归国仍住天龙寺,为朝野所尊敬。

日僧东渡入明,是明代佛教文化交流的一大内容。此外,中国僧渡海赴日本,同样是明代佛教文化交流的构成部分。

室町时代(1333—1568),从元代后期到明代时期,两国文化往来频繁,尽管有东南沿海地区的持续倭乱。明代赴日的僧人,杭州天目明本中峰的法孙喜江(俗姓李),住镰仓建长寺,为归化僧。文海清章则从明州象山东渡,尝住镰仓圆觉寺,著有《智觉普明国师语录》等。

除归化日本的僧人之外,尚有返明的僧人。这类僧人,大都有奉命使日者。有明一代,东南沿海地区的倭乱持续,"良怀遣僧祖来,谋两国邦交敦睦,对国家之贡献。"

至于佛教文化交流方面,入明僧要求输入澄观《华严经疏》、宋代晋水净源《录疏注经》之作,以及《起信论》宗密疏、《行愿品记》、《发原人论微录》、《禅源诸诠集都序》等。这些入明僧关注华严经疏作,这与日本佛教的华严学传统相关。1477年,义政通过遣明使再次求赐《佛祖统纪》、《教乘法数》、《三宝感录》、《法苑珠林》等佛教典籍。

至17世纪,中日商舶往来频繁,明代与日本之间的文化交流,仍以佛教为主体。德川幕府时期,在长崎居住的中国人及往来于中国江南与长崎之间的船商们,先后建造了东明山的兴福寺(1620)、分紫山的福济寺（1628）和圣寿山的崇福寺（1629），俗称"唐三寺"（一说"三唐寺"）。由于这些寺庙主要为船商们所出资兴建，故都建有妈祖堂，各船从中国带回的佛像则被送到寺院供奉，而寺院住持则全都由中国僧人担任，明僧真圆、觉海、超然先后应请出住"唐三寺"住持。当时中国沙门多往游住。至明永历八年（1654），福州黄檗山高僧隐元隆琦，因长崎崇福寺僧超然的再四邀请，于同年七月和他的门弟子泛舶到日弘化，又受江户德川幕府的皈依，在宇治开创黄檗山万福寺，举扬黄檗的宗风，并设坛传授禅门大戒，当时日本曹洞、临济两宗的禅僧，纷纷投入他的会下，日朝廷并尊他为大光普照国师，1673年在日圆寂，年八十二；有语录、法语各若干卷，《松堂集》、《太和集》各两卷等，被奉为日本黄檗宗的初祖。

随从隐元渡日的弟子，如大眉性善、慧林性机、独湛性莹、独吼性狮、南源性派等都是一时的禅门英杰。嗣又有隐元的法嗣木庵性瑫、即非如一，分别于永历九年（1655）、十年（1656）赴日，辅翼隐元的法化，时人称为二甘露门。嗣后继承日本黄檗山法席的列代禅师，如木庵、慧林、独湛、高泉、千呆、悦山、悦峰、灵源、旭如、独文、杲堂等人，皆是由中国前往弘化的高僧。而黄檗山的学修清规，如参禅兼念佛，平常用汉语，诵经用汉音，乃至饮食生活也都是中国式样；比之日本原来的临济、曹洞两宗，更富有中国禅宗风味。直至第十四世以后，才有日人继任法席。日本黄檗宗所属各寺，至今仍保持有中国近代禅林的风范。

在寺院建筑风格上，黄檗山的万福寺、长崎的"唐三寺"及各地所兴建的黄檗宗寺院，都由中国僧人监工设计，都采用当时中国的建筑样式。如崇福寺的山门甚至是在中国雕镂完成后再运到日本进行安装，而佛像也多出于中国工匠之手。其中，最具代表性的是明代佛教匠师范道生制作的黄檗山万福寺的诸佛像，如天王殿的弥勒坐像、韦陀天立像和十六罗汉像，都是木造加彩，技法生动流畅，做工精致细腻，作为黄檗宗寺院的独特样式，被时人称为"黄檗样"。

第二节　明末佛教与天主教的辩论

西方天主教(耶稣会)的来华传教,虽始于明代嘉靖后期,但结果于万历年间。继西班牙人方济各·沙勿略(Francis Xavier,1506—1552)后,巴范济(F. Passio)、罗明坚(M. Ruggieri)和利玛窦(Matthieu Ricci,1552—1610)三名传教士从印度调往澳门。罗明坚于万历七年(1579)夏抵澳门,并在万历十一年(1583)被获准在广东肇庆居住,修建了第一座天主教堂。此后,罗明坚一度前往浙江杭州传教,但未有结果。直至万历十八年(1590),罗明坚的助手利玛窦在韶州建立了第二座天主教堂。此后数年间,在江西南昌、南京、北京等相继建立教堂。

万历年间,当利玛窦从澳门到广东肇庆传布天主教时,佛教正复兴繁盛于江南地区。其后,天主教自南而北的传教路线,恰历经"万历佛教"繁兴的闽赣江浙地区,从而使晚明佛教界面临着"天学"传播而带来的思想冲击。

所谓天学,是指晚明中国思想界对当时传入并开始传播的西方天主教教义思想的总体指称。当时,对于天主教有着种种不同的名称,如天教、天主道、天道、天主教等等。而天学,就是指由天主教传入所带来的西方之学。如著名的天主教归化者李之藻(1565—1630)在崇祯二年(1629)把来华传教士的著作汇辑成编,名之曰《天学初函》。对于这些西方传教士体裁甚殊的著述,李之藻依据中国固有的"理-器"分为两大部类。所谓理,意指天主教传教士们论述伦理学、哲学,介绍西方学术、生活习俗、政治体制等情况的著作,包括有"预备福音书"之称的《天主实义》。而所谓器,则包括自然科学和技术的有关著述。由理和器构成"天学"或"西学"。无论是西学新知,抑或是异教天学,天主教这一异质的宗教思想和信仰方式的广泛传播,成为当时引起了强烈反响的重大思想事件、宗教事件,在当时社会思想界中引起轩然大波。晚明佛教界同样也不例外。万历末年,面对天主教这一异质宗教的佛教界,在江南地区,众多有影响的佛教僧人,通过撰着等方式,掀起了破辟天主教义的思想运动。

万历三十八年(1610),利玛窦死于北京。五年后,云栖袾宏作《天说》三篇以辟天主教义之妄,这虽然是"万历佛教"三大师中对天主教的唯一回应,但影响巨大。万历四十四年(1616),留都南京的礼部侍郎沈㴶接连三次上疏万历皇帝,要求毁教堂、逐教士。是年,万历皇帝颁谕禁教,并导致了教士被驱的"南京教案"。与此同时,大学士徐光启(1562—1633)为传教士和天主教辩护。在此期间,山东白莲教首领徐鸿儒于天启二年(1622)曾以宗教名义组织农民起义,引起了佛教界及儒门人士的广泛异议,更是普遍视天主教为"异教",甚至是一种"邪教"。上述一系列事件,客观上促使当时佛教界充分意识到展开对天主教的思想辩击的必要性与现实性,从而掀起了针对天主教传播的思想论战。

晚明佛教界对天主教义的破辟,既是晚明佛教思想的构成内容,反映了对社会思潮变迁的敏感与关注,同时也表达了自己护教以报佛恩、辟邪以报世恩的宗教观念。从区域上看,晚明佛教界破辟天主教主要集中于江南特别是江浙闽赣地区,参与论战的僧人亦散居于江南各大寺院。如袾宏所在的杭州云栖寺、费隐通容(1593—1679)所在的福建黄檗寺与密云圆悟(1566—1642)所在的宁波天童寺等。这一情形的出现,一是由于江南是晚明佛教复兴的重要地域,二是因为天主教的传播集中在江浙闽赣地区。

大致地说,晚明佛教界驳斥天主教的思想论战,主要是针对天主教专辟佛、老而归宗儒家的传教立场。利玛窦由"西僧"到"西儒"的身份转变,确立了辟佛老而归宗儒家的传教策略,实已表明其视佛教为天然对手的基本定位。为此,利玛窦曾评论佛教说:

  且佛入中国,既二千年矣,琳宫相望,僧尼载道,而上国之人心世道,未见其胜于唐虞三代也。每见学士称述,反云今不如古。若敝邦自奉教以来,千六百年,中间习俗,恐涉夸诩,未敢备着。其粗而易见,则万里之内,三十余国,错壤而居,不易一姓,不交一兵,不一责让,亦千六百年矣。上国自尧舜来,数千年声名文物,傥以信佛者奉佛者信奉天主,当日有迁化,何佛氏之不能乎?①

利玛窦之见,主要是从功能效用上评判佛教与天主教的差异,借此为天主教取代佛教进行理论宣传。这种辟佛归儒的思想立场,颇为当时接受"天学"的儒门士子所认同,诚如大学士徐光启所言,天主教理"真可以补益王化,左右儒术,救正佛法者也。"这种态度,反过来更进一步确立了明清之际天主教补儒易佛的思想理念。

据徐光启之论,天主教理不仅可心补益王化,更可调整儒术,救正佛法。当时,还有的从教者甚至声称,天主教即儒教,不止是可以补益于儒家教化。其理由是,晚近的中国文化实际上是受佛教、道教影响的异教文化,背离了上古时代的教化风范。他们宣称,天主教理无论在义理结构上,还是在伦理教化上,都符合古典儒家的轨辙,因而也就可以有助于政治秩序的规范运行。利玛窦所确立的天主教传教政策,基于归宗孔儒的宗教合理性证明,此即所谓"利玛窦规矩",表明为了推进天主教中国化,与本土固有文化传统的结合乃是不可缺少的重要环节。利玛窦从西僧到西儒、由佛入儒的角色转化后,就开始不遗余力地顺应、附会中国本土文化传统。

纵观天主教对中国固有的儒释道三教的异议,使佛儒二教辨天之论蜂起。天主教认为:"佛氏以托生成佛,升天为归;道家以长生成仙,飞升为归;俗儒以生前身安,死后神散为归。佛失之空,道失之妄,儒失之俗,曾何足与之深辩哉?"②就晚明佛教界而言,辩驳天主教,还涉及防范宗教信徒流失的重大现实问题。因为,对于新传入中国的天主教来说,决无

---

① 利玛窦:《辩学遗牍》,第6页。至于该书的真正作者问题,参见孙尚扬的《〈辩学遗牍〉作者考》一文,《基督教与明末儒学》第一章附录,第40页以下,北京,东方出版社,1994。
② 利玛窦:《辩学遗牍》,引见陈受颐《明末耶稣会士的儒教观及其效应》,《明代宗教》,第87页,台北,学生书局,1968。

教徒流失之虞；而随着天主教在江南地区的流传，佛教界则日益面临着教徒持续流失的严峻挑战。"天主教为新入之教，故明清间但有自佛入天，而无由天归佛者。"①这是构成晚明佛教界辩击天主教的一大直接原因，促成当时佛教界对天学信仰由消极观望转向积极响应。

随着天主教义的日益传播，宣扬天主教教义思想的著述也开始大量出现。这使得佛教僧人不再像刚开始时道听途说，而是可以比较方便地通过阅读来了解天主教的基本思想，同时对于佛教与天主教教理之间的思想歧异之处，也能够更为清楚地掌握，这使晚明佛教界辨辟天主教成为可能。对此情形，黄贞曾回顾说：

> 昔日惟有虞德园（即虞淳熙）先生与莲池和尚力辟其邪，莲池老人至云吾留不惜老朽之躯，起而辟之，惜乎未几西归。然当时莲大师与利玛窦未尝见面，未详邪说，未深辩击，且天主教书未甚多出，如文王入地狱者等语，亦未有知之者。今日天主教书名目多端，艾氏说有七千余部入中国，现在漳州者百余种。②

不仅如此，随着天主教思想学说的日益传播，还使佛教界意识到必须联合儒家知识阶层的力量加以辩击。为此，僧人们再次运用"儒佛配合"这一传统观念，展开对天主教的辨辟活动。

崇祯十二年（1639），由徐昌治订正印行《圣朝破邪集》（简称《破邪集》）八卷，是一部万历、崇祯年间佛教界辟天主教的文献汇编，较为全面地记录了当时佛教界破辟天学的基本内容。《圣朝辟邪集》中收入的辟天主教著述，除云栖袾宏的《天说》外，尚有费隐通容所作《原道辟邪说》，凡四篇，分别为《揭邪见根源》、《揭邪见以空无谤佛》、《揭邪见不循本分以三魂惑世》、《揭邪见迷万物不能为一体》。密云圆悟则于崇祯八年（1635）作《辨天说》三篇。另外，尚有临济宗僧罗川如纯的《辟天初说》对

---

① 方豪：《中西交通史》下册，第 999 页。
② 黄贞：《请颜茂猷先生辟天主教书》，见《圣朝破邪集》卷三。

天主教义的全面驳难。

除《圣朝破邪集》,当时还有《辟邪集》一卷,包括《天学初征》、《天学再征》两文,为蕅益智旭在俗(署名钟振之、钟始声)时所撰写的批辟天主教之作。此书收录了呆庵和尚的《刻辟邪集序》及智旭与际明禅师的往来书柬四通,也具有一定的参考价值。

晚明佛教界通过与天主教的思想驳论,还在客观上推进了佛教在家居士对天主教的拒斥,使佛教针对天主教的思想论辩产生了较广泛的社会影响。

佛教与天主教虽同为西来之教,而教旨却大相径庭。对于天主教义的辨析,晚明佛教界多以外道邪说论之,并常以当年佛陀辩击六师外道的情形,来附会当时对天主教的论难。对天主教自诩为"真教"、"公教"、"圣教",僧人们大都视之为"左道"、"邪因之教",而俨然以华夏正统宗教自居。同时,在论辩中摘录征引当时天主教所著的《天主实义》、《圣像略说》、《圣教约言》、《三山论学记》等书。

总体来说,晚明佛教界辩击天主教的方法立场大约有三种类型,即以天辨天、以儒辨天、以佛辨天。"以天辨天"就是从天主教护教、传教著述中辨析其内在矛盾,以其予攻其盾也。"以儒辨天"就是针对天主教传教、护教著作称引儒家学说为同道,以儒证天的方法立场,通过援儒入佛,来辨析天主教宗儒而辟佛的思想观念。"以佛辨天"就是基于佛教思想立场而展开对天主教的正面回击。大体来说,上述三种方法立场交互运用,皆以破辟击天主教为归旨。

就其具体内容来看,晚明佛教界与天主教之间的思想交锋,可以归纳为如下四个方面的内容:首先,佛教界对天主教东传的总体态度,"利玛窦、艾儒略等托言从大西来,借儒术为名,攻释教为妄,自称为天主教,亦称天学,诸释子群起而诟之"[①]。其次,对天主教的基本教理义思想,如

----

① 引见释大朗的《刻〈辟邪集〉序》。

天主说、人性论、救赎论、灵魂说、天堂地狱说等,展开具体驳难。再次,对天主教对佛教思想如轮回说、杀生诫、心性论、修行观等思想驳难,展开反批评。最后,针对天主教传播所引发的夷夏之变与宗教伦理之争,作出回应。

总之,晚明丛林佛教界既对天主教引儒证天的立场有所批评,更对天主教毁佛谤法的敌视态度深表不满,因此全面展开破辟天主教的思想论战。

在天主教传入江南之初,佛教界出于对佛法的自信与佛教固有的宽容无诤,以及佛教谨访口业之训诫,并没有对天主教的谤佛非佛之说作出回答。对此,黄贞在《不忍不言》中,称"自利妖(此为对利玛窦的贬称,引者注)发难以来,迄今五十余年,曾不闻一圆顶方服之人,起而匡救其间"①。当时,导致佛教界对天主教的传播袖手旁观的沉默态度,还有一些重要的客观原因,特别是对天主教义的普遍隔阂与有限了解。如智旭未出家时曾作《天学初征》,并寄与好友际明禅师,而际明禅师却表现出袖手旁观的态度,并称:"居士担当圣学,正应出此手眼。山衲既弃世法,不必更为辩论。若谓彼攻佛教,佛教实非彼所能破。且今时释子,有名无实者多,藉此外难以警悚之,未必非佛法之幸也。刀不磨不利,钟不击不鸣,三武来僧而佛法益盛,山衲且拭目俟之矣!"②但随着时局情势的变化,佛教界对东传天主教的态度也发生了急剧转变,由袖手旁观的消极沉默转变为责无旁贷的积极回击。

袾宏是在佛教居士的一再呼吁下,最早撰文响应天主教的著名僧人之一。在其《天说》中,袾宏认为,天主教"欲以此移风易俗,兼之以毁谤佛法,贤士良友多信奉"③。基于佛教义理的思想立场,云栖首先指出,天主教虽崇奉天主,但对于佛教之天却毫无认识。他认为,天主教所称言

---

① 黄贞:《不忍不言》,《圣朝破邪集》卷七,第8页。
② 引见《辟邪集》卷一,《际明禅师复柬》,另见智旭的《灵峰宗论》附录。
③ 袾宏:《天说一》,《圣朝破邪集》卷七,第1页。

之天主,实为忉利天王一四天下三十三天之主也。云栖引证相关佛经说,佛教所言三千大千世界,则有亿万天主之名,而天主教所称之天主,只是其中的一个名称而已,对于诸如欲界之天、无色界之天,则皆所未知也。① 袾宏明确指出,天主教之所以如此浅薄无知,正是因为"未读佛经"之故。另外,云栖还针对天主教宣称的佛教戒律如不杀生之说、不事婚嫁及轮回之说等的批驳,简要辨析了佛法与天学之间的思想差异。

出于对袾宏辨之不胜的补救,特别是佛教居士黄贞的竭力鼓动,宁波天童寺禅僧密云圆悟,于崇祯八年(1635)作《辨天三说》,对天主教展开了比袾宏之所论更为详尽的论辩,并将所作之《辨天说》张榜于武林(浙江杭州),公开与天主教对话。圆悟对天主教的论难主要基于以佛辨天、以佛证天的方法立场,辨析了佛天虚实之义、佛教与天主教的天堂地狱之说等内容。② 圆悟破辟天主教,采用了佛教传统辩论中的"无遮大会"方式,极大地扩大了佛教辩击天主教的社会影响,掀起了晚明佛教批辟天主教的一大高潮。

从义理内容上看,晚明佛教界破辟天主教最为深刻的是临济宗僧费隐通容。

针对天主教自诩为"公教"、"真教",费隐通容不仅直斥之为惑世诬民之邪说,并且还对天主论、性恶论、灵魂说、天堂地狱说及宇宙创生说展开一系列论辩。在这些辨析中,通容不仅解析了天主教一神论主张与佛教多神论或泛神论观念的差异,而且还涉及佛教与天主教宗教行为、信仰理念、生活方式之种种差异。

天主教教义认为,世间万物皆为天主所创生,天主为万物之原,属于无始无终的本源存在。对此,通容指出,佛教的根本境界在于体认自心的三世空性,臻达身心无系的终极解脱。如此,则内丹之原在于心,而不

---

① 袾宏:《天说一》,《圣朝破邪集》卷七,第1页。
② 圆悟:《辨天》三说,《圣朝破邪集》卷七,第12页以下。

在于天主。这是佛教与天主教对宇宙创生观念上的本质差异。天主教主张天主创生万物,而佛教则认为在于人的心识变幻万法,在本性上,"事事法法,本来无始而本来无终"①。通容基于佛教万法唯识的唯心论立场,明确表达了天主既非全智全能亦非无始无终的论旨,其邪见根源在于妄执天主之见。

再如《天主实义》指责佛教"色由空出,以空为务"。对此,通容以佛教实相法门加以批驳,他引《法华经》"法住法位"之说,认为世间万法之相即为一乘实相常住之法,非空非有非因非缘,离四句绝百非,绝非单执空无的顽空之见。天主教之徒充其量只不过是"小乘遍计色空之谓",而不达大乘实相常住之理。②

费隐通容指出,天主教归信天主,正是"妄计心外有天主可慕可修……便是不循自己本分而向外驰求,终竟无有了日"③。这就是说天主教寄望于天主的来世救赎,完全摒弃了人的主体行为能力,有悖于佛教所主张的自觉觉他的自力修行观。佛教主张本心或本性为众生所固有,与生俱来,人人平等。此本心或本性不是别的,正是佛心、佛性。通容认为"夫明其心,尽其性,不假于外,则人道备而释氏同,老氏契而孔氏贯",心性一如乃是儒道释三家的共通思想。而利玛窦则"昧却本心,妄求于外,则人道固未晓,抑尤迷于释氏"。④

通容更举利玛窦三魂说而加以辩驳。天主教所谓三魂说指灵魂、觉魂和生魂,禽兽不具灵魂。利玛窦在其《天主实义》中指出"人有魂魄,两者全而生焉",其中人"死则魄化散为土,而魂则常生不灭"。对此,通容指出,利玛窦"谓生魂之与觉魂,百年都灭,而独灵魂百年不灭,则不能践形为一体,亦非全乎天性之道"⑤。灵魂不灭作为天主教信仰的立教根

---

① 参见通容的《原道辟邪说·揭邪见根源》,《圣朝破邪集》卷八。
② 参见通容的《原道辟邪集·揭邪见以空无谤佛》,《圣朝破邪集》卷八,第11—14页。
③ 通容:《原道辟邪集·揭邪见不循本分以三魂惑世》,《圣朝破邪集》卷八,第14页。
④ 同上书,第15页。
⑤ 同上书,第16页。

本,同时也成为晚明佛教丛林辩击天主教的重要对象。通容指出,佛教主张色心不二而身心一如,而天主教义的灵魂说则魂魄分言,执灵魂为实体,裂魂性为二,乃是真正"惑世诬民,其害不一"之邪说。

晚明佛教充分运用儒佛心性论的共同立场,破辟天主教的魂性二元说。对于天主教的以儒证天思想,早年智旭曾明锐地指出天主教"阳排佛而阴窃其粃糠,伪尊儒而实乱其道脉"①,并明确表明其对天主教儒佛配合的辩击立场。天主教自称为救世之教,实为惑世诬民之说。天主教虽以儒证天,但由于魂性二分,因此不可能真正与儒家思想保持一致,而佛教界通过以儒辨天,则可通过儒佛心性之学的共同立场,会通儒家而展开辟天之说。对此,释普润在其《诛左集缘起》中写道:

> 盖彼不达唯心,全迷一体,故执万物皆生于天主。性体不遍,一灵唯局于吾身,且阳排释道以疑儒,阴贬儒宗以探学,斥事亲为不臧,怨禽兽以无灵,诬木石而有命,因以烹割为斋,蔑好生之盛德。悖逆犹孝,乱秉彝之大伦;抹杀轮回,谓无终而有始;私颁律历,示彼正而我偏;无后未为不孝,多妾诚为大愆。理欲混淆,华夷倒置。②

总之,天主教以儒证天,只不过是"阳排释道以疑儒,阴贬儒宗以探学",表现出与儒佛完全相异的宗教教义与信仰,不仅混淆理欲,而且华夷倒置,对现实社会的伦理观念制造混乱。这种见解,充分表明了晚明佛教界以唯心之旨会通儒家破辟天主教的伦理价值立场。

晚明佛教界破辟天主教的另一著名禅僧,是临济宗僧罗川如纯。如纯曾著《天学初辟》九篇,征引天主教教义,针对天主教的天主论、原罪说、人性或物性论等主要内容,全面辨析佛教与天主教的教理差异。

天主教义宣称天主全智全能,是创生天地万物的主宰,人即是由天主所创生者;人类的始祖为亚当和夏娃,起初尽善尽美毫无瑕疵,但因有

---

① 智旭:《天学初征》,见《辟邪集》卷上,第1页。
② 释普润:《诛左集缘起》,《圣朝破邪集》卷八。

违圣命而生罪恶;这是整个人类的原始之罪。与佛教作为原善类型的宗教完全不同,天主教是原罪或原恶的宗教。对此,如纯辟曰:既然天主全智全能唯善无恶,且赋命于人类创生天地万物,何以不使亚当、夏娃"全其性善,绝其情欲,不为万代子孙清净之源乎?"既然天主全智全能,"则必洞彻万世之流弊,即盍其方命者,并护后来人人善始善终,绝为恶之根倪,何不利益,而乃恣其恶念蔓延至今,以至污染不了?"①

有鉴于此,如纯得出结论说,天主并非全智全能,而是有所不知,有所不能。因此,所谓天主绝非为天地人物之大主宰,而是罔民之主。基于天主教的原罪思想,利玛窦曾分辨性善与德善。他说:"性之善为良善,德之善为习善。夫良善者,天主原化性命之德,而我无功焉;我所谓功,止在习德之善也。"②天主教认为良善为天主之德,人所具有的只是道德习善,因此天主教主张依靠天主的救恩,表达了外在的生命超越观;与此相反,无论是儒家复性论,还是佛教的明心见性说,则都表达了内在的生命超越。不同于天主教的人性原罪说,佛教与儒家都具有人性本善论的思想观念,如此则更便于佛教界以儒辨天的破辟活动。根本地说,儒佛复性论与天主教神恩救赎说,表明了二者之间思维方式的根本殊异,天主教的天主创生论与佛教万法唯心论之间具有不同调和的思想差异。

天主教附会儒家学说,认为仁者以天地万物为一体,乃至以仁为体。对此如纯反驳说,所谓"体",有着两种类型:既有性体之体,亦有形体之体。"形则妄而异,性则真而同,不可不辩也……如论形体,则万品流形而自异,非万物一体之旨之所取,胡可执相难性,而疑万物之体之本性乎?今子若了相无相,则相相一相也,性性一性也,而疑释矣。余故知渠错认本源,故辄云:人物不同性,而人与天主性尤迥别,是为天主一性,人一性,物一性,而一贯之道碎裂无余。"③天主教认为物性不同于人性,而

---

① 罗川如纯:《天学初辟》第一辟,《圣朝破邪集》卷八,第26页。
② 利玛窦:《天主实义》,第365页。
③ 罗川如纯:《天学初辟》第二辟,《圣朝破邪集》卷八,第27页。

人性迥别于天主之神性,天主教的三性差别论,是佛教性体一如说最不同意的观点。天主教裂性为三,而佛教则主张会三归一。天主教裂性说的根本错误在于执相为性,因而不可真正达到万物一体,全然有悖于佛法。

天主教认为佛教主空无之见,与天主教理大相刺谬,因而不右崇尚。对此,如纯则以佛教真空妙有说加以辩驳。如纯指出佛教之空无,绝非断无、顽空之见,不能认为佛教之无为绝无所有之断无,佛教之空为毫无所存之顽空。天主教指责佛教持空无之见,乃是不明佛法空无之旨的表现。佛教之无为妙无之无,佛教之空为不空之真空,斯为佛教真空妙之旨趣。

佛教因果信仰论及生死轮回说,也是天主教辟佛的重要内容。对于天主教的指责,如纯答曰:"果不自果,因业而果;业不自业,由惑而业;惑不自惑,缘妄而惑;妄不自妄,从真起妄;真不自真,对妄名真。故曰:应观法界性,一切唯心造。是则心生则种种法生,心灭则种种法灭。"①佛教(如《华严经》)基于心性缘起,而主张业感轮回之说,表达了佛教唯心之旨。但天主教主张人性与物性二分的思想,则完全悖于佛教唯心论思想观念。当时,天主教认为,佛教轮回说窃取自西方。如《天主实义》中说:"轮回之说,乃闭他卧刺之语,佛窃为然藉此以骇人者。自佛教入,中国始闻其说,诚不足信。"利玛窦甚至指出,佛教轮回说与西哲毕达哥拉斯(Pythagoras)学说很相像,只是"佛教加进了很多解说,产生了一些更糊涂、更费解的东西。这种哲学不仅是从西方借来的,而且实际上还从基督教福音书中得到了一线启发"②。对此,如纯则明确指出佛教轮回说约有二义:一是辗转不息义,二是由此迁彼义。由此涉及佛教轮回观念与天主教灵魂观念的异同问题。在某种意义上说,天主教的灵魂说又何尝

---

① 罗川如纯:《天学初辟》第五辟,《圣朝破邪集》卷八,第30—31页。
② 利玛窦:《利玛窦中国札记》上册,何高济等中译本,第106页,北京,中华书局,1983。

不是一种轮回观呢？天主教曾指责佛教的轮回观念并非为中国所固有，而是外来之说。如纯指出，天主教生死义旨亦是轮回之见，"生则存斯世，死则随其善恶而升降焉，永永无尽也，然则自天降灵乎人，又自人或复登乎天，是回也，轮亦过半矣"①。又曰："耶稣自天而生于人，自人而坠地狱；又自狱而复生为人，又自人而登于天，其轮回亦说既多矣。"② 当然，作为佛教徒的如纯，决不可能理解耶稣作为人之子和神之子的双重性，因此也就不可能对耶稣降生为人的奥秘有所体认，而只能作出佛教轮回观的褊狭理解。受制于理解视界的晚明佛教界，与同样受制于理解视界的天主教阵营，对于二者之间的思想差异都只能是相对的批评与论辩，却不能最终做到相互理解。

佛教基于真常唯心论的同体之知与同体大悲之说，与天主教原罪之性完全相违，从而形成了佛教与天主教之间至关重要的思想差异。这正是佛教本体论思维模式与天主教宇宙论思维模式之间的差异。天主教认为，"性异同，由魂异同；类异同，由性异同焉"③，主张人性的差异，主要是基于魂的差异。而类的差异，则由性的差异所决定。佛教基于众生同体之知和佛陀同体大悲的教义，并称引孔子"性相近，习相远"之说作为左证。如果把天主教性魂二分之教义与佛性论中的无情有性说相比较，其差异则更为巨大。天主教之至善，源自于天主对人性之罪的救赎。人类之善，则唯人通过信仰天主才能得以保证。因此，佛教指出天主教从裂性说必将导往乱伦之说，表达了佛教辟天之说，这就从文化价值论立场的批评走向宗教信仰论立场的拒斥，从生命观念的差异转到生活方式的差别。

总之，晚明佛教界针对天主教宗儒而辟佛的思想立场，辨析了儒家思想与天主教差异之处，指出天主教作为外来的新宗教类型，其以儒证

---

①② 罗川如纯：《天学初辟》第五辟，《圣朝破邪集》卷八，第33页。
③ 同上书，第34页。

天的方法取向,注定不能达到思想演说的内在圆融。相反地,对于佛教与儒家学说而言,则由于源远流长的儒佛圆融、儒佛配合思想,使佛教界以儒辟天与以佛辟天二者之间并没有太大的隔阂。更何况晚明所盛行的三教合流思潮,更可使儒佛二家容易达成一致对外的思想目标。

更重要的是,由于利玛窦对于天主教的宗教教理并没有坚持纯粹的宗教立场,而是附会于中国传统的思想文化,如对许多至关重要的教义思想如三位一体说、救赎论等教理,却没有作出详辨。这一原因,表明利玛窦全面归儒的传教策略,或多或少是以牺牲天主教信仰的纯粹性为代价的,并最终导致了其传教策略被后继传教士所舍弃的历史命运。而晚明佛教界指斥天主教,乃是"儒不儒、释不释、道不道,独标名曰天主教,则更为左道之尤乎!"①在晚明僧人看来,天主教无论如何是一种异在异质的宗教类型。天主教对自身信仰教义合理性的证明,与佛教在辟击天主教过程中所展开的对自身合理性的论证,二者之间有着尖锐的对立。现实的文化逻辑与宗教的历史命运,使晚明佛教界在与天主教展开思想论辩中,从文化价值论立场的批评走向宗教信仰论立场的拒斥,表明天主教与中国文化生命观念、生活方式等诸多方面的根本差别。晚明佛教并没有真正反省佛教与天主教的各自合理性。直到近代,中国佛教才改变了对基督教的认识,如太虚法师曾主张中国需要基督教而欧美则需佛教,并认为佛教与基督教具有相同的宗教基础。但这对于晚明佛教来说,乃是不可能的事情。

当然,对于来自佛教立场的辩击,晚明天主教阵营中亦作出了积极响应,并刻行了一批维教护教论著。如徐光启曾撰《辨学遗牍》和《辟释氏诸妄》(亦称《辟妄》)。其中《辟释氏诸妄》被归化天主教者普遍视为"辟佛"的代表作品。徐光启针对佛教教义思想展开了一系列的批评,其内容主要涉及如下八个方面的内容:破地狱之妄、破施食之妄、破无主孤

---

① 引见《辟邪集·统正序》。

鬼血湖之妄、破烧纸之妄、破持咒之妄、破轮回之妄、破念佛之妄、破禅宗之妄。举凡佛教教义、修行、宗派、仪式等内容都在辟破之列。① 而杨廷筠则撰《代疑篇》、《代疑续篇》、《天释明辩》等辟佛护教论著。徐光启、杨廷筠等归化天主者，此前都曾深入佛教禅理之学，致使他们转归天主教后得以充分自觉地视佛教为天主教传布中国的最大障碍。而天主教归化者的信仰独尊与排佛论难，更引发了晚明佛教界对天主教不遗余力地进行破辟，同时也对士大夫改宗者辟佛言论进行回击，这种情形一直延续到清初康熙雍正年间，仍然余音未绝。

综上所论，晚明佛教界针对天主教义传播的辩击与批驳，举凡教理之异、行为方式之别、信仰理念之异等内容都进行相当深入的探究，蔚归为中国佛教与西洋天主教间的直接交锋。基于心性论思想立场，当时佛教界对于天主论、人性论（物性论）、灵魂说、天堂地狱说、救赎论等教理教义进行深刻的论难。总体来说，晚明佛教破辟天主教的方法取向约有三种类型，即以天辨天、以儒辨天和以佛辨天，且往往三者相互并用。晚明佛教破辟天主教的思想论战，既表明了二者之间宗教信仰、思想内容、生活方式、行为观念诸多面相的差别，更深入探究了二者之间思维模式的根本差异。晚明佛教破辟天主教，不止是出于丛林护法护教的需要，同时也汇归于保持文化传统、持守生活方式的现实需要，因此，晚明佛教指责天主教裂性必将导向社会乱伦，其中所透露的虽说是对异质宗教文化的抗斥，而实际上却显示了佛教与天主教之间在修行实践论、人伦理念的对立与差异，并自觉靠向儒家以中国文化为本位的运思立场。透过晚明佛教丛林对天主教的破辟与辩难，客观上促使天主教思考信仰的完整性与纯粹性问题，同时也导致明末清初思想界对天主教的进一步反省。

---

① 徐光启：《辟释氏诸妄》，参见《天主教东传文献续编》第2册，台北，学生书局，2000。

人名索引

常润 87,98,107—109,112,115,116,121,129,209

常忠 87,98,107,117—122,129

陈垣 94,337

楚山绍琦 93—95,97,188

楚石梵琦 48—50,52,75—79,83,90,91,187,188,590

传灯 69,80—82,121,207,268,377,378,382—393,414,422—431,440,442,513,578,588,589,593

道衍、姚广孝 32—34,44,45,48,49,57—64,66,198,418,586

德宝 16,83,85,98,102—107,116,120,129—133,183,188,199,289,351,355,360

德清 2,7,16,25,69—71,83,97—100,111,113,116,117,120—122,131,180—182,189,191—193,195,199,209,210,212,226,237—240,243,253,264,265,270,275,284,286,288,290—292,299,302,304,305,308,310,323—329,334,336,339,340,349—353,355—357,359,360,364—369,371,379,394,399—405,407,409,415—417,422,426,429,437,439,440,454,469,483,488,497,515,516,518,523—531,538—542,544,577,581,585—587,589

法会 85,98—102,353,355,356,364,518,557—561

费隐通容 18,86,133,289,338,585,593,601,603,606,607

海明 85,133,289,290,338

汉月法藏 86,133,289,292,300,301,334—336,338,340,341,343,347,463,466,467,471,472,475,483—488,491,492

弘一 262,269,270

弘赞 362,463,468,585

幻有正传 98,103,105,106,129—131,133,183,289

黄忏华 1

晦台元镜 117,122,129,288,304,334

慧明 76,252

季善 16,83,93,95—97,188,330,417,545,553

季潭宗泐 52,53,591,597

见月读体 474,475

景隆 16,83,87—93,97,188,194,197,312,313,417,551—553,557,591

觉浪道盛 114,118,129,291,518

康熙 62,115,210,426,573,580,581,613

空印镇澄 349,351,364,588

了凡 100—102,518,546,557—560,581,583

吕澂 397

密云圆悟 86,109,111,113,114,131,133,289,292,307,331,334,335,337,338,340,341,347,601,603,606

木陈道忞 86,289,290,338

彭际清 18,101,180,262,362,363,505,511,516,518,519,557—560

钱谦益 6,62,64,69,74,126,195,210,212,232,239,242,274,302,337,339,340,347,352,355,356,358,359,365,407,514—517,520,587—589

乾隆 17,337,347

顺治 81,127,239,262,273,284,285,337,346,403,465,490,579

宋濂 2,5—7,11,21,28,49,51,54—57,64,73,74,564,585,596

太虚 78,240,612

通琇 86,290

为霖道霈 127—129,287,360,364,374,426,586

虚云 239,243

雪浪洪恩 123,242,254,349,353,355—360,364,404,405,407,465,516,585,587

隐元隆琦 599

印光 442

雍正 184,290,346,613

永觉元贤 91,92,122,123,125—129,194,195,288,293,300,304,306,307,317,330—333,359,364,374,375,459,463,467,470,471,475,482,486—492,497,498,503,521,523,525,531,532,535,585,590,593

元来 18,87,111,113,121—126,129,192,194,268,288,289,299,315,316,322,326—328,333,334,372,373,375,383,438,440,452,483,484,590

袁宗道 241,510,512,591

圆悟 85,86,131,198,289,303,304,337,338,340—342,344,346,418,535,606

圆瑛 197,417,450

真可 2,16,47,83,98,100,102,105,106,180,181,195,199,208—237,242,284,286,290,291,299,334,336,353,369—371,404,406,465,544,580—582,585

智光 30,72

智旭 2,16,49,52,81,98,180,181,186,194,195,204,226,242,262—286,318,322,329,336,337,376,377,382,386,388—393,401—404,407—414,417,422,423,425—427,429,431—440,442,449—454,456—458,460,461,463,468,469,473—475,479—481,491,494,496,497,518,525,526,553,557,582,585,586,588,604,605,608,16,49,81,180,181,194,195,204,262—275,277—280,282,283,285,318,322,329,337,377,382,386,389—393,401—403,

408—414,417,422,426,427,429,431—434,436,438—440,442,449—452,456—458,460,461,463,468,473,475,479—481,491,494,496,497,518,525,553,582,588,589,604

朱元璋 4,5,20,21,24,31,38,48,51,53,60,69—72,166,172,543,566

袾宏、莲池大师 2,6,7,16,18,26,48—52,61,62,64,81,87,90,91,93—98,102,103,105,109,111,123,126,131,132,180—208,242,263,265,266,270,273,275,284—286,290—292,299,302,304,305,313,314,328,329,336,339,349—351,356,358,360—364,370,371,390,394,395,404—406,414,417—420,422,426,427,429,430,434,440,442—454,456—461,463,465,466,468,471—475,477,478,481,491—493,495—497,499—503,508,513,516,518,524,529,544,547,548,557,561,585,586,588,592,601,603,605,606